中国年鉴精品工程
High Quality Project of China's Yearbook

泉州年鉴

QUANZHOU YEARBOOK

中共泉州市委党史和地方志研究室 编

2023

（总第23卷）

方志出版社
Publishing House of Local Records

图书在版编目（CIP）数据

泉州年鉴. 2023 / 中共泉州市委党史和地方志研究室编. — 北京 : 方志出版社, 2023.9

ISBN 978-7-5144-5817-6

Ⅰ. ①泉… Ⅱ. ①中… Ⅲ. ①泉州－2023－年鉴 Ⅳ. ①Z525.73

中国国家版本馆CIP数据核字(2023)第181822号

责任编辑：刘方圆

责任校对：张玉霞

责任印制：梅中英

出 版 者：方志出版社

地　　址：北京市朝阳区潘家园东里 9 号（国家方志馆4层）

邮　　编：100021

网　　址：http://www.zgfzcb.cn

发　　行：方志出版社图书营销中心（010-67110500）

印　　刷：福州报业鸿升印刷有限责任公司

开　　本：889毫米×1194毫米　1/16

印　　张：24

字　　数：914千字

版　　次：2023年9月第1版

印　　次：2023年9月第1次印刷

定　　价：320.00元

《泉州年鉴》编纂委员会

《泉州年鉴》总编室

序

国务院办公厅2015年8月印发的《全国地方志事业发展规划纲要（2015—2020年）》（以下简称《规划纲要》）要求，到2020年要做到地方综合年鉴一年一鉴，公开出版，实现省、市、县三级综合年鉴全覆盖。《规划纲要》还要求，坚持存真求实，正确处理质量与进度的关系，将精品意识贯穿于年鉴编纂出版工作全过程。2015年12月，中国地方志指导小组办公室启动中国年鉴精品工程，将其与先期实施的中国志书精品工程视为姊妹工程，一道作为加强地方志质量建设的重要抓手。

实施中国年鉴精品工程有助于推动中华优秀传统文化传承发展。近年来，在党中央、国务院的高度重视和关心支持下，全国地方志事业发展迎来最好的发展时期。年鉴编纂发端于欧洲，鸦片战争后被引入我国，在我国走过了100多年的发展历史。在长期的编纂中，年鉴在内容和形式上不断发展，逐渐演变成为适合反映中国国情、具有鲜明中国特色的一种文化载体，并在改革开放后出现了快速发展的局面。2006年5月，国务院《地方志工作条例》颁布施行，明确将地方综合年鉴纳入地方志工作范畴，年鉴工作走上了有法可依的轨道。《规划纲要》出台，为从依法编鉴转变到依法治鉴指明了方向。2016年12月，中国地方志指导小组印发《全国年鉴事业发展规划（2016—2020年）》，更进一步明确了到2020年全国年鉴事业的任务书、时间表、路线图。经过多年的发展，年鉴工作已经成为地方志工作的重要组成部分，成为中华民族优秀文化传统的有机组成部分，其存史、育人、资政作用日益彰显。实施中国年鉴精品工程，是年鉴工作者紧扣时代脉搏、坚持创新发展的一项重要举措，对于坚定文化自信，传承弘扬好中华优秀传统文化意义重大。

实施中国年鉴精品工程有助于为全面建成小康社会提供更多智力支持和历史借鉴。党的十八大作出全面建成小康社会的战略部署。党的十八届五中全会提出到2020年如期实现全面建成小康社会的目标要求。完成《规划纲要》确定的目标任务是年鉴工作者的神圣使命，更是年鉴工作者以自身力量为全面建成小康社会献上的厚礼。一方面，可以更好地利用年鉴这种年度资料性文献，及时记录各地区在全面建成小康社会伟大征程中每年取得的新成绩和新经验、出现的新情况和新问题、涌现的优秀人物和典型事迹等；另一方面，可以更好地积累地情、国情资料，为推动经济社会发展和深化改革提供智力支持，为推进国家治理体系和治理能力现代化提供历史借鉴。

实施中国年鉴精品工程有助于全面推进地方志事业转型升级。地方志不是单纯修志编鉴工作，而是全体方志人“修志问道，以启未来”的一项事业，这项事业包含着巨大的时代担当与使命追求。地方志工作要在“五大建设”总体布局和“四个全面”战略布局中发挥与其自身价值、功能相匹配的作用，就要因时而谋、乘势而上、顺势而为，全面推进地方志事业转型升级。转型升级，当下最重要的目标就是完成“两全”目标，包括“年鉴全覆盖”目标；长远的目标就是基本形成地方志编修体系、理论研究和学科建设体系、质量保障体系、资源开发利用体系、工作保障体系“五位一体”的地方志事业发展综合体系，包括“五位一体”的年鉴事业发展综合体系。中国年鉴精品工程是一项探索工程，也是一项创新工程，是推进地方志事业转型升级的重要内容。通过实施中国年鉴精品工程，不仅有助于确保年鉴质量，不断编纂出版具有鲜明时代特征、年度特点和地域特色的精品年鉴，也有助于推动年鉴工作适应经济社会发展形势和时代需要，不断改革创新，与时俱进。

多年来，在中国地方志指导小组办公室的指导和全国各级地方志工作机构的共同努力下，年鉴种类数量快速增长，年鉴成果粲然可观，为实施中国年鉴精品工程奠定了坚实的基础。实施中国年鉴精品工程，就是要在全国地方志系统起到示范作用，进一步培育精品意识，打造精品年鉴，以点带面，在提高年鉴质量方面探索出一条切实可行之路，使这项探索工程和创新工程能够积累经验，发挥引领作用。

“万山磅礴，必有主峰；龙衮九章，但挈一领。”实施中国年鉴精品工程，是筑牢地方志事业特别是年鉴事业发展根基之举，其意义与价值不言而喻。但编修出年鉴精品佳作，绝非朝夕之功，需要付出长期艰辛的努力。希望通过实施中国年鉴精品工程，能够进一步推进年鉴质量建设，使年鉴真正成为传承中华民族优秀传统文化的重要载体，成为展示中国国情、地情的重要窗口，成为“为当代提供资政辅治之参考、为后世留下堪存堪鉴之记述”的资源宝库，在全面建成小康社会过程中作出更大贡献。

是为序。

中国社会科学院原副院长

原中国地方志指导小组常务副组长 李培林

编辑说明

一、《泉州年鉴》是由中共泉州市委党史和地方志研究室组织编纂的年度地方资料性文献，2000年开始编纂出版，2023卷为第23卷。

二、《泉州年鉴（2023）》以马克思列宁主义、毛泽东思想、邓小平理论、“三个代表”重要思想、科学发展观、习近平新时代中国特色社会主义思想为指导，坚持辩证唯物主义和历史唯物主义的立场、观点和方法，实事求是地记载泉州市2022年经济、政治、文化、社会等方面的建设发展状况，反映物质文明、政治文明、精神文明、社会文明、生态文明建设的新成就、新经验以及出现的新情况、新问题。记述时限为2022年1月1日至12月31日。

三、《泉州年鉴（2023）》采用分类编辑法，设类目、分目、条目三个层次，条目为内容的基本载体形式。全书收录条目1832个，图片177张，表格57个。

四、《泉州年鉴（2023）》较《泉州年鉴（2022）》，对框架结构进行适当调整：将“中共泉州市委员会”“纪检监察”“生态环境管理”“经济监督管理”“金融”“口岸综合管理”“农业·农村”“开发园区建设”“信息业”“交通·邮政”“商贸流通服务业”“社会民生”“县域概览”类目更名为“中国共产党泉州市委员会”“中共泉州市纪律检查委员会 泉州市监察委员会”“生态环境”“经济管理”“金融业”“口岸管理”“农业”“园区建设”“数字泉州建设”“交通·水利”“商贸服务业”“社会生活”“县域发展”；增设“‘海上丝绸之路先行区’建设”“建筑业”“房地产业”“经贸合作”“区域发展”类目；将“外事·侨务·台港澳事务”类目并入“‘海上丝绸之路先行区’建设”，“退役军人事务”类目并入“军事”，“自然资源与规划管理”“市场监督管理”“财政·税务”类目并入“经济管理”，“社会科学”类目并入“文化”；将“城乡建设与管理”类目拆分为“城市建设”“乡村振兴”2个类目，“卫生·体育”类目拆分为“卫生健康”“体育”2个类目。

五、《泉州年鉴》统计数据采用《泉州统计年鉴》的数据；业务部门的数据出自各供稿单位，如个别数据与统计部门提供的数据有差异，以统计部门提供的为准。全书中除特别注明外，泉州市统计数据不含金门县。

泉州市地图

比例尺 1：860 000

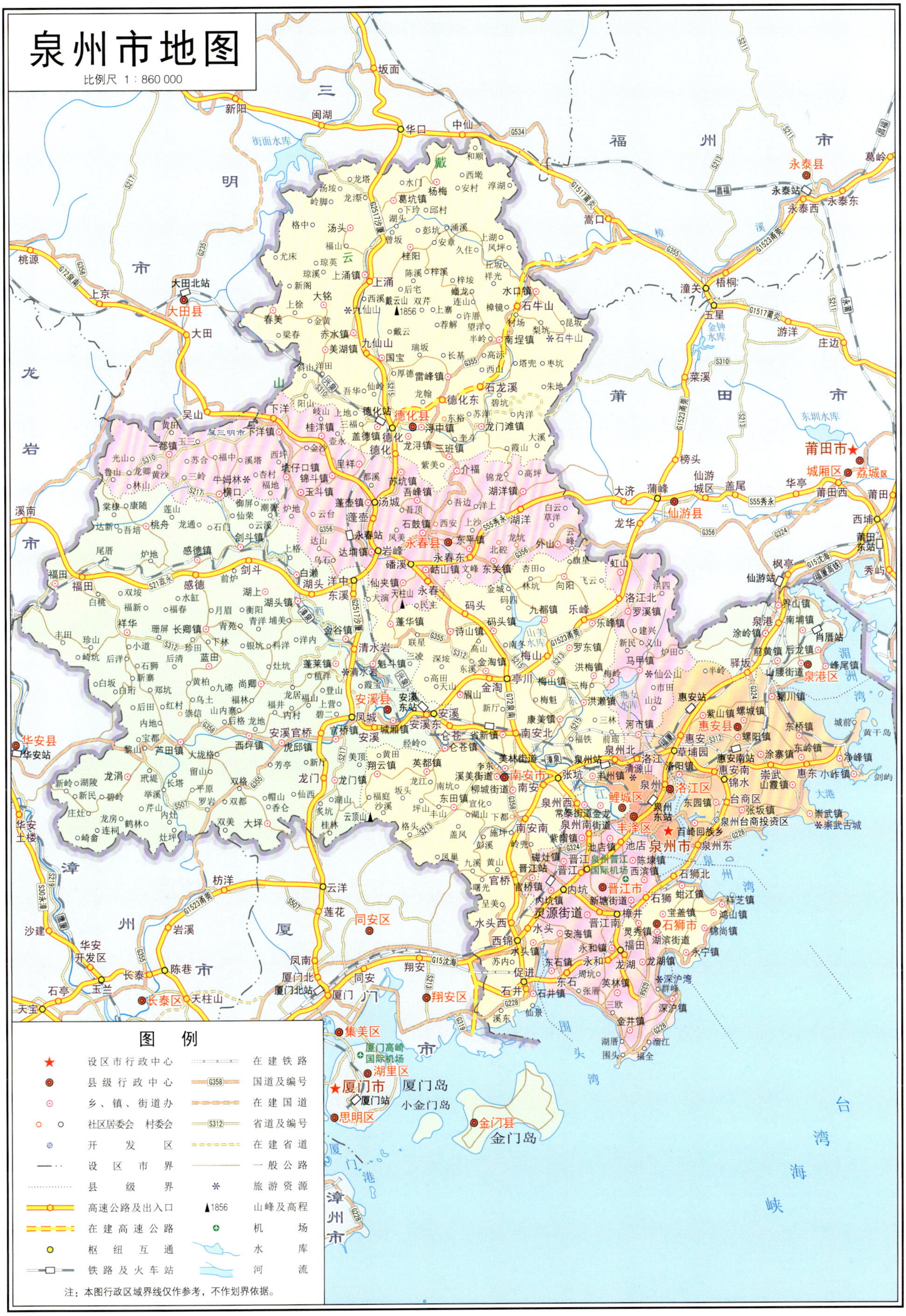

编制单位：福建省地图出版社　审图号：泉S〔2023〕12号　资料截至：2022年12月

城市名片

国务院首批公布的历史文化名城

首届东亚文化之都

“海上丝绸之路”起点城市

国家级文化生态保护区

闽南文化生态保护核心区

全国文明城市

全国卫生先进城市

中国优秀旅游城市

国家森林城市

国家园林城市

全国文化模范城市

国家环保模范城市

全国绿化模范城市

国际花园城市

国家生态市

最佳中国魅力城市

国家创新示范区

全国综合配套改革试点城市

全国金融服务实体经济综合改革试验区

首批国家产教融合试点城市

中国工艺美术之都

中国十大品牌城市

中国品牌经济城市

全国改革开放18个典型地区之一

国家民营经济综合改革试点地区

首批国家知识产权强市建设试点城市

泉州古城区

国家创新型城市
全国技术创新工程示范城市
全国制造业信息化工程重点城市
全国十佳和谐可持续发展城市
国家行政服务标准化试点城市
第四批国家公共文化服务体系示范区
中国民族民间文化保护工程综合性试点城市
第二批国家文化和旅游消费试点城市
“中国制造2025”唯一地方试点城市
大陆居民赴台湾地区个人旅游试点城市
国家知识产权运营服务体系建设重点城市
国家级海峡两岸集成电路产业合作试验区

国家跨境电子商务综合试验区
跨境电商零售进口试点城市
国家电子商务示范城市
“宽带中国”示范城市
国家信息消费试点城市
信息惠民国家试点城市
全国50个5G商用城市
服务型制造示范城市
“一带一路”建设案例城市
中国快递示范城市
“国潮品牌之都”

（洪 旭 摄）

年 度

2022年，泉州市紧扣“提高效率、提升效能、提增效益”，发挥“三大比较优势”，以实施“强产业、兴城市”双轮驱动为路径，聚焦“1+3”专项行动，全力抓项目、促发展，加快推进新型工业化和城镇化步伐。落实疫情要防住、经济要稳住、发展要安全的要求，高效统

泉州东西塔

聚　焦

筹疫情防控和经济社会发展，“两稳一保一防”工作取得扎实成效，经济承压前行、稳中见韧。全市生产总值增长3.5%，地方一般公共预算收入可比增长8%，居民人均可支配收入增长5.4%。

（陈明理 摄）

2022年8月，泉州市举行系列活动纪念习近平总书记总结提出“晋江经验”20周年。泉州市紧盯实体经济不放松，支持民营经济发展不动摇，推动传统产业高新化、高新产业集群化、现代服务业专业化，新型工业化走在全省前列。

▲ 2022年10月31日，位于泉州台商投资区的唯科高端智能模塑科技产业园（一期）项目竣工　（陈起拓 摄）

▲ 2022年，泉州市培育和发展科技型中小企业。图为位于石狮高新区的中科光芯公司在生产光芯片　（林劲峰 摄）

▲ 九牧集团科牧5G零碳灯塔工厂 （九牧集团 供图）

▲ 2022年，安溪大成智慧产业园智能电视组装生产线试运行 （安溪县融媒 供图）

◀ 安踏集团晋江总部 （安踏集团 供图）

2022年，泉州市高效统筹疫情防控和经济发展，迅速平战转换，快而有序打赢疫情歼灭战，全力推进复工复产、满工达产、增资扩产、提质强产、保岗促产，经济承压前行、稳中见韧。

▲ 2022年4月9日，泉州市欢送省流调溯源支援队返程 （陈起拓 摄）

▲ 2022年4月10日，位于南安市的满山红纸塑彩印有限公司复工复产 （南安市融媒 供图）

▲ 2022年4月21日，位于惠安县的新奇卫生材料有限公司智能化生产车间复工复产

（惠安县融媒 供图）

▲ 2022年4月26日，位于丰泽区的匹克体育用品有限公司复工复产　（陈英杰 摄）

2022年1月17日，泉州中央商务区丰泽区指挥部成立。在政策、机遇的叠加赋能之下，泉州中央商务区人气加速集聚，入驻企业数增长105%，税收增长55.4%。

▲ 泉州中央商务区夜景 （彭瑞成 摄）

▲ 2022年12月31日，位于泉州中央商务区的匹克国际中心竣工入驻 （匹克集团 供图）

▲ 泉州中央商务区全貌 （彭瑞成 摄）

▲ 泉州中央商务区周边配套 （张九强 摄）

2022年，泉州市实施“聚城畅通”工程，完成投资94亿元，超年度计划6.7个百分点。

▲ 2022年1月12日，泉州海湾大道二期项目通车，标志着泉州海湾大道项目全线贯通（市交通局 供图）

▲ 2022年7月4日，福厦高铁泉州湾跨海大桥无砟轨道施工完成（台商区融媒 供图）

▲ 2022年12月26日，泉州大桥新桥合龙，提前多天实现全线贯通　　（陈淑华 陈起拓 摄）

2022年12月30日，第一辆从泉州站通往宁化站的k8756/7次“绿巨人”动车组出发，标志着兴泉铁路全线通车运营，成为泉州港通往内陆铁路客货运的重要枢纽。

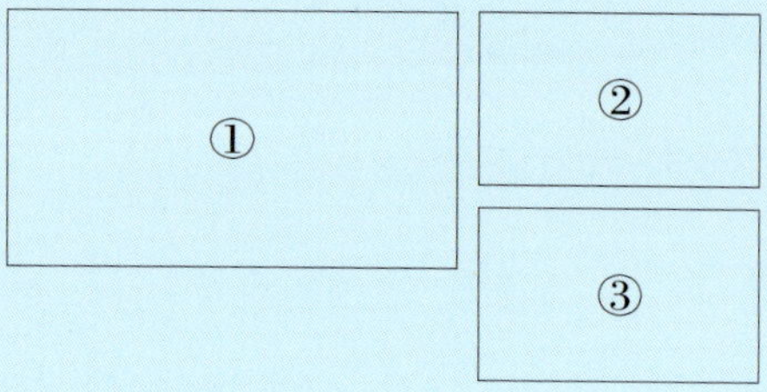

①2022年12月30日，由泉州开往南昌的T8010次旅客列车驶出兴泉铁路泉州站（张海根 摄）

②2022年12月30日，在首趟从泉州开往南昌的列车上，茶艺师现场表演茶艺（叶 超 摄）

③2022年12月30日，在首趟从泉州开往南昌的列车上，陶瓷艺术大师现场创作（林婉清 摄）

区发展

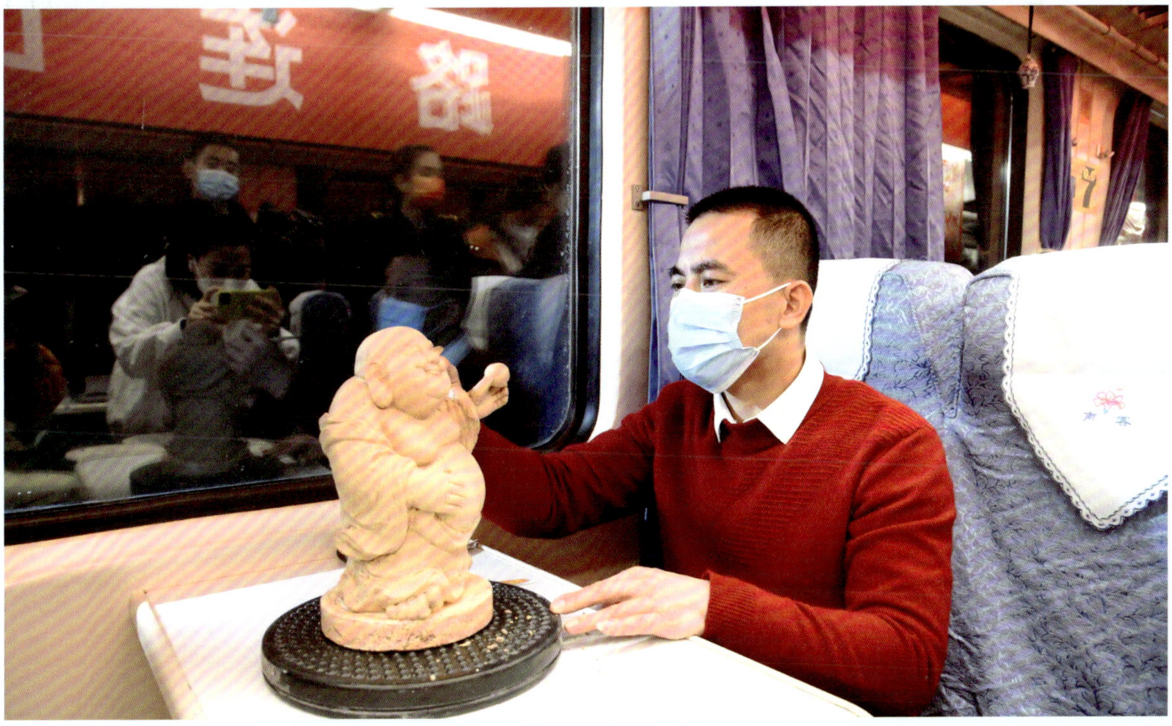

非 凡 十 年

2012—2021年，新时代伟大变革的十年。中共十八大以来，泉州市传承弘扬“晋江经验”，落实中央、省委决策部署和省委工作要求，深化“创新、智造、海丝、美丽、幸福”的现代化泉州建设，勇当全方位推进高质量发展主力军，走过十年不平凡的发展历程。经济总量实现新跨

从大坪山俯瞰泉州市区夜景

泉 州 成 就

越，地区生产总值从2012年的4726.5亿元增长到2021年的11304.17亿元，2020年首次突破一万亿元大关。十年来，坚持实体经济不放松，产业转型稳步推进；坚持改革开放不停步，发展活力充分迸发；坚持环湾向湾同城化，城乡面貌明显改善；坚持以人为本惠民生，幸福生活更有质感。

（陈明理 摄）

万亿泉州：民营经济成就城市奇迹

十年来，在“晋江经验”的指引下，面对复杂多变的宏观环境和风险挑战，泉州市传承弘扬“晋江经验”，政企携手、共克时艰，共同推动民营经济发展活力持续迸发，实现新时代新飞跃，先后入选全国民营经济综合改革试点、全国首批“民营经济示范城市”创建城市。

泉州市以制造业立市，培育9个千亿级制造业产业集群（纺织服装、鞋业、建材家居、石油化工、机械装备、食品饮料、工艺制品、纸业印刷、电子信息），工业增加值跃居全国城市前10位。

泉州市有“品牌之都”美誉，塑造出安踏、恒安、达利、九牧等一批知名品牌，全市有中国驰名商标159件、马德里国际商标注册985件、有效注册商标60万件，均居全国地级市前列。

泉州市在世界170个国家和地区遍布950万泉州籍华侨华人，成立上千个侨团组织和250余家异地泉州籍商会，200余万人在外经商。同时，泉州市当地涌现出一大批爱拼敢赢、根植性强的民营企业家，全市市场主体总量突破130万户大关，居全省首位。

◆ 泉州市民营企业推广应用3D设计，优化产品设计和研发流程，改变以往要制作实物样品的局限。图为2016年4月9日，乔丹体育股份有限公司3D设计中心内，设计员在电脑上根据客户要求修改鞋子设计图 （陈起拓 摄）

海丝商贸：足不出户“买全球”“卖全球”

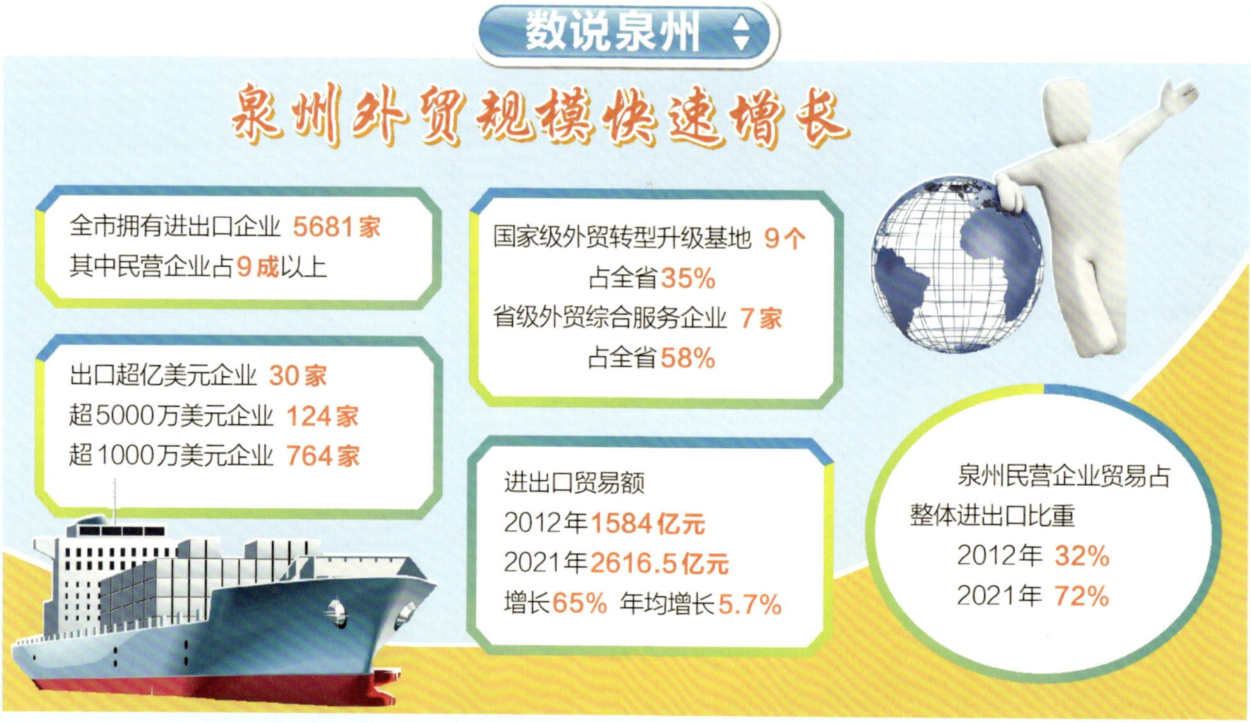

2019年12月，泉州市获批国家跨境电商综合试验区，此后逐步形成综合保税功能区、口岸通关功能区、供销一体化功能区以及市场采购功能区四大功能区，推动跨境电商高速发展。泉州市因此入选“中国跨境电商出口发展20强城市”，并获批跨境电商零售进口试点城市。

十年来，泉州市推进口岸对外开放，成为福建省口岸开放数量最多、口岸运量增长较快、口岸基础设施较为完善的地区之一。压缩通关时间，实现进口整体通关时间17小时，出口整体通关时间1.5小时，优于全国平均水平。创新培育晋江陆地港，落地国际陆港、保税物流、国际快件、跨境电商、国际邮件、冷链物流、产业园等功能，构建完整的外贸及跨境物流服务场景，形成“国际陆港口岸”“跨境服务口岸”双口岸并行的服务体系，是国内第二大陆地港、全国口岸服务功能最齐全的平台。

◆ 2021年12月27日，2021年RCEP青年侨商创新创业峰会在石狮市举行。峰会期间，福建省首个面向华侨华人的跨境电商平台“侨易邦”上线发布　　（市委统战部　供图）

科创泉州："国字号"招牌接连落户

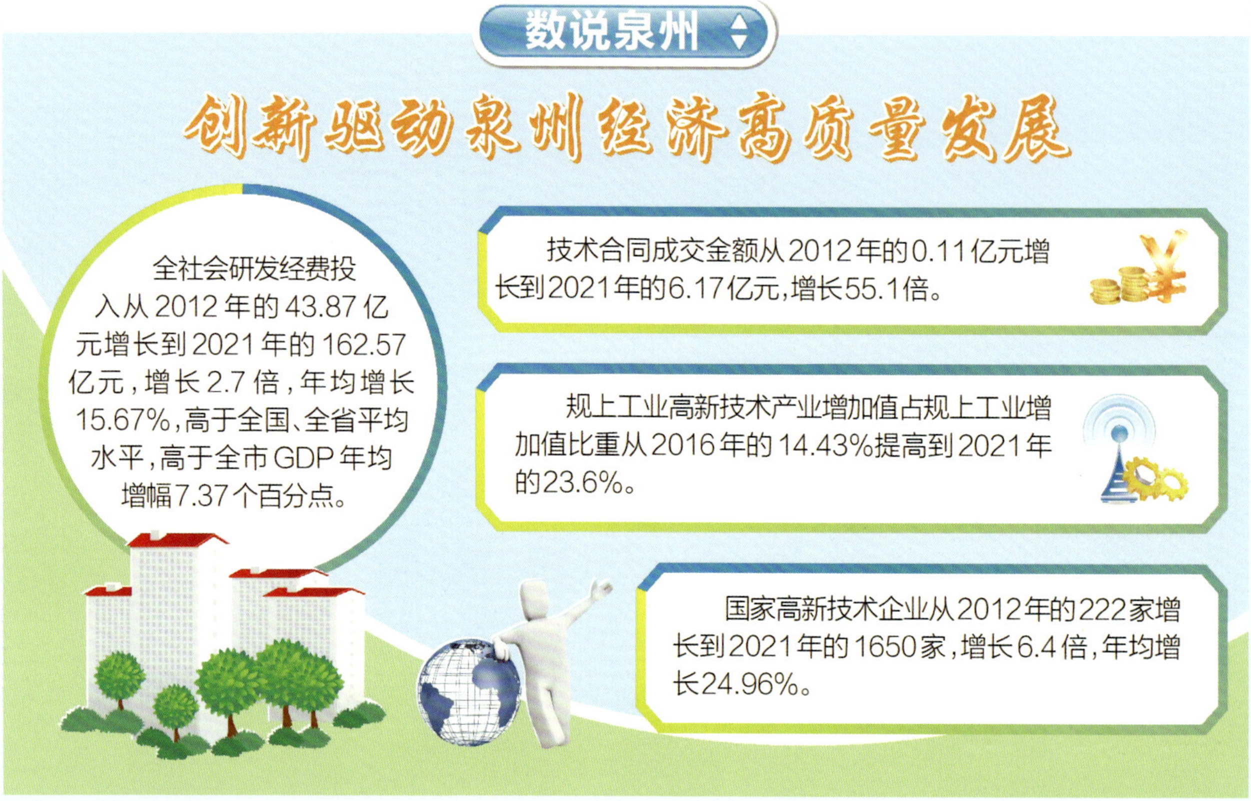

2021年5月，泉州市获评国家创新型城市。中共十八大以来，泉州市实施创新驱动发展战略，相继获批建设福厦泉国家自主创新示范区泉州片区、国家农业科技园区等多项国家级试点工作，科技创新"关键变量"逐渐转化为泉州高质量发展"最大增量"。

十年来，泉州市加大创新投入，研发投入强度从2012年的0.91%提升到2021年的1.44%。培育创新主体，形成微成长、小升高、高变强的"科技创新领军梯队"，2021年全市科技型中小企业1528家，比2020年实现翻番，数量居福建省第二位。围绕产业链部署创新链，合作共建18家大院大所，其中包括首批福建省创新实验室"清源创新实验室"、全国第一个区域型时间中心"海上丝绸之路时间中心"和福建省首个国家大科学装置"高精度地基授时系统泉州站"。实施"领军人才+创新团队+创新项目"精准引才模式，引进高层次人才团队49个，全市拥有研发人员近5万人。

◆ 2013年7月4日，中国科学院海西研究院泉州装备制造研究所落地泉州市。图为研究所外观　（钟 超 摄）

世遗泉州：中国第 56 项世界遗产

数说泉州

2021年，“泉州：宋元中国的世界海洋商贸中心”申报世界遗产成功，成为中国第56项世界遗产。泉州市以打造世界遗产保护利用典范城市为目标，统筹历史文化遗产保护与发展，让更多文物和文化遗产活起来。

十年来，《泉州市海上丝绸之路史迹保护条例》《泉州市中山路骑楼建筑保护条例》等一系列政策法规相继出炉；全市建成不可移动文物信息化管理平台、不可移动文物监测系统、文物保护修缮和“三防”工程项目库等；与中国社科院、北京大学、省考古研究院等合作考古、建强平台；开展生态修复、城市修补试点，启动古城整治提升工程，实施历史文化街区和名镇名村保护、古城街巷风貌综合整治提升。

十年来，《泉州市“十四五”文化和旅游改革发展专项规划》《加快推进旅游业高质量发展的实施意见》陆续出台；成立文旅经济产业发展小组，设立8个工作专班推进文旅经济产业发展（招商）工作；融入“清新福建”“全福游、有全福”等活动，年均举办文旅主题活动2000场以上，“世遗泉州”登上综艺平台、短视频App，相关话题热度数以亿计。

◆ 2021年7月25日，联合国教科文组织第44届世界遗产委员会会议在福州举行。会议审议通过，将“泉州：宋元中国的世界海洋商贸中心”列入《世界遗产名录》。图为工作人员在会场欢庆泉州申报世界遗产成功（陈英杰 摄）

海丝泉州：在文化交流中促进民心相通

十年来，作为古代“海上丝绸之路”重要起点城市的泉州，结合申报世界遗产等工作，从创建21世纪“海上丝绸之路先行区”，到建设21世纪“海丝名城”，发展步伐越来越坚定。

2013年6月，世界闽南文化节在泉州市举行，38个国家和地区的海内外嘉宾3000余人共同领略闽南文化的魅力。同样是2013年，泉州市当选中国首个“东亚文化之都”。紧随其后，东亚文化之都·2014泉州活动年上演。作为“海上丝绸之路”国际艺术节永久落户城市，2014年以来，泉州市连续举办四届“海上丝绸之路”国际艺术节，迎接超过60个国家和地区的上万名专家学者、艺术界人士、国际友人参与。

以“海上丝绸之路”文化为内核，十年来，泉州市还举办多场盛会。2015年2月，21世纪“海上丝绸之路”国际研讨会高峰论坛在泉州市举行，30余个国家的280余名专家学者围绕“海上丝绸之路”建设交流研讨。2015年11月，第十四届亚洲艺术节在泉州市举行，全球五大洲40余个国家的艺术家与学者参会。2017年4月，联合国教科文组织青年创意与遗产研习班在泉州市举行，全世界65个国家的青年代表共话文化遗产保护。

弘扬“海上丝绸之路”文化的同时，泉州市坚持保护“海上丝绸之路”文化遗产。2016年年底，泉州市颁布首部实体法《泉州市海上丝绸之路史迹保护条例》。2021年，“泉州：宋元中国的世界海洋商贸中心”列入《世界遗产名录》后，泉州市提出要创建世界遗产保护利用典范城市。

◆ 2013年6月16日，由文化部和福建省政府等主办的2013世界闽南文化节在泉州市开幕。图为“闽南风 四海情”文艺晚会 （吴寿民 摄）

平安泉州：连续四届捧回“长安杯”

2021年，泉州市获评“平安中国建设示范市”，连续四次捧回平安建设最高奖项“长安杯”。其背后，是泉州市推进平安建设、维护社会稳定的不懈努力和责任担当。

泉州市在福建省率先建成全市统一的“全域、全网、全链条”网格化服务管理信息平台，创新推出“网格化+职能应用”“专业网格”“基础网格”叠加应用等模块；完善矛盾纠纷多元化解机制，探索推广“法院+商会”诉调对接模式、矛盾纠纷排调分离、百名警长进百村、村干部兼职辅警、新时代“海上枫桥”等经验做法；在福建省首创未成年人保护联盟工作机制，联盟工作入选最高人民检察院、共青团中央联合发布的未成年人检察社会支持体系建设工作十大典型案（事）例；推进数据实战应用能力建设，构建“数智警务”模式，支撑和保障社会治理、民生服务、疫情防控、打击犯罪等；在福建省率先搭建“E通政法”网上协同办案与智能辅助平台，提升政法部门执法办案质效。

泉州市在全国首创跨域诉讼服务机制，解决企业反映较多的异地办理诉讼事务难、咨询诉讼信息不畅通等问题，该机制被最高院在全国推广并获评首届“人民法院改革创新奖”；搭建全省首条民营企业法律服务热线，拓宽法律诉求反映渠道，该举措被国家发改委发文在全国推广。

◆ 2020年5月全国“两会”，泉州市“刺桐花”未成年人检察工作团队作为全国检察机关五大特色未成年人检察团队，再次写入最高人民检察院工作报告。图为“刺桐花”未成年人检察工作团队　　（市人民检察院　供图）

幸福泉州：社会事业全面进步

十年来，泉州市用心用情用力把民生工程推进到老百姓心坎上。2012—2021年，全市城镇累计新增就业人员134.24万人。2012年以来，全市城镇登记失业率稳定在2.3%以内。实施全民参保计划，养老、医疗、工伤、生育、失业等保险实现应保尽保，城乡低保标准实现一体化。2017年底，提前三年实现农村建档立卡贫困人口全部达到退出标准；2018年底，提前两年实现181个建档立卡贫困村全部摘帽退出；2020年底，如期完成脱贫攻坚任务。2021年末，全市有幼儿园1694所、小学1305所、普通高中331所、中等职业教育学校32所。2021年，幼儿园专任教师2.67万人，是2012年的2倍；义务教育中小学专任教师8.33万人，是2012年的1.4倍。总投资35亿元、总建筑面积33.96万平方米的市公共文化中心成为文化新地标。全市实现市、县两级图书馆、文化馆全配备、全覆盖，乡镇（街道）综合文化站、村（社区）综合文化服务中心设置率100%。开展“万千百十”文化惠民活动，每年送万场戏、千场文艺培训辅导、百场展览、数十批次流动图书点下乡，年受益群众超300万人次。2020年末，全市人均体育场地面积2.22平方米，比2013年末增加0.81平方米。2012—2021年，全市新增医疗机构床位数2.08万张，占全部床位数的46.3%，扩建基层业务用房超过25万平方米。全市建成省重点专科56个、市级临床重点专科43个。

◆ 2019年6月29日，泉州市公共文化中心四大主体建筑亮灯。该中心位于东海片区城市主轴线上，是泉州文化新地标，其设计理念来源于泉州市花“刺桐花”，以泉州大剧院、泉州市图书馆(新址)、泉州科技与规划馆、泉州东海工人文化宫四大主体建筑组成，被称为“四朵金花”　　（市住建局　供图）

生态泉州：绿水青山就是金山银山

数说泉州

环境质量持续向好 "含绿量"不断提升

市本级和10个县(市、区)先后获得国家生态市、生态县(市、区)命名;德化、永春、鲤城、安溪4个县(区)获得国家生态文明建设示范区命名,永春获得"绿水青山就是金山银山"实践创新基地命名;建成111个国家级生态乡镇、1659个市级以上生态村。

深入实施蓝天、碧水、净土工程,十年来,完成大气环境治理项目2248个;实施重点流域、小流域整治项目1108个;新建改造污水管网长度超过3000公里。

扎实推进绿色低碳转型,2013年至2021年,泉州以年均4.8%的能源消费增长支撑了年均8.3%的经济增长,全市单位GDP能耗累计下降25.5%,年均下降3.2%。

◆ 2018年7月8日，洛阳江河口湿地

中共十八大以来，在习近平生态文明思想指引下，作为福建省经济大市的泉州，把坚持生态优先、绿色发展落实到行动中，生态环境质量持续向好。2015年11月7日，泉州市成为福建省第二个通过国家生态市考核验收的设区市，并于次年9月获“国家生态市”命名。

泉州市出台《泉州市市区内沟河保护管理条例》《泉州市晋江洛阳江流域水环境保护条例》等多部地方性法规，推进生态文明制度保障体系建设。落实“河长制”“林长制”，推行企业排污权交易、环境污染责任险，建立生态环境损害赔偿制度，促进生态环境高水平保护和经济社会高质量发展。

泉州市围绕精准治污、科学治污、依法治污，靶向发力，综合施策，推进蓝天、碧水、净土污染防治攻坚战。实施重点流域水环境综合整治、农村生活污水治理，晋江流域上下游补偿撬动经济杠杆，筑起“生态屏障”；青山湾和西沙湾海滩修复工程、“海域海滩海岸垃圾攻坚整治行动”，让金沙银滩重回人们视野。

泉州市致力将生态优势转化为发展优势，加快纺织鞋服等传统产业转型升级，提升泉州制造“含绿量”。“东方米兰”、世界鞋都、世界石都纷纷向循环经济和低碳经济转型，循环经济发展“国字号”全省最多。电子信息、新材料新能源、装备制造等科技含量高、资源消耗低、环境污染少的现代产业破土而出，数字经济、海洋经济、绿色经济、文旅经济方兴未艾。

（苏德辉　摄）

目 录

专 记

大事记

市情概览

中国共产党泉州市委员会

泉州市人民代表大会

泉州市人民政府

政协泉州市委员会

中共泉州市纪律检查委员会 泉州市监察委员会

民主党派和工商联

群众团体

法治

军 事

“海上丝绸之路先行区”建设

经济管理

数字泉州建设

农 业

工 业

建筑业

商贸服务业

金融业

旅游业

房地产业

民企与泉商

经贸合作

园区建设

口岸管理

交通·水利

城市建设

乡村振兴

区域发展

生态环境

科学技术

教 育

文 化

卫生健康

体 育

社会生活

应急管理

县域发展

人物·荣誉

附 录

专 记

学习宣传贯彻中共二十大精神

2022年，中共泉州市委坚持把迎接中共二十大、学习宣传贯彻中共二十大精神作为贯穿全年的重大政治任务，创造平稳健康的经济环境、国泰民安的社会环境、风清气正的政治环境。召开市委常委会（扩大）会议、理论学习中心组学习会等，及时传达学习贯彻，研究贯彻落实措施。举办市管干部学习贯彻中共二十大精神专题研讨班。市委常委率先垂范，示范带动全市各级领导干部分赴基层开展宣传宣讲。

落实“第一议题”制度，跟进学习贯彻习近平总书记重要讲话重要指示精神，组织开展贯彻落实习近平总书记重要讲话重要指示精神“回头看”，建立闭环落实机制，确保在泉州落地生根、见行见效。纪念“晋江经验”提出20周年，市委常委班子成员到晋江经验馆，重温感悟“晋江经验”，汲取奋进前行力量；衔接落实省委、省政府《关于传承弘扬“晋江经验” 支持泉州建设21世纪“海丝名城”的意见》，承办全省民营经济高质量发展大会、“晋江经验”与习近平经济思想理论研讨会，举办“晋江经验”成就图片展，推动筹建民营经济研究院，带头实施新时代民营经济强省战略。

对接做好中央、省委宣讲团到泉州宣讲工作。组建宣讲团开展对象化、分众化、互动化宣讲，各级新闻媒体开展全方位、广覆盖宣传报道。策划“‘泉’民讲二十大”宣讲项目，推出专场宣讲和“福小宣·‘泉’民讲”小分队分众化宣讲，推动中共二十大精神深入基层、深入人心，相关做法被《人民日报》《新闻联播》和“学习强国”总平台等报道推介。策划“我们的二十大”主题宣传项目，推出

2022年10月31日，中共二十大代表、福建省常委、泉州市委书记刘建洋在永春县一都镇美岭村宣讲中共二十大精神 （陈英杰 摄）

“闽南语宣讲二十大”“侨·商说二十大”“青年说二十大”“台胞说二十大”等主题宣传，开设“领航·筑梦”“‘泉’民关注二十大”“二十大时光”等专题专栏，组织“‘艺’心永向党”“学创讲展二十大精神”等系列文艺活动，用新载体、新方式把中共二十大精神讲清楚、说明白，让人民群众听得懂、能领会、可落实。

召开市委十三届四次全会，出台《中共泉州市委关于深入学习宣传贯彻党的二十大精神，加快建设21世纪“海丝名城”的决定》，坚定用中共二十大精神统一思想、统一意志、统一行动。全会强调，结合泉州实际贯彻落实中共二十大战略部署，贯彻习近平总书记对福建、对泉州工作的重要讲话重要指示精神，落实省第十一次党代会、省委十一届三次全会精神，按照市第十三次党代会、市“十四五”规划部署要求，细化目标任务，针对性、创造性提出贯彻落实举措，以21世纪“海丝名城”建设的实效检验贯彻落实成效。全会要求，全市各级党组织和党员干部要把学习宣传贯彻中共二十大精神作为当前和今后一个时期的首要政治任务，在全面学习、全面把握、全面落实上下功夫，坚定自觉统一思想、统一意志、统一行动。要强化“时时放心不下”的责任感，更好统筹疫情防控和经济社会发展，更好统筹发展和安全，优化疫情防控措施，落实稳经济一揽子政策和接续措施，做好稳增长、稳就业、稳物价工作，提振市场信心，保持经济运行在合理区间，防范化解重大风险，确保社会大局安定稳定。全会号召，全市要在以习近平同志为核心的党中央坚强领导下，以习近平新时代中国特色社会主义思想为指导，传承弘扬“晋江经验”，踔厉奋发、勇毅前行，扛起全省全方位推进高质量发展主力军担当，加快建设21世纪“海丝名城”，为谱写全面建设社会主义现代化国家福建篇章、全面推进中华民族伟大复兴做出更大贡献。

（卢春庆）

新时代十年泉州经济社会发展成就

2012—2021年，泉州市经济社会发展取得一系列新跃升，跻身“生产总值万亿城市”行列，形成九大千亿产业集群，成为全国首批“民营经济示范城市”创建城市，市本级和10个县（市、区）获国家级生态名片，“泉州：宋元中国的世界海洋商贸中心”被列入《世界遗产名录》。

综合实力

传承弘扬“晋江经验”，心无旁骛做实业，生产总值实现历史性突破，也让人民获得“更满意的收入”。生产总值从2012年的4813.95亿元，增加至2021年的11304.17亿元。其中，2020年一举突破万亿元。人均生产总值达到高收入经济体水平。2021年，全市人均生产总值12.82万元，是全国的1.58倍。按年平均汇率折算，全市人均生产总值达1.99万美元，大幅高于世界银行最新收入分组标准高收入经济体的水平——1.27万美元。2021年，全市居民人均可支配收入4.43万元，是全国的1.3倍、全省的1.1倍。其中，城镇居民人均可支配收入从2012年的2.91万元，增加至2021年的5.5万元；农村居民人均可支配收入从1.18万元增加至2.59万元；城乡收入比由2012年的2.5缩小到2.1。全市城镇居民人均生活消费支出，由2012年的2.01万元，增至2021年的3.33万元，农村居民人均生活消费支出则由8484元增至1.96万元。2021年末，全市城镇和农村每百户居民家庭拥有家用汽车38.6辆和31.9辆，比2012年末分别增加7.7辆和21.6辆。

创新转型

推动经济高质量发展，壮大产业规模，优化三次产业结构布局，并整合提升传统优势产业，培育拓展新兴产业，创新驱动、转型升级，提升发展质量效益。结构上，深化“第三产业发展年”活动，全市三次产业结构由2012年的3.1：61.9：35.0，调整为2021年的2.1：56.9：41.0。第三产业增加值增速自2015年起超过第二产业。规模上，2021年全市工业增加值达5758.6亿元，占生产总值比重50.9%；全市产值亿元以上工业企业3066家，比2012年增加1364家，形成九大千亿产业集群。布局上，通过数字、科技、链条和生态等多种赋能，加快数字化转型，推动“泉州制造”走向“泉州智造”。半导体产业加快成形成势，泉州芯谷获批海峡两岸集成电路产业合作试验区，全市超五成规模以上工业企业参与数字化改造。投入上，财政科学技术支出由2012年的7.34亿元，提高至2021年的17.5亿元。

活力“双循环”

在以国内大循环为主体、国内国际双循环相互促进的新发展格局下，赶好投资、消费、出口“三驾马车”，推动经济社会全面发力，释放活力动能。2013—2021年，全市固定资产投资年均增长9.4%。从主要投向看，工业投资年均增长10.1%，基础设施投资年均增长8.9%。投资结构不断优化，服务业投资主导地位稳固，民间投资成为投资的主体，工业技术改造投资比重提升。消费需求持续释放，消费结构不断优化。2021年，社会消费品零售总额达5819.72亿元，比2012年增长1.6倍，消费成为经济增长的重要拉动力。外贸规模再上新台阶。全市进出口总额由2012年的1583.8亿元（按2012年年平均汇率换算），增至2021年的2616.5亿元。其中，出口由2012年的780.8亿元（按2012年年平均汇率换算），增至2021年的2035.5亿元，首次超过2000亿元。

民营经济

民营经济是泉州市最大特色和优势。畅通金融活水服务实体经济，优化营商环境为企业“减负”，泉州市多措并举、卓有成效。2012年，泉州获批金融服务实体经济综合改革试验区，金改区成效不断显现。“无间贷”、建立中小微企业信用信息交换共享平台、设立小微企业信贷风险补偿共担资金、民间借贷登记备案等一批创新举措在全国、全省推行。存贷款规模持续扩大。2021年末，全市金融机构本外币贷款余额8918.96亿元，比2012年末增长139.5%；2022年2月末，全市金融机构本外币存款余额突破万亿元。2012年，泉州市获批省级民营经济综合配套改革试验区；2014年，获批全国民营经济综合改革试点地区；2021年，成为全国首批“民营经济示范城市”创建城市。营商环境不断提升，新生市场主体不断涌现。建成市级政务数据汇聚共享平台，“一趟不用跑”事项比例达90%。2021年末，全市市场主体总数达127.49万家，比2014年末增加88.7万家。

绿色发展

坚持“绿水青山就是金山银山”发展理念，推进山水林田湖草沙系统治理，在城市打造生态连绵带，在乡村建设清新流域，促进人水和谐共生。市本级和10个县（市、区）先后建成国家生态市、县、区并获命名，建成111个国家级生态乡镇、1659个市级以上生态村。2021年，全市各城市、县城环境空气质量均达到国家二级标准。加快做大做强中心城区、做实做优次中心组团、做精做美小城镇，环湾建成区面积从2012年的176平方千米，拓展到2021年的243平方千米。东海、城东、桥南片区发展日益成熟，北峰丰州组团加快发展。通过开展农村人居环境整治提升，全市所有村庄无害化户厕普及率超99%。入选全国“四好农村路”建设市域突出单位，打造2个全国和5个省级示范县。2012年以来，全市农村公路新增通车里程3406千米，基本实现所有乡镇通达三级以上公路，半小时内可上高速。

民生福祉

社会事业全面进步，用心用情用力把民生工程推进到老百姓心坎上。2012—2021年，全市城镇累计新增就业人员134.24万人。2012年以来，全市城镇登记失业率稳定在2.3%以内。实施全民参保计划，养老、医疗、工伤、生育、失业等保险实现应保尽保，城乡低保标准实现一体化。2017年底，提前三年实现农村建档立卡贫困人口全部达到退出标准；2018年底，提前两年实现181个建档立卡贫困村全部摘帽退出；2020年底，如期完成脱贫攻坚任务。2021年末，全市有幼儿园1694所、小学1305所、普通高中331所、中等职业教育学校32所。2021年，幼儿园专任教师2.67万人，是2012年的2倍；义务教育中小学专任教师8.33万人，是2012年的1.4倍。2021年，“泉州：宋元中国的世界海洋商贸中心”被列入《世界遗产名录》。打造世界遗产保护利用典范城市。开展国家生态修复城市修补试点，启动古城整治提升工程，开展2条历史文化街区和10个历史文化名镇名村保护，开展中山路中段及29条街巷风貌综合整治提升。举办“世界闽南文化节”“亚洲艺术节”“海上丝绸之路国际艺术节”等活动，让常态化的传统文化体验、家门口的多元文化展示，成为泉州人的一种生活方式。2020年末，全市有体育场地23135个，比2013年末增加10863个；体育场地面积1950.51万平方米，比2013年末增加369.7万平方米；人均体育场地面积2.22平方米，比2013年末增加0.81平方米。2021年，全市新建20座足球场、80座口袋健身公园、12座全民健身驿站、8座多功能运动场和2座智慧体育公园。全市医疗机构编制床位由2012年的2.57万张，增至2021年的4.29万张。抓优质资源扩容，市第一医院城东院区二期、市中医院新院区、福建医科大学附属第二医院东海院区等相继投用，上海市第六人民医院福建医院列入国家区域医疗中心试点项目。

（刘楷彬）

泉州市传承弘扬“晋江经验”20周年纪实

2022年是习近平总书记总结提出“晋江经验”20周年。20年前，时任福建省省长的习近平同志六年七下晋江，在调研基础上，将晋江经济社会持续快速发展的成功经验提炼概括为“六个始终坚持”与“正确处理好五大关系”，从理论高度、发展方位和实践维度，全面系统阐释“晋江经验”的历史渊源、深刻内涵和重要意义，成为引领和推动泉州发展的总纲领、总方略。20年来，泉州市坚持以“晋江经验”为引领，凝心聚力、开拓进取，县域经济充满活力，成为成功探索中国特色社会主义发展道路的一个缩影。

率先推进新型工业化发展

习近平同志在总结“晋江经验”时指出，始终坚持立足本地优势选择最佳方式加快经济发展。20年来，泉州市紧盯实体经济不放松，支持民营经济发展不动摇，推动传统产业高新化、高新产业集群化、现代服务业专业化，新型工业化走在全省前列。2002—2022年，泉州市地区生产总值从1081亿元增至1.21万亿元。2022年，泉州市有千亿以上产业集群9个、高新企业2362家，全市7个县（市）进入全国百强县。

率先推进科技创新强市

习近平同志在总结“晋江经验”时指出，加快发展高新技术产业、促进产业结构优化升级，是加快福建经济发展的一项重要举措。20年来，泉州市通过创新引领发展、改革推动质量提升、科技赋能转型升级，数字化水平持续提高。2022年，泉州市数字经济总规模超5900亿元，占地区生产总值比重近五成。实施产学研协同创新，引进大院大所，打造提升一批智能制造产业基地，加快构建现代化经济体系，提升产业能级。截至2022年，泉州市拥有国家级服务型制造示范项目11个、国家级工业设计中心7个，数量均居全省前列。

率先推进品牌兴市

习近平同志在总结“晋江经验”时指出，始终坚持以诚信促进市场经济的健康发展。20年来，泉州市坚持质量第一、效益优先，实施“品牌兴市”战略，鼓励和引导企业品牌化发展。推进质量品牌提升计划和名牌计划，融合大数据、“互联网+”等现代技术要素，打造更多享誉世界的“泉州品牌”，推进国际化创新型品质城市建设。截至2022年，泉州市拥有驰名商标159件、马德里国际注册商标1300件，均居全国地级市前列，并涌现出一批品牌龙头企业。

率先走国际化发展之路

习近平同志在总结“晋江经验”时指出，始终坚持以市场为导向，深入把握市场经济的运行规律，大力加强市场体系和机制建设，规范市场秩序，不断提高拓展国内外市场的能力和水平。20年来，泉州市抢占改革开放先机，处理好有形通道和无形通道关系，构建开放型经济新体制，最大限度地创造同等对待、公平竞争、一视同仁的发展环境，提升经济国际化水平。依托侨力和台港澳资源优势，开拓国际国内两个市场、两种资源，推进“海上丝绸之路”与“陆上丝绸之路”无缝对接，加快建设21世纪“海上丝绸之路先行区”，为经济持续稳定增长提供强劲动力。

推进“产城人”融合发展

习近平同志在总结“晋江经验”时指出，工业化和城市化只有互相适应、协调发展，才能加快推进经济和社会的现代化建设。20年来，泉州市坚持以人民为中心的发展思想，推进工业化与城市化互促共进，打造“居者自豪、来者依恋、闻者向往”的“海丝名城、智造强市、品质泉州”，率先奏响实现共同富裕的时代强音。2022年，泉州市城镇化率增至70.04%，城镇居民与农村居民可支配收入比降至2.09:1，城乡居民基本养老保险参保率保持在99%以上，走出一条“生态高颜值、发展高素质、生活高品质”的“产城人”融合发展新路，人民群众获得感、幸福感和安全感明显增强。

构建亲清政商关系

习近平同志在总结“晋江经验”时指出，始终坚持加强政府对市场经济发展的引导和服务。20年来，泉州市坚持“处理好发展市场经济与建设新型服务型政府之间的关系”，帮助企业找方向、定航标，弘扬新时代民营企业家精神，与企业“亲而有度、清而有为”，促进政企良性互动，形成发展合力，被中央党建工作领导小组确定为全国非公有制企业党建工作联络点。在亲清政商关系下，泉州市党委、政府以最快速度响应企业需求，以最大限度支持企业转型，以最强力度服务企业发展，打造全国民营经济示范城市。2022年，泉州市民营经济增加值占比超过85%，是万亿地区生产总值城市中民营经济增加值占比最高的。

（刘楷彬）

大　事　记

1月

1日　经海关核准，泉州市嘉晟供应链有限公司成为福建省第一家区域全面经济伙伴关系协定（RCEP）出口商。

5—8日　泉州市政协十三届一次会议召开。大会主席团常务主席李转生作政协第十二届泉州市委员会常务委员会工作报告。肖汉辉当选政协第十三届泉州市委员会主席。

6—9日　泉州市十七届人大一次会议召开。市长蔡战胜做市政府工作报告，市十六届人大常委会主任陈灿辉作市人大常委会工作报告。会议表决通过关于加快推进21世纪“海丝名城”建设的决议。李建辉当选泉州市第十七届人民代表大会常务委员会主任，蔡战胜当选泉州市人民政府市长。

12日　泉州海湾大道二期项目通车，标志着泉州海湾大道项目全线贯通。

17日　泉州中央商务区丰泽区指挥部揭牌，标志着泉州中央商务区的建设拉开序幕。

18日　泉州市政府会同中国铁路南昌局集团有限公司主办中欧班列（泉州—莫斯科）首发仪式活动。此次中欧班列主要装有卫生用品、箱包、鞋服及工艺品等泉州轻工产品，货物在泉州晋江陆地港验放，装载50个柜集装箱，货重445.7吨，货运总值1037.3万元。

2月

1日　《“泉州：宋元中国的世界海洋商贸中心”世界遗产保护管理办法》（以下简称“办法”）施行。办法分五章三十六条，主要包括总则、保护与管理、传承与利用、法律责任、附则。办法总结泉州20年申报世界遗产的经验，以遗产整体性保护理念为支撑，围绕对泉州世界遗产的保护、传承和活态利用，着力于健全长效机制，促进历史文脉的传承和可持续发展，为创建世界遗产保护利用典范城市提供法治支撑。

4日　由泉州市文化广电和旅游局、古城保护发展指挥部办公室、鲤城区政府主办的2022闽南美好生活嘉年华启动仪式在泉州威远楼广场举行。

6日　中共泉州市委、市政府召开泉州市民营经济发展大会。大会发布《泉州市人民政府关于进一步支持民营企业高质量发展的若干措施》（以下简称“若干措施”）。若干措施在2021年出台的惠企政策基础上，梳理制定12条惠企具体措施，其中包括扶持企业自身成长3条、强化科技人才支撑2条、提升金融服务实体经济质效2条、实施工业园区标准化建设1条、实施质量品牌战略3条、打通政策落地“最后一公里”1条。

7日　2022年第一季度全省重大项目视频连线集中开工活动举行。泉州市25个重大项目入选，总投资342亿元。

8日　中共泉州市委、市政府召开泉州市“强产业、兴城市”双轮驱动动员大会，贯彻落实省委“提高效率、提升效能、提增效益”行动部署，以实施“强产业、兴城市”双轮驱动战略为路径，进行全市总动员总部署，推进“项目攻坚2022”“抓城建提品质”“抓开放招商促项目落地”“加快工业

（产业）园区标准化建设”等一系列专项行动。

17日 泉州市首个由检察院与妇联联合挂牌的“刺桐花”家庭教育指导服务站在泉港区人民检察院揭牌成立。

25日 中共泉州市委、市政府联合省国有资产监督管理委员会举行泉州市与省属国有企业项目对接活动。市政府与省国资委签署战略合作协议。泉州市与省属国有企业达成一系列合作意向，围绕数字经济、海洋经济、绿色经济、文旅经济等领域对接项目59个，其中现场签约项目23个、总投资超600亿元。

26日 中央广播电视总台《2021城市营商环境创新报告》发布，泉州市创新实践案例《服务企业零距离、服务项目零收费》成为全国41个案例之一。

27日 长征八号遥二运载火箭在海南文昌航天发射场搭载“安溪铁观音一号”卫星发射升空。该卫星的发射将赋予安溪茶产业数字化建设新动能，也标志安溪数字产业发展达到一个新阶段。

同日 2020年度福建省科学技术奖揭晓，泉州市23个项目获奖，其中一等奖3项、二等奖5项、三等奖15项。

3月

3日 由泉州市创建全国文明城市工作指挥部办公室、中共泉州市委精神文明建设办公室等主办的泉州市“弘扬志愿服务精神 深化文明城市创建 助力‘双轮驱动’实施”——开展全国第59个学雷锋纪念日活动暨深化第七届全国文明城市创建志愿服务动员大会，在泉州府文庙广场举行。

8日 由泉州市商务局主办的泉州商务论坛启动仪式暨首场专题讲座在泉州中央商务区举行。论坛的启动吹响泉州“商务聚贤计划”的号角。“商务聚贤计划”通过建立一个商务智库，打造一支商务合作伙伴队伍，搭建一个商务学习研讨论坛，为全市商务工作提供科学决策咨询的人才支撑，高效推动人才强商工程建设。

13日 泉州市政府新闻办公室召开泉州市新冠疫情防控情况2022年第一场新闻发布会。会上通报，丰泽区在“应检尽检”人员中发现9例新冠肺炎确诊病例，均为丰泽区滨海酒店员工。

14—17日 福建省省长赵龙到泉州检查疫情防控工作。赵龙检查核酸检测点、隔离酒店、流调中心、封控社区现场等。

18日 零时起，因疫情防控，泉州市扩大管控区域，实行中心市区全域管控。

20日 由国家卫生健康委员会卫生应急办公室一级巡视员王文杰任组长的国务院联防联控机制综合组福建工作组抵达泉州，指导和督促疫情防控应急处置工作。

同日 位于泉州市海峡体育中心的泉州市方舱医院完工并投用。

21日 中共福建省委书记尹力到泉州检查督导疫情防控工作，与国务院联防联控机制综合组福建工作组座谈、听取专家意见建议，并在泉州参加省市疫情防控视频会，对全省防控工作作出部署。

25日 经省、市两级医疗救治专家组联合会诊确认，泉州市首批3名新冠肺炎治愈患者从泉州市定点救治医院康复出院。

4月

5日 中共福建省委书记尹力到泉州检查疫情防控及患者救治工作，看望和慰问抗疫一线的医务工作者、社区工作者和志愿者等，对下一步防控工作提出要求。

6日 新建福厦铁路（又称“福厦客专”“福厦高铁”）安海湾特大桥最后一节钢箱梁用时近2个小时完成吊装工序，标志着大桥合龙，无砟轨道铺设施工全面展开。

19日 2022年第二季度全省重大项目视频连线集中开工活动举行。泉州市26个重大项目入选，总投资260亿元。

21日 泉州市防控新冠疫情应急指挥部办公室发布通告，是日零时起，泉州市全市均为低风险地区，全域解除防范区管理。

27日 泉州市属国企收购上市公司股权投资协议签约活动举行，标志着泉州市国有控股上市企业实现“零”的突破。

28日 泉州市2022年重大项目“云签约”活动举行。各县（市、区）、泉州开发区、泉州台商投资区分会场通过视频系统，与分布在全国各地的相关投资方“屏对屏”集中签约380个重大项目，总投资超3000亿元。

29日 中共福建省委书记尹力到泉州市部分企业调研疫情防控措施落实、复工复产和安全生产情况，看望慰问一线劳动者。

30日 中共泉州市委办公室、市政府办公室发布通知，为深化实施“提高效率、提升效能、提增效益”行动，加快疫情防控新常态下复工复产，推动企业长远发展，中共泉州市委、市政府决定在全市开展“一企一策促发展”活动，坚持企业导向、问题导向，瞄准企业需求优化政策供给，助推企业转型升级、做大做强。

同日 11时30分，在中国东海海域海上发射平台，长征十一号运载火箭将“安溪铁观音二号”卫星送入预定轨道，发射成功。该卫星由安溪县政府与中科星桥和长光卫星合作研制，是福建省首颗分辨率达到0.5米的光学商业遥感卫星，也是中国民用和商用领域最高分辨率的光学遥感卫星之一。

5月

6日 泉州市最后一例新冠肺炎阳性感染者治愈出院，标志着泉州市实现社会面、集中隔离对象、阳性感染者“三清零”。

8日 德化县境内兴泉铁路工地上，最后一组500米长钢轨被铺设到路基上，标志着途经14个革命老区县的兴泉铁路全线铺轨贯通，为全线开通运营奠定基础。

14日 为让群众“零跑腿、零感知”享受养老保险待遇，泉州市在全省率先开展城乡居民基本养老保险大规模静默认证工作，由待遇领取人员“自证”转变为大数据“佐证”。

17日 泉州市2022年重大项目视频连线集中开工活动举行。各县（市、区）、泉州开发区、泉州台商投资区、国网泉州供电公司分会场及其项目现场通过视频连线，集中开工重大项目178个，总投资1033亿元，年度计划投资275亿元。

17—19日 全球重要农业文化遗产科学咨询小组在意大利罗马召开会议。福建安溪铁观音茶文化系统因其在食物与生计安全、重要的农业生物多样性、社会价值与文化以及杰出的生态价值、景观等方面具有显著特点和全球重要性，被联合国粮农组织认定为全球重要农业文化遗产。

19日 泉州市政府和国网福建省电力有限公司签订《服务泉州发展战略 共同实施新时代“双满意”工程 助力“碳达峰、碳中和”行动》战略合作框架协议。

6月

8日 《泉州市贯彻落实国务院、福建省扎实稳住经济一揽子政策措施实施方案》（以下简称“方案”）印发。方案从加强财政、金融政策支持，扩大消费需求和有效投资，保产业链供应链稳定，全力稳外贸稳外资，保障粮食能源供应稳定，保障基本民生七大方面提出69条举措。

同日 在泉州海关监管下，由2名外籍驾驶员驾驶的一艘崭新游艇从泉州石井港驶离，开往泰国普吉岛，标志着泉州关区首次开展的游艇“自航离境”监管业务完成。

10日 中国古陶瓷学会磁灶窑研究中心揭牌仪式在世界遗产点磁灶窑址（金交椅山窑址）举行，标志着全省首个、全国第三个地方窑口研究中心落户晋江磁灶。

14日 以“弘扬郑成功爱国主义精神，维护国家统一，捍卫民族尊严”为主题的纪念郑成功收复台湾360周年大会在郑成功故里泉州南安举行。

18日 第七届世界闽商大会在福州召开。泉州市7个项目在大会上集中签约，签约金额289亿元。

同日 第二十届中国·海峡创新项目成果交易会在福州开幕。泉州馆以“科技赋能产业 创新引领未来”为主题，重点组织19家企业、23项创新项目成果参展。

27—28日 中央电视台中文国际频道播出《人类的记忆》系列纪录片之《泉州：宋元中国的世界海洋商贸中心》上下集。

30日 泉州市医保诚信体系建设工程暨“泉州信用医保”启动仪式举行。市医保局和兴业银行泉州分行签订“泉州信用医保”战略合作框架协议，在全省率先推出“信用医保”线上个人授信服务。

7月

4日 经国务院批准的新《国家公路网规划》印发，泉州至金门高速公路纳入其中。

6日 中心市区首家再生资源数字化分拣中心在丰泽区东海街道成立，推出线上预约回收服务。

8日 中共中央政治局常委、国务院总理李克强到泉州晋江国际陆港和安踏集团考察。

12日 位于泉港石化园区的中化学天辰泉州60万吨/年环氧丙烷项目启动建设。

19日 由联合国教科文组织国际文化遗产保护与修复研究中心·亚洲遗产管理学会、中国城市规划学会城市规划历史与理论学术委员会、中国城市规划学会历史文化名城规划学术委员会、泉州城市规划设计集团有限公司主办的“世界遗产城市可持续保护与发展”国际学术研讨会在泉州举行。各国专家、学者围绕“世界遗产城市可持续保护与发展”主题，从

4个议题方向进行论述。

22日　由泉州市政府主办的“数字中国·对话未来——泉州之夜”论坛在福州举行。论坛以“芯之所向，数智未来”为主题。论坛上，泉州市政府分别与昆仑芯科技、中国联通福建分公司签订框架协议、战略合作协议，并集中签约一批数字经济重点项目。

同日　由中国电影家协会、省电影局、中共泉州市委宣传部主办的“2022中国电影编剧周”在泉州启动。活动邀请电影界知名编剧、导演、演员、制片人、作家，以及有一定发展潜力的青年编剧参与，为中国电影编剧交流与发展搭建平台，为优秀电影剧本创作和产业化提供帮助和支持。

23日　由国家互联网信息办公室、福建省政府主办，国家互联网信息办公室网络安全协调局、省互联网信息办公室、泉州市政府承办的第五届数字中国建设峰会网络安全论坛在福州举行。第五届数字中国建设峰会网信产业合作签约仪式同时举行，泉州市11个项目签约。

24日　由中共泉州市委宣传部、市文化广电和旅游局、丰泽区政府主办的“四朵金花”2022年“世遗”泉州时尚文化艺术季开幕式在泉州大剧院举行。随后举行“世遗霓裳”跨界设计秀。

25日　中国人民银行发行世界遗产（泉州：宋元中国的世界海洋商贸中心）金银纪念币一套。该套金银纪念币共4枚，其中金质纪念币2枚、银质纪念币2枚，均为中华人民共和国法定货币。

25日　为“泉州：宋元中国的世界海洋商贸中心”申报世界遗产成功一周年和首个“泉州世界遗产日”，“泉州世界遗产日”主题活动在泉州府文庙启动。

8月

2日　住房和城乡建设部在北京举行《历史文化保护与传承示范案例（第一辑）》新书发布会，由泉州古城保护发展指挥部办公室报送的金鱼巷微改造项目和中山路历史文化街区保护传承项目入选。

4日　由中国驻菲律宾大使馆、泉州市政府、菲华各界联合会主办的“根脉寻踪　情系桑梓——中菲人文之驿·走进世遗泉州”活动，在泉州与菲律宾马尼拉分别举行。

15日　由中共福建省委宣传部主办的福建省传承弘扬“晋江经验”新闻发布会在晋江市举行。

16日　中共泉州市委、市政府举行“晋江经验”20周年招商签约大会。大会通过现场签约和全球“云签约”等方式，集中签约400个重大项目，总投资4160亿元。

17日　中共泉州市委、市政府举行纪念“晋江经验”20周年泉州市重大项目开工活动。全市144个重大项目开工，总投资1837亿元。

19日　福建省弘扬“晋江经验”促进民营经济高质量发展大会举行，大会在福州设主会场、在泉州晋江设分会场。中共福建省委常委、泉州市委书记刘建洋在会上介绍20年来传承弘扬“晋江经验”的情况。

28日　《人民日报》头版头条刊发通讯——《福建晋江扎实推进县域经济高质量发展》。

30日　全国“人民满意的公务员”和“人民满意的公务员集体”表彰大会在北京举行。泉州市推荐的安溪县交通运输局党组书记、局长黄伟福，泉州市中级人民法院诉讼服务中心分别被授予全国“人民满意的公务员”和“人民满意的公务员集体”称号。

9月

6日　中国发展改革报社和北京中新城市规划设计研究院等在北京发布《2021乡镇综合竞争力报告》。报告评出的“2021中国乡镇竞争力百强”分布于全国10个省，其中泉州市有3个乡镇上榜。

8日　第二十二届中国国际投资贸易洽谈会在厦门开幕。由福建省团推荐并经组委会确定，泉州与广州、赣州、长沙、福州等17个城市成为该届投洽会“中国投资热点城市”。

14日　泉州知识产权法庭和泉州国际商事法庭揭牌成立，系全省第三个知识产权法庭和全国第五个在地方设立的国际商事法庭。

15日　以“学习贯彻习近平法治思想　推进法治化营商环境建设”为主题的第二届东南法治论坛在泉州举行。该届论坛设主论坛和四个分论坛。主论坛上，专家学者分别在线上线下做主旨演讲。分论坛围绕法治化营商环境建设、法治服务保障民营经济发展、防范化解经济金融风险、产权与知识产权保护等主题进行交流研讨。

同日　中国泉州—俄罗斯远东航线首航活动在泉州石湖港举行。此航线投入两艘各656标箱船型的船舶，船期为双周班，为客户提供单程132小时（5.5天）的快捷班轮服务。

同日　泉州港鸿山热电码头获评国内首批、全省首个干散货“四星级绿色港口”。

28日　泉州市政府与中国移动

通信集团福建有限公司、中移物联网有限公司分别签订“数字泉州”战略合作框架协议。

29日 泉州市医疗保障研究会、泉州市医疗保障和医疗救助协会分别成立。其中，市医疗保障研究会为全省首个市级医疗保障研究会。

10月

11日 《人民日报》头版“乡村振兴一线探访”专栏刊发《创新乡村治理体系，走乡村善治之路》，报道泉州平安乡村建设成效。

13日 中国泉州—俄罗斯远东航线围头港首航暨“沃德菲泉州”轮命名仪式在晋江市围头港举行。

16日 由石狮食品行业协会倡议主导，石狮市长福社区协办的泉州市首个“爱心食物银行”启动。

19日 闽西南协同发展区人大工作联席会议第四次会议在泉州召开。会议学习中共二十大报告，强调要学习贯彻中共二十大精神，学习领会习近平总书记重要讲话精神，推动地方人大工作创新发展。

24日 中国足球协会超级联赛增加晋江为中立赛区，以分担其他赛区的办赛压力。

11月

3日 商务部、国家发展和改革委员会、财政部、人民银行、海关总署、市场监督管理总局、外汇局、药品监督管理局决定，在全国增设29个国家进口贸易促进创新示范区，晋江市入选。

5日 中共泉州市委、市政府在上海举行泉州市“长三角”招商推介会，并举行“长三角”泉州商会联盟成立仪式。

9日 由2022年中国金鸡百花电影节组委会、中共福建省委宣传部、中国电影家协会主办的2022年中国金鸡百花电影节八闽电影巡展启动仪式在主宾城市泉州举行。

25—27日 由中国国际贸易促进委员会、世界贸易中心协会支持，中国国际商会、福建省政府侨务办公室、省商务厅、省贸易促进会、泉州市政府主（承）办的第八届中国（泉州）“海上丝绸之路”国际品牌博览会在石狮市举行。展会面积2.6万平方米，200家企业参展。

26日 联合国教科文组织亚太地区文化遗产保护奖公布，“南天寺石佛造像和摩崖石刻之南天寺保护修缮项目”获优秀奖。这是2022年中国唯一一个修缮类获奖项目。

29日 联合国教科文组织保护非物质文化遗产政府间委员会第十七届常会在摩洛哥拉巴特召开，中国申报的包括铁观音制作技艺等6个国家级非物质文化遗产代表性项目在内的“中国传统制茶技艺及其相关习俗”通过评审，入选联合国教科文组织人类非物质文化遗产代表作名录。

12月

4日 福建省第十七届运动会在南平闭幕。泉州市代表团以金牌总数188枚、奖牌总数481.5枚和总分5977分全面超过上届。

8日 中共泉州市委十三届四次全会召开。全会听取和讨论中共福建省委常委、泉州市委书记刘建洋受市委常委会委托做的工作报告，审议通过《中共泉州市委关于深入学习宣传贯彻中共二十大精神，加快建设21世纪“海丝名城”的决定》。

21日 由中共泉州市委宣传部、中共鲤城区委、中共南安市委主办的纪念李贽诞辰495周年“李贽思想的当代价值”学术研讨会在泉州华侨大厦举行。

25—28日 第二十二届中国（南安）水头国际石材博览会暨石设计周及第六届中国（南安）泛家居主题活动周系列活动在南安市举行。500余家企业参展。

26日 泉州大桥新桥合龙，提前多天实现全线贯通。

同日 由中共泉州市委宣传部、市社会科学界联合会主办的“泉州与世界海洋文明”学术研讨会在泉州海外交通史博物馆举行。

28日 海西天然气管网德化支线工程投产通气，泉州市在全省率先实现“县县通管道燃气”。

29日 国家文物局公布第四批国家考古遗址公园名单和立项名单，泉州市苦寨坑窑考古遗址公园和德化窑考古遗址公园入选第四批国家考古遗址公园立项名单。

同日 泉州八仙过海旅游度假区获评省级旅游度假区。

30日 第一辆从泉州站通往宁化站的k8756/7次动车组出发，标志着兴泉铁路全线通车运营。

同日 泉州市中心城区公共电单车项目“小橙”开始投放运营。

（刘楷彬）

市情概览

自然地理

【位置面积】　泉州市地处福建省东南沿海，东与台湾省隔海相望，南与厦门市的翔安区、同安区接壤，西与漳州市的长泰县、华安县和龙岩市的漳平市毗邻，北与三明市的大田县、尤溪县和福州市的永泰县以及莆田市的仙游县相连，是福建省三大中心城市之一。陆地辖区东西最大距离149.3千米，南北最大距离158.6千米。泉州市总面积22375平方千米。其中，陆域总面积11015平方千米（包括金门县），占49.23%；海域面积11360平方千米，占50.77%。

（总编室）

【地形地貌】　泉州市地处中低山丘陵区，境内地貌类型复杂多样，山地及丘陵占土地总面积的五分之四，台地及平原占五分之一。地形总体西北高，向东南梯次降低，自西北向东南由中山—低山—丘陵—平原过渡。山脉走向以北东—南西为主，与主构造线和海岸线方向一致，次为北西—南东走向，构成山岭纵横交错、群山叠嶂的格局。德化、永春、安溪三县境内海拔千米以上的山峰有200余座，其中德化境内的戴云山主峰海拔1856米，为全省第二高峰。三县及南安西部山区山高坡陡，山坡坡度多在20度以上，局部50度。安溪、永春两县西部山区为境内主要河流晋江的发源地，德化县是大樟溪发源地；河流上游河谷强烈下切，峡谷发育。

（戴丽云）

【气候】　2022年，泉州市气温起伏大，降水分布不均，极端天气气候事件频发。雨季雨多涝重，夏秋季高温少雨极端性强，气象干旱发展迅速，台风影响轻。主要气象灾害造成全市受灾人口3.24万人，紧急转移安置人口1.51万人，农作物受灾面积843.02公顷，全市直接经济损失44161.39万元。年内经历3次低温过程、14次高温、14场强对流、6场暴雨过程和3个影响台风。台风影响与常年（5.3个）相比偏少，影响偏轻。影响台风分别为2203号台风“暹芭”、2220号“纳沙”和2222号“尼格”。全市年平均气温20.9℃，比常年偏高0.2℃。高温过程多，持续时间长，极端高温强。8月多个县、市高温日数破历史同期纪录，8—10月多县（市）极端最高气温突破历史同期极端高温纪录。汛期连续性暴雨持续时间长，历史罕见。6月全市平均降水434.6毫米，为1961年以来历史同期第二多。其中，6月11—16日出现持续性暴雨过程，全市155个乡镇降水量达100毫米以上（其中12个乡镇超过250毫米）。夏、秋季气象干旱持续发展，持续时间长，范围广，强度强。自7月以来高温少雨，气象干旱发生发展。至10月全市普遍达到重旱—特旱。10月下旬开始降水逐渐增多，旱情逐步缓解。全市年日照时数2018小时，比常年偏多159.5小时。

（林雄军）

【水文】　2022年，泉州市平均降水量1539.8毫米，折合年水量173.07亿立方米，比2021年偏多21.1%，比多年平均偏少5.1%，属平水年。全市最大点降水量为南安市东田镇凤巢站2132.5毫米，最小点降水量为晋江市金井镇金井站765毫米。

（陈　欣）

【土地资源】 2022年，泉州市有耕地10.07万公顷，林地61.93万公顷，草地1.09万公顷，城镇及工矿用地15.96万公顷，交通运输用地2.35万公顷，水域用地3.07万公顷，其他土地2.7万公顷。

【矿产资源】 2022年，泉州全市已发现各类矿产46种，已探明资源储量的矿种29种。其中，能源矿产2种，金属矿产8种，非金属矿产18种，水气矿产1种。探明资源储量的矿区339个，其中，大型（井田）13处、中型27处、小型299处。主要矿产包括铁、锰、铜、铅、锌、钼、金、银、煤、硫铁矿、水泥用灰岩（大理岩）、叶蜡石、硅灰石、明矾石、萤石（普通）、石墨、长石、高岭土、陶瓷土（瓷石）、伊利石、水泥用黏土、建筑用花岗岩（凝灰岩）、饰面用及雕刻用辉绿岩（花岗岩、闪长岩）、冶金用石英、玻璃用砂、铸型用砂、建筑用砂、地热、矿泉水等。矿产资源集中分布在德化县（金矿、铁矿、水泥用灰岩、陶瓷土矿）、永春县（煤矿、水泥用灰岩、陶瓷土矿）、安溪县（铁矿、水泥用灰岩），沿海一带主要为饰面用石材和建筑用石料。

（戴丽云）

【海洋资源】 2022年，泉州市海域面积11360平方千米，海岸线长498千米，拥有湄洲湾、大港湾、泉州湾、深沪湾、围头湾五大海湾。近海渔场面积50.6万公顷，大小岛屿208个，主要水产生物500余种。

（傅成志）

【水资源】 泉州市境内溪流密布，发源于本市境内流域面积100平方千米以上的河流有34条。其中，晋江水系15条，九龙江水系5条，闽江水系9条，单独入海5条。晋江、洛阳江为泉州市主要河流，全市多年平均水资源总量96.9亿立方米。其中，主要供水水源晋江为全省第三大河，流域面积5629平方千米，河长182千米，多年平均水资源总量51.44亿立方米；洛阳江（含黄塘溪）流域面积371平方千米，河长39千米，多年平均水资源总量2.32亿立方米。全市地表水资源量86.81亿立方米，地下水资源量23.89亿立方米，地表水和地下水不重复量2500万立方米，水资源总量87.06亿立方米，人均拥有水资源量984立方米，全市出境水量29.62亿立方米。

（杨明坤）

【林业资源】 2022年，泉州市有林业用地68.24万公顷，占全市土地总面积的62.1%，森林覆盖率58.7%。在林业用地面积中，乔木地面积51.62万公顷，占林业用地面积的76.1%；竹林地面积3.17万公顷，占4.7%；疏林地9857公顷，占1.4%；灌木林地9.16万公顷，占13.2%；未成林造林地1.16万公顷，占1.5%；苗圃地198公顷，迹地100公顷；宜林地236公顷。全市区划生态公益林面积26.42万公顷，占全市林地面积的38.7%。全市有陆生野生动物78科459种，其中爬行动物3目13科69种、鸟类19目51科358种、哺乳类4目14科32种，包括国家一级重点保护陆生野生动物31种、国家二级重点保护陆生野生动物94种。全市记录有野生维管束植物225科949属2500种，其中蕨类植物41科90属220种、裸子植物7科15属20种、被子植物177科844属2260种，包括国家一级重点保护野生植物3种，国家二级重点保护野生植物51种。

（郑海平）

人文历史

【建置沿革】 泉州市古时有温陵、刺桐、清源、泉南等别称。早在旧石器时代，泉州就有人类生息繁衍。随着经济的发展、政治制度的变革，建置代有变化。夏、商两代，泉州在地理区划上属扬州。周朝为七闽地。秦属闽中郡。汉初属闽越国地，后属冶县地。三国吴永安三年（260年），析侯官县地置东安县（治所在今南安市丰州镇）。西晋末年，中原五胡乱华，河洛人衣冠南渡，定居于晋江、洛阳江两岸，泉州自此兴起。唐久视元年（700年），置武荣州，辖南安、莆田、龙溪、清源4个县。景云二年（711年），武荣州改为泉州，隶属闽州都督府，仍辖南安、莆田、龙溪、清源4个县，泉州建制自此开始，以后凡称“泉州”即指今泉州。元代，泉州设有行省，辖南安、晋江、永春、同安、德化、安溪、惠安7个县。明代，设泉州府，辖晋江、南安、同安、惠安、安溪、永春、德化7个县。清代，设有泉州府、永春州，分别辖晋江、南安、同安、惠安、安溪5个县和德化、大田2个县。民国时期，设有行政督察区，辖永春、安溪、金门、南安、晋江、惠安、莆田、仙游、同安9个县。1949年8月31日，泉州城解放，同年9月设立地委、行署，辖晋江、南安、同安、惠安、安溪、永春、仙游、莆田、金门9个县。1971年改为地区，辖泉州市和晋江、惠安、南安、同安、安溪、永春、德化、金门8个县。1985年5月，国务院批准撤销晋江地区，泉州市升为地级市。1986年1月，泉州市人民政府正式成立。2022年辖鲤城、丰泽、洛江、泉港4个区，石狮、晋江、南安3个市，惠安、安溪、永春、德化、金门（待统一）5个县和泉州经济技术开发区、泉州台商投资区。

（总编室）

表1 2022年泉州市行政区划情况表

县（市、区）	面积（平方千米）	街道办事处		镇		乡		社区居委会（个）	村委会（个）
		名称	个数(个)	名称	个数(个)	名称	个数(个)		
鲤城区	51.83	开元、鲤中、海滨、临江、江南、浮桥、金龙、常泰	8	—	—	—	—	81	—
丰泽区	129.25	丰泽、东湖、泉秀、华大、清源、东海、城东、北峰	8	—	—	—	—	84	—
洛江区	374.82	万安、双阳	2	河市、马甲、罗溪	3	虹山	1	19	67
泉港区	340.52	山腰	1	前黄、后龙、峰尾、南埔、界山、涂岭	6	—	—	11	91
泉州经济技术开发区	—	—	—	—	—	—	—	—	—
泉州市台商投资区	—	—		张坂、洛阳、东园	3	百崎	1	—	78
石狮市	188.02	湖滨、凤里	2	灵秀、宝盖、蚶江、永宁、祥芝、鸿山、锦尚	7	—	—	27	101
晋江市	734.03	青阳、梅岭、西园、罗山、新塘、灵源	6	安海、磁灶、陈埭、东石、深沪、金井、池店、内坑、龙湖、永和、英林、紫帽、西滨	13	—	—	106	293
南安市	2031	溪美、柳城、美林	3	仑苍、英都、金淘、诗山、码头、罗东、梅山、洪濑、康美、丰州、官桥、水头、石井、东田、翔云、蓬华、九都、洪梅、省新、霞美、乐峰	21	眉山、向阳	2	52	377
惠安县	792.76	—	—	螺城、崇武、东岭、辋川、涂寨、螺阳、黄塘、山霞、净峰、东桥、紫山、小岞	12	—	—	11	207
安溪县	2993.79	—	—	凤城、湖头、蓬莱、官桥、剑斗、城厢、魁斗、金谷、龙门、西坪、虎邱、感德、芦田、参内、长卿	15	湖上、尚卿、大坪、龙涓、蓝田、祥华、桃舟、白濑、福田	9	45	443
永春县	1455.44	—	—	桃城、下洋、蓬壶、五里街、岵山、湖洋、一都、坑仔口、玉斗、锦斗、达埔、吾峰、石鼓、东平、东关、桂洋、苏坑、仙夹	18	横口、呈祥、介福、外山	4	27	209
德化县	2203.74	—	—	浔中、龙浔、三班、龙门滩、雷峰、南埕、水口、赤水、上涌、葛坑、盖德、美湖	12	杨梅、汤头、桂阳、国宝、大铭、春美	6	26	191
金门县(待统一)	—	—	—	—	—	—	—	—	—
合　计	11295.2	—	30	—	110	—	23	489	2057

（资料来源：市民政局）

【历史文化】 泉州市历史悠久，经济开发早在周秦时期就已开始。西晋末年，中原战乱，中原士族大批进入今泉州地域，多沿江而居，晋江由此得名。他们带来先进的生产工艺和文化知识，使晋江两岸得到迅速开发。泉州是国务院首批历史文化名城、东亚文化之都、世界遗产城市、古代“海上丝绸之路”起点城市，文化积淀深厚，素有“海滨邹鲁”美誉。全市有全国重点文物保护单位44处，省级文物保护单位104处，文物数量众多。极负盛名的有中国现存最早的伊斯兰教清真寺、世界唯一的摩尼光佛像石刻、中国最大的老君石刻造像、葬有唐代到泉州传教的穆罕默德门徒三贤四贤的灵山圣墓、千年古刹开元寺及东西塔、记载古代海上交通和贸易的九日山祈风崖刻、广受台胞和海外侨胞信众膜拜的天后宫妈祖、民族英雄郑成功史迹与陵墓、北宋蔡襄力推修建的洛阳桥、号称“天下无桥长此桥”的安平桥，以及与惠东民俗、海滨风光、石雕艺术融于一体的崇武古城等。丰富的人文景观、别具一格的民俗风情和秀出东南的自然风光交相辉映，使泉州成为一个全国乃至国际性的旅游胜地。泉州市有国家级非物质文化遗产项目35项，福建省级非物质文化遗产项目146项，市级非物质文化遗产项目224项，县级非物质文化遗产项目505项；有国家级非物质文化遗产传承人53人，福建省级非物质文化遗产传承人195人，市级非物质文化遗产传承人603人。非物质文化遗产项目涵盖民间文学、传统音乐、传统舞蹈、传统戏剧、曲艺、传统体育游艺与杂技、传统美术、传统技艺、传统医药、民俗10个类别。泉州保留着弥足珍贵的戏曲文化遗产，有梨园戏、高甲戏、打城戏、“嘉礼”戏等剧种，其中蜚声海内外的有晋唐士乐余韵南音、宋元南戏“活化石”梨园戏和中国一绝“提线木偶”。泉州是中国历史上对外通商的重要港口，有上千年的海外交通史。自唐代开始，即为中国南方四大对外通商口岸之一。宋元时期，泉州港跃居四大港之首，以“刺桐港”之名驰誉世界，成为与埃及亚历山大港媲美的“东方第一大港”，呈现“市井十洲人”“涨海声中万国商”的繁荣景象。

（总编室）

【民族】 泉州市是一个多民族聚居的地区，除汉族外，还有53个少数民族，这53个少数民族是回族、蒙古族、藏族、维吾尔族、苗族、彝族、壮族、布依族、朝鲜族、满族、侗族、瑶族、白族、土家族、哈尼族、哈萨克族、傣族、黎族、傈僳族、佤族、畲族、高山族、水族、拉祜族、东乡族、纳西族、景颇族、土族、达斡尔族、仫佬族、羌族、布朗族、毛南族、仡佬族、锡伯族、普米族、怒族、塔吉克族、俄罗斯族、鄂温克族、德昂族、京族、独龙族、鄂伦春族、门巴族、珞巴族、柯尔克孜族、撒拉族、阿昌族、基诺族、裕固族、赫哲族、塔塔尔族。汉族占总人口的96.47%，少数民族占3.53%，主要以回族、畲族、苗族、土家族居多。回族主要分布在晋江市、泉州台商投资区和泉港区等地；畲族主要分布在南安市、安溪县和泉港区等地；土家族主要居住在晋江市和南安市等地。

【宗教】 泉州市历史上有佛教、道教、伊斯兰教、景教（古天主教的一个支派）、天主教、印度教（婆罗门教）、基督教、摩尼教（明教）、拜物教、犹太教等诸多宗教，其历史悠久、史迹丰富，在海内外有很大影响，被誉为“世界宗教博物馆”。2022年，全市经政府登记的宗教团体41个、宗教活动场所898处（其中佛教466处、道教223处、伊斯兰教2处、天主教6处、基督教201处）；民间信仰活动场所（建筑面积10平方米以上）6964处，其中试点管理的省、市、县民间信仰联系点158处。

（王小冰　廖祥年　郑震秋　车　韶）

【台胞】 泉州市是台湾汉族同胞主要祖籍地，根据1926年中国台湾地区人口调查数据，台湾汉族同胞中44.8%祖籍属泉州府。台湾地名与泉州相同的有180余处。泉州与台湾两地有地缘相近、血缘相亲、文缘相承、商缘相连、法缘相循的密切关系。地理位置咫尺相望，地缘相近。地缘是泉州与台湾之间一切渊源的基础和前提，泉州位于福建沿海中部，与台湾地缘的关系最近。地理位置上，泉州市是大陆陆地距离台湾最近的区域。人口地理祖地根源，血缘相亲。历史上泉州曾有三次迁入台湾的高潮，仅民国34年（1945年）前后泉州人赴台就有10万余人，一大批泉州籍人士在台湾岛内各界和台湾民众中有举足轻重的影响。文化地理共性突出，文缘相承。两地有共同的方言、相似的建筑风格、相同的戏曲艺术和民间信仰。经济地理互通互补，商缘相通。泉州市一直是两岸经济往来最靠前的连接点，据记载，早在隋代，泉州与台湾两地就有商贸往来。宋元时期，台湾作为泉州海上交通的中转站，通商贸易络绎不绝。即使在两岸关系处在紧张时期，泉州与台湾的民间贸易也未曾停止。政治地理历史归属，法缘相循。宋代，中央政府曾将澎湖划归泉州晋江县管辖；元代在澎湖设置巡检司，隶属泉州同安县。因泉州与台湾渊源关系的特殊性，泉州曾在两岸交往史上创下不少“第一”，如第一艘台轮停靠，第一次进行两岸小额贸易，第一个设置台轮停泊点，第一家台资企业上市等，曾被誉为两岸关系的“晴雨表”和“窗口”。全国性对台宣传基地、祖国大陆唯一的对台博物馆——中国闽台缘博物馆，在泉州建成开馆，比较系统地印证泉州与台湾两地关系的历史渊源脉络，更加凸显泉州市对台文化交流的窗口地位。

【华侨华人】 泉州市是全国著名地级市侨乡，有1700余年的华侨史。分布在世界130个国家和地区的泉州籍华侨华人有948万人，90%居住在“海上丝绸之路”沿线，其中100万人以上的有印度尼西亚、马来西亚、菲律宾、新加坡。旅外泉州籍乡亲在当地具有很强的经济实力、政治影响力和社会活动能力，成为推动中国与“海上丝绸之路”国家开展经贸文化交流合作的纽带和桥梁。

（总编室）

经济社会发展

【改革开放】 2022年，泉州市传承弘扬“晋江经验”，实施28项重点改革任务。强化市级统筹统管能力建设，对中心城区实施规划建设一体化管理机制。发布支持民营经济发展“1+1+13”政策“大礼包”，线上直达兑现惠企资金54.6亿元，筹建民营经济发展研究院。推进高水平对外开放，主动融入“一带一路”、两岸融合发展，立足对外开放基础和优势，推进21世纪“海上丝绸之路先行区”和战略支点城市建设。参与RCEP线上经贸平台，创新升级综保区、B保和陆地港，获批建设商贸服务型国家物流枢纽和进口贸易促进创新试点。建成晋江机场扩能改造一期工程，兴泉铁路全线通车，开行“中欧班列”和“整船出海”泉州至俄罗斯远东航线，获评首批国家综合货运枢纽补链强链城市。

【经济发展】 2022年，泉州市经济大盘保持稳定，地区生产总值1.21万亿元，比2021年增长3.5%。人均地区生产总值13.65万元，比2021年增长3%。开展“万名干部进万企、一企一策促发展”活动，市、县两级成立总协调室，对全市1.1万家规模上工业企业、限额以上商贸企业、高新技术企业“全覆盖、全挂钩、全联系”，走访企业3万多家次、解决问题3000余个；为企业减轻税费负担和增加现金流178.5亿元，投放“纾困贷”金额居全省首位，援企稳岗政策惠及企业27.8万家次、员工193万人次；支持龙头企业和本地中小微企业产能对接850亿元。实施“项目攻坚2022”，专班推进“抓前期促开工”，150个重点项目开工建设，120个重点项目建成投产，完成固定资产投资2840.31亿元，比2021年增长10.3%，其中工业投资增长21.6%；获批发行政府新增债券267.7亿元，发行规模、支出效率均居全省第一。启动“爱泉州·大乐购”促消费活动，组织“十大主题促销、百场工业旅游、千家企业大让利、万场产业直播”，加快消费回补和潜力释放。全市网络零售额2463亿元，总量居全省首位。社会消费品零售总额5982.94亿元，比2021年增长2.8%。全市实际使用外资9.73亿美元，比2021年增长100%。进出口总额2711.93亿元，比2021年增长3.6%。推广扩容市场采购贸易试点，市场采购额574亿元，比2021年增长25.1%。

【社会事业】 2022年，泉州市促进教育优质均衡发展，新增公办幼儿园学位1.2万个、中小学学位2.7万个，实现义务教育阶段学校课后服务全覆盖，启动中小学“5G+专递课堂”试点，高中教育质量走在全省前列，新建技工院校4所，获批硕士学位授予培育单位2家。颁布实施新一轮妇女儿童发展纲要。加快补齐卫生健康短板，新增卫技人员3500人、医疗床位1200张、普惠性婴幼儿托位3000个；深化“三医联动”改革，开展信用医保试点，推进先诊疗、后付费；药品和医用耗材集采价格大幅下降，按病种收付费项目494个。加强就业和社会保障工作，多措并举全力保就业，全市城镇新增就业9.1万人，失业人员实现再就业1.8万人，新增“五险”参保51万人次。建成投用市社会福利中心，新增养老床位超2500张；市、县慈善组织筹集善款16亿元。提升文化软实力，建立世界遗产“1+N”管理体系，成立文物保护中心，德化窑、永春苦寨坑窑获国家考古遗址公园立项，新增世界非物质文化遗产1个；出台闽南文化生态保护区管理办法，新增中国工艺美术大师5名，培育新型公共文化空间24个，开展公益性惠民演出活动1400场。第十七届省运会获金牌188枚。

【人民生活】 2022年，泉州市民生福祉日益改善。居民人均可支配收入4.67万元，比2021年增长5.4%；人均消费支出2.97万元，增长5%。其中，城镇居民人均可支配收入5.77万元，增长4.9%，人均消费支出3.5万元，增长4.9%；农村居民人均可支配收入2.76万元，增长6.4%，人均消费支出2.06万元，增长5.1%。城乡居民人均可支配收入比值为2.09，比2021年缩小0.03。城乡居民家庭恩格尔系数分别为31.3%和38.0%。坚持超七成五财力投入民生，完成39个为民办实事项目，建成229个便民惠民利民的“党建+”邻里中心，提高民生品质。各类棚户区改造开工1.19万套（户），基本建成1.17万套（户）。新开工建设城镇保障性安居工程住房4172套（户），基本建成城镇保障性安居工程住房833套（户）。巩固拓展脱贫攻坚成果，强化防返贫监测和低收入群体帮扶，实施产业帮扶3800余户、稳定务工就业1.6万人、住房条件改善提升422户；拓展创建315个乡村振兴试点村，扶持低收入村发展村财创收项目201个。

【生态环境】 2022年，泉州市生态环境状况总体优良。泉州市区环境空气质量以优良为主，六项主要污染物浓度中，可吸入颗粒物、二氧化硫、二氧化氮、一氧化碳达到国家环境空气质量一级标准，细颗粒物、臭氧达到国家环境空气质量二级标准；全市环境空气质量达标天数比例为98.1%。主要流域和12个县级及以上集中式饮用水水源地Ⅰ～Ⅲ类水质达标率均为100%。小流域Ⅰ～Ⅲ类水质比例为94.7%。近岸海域海水水质总体优。噪声和辐射环境质量总体保持稳定。

（总编室）

中国共产党泉州市委员会

综述

【全面从严治党】 2022年，中共泉州市委推进党史学习教育常态化长效化，推动党中央重大决策部署落实机制，开展“一季度一主题”政治监督检查。落实省委主体责任检查问题整改，组织开展市委主体责任检查，推动责任层层压实、全面覆盖。落实新时代好干部标准，完善一线干部印证、评价机制，优先选拔使用疫情防控和平时表现“双优秀”、人岗相适的干部，全年研究调整、晋升职级市管干部644人次。实施新时代基层干部主题培训行动计划，推进年轻干部全链条梯次培养工程。实施“刺桐红”行动，激励退出领导岗位干部保持履职状态。做实党建引领网格管理工作，重新优化设置3.3万个工作网格，配备专兼职网格员近7万名，实现网格党组织覆盖率100%。实施“红色领航·小区善治”行动，加强社区工作者职业体系建设，开展机关企事业单位党组织和党员“到社区集中报到”专项行动。开展“海丝先锋”达标创星活动，抓党建促乡村振兴，实施“善治头雁”全链条培养计划，推行村主干异地挂职锻炼、导师帮带制，选优育强农村（社区）党组织书记。非公企业“党建入章”拓面提质，实施“泉新向党”行动，引导新就业群体参与基层治理和行业治理。分领域分地域分层级纠“四风”树新风，点题整治群众身边腐败和不正之风，聚焦村级小微权力运行，开展“纪检监察进邻里”，推进重点领域反腐败工作。开展市、县涉粮领域专项巡察，组织十三届市委三轮对30个市直单位、6个经济发达镇的巡察。开展政治生态分析研判，加强对“关键少数”监督，巩固发展风清气正的政治生态。

【全过程人民民主】 2022年，中共泉州市委坚持党的领导、人民当家作主和依法治国有机统一，发展全过程人民民主。召开市委人大工作会议，出台加强和改进新时代人大工作的若干措施，支持市人大及其常委会履行立法、监督、决定、任免等职权，围绕招商引资、园区标准化改造、营商环境优化等，开展调研、强化监督。支持市人大率先探索全过程人民民主的地方实践，制定全国首部文化旅游发展促进条例；开展区域协同立法，与福州、三明等七市同步做出《关于加强闽江流域水生态环境协同保护的决定》。推进政协协商民主建设，贯彻《中国共产党政治协商工作条例》，开展42场协商议政活动，支持政协完善专门协商机构制度，在南翼新城规划建设、城市品质提升、营商环境优化、基层社会治理、民生热点难点等方面，实施协商建言、开展民主监督，强化思想政治引领。召开市委统战工作会议，巩固和发展爱国统一战线，落实新型政党制度，搭建平台，联合开展调研视察、共同举办协商活动等，支持各民主党派、无党派人士履职尽责、参政议政，加强党外知识分子和新的社会阶层人士工作。

【经济建设】 2022年，中共泉州市委把壮大现代产业体系作为推动经济发展的重中之重，召开全市民营经济发展大会和“强产业、兴城市”双轮驱动动员大会，出台支持民营经济政策，围绕“八大优势产业+四大经济”体系，组建12个产业发展小组和招商队伍，由市四套班子领导牵头，一产一策一专班、一规划一计划一方案，推进传统产业转型、优势产业集聚、新兴产业培育，强链建链补链延链扩链。以项目攻坚及抓城建提品质、抓开放招商促项目落地、工业园区标准化建设“1+3”专项行动贯穿全年工作，开展大比拼活动，分别召开专题会，听取12个产业发展小组、“1+3”专项行动、开放招商等工作推进情况。实施科研投入、高新企业、高端研发平台、高层次人才“四个倍增”行动，新增高新技术企业超700家、总数超2300家，引进建设高水平科创平台3家；落实中央、省委人才工作会议精神，召开市委人才工作会议，推出“涌泉”行动20条引才措施，新增高层次人才2416名，新培养引进高校毕业生、技能人才、专技人才8.4万名。实施龙头企业培优扶强工程，鼓励企业智改数转、建设未来工厂，推广数字化生产线121条、新增“上云上平台”企业超1000家。以推进工业园区标准化建设为有效投资调整经济结构的主要抓手，加快物理空间和生产工艺技术“双改造、双提升”，全市开工和在建标准厂房1300万平方米，建成300万平方米，规模以上企业入园率和增加值占比分别提高到35%、50%。组建市招商服务中心，聘任招商大使，出台招商引资项目管理办法，实行“一把手”带头、全员招商，全年签约合同项目2341个、总投资1.3万亿元。实施优化营商环境“一号改革工程”，制订攻坚行动方案，开展监测提升专项，建成投用政务便民服务平台、公共数据开发平台，“一网通办”比例达85%，“一趟不用跑”比例达92%；开展“局长走流程、走基层”活动，解决痛点堵点问题716个，压缩承诺时限2220个工作日。

【城乡建设】 2022年，中共泉州市委强化市级统筹统管，对中心城区实施规划建设一体化管理机制，对各县（市）强化统筹协调，做大做强中心城区、做实做优次中心组团、做精做美小城镇和新农村。加强城乡建设中历史文化保护传承。活态保护22个世界遗产点、各级文保单位等，健全世界遗产监测、展示、阐释体系。完成古城核心区29条街巷综合改造，启动中山南路片区46条街巷整治，实施“宋元中国看泉州”“走读泉州”等传播计划。加快“海丝新城”12个片区建设，规划布局、提速建设50平方千米的东海、城东核心区，打造中央商务区、中央活力区。获批开展国家盘活利用低效用地试点，抓征迁交净地，全市完成征地1400公顷，中心城区出让土地面积171.73公顷。实施“绿满泉城”、照明提升、水系联排联调、电力设施补短板4个三年专项行动，建成口袋公园157个，推进东海片区、“两江”沿岸及重要节点照明提升，完成水系联排联调规划编制，中心城区电力设施投资增长22%。推进聚城畅通工程，跨江跨海通道项目前期工作取得实质性进展。建成智慧城管物联通平台，中心市区实现环卫一体化管理。编制实施村庄规划942个，创建整镇推进“五好”乡镇20个，打造乡村振兴示范线23条、典型示范村60个，新增国家级乡村治理示范村8个，整治裸房4.2万栋。推动农业高质量发展，建成高标准农田1.37万公顷。实施城乡供水一体化建设，新改建供水管网1125千米。完成农村公路路网建设301千米、安防工程180千米。

【“海上丝绸之路先行区”建设】 2022年，中共泉州市委立足对外开放的基础和优势，把融入“一带一路”、两岸融合发展，推进21世纪“海上丝绸之路先行区”和战略支点城市建设走深走实作为扩大开放的重要抓手。参与RCEP线上经贸平台，创新升级综保区、B保和陆地港，获批建设商贸服务型国家物流枢纽和进口贸易促进创新试点。建成晋江机场扩能改造一期工程，兴泉铁路全线通车，开行“中欧班列”和“整船出海”泉州至俄罗斯远东航线，获评首批国家综合货运枢纽补链强链城市。完善重点侨情和港澳乡情数据库，推进南洋华裔族群寻根谒祖平台建设，涵养侨务资源。营造亲侨护侨暖侨环境，举办第八届中国（泉州）海上丝绸之路国际品牌博览会暨第二届RCEP青年侨商创新创业峰会，促进经贸投资合作和文化交流。出台司法、金融、农业等惠台惠企政策，惠安台湾农民创业园综合排名全国第2，全年新批台资企业、投资额分别增长54%、99%。实施海峡两岸闽南文化溯源交流工程，举办郑成功收复台湾360周年纪念活动。

【民生保障】 2022年，中共泉州市委坚持在发展中保障和改善民生，统筹发展和安全，解决群众急难愁盼问题。坚持超七成五财力投入民生，完成39个为民办实事项目，建成229个便民惠民利民的“党建+”邻里中心。巩固拓展脱贫攻坚成果，实施产业帮扶3800余户、稳定务工就业1.6万人、住房条件改善提升422户。制订“一老一小”整体解决方案，实行公建配套学校与城市规划、设计、建设、验收、交付使用五同步，加快补齐教育、卫生、养老、幼托等民生社会事业短板。全年新增公办幼儿园学位1.2万个、中小学学位2.7万个，医疗床位1200张、卫技人员3500人，养老床位2500张，普惠性婴幼儿托位3000个。拧紧安全责任链条，分级分类推进安全生产标准化，实行“红橙黄蓝”分级分类精准监管，完成5.2万家企事业单位标准化创建，生产安全事故起数和死亡人数实现“双下降”。统筹推进中央和福建省两轮生态环保督察整改，打好污染防治攻坚战，河湖长制考核连续五年排名全省第一，县级以上饮用水水源地水质达标率保持100%。深化平安泉州建设，完成各项重大活动的安保维稳任务，常态化推进扫黑除恶斗争，严厉打击电信诈骗、非法集资等，创建全国社会治安防控体系建设示范城市。强化初信初访首办责任，完善信访积案化解机制。举办“食品药品安全进乡村”科普惠农活动，加强食用农产品“一品一码”追溯管理，获批国家食品安全示范创建城市。落实粮食安全责任制，确保粮食播种面积稳定在8.67万公顷，粮食产量超50万吨。

（卢春庆）

【深化改革】 2022年，中共泉州市委全面深化改革委员会办公室围绕泉州发展战略部署，服务市委全面深化改革委员会、财经委员会，在全市改革财经工作重大决策、重大问题上发挥牵头抓总作用，推动新增获批盘活利用低效用地、知识产权强市建设、综合货运枢纽补链强链、废旧物资循环利用体系建设、食品安全示范创建5个“国字号”试点。聚焦事关泉州高质量发展的根本性、方向性、全局性重大问题，前瞻制定全市改革工作要点，部署推动10个方面、28项年度重点改革任务；牵头筹办市委全面深化改革委员会审议集体林权制度改革、种业振兴行动等改革方案，梳理上报生产性服务业及新能源产业发展情况、需要国家支持的基础设施建设项目等。健全改革日常运作机制，调整设置十三届市委全面深化改革委员会12个专项工作小组。聚焦服务保障体制机制改革创新，牵头协调推进国防动员体制改革，会同相关职能部门研究出台市、县改革实施方案；跟踪推进低效用地盘活利用试点工作，参与试点政策论证起草；探索“活化泉州‘侨’的比较优势”改革路径。加强典型培树复制推广，强化“完善提升一批、创新推进一批、复制推广一批”工作机制，总结提炼泉州改革创新实践案例，择优选取各县（市、区）37个改革创新项目纳入培育库；组织2022年全市改革创新案例评选活动，2个案例获评2022年福建省改革试点成果，2个案例获评省效能办“改革创新成效”优秀成果奖。

（郑锦鸿）

重要会议

【概况】 2022年，中共泉州市第十三届委员会召开全体会议1次，省委常委、市委书记刘建洋受市委常委会委托作工作报告。中共泉州市第十三届常委会召开常委会会议37次。

【市委十三届四次全会】 2022年12月8日，中共泉州市第十三届委员会第四次全体会议召开。会议听取和审议市委常委会工作报告，通过《中共泉州市委关于深入学习宣传贯彻党的二十大精神，加快建设21世纪“海丝名城”的决定》《中国共产党泉州市第十三届委员会第四次全体会议决议》。全会明确目标安排，到2035年，泉州市与全省一道基本实现社会主义现代化，全方位高质量发展核心指标位居全省前列，基本建成21世纪“海丝名城”；从2035年到21世纪中叶，全面建成21世纪“海丝名城”，成为展示中国特色社会主义制度优越性、展示中国式现代化实践成果的生动范例。

【市委常委会会议】 2022年，中共泉州市第十三届常委会召开第10～46次会议。会议研究《关于2022年全面推进乡村振兴重点工作的实施意见》《泉州市加快工业（产业）园区标准化建设实施方案（送审稿）》《泉州市抓开放招商促项目落地2022年行动方案》《泉州市党委（党组）意识形态工作责任制实施细则（送审稿）》《泉州市中心市区推进“环卫+”一体化工作方案（送审稿）》《关于实施“提高效率、提升效能、提增效益”行动方案（送审稿）》《中国共产党泉州市委员会工作规则》《关于深化全市应急管理综合行政执法改革实施方案（送审稿）》《泉州市自然资源领域市与县财政事权和支出责任划分改革实施方案（送审稿）》《关于进一步明确安全生产监管职责构建安全生产长效机制的意见（送审稿）》《关于新时代推进国有经济布局优化和结构调整的实施方案（送审稿）》《2022年度泉州市经济社会运行和高质量发展监测与绩效管理工作方案（送审稿）》《关于全面建设“党建+”邻里中心提升基层治理水平的意见（送审稿）》《泉州市贯彻落实“提高效率、提升效能、提增效益”优化营商环境攻坚行动方案（送审稿）》《泉州市“十四五”深化医药卫生体制改革专项规划》《关于深化党建引领基层网格管理工作的实施意见（送审稿）》《泉州市法治政府建设实施方案（2021—2025年）》《泉州市法治社会建设实施方案（2021—2025年）》《泉州市深入打好污染防治攻坚战实施方案（送审

2022年12月8日，中共泉州市第十三届委员会第四次全体会议召开

（陈起拓 摄）

稿）》《关于深入推进科技特派员制度服务乡村振兴和助力产业转型的实施方案（送审稿）》《泉州市种业振兴行动实施方案（送审稿）》《关于进一步加强和改进新时代人大工作的若干措施（送审稿）》《泉州市贯彻落实福建省推动民营经济创新发展若干措施工作方案（送审稿）》《泉州市关于持续推进林业改革发展的实施方案（送审稿）》《关于加强基层治理体系和治理能力现代化建设的若干措施（送审稿）》《关于全面加强新时代少先队工作的实施意见（送审稿）》等。

（卢春庆）

组织工作

【概况】 2022年，中共泉州市委组织部做好干部队伍建设、干部教育培训、基层党建、人才工作，推动发挥组织优势、组织功能、组织力量。开展中共二十大代表候选人初步人选推荐工作。全市884个基层党委、1.48万个党支部和31.53万名党员参加推荐。分2期举办市管干部学习贯彻中共二十大精神专题研讨班，通过“视频+线上+线下”的方式，实现市管干部全覆盖。为全市1.64万个基层党组织征订中共二十大精神学习用书，指导各地各单位开展中共二十大精神学习培训，全市举办基层党组织书记学习中共二十大精神专题培训452场次，培训党组织书记1.1万人次。全市各基层党组织开展学习宣传贯彻中共二十大精神专题党课1.69万场，举办专题主题党日活动1.65万次。疫情防控期间，精准调度投放77个市级单位5715名干部成建制下沉驰援重点区域。组建干部考察督导组，采取一线督导检查、一线专项考察“双印证”，防控指挥部、党员干部群众、一线考察组“三评价”，了解掌握干部思想动态、工作表现和群众口碑。对干部在疫情防控中的表现，开展集中分析研判，掌握一批表现优秀的干部，按照疫情防控和平时表现“双优秀”、人岗相适的原则选拔使用干部。组织基层党组织和党员投身疫情防控，成立临时党组织3149个，组建党员先锋队5532支。截至年底，全市有33.44万名党员、1.8万个基层党组织。

【基层组织建设】 2022年，中共泉州市委组织部指导各地因地制宜优化设置一级网格2589个、二级网格1.27万个、三级网格1.79万个。开展网格党组织集中覆盖行动，组建网格党组织8956个、党小组9682个，升格415个村（社区）党组织。开展机关企事业单位党组织和党员“到社区集中报到”专项行动，动员6.5万名在职党员、热心群众、物业服务人员担任兼职网格员。实施“红色领航•小区善治”行动，组建物业服务企业党组织141个，推动136个小区党支部书记兼任业委会主任。实施“千雁领航、联片带富”计划，按全市行政村数5%的比例筛选确定一批有潜力的优秀年轻村级党组织书记作为培育对象。开展市直单位帮镇扶村促振兴专项行动，组织市直机关“一对一”精准结对帮扶党建薄弱、经济落后、风险突出的10个乡镇和48个村（社区）。深化“跨村联带”区域化党建工作模式，组建267个联村党委（党总支）或乡村联盟，推动329个强村与638个周边村联片发展、成片治理、共同富裕。深化党建融入公司治理工作机制，推动党组织参与企业重大事项决策。在全省率先推动303名县（市、区）党员处级领导干部兼任“两新”组织党建指导员，组建216支助企服务队，解决企业难题5.1万个、职工困难1.1万件。开展“泉新向党”行动，“三有”新业态企业党组织覆盖率94.5%，建成246 个“暖蜂驿站”，聘请1613名党员快递员、外卖送餐员兼任社区网格员。实施发展党员“培源提质”行动，试点劳务派遣工发展党员工作，发展党员4802名。开展农村发展党员违规违纪问题排查整顿工作，排查党员4.4万名，发现问题6918个，处理问题党员828人，问责处理相关责任人962人。开展流动党员管理试点工作，优化流动党员管理机制。清查1.65万个党组织的党务工作，发现并督促整改问题618个。开展机关特色党建项目和机关体制机制创新案例评选活动，向4所民办高校选派干部挂职担任党委书记，在市、县中小学校推行党组织领导的校长负责制，深化国有企业党建工作机制、项目党建工作法、“一集团一品牌”，推动各领域党建齐头并进。

【干部培养选拔】 2022年，中共泉州市委组织部实施“领导干部政治能力提升”工程，抓好新思想的集中培训轮训，常态化举办“一把手”政治能力、领导干部思想政治建设、中青年干部等培训班。组织开展“党课开讲啦”“学习身边榜样”等活动，在基层党组织中开展“千堂党课进邻里”活动，建立由党校教师、党务工作者以及“土专家”“田秀才”等组成的讲师团队，开展党课活动1000余场次。实施“新时代基层干部主题培训行动计划”，建立市级抓示范培训、县级抓普遍培训、部门抓行业培训的工作机制。举办绿色经济、应急管理、统计知识、城市建设等专题培训班10期。依托“东海干部学堂”开展12期专题讲座。举办市级公务员培训12期、培训公务员1551人次，分类举办3期村（社区）主干示范培训班。依托市委党校建设泉州初心教育学堂，强化中心城区党校资源统筹，加快推动构建市、区党校一体化融合办学模式。注重加强县级党校分类建设和乡镇（街道）基层党校、党员教育培训基地建设，挂牌30个泉州市基层党建工作实训点，打造112个党员教育培训示范基地。完成对市管领导班子和市管干部的年度考核和等次评定，评估换届后县市区班子运行情况，动态优化班子配备。集中开展县级法院、检察院领导人员调整配备，班子结构明显优化。

【干部监督和管理】 2022年，中共泉州市委组织部完善干部队伍结构分析提醒制度，向各县（市、区）和16个市直单位发出队伍结构提醒函。集中对市管优秀年轻干部建议人选进行动态调整，首次将年龄界定在45岁以下，继续实行40岁以下单列推荐。强化对市、县两级公务员调配工作的统筹管理，提高从外地市调入公务员年龄、学历等资格条件要求，建立县（市、区）从外地市调入公务员报备制度，从严从紧把关公务员调任和超龄提拔等事项。接收安排硕士引进生1名；选调生55名，其中博士18名、硕士17名。实施“刺桐红”行动，引导退出领导岗位干部参与疫情防控、项目一线攻坚，担任新进班子成员、优秀年轻干部成长导师，帮带干部提升能力素质。开展干部队伍“严管厚爱结合、激励约束并重”专项检查，完善从严管理干部制度体系。组织对22家市直单位开展科级干部选任检查，查摆出长期未轮岗、长期缺岗、事业干部顶岗等问题72条次。完善市管干部日常管理监督信息沟通制度，梳理汇总日常管理监督信息35条。建立全市巡视巡察选人用人专项检查干部库，对24个党委（党组）开展选人用人检查。联合市审计局组织对22个单位的33名领导干部实施经济责任审计。编印《领导干部个人有关事项报告填报指导手册》，重点查核165人，随机查核142人，查核一致率为94.1%，责令做出检查14人、诫勉处理3人。开展参照公务员法管理事业单位重新认定工作，省上批复同意纳入参公管理事业单位397个。对市直组织、宣传、统战、政法等系统以及市直事业单位、市属高校科级干部管理进行政策梳理和现状分析，厘清职责权限。坚持考试录用主渠道，录用公务员434名，组织19家市直单位设定25个职位向基层遴选30名公务员。开展公务员队伍专业化建设专题调研，启动公务员急需紧缺专业目录编制工作。有序推进173个机关（参公）单位开展平时考核工作，推进公务员绩效奖金改革，开展奖励工作。

【人才“港湾计划”】 2022年，中共泉州市委组织部着眼人口、人力、人力资源转化贯通，坚持“塔尖”“塔基”人才并重，提升人才政策精准度。推动市、县统筹5亿元财政资金“盘子”，落深落细“涌泉”行动20条，对到泉州就业创业的高校毕业生、技师队伍以及其他紧缺急需专业人才发放优才卡，给予“零门槛”落户、“举家迁移”政策，享受1万元的一次性生活补贴和每月不超过600元的社保补助，提供最长1年的见习免费住宿、最长7天求职短期免费住宿，以及免费游玩景区、免费乘坐公交、商家打折、税费补贴、天使投资等一揽子优待，给人才最高礼遇。入选省级以上人才计划（项目）575人，新认定市高层次人才2416人，新增引进和培养高校毕业生、技能人才、专技人才8.4万人。坚持用事业平台吸引、留住人才，清源创新实验室建设加速推进，省集成电路创新实验室、国家技术转移东部中心、五交科技产业研究院、北京石墨烯技术研究院有限公司、中关村硬创空间知创园、中国海洋大学（泉州）海洋生物产业研究院等一批重大产学研载体落地；高端绿色鞋服产业创新中心获批省级制造业创新中心；福建技师学院石狮校区招生；泉州数字经济研究院、物联网产业学院启用运行。用好“同心杯”留学人员创新创业大赛、RCEP青年侨商创新创业峰会等引才载体，提升引才聚才实效。对接“校地企”产学研用合作项目228项，新增院士工作站、博士后工作站等高端创新平台33个、高新技术企业710家。健全优化人才工作领导小组架构，配强工作力量、规范运作机制，构建人才工作组织体系。抓实“泉城似锦·邀您来创”服务品牌，开展“百校百企对接”“送岗留才进校园”系列活动，招聘各大高校引才大使。统筹布局137个人才之家，启动泉州中央商务区人才社区建设，打造专属人才社群和30分钟半径的服务圈。升级泉州人才港湾信息平台，打造“全能客服”。构建“奖、投、贷、保、补”五位一体金融服务体系，推动设立50亿元授信额度的“涌泉贷”。落实党委联系服务专家制度，解决人才引进、涉才政策申报等问题679件。

【“涌泉”行动暑期系列活动】 2022年7月22日，由中共泉州市委组织部主办的“泉城似锦·邀您来创”——“涌泉”行动暑期系列活动启动，旨在抓住暑期引才的有利时机，向高校学生宣传推介泉州城

2022年7月22日，由中共泉州市委组织部主办的“涌泉”行动暑期系列活动启动 （市委组织部 供图）

市环境和“涌泉”行动20条措施。启动仪式上，主办方为华侨大学、泉州师范学院、黎明职业大学、泉州职业技术大学、泉州轻工职业学院等泉州市首批公益性创业学院、“名企导师”训练营授牌。现场发放“涌泉”行动专项信贷资金，并举行“涌泉卡”首发式。此外，通过简历筛选、线上“一对一”面试，100名泉州籍在校生成为2022年“校园引才大使”。“涌泉”行动暑期系列活动期间，举办泉州市引才环境推介会、“校园引才大使”暑期拓展营、“正青春·当涌泉”大学生暑期研学、“涌泉扬帆”大学生暑期实习、首期“名企导师”训练营等活动，各县（市、区）结合各自实际开展系列活动。

【“万名网格长、贴心送服务”专项行动】 2022年疫情防控期间，中共泉州市委组织部开展“万名网格长、贴心送服务”专项行动，深化党建引领基层网格管理，打造“村（社区）党委—网格党支部—楼栋党小组—党员联系户”穿透式组织体系架构，提升基层治理精细度。发挥村（社区）党组织领导作用，以基层网格为基本单元，以网格长为具体负责人，整合网格内专兼职网格员、楼栋长、在职党员、志愿者等各方力量，组建网格服务小分队，开展“敲门服务行动”，重点摸排空巢独居老人、孕产妇、基础性疾病患者、血液透析患者等特殊重点人群。全市组织3.3万多名网格长，汇总建立重点对象名单26.05万份，为群众提供服务60.9万人次，发放“防疫爱心包”15.8万份。

（李泽澜）

宣传工作

【概况】 2022年，中共泉州市委宣传部贯彻落实中共中央关于宣传工作的决策部署和省委要求，为推进中国式现代化的泉州实践提供思想保证和精神力量。开展“强国复兴有我”群众性主题教育，组织开展“喜迎二十大 奋进新征程”“献礼党的二十大”等主题宣讲、汇演竞赛、展览展播等宣传活动5000余场，制播《十年·泉回响》《我爱你中国》等短视频，展示泉州新时代人物风采、新时代建设成就。做好“时代楷模”“道德模范”“八闽楷模”等选树宣传工作。鸿星尔克集团被中宣部、国家发改委评为2021年“诚信之星”，南安快递员洪成木获评2022年度全国岗位学雷锋标兵。评选2022年度泉州市学雷锋活动示范点22个和岗位学雷锋标兵19名。开展向潘加声学习宣传活动，举办道德模范先进事迹巡演巡展，组织“网络文明宣传周”线上线下互动，群众参与数达30万人次。举办2022年泉州市文化科技卫生“三下乡”集中服务活动和学习宣传贯彻中共二十大精神“微宣讲+文明实践”“三下乡”示范活动，推动兴起学习宣传贯彻中共二十大精神热潮。

【理论学习】 2022年，中共泉州市委宣传部以学习宣传贯彻中共二十大精神为抓手，兴起“大学习”热潮。发挥“关键少数”示范带动作用，市委理论学习中心组学习23场次，各县（市、区）委理论学习中心组学习312场次。抓好党史学习教育，推动常态化长效化。召开市党史学习教育总结大会，印发推动党史学习教育常态化长效化的实施方案，做好《百年初心成大道——党史学习教育选编》《百年大党面对面》等党史学习读本的学习宣传工作。抓实基层宣讲，推动中共二十大精神深入人心。策划实施“‘泉’民讲二十大”宣讲工作项目，形成“市—县（市、区）—乡镇（街道）”链式宣讲体系。全年全市组织各类宣讲活动1.1万多场次，受众600余万人次。紧扣迎接、学习、宣传、贯彻中共二十大精神，制播5场专场宣讲。制作“侨说二十大”“商说二十大”等各类宣讲主体的“微宣讲”“云宣讲”短视频，通过新媒体播出。加强理论研究阐释，传承弘扬“晋江经验”。以“晋江经验”提出20周年为契机，深化“晋江经验”的理论研究和实践探索，完成“晋江经验”的时代价值与现实启示课题研究。承办“晋江经验”与习近平经济思想理论研讨会晋江分会场，80篇入选论文汇编成集。

【主流舆论宣传】 2022年，中共泉州市委宣传部以迎接和学习宣传贯彻中共二十大精神为主线，健全新闻舆论工作机制，推进正面宣传，主动策划议题，强化横纵向联动，推动舆论宣传和市委、市政府中心工作无缝对接、一体运作，有节奏、分阶段开展宣传报道、鼓呼造势。全年省级以上媒体推出相关报道1万多篇（条）。组织中共二十大精神宣传报道，开设《深入学习宣传贯彻党的二十大精神》《“泉”民关注二十大》《二十大时光》等专题专栏，推出一批有深度、有特色、有影响的系列报道；组织“晋江经验”20周年宣传报道，推出一系列新闻精品和融媒体爆款，各级各类媒体刊发（播）有关传承弘扬“晋江经验”相关报道5000余篇（条）；开展“强产业、兴城市”双轮驱动宣传，专访13个县（市、区）党委书记以及15个市直重点涉经济部门主要负责人，制作专题宣传片滚动播出，在报纸头版、《新闻联播》以及新媒体各平台推出系列报道、短视频；泉州广播电视台系列短视频播放量破1000万人次。

【文艺精品创作】 2022年，中共泉州市委宣传部推动文艺精品创作。电视连续剧《爱拼会赢》获中共中央宣传部第十六届精神文明建设“五个一工程”优秀作品奖，于3月15日在央视一套黄金时间首播。梨园戏《朱买臣》、高甲戏《昭君出塞》入选中共中央宣传部2022年中国戏曲像音像工程。木偶戏《火焰山》、高甲戏《连升三级》、梨园戏《董生与李氏》3部剧目成为国家“百年百部”传统精品复排重点扶持作品。高甲戏《连升三级》、梨园戏《董生与李氏》《节妇吟》入选文化和旅游部举办的“人民为中心 文艺攀高峰——纪念毛泽东同志《在延安文艺座谈会上的讲话》发表80周年主题展”。高甲戏《阿吼的幸福生活》、木偶小剧《风雨桃花山》入选国家艺术基金资助项目。《你的模样》获中共中央宣传部第五届社会主义核心价值观主题微电影征集展播活动评选一等奖。惠安石雕《同心协力》获第十五届“中国民间文艺山花奖•优秀民间工艺美术作品”。南音新作《潮涌晋江》获第十二届中国曲艺牡丹奖提名奖。泉州高甲戏《围头新娘》《莫耶·延安颂》，木偶剧《小金刚传奇》，梨园戏《英雄虎胆》和舞剧《南侨机工》获第八届福建艺术节优秀剧（节）目奖（最高奖）。推进基层文化建设。晋江市文化市场综合执法大队、安溪县电影服务中心、福建新华发行（集团）有限责任公司永春分公司3个单位获中共中央宣传部第九届全国服务农民、服务基层文化建设先进集体称号。泉州市优秀传统文艺示范基地、永春文艺展厅、晋江市书法创作基地、南安市英都摄影创作基地、惠安县聚龙小镇文艺创作基地、石狮灯谜创作基地、德化县陶瓷文艺创作交流中心7个基地入选福建省首批新时代中国特色文艺示范基地。省梨园戏传承中心团长曾静萍、泉州市高甲戏传承中心副团长陈娟娟专家工作室入选第二批享受国务院政府特殊津贴专家工作室。姚雅丽等10人入选第三届泉州市文化艺术优秀人才。

【文化体制改革】 2022年，中共泉州市委宣传部出台文化改革发展政策文件，贯彻中共中央办公厅、国务院办公厅《关于深化国有文艺院团改革的意见》，协同市文化广电和旅游局研提泉州市实施方案，建立多演多得、多创作精品多奖励的激励机制。制定《泉州市扶持影视产业发展若干措施申报指南（2022年版）》， 做好影视行业的优质服务和政策申报工作。贯彻落实省《关于推动文化企业坚持正确导向履行社会责任的实施意见》，组织顺美集团等文化企业发布履行社会责任报告，完善国有文化单位社会效益评价考核工作。把创建国家文化和旅游消费示范城市建设、健全完善县域网络综合治理体系作为2022年文化体制改革重点突破改革事项，谋划贯彻落实中共二十大精神全面深化文化体制改革攻坚行动有关路径措施。加快市级媒体改革，推动相关人员聘用考试等工作。推进泉州晚报印刷厂改革，协调解决改制中新成立公司工商注册等问题。推动省、市“十四五”文化和旅游改革发展专项规划落地实施。

【对台宣传】 2022年，中共泉州市委宣传部举办2022年“逐梦海丝——闽南人少儿春节联欢晚会”，创排29个精品少儿节目，连线菲律宾、马来西亚、澳大利亚及中国福建省晋江市金门等四个分会场，通过“魅力中国”网络电视台、台湾IM·TV网络台、台湾天空传媒及菲律宾菲中电视台播出，实现全球落地组织台胞学习中共二十大精神，采访在泉州台企台胞，谈感受、讲体会，推出《在泉台企台胞热议党的二十大报告》《台胞、台商、台青学习党的二十大精神》等报道。用好入岛宣传平台，在《台湾导报》刊发泉州市学习贯彻中共二十大精神专版，在广播FM105.9频率开设“二十大时光”版块，推出《台商台胞：在大陆发展的信心更加坚定》等报道20余条。组织纪念郑成功收复台湾360周年大会系列活动宣传工作，协调邀请36家媒体80余名记者参加活动。

【外宣工作】 2022年，中共泉州市委宣传部联动央媒，推出泉州学习宣传贯彻中共二十大精神重要新闻。新华社经济信息社刊发《泉州依靠科技创新迈向制造强市》，被相关国家（地区）952家主流媒体、门户网站及重点新闻信息服务机构转载。组织《欧洲时报》《侨报》《菲律宾商报》等海外华文媒体刊发泉州市学习贯彻中共二十大精神专版，推出系列报道40余条。召开“福建省传承弘扬‘晋江经验’新闻发布会”“第八届中国（泉州）海上丝绸之路国际品牌博览会暨第二届RCEP青年侨商创新创业峰会新闻发布会”等56场新闻发布会。协同中国国际电视台《好吃客》《茶之道》《传承中国》等品牌栏目，摄制、传播泉州系列节目；拍摄《伊路向东》《丝路溯源》等纪录片。《好吃客》全球观看量3547.7万人次（其中海外观看量2287.8万人次），独立用户访问量2036.5万人次，互动量40.1万人次。策划组织《万亿城市》泉州系列报道，结合“晋江经验”“强产业 兴城市”“世遗泉州”等重大主题，开展5场大型新媒体直播、8场电视单边连线、2场线下论坛活动以及30余组主题报道，以英语、西班牙语、法语、阿拉伯语、俄语等多语种，在中国国际电视台所属6个电视频道、3个海外分台、1个视频通讯社和新媒体集群进行集中宣传，展现泉州经济社会发展成就，覆盖170余个国家和地区；中国国际电视台新媒体全平台发布相关报道688条，全球阅读量5172万人次，视频观看量1950万人次，互动量25万条人次。摄制《宋元中国看泉州》《番客楼里的侨心》等系列外宣短视频。

（曾晓辉）

【社会主义核心价值观建设】 2022年，中共泉州市委精神文明建设办公室融合“福”文化和泉州文化，以“文明刺桐城 有礼泉州人”为主题，开展文明服务等系列活动2万场次。开展“践行‘八不’行为规范、做文明公民”、公共生活好言行等文明行为规范引导活动。利用H5开展“泉民幸福”“传递文明力量从我做起”等线上宣传活动，参与人数76.37万人。开展“清净车厢”创建、节能宣传周、“共建清洁美丽世界”、“6·5”生态环境日、“喜迎二十大 共建文明城”文明旅游宣传志愿服务、“喜迎二十大 逐梦耀青春”城市定向挑战赛活动等。举办“崇尚节俭 反对浪费”文明实践宣讲、“崇尚节俭 制止餐饮浪费”大家谈沙龙活动；开展卫生健康•急救科普下乡服务主题活动，引导群众培养文明健康绿色环保的生活方式。开展“星级文明集市”创建活动，进行与文明城市创建紧密关联的农贸市场创建工作，3家市场获评福建省“星级文明集市”，营造诚信经营的市场环境。

【全国文明城市创建】 2022年，泉州市开展全国文明城市创建工作，保持创城指挥部常态化运转，形成“1（市创城指挥部）+4（四个区创城指挥部）+N（市直有关职能单位）”创城长效常态工作体系。以“强产兴城、文明同行”主题活动为引领，常态化做好周巡查、月测评、季度模拟测评等工作，重点整治5类问题、六大领域重难点部位、七大专项提升行动（文明实践、公益广告、市容市貌、交通秩序、农贸市场、小区物业、校园及其周边），改造提升老旧小区347个、农贸市场15个，修补增设交通标志345处，施划标线5865平方米，维修、新设护栏1075片，施划停车泊位3569位，推动8轮6876个重难点问题整治整改。组织网上材料申报工作，组织7场现场审核对接会，对11个县（市、区）和泉州台商投资区以及29个市直单位部门进行网上材料对接。成立申报材料专家组，到重点单位指导，开展入户问卷调查。

【道德典型学习宣传】 2022年，中共泉州市委精神文明建设办公室在中心城区的科技馆、海外交通史博物馆、少年宫、华侨历史博物馆、文化宫等场所开展道德模范专题展览展示，利用多种方式开展道德典型宣传，实现市、区两级专题展览全覆盖；深化“我推荐我评议身边好人”活动，12人（组）入选中国、福建好人榜。落实道德模范帮扶措施，在重大节日期间，市、县两级走访慰问困难道德模范、身边好人、文明家庭等337人次、发放慰问金35.97万元。

【基层基础文明创建】 2022年，中共泉州市委精神文明建设办公室将文明行业创建与践行新风正气“福建”名片深度融合、一体推进，在各行业开展岗位践新风活动。出台市级文明单位（含非公组织）测评标准（2022版），开展2020—2022年度市级文明村镇、文明单位（社区、风景旅游区）、文明校园、文明家庭评选工作。完善优化泉州市精神文明创建测评系统，组织市文明单位（村镇、校园）创建管理平台验收。督促指导新一届全国、省级文明单位、文明校园、文明村镇创建（培育）动态材料初评工作；组建174名精神文明创建专家库专家，完成市级届末总评、省级参评对象网上申报材料审核工作。录制《疫情期间移风易俗倡议书》在中心城区播放宣传。推动44个省级、市级家风家训馆文明实践点挂牌，扩大工作覆盖面，营造家庭文明新风尚。

【网络精神文明建设】 2022年，中共泉州市委精神文明建设办公室协调推动网络空间治理和网络内容建设，倡导文明办网、文明用网、文明上网。运用互联网+“我们的节日”平台开展线上、线下主题活动，制作刊播《我们的节日·春节、元宵、清明、端午、中秋——中华长歌行（泉州篇）》。开展“勇当主力军·文明我先行”主题网络文明传播活动，征集图片、视频作品100余部，弘扬正能量。

【未成年人思想道德建设】 2022年，中共泉州市委精神文明建设办公室深化“扣好人生第一粒扣子”实践活动。发动未成年人参与网上祭英烈活动；举办泉州市中小学“童心向党·唱支山歌给党听”歌咏活动展演专场18场，展播作品52个，参与系列活动6000人次；开展“向国旗敬礼”网上签名寄语活动；开展“听党话、感党恩、跟党走”红色经典诵读活动8场，3000人次参与活动。开展“新时代好少年”推荐、学习宣传和慰问帮扶活动，19名学生分别入选全国、省、市“新时代好少年”。举办未成年人心理健康辅导培训班，开展“阳光心灵 快乐成长”未成年人心理健康辅导“公益九月”活动，进行团体辅导27场次。

【志愿服务组织建设】 2022年，中共泉州市委精神文明建设办公室动员志愿者开展“佳节尚文明 志愿关爱行”“弘扬志愿服务精神 深化文明城市创建 助力‘双轮驱动’战略”等主题志愿服务活动。组建市级宣讲志愿服务队伍，成立应急救援、医疗卫生、科普、心理4支应急志愿服务队，健全完善平战结合的应急志愿服务体系。组织线上、线下联动培训900场次，开展“虎年冬奥 志愿有礼”“感恩奉献 观影回馈”礼遇志愿者活动。评选泉州市“新时代宣讲指导师”17人、“新时代宣讲员”43人；表扬助力创城、疫情防控等各类型优秀志愿服务队伍257支，优秀志愿者（志愿服务工作者）456名。5名志愿者获评福建省五星级志愿者，认定47名泉州市四星级志愿者。评选表扬2021年创城优秀志愿服务典型217个、疫情防控优秀志愿服务典型496个。截至年底，全市在线注册实名认证志愿者156万人、注册团队1.4万个、发布项目16万个。

2022年12月15日，“晋江经验”20周年成就图片展揭展仪式在晋江市博物馆举行

（晋江市委史志研究室 供图）

【新时代文明实践建设】 2022年，中共泉州市委精神文明建设办公室围绕“强国复兴有我”“闽山闽水物华新”等主题，推动泉州市各文明实践中心（所、站）开展读书会、交流会、故事会2700多场次。指导“文明实践一条街”“文明实践岛”等6个项目先行先试，完成企业文明实践示范基地建设。截至年底，建成新时代文明实践中心13个、实践所163个、实践站2524个，拓展建成实践点997个，县级行政区文明实践中心（所、站）、志愿服务总队、志愿服务促进中心等建设覆盖率均为100%。全年开展文明实践志愿服务活动超5.8万场次，惠及群众5400万人次。

（陈晓晴）

【“晋江经验”20周年成就图片展】 2022年12月15日，由中共泉州市委宣传部承办的“晋江经验”20周年成就图片展揭展仪式在晋江市博物馆举行。“晋江经验”20周年成就图片展分为前言、孕育、笃行、弘扬、结语5个篇章，收录357张图片，辅以文字解说，从政治、经济、社会、文化、生态环境等角度，反映泉州市、晋江市20年来传承弘扬“晋江经验”的生动历程和系列成就，展现“晋江经验”的时代价值和指导意义。

【“泉州与世界海洋文明”学术研讨会】 2022年12月26日，由中共泉州市委宣传部、市社会科学界联合会主办，泉州海外交通史博物馆和泉州海洋职业学院承办的“泉州与世界海洋文明”学术研讨会在泉州海外交通史博物馆举行。研讨会分为开幕式、主旨报告、学术报告和会议总结等环节，60余名来自海内外的专家学者通过线上、线下相结合的方式参会，围绕考古、档案、船舶、法治、商工、音乐、宗族、信仰等方面探讨泉州在世界海洋文明中的独特地位与价值，为泉州世界遗产保护利用典范城市创建和21世纪“海丝名城”建设建言献策。

（曾晓辉）

统战工作

【概况】 2022年，中共泉州市委统战部执行《中国共产党统一战线工作条例》以及省委实施意见，推动统战工作实现提质增效、创新发展。支持各民主党派开展“矢志不渝跟党走，携手奋进新时代”主题教育、民营经济人士开展理想信念教育、新的社会阶层人士开展“凝聚新力量•筑梦新时代”主题活动等。调整充实市委统战工作领导小组成员，在全省首创成立泉州市侨务和港澳事务工作领导小组。成立侨台港澳商及异地商会招商工作组，建立完善海外和港澳重点人士名录、民营经济人士重点数据库等。出台《关于开展“聚侨赋能”专项行动，促进21世纪“海丝名城”建设的实施方案》，发挥侨资侨智侨力作用。承办第八届中国（泉州）海上丝绸之路国际品牌博览会暨第二届RCEP青年侨商创新创业峰会，开设覆盖包括所有RCEP成员在内的全球五大洲22个国家和地区视频分会场，达成27个双向投资贸易签约项目、签约项目额超 70亿元。申建欧美同学会东南“海创中心”，吸引更多留学归国人才到泉州投资兴业就业创业。实施“同心安居工程”，筹集392万元、帮助98户低保户完成危旧房改造；开展“同心助学 松柏成才”行动，筹集101.5万元、资助203名贫困生；推进“万企兴万村”行动，筹划和实施“万企兴万村”行动市级实验项目23个、县级实验项目92个，预计投入50亿元；拓展“同心就业促进行动”，联合开展“百校万岗•同心就业行动”等，多渠道吸纳高校毕业生就业。

【党外知识分子和新的社会阶层人士统战工作】 2022年，中共泉州市委统战部加强党外知识分子和新的社会阶层人士工作，举办党外知识分子代表人士培训班和新的社会阶层人士暨新媒体网络人士培训班，在新的社会阶层人士和党外知识分子中开展主题教育。开展五个“同心100”公益活动，其中开展同心助医助学助困131人次、提供同心律师法律援助服务168件、开展同心志愿者活动145次、提供同心就业岗位106个、补充完善已建成的135座同心图书室。举办“连心桥•情系老兵”公益体检、八一建军节双拥慰问和义务植树等活动，引导党外知识分子和新的社会阶层人士参与各项慈善公益活动，打响“新知同心”品牌。开展“福来福见·福见如愿”微心愿认捐活动。发动全市新的社会阶层人士主动点亮快递员、网约车司机等新就业形态劳动者的微心愿，认领并捐赠价值10.8万元的物品。开展“同心战役”行动，发动党外知识分子和新的社会阶层人士捐款捐物1000余万元，组织志愿者参与到一线疫情防控中，开展105场同心志愿服务，组织心理咨询师编印《疫情集中隔离人员心理援助服务手册》，开通免费心理咨询援助热线。引导党外知识分子和新的社会阶层人士创作正能量作品，弘扬主旋律、激发正能量，发布抗疫公益MV《有你有我就有光》和法治动漫微视频《网络暴力》《扫黑除恶》。

【民营经济人士统战工作】 2022年，中共泉州市委统战部推荐一批优秀民营经济人士作为省工商业联合会常任执行委员人选，注重纳入数字、文旅、绿色、海洋“四大经济”产业代表。推进县（市、区）工商业联合会换届工作。开展“二十大精神进泉商”活动，举办民营经济人士培训班，组织“商学二十大”宣传报道，引领民营经济人士学习贯彻中共二十大精神。开展“商说晋江经验”活动，邀请20位泉商侨商代表围绕“晋江经验”谈体会、谈看法，举办3期泉商同心文化沙龙。组织企业家参加第七届闽商大会，评选推荐福建省非公有制经济优秀建设者，推荐人选15名，其他渠道推荐7名，泉州籍企业家和在泉州的新泉商22人获表彰。联合市委宣传部、市工商业联合会策划组织，在《泉州晚报》开设专栏《复工复产 政策帮你忙》，在泉州广播电视台889新闻综合广播启动《复工复产——云服务》系列专题节目，邀请市直有关部门及各县（市、区）、泉州开发区、泉州台商投资区解读复工复产政策、现场连线答疑解惑。开展统一战线进企业活动，围绕“进企业、送政策、问需求、解难题”主题，走访企业106家，征求到意见建议68条，解答政策咨询50余个。联合市工商业联合会及时整理发放《惠企纾困政策汇编》550本，网络推送政策5200条次。联合市优化营商环境工作推进小组办公室、市行政服务中心管理委员会等举办“政企互动周”活动，组织商业行业协会、企业相关负责人走访涉企部门，推进问题当场受理。协助市委、市政府在上海举办泉州市“长三角”招商推介会，组织上海、江苏、浙江、安徽等（三省一市）优秀泉州籍商会发起成立长三角泉州商会联盟。

【海外统战工作】 2022年，中共泉州市委统战部与市档案馆举办第二届“世界遗产·侨批”主题文学创作大赛，在市侨批馆挂牌成立“泉州华侨历史文化传承教育基地”“世泉青丝路文化驿站”。与市委宣传部、市归国华侨联合会联合下发《关于开设〈番客楼里的侨心〉专栏实施方案的通知》，制作播出《光前裕后》《汉林楼》《贤銮新厦》《过溪大厝》《济阳楼》《利通南海》《东张楼群》《陈清山故居》《龙水侨厝》《景新堂》《福美堂》《南雁小筑》12个短视频和图文专版。举办“四海共明月 乡情暖侨心”——2022年泉州籍海外乡亲迎中秋联谊活动，连线23个国家和地区30家海外社团，互致中秋祝福。在鲤城区举办侨界学习贯彻中共二十大精神宣讲系列活动启动仪式，并以小分队形式在鲤城区、泉港区、安溪县开展宣讲活动，侨界代表人士200人次参与。接受海外华侨华人捐资3.66亿元，捐资方向主要分布在教育、慈善福利事业、医疗卫生、科研及工农业生产等。

【民族团结进步工作】 2022年，中共泉州市委统战部开展以“福籽同心爱中华”为主题的第十五个民族团结进步宣传月活动，指导德化县承办好“百籽同心 铸牢中华民族共同体意识手工艺精品展”。提升城市少数民族流动人口服务管理水平，在全国民族团结进步创建工作经验交流会和全省民宗局长会上做典型交流。

【宗教工作】 2022年，中共泉州市委统战部深化宗教活动场所“四进”工作，举办“念佛不忘救国”纪念弘一大师圆寂八十周年系列活

2022年9月28日，“念佛不忘救国”——弘一大师圆寂八十周年纪念大会在泉州承天寺举行 （吴寿民 摄）

动。引导宗教界实施宗教文化展示工程，首批建设宗教文化展示馆5个，晋江南天寺石佛造像和摩崖石刻之南天寺保护修缮项目获“2022年联合国教科文组织亚太地区文化遗产保护优秀奖”。深化对台宗教和民间信仰交流，承办“闽台佛教与民族复兴论坛”。支持宗教团体加强自身建设，指导市佛教协会、伊斯兰教协会、天主教爱国会完成换届。

【选派人员参加海外华文教育活动】 2022年，泉州市选派泉州一中、城东中学等9所学校53名“网上外派教师”为菲律宾、阿根廷华校学生线上授课。举办“丝路华教•文化泉州”2022年马来西亚华小教师线上研习班，近60名华校教师参加培训。举办“华教同心园•筑梦云课堂”2022年泉州市印度尼西亚华文教师线上培训班，近120名海外华文教师参加培训。

【弘一大师圆寂八十周年纪念大会】 2022年9月28日，由中共福建省委统战部、省民族与宗教事务厅、中共泉州市委统战部、市民族与宗教事务局指导，泉州佛教协会、泉州历史文化中心、泉州市弘一大师学术研究会主办的“念佛不忘救国”——弘一大师圆寂八十周年纪念大会在泉州承天寺举行。党政部门负责人、佛教界代表人士、专家学者齐聚一堂，共同追寻弘一法师足迹，探讨弘扬弘一法师爱国救民情怀及其对佛教中国化的实践启示。中国佛教协会发来贺信，台湾佛教会理事长净耀法师和香港佛教联合会会长宽运法师分别以视频方式发来对大会的祝贺。

【泉州市第三届“同心杯”留学人员创新创业大赛】 2022年11月23日，由中共泉州市委统战部、丰泽区政府和市委人才工作领导小组办公室主办的泉州市第三届“同心杯”留学人员创新创业大赛颁奖仪式暨项目推介会举行，20个项目分获金、银、铜奖和优秀奖，其中13个获奖项目拟落地泉州。大赛自9月启动报名以来，收到泉州、武汉、厦门、北京、上海、广州、宁波、成都、深圳等地的132个报名项目，超百名硕士以上学历的留学创业人员参赛，其中博士以上学历52人。经过初审、复评、尽职调查、路演、答辩等形式，角逐产生初创组和孵化组共20个获奖项目。其中，“芯迈运动健康科技AI数智化应用”项目获初创组金奖，“新一代超高效工业电机”项目获孵化组金奖。

（涂德基 郑志江）

政策研究

【概况】 2022年，中共泉州市委全面深化改革委员会办公室立足改革、政研、财经三大职能，坚持“调研求实、研究求是、改革创新、服务创优”理念，紧扣市委中心工作发力，各项工作取得明显成效。实施28项重点改革任务，推动新增5个“国字号”试点，35篇文稿获市委主要领导批示。

【服务财经工作】 2022年，中共泉州市委全面深化改革委员会办公室（政策研究室）牵头起草市委财经委员会2021年工作总结和2022年工作要点，部署推动9方面、25项年度财经工作任务，牵头筹办市委财经会议，研究部署疫后复工复产、基础设施建设、经济运行等专项工作。推动疫后全市经济稳中前进，协调组织统计、商务、住建、工信、交通、邮政、供电、金融等职能部门，分析疫情对经济运行、重点行业的冲击影响及发展趋势，形成《经济运行速度锐减，滞后效应不容忽视》《复工复产加快推进，帮扶政策更需精准——泉州市复工复产情况调查报告》等参阅素材9份；聚焦重要节点和运行热点提供建议决策，形成《泉州市物流成本的调查与思考》《加快泉州数字经济产业园转型发展的建议》等专题报告。

【调研咨询】 2022年，中共泉州市委全面深化改革委员会办公室落实中央和省委各项决策部署，紧贴市委中心、全市大局谋划研究工作，创新咨政参谋机制，精准调研反映重要情况、重要问题、重要政策，编发《泉州调研》14期。牵头起草市委十三届四次全会《关于深入学习宣传贯彻党的二十大精神，加快建设21世纪“海丝名城”的决定》；牵头起草市委《关于实施“提高效率、提升效能、提增效益”行动方案》并跟进督促落实做好工作总结。协助配合市发展和改革委员会等部门起草代拟《中共福建省委 福建省人民政府关于传承弘扬“晋江经验”支持泉州建设21世纪“海丝名城”的意见》等重要政策文件。紧扣市委领导关注点、经济运行卡堵点、民生关切热难点，就推动民营经济高质量发展、优化营商环境、疫后经济运行、工业（产业）园区标准化建设、数字经济、“市改区”探索、轨道交通建设、港口资源整合、“空心村”治理等工作开展专题研究，形成《“创二代”民营企业家传承与发展研究》《借鉴台商投资区“亲清家园”探索经验 深化泉州数字政府改革建设》《泉州与福州发展形势对比及若干建议》《关于推动“厦泉区域组合港”建设的思考》等一批咨政报告。统筹协调全市重点调研活动，部署2022年度市重点课题研究，起草制定并以市委办公室、市政府办公室名义下发17个年度重点调研课题；聚焦重大任务开展战略性、综合性研究，牵头承担市委主要领导年度省重点课题调研工作，起草《传承弘扬“晋江经验”推动民营经济高质量发展研究》，印发县（市、区）学习研究。

（郑锦鸿）

网络安全和信息化管理

【概况】 2022年，泉州市网信系统推动网络意识形态工作责任制和网络安全工作责任制，做大做强网上正面宣传，做稳做实舆情应对处置，做深做好网络综合治理，做细做优网络安全保障。完成中共二十大网络服务保障和“闽盾2022”泉州市网络安全演练，指导成立泉州市大数据产业协会和完成泉州市网络传播协会、泉州市网络文化传播协会换届。

【网络宣传】 2022年，泉州市网信系统加强重大主题宣传。按照“首屏首页首条、置顶飘红”要求，做好习近平新时代中国特色社会主义思想的网上传播，做好中共二十大网上宣传，推出“奋进新征程 建功新时代”“二十大时光”等专题专栏，开展“e路心向党 海丝谱新篇”“喜迎二十大 飞阅新泉州”等网上宣传活动，营造网络舆论氛围。围绕市委、市政府中心工作，组织属地网络媒体做好民营经济发展大会、“强产业、兴城市”双轮驱动等会议活动的网上宣传，开展网络媒体新春走基层暨“世遗泉州行”采风、“强产兴城暨乡村振兴”新媒体采风等活动，策划“姓‘福’村的幸福事”系列报道，展现泉州经济社会发展成就。开展“网络中国节”等网上文化活动，组织“世遗之城 福满泉州”网络传播活动，#世遗之城福满泉州#话题连续两天登上微博热搜榜，阅读量超1400万人次。举办“2022泉州网络文化节”，推出“风度泉州”系列微视频。联合有关部门和公益组织开展“佳节尚文明志愿关爱行”“我的长辈微公益暖冬行动”等网络公益、网络志愿服务活动。加强全市党政机关、群团组织、国有企事业单位网站和新媒体建设管理，开展政务新媒体清理整顿内容运营违规外包和规范宣传报道秩序专项工作，排查市县机关、企事业单位政务新媒体1177个，压实政务新媒体内容把关责任，提升政务新媒体权威发布和舆论引导工作效能。

【网络环境治理】 2022年，泉州市网信系统组织开展“清朗”系列专项整治等24个专项行动，发出整改通知书（通报）52 份，警告、约谈53家/次，现场督导检查288家/次。联合公安、文旅、市场监管、新闻出版、林业局等有关部门和单位开展2022年春节期间出版物市场及网络文化环境监管等16个整治行动，联合会商处置6个网站平台。建立落实网络辟谣联席会议制度，制定出台《网站平台公布举报受理方式》《互联网违法和不良信息举报受理公告》，通过谣言监测发现、谣言查证研判、联合辟谣发布、定期会商、科普宣传等机制，强化联动协作。

【网信队伍建设】 2022年，泉州市网信系统举办或组织参加2022年意识形态、网络安全、全省网上内容建设与管理等专题培训班13场次，提升网信干部队伍业务能力和水平。推动网信人才队伍建设，坚持打造专业化、技术化队伍，新增中级工程师1名、注册信息安全证书2张。发挥泉州市网络与信息安全产业发展促进会网络安全服务优势，促进网络安全技术力量和社会组织发展。印发年度泉州市互联网企业和社会组织党建工作要点，实施互联网企业党建工作双提升三年行动计划，明确工作目标，压实相关责任部门互联网行业监管和党建指导双重责任。开展全市互联网行业党建调研，确定互联网行业党委委员党建挂钩联系点工作，推动符合条件的企业建立党组织，实现应建尽建。全市互联网企业党组织达189家，组织覆盖率提升至91.7%。培育品尚电子商务有限公司和福建省鸿官通信工程有限公司作为党建示范点，开展互联网企业党建培训，推动市互联网行业规范化建设。

【2022年泉州网络文化节】 2022年12月22日，由中共泉州市委宣传部指导，市委网络安全和信息化委员会办公室、市委精神文明建设办公室、市文化广电和旅游局主办的2022年泉州网络文化节开幕式

2022年12月22日，2022年泉州网络文化节开幕式在“海上丝绸之路”文化研学营地举行 （林劲峰 摄）

在“海上丝绸之路”文化研学营地举行。此次网络文化节持续到12月底，采取线上为主、线上线下相结合的形式，分为“奋进泉州”“世遗泉州”“文明泉州”“幸福泉州”“温暖泉州”五个篇章，组织开展“千年海丝 世遗泉州”城市推介短视频大赛、“风度泉州 梦回宋元”系列短视频展播、泉州“海上丝绸之路”数字文创博览会等多项活动，通过制作专题网页，采用图文、视频、音频等各种形式，推出形式多样的网络文化作品，展示泉州市网络发展成果和优秀传统文化。

（陈倩如）

机构编制管理

【概况】 2022年，中共泉州市委机构编制委员会办公室坚持服务市委大局，深化改革创新，统筹优化资源，以优化协同高效为目标，理顺相关领域职责关系，构建系统完备、科学规范、运行高效的机构职能体系，服务保障经济社会发展。调整7家市直党政部门职能配置，备案审核市直部门363项权责事项，完成147个乡镇（街道）首轮赋权1.77万项，推进10家市直部门所属事业单位整合优化，统筹调剂1.5万名事业编制保障教育卫生事业发展。

【调整优化部分机构管理体制】 2022年，中共泉州市委机构编制委员会办公室提请市委、市政府印发《关于进一步明晰安全生产监管职责构建安全生产长效机制的意见》，以清单的方式明确市、县两级党委、政府及市级有关部门安全生产工作职责关系；梳理药店、餐饮服务、沐浴场所、棋牌室、娱乐场所等经营单位的部门职责，为全市精细精准推进疫情防控提供支撑保障。研究出台《关于稳妥有序推进乡镇（街道）赋权工作的若干意见》，全市143个乡镇（街道）完成首轮赋权工作；在市、县级层面建立“党委分管领导+编办负责领导+业务骨干”和镇级层面建立“党政主要领导+分管领导”的工作联系机制，指导推动改革措施和政策落实。优化开发区管理机构职能配置，强化开发区发展的组织领导，推动各地探索“一区多园”管理模式，从明确职能定位、强化组织保障、理顺区地关系、完善运行机制等方面，推动各级各类开发区创新体制机制实现高质量发展。深化应急管理、海洋渔业等领域综合行政执法体制改革工作，厘清市级部门之间、市区两级之间的职责边界，厘清日常监管与执法办案的职责边界，提高执法效率效能，加快构建权责统一、权威高效的综合行政执法体系。深化乡镇（街道）“一支队伍管执法”改革，选取部分镇（街）作为市级指导推进改革工作的示范点，以示范引领推进基层综合执法改革；指导推进晋江市作为全国规范行政执法队伍人员编制管理改革试点工作。

【事业机构编制管理】 2022年，中共泉州市委机构编制委员会办公室整合事业单位机构编制资源，分类推进市发改委、工信局、商务局等10余家市直部门所属事业单位改革。整合相关机构职能和编制资源，组建泉州市招商服务中心和泉州市文物保护中心等正处级事业机构。统筹调剂1万多名事业编制，依标足额核定全市公办中小学教职工编制，指导计划使用教职工编制，提升编制使用效益。组建市、县两级疾病预防控制局，明确全市疾病预防控制中心编制配备标准，盘活现有编制资源予以核增保障。以泉州正骨医院为试点，探索推进公立医院“人员总量管理”改革。指导推动县（市、区）统筹调剂编制，建立人才编制周转保障制度。

（黄清选）

市直机关党建

【概况】 2022年，中共泉州市委市直机关工作委员会紧扣“围绕中心、建设队伍、服务群众”职责定位，实施提高效率、提升效能、提增效益行动，提高机关党的建设质量。建立党建工作分片挂钩联系制度，将直属的101个党组织划分为10个党建工作片区，加强分类指导，推行扁平化、集约化的党建片区工作模式，片区之间以联席会议、主题党日、专题研讨等形式，优势互补形成党建联盟。市直系统组织中心组学习1992次、基层宣讲900余场。举办4期机关“先行论坛”，20名党员上台交流研讨，500余名党员干部参会。举办“强国复兴有我——勇当主力军、共产党员的力量”“我身边的先锋”模范宣教活动。开展第一届“喜迎二十大——泉州市机关党建新成就”短视频征集活动，评出十佳作品10部和优秀作品30部。选送作品获第一届“新时代全国机关基层党建新成就”短视频比赛“百优作品奖”。截至年底，中共泉州市委市直机关工作委员会直接管理的市直单位机关党组织101个；管理的各级机关党组织1164个，其中党委94个、总支34个、支部1035个；管理党员2.05万人，其中在职党员1.66万人、退休党员3898人。

【机关政治建设】 2022年，中共泉州市委市直机关工作委员会实施“勇当主力军、机关我先行”工程，深化模范机关创建，加强机关党建统筹领导、规划设计、督促指导。对接《福建省创建模范机关先进单位考评办法》，谋划市直机关考评方案，把“双报到”工作、“双联双服务”活动等重点任务纳入考评内容。在市直机关开展“践履忠诚 机关先行”对党忠诚主题教育，引导市直1123个基层党组织、

1.9万名党员开展形式多样的主题活动，增强政治机关意识。

【基层党组织建设】 2022年，中共泉州市委市直机关工作委员会着眼增强政治功能和组织功能，提升组织力，加强标准化、规范化建设。组织编撰《党支部规范化建设一本通》，让基层党支部开展工作有章可循。下放发展党员预审权限，分批下放基层党委发展党员预审权限。深化“海丝先锋”党支部达标创星活动。加强和规范机关党费收缴、使用和管理。梳理出台党委（党组）、机关党委、基层党支部（总支部）书记抓机关党建责任清单，建立督导检查、责任追究等机制，牵头对10个单位党组织开展2022年度主体责任检查，把问题清单转化为整改责任和前进动力。开展2022年度市直部分单位党委（党组）书记抓机关党建工作述职评议和党组织书记抓机关党建工作述职评议。指导督促289个基层党组织按期换届选举，调整任命32个党委（党总支）书记、（专职）副书记，分类型分层次举办党员发展对象、新任党务干部、基层党支部书记等8期培训班，培训1635人。

【党建与业务工作融合发展】 2022年，泉州市机关各级党组织以服务中心大局为目标，推动党建与业务深度融合。开展“旗帜领航双轮驱动2022计划”，聚焦“强产业、兴城市”双轮驱动，加强与21个“项目攻坚2022”活动和三个专项行动的重点任务落实单位党组织的沟通对接，指导生成21个项目、33个案例，把党建优势转化为攻坚优势。中共泉州市委市直机关工作委员会联合市委组织部开展“到社区集中报到”专项行动，164个党组织与社区一对一、全覆盖共建，1.4万名党员到社区报到，2.7万人次党员干部参与志愿服务。疫情期间，5243名市直机关在职党员干部按照市委统一部署要求，驰援一线抗疫，封控区、管控区953名机关在职党员主动到下沉工作队临时党组织报到，就地转为社区志愿者。开展第五届全市机关体制机制创新优秀案例征集评选活动，征集优秀案例325个，评选表彰获奖案例127个，其中特等奖13个、一等奖19个、二等奖41个、三等奖54个。举办2022年度机关特色党建项目评展，征集参赛项目131个，经过初赛、决赛，评选表彰47个，其中一等奖10个、二等奖15个、三等奖22个，优秀奖13个。

【机关党风廉政建设】 2022年，泉州市机关各级党组织落实全面从严治党主体责任，推进正风肃纪反腐，提升机关效能。中共泉州市委市直机关工作委员会开展“勇当主力军、机关我先行”作风建设专项活动，全市机关各级党组织查摆存在问题682条，以专项行动的“小切口”推动机关作风转变。开展廉洁文化教育活动，制作《坚持“嵌入式”理念，打好廉洁教育“组合拳”》的微视频。指导市直各党组织和派驻纪检监察组开展违纪党员案件审查及处分相关工作，提出审理建议82条，审理党员干部违纪违法案件15件，做实案件程序和实体监督。对市直党群系列30个参评单位开展专项察访、绩效管理评估，督促围绕中心开展工作，激励创先争优鲜明导向。

【“强国复兴有我——勇当主力军、共产党员的力量”“我身边的先锋模范”宣教活动】 2022年11月17日，由中共泉州市委市直机关工作委员会主办、市文化广电和旅游局协办、泉州市高甲戏传承中心承办的“强国复兴有我——勇当主力军、共产党员的力量”故事汇比赛在泉州高甲剧院举行。市直机关24名参赛选手经过角逐，最终评出一等奖1名、二等奖2名、三等奖6名、优秀奖15名。“强国复兴有我——勇当主力军、共产党员的力量”“我身边的先锋模范”宣教活动自4月启动以来，得到市直机关各级党组织响应，共有104名党员事迹参与评选。经过筛选，24名党员先进事迹进入故事汇比赛。比赛旨在发挥党员先锋模范作用，为“提高效率、提升效能、提增效益”注入发展新活力，为“强产业、兴城市”双轮驱动凝聚奋进新力量。

（廖昭阳）

2022年11月17日，“勇当主力军、共产党员的力量”故事汇比赛颁奖仪式在泉州高甲剧院举行

（市直机关工委 供图）

老干部工作

【概况】 2022年，中共泉州市委老干部局推动老干部工作高质量发展。开展省、市25个重点项目调研，解决重点问题。在全市离退休干部中开展专题调研访谈活动，登门访谈离退休干部328名，召开座谈会86场次，参与4000余人次。组织开展纪念老干部退休制度建立40周年感言征集、书画影展、品牌矩阵展示活动。组织开展“奋进新时代”主题宣传、颁发“光荣在党50年”纪念章、“文化遗产 守护传承”银龄志愿等活动，通过重温入党誓词、集体过“政治生日”、讲述党员故事和诗歌、诗乐舞、视频展示等方式，引导老干部唱响主旋律。推进“大手牵小手”、关爱“五进”活动，推荐全省示范点24个。做好疫情防控“停课不停学”线上教学和复学复课工作，抓好50个“老年远程教育提升工程”示范点建设。加强老干部活动中心、老年活动中心功能室改造，“老党员之家”“老干部之家”接待市直各单位、涉老组织160余批次近5000人次学习交流。组织开展“提质赋能年”活动，建设“桑榆情”志愿团队264支1.04万人次，引导老干部服务社会、奉献力量。截至年底，全市有离休干部244人、“5·12”退休干部62人、厅级离退休干部106人；离退休干部党委14个、离退休干部党总支10个、离退休干部党支部571个。

【党建工作】 2022年，中共泉州市委老干部局依托离退休干部党支部、老干部党校、老年大学等主阵地和读书班、报告会、党课、巡回宣讲等形式，组织老干部参加中共中央组织部、省委老干部局线上学习报告会7场、线下学习4场。在全省率先开展干部荣誉退休、流动党员双向共管等探索工作，形成相应的成果文件。融入市委中心工作，围绕助力“党建+”邻里中心创建“老党员工作室”223个，导入关工委基层组织145个、社区（村）老年学校（老年远程教育教学点）156个。实施“头雁工程”、示范党支部创建活动，优选552名“银发头雁人才”，培育首批先锋老党员工作室30个，省级示范党支部增至125个、省级传承红色基因学习教育基地增至10个。建好市直第二“老党员之家”。

【服务保障】 2022年，中共泉州市委老干部局按规定落实好企业离休干部生活待遇，按时足额发放市直企事业单位老干部离（退）休费和无工作遗偶生活补助、绩效奖金。统筹重大节日走访慰问，慰问2279人次。实施离休干部“一人一策”分级分类服务，推动离休干部看病就医“绿色通道”建设，简化医药费报销流程。组织干休所工作人员就近挂钩联系离休干部，抓好常态化疫情防控下的老干部医疗保健工作，组织原任地厅级老干部集中接种疫苗、核酸检测，购买分发抗疫物资。创新实施特定离休干部住院“先诊疗后付费”制度，提高社区医疗费用报销标准。做好特困帮扶，为114名离退休干部和无工作遗偶发放帮扶资金，为24名失能离休干部发放护理费。

【“三化”建设】 2022年，中共泉州市委老干部局跟进省委老干部局信息化建设步伐，推动微博、微信和新闻客户端关注激活。贯彻《中共中央 国务院关于加强新时代老龄工作的意见》《国务院办公厅关于切实解决老年人运用智能技术困难实施方案》要求，策划开展“党建+”智慧助老行动，助力老年人消除“数字鸿沟”，全市设立智能技术培训基地18个、教育培训机构13个，培训老年人5万多人次。按照“一月一电话、一季一走访”要求开展联系离休干部工作，电话联系3778人次，上门走访1336人次。围绕“三化”建设（信息化、精准化、规范化）提升年和制度落实，推行重点任务督办、工作专班、限时办结等做法，推动工作提质增效。

【“时间银行”互助养老志愿服务队】 2022年9月22日，由中共泉州市委老干部局主办的“喜迎二十大 欢乐暖重阳”主题活动暨“红色关怀·银龄互助”志愿服务试点工作启动仪式在泉秀干休所举行，标志

2022年9月22日，泉州市首支老党员“时间银行”互助养老志愿服务队在泉秀干休所授旗
（市委老干局 供图）

全市首支老党员“时间银行”互助养老志愿服务队成立。市委老干部局依托部分社区“党建+”邻里中心试点组建“红色关怀·银龄互助”志愿服务队。服务队采用“党员义工+社工”两工联动模式，结合社区老党员工作室建设，就地就近鼓励低龄老党员，尤其是同网格、同小区、同楼栋的党员志愿者，以结对帮扶形式为高龄、患病、独居等有特殊困难离退休干部开展邻里守望、精神慰藉等志愿服务。“时间银行”经营的项目是“志愿服务时间”，社区居民以个人为单位，凡是热心社区公益事业的居民都可以到社区找志愿服务队的负责人“开户”，其会给每位志愿者记录“爱心时间”，包含志愿者提供志愿服务的时间、地点、内容、服务时长等信息。

（林志彬）

关心下一代工作

【概况】 2022年，泉州市关心下一代工作委员会坚持立德树人根本任务，做好青少年思想政治工作和基层关心下一代工作委员会建设。专题部署“老少颂党恩，喜迎二十大”主题教育实践活动，在青少年中开展“四个一”（一次主题书画或短视频创作、一次主题演讲、一次主题文艺演出和一次进校园主题宣讲）活动，全市各级关心下一代工作委员会开展主题教育3689场次（含线上）。发起“抗击疫情，你我艺起”主题才艺作品征集活动，引导“五老”（老干部、老战士、老专家、老教师、老模范）和青少年以书画、诗歌、手工、短视频等形式向抗疫英雄致敬，征集作品上千篇。联合市教育局举办全市青少年“大手牵小手，永远跟党走”青少年演讲（讲故事）比赛，选送2名选手参加省决赛，均获二等奖。举办“老少颂党恩，喜迎二十大”文艺会演，6.2万多人在线收看。开展“‘五老’讲党史讲红色故事”活动，参与省关心下一代工作委员会“大手牵小手，永远跟党走”思想政治理论优质课程评审，全市13名个人获评“福建省关工委百佳五老故事员”，推选课程“弘扬载人航天精神，争当共产主义接班人”获高中（中职组）一等奖。截至年底，全市各级关心下一代工作委员会组织发展到4411个，覆盖169个机关、事业单位，165个乡镇（街道）、2526个村（社区）、831所各级各类学校和720家企业。

【青少年社会教育】 2022年，泉州市关心下一代工作委员会树立“关爱下一代就是奉献新时代”思想，深化青少年社会教育活动中心、两岸青少年共同家园等品牌建设。在晋江市围头村创建“两岸青少年共同家园”，以共游古街、共做花灯、共唱红歌、共赏美食等形式，开展“两岸少儿闹元宵、闽台一家云团圆”和七夕返亲节等活动。指导全市203个青少年社会教育活动中心开展“我们的节日·春节·元宵”“寒假主题月”活动，联合高校开展“大手牵小手、共筑中国梦”暑期社会实践活动，800余名返乡高校青年志愿者和1.8万多名青少年学员参与。在惠安县崇武镇大岞海防女子民兵哨所设立“泉州市关心下一代党史国史教育基地”，各县（市、区）建成1～2个党史国史教育基地，依托阵地开展主题活动。将关心下一代工作导入“党建+”邻里中心建设，“四联融合”（阵地联建、资源联享、活动联办、力量联动）工作模式获全国人大常委会原副委员长、中国关心下一代工作委员会主任顾秀莲批示肯定。抓好社区（村）邻里中心的关爱工作试点，推进“五老工作室”建设，有145个基层关工委组织将关爱工作导入“党建+”邻里中心，在60个“党建+”邻里中心加挂青少年社会教育活动中心，85个“党建+”邻里中心建有“五老工作室”。

【助学帮困活动】 2022年，泉州市各级关心下一代工作委员会筹集发放助学金6700余万元，资助大中小学贫困生2.2万多人次，其中泉州市关心下一代工作委员会发放助学金200余万元，帮助250余名贫困大学生。泉州市关心下一代工作委员会到洛江区、永春县、南安市等地慰问山区老区中小学校师生，捐赠奖教奖学金17万元。联合市教育局等部门在泉州市聋哑学校开展关爱残障儿童活动。联合市科学技术协会开展“启梦者”科普巡展活动26场，提升农村青少年科学文化素质。联合湖南爱眼基金、泉州爱尔眼科医院开展应征入伍青年视觉保障公益活动，发放补助金98万元。省、市、洛江区关心下一代工作委员会联合举办“种子工程”电子商务培训班，培训种子学员50名，帮助农村创业青年提升电子商务营销水平。

【关心下一代工作队伍建设】 2022年，泉州市关心下一代工作委员会推动出台《关于加强新时代关心下一代工作委员会工作的若干措施》，建立市直38个单位参加成员单位联席会议制度，为做好新时代关心下一代工作提供基本遵循和制度保障。参加关心下一代工作“五老”2.97万人，新增1256人。全市各级关心下一代工作委员会举办骨干培训班195期，参加培训的老干部和在职干部6703人次。以“关心下一代志愿者联盟”和“未成年人保护联盟”两支队伍为基础，打造一支组织健全、人员相对稳定、结构合理、覆盖面广的志愿服务力量，全市关心下一代志愿者达1万多人。开展“三个百”评选表扬活动，评选表扬100个基层“五好”关心下一代工作委员会示范点、100名最美“五老”和100名最美志愿者。

【“关爱成长微心愿”暨“点亮微心愿 情暖童心梦”物品转赠仪式】 2022年11月9日，由泉州市关心下一代工作委员会等主办的泉州市第二期

"关爱成长微心愿"暨"点亮微心愿 情暖童心梦"物品转赠仪式在洛江区罗溪中心小学举行。活动现场向家庭困难学生转赠爱心物品。此次活动通过"关爱成长微心愿"微信小程序，在市关心下一代工作委员会、"大美洛江"微信公众号等多种渠道，征集到55名家庭困难学生在学习生活上最想实现、价值不超过300元的实物微心愿，以此呼吁社会大众加强对留守儿童的关注和帮扶，让留守儿童拥有一个健康快乐的童年。活动一经发起，迅速吸引"五老"、离退休干部、老年大学学员、社会爱心人士自愿认领微心愿。

（孙雪萍）

2022年11月9日，泉州市第二期"关爱成长微心愿"暨"点亮微心愿 情暖童心梦"物品转赠仪式在洛江区罗溪中心小学举行　（市关工委 供图）

党校工作

【概况】 2022年，中共泉州市委党校围绕中心、服务大局，改革创新、开拓进取，发挥干部培训、思想引领、理论建设、决策咨询作用，各项工作取得新进展、新成效。举办各级各类培训班43期，培训学员2900余人次。获全省党校系统和社院系统精品课比赛组织奖1个、二等奖1个、三等奖3个。4项课题成果获市委、市政府领导批示，1项课题获2022年度市人大常委会课题调研一等奖，1项课题获2022年度市人大常委会课题调研二等奖，1项课题获2022年度市人大常委会课题调研三等奖。6项课题获新阶段传承和发展"晋江经验"主题征文奖项，其中一等奖1个、二等奖2个、三等奖3个。

【教学工作】 2022年，中共泉州市委党校综合运用"情景式+体验式+案例式+研讨式"等现代培训方法教学，实施新课准入、旧课淘汰、质量评估等制度，提升教学质量。坚持精品导向，组织新课试讲3次，38门新课进入课堂。成立"学习研究预备团队"集体备课，形成21个教学专题，选派2名领导、专家参加市委宣讲团，安排30名教师在中央广播电视总台"国广东方"海外平台、泉州广播电视台专栏宣传宣讲，投入800余万元建设泉州初心教育学堂。分2期举办"市管干部学习贯彻党的二十大精神专题研讨班"。成立"晋江经验"课题项目组，编制并用好《传承弘扬"晋江经验"系列专题课讲稿汇编》和《〈晋江经验〉二十年新观察》文集，在全市党校系统开展"新阶段传承和发展'晋江经验'"主题征文活动，拓展"晋江经验"的理论意义和实践价值。会同市委组织部、市直机关工委举办"东海干部学堂"，选派教师到各级各部门进行理论、政策宣讲，年均宣讲300余场次、受众1.6万多人次。

【科研工作】 2022年，中共泉州市委党校组织各类课题申报，推进学术学科建设。全校教师撰写论文36篇，其中在省、市等核心期刊发表理论文章9篇；立项各类课题50项（其中，全省校院系统中国特色社会主义理论体系研究基地课题项目10项），结项课题55项（其中，全省校院系统中国特色社会主义理论体系研究基地课题项目结项14项，并有6项获优秀成果，分别为《习近平铸牢中华民族共同体意识的理论内涵、现实意义及实践路径》《习近平总书记关于"四史"的重要论述研究》《深化产业集群党建创新研究》《习近平总书记关于共同富裕的重要论述研究》《全域数字化改革背景下数字政府治理的创新趋向与实现路径》《福建乡村生态产品价值实现路径的探索与思考》）。

【咨政工作】 2022年，中共泉州市委党校聚焦"强产业、兴城市"双轮驱动、"海上丝绸之路"文化、"晋江经验"和全方位推动高质量发展超越等重大理论和实践问题、人民群众普遍关心的重点热点问题，与10余个党委、政府工作部门建立常态化课题合作，探索建立与党委、政府工作部门优势互补、资源共享、协作攻关的新型智库运行模式。9项咨政件获厅级以上领导批示肯定17人次，其中市委、市政府主要领导肯定批示3人次。

（庄燕红）

泉州市人民代表大会

综述

【履职情况】 2022年，泉州市人大常委会履行宪法和法律赋予的职责，发展社会主义民主政治，助力加快建设“海丝名城、智造强市、品质泉州”。全年制定地方性法规1部，做出法规性决定1件；听取审议专项工作报告21项，组织专题询问1次、工作评议1次、专题调研16次、满意度测评10次，开展执法检查3次，审查规范性文件44件，做出决议决定5项，任免国家机关工作人员220人次，完成十七届人大一次会议确定的目标任务。

【市人大代表构成】 2022年，泉州市十七届人大有代表505人。按选举单位分，鲤城区27人，丰泽区25人，洛江区23人，泉港区32人，石狮市29人，晋江市68人，南安市90人，惠安县62人，安溪县69人，永春县41人，德化县28人，解放军11人。其中，女性137人，占27%。

【重大决策部署贯彻落实】 2022年，泉州市人大常委会把政治理论学习放在首位，落实“第一议题”制度，跟进学习习近平总书记重要讲话和重要指示批示精神。全年组织党组理论学习中心组会议23次，为更好履职行权奠定思想政治基础。坚持把党对人大工作的全面领导作为最高政治原则，提高政治判断力、政治领悟力、政治执行力。发挥常委会党组把方向、管大局、促落实的领导作用，确保党委的主张通过法定程序成为全市人民共同意志，确保党委推荐的人选成为国家机关领导人员。贯彻中共福建省委、省人大常委会和中共泉州市委部署要求，按照法律规定和法定程序，依法选举产生新一届省人大代表。坚持向市委请示报告制度，全年请示报告31次。坚持把人大工作置于全市发展大局中谋划和推进，及时贯彻落实市委十三届三次、四次全会和全市民营经济发展大会等会议精神，抓实人大工作的切入点和着力点。根据市委统一部署，常委会领导分别兼任市电子信息、石油化工等产业发展小组组长、副组长和市招商办主任等职务，推动产业发展和招商引资工作。参与“万名干部进万企、一企一策促发展”和“1+3”专项行动，“点对点”为基层和企业解决一批实际困难。

【推动“海丝名城”建设】 2022年，泉州市人大常委会聚焦文旅经济高质量发展，就实施文旅跨界融合行动、培育壮大文旅市场主体、建设南洋华裔族群寻根谒祖平台等开展系列调研，组织召开文旅经济发展专题座谈会，把握文旅产业发展的新趋势、新要求。市政府把执行决议作为“法定作业”，出台《泉州市加快推进21世纪“海丝名城”建设实施方案》，组织实施“水上看泉州、夜游世遗城”等一批重点项目。

【助力稳住经济大盘】 2022年，泉州市人大常委会听取审议1—7月国民经济和社会发展计划执行情况报告，针对外部环境更趋复杂严峻、部分企业减产停产、外贸出口承压等突出问题，强调把稳增长作为头等大事，克服疫情反复、国际局势变化和自然灾害等超预期因素影响。推进电子信息产业发展，特别是在疫情防控期间，为90余家企业纾困解难，推动全市电子信息规模以上工业企业保持逆势增长。跟踪科技创新平台建设情况，开展制造业数字化转型专题调研，督促继续加大扶持力度，促进科技创新成果转化，推动传统制造业加快转型升级。对泉州市营商环境评估滞后指标整改工作进行重点跟踪督办，针对市场主体反映强烈的堵点难点问题进行专题询问，督促责任部门限期整改招标投标、工程建设项目审批、保护中小投资者、获得用水用气等6个方面

30个突出问题，以政府的减权限权激发市场活力和改革动力。听取审议2021年度财政决算、审计工作和地方政府性债务管理、金融企业国有资产管理等情况报告，要求保障重点领域财政支出，确保减税降费政策落地见效，提高财政资金使用和金融企业国有资本运营效益。

【关注民生福祉改善】 2022年，泉州市人大常委会关注孤独症儿童康复服务工作，推动出台专门救助文件，设立慈善专项基金，把儿童孤独症普遍筛查列入2023年为民办实事项目。督促做好婴幼儿托育服务工作，推动落实补助资金2900万元，新增普惠性托位3000个。关注优质教育资源供给，推动泉州师范学院附属小学小、培元中学分校落地北峰片区，晋光小学新建东海第二校区。听取审议市政府关于“双减”工作情况报告，促使加强校外培训机构监管，减轻学生作业负担。督促破解学校门前交通乱象，支持规划建设“高水平普特融合实训中心”和“婴幼儿照护托育服务产教融合中心”。推动家政服务业扩容提质，满足城市家庭育儿养老需求。听取审议市政府关于应急管理体系建设情况专项工作报告，促使提高防灾减灾救灾能力。对推动泉州市民族工作高质量发展提出审议意见，督促完善帮扶政策，维护全市民族团结和社会稳定局面。全年受理人民群众信件401件，接待到访59批92人次，推动矛盾源头化解，维护人民群众合法权益。

【促进生态文明建设】 2022年，泉州市人大常委会听取审议市政府关于全市环境状况和环境保护目标完成情况专项报告，紧扣打赢蓝天、碧水、净土保卫战监督问效，促使降低增长“含碳量”、提升发展“含绿度”。听取审议市政府关于实施河湖长制及市区内沟河联排联调体系建设情况专项报告，督促各方明确管理责任，紧盯水质目标靶向发力，加快构建“水清、河畅、岸绿、景美、宜居”的生态环境。开展餐饮业油烟污染防治工作评议，督促相关部门加强源头管控、实施分类整治，解决餐饮油烟扰民问题。对加快屠宰行业转型升级情况进行调研，要求加快生猪屠宰标准化建设，推动行业发展和生态环保协同并进。

【人大自身建设】 2022年，泉州市人大常委会落实新时代党的建设总要求，以自身建设新成效推动人大工作新发展。扛牢抓实从严治党主体责任，制定常委会党组落实主体责任实施意见，坚持“党组表率、党委担当、支部创优、党员争先”，持之以恒推进全面从严治党。层层压实意识形态工作责任，牢牢把准人大宣传舆论导向。举办纪念“晋江经验”20周年系列活动，组织市第16届“宣传人大制度好新闻”评选。开展党建“三级联创”和“海丝先锋”达标创星活动，不断推动机关党建与业务工作互促共融、协调发展。支持派驻纪检监察组履行职责，优化风清气正的良好政治生态。邀请国家旅游研究院、厦门国家会计学院等单位的专家、学者举办9次专题讲座，加强常委会组成人员和机关干部的政治理论、法律知识和业务学习。定期举办“人大讲堂”，鼓励、支持年轻干部独当一面、勇挑重担。适应信息化快速发展的新要求，推进智能办公、智能会议系统建设。成立市人大制度研究会，加快建设“人大智库”，从清华大学、厦门大学等院校及知名企业中聘任96名兼职委员和咨询委员，为做好人大工作提供有力的决策咨询和智力支撑。

人大立法

（参见“法治”类目）

重要会议

【概况】 2022年1月6—9日，泉州市第十七届人民代表大会第一次会议召开，选举产生泉州市第十七届人民代表大会常务委员会主任、副主任、秘书长、委员，泉州市人民政府市长、副市长，泉州市监察委员会主任，泉州市中级人民法院院长，泉州市人民检察院检察长。市十七届人大常委会全年召开常委会会议7次、主任会议12次。

【市十七届人大一次会议】 2022年

2022年1月6日，泉州市第十七届人民代表大会第一次会议在泉州人民会堂开幕 （陈小阳 摄）

1月6—9日，泉州市第十七届人民代表大会第一次会议在泉州人民会堂召开。大会听取和审议泉州市政府工作报告；审查和批准泉州市2021年国民经济和社会发展计划执行情况及2022年国民经济和社会发展计划草案的报告；批准泉州市2022年国民经济和社会发展计划；审查和批准泉州市2021年预算执行情况及2022年预算草案的报告；批准泉州市2022年市本级预算；听取和审议泉州市人民代表大会常务委员会工作报告；听取和审议泉州市中级人民法院工作报告；听取和审议泉州市人民检察院工作报告。市长蔡战胜代表市政府向大会做工作报告。市十六届人大常委会主任陈灿辉做市人大常委会工作报告。经大会选举，李建辉当选泉州市第十七届人民代表大会常务委员会主任，蔡战胜当选泉州市人民政府市长，吴友才、黄阳春、樊美清、高向荣、赖清正、李文生当选泉州市第十七届人民代表大会常务委员会副主任，黄景春、李伙金、刘林霜、陈小辉、汪志红、蔡天守、苏耿聪当选泉州市人民政府副市长，傅藏荣当选泉州市监察委员会主任，姚丽青当选泉州市中级人民法院院长，郑隆松当选泉州市人民检察院检察长，王卫红等28人当选泉州市第十七届人民代表大会常务委员会委员。大会收到代表建议、批评和意见422件。

【市人大常委会会议】 2022年，泉州市十七届人大常委会召开7次会议。会议听取和审议市监委关于反腐败国际追逃追赃工作情况的报告、市政府关于2021年度全市环境状况和环境保护目标完成情况的报告、市政府关于制造业数字化转型情况的报告、《泉州市文化旅游发展促进条例（草案）》的议案、市政府关于2021年度金融企业国有资产管理情况的报告、市政府关于市区内沟河联排联调体系建设情况的报告、市政府关于实施河湖长制工作情况的报告、市政府关于对营商环境评估滞后指标整改提升工作情况的报告、市政府关于市十七届人大一次会议第1202号和1183号代表建议办理情况的报告、市政府《关于加快推进21世纪“海丝名城”建设的决议》执行情况的报告、市政府关于研究处理市人大常委会《关于市区内沟河保护管理工作情况的审议意见》情况的报告、市政府关于城市快速化交通体系建设情况的报告等；审议《泉州市人民代表大会常务委员会关于加强闽江流域水生态环境协同保护的决定（草案）》。

【市人大常委会主任会议】 2022年，泉州市十七届人大常委会召开12次主任会议。会议讨论、通过2022年市人大常委会工作要点（草案）；讨论关于开展应急管理体系建设情况的专题调研方案、关于开展制造业数字化转型情况的调研报告和审议意见稿、《泉州市人民代表大会常务委员会关于加强闽江流域水生态环境协同保护的决定（草案）》、市政府关于提请审议《泉州市文化旅游发展促进条例（草案）》的议案、关于乡村振兴工作情况的调研报告和审议意见稿、关于进一步减轻义务教育阶段学生作业负担和校外培训负担工作情况的调研报告、开展市区内沟河联排联调管理机制建设情况的专题调研方案、关于加快推进南洋华裔族群寻根谒祖综合服务平台建设的调研报告等；听取市政府《关于加快推进21世纪“海丝名城”建设的决议》执行方案的报告；通过市十七届人大常委会立法顾问、立法咨询专家选聘和基层立法联系点。

人大监督

【概况】 2022年，泉州市人大常委会把握新时代人大监督工作的基本原则，做到尽职不越位、决定不处理、监督不代办，确保正确监督、依法监督、有效监督。通过人大监督解决人民群众普遍关注的热点难点问题，专题调研《泉州市机动车停车管理条例》实施情况，把督促《关于加快推进21世纪“海丝名城”建设的决议》执行作为重中之重，听取审议市中级人民法院行政审判专项工作报告，首次听取审议市监察委员会专项工作报告。同时，注重促进代表建议事项的落实，提高建议办理质量。

【督促人大决议执行】 2022年，泉州市人大常委会把督促《关于加快推进21世纪“海丝名城”建设的决议》执行作为重中之重，成立5个专题调研组，4次听取审议市政府及有关部门专项工作报告，就加快建设“两江一湾”新区、打造世界遗产保护利用典范城市、拓展侨智侨力汇聚新渠道、构建泉州文化标识体系等提出审议意见。

【督促依法监察和公正司法】 2022年，泉州市人大常委会围绕泉州市反腐败国际追逃追赃工作提出审议意见，指导推动各县（市、区）人大依法有序开展对同级监察委员会的监督工作，实现人大监督领域新突破。从市中级人民法院、市人民检察院随机抽选8名法官和6名检察官开展履职评议，通过组织案件评查、邀请高校法学教授对庭审录音录像评议打分、常委会会议逐一听取履职报告并当场提出询问等形式，督促法官、检察官依法履职、公正司法。督促审判机关统一法律适用和裁判标准，推进行政争议实质性化解；推动市政府专题研究行政诉讼有关问题，促进提高行政机关负责人出庭率，降低行政案件败诉率。开展法院执行工作“回头看”，督促市、县两级法院清理一批超长期未结案件，发放一批执行案款，兑现当事人胜诉权益。听取审议全市检察机关法律监督工作情况报告，促进检察机关深耕法律监督主责主业。

【督促城乡协调发展】 2022年，泉州市人大常委会对泉州市国土空间总体规划编制进展情况进行专题调研，要求加快构建优势互补、高质量发展的区域经济布局和国土空间体系。听取审议中心城区快速化交通体系建设情况报告，督促加快构建外联内畅的综合立体交通网络，提升环湾中心城市发展能级。开展三级联动监督，对泉州市乡村振兴工作进行检查，以清单式方式向市政府交办意见建议18条，督促加快完善乡村基础设施建设，促进乡村产业融合发展。专题调研海洋经济发展情况，对渔业绿色规模养殖工作情况进行满意度测评，督促培育扩大海洋产业规模。

【专题调研和执法检查】 2022年，泉州市人大常委会开展专题调研、执法检查34次。开展泉州市制造业数字化转型情况调研、2021年度全市环境状况和环境保护目标完成情况调研、反腐败国际追逃追赃工作情况专题调研、《泉州市机动车停车管理条例》实施情况调研、《泉州市文化旅游发展促进条例》立法调研等相关调研。开展《中华人民共和国职业教育法》《中华人民共和国森林法》《福建省森林条例》《中华人民共和国慈善法》等相关执法检查。

【关爱服务孤独症儿童专题调研】 2022年5月5日，泉州市人大常委会调研组到南安市、晋江市、鲤城区、丰泽区开展关爱服务孤独症儿童专题调研。调研组到南安市妇幼保健院、晋江市内坑三民小学、晋江市特殊学校、鲤城区太阳雨儿童培训学校、泉州师范学校第二附属小学，了解各地贯彻落实《福建省加强孤独症儿童关爱服务的若干措施》、2023年为民办实事“0～6岁儿童孤独症筛查干预服务”进展、孤独症儿童融合教育及社会机构康复服务等情况。调研组认为，越是困难的群体，越需要众人帮扶和关爱；越是难度大的工作，越需要众多部门积极作为、合力推进。调研组对政府有关部门、各社会机构主动担当、用心用情关爱服务孤独症群体所作的探索和努力表示肯定。

【“促进文旅经济发展，加快‘海丝名城’建设”专题调研】 2022年11月9—10日，泉州市人大常委会开展《关于加快推进21世纪“海丝名城”建设的决议》执行情况及“促进文旅经济发展，加快‘海丝名城’建设”专题调研，并召开座谈会。10日，中共福建省委常委、泉州市委书记刘建洋出席座谈会，共商推动文旅经济繁荣发展的思路举措。调研组在考察“海上丝绸之路”文化研学营地、“东亚文化之窗”产业园、“大寺迺”、“源和1916”创意产业园等项目以及征求意见建议基础上，组织人大代表、市直部门、专家学者共话发展。座谈会上，中国旅游研究院院长戴斌等以“现场+视频”方式建言献策。

2022年11月10日，泉州市人大常委会召开“促进文旅经济发展 加快海丝名城建设”专题调研座谈会 （泉州文旅 供图）

表2 2022年泉州市人大常委会调研检查情况表

时间	调研地点	调研内容
3月9、10、15日	南安、晋江、德化、洛江	开展泉州市制造业数字化转型情况调研
3月17—18日	惠安、泉港、晋江	开展2021年度全市环境状况和环境保护目标完成情况调研
5月10、11日	惠安、泉港、晋江	开展《中华人民共和国环境保护法》执法检查暨2021年度全市环境状况和环境保护目标完成情况调研
5月12—13日	惠安、石狮	开展反腐败国际追逃追赃工作情况专题调研
5月17—19日	洛江、晋江、南安	开展《中华人民共和国职业教育法》执法检查

续表

时间	调研地点	调研内容
5月17—18日	安溪、泉港	开展应急管理体系建设情况调研
5月20日	市区	开展泉州市中级人民法院执行工作情况“回头看”专题调研
5月25日	鲤城、丰泽	开展《泉州市机动车停车管理条例》实施情况调研
5月26—27日	鲤城、泉港	开展《福建省宗教事务条例》贯彻落实情况调研
5月30—31日、6月10日	永春、南安、安溪	开展《中华人民共和国森林法》和《福建省森林条例》执法检查
6月30日	南安	开展泉州市十七届人大一次会议代表建议（财政经济类和社会建设类）和重点督办件办理及决议执行等情况调研
7月6日	洛江	开展2022年泉州市人大常委会第1392号重点督办件办理情况调研
7月6、7、14日	惠安、安溪	开展乡村振兴工作情况调研
7月14日	鲤城、丰泽	开展餐饮业油烟污染防治工作情况评议调查
7月14、15、19日	鲤城、晋江、惠安	开展《中华人民共和国慈善法》执法检查
7月19—20日	鲤城、丰泽、洛江、南安、永春	开展泉州市中级人民法院行政审判工作情况专题调研
7月20—21日	洛江、石狮、晋江、泉州台商投资区	开展铸牢中华民族共同体意识、推动新时代民族工作高质量发展情况联合调研
7月26—27日	鲤城	开展进一步减轻义务教育阶段学生作业负担和校外培训负担工作情况调研
7月28—29日	鲤城、丰泽	开展《泉州市文化旅游发展促进条例》立法调研
8月2日	洛江、南安、安溪、泉州台商投资区	开展泉州市国土空间规划编制工作进展情况调研
8月24日	鲤城、南安	开展泉州市十七届人大一次会议第1183号代表建议办理情况调研
8月30日至9月1日	丰泽、安溪	开展孤独症儿童康复服务工作情况调研
9月1日	鲤城、丰泽	开展泉州市区内沟河联排联调体系建设情况调研
9月6—20日	洛江、泉港、南安、永春、德化、泉州台商投资区	开展泉州市实施河湖长制工作情况调研
9月7—8日	鲤城、丰泽	开展泉州市2021年度国有资产管理综合情况和金融企业国有资产管理情况调研
9月14—15日	晋江、泉州台商投资区	开展对营商环境评估滞后指标整改提升工作情况调研
9月15—16日	丰泽、惠安、石狮	开展加快推进南洋华裔族群寻根谒祖综合服务平台建设专题调研
9月21、27日	永春	开展加快屠宰行业转型升级情况调研
9月27—28日	泉港、南安、惠安	开展加强新时代检察机关依法履行法律监督职责工作情况专题调研
10月10—11日	丰泽、晋江、南安、洛江、石狮	开展泉州市十七届人大一次会议代表建议办理工作视察
11月1日	丰泽、晋江、南安、惠安、安溪	开展城市快速化交通体系建设情况调研
11月9—10日	鲤城	开展《关于加快推进21世纪“海丝名城”建设的决议》执行情况及“促进文旅经济发展”专题调研
12月1—2日	泉州市区	对泉州市2022年计划预算执行及2023年计划预算编制情况和政府债务情况进行调研

（资料来源：市人大）

人事任免

【概况】 2022年，泉州市人民代表大会及其常务委员会依法选举任免地方国家机关工作人员220人次。

【市人大常委会组成人员选举】 2022年1月9日，泉州市第十七届人民代表大会第一次会议选举李建辉为泉州市第十七届人民代表大会常务委员会主任；选举吴友才、黄阳春、樊美清、高向荣、赖清正、李文生为泉州市第十七届人民代表大会常务委员会副主任；选举王卫红、王文郴、朱亮、庄天怀、庄刚毅、刘仲栋、许振煌、杨永裕、陈云毅、陈文海、陈晓玉、陈楚亮、林丽华、赵昕东、柳璟、骆春玲、徐莉、徐悦、黄少鸿、黄克松、蒋碧辉、韩卫华、释向愿、谢丽华、蔡永生、蔡彩红、廖丽芬、戴小平为泉州市第十七届人民代表大会常务委员会委员；选举黄阳春为泉州市第十七届人民代表大会法制委员会主任委员；选举黄少鸿为泉州市第十七届人民代表大会法制委员会副主任委员；选举王卫红、吴惠琳、陈文海、陈东聆、陈楚亮、柳璟、廖丽芬为泉州市第十七届人民代表大会法制委员会委员。选举赖清正为泉州市第十七届人民代表大会财政经济委员会主任委员；选举陈云毅为泉州市第十七届人民代表大会财政经济委员会副主任委员；选举史桐融、朱亮、陈沙龙、郑勇、徐莉、翁师圣、郭华清为泉州市第十七届人民代表大会财政经济委员会委员；选举李文生为泉州市第十七届人民代表大会教育科学文化卫生委员会主任委员；选举廖丽芬为泉州市第十七届人民代表大会教育科学文化卫生委员会副主任委员；选举王希仁、庄刚毅、庄丽芬、苏白茹、陈长贤、陈燎原、谢丽华为泉州市第十七届人民代表大会教育科学文化卫生委员会委员；选举吴友才为泉州市第十七届人民代表大会监察和司法委员会主任委员；选举柳璟为泉州市第十七届人民代表大会监察和司法委员会副主任委员；选举杨永裕、杨振显、陈其龙、陈翔、辜智钦、傅鑫源、潘周展为泉州市第十七届人民代表大会监察和司法委员会委员；选举赖清正为泉州市第十七届人民代表大会社会建设委员会主任委员；选举陈云毅为泉州市第十七届人民代表大会社会建设委员会副主任委员；选举王阿兰、庄燕华、许志辉、许振煌、徐悦、曾白云、蔡明显为泉州市第十七届人民代表大会社会建设委员会委员。

【市长副市长选举】 2022年1月9日，泉州市第十七届人民代表大会第一次会议选举蔡战胜为泉州市人民政府市长；选举黄景春、李伙金、刘林霜、陈小辉、汪志红、蔡天守、苏耿聪为泉州市人民政府副市长。

【市监委主任选举】 2022年1月9日，泉州市第十七届人民代表大会第一次会议选举傅藏荣为泉州市监察委员会主任。

【市两院负责人选举】 2022年1月9日，泉州市第十七届人民代表大会第一次会议选举姚丽青为泉州市中级人民法院院长；选举郑隆松为泉州市人民检察院检察长。

【市政府组成人员任免】 2022年2月25日，经泉州市第十七届人民代表大会第一次会议审议通过：决定任命苏延辉为泉州市人民政府秘书长；决定任命唐春晓为泉州市人民政府办公室主任；决定任命廖良结为泉州市发展和改革委员会主任；决定任命刘殊芳为泉州市教育局局长；决定任命王小阳为泉州市科学技术局局长；决定任命曾钟远为泉州市工业和信息化局局长；决定任命许颖颖为泉州市民族与宗教事务局局长；决定任命李伙金为泉州市公安局局长；决定任命陈劲松为泉州市民政局局长；决定任命林强为泉州市司法局局长；决定任命李清景为泉州市财政局局长；决定任命许长春为泉州市人力资源和社会保障局局长；决定任命刘文发为泉州市自然资源和规划局局长；决定任命李国坤为泉州市生态环境局局长；决定任命张志铭为泉州市住房和城乡建设局局长；决定任命刘德旺为泉州市交通运输局局长；决定任命蔡龙群为泉州市农业农村局局长；决定任命郑

2022年2月25日，泉州市第十七届人民代表大会第一次会议召开

（王虎文 摄）

进锡为泉州市林业局局长；决定任命刘建兴为泉州市水利局局长；决定任命张小红为泉州市商务局局长；决定任命李伯群为泉州市文化广电和旅游局局长；决定任命苏培聪为泉州市卫生健康委员会主任；决定任命唐良元为泉州市退役军人事务局局长；决定任命邱朝阳为泉州市应急管理局局长；决定任命骆振军为泉州市审计局局长；决定任命黄金顺为泉州市人民政府国有资产监督管理委员会主任；决定任命陈龙津为泉州市海洋与渔业局局长；决定任命李德雄为泉州市市场监督管理局局长；决定任命汪水永为泉州市体育局局长；决定任命傅少明为泉州市统计局局长；决定任命林琪伟为泉州市人民防空办公室主任；决定任命李小玲为泉州市医疗保障局局长；决定任命陈德庆为泉州市地方金融监督管理局局长；决定任命林祖传为泉州市人民政府信访局局长；决定任命陈进平为泉州市城市管理局局长；决定任命施国宾为泉州市数字泉州建设办公室主任。4月27日，经泉州市第十七届人民代表大会第二次会议审议通过：决定任命肖进才为泉州市人民政府副市长、泉州市公安局局长；决定任命黄育奇为泉州市卫生健康委员会主任；决定免去李伙金的泉州市人民政府副市长、泉州市公安局局长职务；决定免去苏培聪的泉州市卫生健康委员会主任职务。

【市监委副主任任免】 2022年2月25日，经泉州市第十七届人民代表大会第一次会议审议通过：任命陈金忠为泉州市监察委员会副主任；任命张维劲为泉州市监察委员会副主任；任命许仰东为泉州市监察委员会副主任；免去邓安娜的泉州市监察委员会副主任职务；免去许锦聪的泉州市监察委员会副主任职务；免去苏双喜的泉州市监察委员会副主任职务。

【市两院组成人员任免】 2022年2月25日，经泉州市第十七届人民代表大会第一次会议审议通过：免去刘菊波的泉州市中级人民法院审判员职务；免去陈建宇的泉州市中级人民法院审判员职务。免去樊美清的泉州市人民检察院副检察长、检察委员会委员、检察员职务。4月27日，经泉州市第十七届人民代表大会第二次会议审议通过：任命林培阳为泉州市中级人民法院立案庭副庭长，免去其泉州市中级人民法院金融审判庭副庭长职务；任命陈志杰为泉州市中级人民法院民事审判第四庭副庭长，免去其泉州市中级人民法院民事审判第五庭副庭长职务；任命黄海瑞为泉州市中级人民法院金融审判庭副庭长，免去其泉州市中级人民法院民事审判第四庭副庭长职务；任命余卓立为泉州市中级人民法院金融审判庭副庭长，免去其泉州市中级人民法院民事审判第五庭副庭长职务；任命张黛为泉州市中级人民法院民事审判第五庭副庭长，免去其泉州市中级人民法院立案庭副庭长职务；任命陈亚生为泉州市中级人民法院审判监督庭副庭长，免去其泉州市中级人民法院民事审判第四庭副庭长职务；任命连小彬为泉州市中级人民法院执行庭副庭长，免去其泉州市中级人民法院立案庭副庭长职务；任命张文平为泉州市中级人民法院生态环境审判庭副庭长；免去陈慧英的泉州市中级人民法院副院长、审判委员会委员、审判员职务；免去高智辉的泉州市中级人民法院副院长、审判委员会委员职务；免去韩天明的泉州市中级人民法院副院长、审判委员会委员职务；免去潘丰源的泉州市中级人民法院副院长、审判委员会委员职务；免去谢希鹏的泉州市中级人民法院副院长、审判委员会委员职务；免去洪完明的泉州市中级人民法院审判委员会委员职务；免去胡金琪的泉州市中级人民法院审判委员会委员职务；免去林锡平的泉州市中级人民法院审判委员会委员职务；免去庄希文的泉州市中级人民法院审判委员会委员职务；免去陈希进的泉州市中级人民法院审判员职务。8月26日，经泉州市第十七届人民代表大会第四次会议审议通过：任命杨武能为泉州市中级人民法院副院长、审判委员会委员、审判员；任命陈水深为泉州市中级人民法院审判委员会委员、审判员；任命陈琳为泉州市中级人民法院审判员；任命林美燕为泉州市中级人民法院审判员；任命邱妙菲为泉州市中级人民法院审判员；免去高智辉的泉州市中级人民法院审判员职务；免去洪完明的泉州市中级人民法院审判员职务；免去钟波洪的泉州市中级人民法院审判员职务；免去肖一虹的泉州市中级人民法院审判员职务；免去陈冬梅的泉州市中级人民法院审判员职务。任命王丽蓉为泉州市人民检察院检察员；任命吴奕萍为泉州市人民检察院检察员。10月28日，经泉州市第十七届人民代表大会第五次会议审议通过：任命陈建聪为泉州市中级人民法院审判员；任命张奕显为泉州市中级人民法院审判员；任命黄汉阳为泉州市中级人民法院审判员；免去黄祥彪的泉州市中级人民法院民事审判第四庭庭长职务；免去黄有志的泉州市中级人民法院民事审判第三庭副庭长、审判员职务；免去谢希鹏的泉州市中级人民法院审判员职务；免去胡金琪的泉州市中级人民法院审判员职务；免去林锡平的泉州市中级人民法院审判员职务；免去王柳玲的泉州市中级人民法院审判员职务；免去王莹的泉州市中级人民法院审判员职务。免去赵永奇的泉州市人民检察院检察员职务；免去陈建强的泉州市人民检察院检察员职务；免去贾寅生的泉州市人民检察院检察员职务；免去吴美满的泉州市人民检察院检察委员会委员、检察员职务；免去傅昉明的泉州市人民检察院检察员职务。12月30日，经泉州市第十七届人民代表大会第七次会议审议通过：任命尤秋勇为泉州市人民检察院检察委员会委员；任命李铮为泉州市人民检察院检察委员会委员；任命徐建伟为泉州市人民检察院检察员；免去蔡晓虹的泉州市人民检察院检察员职务。

【县（市、区）检察长批准任命】 2022年2月25日，经泉州市第十七届人民代表大会第一次会议审议通过：批准任命苏紫燕为泉州市鲤城区人民检察院检察长；批准任命林志铭为泉州市丰泽区人民检察院检察长；批准任命王声典为泉州市洛江区人民检察院检察长；批准任命洪藜莹为泉州市泉港区人民检察院检察长；批准任命余冬阳为石狮市人民检察院检察长；批准任命王文龙为晋江市人民检察院检察长；批准任命胡激洋为南安市人民检察院检察长；批准任命曾晓军为惠安县人民检察院检察长；批准任命施文凭为安溪县人民检察院检察长；批准任命李翔毅为永春县人民检察院检察长；批准任命叶小全为德化县人民检察院检察长。

代表工作

【概况】 2022年，泉州市人大常委会举办履职培训班，提升人大代表政治素养和履职能力。确定加快推进社区“邻里中心”建设、扶持中职教育和技能教育等12件重点督办件，以点带面推进人大代表建议督办工作。疫情防控期间，设立市人大代表微信工作群，创办《民情专报》，让人大代表24小时反映群众呼声、表达一线诉求。

【代表履职保障】 2022年，泉州市人大常委会落实“双联”制度，36名常委会组成人员与240名人大代表、180名群众面对面交流，收集相关意见建议361条，交由市、县、乡三级政府及有关部门研究处理。在“党建+”邻里中心设立209个人大代表工作室，科学编排2504名五级人大代表进室开展接访活动，收到群众建议2756条，经交办转办后，一大批建议转化为促发展、惠民生、暖民心的务实举措。在开展法规起草审议、专项调研和执法检查时，邀请人大代表参与，使常委会工作获得源源不断的民意和智力支持。

【建议办理】 2022年，泉州市人大常委会完善人大代表建议对口全程跟踪督办、二次交办、建议办理“回头看”等工作机制，对加快工业园区标准化建设、完善生活垃圾分类系统2件建议的办理情况进行满意度测评，促使人大代表建议办理工作更有力度、更富实效。截至年底，市十七届人大一次会议期间人大代表提出的422件建议全部办结，其中所提问题已经解决或基本解决的占56.5%，正在解决或列入计划解决的占40.8%，代表反馈满意和基本满意率100%。

【《民情专报》】 2022年疫情防控期间，泉州市人大常委会为及时了解民意、纾解民困，设立市人大代表微信工作群，创办《民情专报》，让人大代表24小时反映群众呼声、表达一线诉求。对人大代表反映的急事要事，常委会立即交办、快速反应，“东美小区20余名租户生活物资缺乏保障”“一名肺癌晚期患者呼吸困难急需住院治疗”等130余个问题在各方支持下得到及时解决。疫情过后，建立《民情专报》常态化运行工作机制，组织人大代表围绕复工复产、加大重点行业纾困帮扶、促进文旅融合发展、疫情防控措施调整后保障群众就医用药等提出意见建议。人大代表提出的“安溪湖里工业园存在交通安全隐患”“加快设置便民发热诊疗站”等一大批建议得到有效办理。《民情专报》全年编发94期，收集人大代表反映的问题和提出的建议946条，其中512个问题得到及时解决、434件建议办理中或转作有关部门决策参考，《民情专报》成为代表反映民意的重要阵地和人大联系群众的“连心桥”。

（许小蓉　陈学明）

表3　泉州市十七届人大一次会议重点建议一览表

建议名称	建议代表	主要内容
《打造一批特色产业综合体》	王阿兰	加强产业分类指导，打造一批有特色的产业综合体。根据产业的生产需求为导向，建立政府牵头、所属行业“商会+专业运营商”协同经营模式，发挥产业优势，扬长避短、相互借力，高起点、高标准推进产业园区标准化建设，快速打造一批高质量标准园区，既提升规模以上企业入园率，又推动小微企业集群发展
《试点先行 打造“15分钟便民生活圈”》	曾玉云 陈云毅	加快推进社区“邻里中心”建设。具体可借鉴上海等地的做法，在全市范围内，选择条件成熟的社区先行试点，打造社区邻里中心标杆示范点；把社区邻里中心建设作为政府的一项重点工作，多方支持，形成推进社区邻里中心建设合力，同时，及时总结城乡社区近邻服务的经验做法，融合到邻里中心建设工作，打造“15分钟便民生活圈”，让邻里中心成为百姓的欢乐所在、方便所在

续表

建议名称	建议代表	主要内容
《完善分类系统 加快推进法规落地》	林树生	加快推进垃圾分类相关政策法规落地，因地制宜制定并完善落实相应的配套政策文件，确保一线执法人员在执法过程中有法可依；结合政策激励、刚性约束、智慧监管等多种方式，建设并完善生活垃圾分类系统和奖惩机制；引导居民增强绿色发展理念，践行垃圾分类，形成全社会共同推进垃圾分类的合力
《构建一体化水务系统》	庄刚毅	理顺中心市区排水管理机制，构建一体化水务系统框架，完善统一管养机制；尽快出台泉州市中心市区排水专项规划，完善排水管网系统，实现雨污分流；加大财政资金和专业人员投入，系统整治黑臭水体，构建水清、河畅、岸绿、景美的城市水环境
《打通司法公正“最后一公里”》	李红婷	完善服务功能、规范服务行为、推出便民措施，确保各类案件审判后及时执行；建立执行工作长效机制，打造专业化执行队伍，提升案件执行到位率；推进执行信息公开等平台建设，定期开展执行宣传活动，让人民群众更加了解、理解执行工作；把执行到位率列为绩效考核的重点内容和法官业务绩效的评判依据之一
《规范责任认定提升接处警效率》	柳　璟	结合泉州市交通情况，合理规划执勤站点和巡逻路线，制定相关工作规范，提升交通事故接处警效率；严格办案程序，规范事故车辆扣留程序；出台符合泉州市实际的事故认定操作细则，规范交通事故责任认定标准，明确执法流程节点，加强监督管理，制约自由裁量权；加大民警、警务辅助人员执法规范化培训力度，规范交通事故责任认定
《加快深远海养殖规划》	许文贵 庄刚毅	组织专业海洋调查科研院所或高等院校开展泉州市深远海养殖适用基础调查；加快编制泉州市深远海养殖规划，优化布局深远海养殖生产；结合泉州市实际，制定出台有利于深远海养殖发展的政策，做大做强深远海养殖，拓宽海洋养殖发展的空间
《健全管理机制构筑保障体系》	刘仲栋 骆志森	从健全机制入手，规范保护区日常管理；从宣传引导入手，营造全社会参与态势；从强化投入入手，构筑可持续保障体系；从严格管控入手，形成震慑性执法效应，从而提高自然保护区的管理能力和生物多样性保护的有效性
《大力扶持中职教育和技能教育》	庄天怀	加快发展我市中等职业教育和技能教育，扩大区域办学规模，提升泉州市中职教育整体规模和质量；鼓励支持学校与产业园区、行业协会和龙头企业合作办学；创新中职升学模式，拓宽招生区域来源；转变考评模式突出实用性，在教学考评中，突出职业性、专业性、实用性，实现技能人才的合理培养
《大力发展普惠性托育服务》	骆春玲	配套出台托育服务机构扶持政策，发展成本可负担、方便可及的普惠性托育服务，发展多种形式的托育服务机构；加强托育服务机构的监督管理，建立政府统一领导下的监管工作机制，强化部门协同，建议由市卫健委牵头，各相关部门按照各自职责，统筹推进，为发展婴幼儿托育服务提供政策支持和社会环境
《发挥优势 构建旅游产品体系》	许振煌	通过举办山地生态旅游节，整合各类资源，培育户外休闲旅游特色品牌，策划推广精品线路；将农业生产与休闲旅游、农耕文化结合，加快发展山地生态休闲农业、体验农业；山地生态资源比较丰富的县域，完善旅游要素配套，构建高质量山地生态旅游产品体系
《挖掘华裔新生代力量促进合作共赢》	陈晓玉	加强媒体传播力建设，推动民间对外宣传工作；灵活运用各种活动载体，全方位、多维度增进文化认同；鼓励华裔新生代回乡创业，促进合作共赢；建好“南洋华裔族群寻根谒祖综合服务平台”，运用信息化技术，提升联谊工作质效

（资料来源：市人大）

泉州市人民政府

综 述

【经济运行】 2022年，泉州市政府紧扣“提高效率、提升效能、提增效益”，落实“疫情要防住、经济要稳住、发展要安全”要求，推进复工复产、满工达产、增资扩产、提质强产、保岗促产，“两稳一保一防”工作。全市生产总值由一季度下降10.3%到全年增长2.9%。实施“百千”增产增效行动，梳理2237家重点扶持企业，兑现惠企资金48.2亿元、减税降费91.1亿元；建立企业金融服务顾问制度，开展“百名行长进企业”活动，为企业增贷、转续贷、降低利率、延期还款2400余亿元，创新开设“网络招聘超市”、推行共享用工，支持龙头企业与本地中小微企业产能对接810亿元。实施“全闽乐购”泉州促消费活动，发放各类消费券2亿元，组织线下百场促销；开展“海丝精品·好货不贵”等直播系列活动，网络零售额2574亿元、增长34.9%，数额全省第一；快递业务量破17亿件、增长41.2%，数量占全省一半；餐饮、住宿、旅游业稳步复苏，石牛山景区、八仙过海等项目开放运营。实施出口突围拓展行动，出口增长3.4%。扩容石狮市场采购贸易和预包装食品出口，新增晋江鞋纺城获批市场采购贸易试点，实现省内通关一体化，市场采购贸易出口343亿元、增长98.2%。实施科技创新工程，获批“科创中国”试点城市；新增高新技术企业350家、科技小巨人领军企业141家；推动清源创新实验室实质运作，与湖南大学、上海大学、同济大学等合作建设研发平台，中国科学院大学智能制造学院招收首批研究生。

【产业升级】 2022年，泉州市政府开展13个新基建新经济基地建设比拼活动，实行“龙头（平台）+产业链+基金+专班”专案运作；建成5G基站1万个，泉州市成为全国首批“双千兆城市”。启动千亿产业集群改造提升行动，实施强链补链、科技赋能等项目710个，新增数字化、智能化生产线124条，培育省级智能制造试点示范企业21家，新增“上云上平台”企业1000家，筛选培育明星梯队企业141家。攻坚推进“五个一批”项目，完成在建重点项目投资1498亿元，白濑水利枢纽工程大坝开建，中化乙烯、三安氮化镓/砷化镓、百宏PTA、烯石新材料等98个重点项目竣工投产。开展招商季活动，制定招引大区公司专项扶持措施，创新开展云招商、云签约，引进国亨化学、立邦新材料、中化化销等重大项目，新签约项目432个、投资2281亿元。

【重点改革】 2022年，泉州市政府落实重点改革任务，增创发展新优势。深化“放管服”改革，推进“一窗通办”，整合“一件事集成套餐服务”事项54件，电力工程占用挖掘道路政企“一窗”联审模式获全省推广；建成投用行政审批服务“中介超市”，推行“红黑榜”考评管理；组建国有大数据运营服务公司，启动政务数据汇聚与共享应用平台（二期）建设，基本完成市、县两级政务数据中心整合迁移和政务数据全量汇聚，在全省率先实现“区块链电子证照+实体证照”同步颁发。泉州市营商环境在百座经济活跃城市综合排名升至第15位。深化金融服务实体经济改革，获批国家产融合作试点城市。推动供应链金融、银税互动、云电贷等增户扩面，金融机构贷款余额增长13.1%；建设企业公益性综合信用评价体系，完成20万家企业公共信用评价；支持企业改制上市，精准实施分阶段奖励补助，新增上市企业3家；新设创新投资基金、科技成果转化基金。强化信贷风险防范化解，不良贷款率保持较低水平。加快市属国企改革，推进市属国有外经贸企业整合重组。

【城市建设】 2022年，泉州市政府围绕“城市要聚”，环湾向湾建设提速提质。启动国土空间规划编制，科学划定控制线。开展片区更新改造活动，北峰丰州西华洋、繁荣大道及棚户区、南埔山片区开工建设，东海后埔、城东南滨江片区征迁；县（市、区）13个片区更新改造完成投资105亿元。开工老旧小区改造项目297个、完工152个，惠及5.6万户家庭。梯次实施聚城畅通工程，兴泉铁路、福厦客专泉州段架梁铺轨；厦漳泉城市联盟路泉州段建成通车，泉梅、泉厦金高速列入国网规划；武荣大桥、刺桐大桥南节点开工建设；打通鲤城紫山路、洛江滨江大道、泉港海南街等28条断头路。推进古城综合提升工程，中山中路保护提升项目进入工程收尾，承天巷、旧馆驿等29条古城街巷启动保护提升，11所古书院开展复建复兴，正音、宝觉等书院投入使用；梧林古村落项目对外试运营。提升城市生态景观，晋江下游南岸生态整治、百崎湖启动区、蚶江湿地公园等11个生态连绵带项目基本完工，西湖桃花岛、山线绿道二期工程建成开放；全市新改建城市综合公园、社区公园和口袋公园137个、面积700公顷。改善城市治理，出台泉州市文明行为促进办法、电动自行车管理办法，完善创城创卫常态长效机制；垃圾分类实施范围扩大到22个街道（乡镇）、40余万户居民，实现公共机构全覆盖。完成南安、晋江、安溪生活垃圾焚烧发电厂改扩建，餐厨垃圾资源化处理设施建成投用。全市新改建城镇污水管网345千米，完成柯石、浔美等23个排涝工程建设和83个积水点改造。支持公交线路跨区发展，新增公共停车泊位6500余个。

【惠民利民】 2022年，泉州市政府围绕“民生实事”，坚持惠民利民富民，居民收入增长高于经济增长，兑现36个为民办实事项目。完成脱贫攻坚目标任务，化解疫情对脱贫攻坚的影响，强化返贫预警监测和突发原因致贫应急救助，提升“两不愁三保障”和农村饮水安全水平，村集体经营性收入普遍达10万元以上。推进乡村振兴，编制完成145个乡村振兴试点村规划，加快创建23条示范线路，完成人居环境整治、乡村旅游、乡村记忆文化等19个三年行动任务，十大特色产业全产业链产值突破2000亿元。加强农村宅基地管理，农村建房乱象初步得到遏制。开展全国深化农村公路管理养护体制改革试点，建成农村公路路网239千米，实施生命防护工程912千米。优先发展教育事业，组织分批错峰复学放假；新增公办幼儿园学位1.4万个、中小学学位1.8万个，落实“公民同招”政策。开展校外培训机构专项整治，公布4批“黑白名单”。扩大卫生健康资源供给，提升公共卫生管理服务能力。第一医院城东院区二期病房楼、光前医院综合病房大楼、医学高等专科学校附属人民医院二期综合病房楼竣工。新增医疗机构床位6508张、卫技人员2271人；二级以上医院网络门诊预约率达85%。织密织牢社会保障安全网，发放失业保险稳岗补贴、失业金和困难救助11.6亿元，惠及43.5万人次。新增城镇就业9.3万人，失业人员实现再就业2.8万人，新增“五险”参保人数33万人次，城乡低保标准提高到750元。新增养老床位3334张。

【从严理政】 2022年，泉州市政府开展学习《习近平谈治国理政》“学思比”专题活动，提升“法治政府建设年”成效，完成“七五”普法任务。开展突破“难硬重新”工作行动，集中力量破解14项老难题和新课题。执行市人大及其常委会决议决定，接受市人大法律监督和工作监督，主动接受市政协民主监督，办理人大代表建议415件、政协提案538件。压缩一般性支出14.5亿元。拓展基层减负工作，加强政府廉政建设，推进巡视巡察、审计发现政府工作问题整改销号，巩固风清气正的政治生态。

（黄宏斌）

重要会议

【概况】 2022年，泉州市政府召开全体会议1次、常务会议22次。

【市政府全体会议】 2022年1月9日，泉州市政府第一次全体会议召开，对各级政府各部门进行新一年工作动员部署。会议强调，要“稳字当头、稳中求进”抓好经济运行，要“以城聚产、以产兴城”促进城乡融合，要“用心用情、求实求效”办好民生实事。会议还对力促一季度“开门红”，加强常态化疫情防控，做好节日期间各项工作，落实勤俭过节、廉洁过节等工作进行部署。

【市政府常务会议】 2022年，泉州市政府召开22次常务会议。会议研究《关于加快推进旅游业高质量发展的实施意见》《泉州市“十四五”数字泉州专项规划（送审稿）》《泉州市“十四五”城乡基础设施建设与管理专项规划》《泉州市企业强制注销暂行规定》《泉州市妇女发展纲要（2021—2030年）》《泉州市儿童发展纲要（2021—2030年）》《泉州市自然资源领域市与县财政事权和支出责任划分改革实施方案》《泉州市制造业数字化转型行动方案》《泉州市“绿满泉城”三年行动实施方案》《泉州：宋元中国的世界海洋商贸中心——系列遗产管理规划》《泉州市中心市区照明提升三年行动方案》《泉州市“十四五”深化医药卫生体制改革专项规划》《泉州市贯彻落实国务院、福建省扎实稳住经济一揽子政策措施实施方案》《关于深入推进科技特派员制度服务乡村振兴和助力产业转型的实施意见》《泉州市县域义务教育优质均衡发展创建工作规划》《促进泉台农业融合发展十条措施》《泉州市“十四五”能源发展专项规划》《泉州市本级政府投资信息化项目管理规定》《泉州市科技创新天使基金设立方案》《泉州市加快推进21世纪“海丝名城”建设实施方案（2022—2026年）》《泉州市生活垃圾分类管理办法（草案）》《泉州市扶持职业装发展十条措施》《支持推动会展经济发展若干措施》《泉州市汇聚侨心侨力侨智服务“海丝名城”建设的实施方案》《泉州市“十四五”节能减排综合工作实施方案》等送审稿。

（黄宏斌）

政务服务

【概况】 2022年，泉州市行政服务中心贯彻“马上就办、真抓实干”要求，以落实“提高效率、提升效能、提增效益”行动为抓手，以推动政务服务数字化改革为动力，推进“互联网+政务服务”，在打造市场化、法治化、国际化、便利化营商环境上对标一流，塑造政务服务新形象、新服务、新风貌。2022年度福建省对泉州市绩效考核指标中“放管服”改革指标位居全省第2位。

【行政审批】 2022年，泉州市行政服务中心完善权责清晰、管理科学、运行高效、监督有力的行政审批制度，打造依法审批的示范窗口。拓展“一件事”集成套餐改革，牵头组织各有关部门将企业群众涉及面广、办件量大、需求迫切的高频事项纳入“一件事一次办”范畴，细化部门行政审批服务事项为“1+N”办事套餐。滚动推出581件“一件事”集成套餐，涉及企业开办、医疗卫生、食品餐饮、置业购房、社会民生、便民服务、公共服务等，基本覆盖企业群众高频多发、体验度高的事项，实现集成套餐“一件事一次办”主题服务模式，改变过去多部门分头办理、多环节分开办理、多窗排队依次办理，精减办件材料、压缩办理时限。加强市工建系统巡查工作，实时跟踪，查找漏洞，梳理问题清单，完成数据补推送，规范特殊环节办理程序。推行“清单制+告知承诺制”，对社会投资简易低风险项目，不强制要求进行工程监理，对社会投资工业项目实施“拿地即开工”，提升“告知承诺办结审批事项占审批事项的占比”。推行市政公用“一站式”服务及市政服务提前谋划方案。规范识别“联合验收统计规则”中的统计范围、计算规则、判定条件等；规范操作“不予受理”行为、窗口预审行为、项目类型选择等。推行项目审批“帮办代办”“模拟审批”“诚信中介”三项工作机制。市、县两级完成1114个项目签约委托“帮代办”服务；429个项目享受“模拟审批”政策福利；“泉州市审批服务网上中介超市”入驻2220家中介机构、1404家项目业主。

【服务体系建设】 2022年，泉州市行政服务中心推进审批服务模式改革，当好“放管服”改革的排头兵。对全省高频政务服务“异地代收代办”的37个省内通办事项清单，完成省网上办事大厅“省内异地代收”事项系统配置工作，启动受理相关事项异地办理申请。推动“全程网办”，落实“异地代收代办”事项，提升政务服务大厅“省内通办”服务能力，优化“省内通办”线上专区，加强事中事后监管。拓展审批服务“跨省通办”改革，通过线下设置“跨省（区域）通办专窗”，线上开设“跨省（区域）通办专区”等方式，推进与省外城市点对点开展“跨省通办”政务服务，打造“惠民便企、协同发展”的优质营商环境，与外省10个地市签订“跨省通办”框架协议，实现两地企业群众办事“就近一次办成”。市、县两级政务服务中心设置“省内通办”专窗101个、“跨省通办”专窗92个，办理“省内通办”事项7.28万件、“跨省通办”事项6.79万件。对标省内最优，梳理省网上办事大厅“工程建设项目审批”事项的申请材料和承诺时限，开展工程建设项目审批减时限、减材料、减环节、提升“便利度”改革，告知承诺办结审批事项的占比由0%提升到100%，实现线上办理的事项占比由97.26%提升到100%。

【办件模式建设】 2022年，泉州市行政服务中心围绕载体信息化、手段智能化加快行政服务改革步伐。推进行政审批“一网通办”。建成连通市、县、镇、村四级的泉州市“互联网+政务服务”一体化行政服务平台，实行“网上办”，企业和群众可在线申办、邮寄申办、查询进度、咨询投诉等，实现不见面政务服务。市本级有2291项事项可进行在线申报，占比98.92%；2034项事项实现“一趟不用跑”，占比87.82%。推进村居事项“一端办理”，在中心微信公众号上线“村（居）智助服务系统”，覆盖全市13个县（市、区）的所有村（居），群众可随时自助办理健在证明、计生情况审核证明、户口迁入迁出证明、亲属证明等高频证明，实现村（居）证明全流程“掌上办”。推进政务服务“一机快办”，推进“自助办”便民服务，建成中心市区15个24小时自助服务区，在13个县（市、区）行政服务中心、街道（乡镇）便民服务中心、社区便民服务站等场所投放300余台政务服务自助一体机，实现市场监管、信用服务、不动产服务、公安服务、民政服务、环境服务、卫健服务、社保服务、医保服务、交通服务、供水服务、供电服务、自来水服务等180项事项可在“家门口”办理，打造群众“15分钟办事圈”。

【监督平台建设】 2022年，泉州市行政服务中心设立“办不成事”专窗，推动市、县两级中心设立“办不成事”专窗，“线上模块+线下窗口”收集群众办事“堵点”“痛点”：线上在“泉州行政服务”微信公众号开设“办不成事找我说”模块；线下在政务服务中心办事大厅设置“办不成事”反映专窗，集中受理解决企业和群众反映的“办不成事”问题。在政务服务中心一楼大厅增设企业诉求接待处，聚焦企业反映强烈的办事难、多头跑、来回跑、体验差等问题，协调解决企业“办不成事”问题，提升民营企业办事满意度、获得感。综合采取“巡、看、核、查、访、督、评”多管齐下的办法，加强窗口服务质量监管。“巡”即每天两次组织对窗口纪律巡查并督促整改；“看”即8小时以内专人看守，效能远程视频实时监督；“核”即对“不满意”评价24小时内核实；“查”即每月抽查10个部门100份办件卷宗满意度情况；“访”即对办事群众反映和投诉的问题当天回访并48小时内处理完毕；“督”即推行党务公开和信息公开，接受广泛监督；“评”即每年两次邀请第三方调查评议解决问题。办事群众对服务质量、投诉处理“两项满意度”都达到100%。

【水电气网“全生命周期”联办服务机制】 2022年12月，泉州市水电气网“全生命周期”联办服务机制被省市场监督管理局立项为省级地方标准，被评为2022年泉州市优化营商环境“最具获得感”十大举措。泉州市行政服务中心管理委员会牵头水、电、气、网等市政公用部门，整合供水、供电、供气、供网公共服务资源，创新推行

2022年12月23日，市民在泉州市行政服务中心水电气网“全生命周期”联办专窗办事

（市行政服务中心管委会 供图）

水电气网“全生命周期”联办服务机制，让企业群众办事“一窗联办”“马上就办”。通过业务流程再造，整合各单位碎片化、条线化的办事条件与材料，打通后台政企数据的共享交换，在全市范围内实现工程建设项目、企业、群众办理水电气网新增、变更、注销等“全生命周期”三大维度业务“集成办理”“一站式办”“一窗通办”“最多跑一趟”，并实现“掌上办”“网上办”“自助办”“多点办”“免证办”，为企业、群众提供市政公共服务业务便利，大幅缩减企业、群众办理时效。

（林诗婷）

外事工作

【概况】 2022年，泉州市政府发挥外事职能优势，贯彻高效统筹疫情防控和经济社会发展要求，推进全方位对外开放合作。全年办理因公出国团组6批11人次；受理APEC商务旅行卡申办事项53批80人；办理邀请外国人签证邀请函和邀请核实单48批120人；开展海外领事保护宣传“进校园、进社区、进机关、进展会”等活动32场次。

【民间外交工作】 2022年，泉州市政府以中日、中德、中韩建交周年纪念为契机，组织有关中小学与日本浦添市、长崎县方面开展线上交流；策划泉州一中合唱团与德国诺伊施塔德市女声合唱团“云合唱”《乘着歌声的翅膀》；联合韩国光州举办“中韩青年文化创意交流会暨青年学生作品展”，该活动被外交部纳入“2021—2022中韩文化交流年”活动框架。推动县（市、区）开展“云外事”活动，鲤城区响应上级对斯里兰卡进行人道主义援助倡议，向友城斯里兰卡科特市捐赠现金30万元，促成鲤城区锡兰文化促进会等民间友好组织向斯方捐赠现金7.4万元；石狮市举办“亲情中华·为你讲故事”网上夏令营活动，邀请菲律宾那牙市青少年参与；晋江市向菲律宾达沃市、意大利库内奥省发送新年电子贺卡，录制视频祝贺达沃市建市85周年；南安市与友城日本平户市开展中学生线上交流。拓展对外交往新平台，对接中国人民对外友好协会，响应联合国儿童基金会、中国友好和平

发展基金会倡议，在泉州中央商务区、惠安县举办联合国世界儿童日庆祝活动；对接驻菲律宾大使馆，承办“中菲人文之驿·走进世遗泉州”活动。

【对外交流合作】 2022年，泉州市与韩国光州分别选送精品舞蹈节目，共同参加“源远流长同心筑梦”2022中国（福建）—韩国云端文艺会演。推进中外校际互动交流，泉州晋光小学、培元中学分别与日本浦添、长崎有关学校开展线上联谊活动；泉州师范学院附小、惠安一中与菲律宾姐妹校开展线上华文课程。

【“世遗泉州”推介】 2022年，泉州市协同中国国际电视台（CGTN）《万亿城市》融媒体团队，围绕“晋江经验”“强产业 兴城市”“世遗泉州”等主题，以英语、西班牙语、法语、阿拉伯语、俄语等多语种在CGTN所属电视频道和新媒体集群开展系列报道。协同CGTN《好吃客》《茶之道》《传承中国》栏目通过外籍主持人第一人称视角体验泉州、品尝美食，串起泉州“海上丝绸之路”故事，向海内外观众展现充满活力和烟火气的泉州形象。推出《宋元中国看泉州》系列外宣短视频，通过在泉州的外籍友人讲好泉州世界遗产故事。

【中国泉州·日本浦添少年儿童友好交流活动】 2022年7月8日，泉州市政府办公室、市教育局和日本浦添市教育委员会组织举办中国泉州·日本浦添少年儿童友好交流活动，泉州市晋光小学与浦添市沢岻小学的师生相聚云端，共叙友谊。泉州市副市长陈小辉、浦添市市长松本哲治专门录制视频，寄语两市少年儿童。活动中，两校校长互致问候，双方学生通过互动提问等环节，了解对方的学习生活、当地风土人情。师生们还“以艺会友”，举办中国泉州·日本浦添少年儿童友好交流文艺演出。

【泉州一中与丹麦霍尔拜克石斧中学举行线上交流活动】 2022年9月17日，在泉州市政府办公室牵线组织下，泉州一中与丹麦霍尔拜克石斧中学的师生举行线上交流活动。泉州一中学生用流利的英语，向丹麦小伙伴介绍中秋节文化、泉州的“海上丝绸之路”文化和世界遗产以及校园文化等。石斧中学的学生介绍自己的学校以及丹麦的传统节日等。随后，双方师生通过网络为彼此送上了精心准备的节目。泉州一中学生献上古筝表演、中英歌曲串烧，而石斧中学的学生特别录制并演唱中文歌曲《明天会更好》和《月亮代表我的心》。两校师生还通过网络一起学习中秋主题剪纸。

【中国泉州·韩国光州青年文化创意交流会】 2022年12月2日，由福建省政府外事办公室指导，泉州市政府办公室、市对外文化交流协会主办的2022中国泉州·韩国光州青年文化创意交流会暨青年学生文创作品展以视频连线方式在泉州市图书馆举行。此次文创交流活动得到两地青年积极响应，征集到近百组作品。经过专家评审，55组作品入选青年学生文创作品展，并在泉州市图书馆展出一个月。交流会上，12名泉州与光州的教师、学生、文创业者围绕“文化创意与遗产保护传承”主题展开分享交流。

（黄宏斌）

表4 2022年泉州市国际交流活动情况表

时间	主要活动
1月14—16日	乌拉圭驻华大使费尔南多·卢格里斯一行6人到泉州，参观海外交通史博物馆、清净寺、非物质文化遗产馆、开元寺、草庵、福建泉工机械有限公司、盛丰农业科技示范园区、福建达利食品集团公司、惠安雕艺博物馆；泉州市副市长蔡天守会见大使一行
5月18日	中国（福建）—非洲青年跨境电商大会在石狮市举行；赞比亚驻广州总领事馆官员及埃塞俄比亚、肯尼亚、埃及、加纳、南非、博茨瓦纳、津巴布韦、莫桑比克等国青年企业家代表和电商创业人员、省内高校非洲留学生代表等参会
5月27日	泉州市与日本大阪泉州地区举行交流活动，介绍各自城市的对外交流情况和旅游资源，就今后开展交流交换意见；中国驻大阪总领事馆参赞刘海生、中国驻大阪旅游办事处主任石泽毅出席交流会并致辞；省政府外事办公室、泉州市政府办公室、文化广电和旅游局、教育局及日本大阪泉州地区观光事务局、大阪观光局等有关部门参加活动
6月19日	菲律宾驻厦门总领事欧莉娜一行7人在石狮市绿岛国际酒店举行庆祝菲律宾独立124周年活动
7月8日	泉州市政府办公室、市教育局和日本浦添市教育委员会组织举办中国泉州·日本浦添少年儿童友好交流活动；泉州市晋光小学与浦添市沢岻小学开展线上交流活动；泉州市副市长陈小辉、浦添市市长松本哲治为活动录制视频
8月4日	中国驻菲律宾大使馆、泉州市政府、菲律宾菲华各界联合会举办“根脉寻踪 情系桑梓——中菲人文之驿·走进世遗泉州”活动，在泉州和菲律宾马尼拉设立会场；中国驻菲律宾大使黄溪连、泉州市市长蔡战胜、菲律宾菲华各界联合会主席杨华鸿出席活动并分别致辞

续表

时间	主要活动
9月17日	泉州一中与丹麦霍尔拜克石斧中学开展线上交流活动。泉州一中学生向石斧中学学生介绍中秋节文化、泉州“海上丝绸之路”文化和世界遗产等；双方一起学习以中秋为主题的剪纸
10月21日	新加坡驻厦门总领事吴俊明一行2人到泉州参观泉州市中级人民法院“法映刺桐”宋元法律文化展，与展馆主创人座谈
10月26日	泉州市培元中学与日本长崎县长崎东高中举行线上交流活动；培元中学学生向日本友人介绍泉州世界遗产景点、特色美食，并进行南音演奏表演
10月28日	韩国驻广州副总领事具泰勋等3人到泉州了解韩国籍“卡丽斯2”轮沉没及船员救助、沉船打捞情况
11月7日	泰国驻厦门总领事马家汉等3人到石狮市走访东南亚采购集散中心，与中泰供应链公司洽谈跨境电商人才培训合作事宜
11月18—20日	泉州市人民对外友好协会承办联合国世界儿童日主题活动；在泉州中央商务区地标建筑连续三天集体亮灯，向全社会传递尊重儿童、关爱儿童的声音；在泉州中央商务区幼儿园举办梨园戏进课堂活动
11月25日	泰国驻厦门总领事马家汉、菲律宾驻厦门副总领事何怡连等22人到石狮市参加第八届中国（泉州）海上丝绸之路国际品牌博览会
12月2日	由省政府外事办公室指导的2022中国泉州·韩国光州青年文化创意交流会暨青年学生文创作品展在泉州市图书馆举行

（资料来源：市政府办）

人事工作

【概况】 2022年，泉州市人力资源和社会保障局有序运行事业单位公开招聘，办理公开招聘和面试方案核准备案61个，计划招聘岗位7742个，市直单位核准聘用390人，其中272人为硕士研究生、14人为博士研究生、5人具有高级专业技术任职资格。推进职称制度改革，申请承接副高级职称评审权，推进中级职称评审权下放。

【人事管理】 2022年，泉州市人力资源和社会保障局开展事业单位赴高校远程视频会议招聘，引导各招聘单位提前工作布局、提升招聘频次、提高待遇水平，市直、晋江公办学校招引优秀师资取得明显成效，招聘公费师范生人数为前5年之和。组织两次全市事业单位公开招聘统一笔试。结合事业单位机构改革，及时调整核定岗位设置，优化岗位结构，形成动态管理机制。推进中小学（幼儿园）“县管校聘”改革，调整优化公共卫生人员专业技术岗位结构比例，提高招商中心岗位结构比例，核准、调整、变更岗位设置方案46个，办理各类专业技术人员职称聘任手续6390人次。开展泉州师范学院上收省管人员划转，开展泉州工艺美院调整办学体制机制人员移交、正骨医院上收市管等12家事业单位转隶、改制涉及人员移交、安置工作，确保改革平稳过渡。推进高校教师自主评聘改革，完善高校教师职称自主评聘管理，规范评聘制度，严格评聘程序，严肃工作纪律。核准聘任备案464人次，其中正高26人、副高94人、中级180人。实施高层次人才和乡村人才职称直聘机制，为3位高层次人才办理职务直聘，实行岗位单列管理；对在农村满25年且仍在农村工作的专业技术人员，已取得职称资格的，可不受岗位职数限制，直接聘任相应等级初始级，全年有165人受益，累计聘任此类对象2063人，其中高级706人、中级1357人。

【职称制度改革】 2022年，泉州市人力资源和社会保障局推进职称制度改革，申请承接副高级职称评审权，根据实际情况和评审能力，向省人力资源和社会保障厅、省教育厅申请承接中职学校教师副高级职称评审权，负责所辖地区中职学校的副高级职称评审。全市副高级职称评审权的系列有卫生、中小学教师、中职学校教师3个专业。推进中级职称评审权下放，扩大行业协会（学会）评审专业范围，首次授予惠安县开展工程技术系列土建专业中级职称评审业务，实施分级管理，将中等职业学校中级职称评审权下放给各县（区、市）、市属中等职业学校，指导各单位自行组织开展量化评价，推进“放管服”改革，落实发挥用人单位自主权，支持县域经济高质量发展。落实疫情防控职称评审倾斜政策，实施对参与省内疫情防控一线的医疗救治人员在申报高级职称时，可提前一年申报、免除实践技能考试，本人抗疫相关工作总结或治疗病案等可替代省级论文一篇、参与的抗疫工作视同一年基层工作经历、视同当年度继续教育学时学分等激励措施。

62人享受此政策，其中正高3人、副高59人。组织基层高级职称专项评审，开展一年一度的“定向评价、定向使用”的基层卫技人员高级职称专项评审。推荐70人参加评审，其中正高23人、副高47人。累计批准确认256人，其中正高88人、副高188人。改进和规范非公领域职称评审，实施以成果应用和对经济社会发展贡献为核心的评价机制，组织非公建筑、综合、工艺美术、经济等专业评审，推进非公人才开发和培养，提高非公经济实体的市场竞争力。累计批准确认485人，其中高级157人、中级256人。贯通高技能人才与专业技术人才职业双向发展，实施高技能人才可直接参评相应职称、专业技术人才也可直接参与相应等级职业技能评价通道。全市推荐取得职业资格（技术等级）证书并参加工程系列高、中级职称评审49人，其中申报高级职称2人、中级职称47人。31名取得助理工艺美术师以上职称的专业技术人员，参评并通过工艺品雕刻工（石雕）高级工职业技能等级认定。

（黄倩悦）

发展研究

【概况】 2022年，泉州市政府发展研究中心完成34篇调研报告、6篇政策性文件，获省领导批示1份、市领导批示13份，完成11篇信息动态文稿与若干领导讲话文稿等。

【专题调研】 2022年，泉州市政府发展研究中心落实中央及省、市帮助市场主体纾困解难政策，促进全市加快复工复产复市，开展8项专题研究。按照中共泉州市委实施“强产业、兴城市”双轮驱动的战略部署要求，把工业园区作为重新配置资源要素和提升产业竞争力的主战场，紧抓“规划、规范、提升、示范、招商”5个环节，从7个课题进行调研。推进泉州制造业智能化改造和数字化转型，助推企业降本提质增效，实现制造业高质量发展，从8个专题进行调研。保主体产能，按照行业和重点行业企业，从11个专题进行分析调研。保市场和开辟竞争新赛道，进行4个专题调研。

【调研成果转化】 2022年，泉州市政府发展研究中心紧扣市委市政府工作部署开展调研，将调研成果转化成政策6篇：《泉州市智能制造数字化赋能三年行动方案（2023—2025）》《泉州市人民政府办公室关于一季度工业经济“抢订单、早开工、开门红”系列措施的通知》《泉州市人民政府办公室关于印发泉州市扶持职业装产业发展十条措施的通知》《关于加快推进泉州预制菜企业发展的若干措施》《中共泉州市委办公室 泉州市人民政府办公室关于印发〈泉州市抓开放招商促项目落地2022年专项行动方案〉的通知》《中共泉州市委办公室 泉州市人民政府办公室关于开展“一企一策”促发展活动的通知》。

（江春平）

信访工作

【概况】 2022年，泉州市信访部门践行“为民解难、为党分忧”政治责任，发挥党委、政府联系服务群众的桥梁纽带作用，实施“提高效率、提升效能、提增效益”行动，控增量、减存量、防变量，推动信访事业高质量发展，全市信访态势总体保持平稳。全市信访总量4.81万件，上升27.8%。

【信访工作责任落实】 2022年，中共泉州市委、市政府主要领导协调部署、调研督导，多次对信访工作做出指示批示；市委常委会、市政府党组会议3次专题传达学习贯彻习近平总书记关于信访工作的重要指示批示精神和《信访工作条例》，听取信访工作情况汇报，研究部署信访工作。市信访工作联席会议两次召开成员会议，安排部署信访工作重点任务；市信访工作联席会议总召集人、召集人靠前指挥、统筹谋划，指导信访工作。推进“四门四访”，市、县、乡三级党政领导开门接访、进门约访、登门走访、上门回访群众，其中市领导接访群众44批47人次。

【信访基层基础建设】 2022年，泉州市信访部门推进乡镇信访工作联席会议制度建设。将乡镇（街道）信访工作联席会议机制与“党建+”社区邻里中心、“综治+”社区治理中心建设融合，多维发力，推进“事心双解”。全市乡镇（街道）信访工作联席会议协调化解矛盾纠纷2605件。

【信访业务规范】 2022年，泉州市信访部门推进“最多投一次”高质量信访服务模式。全市办理初信初访1.02万件，一次性办结率91.2%。全市信访机构受理率100%，有权机关按期答复率100%，有权机关群众满意率96.6%、参评率95%。受理网上信访3.6万件，占全市信访总量的75.6%。其中，人民网地方领导留言板1449件，上升10.1%。

【信访法治化建设】 2022年，泉州市信访部门坚持诉访分离，向政法机关转送涉法涉诉类诉求4480件，占全市总量的9.3%；完成依法分类处理信访诉求2811件，上升12.6%；受理复查案件118件，上升3.5%，复核案件43件，上升2.3%。每周一和每月15日安排律师轮值，在市群众来访接待窗口参与接待到访群众，为到访群众提供法律咨询服务。有34名律师接待到访群众168批196人次。

（张雪萍）

政协泉州市委员会

综述

【履职情况】 2022年，政协泉州市委员会贯彻中央和省委、市委政协工作会议精神，发挥政协重要阵地、重要平台、重要渠道作用，践行全过程人民民主。全年召开全体会议1次、专题议政性常委会2次、专题协商会3次，开展提案办理协商35场次、对口协商8次、界别协商20余次，提交提案685件、大会发言材料66篇、调研报告78篇。发挥政协委员在基层治理中的重要作用，探索政协协商与基层协商有效衔接，制定市政协委员基层联系点工作规则，建成市政协委员联系点184个。《人民政协报》、人民网、《政协天地》等省级以上主流媒体60余次报道推介泉州市政协工作和典型经验。

【市政协委员构成】 截至2022年年底，十三届泉州市政协委员有488人，较十二届泉州市政协委员增加2人，委员平均年龄48.3岁。其中，中共党员188人，占38.5%，非中共党员300人，占61.5%；女性95人，占19.5%；少数民族23人，占4.7%。共设33个界别，其中中共14人、民革11人、民盟11人、民建10人、民进7人、农工党11人、致公党11人、九三学社9人、台盟6人、无党派人士8人、共青团4人、工会13人、妇联13人、青联8人、工商联（一）33人、工商联（二）23人、科协5人、台联5人、侨联16人、文化艺术界14人、科学技术界17人、社会科学界10人、经济界22人、农业界11人、教育界24人、体育界5人、新闻出版界7人、医药卫生界17人、少数民族界9人、宗教界15人、社会福利和社会保障界8人、特邀（一）52人、特邀（二）59人。

【党派团体联系】 2022年，政协泉州市委员会畅通与各党派团体的联系，班子成员常态化联系走访各党派团体及民主党派代表人士，深化与党派团体的团结合作，平等协商、共促发展。召开民主党派负责人座谈会，交流工作情况，共同研究高质量参政议政的思路与举措，引导各党派团体发扬优良传统，发挥独特优势，把泉州发展所需和民主党派所长结合起来，在服务大局中建功立业。搭建平台，通过联合开展调研视察、共同举办协商活动等方式，为民主党派、工商联和无党派人士履行职责创造条件、提供便利，完善从党内到党外的凝心聚力工作格局。全年各党派团体提交发言材料32篇、提案142件、调研报告45篇。

【沟通联谊】 2022年，政协泉州市委员会围绕“汇聚侨心侨力侨智，服务‘海丝名城’建设”议政专题，调查研究，与侨商、归侨侨眷、留学生、华裔新生代和侨务工作者等召开座谈会18场，学习借鉴先进地区经验做法，形成专题报告，供市委市政府决策参考；召开专题议政性常委会，就构建侨务工作新格局、争创惠侨引侨新优势、搭建通侨联侨新纽带、构筑华侨人才新港湾、打造传统侨乡新风貌5个方面提出19条意见建议。主动走访宗教界人士，围绕“深入挖掘祖庭文化资源，促进泉州对外交流交往”开展界别活动，组织“民间信仰场所管理”视察，引导宗教界人士正信正行。关注少数民族村发展和少数民族群众诉求，营造“中华民族一家亲”的氛围。发挥泉商发展促进会作用，加强与异地和海外泉州企业家的联系交往，引导他们回归参与家乡建设。加强与侨台港澳新生代的联谊联动，开展华侨大学境外新生“看海丝·爱泉州”品牌主题活动，增进他们对祖国对家乡的认同与热爱。推荐部分港澳委员担任涉侨特邀调解员，在调解涉侨商事纠纷中发挥作用。发挥泉台民间交流协会平台作用，加强线上线下对台民间联络联谊。

【反映社情民意信息工作】 2022年，政协泉州市委员会修订通过《中国人民政治协商会议泉州市委员会反映社情民意信息工作条例》。从各民主党派、工商联和县（市、区）政协和机关各委室中推荐政治素质强、文字功底好的工作人员作为信息联络员。推荐参政议政积极性和能力水平较高的政协委员、党派人士、专家学者作为特邀信息员。由市政协机关研究室、办公室、各专门委员会、委员工作室的信息联络员组成社情民意信息专班，负责社情民意信息的收集、编辑、报送、反馈，以及有关组织、协调、服务、保密的具体工作。根据需要在县级政协建立若干反映社情民意信息联系点，在鲤城区、洛江区、石狮市、晋江市等地建成多个反映社情民意信息联系点。全年向省政协报送社情民意信息1123件，被政协全国委员会办公厅、省政协采用235件，获省领导批示63件次。疫情防控期间，向省、市提交200余件涉疫提案和信息专报，50余条意见建议得到转化落实。

重要会议

【概况】 2022年1月5—8日，中国人民政治协商会议第十三届泉州市委员会第一次会议召开，选举产生新一届市政协领导班子，审议通过《中国人民政治协商会议第十三届泉州市委员会第 次会议决议》。十三届泉州市政协常委会全年召开常委会会议4次、主席会议8次。

【市政协十三届一次会议】 2022年1月5—8日，中国人民政治协商会议第十三届泉州市委员会第一次会议在泉州人民会堂召开。市政协主席李转生做十二届市政协常委会工作报告。报告从六个方面阐述五年来十二届市政协常委会的工作特色和显著成效。12位市政协委员围绕激发城市活力、延伸石化产业链、工业互联网应用、推动城乡融合发展、建设世界遗产典范城市、实施“聚城畅通”等方面建言献策。经大会选举，肖汉辉当选政协第十三届泉州市委员会主席；周真平、王祖耀、洪川夫、戴仲川、蔡萌芽、庄灿霞、黄世界、肖惠中当选政协第十三届泉州市委员会副主席；黄碧煌当选政协第十三届泉州市委员会秘书长；丁丽红等89人当选为政协第十三届泉州市委员会常务委员。大会审议通过《中国人民政治协商会议第十三届泉州市委员会第一次会议决议》。大会收到提案666件，立案635件，立案率95.35%。

2022年1月5日，中国人民政治协商会议第十三届泉州市委员会第一次会议在泉州人民会堂开幕 （陈晓东 摄）

【市政协常委会会议】 2022年，十三届泉州市政协常委会召开4次会议。会议协商通过《泉州市政协常委会2022年工作要点（草案）》；审议通过《政协泉州市委员会委员履职考评办法（草案）》、市政协《常委会工作报告（草案）》和《提案工作情况报告（草案）》及市政协十三届二次会议相关事项；传达学习贯彻习近平总书记在全国两会上的重要讲话精神和全国两会精神；听取市政府关于市政协十三届一次会议以来提案办理情况的通报。

【市政协主席会议】 2022年，十三届泉州市政协召开8次主席会议。会议协商讨论市政协2022年度协商工作计划、《泉州市政协常委会2022年工作要点》、市政协十三届一次会议重点提案和市政协十三届常委会第一次会议相关事宜；听取全会各筹备工作组汇报筹备工作进展情况；协商市政协十三届一次会议“好提案”相关事项；研究《政协泉州市委员会委员履职考评办法》、“加快工业（产业）园区标准化建设 推动泉州制造业高质量发展”专题协商会议方案；讨论修改市政协《常委会工作报告（征求意见稿）》和《提案工作报告（征求意见稿）》；审议市政协十三届第二次常委会会议相关事宜、“汇聚侨心侨力侨智，服务海丝名城建设”专题协商会议方案、市政协十三届常委会第三次会议相关事宜、市政协委员2022年度履职考评相关事项、市政协十三届常委会第四次会议相关事宜；审议通过《中国人民政治协商会议泉州市委员会反映社情民意信息工作条例》、市政协《常委会工作报告（草案）》《提案工作情况报告（草案）》。

协商议政

【概况】 2022年，政协泉州市委员会把服务发展大局作为第一要务，聚焦协商主责主业，紧扣市委、市政府中心工作建言资政，为党政科学决策、精准施策贡献智慧力量。全年召开专题议政性常委会2次、专题协商会3次，开展提案办理协商35场次、对口协商8次、界别协商20余次。应对疫情影响，通过政协云平台、“泉州政协”App等载体，推进从“面对面”到“屏对屏”“键对键”的云端议政协商。

【专题协商】 2022年，政协泉州市委员会把“加快工业（产业）园区标准化建设，推动泉州制造业高质量发展”作为专题协商议题，组织市政协委员、各民主党派、工商联和各县（市、区）政协力量，调研考察、学习借鉴先进地区经验，提交调研报告31篇；召开专题协商会，就实施镇村工业（产业）园区连片改造、完善“一区多园”管理体制机制、园区土地高效利用、提升园区智慧化管理水平等方面建言献策，综合形成政协常委会会议建议案，市委、市政府主要领导批示要求各县（市、区）和园区管委会研究吸纳。组织开展市政府、市政协“进一步做好我市疫情防控工作”专题协商，市政协委员围绕健全“平战结合”全链条工作机制建言，助力织牢织密疫情防控网络。围绕改善发展“软”环境，立足“以诚信促进市场经济的健康发展”要求，以打造法治化营商环境、维护社会公平正义为切入点，组织开展“知识产权司法保护”专题协商，在全国、全省两会上，呼吁在泉州市设立知识产权法庭、国际商事法庭。组织市政协委员围绕落实市委、市政府“两稳一保一防”部署和《泉州市贯彻落实国务院、福建省扎实稳住经济一揽子政策措施实施方案》，开展相关调研视察。

2022年4月27日，政协泉州市委员会到福建省华昂体育用品有限公司开展“加快数字泉州建设”督办调研 （市政协 供图）

【调研视察和对口协商】 2022年，政协泉州市委员会围绕泉州市关于推动“数字泉州”建设的战略部署，完成市委交办的“加快产业数字化转型发展研究”重点课题调研，提出22条意见建议供决策参考。围绕产业转型热点和泉州市发展导向，科学论证、精细选题，就“推动产业提质增效”“加快数字泉州建设”等方面开展督办调研，市政协委员提出的发展平台经济、建立数据共享池、建设城市交通大数据综合决策平台等建议被有关部门吸纳采用。围绕“推动智能制造产业发展”“建设海峡两岸工业设计融合发展示范区”“做大做强文旅经济”“加快推进海洋经济发展”“加快生态茶产业高质量发展”等议题开展调研视察、组织对口协商，为拓展新增长点献计献策。围绕提升城乡“硬”环境，组织开展“加快推进南翼新城规划建设”回头看视察，提出推进南翼新城规划建设的意见建议。聚焦打造简约、生态、环保的宜居环境主题，围绕“加快装配式建筑推广应用”等重点课题，开展调研和对口协商。围绕“完善海洋防灾救灾体系建设”“泉州水利建设”“生物医药与生态环境”“发展现代农业，推进乡村振兴”“体育场馆建设”等民生课题开展调研视察，分别就打牢海洋防灾工作的技术基础、优化水资源保障及加快推进白濑水利枢纽工程建设、提升中医药健康服务影响力、推动三次产业融合发展、增强人民体质等方面建言献策。开展“推进宫颈癌二价疫苗免费接种”对口协商和调研，惠及全体家庭。围绕“推进文旅教育工作”等主题，组织市政协界别委员开展督办调研，推动相关问题解决。

【民主监督协商和专项监督】 2022年，政协泉州市委员会聚焦“深化产教融合，助力智造强市建设”议题，开展民主监督协商，组织市政协委员听取部门、院校、企业意见，反复研究论证，提出13条监督意见与工作建议，推动产教融合试点城市及智造强市建设。组织市政协界别委员紧扣“优化提升基层治理工作”主题，开展“完善社区法律顾问工作，助推社区法治建设”“加强农村基层治理法治化，促进乡村振兴”等专项监督活动，推动实现“一村（社区）一法律顾问”全覆盖，助力提升基层治理法治化水平。

提案办理

【概况】 2022年，泉州市政协委员、市政协各参加单位和市政协各专门委员会围绕市委、市政府中心工作，运用提案履职建言。全年提出提案603件。其中，各民主党派、工商联和人民团体提案150件，占24.88%；委员提案453件，占75.12%。经审查，立案570件，立案率94.53%；未予立案的388件提案均转送相关部门参考。所有提案均按时办结，提案者对办理结果均表示满意或基本满意，办结率和满意率均为100%。

【提案征集和立案】 2022年，政协泉州市委员会重视提高提案质量，打牢履职基础。把提案业务学习纳入市政协委员学习培训计划，邀请有关专家学者做专题辅导，增强提案撰写能力。加强对口联系，举办专题讲座，开展视察调研，召开情况通报会，为市政协委员知情明政提供平台。加强提案选题引导，及时了解党委、政府决策部署和工作重点，主动向党政工作部门征集提案案由，编制提案参考目录，引导提案者开展调研，精准选题撰写提案。引导市政协各参加单位发挥界别、人才、专业优势，深入分析，科学研判，提出高质量的集体提案。严把提案审查立案关，优化审查模式，加大提案改、转、并、撤力度，提案由数量型向质量型转变。组织开展年度好提案评选表彰工作，评选出20件2021年度政协“好提案”，发挥先进示范引领作用。

【提案督办】 2022年，政协泉州市委员会重视协商民主建设，构建职责分明、重点突出、督办有力、协商多元、落实到位的提案办理工作格局。加强与市委、市政府督查室的协同协作，建立提案督办协商机制，加强提案交办签收、办前协商、办理时限、答复行文等环节的动态督查，将提案办理质量纳入承办单位绩效考评范畴，增强责任意识，提高办理工作水平。加强与承办部门的沟通联系，主动走访多个市直部门，与主要负责人面对面协商沟通，实现提案办理工作和部门重点工作“双促进”。联合市政府督查室，组织部分提案者共同对提案办理情况进行“回头看”，推动提案A类答复件由309件提升到339件，提升提案办理实效。

表5 泉州市政协十三届一次会议重点提案一览表

内容	提案人	案由
加快数字泉州建设方面	民建	《关于发展平台经济 推动泉州经济高质量发展的建议》
	朱海龙	《关于建立数据共享池的建议》
	民盟	《关于建设城市交通大数据综合决策平台的再建议》
推进文旅教育工作方面	九三学社	《关于擦亮“世遗”金名片 大力提升我市旅游吸引力的建议》
	台盟	《关于引进社会力量参与举办校内各类课后服务工作的建议》
	杨旭东	《关于将泉州“世遗”“非遗”乡土教育 纳入中小学基础教育体系的建议》
提升城市建设品质方面	民进	《加强泉州古城传统风貌建筑修缮的建议》
	致公党	《关于进一步提升商务楼宇管理水平的建议》
	刘云峰	《关于加强城市“蜘蛛网”整治的建议》
	王森江	《关于规范中心城区公共资源停车泊位管理的建议》
推动人才工作方面	陈朝晖	《培育“数字工匠”助力高质量发展》
	林时乐	《关于泉州跨境电商人才发展的建议》
	叶华雄	《吸引高校毕业生为泉州产业升级提供人才储备》
提升社会治理水平方面	赵柳生	《关于加强农村基层治理法治化 促进乡村振兴的建议》
	民建	《关于完善一社区一法律顾问工作 助推社区法治建设的建议》

续表

内容	提案人	案由
推动产业提质增效方面	工商联	《关于推进园区标准化建设 助推制造业高质量发展的建议》
	民革	《关于加快推动泉州市智能制造产业发展的建议》
	丁毓玲	《关于推动商圈提质 繁荣城市消费市场的建议》
加快推进海洋经济方面	林智胜	《关于加强水产种质资源保护 促进渔业绿色发展的建议》
	农工党	《泉州壮大海洋新兴产业 加快发展海洋经济的建议》

（资料来源：市政协）

【成果转化】 2022年，政协泉州市委员会发挥重要提案摘报引领作用，市政协十三届一次会议期间筛选编发26期《重要提案摘报》，得到市委、市政府领导批示63件次，通过领导批示跟踪协调、督促指导和落实反馈等机制，推动相关意见建议的落实。做深做实重点提案，围绕市政府中心工作和重大民生问题集中选题，经主席会协商确定“完善应急管理体系建设”“提升教育医疗服务水平”“优化营商环境”“推动科技创新工作”“助力乡村振兴”五个方面19件重点提案，由市政府和市政协领导联合领衔督办，通过组织开展调研、现场视察推进、延伸提案办理、专题座谈协商等多种途径，促进提案人的意见建议和领导的工作要求落到实处，推进督办成果转化运用和提升。深化办理成果运用，发动承办单位总结年度提案办理工作经验，及时梳理提案意见建议采纳转化情况，编辑出版《重要提案摘报领导批示落实情况汇编》《提案办理工作典型经验选编》和《提案意见建议采纳情况选编》，提供有关领导、市政协委员和承办单位参阅。

委员工作

【概况】 2022年，政协泉州市委员会按照“懂政协、会协商、善议政，守纪律、讲规矩、重品行”的要求，把委员履职能力建设摆在突出位置，重视对委员的全员轮训、线上培训和履职服务，建设委员读书驿站，通过政协提案、大会发言、视察调研、反映社情民意等多种履职形式，打造过硬的政协制度参与者、实践者、推动者队伍。全年市政协委员参加市政协组织的各种履职活动3000余人次。

【委员履职服务】 2022年，政协泉州市委员会坚持为市政协委员订阅政协报纸杂志，分发学习资料，及时向市政协委员传递市政协的重大活动、重要会议、重点工作，引导市政协委员加强学习、拓宽视野、提高履职能力。建立完善主席会议成员、专门委员会等多层次联络服务委员制度，引导市政协委员珍惜荣誉，旗帜鲜明讲政治。实施“双联”制度，修订完善委员履职考评办法、港澳委员履职公约等制度，启用“数字福建”政协云平台，实现省、市履职数据对接，提升对市政协委员的服务管理水平。对市政协委员履职情况进行动态管理，定期通报履职情况，推动市政协委员建言见水平、聚识有影响、言行守规矩。

【“委员沙龙”活动】 2022年，政协泉州市委员会首创“委员沙龙”活动，组织市政协经济界委员、专家、有关部门负责人、企业代表等，围绕“产业发展与产业基金”主题，就优化产业基金布局、开展产业基金招商、发展创投行业等方面建言献策，引导产业基金支撑产业健康发展；围绕“培育生物医药特色产业”主题，就加快构建产业生态、推动中医药产业拓展延伸、突破政策技术和人才瓶颈等方面提出建议，助力生物医药产业发展壮大。

【“党建+”邻里中心委员工作室】 2022年，政协泉州市委员会落实市委部署，推进在“党建+”邻里中心同步融入委员工作室，建立委员全员报到、亮岗定责、量化考评等机制，结合自身专业专长，做好政策宣讲、议事协商、法律咨询、公益慈善、矛盾化解等服务工作，让“委员就在身边”成为履职自觉。全年设立“党建+”邻里中心委员工作室214个，进驻各级委员2357人，培育石狮市纺织服装产业联盟政协委员调解工作室、南安市省身村“党建+”邻里中心委员联系点、洛江区南山社区“党建+”侨家园邻里中心、惠安县聚龙小镇“党建+”邻里中心委员工作室等一批各类别的工作典型。

（王月娇）

中共泉州市纪律检查委员会 泉州市监察委员会

综　述

【监督网络建设】　2022年，泉州市纪检监察机关加强履职能力建设，制定《纪检监察干部教育培训工作指引》，完善“人才库”“需求库”“师资库”，实施审查调查“尖兵”锻造工程和系统内“双向挂职”，做优“青年说”“清风悦读”等活力品牌。落实新时代纪检监察干部监督工作意见，推动县级纪委监委单设干部监督室全覆盖。开展为期4个月的学习教育整顿提升活动，建立健全“八小时外”行为监督规定、对外交往风险报告备案等制度121项，加强权力运行监督约束。发挥特约监察员作用，接受各方面监督。

【纪检监察体制改革】　2022年，泉州市纪检监察机关细化实施贯彻《中国共产党纪律检查委员会工作条例》20条具体举措和纪检监察体制改革43项重点任务。完成市、县监委首次向本级人大常委会报告专项工作。出台“四项监督”统筹衔接具体实施细则，率先在全省制定“纪巡审”贯通协同具体机制，开展“央企+地方”联动监督试点工作，深化“室组地企校”联动监督、“室组地”联合办案等有效机制。加强派驻机构组织、协作、保障“三个体系”建设，探索实施市直派驻机构履职项目化管理，派驻纪检监察组组长全部实现轮岗交流。召开国企纪检监察工作现场交流会，开展高校纪委履职情况和自身建设情况指导检查，出台业务操作指引，集中开展专题业务培训，理顺工作关系、提升工作质效。推进数字赋能“治未病”，建设“亲清家园”智慧监督服务平台，获评第三届“中国廉洁创新奖”。开展中共十九大以来全市纪检监察机关问题线索处置情况专题分析，落实6条改进措施。强化内控机制建设，优化常态化案件质量评查、案件内部审核、诫勉工作程序、派驻机构监督执纪执法流程等工作机制，开展办案安全集中纠治活动，守牢安全底线。

【重要会议】　2022年1月28日，中共泉州市第十三届纪律检查委员会常务委员会第二次全体会议召开。全会传达学习十九届中央纪委六次全会、省纪委十一届二次全会精神，审议通过《以史为鉴推动纪检监察工作高质量发展　以优异成绩迎接党的二十大胜利召开》工作报告。

（翁洵钰）

2022年1月28日，中共泉州市纪委十三届二次全会召开（市纪委 供图）

党风廉政建设

【概况】 2022年，泉州市纪检监察机关把监督保障主体责任落实作为政治监督重要内容，履行好协助职责和监督责任，健全完善明责、履责、督责、问责等责任落实制度体系，促进主体责任和监督责任同向发力、一贯到底。出台《以项目化清单化责任化为抓手促进政治监督具体化常态化实施方案》，统分结合实施“重点+自选+动态”监督项目，因时因势跟进监督保障“强产业兴城市”双轮驱动、优化营商环境等重点任务。全市各级纪检监察机关主动约谈5911人次，精准规范问责党组织6个、党员干部96人。

【“两个责任”落实】 2022年，泉州市纪检监察机关以开展全面从严治党主体责任检查、“一季度一主题”政治监督等专项监督为抓手，加强对党委（党组）履行管党治党主体责任情况的政治监督，协助市委制定实施全面从严治党规划计划、开展主体责任检查，协助市委抓好省委主体责任检查反馈问题整改落实，推动党组织主体责任、纪委监督责任、“一把手”第一责任和班子成员“一岗双责”落到实处。协助市委制定《加强对“一把手”和领导班子监督责任清单》，出台市纪委监委监督任务清单，以领导干部为重点实行规范严肃的约谈制度。

【反腐倡廉宣传教育】 2022年，泉州市纪检监察机关以迎接中共二十大召开为契机，坚持文化夯基、教育筑本，突出新闻宣传引导、舆情稳妥处置，把好意识形态主动权。坚持全覆盖、常态化、分层分类抓好理想信念、案件警示、廉洁文化“三轨制”教育，组织参观廉洁教育基地557次2.6万多人次，分级分类开展警示教育3536场次19.3万人次。启动建设城市廉洁文化展示平台“清廉泉州”馆，推动“法映刺桐”宋元法律文化展馆等3家基地争创全省廉洁文化示范基地。新设中央纪委国家监委新闻传播中心泉州记者站，打通上下联系渠道，推行市、县联动机制。深耕“一网一微一刊”融媒矩阵，开设“亲清营商·刺桐纪实”“正本清源治未病”等专栏，组织摄制《奋进正当时》《基层新探索》等30余部短视频等，在《人民日报》、新华社等主流媒体转载，微信指数长期稳居市级政务媒体前5名，在全省纪检监察类政务媒体中名列前茅。协办“李渔杯”首届全国清廉戏曲优秀作品展演活动，选送作品1部获评十佳、5部获评优秀。联合共青团泉州市委员会开展首届“青廉风采岗”展示活动，护航年轻干部健康成长。

【“法映刺桐”宋元法律文化展馆入选省级廉洁文化示范基地】 2022年6—9月，根据中央《关于加强新时代廉洁文化建设的意见》精神，中共福建省纪律检查委员会、省监察委员会和省委宣传部开展廉洁文化示范基地评选命名工作，经过推荐申报、实地考评、专家会审等程序，评选全省18家场馆为首批省级廉洁文化示范基地，其中包括泉州市“法映刺桐”宋元法律文化展馆。“法映刺桐”宋元法律文化展馆位于泉州市中级人民法院内，是全国首个以“海丝法律文化”为主题的展馆，总面积1300平方米，展馆分“梯航万国 法护舶商”“信立丝路 契约时代”“东去西来 多元融合”等八个单元，内容涵盖市舶司制度、船舶和人员管理、商品和货币管理、契约制度、涉外司法制度和蕃商社会生活保护制度等各方面法律制度。系统展示《至元市舶则法》“反贪污条款”、有损海外贸易发展的官吏名录、两个廉政典型案例等宋元泉州的法制体系及反腐倡廉历史。从法制的角度，揭示支撑宋元泉州经济繁盛背后的奥秘，即整顿吏治、革除积弊强化“不敢腐”的震慑，设立专门监管机构、完善反腐败法律扎牢“不能腐”的笼子，任用清官廉吏、加强廉政教育增强“不想腐”的自觉。

（翁洵钰）

监督工作

【概况】 2022年，泉州市纪检监察机关加固中央八项规定的堤坝，

2022年9月10日，泉州市“法映刺桐”宋元法律文化展馆内景

（市纪委 供图）

提高“不敢腐、不能腐、不想腐”的综合功效。严明政治纪律和政治规矩，查处违反政治纪律问题案件21件、处分23人。聚焦意识形态责任落实持续强化监督检查。协助抓好省纪委反馈政治生态重点问题的整改落实，开展县域政治生态分析和领导干部“政治画像”并逐步向市直部门拓展，形成“一地一册、一人一档”。

【党风政风监督】　2022年，泉州市纪检监察机关更新优化“四风”问题信息库，密切关注不同地区、不同部门、不同时期、不同层级的突出表现，对隐形变异、由风及腐保持高度警觉，紧盯关键节点打好“通报曝光+明察暗访+集中查办”组合拳，开展违规因私出国（境）问题专项整治，查处享乐主义、奢靡之风问题70个，批评教育帮助和处理93人、处分69人。纠治不担当不作为，以及不尊重规律、不尊重客观实际和群众需求等乱作为问题，查处形式主义、官僚主义问题88起，批评教育帮助和处理133人、处分80人。深化制度建设“一年一评估”，重点解决制度空白、模糊地带和不接地气、刚性不强等问题。督促“关键少数”严格执行《领导干部配偶、子女及其配偶经商办企业管理规定》，带头反对特权思想和特权现象，以优良党风政风引领社风民风向上向好。

【村级小微权力监督】　2022年，泉州市纪检监察机关加强村级小微权力监督，落实管住村级主干、推进“巡镇带村”等措施，实施“双线联动”赋能基层治理。线下开展“纪检监察访民情”活动，依托“党建+”邻里中心建立2533个近邻纪检工作室，开展乡镇纪委书记履职交流、业务培训和村级纪检委员全员培训，常态化实地走访、分级督办、解忧纾困。线上搭建村级小微权力监督信息平台，将6819个群众微信群纳入管理，覆盖全市所有村（社区）、直接联系群众178.8万人，实现村务阳光运行、及时收集诉求、高效办理反馈，推动办结群众诉求18万余件，全市反映村干部的信访件下降66.9%。常态化推进“打伞破网”、惩治群众身边“蝇贪”，督促开展困难群众救助补助领域专项治理，查处群众身边腐败和作风问题134个，批评教育帮助和处理185人，处分144人。

2022年12月13日，省委常委、省纪委书记、省监委代理主任迟耀云（左二）在安溪县城厢镇经兜村调研基层小微权力监督等工作

（市纪委　供图）

【“四种形态”运用】　2022年，泉州市纪检监察机关树立“纪委也是党员之家”理念，加强对党员干部政治生命健康关怀爱护，运用“四种形态”批评教育帮助和处理5036人次，第一至第四种形态分别占70.5%、20.3%、3.2%、6%，防止党员干部出问题，激发干事创业积极性。防治“灯下黑”，运用“四种形态”批评教育帮助和处理纪检监察干部28人。

（翁洵钰）

审查调查

【概况】　2022年，泉州市纪检监察机关保持惩治腐败高压态势，查处严重违纪违法案件，全市立案查处1368件、处分1413人、移送检察机关69人，分别上升4.8%、8%、81.6%，追回违纪违法所得6660万元；立案涉及行贿人员案件15件28人，分别上升50%、180%。开展粮食购销领域腐败问题专项整治，发现问题线索数全省第一，立案数、留置案件数位居前列。

【政治生态修复】　2022年，泉州市纪检监察机关坚持因案制宜、因人施策“知心”“交心”做好思想政治工作，实行审查调查结束前由监督检查室与对象开展政治生态分析谈话，增强案件查办效果。从监督检查和审查调查中分析制度性原因、提炼规律性根源，发出纪检监察建议181份，推动个案查处向政治生态修复转化。

【“点题整治”】　2022年，泉州市纪检监察机关立足“监督的再监督”，紧盯重点行业、关键领域漠视损害群众利益问题背后的责任、作风、腐败问题，深化运用“点题整治”，健全完善“群众点题、部门答题、纪委监督、社会评价”工作机制，在省纪律检查委员会、监察委员会统一部署推进的16个整治项目基础上，新增“整治‘黑救护车’乱象问题、规范非医疗转运行为”项目，督促各个牵头单位落实主体责任，相关派驻纪检监察组跟进监督，贯通“两个责任”，推动整治工作取得成效。全年受理群众留言反映诉求和问题线索165件，全部办结；查处群众身边腐败和作风问题57起，处分处理112人，其中给予党纪政务处分41人；督促出台规章制度91项，建立一批长效机制。

（翁洵钰）

2022年11月21日，十三届市委第三轮巡察工作动员部署会召开

（市委巡察办 供图）

巡察工作

【概况】 2022年，中共泉州市委巡察机构创新深化政治巡察，推进十三届市委巡察工作。传承弘扬“晋江经验”提级巡察写入省纪律检查委员会全体会议报告，上下联动、“支部建在组上”等做法和成效得到省委巡视工作领导小组、省纪律检查委员会肯定，巡察整改“3+X”会商工作经验在全省推广。市级全年组织5批次对30个市直单位和6个经济发达镇开展巡察，指导11个县（市、区）委巡察工作领导小组办公室完成对207个单位党组织巡察工作，市、县两级巡察发现问题4079个，移交问题线索244条。

【巡察制度】 2022年，中共泉州市委巡察机构出台《十三届泉州市委巡察工作规划》，明确今后五年巡察工作目标任务。探索巡察与其他监督贯通融合途径，梳理《部门协作配合市委巡察工作职责清单》，明确巡察与纪检监察、组织、宣传、财政、审计、信访、统计7个单位协作45项具体内容，推动监督协同高效。出台《巡察组工作质量考评办法》，市委巡察工作领导小组组长带队到巡察驻点调研督导，提升发现问题和线索质量。加强对县级党委巡察工作领导和指导督导的统筹，建立市、县巡察机构挂钩联系制度，启动对县指导督导工作，落实党中央关于县级巡察办主任由同级纪委班子成员担任的工作要求。

【巡察整改】 2022年，中共泉州市委巡察机构完善“3+X”会商机制，开展政策会商4场次，推动9项难点问题整改落实，督促推动十三届市委第一轮、第二轮第一批巡察等18家单位完善制度382项，追责问责288人，挽回经济损失710余万元；跟进督促十二届市委巡察后续整改393个问题，新增完成整改279个。压实巡察整改主体责任，发现巡察整改不到位20个问题及34名责任人抄报组织部门；向被巡察党组织主要负责人发出工作提醒函41份；对巡察“回头看”发现22个典型问题进行全市通报；对落实巡察整改主体责任不到位2家单位进行全市通报批评。

【巡察成果运用】 2022年，中共泉州市委巡察机构发挥巡察调研功能，形成建设国际消费中心城市、建设全国性综合交通枢纽城市、加强全市救灾物资储备管理等5份专题报告和12项意见建议，为市委、市政府决策提供参考。梳理巡察发现共性问题，推动在全市开展违规因私出国（境）问题专项整治工作、机关事业单位工作人员借用抽调专项检查。对巡察发现的非被巡察党组织权责范围的问题，发出巡察建议书10份，发挥“未巡先改”辅助作用，推动解决乡村振兴、农村“三资”（货币资金、资产和资源）监管、工业园区标准化建设共性问题。

【“点题巡察”】 2022年，中共泉州市委巡察机构结合省、市纪律检查委员会“点题整治”探索开展“点题巡察”，围绕市委“强产业、兴城市”双轮驱动、“党建+”邻里中心等部署，将“点题整治”项目成效纳入巡察监督重点，查找被巡察单位解决群众“急难愁盼”不到位、有偏差等问题，第二轮巡察发现4个市直单位落实“点题整治”不到位问题8个，推动解决中心市区停车难、食品安全、城区中小学课后服务等一批群众反映强烈问题，把群众路线贯彻到巡察工作各环节、全过程。

（陈 筠）

民主党派和工商联

中国国民党革命委员会泉州市委员会

【概况】 2022年，民革泉州市委员会紧扣“矢志不渝跟党走、携手共进新时代”主题，开展系列主题教育。全市各级民革组织举办学习培训、研讨座谈、现场教学、主题征文等各类学习教育活动30余场次，参加民革党员超500人次。在市政协十三届一次会议提交集体提案21件、个人提案33件、大会发言2件。到政府部门和有关企业基层调研，完成年度重点课题调研18篇。聚焦党政关切、社会关注的热点难点问题，上报社情民意信息109篇。新成立1个总支部、2个支部。截至年底，全市有2个县级市委会、6个总支部、3个工作委员会、46个支部。

【组织建设】 2022年，民革泉州市委员会抓好地域组织和基层组织建设，推动示范性支部建设工作，对标中央新的指标体系，发挥3个获评民革中央“示范支部”组织的带头作用，推动创建工作开展，提升各支部制度化、规范化、程序化水平。按照综合素质高、界别分布合理的总体要求发展新党员，加强与各级统战部门沟通，重点在高等院校、政府部门、企事业单位等人才比较集中的地方发展民革党员。开展干部培养举荐工作，推荐优秀民革党员到政府、企事业单位任职、挂职；提高民革党员担任实职干部数量和任职层次。全市有县（市、区）级四套班子成员6名，高校处级干部3名，其他人大、政协、党派机关，司法部门、国有企事业单位、社会团体等处级领导职务8名，科级领导职务47名。开展民革党员培训、专题学习会及选派骨干民革党员参加各类学习、培训103人次，推荐11人次参加民革中央、民革省委、中共泉州市委党校举办的专题研讨班、进修班等。率先在全市民主党派中完成各地域组织换届工作，一批政治素质好的民革党员骨干选入领导岗位，优化知识、专业结构，改善年龄结构。

【参政议政】 2022年，民革泉州市委员会履职尽责，做好提案工作。在市政协十三届一次会议提交56件提案和发言，内容涉及产业发展、人才工作、乡村振兴、政务改革、环境治理、社会管理、涉台工作等方面。其中，大会发言《关于加快推进泉州功能性食品产业创新发展的建议》得到市领导批示；提案《关于加快推动泉州市智能制造产业发展的建议》被列为市政协重点提案；《关于打造创新创业创造良好发展环境的建议》等4件提案作为重要提案摘报获市领导批示；《关于加快发展农业精深加工产业助力乡村振兴的建议》等9件集体提案、委员个人提案入选《2021年度市政协提案意见建议采纳情况选编》。各基层组织在各县（市、区）两会上，有12件提案被列为重点提案或优秀提案。

【社会服务】 2022年，民革泉州市委员会参与疫情防控。全市民革各级组织参与一线防控、后勤保障、志愿服务等疫情防控工作的民革党员有307名，民革党员及其企业捐款捐物超过627.51万元，其中捐款329.4万元，捐赠口罩、消毒液、防护服、防护面罩等其他防疫后备物资价值298.11万元。响应中共泉州市委统战部开展“同心助学·松柏成长行动”的号召，发动民革党员和各支部捐资1万元，发动民革党员为泉州市统一战线“同心安居工程”捐款1万元用于帮扶困难学子。发挥民革泉州企业家联谊会平台作用，号召爱心企业家参与社会服务。在惠安召开纪念“晋江经验”提出20

周年企业家座谈会，弘扬传承“晋江经验”和中山“博爱”精神。依托志愿服务平台，开展义务植树、讲文明树新风、垃圾分类等志愿服务活动。通过“博爱·牵手”“爱心支教”“结对帮扶”等活动，帮助群众、鼓励品学兼优的学生，打造泉州民革社会服务品牌。

【调查研究】 2022年，民革泉州市委员会到政府部门和有关企业基层调研，完成年度重点课题调研18篇，提交民革中央、省政协、民革省委会，市政协、中共泉州市委统战部等，其中调研课题成果《关于构建侨务枢纽平台推动华侨华人融入“海丝名城”建设的建议》入选市政协常委会重点发言。协助民革省委会完成重点课题3篇，其中《提升自给能力，为福建粮食保供加上“安全阀”》入选省政协常委会重点发言。完成中共泉州市委统战部建言献策论坛的调研工作，其中《关于加强产业数字化人才培养的建议》等5篇调研文章入选建言献策论坛汇编。聚焦党政关切、社会关注的热点难点问题，上报社情民意信息109篇，其中省级部门采用37篇、市级部门采用58篇、市领导批示9篇。其中，《关于加快培育壮大民族地区发展基金会，促进共同富裕的建议》等4条社情民意被全国政协采用，《建议提升科技创新能力，建立健全多元科技投入机制》等3条社情民意被中共中央统战部采用，《党外人士建议警惕“黄码”人员利用八闽健康码漏洞持“伪绿码”出行可能引发的疫情传播风险》等17条社情民意被民革中央、中共福建省委办公厅、省政协采用。

【民革泉州市第十六次代表大会】 2022年1月12—13日，民革泉州市第十六次代表大会召开，学习贯彻中共十九届六中全会、中共福建省第十一次代表大会、中共泉州市第十三次代表大会和中共泉州市委十三届二次全会精神，审议通过中国国民党革命委员会泉州市第十四届委员会工作报告。会议选举产生中国国民党革命委员会泉州市第十五届委员会，樊美清当选主任委员，李小玲、陈照玉、张子牙、陈海鹏、陈冬梅、孙永青当选副主任委员。

（林翀凯）

中国民主同盟泉州市委员会

【概况】 2022年，民盟泉州市委员会开展“矢志不渝跟党走、携手奋进新时代”政治交接主题教育。在市两会期间，提交大会发言、议案、提案等67件。承接盟中央、盟省委会、中共泉州市委统战部等各级各类调研课题文章25篇。报送社情民意信息160余篇，省级以上采用40余篇。以“人才强盟”为战略，按照组织发展计划要求，注重盟员发展质量，为后备干部队伍建设提供保障，新发展盟员45人。截至年底，全市有地方组织2个、区工委2个、基层工作委员会1个、总支部8个、支部93个、小组1个，设有专门工作委员会13个。

【组织建设】 2022年，民盟泉州市委员会以“人才强盟”为战略，按照组织发展计划要求，注重盟员发展质量，为后备干部队伍建设提供保障。新发展盟员45人。截至年底，全市盟员总数2289人，平均年龄52.80岁，女盟员836人，占36.52%，文化教育科技界盟员1368人，占59.76%，中上层人士盟员1784人，占77.94%，具有高中级职称盟员1602人，占69.99%。

【参政议政】 2022年，民盟泉州市委员会在市两会期间，提交大会发言、议案、提案等67件。向市政协十三届一次会议提交《利用“元宇宙”新一代互联网技术加快推动泉州文旅产业数字化进程》《促进人才与资本集聚融合，打造国家区域人才中心和创新高地》等大会发言5篇；提交《关于推进〈郑成功历史文献汇编〉编纂工作、召开“纪念郑成功收复台湾360周年”研讨会的建议》等集体提案18件；盟员人大代表向市人大十七届一次会议提交《关于进一步改善营商环境的对策建议》等建议8件，盟员政协委员向市政协十三届一次会议提交《关于为我市高校毕业生延期提供食宿服务有效配合人才引进政策落地的建议》等个人提案36件。《关于实施聚城畅通工程的几点建议》《关于培育“数字工匠”助力高质量发展》《关于泉州跨境电商人才发展的建议》被评为2022年重点提案。承接盟中央、盟省委会、中共泉州市委统战部等各级各类调研课题文章25篇，完成盟省委重点课题《探索元宇宙新赛道，构筑制造业新优势》和市委统战部省重点课题《新时代民主党派思想政治引领的研究》；围绕加快工业园区标准化建设进行调研，提交《关于鼓励规上企业入园带动产业园区建设提升的建议》；围绕年度市委、市政协“汇聚侨心侨力侨智　服务‘海丝名城’建设”专题协商主题，开展《打造特色华文教育品牌服务泉州发展》专题调研。

【民主监督】 2022年，民盟泉州市委员会发挥盟员人大代表、政协委员和特约监督员民主监督的优势，对工作园区标准化建设、人才工作建设、知识产权司法保护等重点工作开展民主监督。依托民盟组织的人力资源、信息资源，围绕党委、政府中心工作和时事热点话题，因“题”制宜，开展形式多样的“微调研”“微座谈”“微培训”，到一线了解行业现状，提出可行意见建议。

【社会服务】 2022年，民盟泉州市委员会近800位盟员立足本职本岗，参与所在单位、社区、村等疫情防控工作。发动捐款捐物780余万元，其中捐款300万元，捐赠酒精、消毒液、口罩、隔离服等防疫物资及食品等价值480余万元。主办“艺”起抗疫——泉州民盟书画家作品网络义卖活动，由33位泉州市民盟书画家无偿捐赠53件作品，所筹善款5万多元全部用于疫情防控。引导基层组织和盟员开展为民办实事活动。4月，助力学校做好复学后防疫工作，采购一批价值4.25万元的医用外科儿童及成人口罩，并在复学之际第一时间捐赠给晋光小学等4所学校；7月，发动盟员向中共泉州市委统战部“同心助学松柏成才”行动和“同心安居”工程捐款3万元，定向帮扶生活困难学生和群众；在锦东村开展慰问帮扶活动，向20户贫困户送去慰问金1万元；向南安市慈善总会认捐1000万元、向周宁县捐建205万项目。

【民盟泉州市第十六次代表大会】 2022年1月14日，民盟泉州市第十六次代表大会召开，学习贯彻中共十九届六中全会、中共福建省第十一次代表大会和中共泉州市第十三次代表大会精神，审议通过中国民主同盟泉州市第十五届委员会工作报告。会议选举产生中国民主同盟泉州市第十六届委员会，赵昕东当选主任委员，王锦延、余嘉容、戴宽南、庄月芳、王梅珠当选副主任委员。

（陈志文）

中国民主建国会泉州市委员会

【概况】 2022年，民建泉州市委员会部署开展“矢志不渝跟党走、携手奋进新时代”主题教育，举办“喜迎二十大、同心谱新篇”线上知识竞答、“喜庆二十大·同心向未来”书画摄影展等活动。各基层组织举办政治交接主题教育110余次，参加人次3700人次。民建会员向各级人大、政协提交人大代表议案建议和政协集体提案、委员提案160余件。向党委、政府、民建省委会反映社情民意信息，全年约稿组稿近130篇。新发展会员71人。

【组织建设】 2022年，民建泉州市委员会完成永春县支部、黎明职业大学支部、泉州师范学院支部等基层组织换届工作，完成市直医药支部届中调整工作。推动会员之家建设，成立医药支部会员之家。新发展会员71人。截至年底，全市有会员1730人，平均年龄35岁，其中大学学历53人、研究生学历6人、中级以上职称20人。会员中担任处级领导职务以上9人、各级人大代表45人次、各级政协委员122人次。

【参政议政】 2022年，民建泉州市委员会会员中各级人大代表、政协委员160名，向各级人大、政协提交人大代表议案建议和政协集体提案、委员提案160余件。全国两会期间，向全国政协十三届四次会议提交委员提案11件，向中共中央统战部《零讯》提交信息19篇，1篇获综合采用。省两会期间，向省委会提交建议10件。市两会期间，向市人大提交10余件代表建议，其中2件代表建议被列入重点督办件；向市政协提交集体提案16件、委员提案32件，其中2件集体提案入选重点督办提案，3件提案入选重要提案摘报；提交3篇调研文章入选市政协大会发言材料汇编，2件提案获市政协十二届五次会议“好提案”称号。

【民主监督】 2022年，民建泉州市委员会参加中共泉州市委常委班子民主生活会、市政府工作报告、市政协工作、市中级人民法院和人民检察院工作等征求意见会，针对繁荣中央商务区、职业教育发展、司法立案调解和小区物业管理服务等重点议题提出意见建议，多数被采纳并落实。民建界别政协委员、各类特邀人员和民建会员参加相关单位组织的委员视察、专题议政、政情通报、民主评议、行风监督等活动，发挥民主监督作用。

【社会服务】 2022年，民建泉州市委员会组织近百名民建会员志愿到一线抗疫，民建会员及会员企业捐款捐物4322.77万元，其中

2022年1月14日，中国民主同盟泉州市第十六次代表大会在泉州酒店开幕

（民盟泉州市委会 供图）

2022年3月20日，中国民主建国会泉州市委员会向丰泽区东湖社区捐赠抗疫物资　（民建泉州市委会 供图）

361°、特步分别捐赠1000万元现金及物资。做好民建中央联络部到泉州联络协调工作，安排到会员企业福建盼盼食品、金冠食品开展考察调研活动，助力会员企业发展。依托中国民主建国会泉州市委员会民营经济研究院、企业与社会服务委员会、法律工作委员会，为会员企业提供经济、法律咨询服务。

【调查研究】 2022年，民建泉州市委员会政党协商计划、泉州市政协协商工作计划和民建省委会调研课题安排，推动市、县联动，提升参政议政工作水平。5月，开展"加快推进工业（产业）园区标准化建设，推动泉州制造业高质量发展"专题调研，形成《关于加强工业（产业）园区融资服务的建议》。6月，到晋江市、石狮市等地开展"汇聚侨心侨力侨智，服务'海丝名城'建设"专题调研，形成《关于引进海外华裔新生代人才回泉就业创业的建议》。7月，围绕上半年市委、市政府中心工作，针对"深耕数字产业发展、赋能传统产业转型升级""繁荣中央商务区、做大总部经济发展新格局""优化营商环境软实力、打造高质量发展硬支撑"3个方面提出意见建议。8月，围绕"深化产教融合，助力智造强市建设"开展调研，形成《深化产教融合，推动校企合作创新发展》调研成果。9月，着眼为企纾困，开展走访调研，听取企业诉求，客观反映问题情况，搜集整理"问题清单"，形成《关于引导我市房地产企业加快进军产业地产的建议》。10月，牵头、联合民营经济研究院、华侨大学支部和会外专家学者开展立项调研课题，就泉州鞋服产业、科技创新发展等方面形成《关于泉州鞋服行业政企合作发展的建议》等3篇调研成果。向党委、政府、民建省委会反映社情民意信息，全年约稿组稿近130篇，编发和直（转）报152篇，被上级录用45篇，其中1篇获全国政协采用、2篇获评民建福建省委会2021—2022年度社情民意好信息。

【民建泉州市第十三次代表大会】 2022年1月17日，民建泉州市第十三次代表大会召开，学习贯彻中共十九届六中全会、中共福建省第十一次代表大会、中共泉州市第十三次党代会、民建中央十一届五中全会精神，审议通过中国民主建国会泉州市第十二届委员会工作报告。会议选举产生中国民主建国会泉州市第十三届委员会，庄天怀当选主任委员，黄军红、林时发、吕锜、吴为荣、黄梓奇当选副主任委员。

（廖晓红）

中国民主促进会泉州市委员会

【概况】 2022年，民进泉州市委员会深化"矢志不渝跟党走，携手奋进新时代"主题教育，开展跨地市、跨支部活动，举办"喜迎二十大·奋进新征程"百人万步健跑活动、"喜迎二十大·同心谱新篇"书画摄影展。在省、市两会提交个人政协提案、人大建议10余件。报送的社情民意信息《切实为中小学教师减负松绑推动实现教育减负不减质目标》《建议由退役军人担任中小学"驻校教官"》被民进中央评为年度参政议政成果三等奖，《关于针对困难家庭未就业高校毕业生群体 建立机关企事业单位专门实习岗位制度的建议》等被省政协采用。新发展会员31人。截至年底，全市有工委会2个、总支4个（直属1个）、县域支部2个、县域小组2个、市直属支部11个，设有9个专门委员会。

【组织建设】 2022年，民进泉州市委员会开展"信息化建设"主题年工作，升级改造市委会机关办公网络，建设视频会议系统，发动全市会员，建设完善会员库、会史库等。注重发挥会员个人专长，为更多会员提供展示平台舞台，推荐一名会员获聘福建省文史研究馆馆员。晋江总支、华大总支、泉港支部、五中支部、医高专支部等完成换届。新建洛江总支"会员之家"。新发展会员31人。截至年底，全市有会员768人，主要分布在教育、文化、出版传媒等行业领域。

【参政议政】 2022年，民进泉州市委员会就疫情防控、中小学教育、世遗城市、文化传承、平台经济、营商环境、资源保护、医养结合等热点难点，提交《关于泉州渔港经济区建设的思路建议》《充分发挥地方政府营商环境法治化建设主力军作用的建议》2篇大会发言、集体提案12件，在省、市两会提交个人政协提案、人大建议10余件。其中，《关于加强泉州古城传统风貌建筑修缮的建议》获中共泉州市委、市政府主要领导批示，《关于在学校推广退役军人担任“驻校教官”的建议》获市政府主要领导批示，2件市政协提案被列入重点提案，《关于加强我市自然保护区管理工作的建议》被列为市人大重点督办件。

【社会服务】 2022年，民进泉州市委员会参与中共泉州市委统战部组织的同心助学工程、同心安居工程，开展民进书赠春联活动和扶贫送教、义写春联、创城志愿者等系列公益活动。各基层组织利用各自优势，民进会员主动参与，打造社会服务品牌。开展接官亭送医送药、儿童福利院捐赠、周末少年宫活动、“六一”捐书助学献爱心等活动。

【民进泉州市第七次代表大会】 2022年1月19日，民进泉州市第七次代表大会召开，学习贯彻中共十九届六中全会等中央、省、市有关会议精神，审议通过中国民主促进会泉州市第六届委员会工作报告。会议选举产生中国民主促进会泉州市第七届委员会，黄志煌当选主任委员，王若兰、侯祥朝、黄文中、林智胜当选副主任委员。

（黄景顺）

中国农工民主党泉州市委员会

【概况】 2022年，农工党泉州市委员会开展“矢志不渝跟党走、携手奋进新时代”政治交接主题教育。向市政协十三届一次会议报送3件大会发言材料和20件集体提案。向农工党中央、省委会报送理论调研报告1篇，向农工党省委会报送调研报告2篇。收到各级组织、农工党党员报送的社情民意信息500余篇。新发展农工党党员75人。截至年底，全市有21个基层组织，设有6个专门委员会。

【组织建设】 2022年，农工党泉州市委员会抓好基层组织和专委会换届工作，完成退休支部的换届工作。征求基层组织意见，选拔一批参政能力强、积极性高的农工党党员组成专家库。新发展农工党党员75人。截至年底，全市有农工党党员1775人。其中，医卫界占比48.7%，人口资源、生态环境界占比2.8%，教育界占比26.2%，中高级职称占比65.6%，平均年龄52.4岁；担任副科级以上职务63人（其中厅级1人、处级7人）。

【参政议政】 2022年，农工党泉州市委员会向市政协十三届一次会议报送3件大会发言材料和20件集体提案。专职副主任委员王蔚代表市委会在市政协十三届一次会议上做《关于深化泉州生态连绵带建设的建议》重点发言；集体提案《壮大泉州海洋新兴产业，加快发展海洋经济的建议》被确定为市政协十三届一次会议重点提案，由市政府、市政协有关领导领衔督办；集体提案《关于深化体教融合促进青少年健康发展的建议》获市政府领导批示。集体提案《尽快建立“吹哨人”制度，提高我市市场监管专业水平》，委员提案《关于加强我市中小学心理健康教育的建议》被评为年度“好提案”。

【社会服务】 2022年，农工党泉州市委员会发动1000余人次到抗疫一线开展志愿服务活动，发动捐款捐物185万元，向红十字会、疫情防控职能部门、疫情严重地区捐款77.79万元和价值近107.38万元的口罩、隔离衣、面罩、消毒设备等防疫、生活物资。挂牌成立“农工党泉州市乡村振兴社会服务中心”。多次依托农工党党员所在公益协会开展义诊、植树、扶贫助困，慰问孤寡等一系列公益活动。响应农工党中央、省委会号召，发动农工党党员捐资5万元，对口帮扶贵州省大方县。发动参与中共市委统战部开展的“同心助学 松柏成才”行动，捐资助学5万元。主办“同心助医”系列活动，诊疗、咨询，诊疗服务群众200余人次，免费赠药8000余元，为惠屿卫生所开展医疗保健活动补助经费5万元。全市各级农工党组织开展“同心助医助学”活动10场次，服务群众1800人次，助医助学价值近10万元。联合市计生协会、儿童医院等，推出“同心妇幼健康行”新社会服务品牌，市、县两级联动开展宣传教育、生殖健康咨询服务、优生优育指导等保障妇女儿童权益的社会服务活动，在泉州广播电视台开设“人口与家庭”专栏，以新闻报道、短视频宣传、中医访谈等方式，推出宣传视频4期。

【调查研究】 2022年，农工党泉州市委员会与市政协经济和农业农村委、泉州金控集团联合承办第二期泉州市政协委员沙龙活动。向农工党中央、省委会报送理论调研报告1篇，向省委会报送调研报告2篇，向市政协报送二、三季度政协常委会委员论坛课题2篇，向市社科联委托课题3篇。完成农工党省委会参政议政调研选题《推进高端医疗器械与生物医药产业链高质量发展》《关于推进我省高职教育教师队伍培育及结构优化的建议》调研撰写工作；《积极对接RCEP贸易平台，提升泉商泉企与东南亚国家交流合作质量水平》作为市政协第三季度常委会重点发言；根据政党协商计划和市政协年度协商计划，做好相关课题调研工作。报送的《增强我省职业教育适应高质量发展能力》《乡村振兴战略背景下妇女职业化发展研究》分获农工党省委会2021年度优秀调研论文一等奖和三等奖。收到各级组织、农工党党员报送的社情民意信息500余篇。《“头顶经济”乱象多，亟需引起重视和解决》等190余篇信息被农工党省委会采用，《夺命金矿背后隐藏“洗洞”人及地下产业链，亟需引起重视和解决》等122篇信息被省政协采用，《疫情背景下“反催收”组织日益活跃应引起重视》等28件信息被农工党中央采用，《网售自制食品存“舌尖安全”隐患亟待加强规制》等9件信息被全国政协信息局采用，1篇信息被中共中央办公厅采用。

【农工党泉州市第十五次代表大会】 2022年1月17—18日，农工党泉州市第十五次代表大会召开，学习贯彻中共十九届六中全会精神，审议通过中国农工民主党泉州市第十四届委员会工作报告。会议选举产生中国农工民主党泉州市第十五届委员会，肖惠中当选主任委员，张翼、谢承华、王蔚、王高雄、黄志军、庄刚毅当选副主任委员。

【“环境与健康宣传周”暨2022年“6·5”环境日宣传活动】 2022年6月5日，农工党泉州市委员会联合多部门在泉州市公共文化中心中央广场举行“环境与健康宣传周”暨2022年“6·5”环境日宣传活动。活动旨在增强社会各界的生态环境保护意识，以实际行动践行绿色低碳生产生活方式，共建天蓝、地绿、水净的美丽泉州。农工党泉州市委员会机关干部、泉州市学生记者团小记者和环保志愿者等200余人参加活动。环境周期间，全市各级农工党组织开展义诊、科普讲座、环保宣传等各类社会服务12场次，服务人群近1500人次。

（张　颖）

2022年6月5日，“环境与健康宣传周”暨2022年“6·5”环境日宣传活动在泉州市公共文化中心中央广场启动　（农工党泉州市委会　供图）

中国致公党泉州市委员会

【概况】 2022年，致公党泉州市委员会组织开展“学习贯彻二十大精神，参政履职建功新时代”等主题活动。各级组织开展政治交接主题教育近100场次，2000余人次参与。在市政协十三届一次会议上，提交党派集体提案15件、个人提案33件、大会发言3件。立项118个调研课题，确定30个重点调研课题。报送反映社情民意信息115篇。新发展63名致公党党员。截至年底，全市有基层组织115个。

【组织建设】 2022年，致公党泉州市委员会完成惠安县委会换届，成立致公党泉州市通信科技基层委员会。继续创建和完善“党员之家”建设工作，惠安县委会第二个、晋江市委会安海第一支部“党员之家”揭牌。新发展63名致公党党员，其中女性17人、大学以上学历59人（其中硕士4人）、中级职称以上18人（其中高级职称3人），平均年龄36岁。截至年底，全市有致公党党员1886人。

【参政议政】 2022年，致公党泉州市委员会在省两会上，提交《建议支持泉州建设中国海上丝绸之路博物馆》《加大力度吸引海外优秀人才回国就业创业》等建议案。《关于发展壮大我省村级集体经济，助理乡村振兴的建议》获评省政协好提案，《关于后疫情时代进一步加强对民营企业和实体经济扶持的建议》 获评省政协优秀提案。在市政协十三届一次会议上，提交党派集体提案15件、大会发言3件。其中，《关于进一步提升商务楼宇管理水平的建议》被确定为重点提案；《关于建设我市供应链综合服务平台的建议》《关于建设泉州市进口商品展示体验中心的建议》等3件集体提案获市主要领导批示。市政协委员提交个人提案33件，其中《关于推动商圈提质繁荣城市消费市场的建议》《关于加强农村基层治理法治化促进乡村振兴的建议》被确定为市政协重点提案。

【社会服务】 2022年，致公党泉州市委员会打造“致公学校”和“志愿者服务队”社会服务品牌，开展消费支农、捐资助学、义诊送药等社会公益活动。疫情防控期间，600余名致公党党员到基层一线参与防疫工作，为抗疫一线捐款捐物700余万元。响应致公党中央面向定点帮扶县——酉阳县开展电商消费帮扶号召，发动致公党党员参与消费帮扶10余万元。促进“致公学校”所在地发展，推动丰泽区泉淮社区与永春县苏坑镇开展山海协作，共建佛手茶研学基地，开展“致慧同行 公护成长”爱心捐赠系列活动和“学习贯彻二十大，医心为民送健康”义诊赠药活动。联合智善慈航、华侨大学开展“爱在西行”支教活动等。挂钩泉淮社区，开展“佳节尚文明 志愿关爱行”志愿服务，慰问困难家庭。开展“送温暖，献爱心”拥军优属志愿服务活动。开展“同心助学”“致公圆梦”助学活动，资助多名学生。组织到南安市调研致公党南安市水头支部服务点南安市第三实验小学，调研“四点半致公学校”。

【调查研究】 2022年，致公党泉州市委员会在市委与市政协专题协商会议上，提交《关于完善我市海外华裔青年柔性引进体系的建议》等3篇调研，其中《关于打好“侨”牌，为泉州高质量发展注入“侨动力”的建议》为会议口头发言。在市政府与市政协专题协商会议上，提交2篇调研。立项118个调研课题，确定30个重点调研课题。开展“献良策，助力援企稳企”“助推乡村振兴”“保护鲤安信局遗址”“提升物业服务水平”“华侨历史遗存保护”“清源山文旅提升”等专题调研近20次。向致公党省委会提交《发挥海丝文化遗产优势，打造福建立体文化标识》等6篇调研。向中共泉州市委统战部党外人士建言献策论坛提交调研文章《以乡村振兴推动我市城乡融合发展的建议》。报送反映社情民意信息115篇。其中，《推动河长制向纵深发展亟待破解“三道难题”》《关于进一步构建适应高质量发展信用监管机制的建议》《警惕不法分子利用疫情“打掩护”实施电信诈骗》等多篇信息获致公党中央和省政协采用，《党外人士建议进一步完善疫情防控志愿者调配选派、培训管理、关怀激励机制》和《党外人士反映疫情防控形势下我省部分地区农产品滞销现象亟待关注》被《八闽快讯》采用，《关于抢救保护开发泉州市鲤安信局遗址的建议》获市领导批示。

【对外联络】 2022年，致公党泉州市委员会借力“福建致公”侨情研究基地，接待菲律宾中国洪门致公党总部副主席、菲律宾中国和平统一促进会副会长林志谦，菲律宾雅典耀大学孔子学院院长、中山大学传播与设计学院副教授梁广寒。会见由菲律宾中国洪门致公党东棉省支部执行副主席蔡佳亨带队的菲律宾中国洪门致公党东棉省支部访问团。

【致公党泉州市第十二次代表大会】 2022年1月11—12日，致公党泉州市第十二次代表大会召开，学习贯彻中共十九届六中全会精神，审议通过中国致公党泉州市第十一届委员会工作报告。会议选举产生中国致公党泉州市十二届委员会，丁毓玲当选主任委员，李良毅、陈东华、黄华春、庄一鸣、洪奕蓉、严捍东当选副主任委员。

（庄从福）

九三学社泉州市委员会

【概况】 2022年，九三学社泉州市委员会开展“矢志不渝跟党走、携手奋进新时代”主题教育。提交市政协十三届一次会议3件书面发言和20件集体提案。组织完成7个九三学社社省委会立项调研课题及其他调研课题。

【组织建设】 2022年，九三学社泉州市委员会新发展社员23人，社员总人数达564人。下辖鲤城、丰泽2个工委，华侨大学、泉州师院、石狮3个基层委员会，洛江、晋江、南安、德化、炼油化工5个支社10个基层组织。

2022年1月11日，中国致公党泉州市第十二次代表大会在泉州酒店开幕

（致公党泉州市委会 供图）

【参政议政】 2022年，九三学社泉州市委员会参与政党、政协协商，就经济建设、生态环保、文旅融合、社会民生等议题提出意见和建议。提交市政协十三届一次会议3件书面发言和20件集体提案，《关于构建我市碳减排政策激励机制的建议》《关于改善我市职业教育产教融合短板的建议》得到市领导批示，《关于擦亮世遗名片，大力提升我市旅游吸引力的建议》列为重点提案。《关于完善固定资产投资项目节能审查工作的建议》等成为省政协十二届五次会议书面发言、集体提案和省建言献策论坛政策建议，《关于完善市域治理法治保障的建议》等被列入省政协协商会材料汇编。《关于进一步完善我省疫情下通行制度的建议》等社情民意信息被《八闽快讯》、《领导参阅》、省政协采用。

【社会服务】 2022年，九三学社泉州市委员会组织、发动基层组织和社员投身疫情防控。参与九三学社省委会“同心帮扶计划”及市统一战线“同心助学”“同心安居”等系列工程，捐助南平政和东平小学“同心图书室”，开展德化潘祠“罗浪教育基金”项目。全市200余名社员参加社会服务活动，捐资捐物360余万元，赠书500余册。举办义诊13次，诊察患者1300余人，施药3万多元；咨询6场，服务500余人；讲座6场，600余人听讲；展览6场，900余人观看，发放材料500余册。

【调查研究】 2022年，九三学社泉州市委员会紧扣新发展阶段新福建建设，组织完成《闽西南协同发展区城乡基础设施互联互通研究》《弘扬“晋江经验”支持民营经济发展》等7个九三学社社省委会立项调研课题及其他调研课题。参加市委、市政府、市政协等组织的民主协商会、征求意见会、情况通报会，以及市政协专题调研和重要提案联合督办，提出关于统筹工业（产业）园区招商引资和多措并举引“侨智”、加强华侨建筑与史迹保护等意见建议，后者作为会议发言并刊登于《人民政协报》。

【九三学社泉州市第七次代表大会】 2022年1月13—14日，九三学社泉州市第七次代表大会召开，学习贯彻中共十九届六中全会精神，审议通过九三学社泉州市第六届委员会工作报告。会议选举产生九三学社泉州市第七届委员会，徐莉当选主任委员，赖兵莲、王也夫、蔡宁波、林添良、沈艺程、郑向阳当选副主任委员。

（许杰辉）

2022年8月5日，九三学社泉州市委员会在宁德开展“矢志不渝跟党走、携手奋进新时代”主题教育学习 （九三学社泉州市委会 供图）

台湾民主自治同盟泉州市委员会

【概况】 2022年，台盟泉州市委员会开展“矢志不渝跟党走、携手奋进新时代”主题教育。在全国、省、市“两会”期间，提交党派提案14件、大会口头发言1件、大会书面发言8件、委员个人提案22件、人大代表建议4件。完成调研报告29篇。完成涉台调研报告12篇。报送社情民意信息231篇。

【组织建设】 截至2022年年底，泉州市有台盟盟员189人，多数分布在文教、医卫、公有制经济、政府机关等行业（部门）。盟员中担任台盟中央委员1人，台盟省委会副主任委员1人、常委2人、委员4人。盟员中担任全国政协委员1人、省人大代表1人、市人大代表2人（其中常委1人）、市政协委员10人（其中常委5人），受聘地市以上各种特约监督员5人。

【参政议政】 2022年，台盟泉州市委员会在全国、省、市两会期间，提交党派提案14件、大会口头发言1件、大会书面发言8件、委员个人提案22件、人大代表建议4件，1件提案被评为全国政协十三届优秀提案和台盟十届中央委员会全国政协委员优秀个人提案，1件提案入选全国政协十三届五次会议重点提案，1件提案被确定为市级重点提案，3件提案被列为市重要提案摘报并获市领导批示。参与政党协商、政协协商以及法院、检察院工作情况通报等专题协商座谈会14场。3篇调研成果分别入选市委市政协“汇聚侨心侨力侨智　服务‘海丝名城’建设”专题协商和市政府市政协“加快工业园区标准化建设　推动泉州制造业高质量发展”专题协商的口头发言和书面材料汇编。

【社会服务】　2022年，台盟泉州市委员会推进台盟“XIN”行动。发动盟员为台盟中央“同心帮扶”项目捐款10万元，为中共泉州市委统战部同心助学工程捐款1万元；帮助洛江区虹山乡筹集助学助教资金20万元，慰问困难群众3000元。组织盟员医生到惠安县山霞镇开展送医送药下乡活动。引导台胞参与社会服务。以乡村振兴台湾专家服务团为抓手，凝聚两岸智慧，组织高校台湾籍教师到丰泽区、南安市、石狮市、永春县等地考察，为台湾籍教师研究团队与石狮市祥芝镇莲坂村渔村规划发展项目牵线搭桥。号召盟员和机关干部职工投身疫情防控工作，80余名盟员、入盟积极分子及盟务工作者奋战在抗疫一线，捐款捐物价值近26万元。

【调查研究】　2022年，台盟泉州市委员会建立完善调研选题、课题申报立项、联合调研、课题论证、课题转化等工作机制，整合盟内外资源，围绕改革发展大局、社会民生关切、两岸融合发展等重点领域精心谋划选题，开展调研，群策群力提升课题质量。完成调研报告29篇，其中《关于闽南地区修谱习俗活态保护和传承的建议》被台盟省委会评为2022年度优秀调研报告，《把握申遗成功契机推进福建文旅融合发展》被指定为省政协常委会即席发言，《关于多措并举提升福建省粮食安全的建议》入选省政协“多措并举确保我省粮食安全”专题协商书面材料汇编。台湾民主自治同盟泉州市委员会乡村振兴台湾专家服务团到南安市东田镇、永春县桂洋镇考察，举办分享会，服务团成员结合当地产业分别做专题报告。到惠安县、丰泽区、鲤城区涉台企业开展主题调研，走访盟员企业和台资企业。报送社情民意信息231篇。其中，53篇被全国政协、台盟中央采用，2篇被全国政协采用，69篇被省政协采用。

【泉台交流】　2022年，台盟泉州市委员会打造日常联谊新常态。依托传统节日举办活动，采取横向协作、上下联动的交流联谊方式，举办“两岸一家亲　融合发展成功故里行”新春联谊、“两岸一家亲　共叙端午情”传统文化交流、“月满星河　韵律中秋”中秋品叙、海峡两岸（泉州）闽南童谣大赛、全球闽南语歌星选拔赛、海峡两岸大学生设计工作坊、鲤台青年新年文艺晚会等活动。聘请5名高校台湾籍教师作为专家智库成员，开展课题合作调研，收集建言献策素材。成立乡村振兴台湾专家服务团，设立两岸青年读书分享会，搭建台湾青年展示才能平台。召开台情研究及信息工作会议，完成涉台调研报告12篇，其中部分转化为市政协专题协商口头发言材料；提交省政协大会口头发言1件、省政协党派提案1件；提交市政协集体提案4件，其中《关于促进我市台资企业加快融入新发展格局的建议》被列为重要提案摘报，获市领导批示；报送涉台社情民意信息57件，其中30件被全国政协、台盟中央和省政协采用。

【台盟泉州市第九次盟员代表大会】2022年1月25日，台盟泉州市第九次盟员代表大会召开，学习贯彻中共十九届六中全会、中共福建省第十一次代表大会、中共泉州市第十三次代表大会精神，审议通过台湾民主自治同盟泉州市第八届委员会工作报告。会议选举产生台湾民主自治同盟泉州市第九届委员会，苏耿聪当选主任委员，王鸿燕、傅晖文、蒋碧辉、林希璇当选副主任委员。

（廖成熙）

泉州市工商业联合会（泉州市总商会）

【概况】　2022年，泉州市工商业联合会（泉州市总商会）推动构建“亲清”政商关系，促进民营经济统战工作提质增效。组织开展“创二代”人才培养、推进城乡融合发展、促进“双招双引”等专题调研。围绕破解中小微企业发展难题，靠前服务，加大惠企政策宣传，整理发放《惠企纾困政策汇编》550本，线上推送政策5200条次。开展中级职称评审4批次，参评1316人，上报省高级职称评审250份。实施“抓开放招商、促项目落地”专项行动，搭建招商引资引智平台。推动“企村结对”73个，落实结对兴村资金3亿元以上。新成立5家商会，完成8家商会换届。截至年底，全市工商业联合会所属商会组织351个。

【商会组织建设】　2022年，泉州市工商业联合会（泉州市总商会）完成换届工作任务，选优配强333位执委，其中常委113名，主席（会长）1名，党组书记兼副主席1名，驻会专职副主席3名，企业家兼职副主席（副会长）34名。13个县（市、区）工商业联合会同步完成换届。新成立5家商会，完成8家商会换届。截至年底，全市工商业联合会所属商会组织351个，会员8.9万家，其中驻泉州行业商会协会79个、异地泉州籍商会276个，镇级商会覆盖率超80%。

【调查研究】　2022年，泉州市工商业联合会（泉州市总商会）组织开展“创二代”人才培养、推进城乡融合发展、促进“双招双引”等专题调研，通过信息专报、社情民意等途径，向党委、政府反映意见诉求。加强与华侨大学、泉州师范学院、中共泉州市委党校等院校合作，推动非公有制经济理论泉州研究基地运作，形成一批有价值调研报告，推动解决一批民企和行业发展中的典型问题。开展2次“惠企纾困政策落实情况”调研督导，围绕“营商环境”等主题开展4次问卷调查，组织常执委企业完成调查问卷1600余份，强化对政策落实情况跟踪服务。

【民营企业发展空间拓展】 2022年，泉州市工商业联合会（泉州市总商会）联合相关部门在《泉州晚报》开设专栏《复工复产政策帮你忙》，在泉州广播电视台889新闻综合广播启动《复工复产——云服务》系列专题节目，解读政策、现场答疑。引导异地泉州籍企业家参与“抓开放招商促项目落地”专项行动，施能狮、陈全炼、周友智、蔡忠贤等10余位代表受聘为“泉州市招商引才顾问大使”。

【泉州企业回归创业】 2022年，泉州市工商业联合会（泉州市总商会）牵头发起成立长三角商会联盟，举办全国异地泉州籍商会会长及秘书长工作经验交流会暨招商工作推进会、中（西）南片区泉州籍商会联谊会暨招商座谈会、泉州市工商联所属商会会长秘书长工作会议。对接港华智慧能源生态投资平台项目、中南高科—晋江市集成电路产业园区、一千零一夜乐园及IP创意产业园等20个项目。协助市政府举办泉州建材中国行济南专场推介会（第十三场），联合山东泉州商会举行招商洽谈会，50家泉州建材家居生产企业、近300名客商参与对接洽谈。

【“万企兴万村”行动】 2022年，泉州市工商业联合会（泉州市总商会）推进脱贫攻坚与乡村振兴有序衔接，召开现场推进会，联合政府部门出台工作方案，部署开展“万企兴万村”行动。筹划实施“万企兴万村”行动市级实验项目23个、县级实验项目92个，从中择优推荐参选省级实验项目6个。发动17家银行机构走访调研企业，为127家企业授信600余亿元。

【法治化营商环境打造】 2022年，泉州市工商业联合会（泉州市总商会）整合法律资源，强化与公安、检察、法院等部门协同联动，形成法律服务合力，为企业打造市场化、法治化发展环境。与市公安局、知名律师事务所就服务保障民营企业合规体系建设签订合作备忘录，推动落实服务民营经济发展12条措施；与市中级人民法院联合选聘38名行业调解员，加强调解工作力量；与市人民检察院联合开展涉案企业合规第三方监督评估机制建设，发布《金融与知识产权检察白皮书》《反洗钱检察白皮书》等。与市人民检察院联合探索形成“亲清护企”模式，连续两年被写入最高人民检察院向全国人大所作的工作报告中，涉案企业合规工作获评2022年度泉州市优化营商环境“最具获得感”十大举措。

【泉州市工商业联合会（总商会）第十五次代表大会】 2022年6月2日，泉州市工商业联合会（泉州市总商会）第十五次代表大会召开，审议通过《泉州市工商业联合会（总商会）第十四届执委会工作报告》等有关决议，选举产生新一届执委会。福建七匹狼实业股份有限公司董事长周少雄连任第十五届泉州市工商业联合会主席、总商会会长。会上，泉州市工商业联合会向全市民营企业家发出《关于奋进新征程、建功新时代的倡议书》。

【“阅读•交流•共享”青商读书沙龙】 2022年8月3日，由中共泉州市委统战部指导，泉州市工商业联合会（泉州市总商会）主办的“阅读•交流•共享”青商读书沙龙在正音书院举行。吴荣照、许清水、许志华、林四南、蔡劲军、许金升、陈朝晖等青年泉州企业家代表围绕“一本书或一部电影、一个文化现象”等分享体会和认识。

（谢　兵）

2022年8月3日，“阅读·交流·共享”青商读书沙龙在正音书院举行

（市工商联　供图）

群众团体

泉州市总工会

【概况】 2022年，泉州市总工会组织、引导、服务职工，维护职工合法权益，团结引领职工凝心聚力、建功立业，打造红色工会、实干工会、为民工会、品牌工会。开展劳模工匠下基层宣讲宣传、职工主题阅读分享51场次；开展“中国梦·劳动美”等主题宣传教育活动22场次，惠及职工8万人次；推荐评选市级以上五一劳动奖状10个、奖章48个、工人先锋号129个；受理欠薪案件501件（次），帮助追回欠薪1037万元；筹集金秋助学资金329.96万元，资助困难职工子女608名；选树泉州市优秀工会工作者100名，提升全市工会干部干事创业精气神。截至年底，全市有基层工会组织2.27万个。其中，单独基层工会2.18万个，联合基层工会852个，涵盖单位3.35万个，年度新发展会员4.08万人。

【技能竞赛】 2022年，泉州市总工会率先在全省启动“强产兴城·数字工匠”暨“项目攻坚2022”劳动和技能竞赛，围绕传统产业集群和数字经济领域，开展“绿色数字技改”“数字工匠赋能提升”等专项行动，全年开展竞赛676场，涉及工种352个，参赛职工100余万名。创建市级以上劳模创新工作室22家、示范性劳模创新工作室4家、“数字工匠班组”50家、工匠工作室26家；推荐命名第六批数字泉州工匠40名、八闽工匠3名、省金牌工匠37名。组织动员职工参与国际发明展评等群众性创新活动，职工技术创新成果获奖510项，成绩位居全省前列。

【教育培训】 2022年，泉州市总工会用好工会“一刊一网两平台”舆论宣传阵地，举办线上有奖答题、职工留言互动、心得交流等线上活动7场次，参与职工70余万人次；完善产业工人技能形成体系，建设产业工人技能培训基地30家，培育民企产改示范点33家。开展职工技能大培训，实施“八闽女职工扬帆行动”，培训职工近35万名，7万名职工提升技能等级。开展“名师带高徒”活动，实现师徒结对10340对，命名“好师傅”200名。2546名农民工通过“求学圆梦”行动提升学历，获得大专及以上文凭。

【权益维护】 2022年，泉州市总工会制定《泉州市工会法律服务实施办法》，签约律师为职工提供法律援助，实施“园区枫桥2.0”升级计划，深化工会、人社劳动争议处理双向联动机制；开展“尊法守法·携手筑梦”服务职工法治宣传行动，在全市99条公交线路移动端播放法律知识宣传短视频，开展女职工权益保护宣传活动328场。深化和谐劳动关系创建，开展集体协商活动5003场，覆盖行业、企业1.5万多个。组织全市1.2万家企业参与“安康杯”竞赛暨安全生产月活动，进企业开展各类劳动保护、安全生产、职业危害检查督查近500次。

【帮扶服务】 2022年，泉州市总工会制定《泉州市工会常态化送温暖工作规范（试行）》，规范帮扶对象、帮扶标准、工作流程和资金使用管理。“两节”期间筹集送温暖资金424.69万元，慰问困难职工1万多人，发放慰问品70.32万元。组织64.6万名职工参加医疗互助活动，筹集互助金4497万元，发放补助金1092万元；开展“缘在工会”相亲交友活动20场次，惠及单身职工近2000人，“缘在工会”线上交友栏目被中华全国总工会和中央网信办评为“全国互联网+工会维权服务优秀案例”；举办职工子女暑托班412个，服务职工子女1.1万多人；关爱新就业形态劳动者，开展新就业形态劳动者“微心愿”关心关爱行动，助力完成“微心愿”1600个，发放物品价值56万多元，建设清凉驿站670处，新建户外劳动者驿站70个、妈妈小屋21家。

【基层工会建设】 2022年，泉州市总工会摸排全市6190家规模以上工业企业建会入会情况，成立泉州市数字经济产业工会委员会。召开全市新就业形态群体暨民营企业建会工作现场推进会，新建各类新就业形态群体工会组织595家，吸纳会员4.8万人，入会率83.1%。选派99名工会干部到基层蹲点，指导民营企业新建工会333家。开展模范职工之家“结对共建”活动，结对帮促99家民营企业提升工会工作水平。公开招聘工会专干36名，修订《泉州市工会专干管理办法（暂行）》，强化工会专干队伍的待遇保障。

【网上工会建设】 2022年，泉州市总工会升级“泉工e家”网上工会平台，优化融媒体宣传模块、幸福返泉模块，以及积分商城、数据统计分析、县级工会子平台等功能，完成年度三级等保建设。组织会员数据库与合作银行、市直部门数据互通，全市实名制会员140余万人，新增入库8万人。围绕党政中心工作和工会主责主业，开展线上活动37场，参与职工140余万人次，平台关注量突破42万人。“泉工e家”网上工会平台被中华全国总工会和中共中央网络安全和信息化委员会办公室评为“互联网+工会普惠服务最具影响力平台”。

【职工疗休养】 2022年，泉州市总工会实施职工疗休养“百团万人”行动，开展民营企业“万名职工微旅游”，组织264名市直单位防疫一线优秀职工参与“弹性”疗休养。全年举办示范性疗休养班216期，吸纳域外5000名职工到泉州疗休养，带动相关行业增收2.15亿元。

2022年2月25日，泉州市“强产兴城·数字工匠”暨“项目攻坚2022”劳动和技能竞赛启动活动在福建三星电气公司举行

（市总工会 供图）

【泉州市“强产兴城·数字工匠”暨“项目攻坚2022”劳动和技能竞赛】 2022年2月25日，由泉州市总工会等主办的泉州市“强产兴城·数字工匠”暨“项目攻坚2022”劳动和技能竞赛活动启动仪式在福建三星电气公司举行。此次活动重点在全市重点项目开展以“比项目进度、比工程质量、比安全生产、比科技创新、比科学管理、比队伍建设、创优质工程”为主要内容的“六比一创”示范性劳动竞赛；在新兴产业、主导产业和新业态开展专项劳动竞赛，引领劳动竞赛由传统领域向新经济、新业态、新领域拓展延伸。全年开展1000场次以上的基层技能竞赛。

【泉州市数字经济产业工会成立】 2022年7月28日，泉州市数字经济产业工会成立大会召开。会议选举产生泉州市数字经济产业工会第一届委员会主席、副主席和经费审查委员会主任、副主任，审议通过女职工委员会名单。泉州大数据运营服务有限公司副总经理柯俊勇当选泉州市数字经济产业工会第一届委员会主席。泉州市数字经济产业工会旨在通过工作中心人才化、工作形态联盟化、工作方式个性化、工作手段数字化等创新举措，推动产业工会突出特色、创出亮点，为“数字泉州”建设贡献力量。

（张颖丽）

共青团泉州市委员会

【概况】 2022年，共青团泉州市委员会坚持围绕中心、服务大局，推动全市共青团工作迈上新台阶。在全市各级团组织部署开展“喜迎二十大、永远跟党走、奋进新征程”主题教育实践活动。联合开展“强国复兴有我”泉州红色故事宣讲员选拔赛、“今天我在家”优秀抗疫视频评选等活动。引进、推荐超300位本科及以上高校毕业生到泉州创业就业。建立更新“省外泉籍优秀学子信息库”，完善泉州籍高校学子长效联系服务机制。组织发动“青年志愿者”“青年文明号”“青年突击队”等“青”字号队伍和“青年联合会”“青年商会”等青年力量助力疫情防控。探索“党建+”邻里中心建设“345”青春行动工作品牌，在全市打造首批“党建+”邻里中心团建示范点。疫情中首创“楼管家”和《致居民朋友的一封信》做法得到省长赵龙肯定，“共青团与人大代表、政协委员面对面”活动调研报告连续11年获评共青团中央全国地市级一类报告，“党建+”邻里中心团建示范点建设等特色做法在《中国共青团》、“学习强国”等刊发报道。截至年底，全市有团委639个，团总支450个，团支部1.29万个，共青团员24.17万名，少先队员90.56万名，少先队大队1639个，少先队中队2.03个，少先队辅导员2.39万人。年度新发展团员1.64万人。

【团组织建设】 2022年，共青团泉州市委员会推进“智慧团建”工作，出台2022年度团员调控和星级创建等指导文件，坚持“抓支部、强支部”，推动落实“动员到支部”，线上线下同步健全织密团的组织体系，23.7万名团员完成线上报到，7714名团员信息完成核查。制定团员发展规划和发展细则，强化县域统筹，提高发展团员质量，合理控制团青比例，新发展9108名团员，初中团学比11.2%，高中团学比41.3%。严把“团队衔接”“党团衔接”“学社衔接”三个关口，抓好经常性教育和仪式教育，增强团员身份荣誉感。加强“青年之家”阵地建设，对新认定的18家市级示范性“青年之家”提升建成“学习社”，建成“青年之家”131家，完成入驻“青年之家云平台”93家（国家级1家、省级7家），向青少年提供各类服务1010场次，受益青少年1.53万人次。在全市重点联系100个非公团组织，培育石狮青商会团工委、惠安后窑青创区等新一批新典型。推进县域团属青年社会组织规范化建设，开展县级团属青年社会组织发展活力评估工作，指导全市72家县级团属社团完成评估工作。健全青联组织社团基础，建设覆盖体制外青年的团属社团5个。落实高校团委、学联学生会以及中学（中职）团委、学生会改革创新，组织高校团委、学联学生会及中学（中职）团组织述职、换届等工作，加强中学共青团建设，做好团员发展、教育、管理，聚力初中团队衔接，优化团前教育和推优入团工作，完成团员发展的数量控制目标，全市中学100%落实共青团改革方案。

【团员青年思想引领】 2022年，共青团泉州市委员会在全市各级团组织部署开展“喜迎二十大、永远跟党走、奋进新征程”主题教育实践活动，在全市各领域优秀青年骨干中选拔40余名青年讲师组建泉州“青思”讲师团，壮大“红领巾巡讲团”队伍，组织开展40余场“面对面”互动宣讲活动。推进“青年马克思主义者培养工程”，常态化举办青马工程培训班、少年军校，定期举办全市乡镇（街道）优秀团干部培训班、国有企业青年人才培训班等。开展“携手红领巾 文明共传承”主题教育实践活动，让少先队员带动身边“大朋友”共同参与文明实践。组织开展“红色寻访”活动，到晋江市围头“八二三”战地公园聆听英雄事迹。发挥团属新媒体阵地宣传实效，强化“青春泉州”微信公众号建设，创新推出“侨乡团旗红”栏目。以庆祝中国共产主义青年团成立一百年为契机，筹建“泉州青年运动史展馆”“红领巾学院”思想政治教育基地。以“智慧团建”系统为平台，发动各级团组织开展“青年大学习”网上主题团课，组织18期网上大学习主题团课，100余万人次团员青年、少先队员参与线上学习活动。

【志愿服务】 2022年，共青团泉州市委员会在全市招募青年志愿者3万多人，参与青年志愿服务43万多人次；在重点领域组建疫情防控青年突击队410支，发动83个各级青年文明号集体，动员2.1万多名团员青年冲锋一线。全市青年企业家捐赠口罩100万个、防护服4万多套、手套和消毒水等急需医疗物资超3.2万件，筹集资金、防疫物资等1.3亿元。

【青年服务】 2022年，共青团泉州市委员会聘任来自中国人民大学、武汉大学、厦门大学的100位“校园引才大使”作为“泉州代言人”。征集党政机关、事业单位、两新组织等实习岗位1.78万个，5664个实习生确认上岗（其中“双一流”学生人数1787人）。开展“强产兴城 涌泉润泽”青年人才集市，采取线下“专区招聘”+线上“直播带岗”形式，吸引上千名高校、职校毕业生面对面与用人单位交流，18.2万人次线上收看直播带岗。实施“银团合作”项目，市、县两级团委会同金融机构开发7个乡村青年创业金融产品，推出“青创贷3.0”，打造“1笔资金+N种配套”金融服务机制，为泉州市农村青年致富带头人联盟专项授信5亿元，发行“青创卡”6.93万张，用信金额30.83亿元。策划举办7场“青耘系列直播助农活动”、3场“农产品特色展销会”等助农活动，销售金额80万元。筹办“鸿鹄班”、“标杆企业游学”、“青创公开课”、高素质青年农民培训班和全市国有企业青年人才（青马班）等培训班，组织百名青年企业家代表到科大讯飞、阿里巴巴等高新企业，学习先进创新管理模式。牵头收集、整理全市各类众创空间、创业基地、孵化器等79个，汇编创业指引手册，方便青年人才创业。联合下发《关于支持优质青年人才创业项目挂牌福建省青年创新创业板的通知》，支持优质青年人才创业项目在福建青创板“展示板”挂牌，给予挂牌费用补贴。

【青少年帮扶】 2022年，共青团泉州市委员会深化“希望工程•圆梦行动”“青春同行•暖冬行动”等系列活动，资助家庭困难准大学生125名62.5万元；实施“希望工程关爱因疫致困青少年特别行动”，帮扶256名受疫情影响困难青少年，128万元；开展青年文明号“爱心助力乡村振兴——结对活动”，组织推动100家青年文明号集体结对帮扶100户事实孤儿困难户。

【青少年关爱保护】 2022年，共青团泉州市委员会依托市级团属社工机构光明之城青少年事务社工发展中心，整合联动12家“未成年人保护联盟”单位的相关工作职能，帮教涉案未成年人218人次，对56个未成年人家庭开展亲职教育，心理疏导191次，走访面谈157人次。开展泉州市青少年关爱保护行动——“青护”行动，通过入户走访、“云信”平台等方式，帮扶41名泉州籍服刑人员的未成年子女健康成长。打造鲤城区东北社区、丰泽区丰泽新村、洛江区南山社区和桥南社区作为“社区青少年事务综合服务平台”试点，推出心理疏导、学业陪护、应急自救、普法教育等服务项目。

【“党建+”邻里中心团建】 2022年，共青团泉州市委员会探索“党建+”邻里中心建设“345”青春行动工作品牌，在全市打造首批50个“党建+”邻里中心团建示范点，每个示范点组建社区少工委、红领巾邻里中心小队、青年志愿者服务队、返乡大学生服务队、校外辅导员等队伍，选派市、县两级团的机关干部挂钩联系，组织社区返乡大学生参与邻里活动策划等社会实践，在22个社区开展“青育”邻里课堂活动，推出四点半课堂、心理咨询、义诊义修等服务，推动团的组织网络、工作力量、服务项目等在青少年身边实现有形化、日常化。

【“青春百年”电影海报展】 2022年4月29日至5月28日，由共青团泉州市委员会、市档案馆、市社会科学界联合会主办的“喜迎二十大 永远跟党走 奋进新征程”——“青春百年”电影海报展在泉州侨批馆开幕。该展览从市档案馆、鲤城区

2022年6月29日，“喜迎二十大 永远跟党走 奋进新征程”——“青春百年”电影海报展在泉州侨批馆举行 （张九强 王育泽 摄）

档案馆馆藏原版电影海报中，选取中国共产党成立以来各个历史时期与青少年相关的电影海报进行展览。现场设置有电影放映区，让游客身临其境感受电影氛围；设置优秀电影和纪录片片段展示屏，设置青春打卡点，通过合影墙、手持标语等，吸引参观人员合影留念；设置青春邮局，让游客以书信为媒，写给未来的自己，回忆过去，寄望未来。

（廖槐青）

泉州市妇女联合会

【概况】 2022年，泉州市妇女联合会组织实施“十四五”时期妇联事业发展规划和改革方案，落实市委、市政府支持妇联工作的政策，全市163个乡镇（街道）妇联落实工作经费875万元；为1900余名离任妇女干部发放近186万元养老补助金。实现全市村（居）民委员会妇女和儿童工作委员会全覆盖，由村（居）“一肩挑”主干兼任主任比例达42.4%，形成村（居）“一把手”推动妇儿工委工作落地落实的工作局面。坚持党建引领，促进妇建与社区党建邻里中心结合、融合，在95个“党建+”邻里中心进驻妇联服务项目150个。实施“强基增效工程”，开展基层组织建设改革创新案例征集，在新经济组织、新社会组织、新媒体行业、新业态、新就业群体中开展“近邻娘家”创建活动，新成立妇女微家211个、新领域妇联组织96个、执委工作室111个。推行“一县一品”“一乡一特色”“一行业一亮点”，打造石狮宝盖镇“咱厝边”家庭服务中心家庭服务模式、鲤城街巷妇联、丰泽万商红商圈妇联、南安产业链妇联以及骑手群体美团外卖妇联等经验。全市各级妇联开展参与创建文明城市、卫生城市、“巾帼护河”等志愿服务4万多场，参与人数达10余万人次。“守望相助 巾帼行动”凤姐姐巾帼志愿服务项目被评为福建省第二届新时代巾帼志愿服务十大最美项目；泉州市妇女联合会拍摄的《刺桐有“她”之护遗巾帼志愿者》、晋江市妇女联合会拍摄的《一抹巾帼红 时代她力量》入选第二届全国巾帼志愿服务微电影大赛十佳优秀作品，是全省唯一有两个项目同时入选的地级市。

【妇女思想引领】 2022年，泉州市妇女联合会深化“百千万巾帼大宣讲”。开设专题专栏学习宣传贯

彻中共二十大精神，全市各级妇联线上线下开展内容丰富、形式多样的以“刺桐巾帼心向党•同心喜迎二十大”群众性主题宣传教育活动。组织各级妇联干部开展宣讲进基层活动。全市各级妇联线上线下开展“百千万巾帼大宣讲”活动2000余场次，覆盖人群近60万人次。培育宣传先进典型。举办“巾帼助力强产兴城·共创‘晋江经验’新辉煌”“巾帼建功奋进新征程 争优争先争效展作为”主题活动，57个单位、173名个人获市级以上“三八红旗手（集体）”、妇联系统先进集体（个人）等荣誉称号。开展“送奖到基层”活动，讲好各类“泉州巾帼好榜样”“最美泉州女性”故事。打造全省设区市妇联系统内部刊物《泉州女性》季刊。针对媒体关注热点、妇联工作亮点，向主流媒体通报和推荐宣传重点，提高妇联重点工作在主流媒体上的宣传效应。在中央、省级、市级媒体平台上刊播报道300余篇（条）。市妇女联合会入选中华全国妇女联合会“2022年度妇女宣传舆论阵地先进榜”。

【巾帼建功行动】 2022年，泉州市妇女联合会聚焦市委“强产业、兴城市”双轮驱动战略，实施“科技创新巾帼行动”，联合市科技局等10个部门从成长成才、创造创新、建功立业和服务保障方面提出实施四项行动16条具体措施，成立省“碳汇科技助农巾帼行”泉州小分队，在南安市成立首个县级女科技工作者协会，举办泉州市首届女性科技人才沙龙。联合中共泉州市委人才工作领导小组办公室、市科技局举办泉州市巾帼科技创新创业优秀项目展评活动，组织创新创业加速营主题培训、项目路演和网络投票，进行项目与资本对接，网络投票环节访问量突破1000万人次。实施巾帼岗位建功行动，落实“一企一策”专项行动要求，走访巾帼企业，宣传落实市委、市政府支持民营企业政策。召开泉州市女企业家代表座谈会、市女企业家联谊会年会暨助力民营经济发展专题讲座，举办“典”燃巾帼法智 共助“强产兴城”活动。组织春风送岗行动，联合市人力资源和社会保障局举办“春风行动”线上招聘活动妇女节专场，为2.4万名妇女提供就业机会，征集“福见如愿·宝妈岗”提供灵活就业岗位287个。开展“强产兴城·文明同行”优化公共服务专项行动、“亮品牌 竞风采”巾帼文明岗展示活动，提升巾帼文明岗创建水平。实施乡村振兴巾帼行动，与省农村信用社联合社泉州办事处联合在“巧妇贷”框架下推出鲤福系列产品，单列15亿元以上专项信贷资金，向泉州超2000户妇女群体、女性科技工作者、女性创办企业发放贷款4000余笔超13亿元。开展巾帼电商、巾帼家政城乡妇女职业技能培训209场次6591人次。推进“美丽庭院”创建，创建市级以上“美丽庭院示范户”2997户，培育扶持妇女农业专业合作社和巾帼示范基地。发挥闽台妇女合作发展基地、海峡儿童联谊交流基地、闽台姐妹合家园作用，联合省妇女联合会、晋江市政府举办第七届海峡两岸（晋江金井·围头）七夕返亲节，联合海峡卫视采取“线上直播+线下互动”“主会场+台湾分会场”形式，策划开幕式、《云上故乡行》直播、“海角遇见爱”星海露营节等活动，启动“围头新娘”IP设计赛、“海峡风情”美术采风暨美术展等项目，活动全网传播量近3000万次。

【家庭工作】 2022年，泉州市妇女联合会以家庭、儿童为切入点和着力点，提升家庭工作精准度，弘扬社会主义家庭文明新风尚。开展寻找家庭典范活动，涌现“五好”“最美”“绿色”家庭全国级7户、省级56户、市级120户。开展“泉家福”国际家庭日系列宣传活动，开展清廉家风故事分享会。在全市范围创建百家“泉家福”家庭教育驿站，通过挂牌、授牌活动，提高创建工作影响力。推进“家庭教育工程”，制定出台《关于指导推进泉州市家庭教育的五年规划》，开展“凝聚家力量 喜迎二十大”家庭家教家风宣传实践活动，举办家教公益大讲堂、“共促成长•共赢未来”e享家长课堂120场次，参与家长近2.45万人次。举办家庭教育指导专项职业能力培训班，开展“书香小芽儿”亲子阅读系列活动，征集亲子读书类视频200余个。开展0～3岁早期家庭教育微视频展评活动，推动开展全市家庭教育工作。开展“我们和留守流动儿童在一起”主题关爱活动，举办“汇集每束光芒 点亮儿童未来”世界儿童日主题活动，组织寒暑期儿童关爱服务活动2383场，参与志愿者8150人，走访慰问儿童3658人，结对帮扶留守孤困儿童602人，受益家长儿童近12.8万人次。打造“小桔灯”关爱困境儿童公益活动品牌，通过资金帮扶、教育扶贫，注重把扶贫与扶志结合起来，为困境儿童创造良好成长环境。

【妇女儿童维权帮扶】 2022年，泉州市妇女联合会深化“建设法治泉州巾帼行动”，把维护妇女儿童权益做在平常、抓在经常、落在基层。履行妇儿委办公室职责，对标全国、福建省新妇女儿童发展纲要以及市委、市政府要求，颁布实施新一轮妇女儿童发展纲要并进行多渠道宣传培训。推动落实省级为民办实事项目——适龄女性人乳头瘤病毒（HPV）疫苗免费接种项目。全市13.5～14周岁女童接种HPV疫苗人数达到6.44万人。履行人大、政协常委职责，市两会期间提出有关涉及0～3周岁婴幼儿托育服务、推动源头反家暴等多部门协同机制的建议提案，作为重点督办件由各相关职能部门落实推进。在全省率先成立“泉家福”家庭教育司法协同促进基地、泉州市女职工劳动权益保障一体化基地。召开全省首个刑事案件家庭教育指导会，向10位未成年人的监护人分别发出督促监护令、家庭教育指导令，督促指导涉案未成年人的监护人履行监护职责。提升妇女援助中心项目实效，市、县两级妇女援助中心接待到访、电话、信件380件，办理妇女法律援助案件809件、未成年人法律援助案件482件，免收法律服务费175.35万元，挽回损失152.77万元。完善“网格化+维权”机制，坚持每月主席接访日制度，发挥好1459个村（社区）家事纠纷调解室基层治理平台作用，结合平安家庭创建开展进村入户走访，指导各地走访摸排需重点关注的困难妇女和家庭2804人（户），设立分类台账，接待化解信访件1316件，排查婚姻家庭纠纷风险隐患475件，化解率96.8%。开展“巾帼暖人心·普法维权在身边”、“三八”维权月主题活动，联合举办多系统“刺桐新声·新法面对面——民法典婚姻及家庭教育”线上普法讲座，组织“蒲公英”巾帼普法宣讲、维权微课堂100余场次，线上线下参与16.7万多人。深化“我为妇女群众办实事”实践活动，关爱困难妇儿群体，募集“母亲健康1+1”“为困难母亲圆梦”公益善款217万元，救助帮扶困难妇女、春蕾女童448人，帮助48名母亲完成心愿。推进“关爱女性健康”活动，开展健康知识讲座519场，有30名患病女性获女性安康险理赔金151.46万元。依托泉州市妇女儿童活动中心，紧扣社会、家庭、家教热点，开展妇女儿童公益性培训、主题活动、讲座等超360场次，受益1万多人次。

【“领头雁计划”】 2022年，泉州市妇女联合会实施“领头雁培训计划”，举办执委、基层妇干培训班，建立镇村妇联执委学习每月抽查制度，举办28期妇干培训班，参训1.5万人次，提升基层妇女干部学习力、创新力和引领力；实施“领头雁联系计划”，按照就地就近、便于联系、经常交流的原则，成立执委工作室、巾帼工作站，增强执委与妇女群众、各级执委之间的黏性；实施“领头雁服务计划”，以服务妇女儿童家庭为目标，开展“执委在身边 服务零距离”、执委“一人一实事”活动，晋江市创新推行“姐妹微心愿”基层妇联执委履职清单，妇联组织“神经末梢”被有效激活，全市3万多名妇联执委为妇女儿童办实事、好事10万多次。

【泉州市首届女性科技人才沙龙】 2022年3月3日，由泉州市科技局、市妇女联合会主办的泉州市首届女性科技人才沙龙在鲤城区东亚文化之窗文创园举行。活动中，主办方公布市直10个部门拟联合下发的《关于积极支持女性科技人才在科技创新中发挥更大作用的通知（征求意见稿）》，向与会的高层次女性科技人才征求意见。为激发泉州女性科技人才创新活力，征求意见稿提出实施女性科技人才成才行动、女性科技人才建功行动、女性后备科技人才哺育行动、女性科技人才关爱行动，具体包括人才科研项目培育、女性领军型创新创业人才培育、扶持巩固巾帼众创空间和创业孵化基地等17项具体举措。与会人员结合自身工作提出意见和建议，并围绕如何平衡工作与家庭等话题展开交流。

【“巾帼助力强产兴城 共创‘晋江经验’新辉煌”主题活动】 2022年3月8日，由泉州市妇女联合会主办的泉州市纪念“三八”国际劳动妇女节112周年暨“巾帼助力强产兴城 共创‘晋江经验’新辉煌”主题活动举行，命名表扬一批泉州市“三八红旗手”“三八红旗集体”。市妇女联合会在主题活动现场发出《巾帼助力强产兴城 共创“晋江经验”新辉煌》倡议书，同时还主动联合多方资源，拓宽妇女融资渠道，创新服务平台，为妇女创新创业提供支持。活动中，市妇女联合会联合泉州信息工程学院设立的泉州市妇女干部暨女企业家培训基地揭牌。该基地旨在通过有针对性地培养，提升女干部、女企业家在信息时代的综合素质，为妇女成长成才提供帮助。市妇女联合会与省农村信用社联合社泉州办事处建立“科技创新巾帼行动、乡村振兴巾帼行动”战略合作。泉州农商银行现场向两家

2022年3月8日，泉州市妇女干部暨女企业家培训基地授牌

（泉州市信息工程学院 供图）

妇女创业企业授信。

（苏度法）

泉州市科学技术协会

【概况】 2022年，泉州市科学技术协会聚焦党建强会引领、创新资源聚集、活力学会建设、科学素质提升、建家聚力暖心，团结引领科技工作者为推动高质量发展贡献智慧与力量。建设“科创中国”学会服务站国家级1家、省级9家、市级4家，下拨2021年度“科创中国”国家级、省级学会服务站建站补助经费72万元，推进“科创中国”试点城市建设。强化宣传举荐，开展泉州市院士（专家）工作站典型案例征集，宣传院士（专家）工作站建设成效，筛选22个典型案例编印成册。推进青少年科技创新教育，组织参与第37届省创新大赛等科技竞赛，泉州市代表队总成绩位列全省前列。推动市政府办公室出台《泉州市全民科学素质行动规划纲要实施方案（2021—2025年）》，为“十四五”期间全市全民科学素质工作开展提供政策保障。截至年底，市科学技术协会直属单位2个（泉州市科技馆、泉州市科技工作者服务中心）；主管市级学会（协会、研究会）70个；市直企业科协9个，其中国有企业科协1个、事业单位科协（参照企业科协建设管理）2个、民营企业科协6个，个人会员数785人；高校科协17个，个人会员数3799人；农技协1个。

【服务平台建设】 2022年，泉州市科学技术协会发挥联系高端智力资源优势，入选中国科协首批“科创中国”创新基地2个；对接7个“科创中国”产业科技服务团，征集企业数字化转型及“数字福建”建设技术需求41个、院企协同攻关技术需求5个、院企战略合作单位1家。开展院士专家泉州行活动，邀请以钱锋院士为首席科学家的“科创中国”制造业数字化转型产业科技服务团暨华东理工大学团队到泉州开展科技服务活动，对接签约5个技术项目，达成3个初步合作意向；邀请中国工程院院士陈左宁、蒋昌俊、陆军、蓝羽石、吴剑旗等20余位院士专家到泉州开展“数字经济泉州行”活动，推进泉州数字经济及半导体相关产业创新发展。制定《2022年泉州市院士（专家）工作站暨特级人才创新实验室评审方案》，认定首家泉州市特级人才创新实验室；组织开展2022年柔性引才平台申报评审，3家院士工作站、13家特级人才创新实验室、24家专家工作站参与申报；组织行业专家对达到考核年限的院士（专家）工作站进行中期考核；召开柔性引才平台专题培训会4场，对全市13个县（市、区）分片区分专场进行培训；建立联系服务院士（专家）工作站、特级人才创新实验室建站单位制度，指定专人跟进落实，不定期征集企业技术需求，依托中国工程科技发展战略福建研究院匹配院士专家开展协同攻关。强化海智基地工作，对接海智专家助力高新技术产业发展，程建群博士与泉州信息工程学院筹建三位一体的集成电路学院、集成电路产教融合创新平台和集成电路IP核产业化孵化公司；拓宽海内外科技人才交流渠道，获得中国科协海外人才创新创业项目大赛推荐渠道，加快成果转化和项目落地。指导所属65家学会完成社会团体年检；打造“科技社团讲科普”活动品牌，开设“东海科普大讲堂”，联合有关部门举办6期科普讲座，近1100人到场参与，75万人次在线观看；开展科普微视频大赛等活动，发动各学会发挥学科专长，推动学会科普工作高质量发展；到16个市级学会，走访慰问各类科技人才，收集梳理对科协工作的意见与建议，引导动员各市级学会融入“强产业、兴城市”双轮驱动战略；开展全市科技工作者建议征集评选，评出一等奖1篇、二等奖2篇、三等奖7篇。开展学术交流活动，围绕重点产业发展开展学术论坛，联合中国流行色协会举办“科创中国”纺织鞋服产学融合会议，联合中国环境科学学会举办以“‘无废城市’与建材‘双碳’战略融合发展”为主题的2022年度东南科技论坛。

【组织建设】 2022年，泉州市科学技术协会联合泉州晚报社开展“全国科技工作者日”宣传活动，开设5期“强产兴城·奋进超越——泉州市科协在行动”系列专题报道。推荐1名青年科技工作者参评第十七届中国青年科技奖候选人初步人选、1名科技工作者参与第三批福建省特级后备人才遴选；联合市妇女联合会开展第十八届中国青年女科学家奖和2021年度未来女科学家计划候选人提名推荐工作；联合中共泉州市委宣传部、市科技局等组织评选2022年“最美科技工作者”，推荐5名候选人参评福建省“最美科技工作者”；推荐9篇自然科学优秀论文参加省科学技术协会等部门联办的优秀论文评选。组织科协委员之家及企业科协科技工作者亲子游科技馆等活动，增强科技工作者的归属感和认同感；走访慰问20名扎根山区的优秀科技工作者，关心基层科技工作者的工作生活；举办泉州市“喜迎二十大、创新勇当先”全国科技工作者日线上有奖竞答活动，2.4万人次参与；建设8家“科技人才驿站”，为科技人才提供建家交友的场所、学术活动的阵地。

【创新精神培育】 2022年，泉州市科学技术协会开展首届青少年航天创新大赛、青少年无人机大赛等各类科教赛事、培训；联合泉州中央商务区举办中小学生研学实践活动启动仪式，分批次、常态化组织辖区内中小学生到科技馆进行研学体验，开展36场研学活动，1655名学生参与；举办“喜迎二十大，科技向未来”泉州市科技馆“六一”科普系列活动，受众940人次；组织全市中小学生、幼儿参加福建省“科学实验挑战赛”，获奖作品51件；泉州市科技馆辅导员获福建省第二届科技馆辅导员大赛“科技志愿组”一等奖、“辅导员组”三等奖等奖项；举办“同心抗‘疫’·‘疫’起加油”抗疫主题作品征集活动，收到作品近1万件，评选出优秀作品512件。

【科普活动】 2022年，泉州市科学技术协会围绕“喜迎二十大 科普向未来”主题，组织动员全市各级全民科学素质工作领导小组成员单位和社会各界开展全国科普日活动，全市开展科普活动1586项，活动数量居全省首位；发动各类重点人群参与2022年福建省全民科学素质网络竞赛，全市14万人参与，答题809万人次，位居全省前列。常态化开展“启梦者”基层科普巡展，到9个县（市、区）开展“启梦者”基层科普巡展29场、科普教育活动71场，受众7.4万多人次；举办97场“刺桐科学传播学者科普巡讲”活动，受众超过2万人次；开展“百会帮百村”活动，促成27个学会（协会）与33个行政村结对，借助学会资源、信息等方面的优势，实现精准帮扶；泉州市观鸟学会“爱鸟护鸟科普志愿服务行动”获评中国科协2022年度科技志愿服务先进典型；组织开展“万人科技培训”工程，根据特色产业和主导产业，举办形式多样的农村实用技术培训班，资助培训农民2000人次。

【科普设施建设】 2022年，泉州市科学技术协会完善科普场馆布局。泉州市科技馆新馆开放运营，接待公众44万人次；制定《泉州市科技馆分馆管理办法（试行）》，认定首批6家科技馆分馆，推进泉州特色现代科技馆体系建设；强化资金保障，下达2022年市级基层科普场馆展教工程、科普服务能力建设补助资金158万元，省级基层科普行动计划资金177万元，助力基层科普设施建设。

【首届泉州市青少年航天创新大赛】 2022年7月17日，由泉州市科学技术协会、市教育局主办的，以“崇尚科学、逐梦航天”为主题的首届泉州市青少年航天创新大赛在泉州市科技馆旧馆举行。此次大赛以“崇尚科学、逐梦航天”为主题，设置月球探索创新赛、未来太空工程挑战赛、北斗创造美好生活创意赛、太空之旅机器人竞技赛、星球资源运输挑战赛5个竞赛项目，全市312支队伍、451名学生参赛。经过比拼，选拔出一等奖29队、二等奖77队、三等奖107队。

【2022年度东南科技论坛在泉州举行】 2022年11月17日，由福建省科学技术协会、中国环境科学学会、泉州市政府、建筑材料工业技术情报研究所主办的2022年度东南科技论坛暨第20届泉州市科学技术协会年会在泉州泰禾洲际酒店举行。论坛以“‘无废城市’与建材‘双碳’战略融合发展”为主题，邀请中国工程院院士杜祥琬、中国工程院院士刘加平等专家学者做主旨报告。论坛旨在推动“无废城市”理论研究贴近生产实际，鼓励科技成果加快转化利用，更好地服务企业生产和社会需求，推进泉州“无废城市”建设，加快实现泉州城市绿色转型、经济社会高质量发展。

（王晓珠）

泉州市归国华侨联合会

【概况】 2022年，泉州市归国华侨联合会推进“侨界干部讲堂”加强理论和业务学习。推荐领SHOW天地文创产业园为第八批“中国侨联新侨创新创业基地”。引导侨亲捐资近200万元购置72台AED设备（自动体外除颤器）在全市公共场所安装，对800余名志愿者进行急救培训。发起在市慈善总会设立“侨爱联心”公益基金。深化“检侨合作机制”，依法平等保护归侨侨眷和海外侨胞权益。完善在全国侨联系统首创的泉州籍海外社团联络员机制，助推线上招商推介和签约活动。举办第二届海外华裔青年跨境

2022年11月17日，2022年度东南科技论坛暨第20届泉州市科学技术协会年会在泉州泰禾洲际酒店举行 （市科协 供图）

电商培训活动。举办4期“亲情中华·为你讲故事”网上夏令营。抓好南洋华裔族群寻根谒祖综合服务平台建设，征集、扫描族谱9000余册，完成40万页族谱数字化，开展重点侨村3D全景影像采集，完成寻根体验展示馆建设。推出闽宁合作的“穿越万年 情系山海——贺兰山岩画暨韩美林岩画艺术作品展”。在归侨侨眷集中的乡村创建“党建+邻里中心+侨胞之家”“村侨联组织+村级网格员”机制。规范管理基层侨联机构代码证，全市106家乡镇（街道）侨联办理统一社会信用代码证，数量居全省首位。争取中央华侨事务专项经费282万元，为全省各设区市最多。

【侨益维护】 2022年，泉州市归国华侨联合会落实涉侨维权机制，与公安、检察、法院建立“检侨协作机制”“法侨协作机制”，助推成立泉州国际商事法庭，结合侨乡特色与实际，开展“检察护侨·助推21世纪海丝名城建设”专项工作，开通“12309”涉侨服务热线，开设泉州市人民检察院“涉侨检务专门窗口”。发挥法律顾问委员会作用，协调法律顾问委员会律师帮助解答涉法问题100余人次。办理侨界信访件17件，做到件件有回复，维护侨界群众合法权益。

【侨界帮扶】 2022年，泉州市归国华侨联合会推进侨界困难群众关怀慰问，争取福建省黄仲咸教育基金会捐赠，及省级困难侨救助资金38万余元，帮扶困难归侨侨眷480人。落实市贫困侨救助资金发放工作，帮助因病因灾困难户116户。参与“同心系列工程”，筹集30万元支持“同心安居工程”“同心助学”。推进“侨爱心·光明行”项目，在61个村开展61场眼科义诊，为1154名群众进行免费眼科健康检查和眼科疾病排查，为186名白内障患者免费实施复明手术。

【侨文化传播】 2022年，泉州市归国华侨联合会在全省侨联系统率先召开海外传播工作专题会议，部署海外泉州籍侨胞自媒体（网站、公众号、脸书、推特账号）和海外社团、华文媒体传播平台摸底统计工作。在全国侨联系统创新性举办海外华裔青年跨境电商培训。策划首届海外华裔青年（小语种国家）跨境电商培训活动，2200余名海外华裔青年参加线上培训，帮助600位学员投身跨境电商，40余名学员签约跨境电商孵化。9月，第二届培训活动开幕式有3000余名海外华裔青年参加线上培训，培训期间有3万多人线上线下参加。联合举办第二届“世界记忆遗产·侨批”主题文学创作大赛。联合推出“番客楼里的侨心”“侨说晋江经验”电视栏目。推荐、联系部分在泉州侨胞代表人士参加拍摄央视《根在泉州》纪录片。组织参加“福茶驿站”等品牌项目海外推广活动。打造华侨文化传播品牌，协同省归国华侨联合会等举办“侨家乐”·福建省华侨美食风情文化节洛江专场、永春东关专场活动，挖掘归侨文化和华侨美食资源。举办“侨见·世遗泉州”短视频创作活动主题活动。举办“花开别样红——庆祝泉州市侨联成立60周年艺术特展”主题活动。举办“‘一带一路’背景下文化的传播与交流”学术讲座。举办“亲情中华·为你讲故事”网上夏令营。组织跨地域、跨时差的泉州文化遗产知识竞赛，开设“走进世界记忆遗产——侨批”文化特色营。加强与菲律宾华文教育中心、菲律宾佩兰舞蹈艺术中心、印度尼西亚华文教育联合总会、巴拿马孔子学堂、菲律宾孔子学堂等海外华教机构、华文学校的联系与沟通，发动海外华裔青少年参加第23届世界华人学生作文大赛。举办“学习晋江精神，弘扬华侨精神，创新高校侨联工作新模式”特色主题活动。举办“文创赋能城市”主题侨智沙龙、“聚侨引智”新侨创新创业人才侨青沙龙暨“留学·报国·追梦”TED演讲会等活动。开展多场“讲侨史 知侨心——侨史课堂”活动和“华侨故事我来讲”——泉州华侨历史博物馆小讲解员培训班。

【交流服务平台建设】 2022年，泉州市归国华侨联合会推进南洋华裔族群寻根谒祖综合服务平台建设，助力海外侨胞寻根谒祖服务。完成“根脉寻踪——南洋华裔族群寻根谒祖综合服务平台体验展示馆”建设。体验馆通过艺术化、现代化、数字化的展示手段，把寻根平台的建设成果进行集中展示，让观众更直观了解寻根平台功能感受海外华侨华人与祖国的根脉情缘。

【第十二届泉州花灯展在台南举行】 2022年1月16日至2月28日，由泉州市归国华侨联合会与台南文化协会主办的第十二届泉州花灯展暨神农街灯会在台湾省台南市举行。泉州市归国华侨联合会选送300余盏创意花灯参展，主灯区设在台南市神农老街。参展花灯以泉州文化为主题，以闽南地方特色传统花灯为原型，融合泉州代表性风景名胜，如“光明之城”“印象海丝”等花灯体现了闽南传统文化特色。自2011年以来，泉州市归国华侨联合会与台南市文化协会合作，连续举办泉州花灯展，展区逐年扩大。该活动已成为展示泉州多元文化魅力的重要平台，成为台南民众生活中不可或缺的节日活动。

【泉州市归国华侨联合会成立60周年系列活动】 2022年，泉州市归国华侨联合会开展“喜迎党的二十大 联侨筑梦向未来”——泉州市第九次归侨侨眷代表大会暨庆祝市归国华侨联合会成立60周年系列活动。活动内容包括设立泉州慈善总会“侨爱联心”公益基金，举办“侨说晋江经验”活动，开设“番客楼里的侨心”专栏，举办“侨见世遗泉州”视频大赛，建设寻根数字体验馆（寻根平台成果汇报展），举办“花开别样红”——市归国华侨联合会成立60周年艺术特展，开展“最美基层侨联工作者”推选宣传活动，出版市归国华侨联合会成立60周年纪念特刊，举办涉侨法律知识竞赛，等等。

（邱联光 许锦龙 朱文婷）

泉州市台湾同胞联谊会

【概况】 2022年，泉州市台湾同胞联谊会贯彻落实中央对台决策部署和省委、市委工作要求，把讲政治贯穿台联工作全过程。与中共泉州市委统战部、泉州市社会主义学院联合主办2022年中青年台胞骨干培训班。召开八届五次理事会和八届六次常务理事会，补选秘书长，完善市台湾同胞联谊会理事会组织架构。做好“老龄补、困难补”滚动补助工作，全市发放“两补”资金191.13万元，惠及623名老龄台胞、10名困难台胞。全年推荐13批次16人次常住台胞代表参加中央、省有关单位举办的涉台交流活动。与中共泉州市委台港澳工作办公室、市中级人民法院、联合出台《关于建立协作配合机制推进司法惠台的意见》，依托“泉州市台胞权益保障法官工作室”开展工作，建立联席会议制度和联合调研、联合普法制度，推进涉台民商事案件的诉源治理。

【定居台胞服务】 2022年，泉州市台湾同胞联谊会开展台湾籍党员、高山族台胞、重度残疾台胞、因病致贫台胞及定居台胞企业、各县（市、区）台胞台属联谊会基本情况摸底，更新定居台胞基本情况。了解台胞工作、生活情况，加强与涉台部门联系，促进两岸融合发展。规范台湾籍公民办理身份认定，为台湾籍（含台湾户口）考生享受高考加分照顾等出具相关证明63份。元旦春节期间，统筹安排专项慰问金，各县（市、区）探望慰问老病困台胞74人次，发放慰问金7.44万元。

【两岸同胞交流】 2022年，泉州市台湾同胞联谊会发挥桥梁纽带作用，开展多种联谊活动。与晋江市政府共同主办第七、八届晋江市“中华情 两岸缘”新生代台胞联谊结对活动，邀请泉台家庭160人参加活动；组织在泉州过年台胞开展“两岸一家亲·融合发展郑成功故里行”活动；组织定居台胞参观石狮市台青企业，分享常住台胞在泉州创业历程；协助省台湾同胞联谊会开展第十届“同名村·心连心”联谊活动。

【台胞参政议政】 2022年，泉州市台湾同胞联谊会坚持以小切口反映大主题、以小范围带动大群体，引导台胞听党话、感党恩、跟党走。推选28名台胞代表出席福建省第九次台湾同胞代表会议，推选5名台胞代表出席第十一次全国台湾同胞代表会议，推选2名台胞代表出席全国台联召开的台湾省出席第十四届全国人民代表大会协商选举会议代表，其中，苏悦、曾旭晴当选福建省台湾同胞联谊会第九届理事会兼职副会长、常务理事；曾旭晴当选中华全国台湾同胞联谊会第十一届理事会副会长、常务理事，苏悦、张建奎当选理事。截至年底，全市定居台胞中有全国人大代表1名，省政协委员2名，市人大代表4名、市政协委员11名，各县（市、区）人大代表5名、政协委员17名。

【“迁台记忆”征集保护】 2022年，泉州市台湾同胞联谊会推进“迁台记忆”征集保护工作，与市档案馆签署《“迁台记忆”档案文献抢救保护合作共建协议书》；与中共泉州市委台港澳工作办公室、市档案局、市档案馆联合下发《关于开展“迁台记忆”档案文献征集工作的通知》；与市档案馆、泉州师范学院联合开展“乡村振兴视域下活化‘迁台记忆’档案文献路径研究——以泉州市为例”课题调研等，征集到各类“迁台记忆”档案文献资料2000余件。

【2022年在泉州台胞联谊活动】 2022年11月12—13日，泉州市台湾同胞联谊会举行“乡亲相爱一家人”——2022年在泉州台胞联谊活

2022年11月13日，“乡亲相爱一家人”——2022年在泉台胞联谊活动在中共德化支部旧址举行

（市台联 供图）

动，邀请37位在泉州常住台胞和定居台胞到永春县、德化县参加活动。大家参观永春彬达香文化创意园、永春老醋文创园和德化陶瓷生活文化馆，领略泉州文化历史的深厚底蕴，感受泉州人对传统技艺的继承、创新与发展。在中共德化支部旧址，大家聆听革命历史、瞻仰革命旧物，体会革命先辈艰苦奋斗、英勇抗争、抛头颅洒热血的崇高奉献精神，从红色文化中汲取前进力量，在潜移默化中增强民族认同、国家认同。

（刘云燕）

泉州市文学艺术界联合会

【概况】 2022年，泉州市文学艺术界联合会围绕迎接宣传贯彻中共二十大主线，紧扣“做人的工作”和“推动文艺创作”核心任务，谱写全面建设社会主义现代化国家的泉州篇章。发挥“名家进泉州”公益讲座品牌效应，举办系列“名家公益讲座”10场次，主办、协办省作家协会“文学下基层”改稿活动走进区县、《蔡清传》新书首发式暨出版座谈会等。举办南音男声唱腔比赛、“龙腾杯”“老泉洲”杯散文大赛、“惠艺·匠心”第四届诗歌大赛、全国书法海选。开展各类文艺评选，构建好“百花齐放”平台。石雕《同心协力》获“中国民间文艺山花奖”，提线木偶戏《闹春》获“中国少儿戏曲小梅花荟萃”“小梅花奖”。4件作品入围国家级文艺奖项终评。33人入展中国文学艺术界联合会及下属协会举办的书画展览，2个南音节目入围全国性展演。中篇小说《故香》在《人民文学》首发并获第二届曹雪芹华语文学大奖，1人获《诗刊》社陈子昂诗歌奖。69件作品获省级摄影、曲艺、音乐、广播电视等奖项。

【文艺创作】 2022年，泉州市文学艺术界联合会落实《泉州市文联扶持文艺精品创作暂行办法》等文艺奖励办法，助推培育文艺精品、文艺新人。举办五县书法联展、首届草书邀请展、书协新会员优秀作品展、泉州市新人新作美术作品展、庆祝泉州少林寺复建三十周年全国写经书法作品展、王家翰墨诗书画印作品展、摄影群英会、“福见·德化白瓷”艺术联展等活动。办好“泉州文艺”“泉州文学”微信公众号，优化改版《泉州文学》，提升办刊质量，在《泉州晚报》开辟“泉州文化人风采录”专栏，分4期宣传推介优秀人才优秀作品。举办道德模范故事汇学习宣传活动、第七个“中华慈善日”书法作品展，助力全国文明城市建设。组织廉政主题书画笔会及展览，加强廉政文化建设。惠安县前康村文联入选全国“村晚”示范展示点。推动晋江五店市传统文化旅游区、德化“新秀园·瓷艺村”申报中国文学艺术界联合会“文艺两新”（新文艺组织和新文艺群体）集聚区实践基地。鲤城源和1916创意产业园等5个机构被授予省文学艺术界联合会“文艺两新”文艺实践聚集地称号。挂牌成立一批市文学艺术界联合会书画创作基地及协会创作基地。

【群众文化服务】 2022年，泉州市文学艺术界联合会制订下发《泉州市文联系统喜迎二十大“奋进新征程 建功新时代”主题系列活动方案》，牵头组织市直各文艺家协会、各县（市、区）文联、行业文联、民非单位开展主题系列活动48场，举办全市机关“勇当主力军 喜迎二十大”诗歌创作大赛及优秀作品诵读活动、市直机关喜迎党的二十大书法展、“宋元中国·海丝泉州传奇”美术作品展、“海丝泉州 战疫影像”主题摄影展、优秀剧目展演、红砖雕艺精品展、老年书画摄影展、德化当代名家作品汇展等活动，拍摄30集纪录片《泉州故事》第5季《我们这十年》、对话类短视频节目《话丰泽》等。主办“艺心永向党· 赞歌二十大”“学创讲展”中共二十大精神主题活动及美术书法摄影优秀作品巡展、“二十大报告金句”书法网络展、美术作品展、民间文艺作品线上展、主题笔会、摄影大赛、主题文艺晚会、“奋进新征程 建功新时代”书画展等活动16场。指导、主办、协办泉州市“三下乡”走进虹山、南音大会唱、优秀书法作品展、职工迎新春作品展、“百年中山路”藏品展、第二届洛阳桥诗会、元宵走进消防主题实践活动、“我们的节日”系列主题活动40余场，丰富群众文化生活。组织“泉城书福”共庆元宵等“福”文化主题活动。向虹山乡，永春县、惠安县新时代文明实践中心，东梅社区新时代文明实践站等单位赠书4000余册，举办走进黄塘福建文艺志愿者艺术团专场演出、残疾人主题公益摄影展、系列义务电影放映、曲艺惠民演出、文化进校园、助力乡村振兴公益美术学堂等活动。全市开展义写春联活动200余场，送出春联4.1万多副。

【文化交流】 2022年，泉州市文学艺术界联合会组织“走进泉州看宋元中国”全国文旅摄影大展、第18届世界中学生运动会主题摄影美术书法评奖、第二届侨批主题文学创作大赛，打响华侨文化等特色品牌。组织纪念郑成功收复台湾360周年国际书法邀请展、中日韩青少年传统舞蹈展演、泉州—昌吉文化艺术交流及作品展、“百名摄影家聚焦成功故里”采风、“泉州弦管研究”专家座谈会等活动。

【泉州市7个基地获评福建省新时代特色文艺示范基地】 2022年5月23日，泉州市优秀传统文艺示范

2022年12月14日，福建省文联“文艺两新”实践聚集地授牌仪式在泉州少林寺禅武文化园举行 （市文联 供图）

基地、永春文艺展厅、晋江市书法创作基地、南安市英都摄影创作基地、惠安县聚龙小镇文艺创作基地、石狮灯谜创作基地、德化县陶瓷文艺创作交流中心7个基地被中共福建省委宣传部、省文学艺术界联合会授予福建省新时代特色文艺示范基地称号。获评基地数量与福州市、厦门市、三明市并列全省各设区市第一。

【泉州市5个文艺机构入选省文联“文艺两新”实践聚集地】 2022年12月14日，福建省文学艺术界联合会“文艺两新”实践聚集地授牌及调研工作在泉州少林寺禅武文化园举行。全省首批有31个文艺机构入选，其中泉州市有5个文艺机构入选，数量与福州市并列全省首位。评选“文艺两新”实践聚集地是构建“文艺两新”工作新格局、新模式的一种尝试。推动全省文学艺术界联合会“一盘棋、一家人、一张网”文艺创新实践，通过开展文艺创作、文艺活动、文艺惠民等系列活动，提升聚集地影响力和辐射面。泉州市推动“文艺两新”工作较早，涌现出一批“文艺两新”实践聚集地。

（詹敏芬）

中国国际贸易促进委员会泉州市委员会

【概况】 2022年，中国国际贸易促进委员会泉州市委员会履行连接政企、衔接内外、对接供需职能，为服务全市高水平对外开放大局做出贡献。编发《泉州贸促简讯》12期3600份，在《中国贸易报》、中国贸易新闻网等主流媒体刊发贸促工作报道70余篇，在《国际商报》《中国对外贸易》《商务大参考》上刊登用好RCEP机遇促进泉州外贸出口、开放招商、跨境电商发展的署名调研文章。承办中国国际品牌创新论坛，发动全市90余家企业参会，推荐4家企业和泉州国际商会加入中国国际商会品牌创新委员会，成为该会创会单位。按照“单环节、无纸化、零投诉”原则，力促营商环境优化。签发一般产地证3.17万份，涉及出口总金额19.66亿美元；签发优惠产地证5992份，涉及出口总金额2.73亿美元，助企业享受关税减免1363.45万美元；代办领事认证391份，办理商事证明1360份。

【双向经贸平台搭建】 2022年，中国国际贸易促进委员会泉州市委员会举办线上展，助力企业云上抢订单，组织112家企业参加第二届时尚家居礼品云展会、RCEP日用消费品云展会等7场线上展会，助力企业对接500余名国际优质采购商，达成意向成交额1500万美元。举办数字文创（藏品）赋能实体产业主题沙龙，加强企业对数字平台的挖掘和运用，提升展示、对接、接单能力，引导企业更好适应贸易新业态发展。按照“统分结合、有分有合”的模式，同期举办第八届“海上丝绸之路”国际品牌博览会与第二届RCEP青年侨商创新创业峰会。展会以“共享新机遇、共启新格局、共创新未来”为主题，展出面积2.6万平方米，设置14个展区，321个展位，邀请“海上丝绸之路”沿线超30个国家和地区近200家企业携带特色商品参展，350名专业采购商参会，入场参观人数1.31万人次，现场成交5021万元，意向成交2.6亿元。开展与香港贸易发展局驻福州联络处的工作交流，探讨产业融合、项目对接、企业国际化等，推动双方实现信息互通、资源共享、互利共赢。走访华谷云智慧科技（泉州）有限公司，促成印中商务理事会与该公司达成合作共识。

【国际经贸交流】 2022年，中国国际贸易促进委员会泉州市委员会与赞比亚华侨华人总会、菲律宾中国商会纳卯分会签订合作谅解备忘录，授权设立泉州国际商会赞比亚、菲律宾2个海外联络处，与中国西班牙贸易协会、印度尼西亚中爪哇闽南同乡会和北苏肴旅游协会建立沟通渠道，探讨合作事宜，向境外友好合作商协会推送经贸信息等600余条次。与国（境）外57个经贸机构和商协会签署合作协议，在海外13个国家设立联络处。举办“走进非洲——赞比亚”推介会，发动35家企业参会，助推企业了解赞比亚乃至非洲经贸政策和市场供需，推动赞比亚华侨华人总会与南安泛家居产业联盟建立战略合作关系。组织12家企业参加“福建—澳门及葡语国家产品对接会”、10家企业参加“中国—波兰商务理事会企业对接会”。邀请泰国驻厦门总领事馆商务处、乌干达福建总商会等7家境外经贸机构（商协会）组团参加中国国际投资贸易洽谈会。组织澳大利亚阳光联合企业有限公司、缅甸福建总商会等近10家境内外企业参加，多方牵线搭桥，助企业开展国际经贸交流。

【企业服务】 2022年，中国国际贸易促进委员会泉州市委员会新设经贸摩擦预监测点企业9家，监测点企业26家，织密贸促系统预警网络。发布经贸领域投资环境、法律法规、政策准入与资讯，推送时政要闻、经贸信息1000余条，发送经贸摩擦预警信息2000余条、各国限制性措施40余条，助企业了解经贸动态，规避贸易风险，提升企业抵御经贸摩擦能力。疫情防控期间，免费为企业出具不可抗力证明49份，金额3168.21万美金，涉及45家企业和19个国家（地区），助企业争取延缓交货期限，减免相关责任。举办“国际商法讲堂”“RCEP专场培训会”等，引导企业合理运用RCEP政策，出具RCEP证书227份，涉及出口金额692.24万美金，助企业享受关税减免32.9万美元，力促RCEP利益最大化。开展“四带四进”活动，带感情、带问题、带政策、带思路，进基层、进企业、进园区、进商协会开展调查研究，助企业防范商事法律风险，促商事法律服务进千企、护千商。

【“国家级市场采购贸易方式试点、预包装食品出口试点”泉州招商推介会】 2022年9月9日，由中国国际贸易促进委员会泉州市委员会、石狮市政府主办的“国家级市场采购贸易方式试点、预包装食品出口试点”泉州（石狮专场）招商推介会在石狮市东南亚采购集散中心举行。推介会旨在加大贸促平台的交流对接、洽谈合作、共谋发展。与会企业家、采购商参观东南亚采购集散中心，听取市场采购贸易方式试点和预包装食品出口试点的相关政策推介，分享入驻东南亚采购集散中心企业代表的成功经验。同时，见证连江产业馆等5家企业与东南亚采购集散中心签署合作协议，入驻该中心分享政策红利。

2022年9月9日，“国家级市场采购贸易方式试点、预包装食品出口试点”泉州（石狮专场）招商推介会在石狮市东南亚采购集散中心举行

（市贸促会 供图）

【泉州市贸促会与东盟东部增长区国家商协会建立友好关系】 2022年10月22日，为促进泉州市与东盟东部增长区国家经贸机构（商协会）的合作与交流，更好服务两地企业发展，中国国际贸易促进委员会泉州市委员会通过线上方式，与菲律宾中国商会纳卯分会签署合作谅解备忘录，并授权其设立泉州国际商会驻棉南佬联络处。此举为中国国际贸易促进委员会泉州市委员会与东盟东部增长区国家商协会建立友好关系实现零的突破，并为泉州企业开拓东盟东部增长区国家市场打开一条新通道。2021年以来，中国国际贸易促进委员会泉州市委员会通过多种渠道尝试与东盟东部增长区国家经贸机构（商协会）进行接触与联系，在石狮市菲华归侨经济促进会的牵线下，与菲律宾中国商会纳卯分会进行交流、了解和商谈，终于促成此次“线上”结好。双方约定，保持常态化紧密型友好合作关系、建立信息互通共享长效机制、联合举办相关经贸活动、搭建双向投资贸易平台，为两地企业的经贸往来与合作提供尽可能完善的服务。

（廖雅滨）

泉州市残疾人联合会

【概况】 2022年，泉州市残疾人联合会推进疫情防控和残疾人工作，全市投入2.5亿多元实施包括残疾人社会保障、康复服务、就业创业、扶残助学、权益维护和宣传文体等内容的50余个助残项目，健全完善残疾人服务保障体系，残疾人事业发展取得明显成效。扶持残疾人就业创业项目、支持民办残疾儿童康复机构抗疫纾困、整镇推进残疾人家庭无障碍改造等3项工作经验在全省推广。截至年底，全市有残疾人39.1万人，持证残疾人14.6万人。持证残疾人中，视力类1.2万人，听力类1.75万人，言语类2574人，肢体类6.72万人，智力类1.97万人，精神类1.9万人，多重类8148人。

【残疾人社会保障与权益维护】 2022年，泉州市实施残疾人参加基本养老和基本医疗保险资助政策，投入1.53亿元为5.61万名困难残疾人和6.18万名重度残疾人发放生活补贴和护理补贴；投入2535万元实施市委、市政府为民办实事关怀特殊困难残疾人项目，为1万户2.17万名残疾人发放一户多残家庭生活补贴，为5930名低保和已脱贫重度肢体残疾人发放居家托养补助；投入429万元为全市14.43万名持证残疾人购买意外伤害保险；指导市托养中心创新“托养照护+辅助性就业”管理模式，投入227万元为104名16～45周岁二、三、四级智力和稳定期精神残疾人提供全日制集中式托养服务；投入1050万元为6970名残疾人提供机构托养和居家托养补助；投入23.5万元救助450名发生重大疾病、重大变故等临时特殊困难残疾人；投入200余万元走访慰问4000余个低保、一户多残和困难残疾人家庭；投入320万元为95户农村困难残疾人家庭实施“安居工程”项目，改善残疾人居住条件。泉州市残疾人联合会创建8个福建省“爱心助残驿站”试点。开展持证残疾人基本状况调查，了解掌握残疾人基本服务需求信息。实施残疾人证办理“一件事”集成和“跨省通办”，采取“一窗受理”、集中办证、入户服务等便利措施，为行动不便残疾人提供上门评残服务45场次，办理残疾人证745本。协同司法等部门开展普法宣传活动，开展残疾人法律援助和救助工作，发挥残疾人服务热线和网上服务平台作用，畅通诉求反映和协调解决渠道，妥善办理残疾人诉求530余人次。

【残疾人康复】 2022年，泉州市残疾人基本康复服务率和辅具适配率均达100%。泉州市残疾人联合会实施残疾儿童康复救助，投入4200余万元救助3555名0～17周岁残疾儿童，将0～6周岁脑瘫和听障儿童康复纳入医保门诊特殊病种范围，每名儿童每年叠加最高15万元医保报销；市级脑瘫儿童康复基地为100余名脑瘫患儿提供早期干预；为全市残疾人及其家属提供免费社会心理服务。开展辅具适配服务，投入500余万元补助残疾人适配辅具2640例，其中市级财政叠加90万元补贴残疾人适配假肢矫形器和助听器；设立泉州市残疾人辅具服务站，为400余名残疾人及有需求的伤病人免费提供辅具回收维修借用服务。保障成年残疾人基本康复需求，投入700余万元为近5000人次精神残疾人提供服药、住院补助，改善精神残疾人医疗康复状况；投入34万元举办两期脊髓损伤者生活重建训练营，帮助30名重度肢体残疾人重建生活信心；常态化组织开展康复义诊和心理辅导“双下乡”巡回活动11场，服务群众1000余人次，免费送药2万多元。推进残疾人家庭医生签约服务，指导鲤城区国家级重点联系点建设，开展残疾人基本医疗、基本公共卫生、健康管理，创新残疾人家庭医生签约服务精准化。开展残疾预防宣传教育，联合卫健等部门开展残疾预防知识线上线下公益讲座、拍摄专题视频、印发知识读本等活动，宣传普及残疾预防知识，增强社会公众残疾预防意识。

【残疾人就业创业】 2022年，泉州市落实省级残疾人就业创业系列扶持政策和市级扶持残疾人自主就业创业叠加政策，投入585.3万元奖励超比例安排和辅助性就业机构20家、扶持自主创业残疾人53人、补贴残疾人自主就业缴交社保1008人。投入443.72万元扶持976名困难残疾人就业创业。泉州市残疾人联合会制定疫情期间盲按机构场租补助方案，投入18.3万元对53家盲按机构发放一次性补助，促进机构复工复产。创建辅助性就业机构13家，吸纳安置残疾人300余人。加强残疾人就业援助服务，开展残疾人就业援助月和网络招聘活动79场次，实施残疾人技能提升行动，举办各类技能技术培训21期2115人。开展应届高校残疾人毕业生就业指导服务，残疾人毕业生就业率100%。征收残疾人就业保障金2.6亿元，审核认定按比例安排残疾人就业用人单位363家922人。

【残疾人教育和文体】 2022年，泉州市残疾人联合会投入404.45万元资助2136名残疾学生及残疾人家庭子女就学；配合教育部门做好适龄残疾儿童少年控辍保学工作，帮助76名中、高考残疾考生获得合理便利服务；走访慰问新考录残疾大学生。组织参加“福见花开”福建省首届残疾人工艺美术文创作品展览，获3个一等奖、1个二等奖、4个三等奖；组织参加全省“我心向党 携手前行”残疾人事业公益短视频评选，获1个一等奖、1个二等奖、1个三等奖。举办“全国特奥日”系列融合活动和“残疾人健身周”活动，配合省残疾人联合会开展冰雪项目推广体验泉州站活动。投入13.25万元组织实施文化进家庭活动，受益残疾人家庭265户。

【残疾人家庭无障碍改造】 2022年，泉州市残疾人联合会投入近500万元为1553户残疾人家庭实施无障碍改造，配合住建部门推动全市30个无障碍设施提升示范项目建设和永春县石鼓镇桃联社区创建无障碍示范社区。9月14—16日，全省残疾人家庭无障碍改造工作现场培训班在晋江市举行。

2022年5月15日，“携手助残 爱满‘泉’城”泉州市2022年爱心慰问活动举行 （市残联 供图）

【“携手助残 爱满‘泉’城”泉州市2022年爱心慰问活动】 2022年5月15日，由中共泉州市委市直机关工作委员会、市委精神文明建设办公室、市残疾人联合会主办的“携手助残 爱满‘泉’城”泉州市2022年爱心慰问活动举行。活动中，各主办单位、相关县（市、区）残疾人联合会有关人员和党员志愿者到鲤城区、丰泽区、洛江区、安溪县、永春县、德化县等地走访慰问500余个困难残疾人家庭，送上爱心物资。除爱心慰问活动，泉州市还开展爱心帮扶、就业服务、志愿服务、康复服务、公共服务、文艺活动等34项线上线下扶残助残活动，各县（市、区）同步开展丰富多彩、特色鲜明的宣传服务活动，汇聚社会力量参与扶残助残事业，营造全社会关爱帮扶残疾人的氛围。

（郑眉冲）

泉州市红十字会

【概况】 2022年，泉州市红十字会聚焦主责主业，落实市委、市政府和省红十字会工作部署，推动核心业务开展。募集各类款物2.37亿元，开展困难群体救助1300余万元；开展应急救护普及7.74万人；组织人道救援队开展公开水域巡查值守和参与各类灾害救援，成功施救205人；推动无偿献血、造血干细胞捐献和遗体器官捐献工作，组织稀有血型志愿者参与应急献血255多次8.27万毫升，实现造血干细胞捐献4例、遗体捐献11例、眼角膜捐献7例、器官捐献14例。截至年底，全市有地方红十字会12个，其中地市级地方红十字会1个、县级地方红十字会11个；红十字会基层组织189个；红十字志愿服务组织50个；红十字会团体会员158个；红十字会个人会员10.3万人，其中成人会员3.02万人、青少年会员7.28万人；注册红十字志愿者7228人。

【应急救援】 2022年，泉州市红十字会组织动员红十字志愿者参与突发事件和灾害救援工作。疫情期间，动员1700余名红十字志愿者参与抗疫工作，志愿服务时长14.1万小时。推动人道救援志愿服务活动，人道救援队伍出动任务830场次，派出志愿者队员7686人次，帮助群众5165人次。7—8月，泉州市水上安全救援志愿服务队安排暑期水上安全巡查值守，劝导危险水域嬉水群众，出动队员1065人次，劝导1945人次，施救61人。泉州市红十字迅捷应急救护队配合政府相关部门开展人道救援活动，开展汛期备勤3次，出动人员3042人次、车辆252辆次；参与“110”联动，开展涉水公益救援工作，出警41起，救援34人次；参与“119”联动跨区域救援2起，出动64人次，救援转移群众360人次；参与疫情防控，开展消杀服务241次，出动消杀人员1930余人次，消杀总面积1800余万平方米；处理涉疫医疗垃圾800余吨；出动无人机宣传20次。

【应急救护】 2022年，泉州市红十字会培训红十字救护员4.72万人，组织各类红十字应急救护知识普及活动439场次。其中，组织开展救护培训和水上安全进校园普及活动71场次，受益青少年1.76万人次。

【人道救助】 2022年，泉州市红十字会实施各类困难群体救助1100余万元。开展“博爱送万家”活动，慰问各类困难家庭慰问3420户，慰问款物209.7万元，受益群众8900余人；4月，对鲤城区、丰泽区、洛江区、石狮市、晋江市、南安市等地因疫情管控等原因滞留在家、缺乏基本生活费用的困难家庭进行临时紧急救助，每户发放1000元救助款，救助8000余户，发放人道救助款820万元。为21名白血病患儿和6个器官捐献者家庭、4个眼角膜捐献者家庭争取各类专项救助97.4万元。12月，启动发放“防疫爱心健康包”活动，面向全市特困对象、低保对象，儿童福利机构、养老服务机构人员及特殊学校等发放10万份“防疫爱心健康包”，助力困难群众充实防疫物资。

【“三献”工作】 2022年，泉州市红十字会推动无偿献血、造血干细胞捐献和遗体器官捐献工作。组织市红十字Rh阴性血型志愿服务队，帮助200余位手术患者摆脱生命危险。造血干细胞登记入库超过300人份，开展造血干细胞捐献再动员63人次，组织高分辨检测20人次，组织捐献志愿者体检14人次。全市新增遗体器官捐献登记7173人，总登记人数3.51万人。

【公共场所配置AED+群众性应急救护公益培训】 2022年5月，泉州市红十字会系统推进“公共场所配置AED+群众性应急救护公益培训”这一福建省委、省政府为民办实事项目的实施。落实项目资金1774.57万元；完成AED机设置393台，完成率103%；组织救护员培训4.72万人，完成率120.96%。

【“99公益日”网上筹款】 2022年9月，泉州市红十字会依托省红十字会在腾讯公益平台设立“爱过年”和“救在身边你可以”项目，组织全市红十字会开展“99公益日”网上筹款活动，动员3.74万人次参与捐款，筹集捐款104.28万元，筹集款项用于开展元旦、春节“博爱送温暖”和红十字“救在身边”活动。

（郭杰民）

泉州市中华职业教育社

【概况】 2022年，泉州市中华职业教育社立足“统战性、教育性、民间性”特色，发挥桥梁纽带作用，开展建言献策、理论研究、社会服务、温暖工程、组织发展、深化交流等工作。新吸收信泰集团、华辉玻璃、泉州纺织服装商会、泉州网络外贸商会4家企业、行业组织作为团体社员。联合市教育局、泉州广播电视台举办“2022年泉州市职业教育宣传展示季”活动。加入泉州市“12345”热线联动单位，优化机关政务便民服务。

【建言献策】 2022年，泉州市中华职业教育社社务委员、社员向省、市、县三级两会提交建议、提案30余篇；参与泉州市《加快建设国家产教融合试点城市实施方案》征求意见工作、市政协组织的“深化产教融合 助力智造城市创新发展”调研等，提出相关建议；组织3位泉州民办职业院校代表参加中共福建省委统战部举办的“共谋民办职教发展 同心助力四大经济”座谈会，提出相关意见建议。

【温暖工程】 2022年，泉州市中华职业教育社动员社会力量，拓宽工作领域，在就业促进、助学助困、乡村振兴、疫情防控等服务民生方面取得成效。针对疫情带来的“就业难、招工难”，开展“同心就业促进行动”，对接全省“百校万岗 同心就业”行动，开展校企合作，组织社员院校1000余名大学生参与应聘，指导团体社员泉州市网络外贸商会开展校园公益讲座，开展跨境电商短期培训，助力毕业生就业、企业招工。助力乡村振兴，联合台湾民主自治同盟泉州市委员会，带领社员院校农业经济专家、职教社产教融合顾问等，分别到南安市东田镇、永春县桂洋镇调研，开展休闲农业、农产品分级与包装、农村直播电商等公益培训，170余人次参加培训。参与泉州市统一战线“同心助学松柏成才”活动，资助4所职业院校15名品学兼优的贫困学生，每人5000元。疫情期间动员民办教育界人士和企业家社员捐资捐物价值近百万元。

【职教交流合作】 2022年，泉州市中华职业教育社开展海峡两岸、闽西南等职教交流合作。与台湾民主自治同盟泉州市委员会联合开展一系列活动，共同推动海峡两岸职业教育交流，在泉淮社区举办“两岸专家社区营造座谈会”，邀请泉州师范学院、仰恩大学、泉州信息工程学院、黎明职业大学等团体社员院校的台湾籍教师和有关专家、学生开展关于社区营造的交流研讨；到惠安县城南工业区台资企业，与企业家交流两岸校企合作的经验做法，探讨产业人才培养模式；组织团体社员院校台湾籍学前教育专家送教入园，到石狮市幼儿园开展职业教育专题培训，助力学前教育提质培优，80余人参加培训。落实《闽西南五市中华职教社协同发展框架协议》，推动团体社员院校开展闽西南职教交流。黎明职业大学到龙岩市举办“泉州市职业院校联盟产教融合和‘双高计划’建设”专题培训班，邀请龙岩市有关专家和企业负责人开展交流，与清流职业中学举行联合办学签约仪式，与三明市大洋村签订共建协议，在龙岩市南江村设立“乡村振兴服务站”，与漳州市平和县签署长期合作框架协议；闽南理工学院与漳州市平和县开展合作，举办第三届中国柚都“平和创客”创新创业大赛专场动员会，组织8支团队到三明市大田县、龙岩市长汀县等地，开展

2022年8月18日，泉州市职业院校校长访谈直播现场

（市中华职教社 供图）

"美丽乡村"直播挑战赛等。指导泉州华光职业学院承办"匠心共筑梦 喜迎二十大"全省职业院校摄影大赛，征集作品1000余幅，评选优秀摄影作品100余幅。

【2022年泉州市职业教育宣传展示季】 2022年5—10月，泉州市中华职业教育社联合市教育局、泉州广播电视台举办2022年泉州市职业教育宣传展示季系列活动。举办三场中高职院校校长、招生就业办主任访谈直播；拍摄职教风采系列短视频，开展"校长带您云游校园活动"；经学校推荐申报、线上展示评选、专家评审和公示，评选出2022年泉州职业院校"最美教师"和"优秀毕业生"各30名，该网络评选活动吸引超9000万人次的访问量，总参与投票数近200万人。

（陈　薇）

泉州市金门同胞联谊会

【概况】 2022年，泉州市金门同胞联谊会坚持"和平统一、一国两制"方针，旗帜鲜明讲政治，组织机关人员、理事、金门同胞开展线上线下思想教育活动。疫情防控期间，有10余位定居和常住泉州市里的金门同胞参与所在单位、社区抗疫行动，捐款2万多元及捐赠防护服、N95口罩等物资。完成福建省金门同胞扶贫济困专项资金发放工作，发放105人次29.64万元。办理2023年度福建省金门同胞扶贫济困专项资金申请107人次。出具定居金胞中高考招生加分照顾证明5份。编辑《金联会讯》4期，向乡亲宣传两岸交流、会务工作、金门政治经济等情况。利用"金胞之家"和"理事群"两个微信群，每天发送《金门日报》电子版，让全市金门同胞了解金门各方面最新情况。

2022年7月8日，第六届海峡两岸（泉州）闽南童谣大赛暨"丝海同声"闽南话讲故事大赛启动　　（市金门同胞联谊会　供图）

【交流交往】 2022年7月1—6日，泉州市金门同胞联谊会组织部分理事参加"第八届海内外金门同乡会年会"，来自中国大陆、中国台湾和东南亚地区的44家金门同乡会代表采用线下线上相结合的方式，结合自身工作和感受畅谈各个同乡会工作开展情况，交流工作建议，讨论通过《第八届海内外金门同乡会年会决议书》。7月7—10日，邀请台湾金门同乡会总会到泉州参加"两岸一家亲 齐心促融合"泉州行活动，包括晋江向金门供水工程"溯源行"、第六届海峡两岸（泉州）闽南童谣大赛启动仪式、福建省对台交流基地揭牌仪式及向金门供水四周年座谈会等系列活动。

【联谊活动】 2022年3月10日，泉州市金门同胞联谊会举行第八届理事会第五次全体会议暨常务理事会议，各县（市、区）理事近30人参加会议。会议主要内容是向全体理事通报并审议通过《泉州市金门同胞联谊会2021年工作总结及2022年工作计划》。以"共话两岸情，共叙一家亲"为主题，开展走访在泉州投资兴业的金门乡亲活动，促进交流和发展。组织走访慰问高龄金门同胞及遗孀。

【第六届海峡两岸（泉州）闽南童谣大赛】 2022年，泉州市金门同胞联谊会参与主办第六届海峡两岸（泉州）闽南童谣大赛暨"丝海同声"闽南话讲故事大赛。该届大赛获批为"2022年国台办重点交流项目"，被列为"第十四届海峡论坛活动·两岸开启交流35周年系列活动"之一。增加比赛项目，在原来闽南童谣的基础上首次增加"丝海同声"闽南话讲故事项目；扩大参赛范围，参赛区域由原来泉州及所属金门县、台湾首次扩大到港澳地区及海外。报名参加活动的金门、台湾学校由往届的3所增加到6所，参赛师生127人。

（林子旭　许燕松）

法　治

人大立法

【概况】　2022年，经调研和论证，泉州市人大常委会制定地方性法规1部，做出法规性决定1件。9月28日，经福建省第十三届人大常委会第三十五次会议批准，出台福州、泉州、三明、莆田、南平、龙岩、宁德七市人大常委会《关于加强闽江流域水生态环境协同保护的决定》；11月24日，福建省第十三届人大常委会第三十六次会议全票表决通过泉州市人大常委会报请批准的《泉州市文化旅游发展促进条例》。

【《关于加强闽江流域水生态环境协同保护的决定》出台】　2022年9月28日，福建省第十三届人大常委会第三十五次会议批准福州、泉州、三明、莆田、南平、龙岩、宁德七市人大常委会《关于加强闽江流域水生态环境协同保护的决定》。决定要求，七市共同建立协同保护机制，按照生态优先、科学规划、统筹协调、跨域联动、综合施策的要求，坚持上下游联动、干支流统筹、左右岸合力，确保闽江流域经济社会高质量发展和生态环境高水平保护协同并进。决定明确，七市政府要建立健全闽江流域水生态环境保护联席会议制度，统筹协调流域水生态环境保护重大事项，协商解决流域水生态环境保护重大问题，加强协同治理，形成工作合力，共同改善闽江流域水生态环境质量。决定提出，七市要从立法协同、执法协同、司法协同、监督协同四个维度，对规划统一、信息互通共享、联合河湖长制、应急预警处置、上下游生态补偿等内容做出制度设计和安排，并对闽江流域水生态环境共建、共治、共管、共享做出原则规定。决定考虑到各地的实际需要，因此也鼓励各市在法规文本内容大部分一致的前提下，适当补充本地有特点、可操作性强的规定。

【《泉州市文化旅游发展促进条例》出台】　2022年11月24日，福建省第十三届人大常委会第三十六次会议全票表决通过泉州市人大常委会报请批准的《泉州市文化旅游发展促进条例》。这标志着全国首部聚焦文化旅游发展的地方性法规出台。《泉州市文化旅游发展促进条例》立足泉州特色文化资源优势，以文化为内容，以旅游为载体，明确加强文旅发展统筹规划，鼓励、支持发展世界遗产游、非物质文化遗产游、古城游、乡村文化游、工业文化游、滨海文化游、体育文化游，推动文化元素融入旅游“食、住、行、游、购、娱”，以法规形式引领文旅深度融合发展，以文塑旅、以旅彰文，打造具有泉州特色的文旅品牌。《泉州市文化旅游发展促进条例》于2023年1月1日起施行。

（许小蓉　陈学明）

政法委与综治

【概况】　2022年，泉州市政法部门保持高压严打态势，推动常态化扫黑除恶斗争取得新成效。督促相关政法办案单位就评查中发现的执法办案问题依法依规进行整改，促进政法机关严格规范执法。推进政法建设网格化治理、信息化支撑、实战化应用、实体化建设，推动打造基层党组织领导、基层政府主导的多方参与、共同治理的城乡社区治理体系。开展“矛盾纠纷大化解、信访积案大攻坚、公共安全大整治、基层基础大提升”四大专项攻坚行动。策划开设“泉州政法这十年”“学习贯彻党的二十大精神”等专题专栏，形成全方位、多角度和全媒体矩阵立体宣传格局。执行《党政领导干部选拔任用工作条例》和组织部门具体规定，强化宏观管理指导，做好协管干部工作。

【扫黑除恶斗争常态化推进】　2022年，泉州市政法部门落实中央、省委常态化扫黑除恶斗争各项决策部署，抓好《中华人民共和国反有组织犯罪法》学习宣传贯彻，推进教育、金融、市场流通等七大重点行业领域整治，推进重点地市整改提升，保持高压严打态势，推动常态化扫黑除恶斗争取得新成效。侦破公安部交办的跨国涉黑专案，跨境追捕涉黑涉恶目标逃犯；“海陆空”全方位立体化合成式全链条打击外流犯罪模式被国务院联席办公室发文向全国推广。全市打掉涉黑组织3个、恶势力犯罪集团16个、恶势力团伙9个，破获黑恶9类典型案件1579起，抓获犯罪嫌疑人2499人，查扣涉案资产价值1亿多元。

【规范执法】　2022年，泉州市政法部门组织开展“减假暂”案件、省级执法满意率靠后县（市、区）案件、泉州市各县（市、区）刑事和民事案件等案件评查活动。督促相关政法办案单位就评查中发现的执法办案问题依法依规进行整改，促进政法机关严格规范执法。制定下发《泉州市关于常态化开展执法司法顽瘴痼疾排查整治工作的实施方案》，将贯彻执行防止干预司法作为常态化整治顽瘴痼疾一项重要内容。

【平安建设】　2022年，泉州市政法部门以推进网格化治理、信息化支撑、实战化应用、实体化建设等为重点，强化部署推动、项目带动、集成联动，创新理念思路、完善制度机制、丰富方式手段，打造特色亮点品牌，推动基层社会治理提质增效。推进村（社区）“综治+”治理中心建设，聚焦资源整合、功能融合、力量协同，一手抓服务、一手抓治理，采取“1+6+X”模式统筹推进“党建+”邻里中心和“综治+”治理中心建设，推动打造基层党组织领导、基层政府主导的多方参与、共同治理的城乡社区治理体系。

【专项整治】　2022年，泉州市政法部门开展各类专项整治，将区域性治安稳定突出问题排查整治与涉稳风险隐患排查化解行动、常态化开展扫黑除恶斗争相结合，对全市11个地区单位分别实行省级、市级通报整改跟踪督导，落实重点整治。开展打击整治养老诈骗专项行动，细化专项行动方案，抽调精干力量组建工作专班，建立联络员机制，制定出台工作机制和规范性文件，全市养老诈骗犯罪得到遏制。开展“矛盾纠纷大化解、信访积案大攻坚、公共安全大整治、基层基础大提升”四大专项攻坚行动，制订下发行动方案，为全社会营造安全稳定的政治社会环境。

【第二届东南法治论坛在泉州举行】2022年9月15日，由中共福建省委政法委员会主办，福建省法学会、中共泉州市委政法委员会承办的，以“学习贯彻习近平法治思想　推进法治化营商环境建设”为主题的第二届东南法治论坛在泉州迎宾馆举行。全国人大宪法和法律委员会副主任委员信春鹰出席论坛并做主旨演讲，全国人大宪法和法律委员会副主任委员、中国法学会副会长江必新做视频演讲。该届论坛设主论坛和四个分论坛。主论坛上，华东政法大学党委书记郭为禄、国家知识产权咨询委员会委员吕国强、厦门大学法学院院长宋方青等专家学者分别在线上线下做主旨演讲。分论坛围绕法治化营商环境建设、法治服务保障民营经济发展、防范化解经济金融风险、产权与知识产权保护等主题进行交流研讨。

（吴　峰）

法治政府建设

【概况】　2022年，泉州市按照上级关于法治政府建设决策部署和工作要求，执行《法治政府建设与责任落实督察工作规定》，完成中央全面依法治国委员会办公室市县法治建设、中共福建省委全面依法治省委员会办公室法治政府建设督察迎检；定期规范报送并主动公开法治政府建设年度报告，接受社会监督。组织规范性文件年度清理和专项清理，清理以市政府或市政府办公室名义出台的有效规范

2022年9月15日，第二届东南法治论坛在泉州迎宾馆举行

（市委政法委　供图）

性文件294份。加强重点领域执法，常态化开展扫黑除恶斗争，在全省率先实行黑恶势力犯罪案件“捕诉一体”机制。推进基层普法依法治理，全市“民主法治村（社区）”示范创建率100%，获评国家级民主法治示范村（社区）14个。推进政务公开，坚持“以公开为常态，不公开为例外”，完善政府信息公开制度，拓宽政府信息公开渠道，提高政务公开能力和水平，打造“阳光”政府。

【依法行政】 2022年，泉州市将建设法治政府摆在工作全局的重要位置，纳入“十四五”规划、政府工作报告；市政府常务（党组）会议专题研究法治政府建设实施方案、省对市法治政府建设督察反馈整改、政府立法和营商环境等重点法治工作。履行推进法治政府建设主体责任，落实重大行政决策程序，重大问题及时向市委报告。完善法治政府建设推进机制，推动将党政主要负责人履行法治建设第一责任人职责情况列入年终述职内容，将依法行政纳入市政府目标绩效管理、平安建设等考核指标体系。优化法治化营商环境，发布支持民营经济发展“1+1+N”政策“大礼包”，线上直达兑现惠企资金54.6亿元。制定包容审慎监管执法清单4864项，为企业减负1.5亿元。开展民营企业“法治体检”59次，提供精准普惠公共法律服务。修订市政府工作规则，实行政府权责清单制度。建成投用政务服务平台、公共数据开发平台，“一网通办”比例85%，“一趟不用跑”比例92%。整合“一件事”集成套餐548项，“局长走流程、走基层”活动解决痛点堵点问题716个、压缩承诺时限2220个工作日。依法高效统筹疫情防控和经济社会发展，合法性审查疫情防控文件390份。

【依法行政制度体系建设】 2022年，泉州市围绕活化泉州历史文化资源，科学制定市政府立法计划，出台《泉州市闽南文化生态保护区管理办法》《泉州市生活垃圾分类管理办法》。制定《地方立法征求意见指引》，依托“党建+”社区邻里中心设立基层立法联系点，加强地方立法智库建设，选聘新一届政府立法咨询专家30人，践行科学民主立法。加强规范性文件监督管理，修订《泉州市行政规范性文件管理规定》，审查提交市委、市政府研究的规范性文件108件，审查各县（市、区）、市直部门规范性文件249件。组织规范性文件年度清理和专项清理，清理以市政府或市政府办公室名义出台的现行有效规范性文件294份，修改5份，宣布失效或废止40份。健全依法决策机制，规范政府框架协议文本格式，探索推行“部门初审+司法局审核+政府决策”双审制，从源头确保重大决策合法合规。全年审查涉重大行政决策86件。凝聚专业力量，推进政府法律顾问和公职律师深度参与依法行政。

【公正文明执法】 2022年，泉州市深化行政执法体制改革，出台《关于稳妥有序推进乡镇（街道）赋权工作的若干意见》，指导基层推进乡镇（街道）综合行政执法改革，首轮赋权工作9个县（市、区）143个乡镇（街道）全部完成。完成市、县两级应急管理领域综合行政执法改革，重新组建应急管理综合执法队伍。加强食品、药械、特种设备、产品质量等监管执法，加强食用农产品“一品一码”追溯管理，获批国家食品安全示范创建城市。健全行政执法监督体系，推进行政执法“三项制度”，出台工作指引和案卷评查管理规定，制定流程图和法律文书参考文本。依托政府门户网站畅通监督渠道，改进完善网上执法办案平台和行政执法公示平台。规范行政裁决程序，率先出台行政裁决程序规定。组织市、县行政执法资格考试，参考人数、参考率和通过率均居全省第一。强化反不正当竞争与反垄断工作，落实公平竞争审查制度，推进“双随机、一公开”监管和信用监管。

【市域社会治理现代化】 2022年，泉州市统筹推进法治社会建设，科学谋划顶层设计，出台法治社会建设实施方案，推进法治强省宣传工作。实施“八五”普法规划，全市开展法治宣传活动781场，参与8万人次，组织“新法面对面”线上讲座5场。推进基层普法依法治理，全市“民主法治村（社区）”示范创建率100%，获评国家级民主法治示范村（社区）14个。加强地方特色法治文化建设，打造以蟳埔女为设计原型的法治形象代言人“普法少女小渔”。依法有效化解社会矛盾纠纷，创新调解工作机制，推广“订单分包”“园区枫桥”调解模式。完善行政争议多元化解机制，全市成立行政争议调解中心12个，建立市级重点部门行政调解组织8个、县级行政调解组织96个，全市重点行政部门受理纠纷案件14万件。推进依法分类信访工作，推行“最多投一次”阳光信访工作机制，开通涉疫信访绿色通道，提升信访事项办理水平，及时受理率、按期办结率保持100%。

【行政权力规范透明运行】 2022年，泉州市提升多元监督效能，执行《关于加快推进21世纪“海丝名城”建设的决议》等市人大及其常委会决议，主动接受人大监督和政协民主监督，执行向本级人大及其常委会报告工作制度，办理人大代表建议403件、政协委员提案564件。依法接受司法监督，深化政府、法院、检察院良性互动。加强政府自身建设，规范政府督查工作，创新“帮督一体”“交叉督查”工作机制，推动实现督查增效和基层减负，保障政令畅通。深化机关效能建设，加强绩效考核激励。加快推进政务诚信建设，健全政府守信践诺机制。推进政务公开，坚持“以公开为常态，不公开为例外”，完善政府信息公开制度，拓宽政府信息公开渠道，提高政务公开能力和水平，打造“阳光”政府。强化政府信息发布和解读回应，实现重点领域政府信息公开常态化，落实政策解读、新闻发言人、政务舆情回应等制度。全市利用政府网站主动公开信息数2.23万条，受理依申请公开1466件，办结及时率100%。

【行政复议】 2022年，泉州市推进行政复议体制改革，出台行政复议体制改革实施方案，由县级以上政府统一行使行政复议职责；率先完成市级改革任务，健全配套工作机制，落实机构人员编制。成立市级行政复议咨询委员会，组织听证审理、现场勘验，推动行政争议实质化解。全年市级收到行政复议申请332件，受理213件。

【行政应诉】 2022年，泉州市司法局加强规范化建设，制定行政复议应诉工作制度（试行）。提请市政府党组召开行政诉讼“双率”（案件出庭应诉率、一审败诉率）专题会，建立败诉案件情况统计分析研判机制，推动泉州市行政诉讼案件出庭应诉率、一审败诉率实现一升一降。

【《泉州市法治政府建设实施方案（2021—2025年）》出台】 2022年7月15日，《泉州市法治政府建设实施方案（2021—2025年）》出台，作为“十四五”时期泉州市法治政府建设路线图。方案明确泉州市“十四五”时期法治政府建设的指导思想、总体目标、主要任务和保障措施。方案提出，到2025年，市、县、乡三级政府行为全面纳入法治轨道，政府治理体系日益健全，政府作用更好发挥，行政执法体制机制基本完善，行政执法质效大幅提升，应对突发事件能力显著增强，人民群众法治获得感满意度不断提高，各地区各层级法治政府建设协调并进，更多地区实现率先突破，为到2035年基本建成法治泉州、法治政府、法治社会奠定基础。方案文本分为三部分84条。第一部分是总体要求。包括指导思想、基本原则和总体目标。第二部分是主要任务和具体措施。第三部分是组织保障和落实机制。方案主要有4个特点：注重贯彻落实市十三次党代会精神，注重多维度凸显泉州特色，注重创新与依法行政并重，注重强化组织保障和落实机制。

（杨晶晶）

公 安

【概况】 2022年，泉州市公安机关以开展夏季治安打击整治“百日行动”、“红盾·2022”百日攻坚行动为载体，以“六比三看”（比安全稳定、比打击犯罪、比公共监管、比信息基础、比重点整治、比执法质量，看战果、看排名、看亮点）竞赛活动为抓手，加强刑事案件侦破，破获刑事案件2.24万起；加强经济犯罪案件侦查，立案经济犯罪案件1389起、破案1303起；破获各类毒品案件281起，抓获毒品犯罪嫌疑人300人，缴获各类毒品840.94千克；开展公安机关监管领域安全生产专项整治，落实行业场所各项日常监管措施，适时组织场所清查整治行动，会同教育部门推进“高峰勤务”和“多元一体护学岗”建设；加大“扫黄打非”工作力度，查缴涉黄涉非出版物4171件（本、段），破获传播淫秽物品牟利案27起；联合民政、卫健部门开展“公民婚育一件事”，办理首次申领居民身份证“跨省通办”4484笔、新生儿落户“闽赣通办”20笔；受理中国公民出国境业务3.31万人次，为复工复产出国境人员加急办理出入境证件1438人次；投入资金9000余万元推动1907处道路隐患治理；完善全流程全环节全要素可回溯的执法监督管理机制，市公安局199项行政审批服务事项均通过网上办事大厅向社会发布，197项实现“一趟不用跑”或“最多跑一趟”，占比98.9%。

【刑事案件侦查】 2022年，泉州市公安机关破获刑事案件2.24起，比2021年下降12.79%，破案率81.27%，比2021年增长5.45个百分点；抓获犯罪嫌疑人4.26万人，比2021年增长46.42%，移送起诉1.85万人，比2021年增长6.07%。其中，破获电信网络诈骗案件3874起，比2021年下降41.90%，破案率59.34%，比2021年下降0.46个百分点，抓获犯罪嫌疑人1.91万人，比2021年增长237.81%；打掉涉黑组织3个、恶势力犯罪集团16个、恶势力犯罪团伙9个，破获黑恶9类典型案件1636起，抓获犯罪嫌疑人2587人，查扣涉案财物价值1.26亿元；破获八类严重暴力案件867起、破案率100%，现行命案实现全破，抓获命案积案逃犯15人；破获传统“盗抢骗”案件7085起，破案率82.98%，比2021年增长8.81个百分点；54起“两抢”案件100%破获，“两抢一盗”案件快侦率102.11%；破获涉拐案件26起，抓获涉拐犯罪嫌疑人93人，找回历年失踪被拐妇女儿童（人员）238人。

【经济犯罪案件侦查】 2022年，泉州市公安机关立案经济犯罪案件1389起、破案1303起（其中破获部督案件7起、省督案件14起），抓获经济犯罪嫌疑人1169人（其中抓获境外逃犯33人），通过云端系统发起集群战役6起、跨区域数据协同作战41起。其中，地下钱庄类非法经营案件立案17起，破案22起，抓获犯罪嫌疑人93人，端掉钱庄窝点12个；破获虚开发票骗税案件118起（其中部省督案件3起），抓获犯罪嫌疑人137人，涉案金额21.4亿元；破获非法集资案件28起（其中部督案件1起），抓获犯罪嫌疑人84人，涉案金额23.2亿元；破获侵犯知识产权犯罪案件222起，抓获犯罪嫌疑人240人，涉案金额5.25亿元。

【禁毒工作】 2022年，泉州市公安机关破获各类毒品案件281起，抓获毒品犯罪嫌疑人缴获各类毒品，缉毒执法战果位居全省前列。破获“4·29”制毒案、“12·23”贩毒专案等部督案件8起、省督案件11起，部、省督案件侦破数全省第一。举行“6·26国际禁毒日”集中销毁毒品仪式，依法焚烧毒品和制毒物品1.8吨。全市建成9个禁毒教育基地、91个禁毒品牌社区、715间学校禁毒宣教室和115间标准化工作站；组织60万名在校学生参与全国禁毒知识竞赛，170万名市民群众在线学习禁毒知识；策划开展“最美禁毒人”宣传推选活动，选送禁毒领域“最美”一线代表20人，群众禁毒工作满意率98.51%。

【治安管理】　2022年，泉州市公安机关开展公安机关监管领域安全生产专项整治，排查各类单位（部位）18.55万家（处），发现问题隐患1.15万处，整改落实11.34万处，整改率98.77%。统筹常态化疫情防控下大型活动安全保卫，建立和完善指挥协调、风险评估、监测预警、现场管控、应急处置等工作措施，完成纪念郑成功收复台湾360周年、“晋江经验”20周年纪念活动等13场国家、省级重大活动安保任务。落实行业场所各项日常监管措施，适时组织场所清查整治行动，开展市级抽查检查行业场所521家次；查处未获公安机关许可擅自经营案件137起、旅馆业未如实登记案件272起、娱乐场所内营利性陪侍案件17起、机修业承修不按规定登记案件145起；检查寄递物流企业、分拨中心、营业网点1.28万家次，发现整改安全隐患1308处。指导、督促重点单位落实安全主责。全年检查重点单位1.9万家次，发现整改安全隐患1820处；推进二级以上医院警务室建设，超前完成61家二级以上医院警务室建设，完成率100%。深化“护校安园”专项工作，会同教育部门推进“高峰勤务”和“多元一体护学岗”建设，落实“护学岗”1728个，开展安全法制教育及应急演练7630场次。

推进打击黄赌违法犯罪专项行动。破获涉黄刑事案件512起，比2021年增长49.3%，涉黄行政案件1281起，比2021年下降3.1%，破获涉赌刑事案件1020起，比2021年下降6%，涉赌行政案件1917起，比2021年增长18.8%。破获公安部督办涉黄案件2起、涉赌案件1起，省公安厅督办案件涉黄案件11起、涉赌案件5起。深化跨境赌博犯罪“断链”行动，破获公安部督办案件4起，省公安厅督办案件12起；破获跨境赌博案件644起，抓获犯罪嫌疑人1545人，查扣冻结涉案账户1594个，资金3.86亿元，打掉网赌平台68个。推进“昆仑2022”“治理餐桌污染”“质量强市”“清水蓝天”等系列专项行动，打击食药环领域违法犯罪，破获食药环类刑事案件526起，抓获犯罪嫌疑人626人，捣毁“黑作坊”“黑工厂”“黑窝点”65个；侦办公安部挂牌督办案件3起、省公安厅挂牌督办案件36起。推进枪爆专项整治行动，破获涉枪涉爆（含烟花爆竹）刑事案件77起，其中省联席办公室挂牌督办9起，收缴非法枪支383支、子弹4.46万发、炸药869千克、雷管524枚、剧毒化学品1.33万千克、黑火药（含烟火剂）8149千克、索类爆炸物67米、易制爆化学品4.36万千克。

加大“扫黄打非”工作力度，查缴涉黄涉非出版物4171件（本、段），破获传播淫秽物品牟利案27起。配合相关部门开展打击欠薪专项活动，处置突出劳资纠纷事件20件，追发162名劳动者工资等待遇186.23万元，清理5起欠薪积案，抓获长期在逃人员5人；侦办的1起拒不支付劳动报酬案入选最高人民检察院典型案例。推进重点领域审批再提速，压缩民用爆炸物品购买运输许可、爆破作业单位许可、爆破作业人员许可、爆破作业许可等事项审批时限至法定时限的20%以内；引进民爆专家评审民用爆炸物品行政许可及公共服务事项，健全重点项目服务保障机制，受理城市、风景名胜区和重要工程设施附近爆破作业许可事项29起，提前办结率100%。指导保安培训机构创新改革培训方式，推行“网上教线上学”方式，组织保安资格证考试40期，培训5730人；推动“保安员证审批”申报材料“初中以上学历证明”实行告知承诺制，办理3800起。

【户籍管理】　2022年，泉州市公安机关联合人社、教育部门出台《高校毕业生等群体“先落户、后就业”落户实施细则》，实行落户“秒批”“秒办”服务，46人通过该政策落户泉州。联合卫健、人社、医保部门开展福建省“出生一件事”集成套餐服务推广应用，办理出生落户858笔。联合民政、卫健部门开展“公民婚育一件事”，推行非主项变更更正“全省通办”、首次申领居民身份证“跨省通办”、临时居民身份证“闽粤湘跨省通办”和新生儿入户“闽赣跨省通办”等措施，办理首次申领居民身份证“跨省通办”4484笔、新生儿落户“闽赣通办”20笔。推动“e政务”公安便民服务模块（包含25个户籍便民服务事项）在市政务服务一体机上线运行，全年办理1736笔。在全市范围内开展出生登记户口起底式排查和全量信息核验、补充完善工作以及人像比对核查工作，核查“出生登记存疑落户”线索53.98万条、人像比对核查线索1.02万条。依托“智慧社区防控平台”开发数据核实模块，下发疑似未登记的流动人口数据近400万条，核实登记有效流动人口信息370万条，核实注销285万条，流动人口数据变动量655万条。

【出入境管理】　2022年，泉州市公安机关开设企业复工复产人员加急办证“绿色通道”，提供“一对一”、专窗办证、延时办证、周六常态化办证以及邮件寄证或送证上门等多项快捷便利服务，受理中国公民出国境业务3.31万人次，为复工复产出国境人员加急办理出入境证件1438人次。开通外籍人才快审快批“绿色通道”，并安排专人

“一对一”服务，为泉州市重点企业、高校科研单位以及省级高层次人才等提供上门办证服务，对外籍高层次人才“永久居留身份证”提供上门送证服务，审批签发外国人签证、居留许可3314件。延伸出入境服务网点，丰泽区出入境办事服务大厅于8月1日对外服务，实现全市下辖县（市、区）出入境办事大厅全覆盖。推进派出所“一站式”综合服务窗口建设，安溪凤城、石狮凤里、丰泽城东首批试点3个派出所开展出入境业务受理工作。深化“放管服”改革，实现“一趟不用跑”事项21项，“最多跑一趟”事项13项，占比94.4%；实现全部出入境业务入驻“闽政通”“e政务”“泉服务”等政务平台。开展整治重点地区“三非”（非法入境、非法居留、非法就业）突出问题专项行动，查处“三非”人员468人，查获2起拐卖妇女、儿童的涉“三非”犯罪团伙。开展打击妨害国（边）境管理犯罪行动，侦办妨害国（边）境管理刑事案件306起。

【道路交通安全管理】 2022年，泉州市交通事故起数、死亡人数、受伤人数、财产损失比2021年分别下降19.17%、4.42%（死亡人数减少22人）、22.07%、8.25%，道路安全工作考评位居全省第一。提前100天完成省委、省政府为民办实事隐患整治任务，投入资金9000余万元推动1907处道路隐患治理。全市查处严重交通违法行为88.89万起，其中酒醉驾1.89万起，占全省酒醉驾查处量24.02%。探索建设泉州市道路交通安全风险预警管控系统，加快打造可供快速比对应用的道路安全信息资源池、数据云。首创“盲区”红绿灯预警系统，通过“雷视一体化监测+路口可视化预警”技术应用，预防大型车辆起步及转弯盲区事故多发问题。在全国首创成立互联网联动协作大队，自主研发的“炸街车”快速识别系统、“车码联侦”超员载客预警模型、“基于融合大数据交通事故多维预警应用模型”等在全国、全省数据建模和基层应用创新大赛中获奖。

【执法规范化建设】 2022年，泉州市公安机关完善全流程全环节全要素可回溯的执法监督管理机制。开展受立案、压案不查、逐利执法、涉案资金冻结4个执法突出问题专项整治，排查整治执法突出问题。结合落实市公安局服务保障复工复产12项措施、服务保障稳住经济大盘18项措施，深化公安“放管服”改革，提升行政审批服务水平。市公安局199项行政审批服务事项均通过网上办事大厅向社会发布，197项实现“一趟不用跑”或“最多跑一趟”，占比98.9%；24项公安高频政务服务事项入驻“e政务”服务一体机，55项服务事项实现“全省通办”，33项服务事项实现“跨省通办”；市公安局行政许可事项在法定时限基础上平均压缩93.01%；丰泽城东派出所、石狮凤里派出所、安溪凤城派出所试点建设“一站式”综合服务窗口，实现120项高频服务事项“一窗通办”。集中资源力量全力攻坚、化解积案，信访突出问题攻坚化解工作取得显著成效，公安部交办570件、省信访联席办公室交办523件、省公安厅交办泉州市810件全部化解清零。

【2022年泉州市“最美禁毒人”荣誉发布仪式】 2022年6月26日，由中共泉州市委宣传部和泉州市禁毒委员会办公室主办的2022年泉州市“最美禁毒人”荣誉发布仪式在泉州广播电视台举行。现场为2022年泉州市“最美禁毒人”10名当选人和10名提名奖获奖者颁奖。发布仪式上，全体人员共同观看泉州市禁毒工作综述片和“最美禁毒人”先进事迹短片。通过表演操《缉毒雄风》、街舞说唱《正青春，不“毒”行》、沙画·诗朗诵《无毒净土，平安泉州》、歌伴舞《江山》等禁毒文艺表演，结合对公安民警、教育系统和基层社区等禁毒一线代表的事迹访谈，展示泉州市社会各界人士为“平安无毒泉州”建设做出的贡献。

【泉州市森林警长制全面推行】 2022年8月30日，泉州市公安局驻市林长办公室联络室揭牌仪式举行，标志着泉州市森林警长制全面推行。为强化林业生态保护和执法监管，维护生态安全和林区稳定，2021年市林业局、市公安局建立联

2022年6月26日，2022年泉州市“最美禁毒人”荣誉发布仪式在泉州广播电视台举行。图为现场全体人员向国旗进行禁毒宣誓（市公安局 供图）

合打击涉林违法犯罪维护林区稳定工作三项制度，并于2022年建立“林长+警长”工作机制，9月底前按照“策应林长、属地管辖、分级设立、逐级负责”的原则，在每一个林长责任区配备一名责任公安民警，建成覆盖市、县、乡、村的四级森林警长制，为林业生态保护和绿色发展提供执法保障。

（乐彩云）

检 察

【概况】 2022年，泉州市检察机关办理各类案件4.5万多件，22项主要案件质量指标迈入全省第一方阵，21个案例获评全国全省指导性案例、典型案例、优秀案例，23项工作经验获上级推广，126个集体和个人获省部级以上表彰。设立全省检察机关首个“国务院政府特殊津贴专家工作室”；“刺桐花”团队工作成效第三次被写入最高人民检察院向全国人大及其常委会工作报告；由市人民检察院编撰的《亲清护企：“晋江经验”的检察实践》一书于12月由中国检察出版社出版发行；“检察护宝·守护海丝名城”专项监督行动入围福建省十大法治事件候选项目。

【刑事审判检察】 2022年，泉州市检察机关通过开展刑事审判监督重要指标通报、实地督导、财产刑判罚及涉案财产处置专项监督、推动落实抗前上下沟通机制等方式，压实责任，强化监督主动性，深化提升抗诉工作质效，推进三项抗诉重点指标向好向上转变。提出抗诉25件，支持抗诉案件全部获法院判决采纳，全市两级检察院针对审判活动监督提出意见函3份、制发检察建议1份，相关工作在全省刑事检察重点工作督导推进会上做经验交流。

【刑事执行检察】 2022年，泉州市检察机关强化“减假暂”案件实质性审查，落实实质化审查要求，纠防违法违规“减假暂”。办理减刑、假释案件1885件，暂予监外执行案件92件，纠正“减假暂”不当536件。深化财产刑执行监督，开展“人民法院刑事案件执行款上缴国库情况专项检察活动”“职务犯罪财产刑执行专项活动”两个专项活动，推动和监督法院立案1.13万人，执结到位14亿余元，纠正财产刑执行不当171件。优化社区矫正监督，以综治考评为抓手，纠正脱管38人，漏管55人，纠正监外执行不当219件。部署涉民营企业社区矫正对象赴外地生产经营请假活动法律监督工作。细化判实刑未交付执行罪犯清理监督，经全面排查，发现判实刑未交付执行罪犯82人，其中督促清理63人、未交付执行人员19人。

【民事行政检察】 2022年，泉州市检察机关受理各类民事检察监督案件1051件，审查后提出或提请抗诉5件，发出再审检察建议77件，法院采纳72件。洛江区人民检察院跟进监督一起历时18年交通损害赔偿纠纷执行案，开展调查核实、组织公开听证，促成五方当事人达成和解。突出精准监督导向，针对民事审判程序、执行活动违法发出检察建议586件。深化虚假诉讼治理，依法纠正“假官司”“假调解”58件，推动社会诚信体系建设。德化县人民检察院办理陈某能涉恶团伙民间借贷虚假诉讼系列案，5名当事人及1名涉案司法工作人员被追究刑事责任。发挥“一手托两家”作用，共护依法行政、司法公正。受理各类行政检察监督案件1159件，比2021年增长90%。开展护航民生民利专项活动，围绕安全生产、医疗卫生、禁毒戒毒等关系群众切身利益问题，向行政机关、人民法院发出检察建议752件。与市住房和城乡建设局联合开展督促交存住宅专项维修资金专项监督活动，追缴100个项目1.09亿余元。实质性化解社会抚养费征收、房屋拆迁等63件久诉不息行政争议案件。

【“亲清护企”】 2022年，泉州市检察机关助力营造公平公正透明可预期的法治环境，起诉侵犯企业商标权、专利权犯罪148件213人，保障创新驱动发展。督促清理涉企刑事“挂案”8件，让企业放下包袱、轻装上阵。推行涉案企业合规改革试点，建立第三方监督评估机制，办理涉案企业合规案件15件，经合规审查后对9家企业及负责人作出不起诉决定。发挥民营企业合规建设服务联盟作用，为432家企业提供线上线下合规体检服务，提出防范对策建议4429条。与市工商业联合会建立互通互联工作机制，共促企业依法合规经营，入选第四届民营经济法治建设峰会典型事例。联合司法行政机关制定涉企社矫对象监督管理制度，推动涉企社矫对象外出从事生产经营162人，无一人脱管。成立两中心一基地，优化“泉州商标品牌网络保护系统”应用，构建企业合规建设、品牌保护与大数据深度融合新格局。升级建设非公企业法治教育基地，打造工作成果展示平台，展示检察护航民营经济高质量发展实践成果。

【公益诉讼】 2022年，泉州市检察机关扛起“公共利益代表”职责使命，加大生态环境和资源保护、国有财产保护等领域办案力度，立案办理公益诉讼案件759件，发出诉前检察建议573件，提起诉讼71件，均获法院判决支持。4起案件入选全国检察机关公益诉讼典型案例。对群众反映强烈的安全生产、文物和文化遗产保护等领域公益损害问题进行实践探索，拓展办理案件254件。落实公益损害赔偿制度，向侵权人索赔1033万元。石狮市人民检察院依法办理一起销售有毒有害食品刑事附带民事公益诉讼案，责令被告人召回所售产品并承担10倍惩罚性赔偿金923万元。深化双赢多赢共赢理念，争取党委、人大、政府重视支持。安溪县人民检察院推动县人大常委会出台决定支持公益诉讼工作。

【立案监督与侦查活动监督】 2022年，泉州市检察机关加强立案和侦查活动监督，监督立案62件、监督撤案130件，依法纠正侦查活动违法143件，纠正公安机关遗漏提请逮捕174人、纠正公安机关遗漏移送审查起诉165人。提前介入重大疑难复杂案件426件。联合公安、海警等设立侦查监督与协作配合办公室20个。深挖一起性侵未成年人犯罪案件遗漏罪行，追加认定被告人猥亵儿童、拐骗儿童犯罪事实，使其得到法律严惩。

【职务犯罪起诉】 2022年，泉州市检察机关依法推进反腐败斗争，起诉监察委员会移送职务犯罪74人，追缴赃款6809万元。立案侦查司法工作人员职务犯罪案件3人。高质高效办好大要案，起诉县处级以上干部职务犯罪9人，其中省人民检察院交办省管干部案件3人。妥善办理监察体制改革后全省首起军地互涉外国人职务犯罪案。推进受贿行贿一起查，办理行贿犯罪案件16人，促进反腐标本兼治。

【社会矛盾化解】 2022年，泉州市检察机关对5124件群众信件、访问全部在7日内程序告知、3个月内实体回复。落实两级院领导包案，妥善化解上级检察院交办的142件重复信访件。聘请人大代表、政协委员、律师和专业人士等104人组成听证员库，对174件疑难复杂案件公开听证。南安市人民检察院推动四级检察机关对一起刑事申诉案联合公开听证，为申诉人挽回经济损失1200万元，入选最高人民检察院指导性案例。依法保护弱势群体合法权益，办理涉农民工讨薪、涉残疾人权益保护等支持起诉案件177件，判赔1729万元。晋江市人民检察院开展残疾人就业权益保障专项活动，促成爱心企业定向开放公益性就业岗位504个。推进养老诈骗专项整治，护好群众"养老钱"。惠安县人民检察院从严从快办理一起涉167名老年人非法吸收公众存款案，督促追赃挽损4100万元。与妇女联合会、总工会建立协作机制，从严惩治侵害妇女人身权利犯罪877人。落实司法救助，向刑事案件被害人或家属发放救助金186万元，为危困群众解燃眉之急。

【"检察护宝"行动】 2022年，泉州市检察机关部署开展"检察护宝·守护海丝名城"专项监督行动，在全市设立43个护宝观察点，聘请护宝观察员170人，摸排线索91条，立案85件。全省百名融媒体记者组团探访"检察护宝"工作，并被中央电视台专题报道。开展古树名木保护专项行动，发出诉前检察建议35件，让生态"活化石"焕发生机。鲤城区人民检察院探索建立"文物+保险+服务"保护模式，推动36处文物保护单位纳入省级文物保险服务试点。多维度推动构建非物质文化遗产知识产权保护体系，助力"嗦啰嗹"民俗活动、福船文化等活态传承、融合发展。重视凝聚保护合力，与市文化广电和旅游局签订文化遗产保护联合行动备忘录，与市中级人民法院联合出台涉文化遗产刑事案件司法协作机制。

【"检察护侨"行动】 2022年，泉州市检察机关与市归国华侨联合会开展"检察护侨·助推21世纪海丝名城建设"专项工作，构筑"守护乡愁记忆、维护侨胞权益、护航侨企发展""三位一体"工作机制。设立全省首个"涉侨检察联络室"，开通涉侨诉求绿色通道，为侨胞侨企提供法律援助及一站式、全覆盖检察服务。办理侨乡文物保护、侨企权益保障等涉侨案件31件。永春县人民检察院督促相关职能部门系统性保护余光中旧居及周边环境，助力所在村争取美丽乡村建设项目资金1000万元。泉港区人民检察院开展规范侨建校舍管理专项行动，盘活3栋侨建闲置校舍，带动村财收入年增20万元。梳理注册资本5000万美元以上重点侨资企业，制定重点名录库，建立挂钩联系制度，深入走访、及时解决侨企法律需求。

【《亲清护企："晋江经验"的检察实践》出版】 2022年12月，由泉州市人民检察院编撰的《亲清护企：

2022年6月2日，泉州市人民检察院"涉侨检察联络室"揭牌

（市人民检察院 供图）

“晋江经验”的检察实践》由中国检察出版社出版发行。该书是中国第一部检察视野下弘扬传承“晋江经验”的专业著作，以解读“晋江经验”的精神内涵为引，系统总结“亲清护企”检察实践的形成过程、发展脉络、具体内涵。

（黄 毓）

法 院

【概况】 2022年，泉州市各级法院受理案件21.48万件，结案20.88万件，结案率97.18%，生效裁判服判息诉率等核心质效指标位居全省第一名。基层法院员额法官人均结案数349.02件，高出全省均值44.79%。市中级人民法院受理案件1.92万件，结案1.85万件，结案率96.45%。泉州知识产权法庭和泉州国际商事法庭落地，泉州市成为全省第三个成立知识产权法庭、全国第五个成立国际商事法庭的城市。首创跨域诉讼服务，获首届“人民法院改革创新奖”；推动的“全国四级法院实现跨域立案服务全覆盖”和“打造‘一带一路’司法合作平台”入选“全国法院年度十大新闻”。

【刑事案件审判】 2022年，泉州市各级法院依法审结一审刑事案件1.13万件1.59万人；审结涉黑恶案件39件141人，许某海、丁某丰等一批黑恶势力被依法铲除。坚持有贪必肃、有腐必惩，审结职务犯罪案件49件60人，其中涉及省管干部案件4件4人。参与公共安全大整治，重点打击电信网络诈骗、拐卖妇女儿童犯罪，在全省法院专项行动推进会上作经验交流。严惩食品药品犯罪18件27人，守护群众“舌尖上的安全”。推进“反洗钱三年专项行动”。石狮市人民法院办结的周某伟贩卖、运输毒品案入选“全国打击毒品犯罪十大典型案例”。落实宽严相济政策，对19名被告人免予刑事处罚，对3937名被告人适用非监禁刑，办理减刑、假释案件1078件，确保罪责刑相适应。

【民事案件审判】 2022年，泉州市各级法院审结一审民事案件6.08万件，其中民生领域案件3.96万件。严惩猥亵儿童等侵害未成年人权益的刑事案件369件，综合运用圆桌审判、心理疏导、判后回访等方法，给予少年犯更多法治关爱。开展打击整治养老诈骗专项行动，在老年大学、养老院等场所设立“护老源治”维权工作站。审理“超龄进城务工人员工伤认定案”，判定用人单位负赔偿责任，让老人依法劳动的权益得到保护。

【商事案件审判】 2022年，泉州市各级法院护行泉企，助力“智造强市”，依法安商、平等护商，审结一审商事案件4.33万件。市中级人民法院牵头负责的执行合同指标在营商环境考评中进入全省标杆等次。开展“全心护泉企·法治促发展”专项行动，探索企业诉讼“白名单”制度，进入市中级人民法院第一批“白名单”的企业318家。护航优质企业合法经营，南安市人民法院“法商e动”机制在全省首创破产管理人动态分级管理和持证调查、重整企业纳税信用修复、共益债融资平台“四大机制”，高效审结破产案件82件。

【知识产权案件审判】 2022年，最高人民法院批复设立泉州知识产权法庭，并授权6家基层法院跨区域集中管辖部分知识产权案件，泉州市各级法院审结一审案件6522件，比2021年增长75.6%，其中市中级人民法院新收技术类知识产权案件602件；用好知识产权诉讼技术调查官制度，在“斐乐体育诉谢某商标侵权案”等案件中准确适用惩罚性赔偿制度，打击侵权行为。

【生态环境案件审判】 2022年，泉州市各级法院在全省首建生态环境资源司法保护预警预防机制，推动“事后惩治”向“事前预警”转变，审结一审环境资源案件360件；两级法院与两级林业局成立林业执法与司法协同保护中心，与环保局共建涉工业企业普法平台，让环境保护法律法规通过“云端”飞入“寻常企业家”。泉港区人民法院成立全省首个生态共享法庭，设立泉港（坝头溪）生态环境司法保护协同治理中心、文化遗产保护法官工作室等专业机构6个，启动“林长+法院院长”协作机制，打造覆盖河流溪坝、森林植被、海洋港口、石化园区、文化遗产的生态司法保护圈，形成“共建生态共享法庭、共治生态环境问题、共享生态保护成果”的生态司法保护机制。安溪县人民法院成立全省首个“两山”巡回法庭，永春县人民法院设立国家湿地公园和非物质文化遗产司法协同保护基地。

【诉讼服务】 2022年，泉州市各级法院推动服务拓展、流程贯通、数据共享；推进司法服务普惠均等，聚合“12368”诉讼服务热线等线上线下平台，促进一窗通办、数智赋能、标准重塑、服务优化，以诉讼服务现代化提升人民群众司法获得感。推行开门接访、主动约访、带案下访，集中力量化解一批“骨头案”“钉子案”，丰泽区人民法院多措并举为某鞋企233名工人发放工资款262万元，推动群体性劳资纠纷信访案件得到解决。市中级人民法院出台实施方案，加强矛盾纠纷预防化解工作，打造诉源治理新高地；完善“诉非联动”考评细则，紧盯源头预防“止于未发”；强化对民间借贷等虚假诉讼多发领域案件的甄别和防范处理，狠抓前端化解“止于未讼”。诉前化解纠纷5.1万件，诉源、执源新收案件分别比2021年下降4.33%、8.62%。

【审判公开】 2022年，泉州市各级法院推行阳光司法，网络直播庭审9840件，上网公开裁判文书5.28万件，网络司法拍卖成交49.96亿元。加强执行节点信息公开，向公众推广智慧执行App，促进立案、查控、结案等信息全流程透明。向市人大常委会汇报商事审判和行政审判工作，联合举办“人大常委会机关进法院”系列活动。向市政协通报法院工作情况，配合市政协就知识产权司法保护召开专题协商会。办理代表建议件13件、委员提案9件，答复率和满意率均为100%。坚持“走出去”与“请进来”并重，“一对一”走访代表、委员，邀请参加法院重要活动、重大庭审、重要会议173人次。1420名人民陪审员陪审案件9562件。召开法官与律师“面对面”座谈会，构建亲清职业共同体。支持派驻纪检监察组依纪履职，对“三重一大”事项开展全方位监督，自觉接受检察机关法律监督。

【特殊群体人权司法保障】 2022年，泉州市中级人民法院创新“泉家福”涉家事司法服务机制，与市妇女联合会在德化县联合设立全省首个两级联动的家庭教育司法协同促进基地；实施《中华人民共和国家庭教育促进法》，完善“人身保护令”工作指引，获最高人民法院推介；推出“家庭教育令”“督促监护令”等举措，增强家长“依法带娃”的法律自觉。《“双令”发力督促家长履行法定监护职责》《严厉打击非正常送养亲生子女犯罪》入选“2022年度福建省妇女儿童维权十大优秀案例”。成立“巾帼宣讲团”，针对校园欺凌等现象开展“点穴式”普法宣教活动，预防青少年犯罪；与市人力资源和社会保障局、市妇女联合会共建女职工劳动权益保障一体化基地，让“妇女能顶半边天”更有法治保障。

【案件执结】 2022年，泉州市各级法院执结各类案件7.64万件，实际执行到位金额219.2亿元。市中级人民法院推动跨域执行，指导部分基层法院联合成立跨域联动执行协作中心，加强全方位执行合作。推广智慧执行，升级执行流程信息管理系统，结案平均用时比2021年下降22.28%。推行善意执行，对生产经营暂时性困难但有发展潜力的企业灵活采取执前和解、“放水养鱼”等措施。

【福建省首个执行监督管理中心在永春县揭牌】 2022年3月7日，福建省首个执行监督管理中心揭牌仪式在永春县人民法院举行。该中心以“一站式”受理为主体，以“分段集约”和“全程监督”为两翼，以“便民惠民、高效有序、公开透明”为原则，打造集“服务、管理、监督”三大功能于一身的综合性执行服务平台。到访群众在该中心可以“一站式”查询自己案件的执行进展、案款发放等案件信息，还可以对相关事项、人员进行投诉举报等。

【福建省首个崇军拥军司法服务中心在泉州揭牌】 2022年5月23日，福建省首个崇军拥军司法服务中心揭牌仪式在泉州市中级人民法院举行。探索成立崇军拥军司法服务中心，是泉州市中级人民法院、泉州军分区和市退役军人事务局合力共为的一项创新举措。通过推动泉州市两级法院打造“1室”（设置老兵调解室，建立老兵调解员队伍）、“1道”（开通军人、退役军人绿色通道，优先处理案件）、“1点”（在县级退役军人服务中心设立巡回办案点），助力多元矛盾纠纷化解，为军人、退役军人提供全方位司法服务。老兵调解员聘任仪式同时举行，首批聘任20名老兵调解员，充实老兵调解室力量。

【泉州知识产权法庭和泉州国际商事法庭成立】 2022年9月14日，泉州知识产权法庭和泉州国际商事法庭揭牌成立，系全省第三个知识产权法庭和全国第五个在地方设立的国际商事法庭。泉州知识产权法庭集中管辖发生在泉州市辖区内的专利、植物新品种、集成电路布图设计、技术秘密、计算机软件的权属、侵权纠纷以及涉驰名商标认定、垄断纠纷的一审知识产权民事、行政案件，以及发生在泉州市辖区内除依法应由基层人民法院管辖之外的一审知识产权民事、行政和刑事案件，和不服基层人民法院管辖的一审知识产权民事、行政和刑事案件的上诉案件等。泉州国际商事法庭则集中管辖发生在泉州

2022年9月14日，泉州知识产权法庭和泉州国际商事法庭揭牌

（市中级人民法院 供图）

市辖区内应由市中级人民法院审理的一、二审涉外民商事案件，涉外商独资企业案件，信用证纠纷、保函纠纷等特定类型案件，仲裁司法审查案件、涉外调解协议确认案件，申请承认和执行外国法院民商事判决、裁定的审查案件，及其他国际民商事司法协助案件等。泉州知识产权法庭和泉州国际商事法庭的设立，旨在为泉州加强知识产权保护、深度参与国际贸易提供更加专业化、规范化、便利化的司法服务。

（曾惠勇）

司法行政

【概况】 2022年，泉州市司法局组织开展宪法宣传周暨纪念现行宪法颁布施行40周年、民法典宣传月、地方性法规规章主题等法治宣传活动。开展“法律进企业”活动，优化泉州市法治化营商环境。加强地方立法智库建设，选聘新一届政府立法咨询专家30人。推行“部门初审+司法局审核”双审制。加强规范性文件监督管理，推动修订《泉州市行政规范性文件管理规定》。建立全市人民调解员培训师资库，分级负责、分期分批实施村（居）人民调解员普遍轮训一次以上，培训人民调解1.15万人次。开展社区矫正隐患排查专项行动，排查出社区矫正重点人员269人。对全市“12348”法律服务热线接听设备完成100%换新，确保热线平台稳定有序运行。推动“12348”热线与“12345”热线归并工作有序开展。依法依规开展律师行业查处工作，完成185家律师所、2543名律师的年度考核工作。开展公证培训管理活动，联合省公证协会举办公证人员培训班，开展全市公证行业涉外公证质量专项检查和年度公证质量检查工作。组织全市司法鉴定机构、司法鉴定人开展全面评查，坚持依法依规和问题导向原则，制定发布《泉州市司法鉴定行政处罚裁量权基准（试行）》，推动涉保司法鉴定工作规范化。出台《泉州市司法局关于印发泉州市法律援助案件质量评估方案的通知》，择优选定46名执业10年以上律师组建法律援助案件质量评估专家库，完成首次同行评估工作。

【普法宣传】 2022年，泉州市司法局落实“谁执法谁普法”责任制，加大全民普法力度，加强基层依法治理。8月，组织开展2022年泉州市国家机关“谁执法谁普法”普法责任制落实情况交叉互评，在各单位自评基础上，抽取12个市直单位进行实地测评。全市开展法治宣传活动5709场，参加人数10万多人。组织开展宪法宣传周暨纪念现行宪法颁布施行40周年、民法典宣传月、地方性法规规章主题等法治宣传活动。开展“法律进企业”活动，优化泉州市法治化营商环境。组织、协调主管机关开展5场“新法面对面”线上直播讲座，在线观看23.15万人次。成立泉州市“蒲公英”普法志愿者服务司法行政系统支队和泉州信息工程学院大学生大队，开展普法志愿服务活动。加强农村“法律明白人”评选、培养和使用管理，分时间、分阶段，循序推进全市农村“法律明白人”培养工程。全市培养“法律明白人”2.35万人，在开展乡村法治宣传教育、化解农村社会矛盾、参与社会治理中发挥示范引领作用。全市举办“法律明白人”培训277次，参与培训2.37万人次，参与纠纷调解、法律宣传等活动3012场。推荐三个村（社区）参与第九批“全国民主法治示范村（社区）”的申报。创新普法方式方法，以蟳埔女为设计原型，打造泉州市法治形象代言人“普法少女小渔”，制作法治宣传海报和表情包，开展公益普法宣传。制作各类普法文化创意产品，作为法律知识的传播媒介发放到社区、学校和千家万户。

【人民调解】 2022年，泉州市司法局新建各类人民调解组织19个，全市9个省级工业园区全部成立人民调解组织，完成“园区枫桥”机制对接。在重点行政部门行政调解组织基本实现全覆盖的基础上，横向向人社、住建、教育（双减）等部门拓展，纵向向乡镇（街道）延伸。新成立行政调解组织44个。加强人民调解员队伍建设，提高人民调解工作质量。全市村级专职调解员配备536人，配备率21.09%，开展全市第一批二级人民调解员申报评定工作，评定二级人民调解员15人。建立全市人民调解员培训师资库，分级负责、分期分批实施村（居）人民调解员普遍轮训一次以上，培训人民调解1.15万人次。做好“诉调对接”“访调对接”“公调对接”以及参与“110”非警务警情事项分流化解等工作。推广“海上枫桥”多元调解石狮模式，推广“订单分包”调解模式。指导晋江市启动1000万元人民调解慈善救助金，率先推出“调解+慈善”的理念，健全完善行之有效的排查调解工作机制，将机制优势转化为治理优势，促进调解工作的融合、提升。全市排查化解各类矛盾纠纷4.2万件，调解成功4.18万件，成功率99%。其间未出现因调解不当引发群体性、重大伤亡或造成其他恶劣社会影响事件。

【社区矫正与安置帮教】 2022年，泉州市衔接新回归刑满释放人员7502人，重点帮教对象接送率100%，安置7443人，安置率99%；帮教7502人，帮教率100%。泉州市司法局部署开展刑满释放安置帮教重点人员排查走访工作，摸排在册刑释安帮对象3.67万人，排查出有明显重新犯罪倾向、原罪涉黑涉恶等重点人员790人，建档立卡，及时按规定报送相关部门，做好帮教措施，预防风险隐患的发生。截至年底，全市累计接收社区矫正对象4.99万人，解除矫正4.45万人；新接收社区矫正对象4897人，新解除

5164人。各县（市、区）社区矫正机构训诫社区矫正对象1669人次，警告362人次，治安处罚12人次，撤销缓刑46人次，对暂予监外执行对象收监14人次；对社区矫正对象组织集体教育4.95万人次，开展个别教育1.75万人次，进行心理辅导5805人次，组织公益活动2.63万人次，针对社区矫正对象开展职业技能培训1983人次，指导就业或就学398人次，帮助社区矫正对象顺利就业、融入社会。全市开展社区矫正隐患排查专项行动，排查出社区矫正重点人员269人。市司法局对县（市、区）开展社区矫正常态化督导检查，组织对假释、暂予监外执行社区矫正对象进行排查整治，开展社区矫正法实施二周年宣传月活动，完成市人大常委会社区矫正执法调研督导检查、省人民检察院社区矫正巡回检察、全市维护社会稳定工作专项督导检查等一系列社区矫正专项督导迎检工作。

【公共法律服务】 2022年，泉州市司法局构建公共法律服务一体化平台，实体平台实现市、县、乡镇、村（社区）四级全覆盖。“一村（社区）一法律顾问”及其工作微信群实现全覆盖。统一安排升级硬件配备，对全市“12348”法律服务热线接听设备完成100%换新，确保热线平台稳定有序运行。推动“12348”热线与“12345”热线归并工作有序开展，确保为群众提供便捷高效的“7×24小时”法律咨询服务。推进“智慧司法”建设，搭建覆盖全市的“互联网+公共法律服务”网络，依托“泉州公共法律服务”微信公众号优化集成法律援助、公证、司法鉴定等网络服务平台，融合“互联网+法律援助”及法律援助异地受理机制，推行法律援助经济困难证明事项告知承诺制，实现公共法律服务事项“网上办、指尖办、全域办”。

【律师管理】 2022年，泉州市有202家律师事务所。其中，合伙所114家（包括分所24家，其中省内分所13家、省外分所11家），个人所88家。律师2912名。其中，专职律师2191名、兼职律师56名，香港居民律师3名，公职律师498名，公司律师145名，法律援助中心律师19名。全市律师办理各类案件8.69万件，担任法律顾问4484家，提供公益法律服务8024件次，咨询和代写法律文书8169件，业务创收7.46亿元。市司法局强化律师行业培训管理，推动队伍规范化发展。举办各类法律讲座主题沙龙活动10场次，受训5000余人次。举办2022年泉州市律师实务交流与研讨会。做好法院、检察院离任人员从事律师执业专项清理工作，与市人民检察院联合印发《检律会商工作办法》、与市中级人民法院联合印发《建立法官离任后违规从事律师执业信息共享机制》，加强对离任法官、检察官从事律师职业的监督管理。依法依规开展律师行业查处工作，完成对185家律师所、2543名律师的年度考核工作。收到对律师行业的投诉件22件，无行政处罚，做出行业处分1件。全市540余名执业律师挂钩农村或社区担任法律顾问，全年村（社区）法律顾问开展重大村务决策在场128次、重要村规民约修改审核在场40次、重大事项法律咨询解答在场632次、重大纠纷调解在场115次、重要节点普法宣传在场316次。参加各级公检法机关等单位的信访接待和涉法涉诉信访值班，开展矛盾纠纷调解工作，全年律师参与值班170人次、信访接待和处理案件196件、调解案件828件。全年参与办理刑事法律援助案件1.53万件，为群众提供公益法律服务8024件。全市律师所全年开展普法宣讲活动136场，受众6800余人次。4484家党政机关、人民团体、企事业单位聘请泉州市律师担任法律顾问，全市55名律师担任各级人大代表和政协委员，被采纳议案建议59件。推荐全市94名律师担任各级人民检察院涉案企业合规第三方监督评估机制专业人员，全年办理涉案企业合规案件17件。加强对律师办理黑恶势力犯罪案件的业务指导、培训和规范管理工作，保障全市律师依法规范参与办理黑恶势力犯罪案件40起。

【公证管理】 2022年，泉州市有11家公证机构和60名公证员；办理各类公证事项4.44万件，收费2354.18万元。市司法局评定3家公证机构为优秀等次，8家公证机构为合格等次，17名公证员为优秀等次，43名公证员为合格等次。做好商品房销售摇号监督工作，市直公证机构加强摇号方案审核把关，办理商品房摇号现场监督公证186次。推行不动产继承公证购买服务，全市实现政府购买的不动产继承公证服务全覆盖，办理不动产继承公证3438件，为群众节省费用480余万元。服务重点项目公证，全市公证行业为重点项目提供52次公证服务，标的总额227亿元。开展公证培训管理活动，联合省公证协会举办公证人员培训班，开展全市公证行业涉外公证质量专项检查和年度公证质量检查工作。泉州市通淮公证处与泉州中级人民法院签署《公证辅助执行协作机制建设合作备忘录》，办理1件法院证据保全的公证辅助事项；南安市公证处办理南安市人民法院证据保全公证4件；泉州市海峡公证处办理鲤城区人民法院司法辅助公证131件；泉州市公证处办理各地人民法院司法辅助公证156件。

【司法鉴定管理】 2022年，泉州市有16家司法鉴定机构，130名司法鉴定人；承办司法鉴定案件2.94万件，业务收入3038万元。市司法局开展年度司法鉴定机构和司法鉴定人考核，15家鉴定机构和122名鉴定人评定为合格，1家鉴定机构评定为不合格，1名鉴定人评定为基本合格，2名鉴定人不予年度考核。组织全市司法鉴定机构、司法鉴定人开展全面评查，对执业类别是否符合执业分类要求、鉴定机构是否具备相应的技术条件和技术能力、鉴定人是否具备相应的职业素质及专业技术能力进行审查，并根据省司法厅评查初步结果，督促指导相关鉴定机构、鉴定人限期整改。建立健全司法鉴定行政处罚和行业处分制度，指导市司法鉴定人协会制定《泉州市司法鉴定人协会司法鉴定执业活动投诉处理和纪律惩戒办法》，成立投诉查处与纪律惩戒委员会，规范协会司法鉴定执业活动投诉处理和纪律惩戒工作。坚持依法依规和问题导向原则，制定发布《泉州市司法鉴定行政处罚裁量权基准（试行）》，明确司法鉴定行政处罚执法尺度和标准，规范司法鉴定管理行政处罚活动。制定印发《泉州市司法鉴定统一文书格式》，统一泉州市司法鉴定程序性文书格式和专业性文书格式，规范司法鉴定文书填写规则，完善司法鉴定业务活动流程。下发《司法鉴定执业活动注意事项（二）》，突出重点，统一规范案卷制作、文书材料填写、鉴定程序、受理与送达等活动。转发《司法部办公厅中国银行保险监督管理委员会办公厅关于规范涉及保险理赔司法鉴定工作的通知》，督导鉴定机构落实涉及保险理赔司法鉴定工作各项要求，与市保险协会建立涉保司法鉴定联络员信息对接机制，推动涉保司法鉴定工作规范化。

【法律援助】 2022年，泉州市办理法律援助案件1.87万件，接待法律咨询6.62万人次，为受援人挽回经济损失1.65亿元，免收法律服务费3496.95万元。办理农民工法律援助案件6876件，涉及农民工7345人次，免收农民工法律服务费用1249.46万元，挽回损失7904.6万元。受理指派刑事法律援助案件1.49万件，位居全省第一，其中属于扩大通知辩护范围的3172件。市司法局出台《泉州市司法局关于印发泉州市法律援助案件质量评估方案的通知》，择优选定46名执业10年以上律师组建法律援助案件质量评估专家库，完成首次同行评估工作。泉州市“12348”热线解答法律咨询6.13万人次，比2021年增长65.63%。在FM92.3频道开展为期一个月的《中华人民共和国法律援助法》宣传，提高法律援助法社会知晓率。开展法律援助宣传活动144场次，发放宣传材料2.1万份，现场解答群众法律咨询3322人次。结合“党建+”邻里中心建设，在晋江市培育“法律援助+劳动仲裁”示范点，以点带面，助推“法律援助+劳动仲裁”工作模式在全市推行。

（杨晶晶）

【福建省泉州司法强制隔离戒毒所】 2022年，福建省泉州司法强制隔离戒毒所坚持“人、物、环境”三体同防，实行“管理区、备勤区、办公区”三区封闭，强化“生活物资、医疗药品、应急预案”三项保障。成立戒毒执法评审中心，定期开展执法文书档案审核复核和规范填写培训，与丰泽区人民检察院和公安分局制定《戒毒检查监督工作的意见》，建立信息共享、协作配合、检察便民、联席会议四项机制，加强协作配合。在南安市罗东镇、晋江市磁灶镇设立新的康复指导站。全年签订帮教协议书45份，开展后续照管44人，调查回访356人次。

（林建星）

【泉州市知识产权公证服务中心开始运行】 2022年4月23日，泉州市海峡公证处在市知识产权保护中心办理首件线上知识产权维权公证业务，现场接收并封存第一件证物。此举标志着泉州市海峡公证处入驻市知识产权保护中心服务大厅办公，泉州市知识产权公证服务中心开始运行。市知识产权保护中心致力于为企事业单位提供集快速审查、快速确权、快速维权、运用促进于一体的知识产权“一站式”综合服务，打通知识产权创造、运用、保护、管理、服务全链条，构建审查确权、行政执法、维权援助、仲裁调解、司法衔接相联动的知识产权快速协同保护体系。知识产权公证服务有利于解决知识产权纠纷“举证难”的问题，是知识产权保护中的重要环节。

【《泉州市行政执法文书参考样本（2022年版）》出台】 2022年9月，泉州市司法局结合基层执法工作实际，组织编制《泉州市行政执法文书参考样本（2022年版）》，明确行政执法适用范围、明晰执法

2022年6月28日，福建省泉州司法强制隔离戒毒所与晋江市磁灶镇政府举行戒毒康复指导站揭牌仪式 （福建省泉州司法强制隔离戒毒所 供图）

程序，为乡镇（街道）基层执法提供规范化指引和制度保障。此次修订的68份文书参考样本，主要围绕行政检查、行政处罚、行政强制等法定程序及实体要求，涵盖立案、调查取证、证据保全和处理、处罚告知、听证、重大执法决定法制审核、送达执行、结案归档以及内部审批流程等文书类型，为乡镇（街道）基层执法提供规范化指引和制度保障。

（杨晶晶）

仲 裁

【概况】 2022年，泉州仲裁委员会站位于为市场经济发展提供优质法律服务，在案件质量、仲裁效率和管理服务水平等方面，主动对标国内外一流仲裁机构。开拓新领域、拓展新区域，以办好每个案件、服务好每一个当事人为出发点，以精细化的管理、专业化的服务提升市场主体对仲裁的认可度，发挥仲裁的服务保障作用。全年受理案件2455件，标的23.74亿元。受疫情影响，案件数和标的均有减少，但案件类型数量略为增加，保持稳定。案件类型65类，以金融借款、交通事故理赔、民间借贷、商品房预售、买卖合同、建设工程、租赁合同等为主。

【“随机+精准”分案制度】 2022年，泉州仲裁委员会实行“随机+精准”分案制度，所有案件由立案处统一受理后随机分配到各个处室，再由处室按照“随机+精准”的方式分配至仲裁秘书。随机分案既充实了仲裁秘书办理案件类型的多样化，又丰富了仲裁秘书承办各类案件的工作经验，有利于提高仲裁秘书辅助仲裁庭的综合能力。而精准分案则保证了仲裁秘书对特定案件类型的钻研能力。

2022年12月16日，泉州仲裁委员会在市区真武庙开展文明创城骑行活动，宣传仲裁工作（黄晓彤 摄）

【仲裁业务流程规范】 2022年，泉州仲裁委员会总结自成立以来的业务情况和相关规则制度的实施情况，根据业务实践的合法性、合理性需要，提出对泉州仲裁委员会仲裁规则、泉州仲裁委员会委托鉴定办法等规章制度中部分条款的修改意见，从制度层面更好地规范业务流程，使仲裁工作迈上新台阶。完善内部治理结构，加快推进仲裁制度改革创新，以确保仲裁活动公正、高效进行。

【仲裁程序监督管理】 2022年，泉州仲裁委员会在尊重仲裁庭、仲裁员、仲裁裁决的基础上，加强对仲裁程序的监督管理，建立重大疑难案件的专家咨询制度和仲裁委员会主任会议监督制度。对涉及群体性纠纷、可能影响社会稳定的；疑难、复杂且在社会上有重大影响的；与类案裁决可能发生冲突的；涉案当事人或者代理人反映仲裁庭（员）有违法裁决行为的“四类”案件，要求仲裁秘书第一时间向分管仲裁业务的领导汇报，提交主任会议研究，听取案件总体审理情况后，向仲裁庭（员）提出案件处理建议或意见，并决定是否提交专家咨询委员会讨论的工作机制。年内没有发生被人民法院撤销的案件，没有被人民法院裁定不予执行的案件；受理10件信访件，均复查答复有关部门和当事人，没有发现错案。

（吴霆云）

军　事

泉州军分区

【概况】　2022年，泉州军分区贯彻习近平主席训令训词，加强党委对练兵备战的统一领导，落实党委议战议训制度。注重党管武装工作制度落实，落实市委议军、军事日、党管武装述职等制度。与市政府联合印发《泉州市“十四五”时期民兵建设发展计划》。开展双拥创模“百日宣传”活动，实现省级双拥模范城（县）“满堂红”四连冠目标，召开市“八一”军政座谈会，备战全国双拥模范城“十连冠”评审。结合推动党史学习教育常态化长效化，传达学习违纪违法典型案例通报，强化党性观念、前置督导警示、扎紧制度“笼子”。

【练兵备战】　2022年，泉州军分区自上而下修订各类方案计划，组织任务行动桌面推演和实兵实装演练，落实省军区依案练兵要求。联合市政府出台《关于进一步健全完善泉州市军地应急联动机制的实施意见》，规范军地联合处置突发事件的组织指挥、力量运用、情报协作和综合保障。参加和保障全省民兵防空分队实弹射击演练；担负省军区赋予的新时代民兵教练员“选、训、用 、管、 保”试点工作，结合民兵整组在基干民兵队伍中选拔评比星级教练员，建立起一支充实管用的教练员队伍；派员参加省军区组织的国防动员骨干集训、教练员比武、民兵营长指挥法集训等活动，总成绩均名列全省第一。

【国防动员】　2022年，泉州军分区组织新域新质力量建设集中点验活动。《泉州市新域新质力量建设纪实》录像片作为经验交流，在全省新质力量建设运用推进会上展播，是9个设区市唯一一家。开发福建征兵“掌上云平台”，承办下半年全省征兵宣传和大学生征兵网络启动仪式，依据《福建省精准征兵试点工作实施方案》，开展精准育苗、精准评估、精准定兵、精准征召试点，高标准完成全年新兵征集任务，超出省年度指导比例20个百分点，在全省征兵考评中名列前茅。

【双拥工作】　2022年，泉州军分区开展挂钩帮扶村乡村振兴、八一助学兴教工作，组织第六届“爱我国防”大学生演讲比赛，组织军训骨干集训并进行资格认证，完成数所高校军训任务。会同市中级人民法院、市退役军人事务局建立崇军拥军司法服务中心并揭牌。召开科技文化拥军集中现场办公会，研究确定2022年度科技文化拥军项目。

【部队管理】　2022年，泉州军分区对照军委纪委监委巡视巡察反馈4个方面12个具体问题，举一反三建立问题台账和责任清单，研究制定45条整改措施，并督促各人武部（干休所）抓好整改落实。拟制下发《泉州军分区深化基层风气整肃治理实施方案》，制定整改措施，健全制度机制。抓好《军队党的问责工作规定》贯彻落实，把握运用好监督执纪“四种形态”，传导高压严治强劲态势。

（王更生）

人民防空

【概况】　2022年，泉州市人民防空部门紧扣“十四五”人防建设发展规划，在抓好常规工作不放松的基础上，求突破、有亮点、出实效，推动泉州人防事业稳步发展。根据泉州市实际情况，在全市范围内开展人防专业队伍整组。指导各县（市、区）抓好信息保障常态化训练，梳理指挥通信工作。推进全市人防社区工作站建设，加快指挥核心能力建设。12月，启动国防动员体制改革。改革期间，市人民防空办公室坚持树立改革与发展“一盘棋”思想，按照原人民防空既定的三定职责和国防动员新职责、新使命，抓好改革期间的主责主业，确保改革不停步，业务不间断。

【人防训练演练】 2022年，泉州市人民防空部门根据泉州市实际情况，在全市范围内开展人防专业队伍整组，重点把信息防护、心理防护和新型人防专业分队编实，提高编组的质量和专业对口率，确保全市人防战备落到实处。此次演练把整组重点放在人防工程平战转换专业队上面，通过洛江区和石狮市的编组试点，全市所有县（市、区）增编一支人防工程平战转换专业队，通过前阶段的摸底调查，所有单位的人防专业队整组进入实名制编制阶段并完成花名册报送工作。此外，组建市级人防信息防护分队一支，并纳入集训计划，全程参与市本级集训。

【人防信息化建设】 2022年，泉州市人民防空部门下发《关于加强人防信息化建设有关问题的通知》，要求县级人民防空办公室调整人民防空指挥部成员，加强人防核心能力建设，上报年度人防信息化建设项目清单，主动协调同级政府和人民武装部，配齐指挥通信机构队伍，做到指挥通信人员专职专用。制定年度训练计划，每周组织开展指挥通信业务联调联试训练，其中常态化组织机动指挥联调联试和电台训练52次，机动指挥系统到泉港区、永春县和惠安中化公司进行跨区支援训练；9月19—23日，参加省人民防空办公室在宁化组织的指通业务训练，通过训练提升通信信息保障和人防实战指挥作业能力。

【人防社区工作站建设】 2022年，泉州市人民防空部门推进全市人防社区工作站建设。鲤城区、丰泽区各建设3个，洛江区、泉港区、晋江市、石狮市、南安市、惠安县各建设2个，其他县（市、区）至少建设1个人防社区（村）工作站。为完成人防工作站的“十四五”目标任务奠定基础。经过检查，丰泽区、晋江市和永春县、德化县人防工作站质量较好，标准较高。

【人防指挥所建设】 2022年，泉州市人民防空部门加快指挥核心能力建设，指导洛江区、永春县完成地面指挥中心建设，洛江区做好前期工作，永春县进入招投标工作。安溪县地面指挥中心完成省、市、县互联互通，参加正常的联调联试，项目通过验收。推进8个县（市、区）人民防空办公室指挥所指挥系统升级改造。以县级指挥所升级改造和人防疏散基地体系建设为契机，各人民防空办公室拓展指挥手段和指挥方式多样化，把信息指挥融入各种应用功能模块，实现有线、无线传输，卫星通信，视频会议系统，传真调度等统一指挥和管理，达成省、市、县三级互联互通目标。完成石狮市、晋江市、南安市和惠安县机动指挥系统建设工作，确保年底验收投入使用。

【人防业务培训】 2022年，泉州市人民防空部门评审市直机关有关单位人员疏散隐蔽方案，组织市直机关第二期人防联络员30人进行业务培训，于第四季度完成集训任务。重点培训市直机关重点单位、大中专院校和大医院联络员。培训目标是规范市直机关人防工作内容和疏散程序，从而达到战时安全有序疏散本单位人员目的。

【人防宣传教育】 2022年5月，泉州市人民防空部门下发《泉州市人民防空办公室关于推进防空警报系统升级改造实施方案的通知》，结合国防宣传教育日、“5·12”全国防灾减灾日、“9·18”防空警报试鸣日等重要节点，开展人防宣传“进学校、进机关、进媒体、进社区、进企业”工作。组织开展行政执法专题培训。

【全市第25次防空警报试鸣】 2022年9月18日，泉州市人民防空部门组织13个县（市、区）及山美水库、福建炼油厂等开展泉州市第25次防空警报试鸣活动暨人员疏散演练。以演练全方位检验提升全市应急救援、协同作战能力。活动中，多台防空警报器参加试鸣（其中包括固定警报器，多媒体、机动警报器，2台大功率机动警报器）。紧跟科技步伐，首次引入5G无线视频传输，实现多场景远程图像传输等多项高科技功能；现场开展主题展、竞答等活动，并制作宣传单、遮阳帽等宣传品，扩大宣传覆盖面，营造宣传氛围。

【国家人防试点任务工作】 2022年，泉州市人民防空部门完成《泉州市承担国家人防试点任务工作总体方案》编制，谋划生成“基于网络信息系统的人口疏散体系项目试点”“结合新型城镇化和乡村振兴战略的人口疏散基地试点”“融合社会主义新农村统筹规划的人口疏散地域试点”3个试点项目，其中“基于网络信息系统的人口疏散体系项目试点”完成可研暨初设的招标工作和可研初稿，建成多个可接收相当数量人口的疏散地域（多个美丽乡村疏散点），对应疏散全市中心主城区、重要目标毗邻区和人口密集区多个重点村（居）的人员，试点取得初步成效，被《中国人民防空》等多家媒体关注报道，同时于5月接受省上中期评估。

（刘青青）

退役军人事务

【概况】 2022年，泉州市退役军人事务局完成双拥模范城创建、优待证申领发放两项重点工作，各项工作有序推进、有效落实。举办首届退役军人军事体育运动会，联合中国邮政泉州分公司建立首个崇军“奔跑”主题邮局，开展“连心桥·情系老兵”公益体检活动，实现全市崇军拥军司法服务网络全覆盖。开展“最美退役军人”学习宣传活动，打造5家退役军人思想政治教育基地。完成军转干部、符合政府安排工作的退役士兵和退出消防员安置工作，在“泉州市退役军人事务局”微信公众号上设立“适应性培训”专栏，更好促进退役士兵就业。优化服务保障，满足军休人员生活需要。制定出台《进一步做好烈士纪念设施管理保护工作措施》，提出分类管护要求。以“我为老兵办实事”实践活动为抓手，帮援困难退役军人，发放补助资金。

【退役军人思想政治教育和权益维护】 2022年，泉州市退役军人事务局增强退役军人思想政治工作吸引力，成立市退役军人思想政治研究中心，打造多家退役军人思想政治教育基地。举办首届退役军人军事体育运动会，展现“退役不褪色、奋进立新功”的风貌。开展“军民情·连心桥”主题活动，举办“连心桥”退役军人文化沙龙专场观影会。开展“连心桥·情系老兵”公益体检活动，为辖区重点优抚对象、困难和优秀退役军人提供免费体检。开展普法“八进”活动90次、发放资料1.5万份，普及（含网络）8万人次，联合市中级人民法院举办7场“三下乡”暨“送法进乡村（社区）”活动。

【退役军人服务保障体系建设】 2022年，泉州市退役军人事务局推

2022年9月30日，泉州市退役军事务局在泉州市革命烈士陵园举行向烈士纪念碑敬献花篮仪式 （陈晓东 摄）

进示范型服务站创建工作，鲤城区开元街道东北社区退役军人服务站等多家退役军人服务站获评福建省退役军人服务保障体系先进单位，泉港区涂岭镇退役军人服务站等多家退役军人服务站获评省级红色服务站点。推行退役军人“网格化+信息化”服务管理模式，以石狮市为试点，打通服务管理退役军人“最后一公里”。

【退役军人先进典型宣传】 2022年，泉州市退役军人事务局以“喜迎二十大、奋进立新功”实践为载体，开展“最美退役军人”学习宣传活动，推动典型选树宣传常态化，李安安获评2022年度福建省“最美退役军人”。组建市级“老兵宣讲团”，温文溪、陈欠水等10人入选。

【退役军人移交安置】 2022年，泉州市退役军人事务局高质量完成退役转业军官、符合政府安排工作的退役士兵和退出消防员安置工作，营以下和专业技术军转干部安置到公务员队伍和参公单位比例94.7%，接收安置2021年冬季符合政府安排工作退役士兵，安置率100%，75%安置到机关、参公、事业工勤岗位。

【退役军人就业创业】 2022年，泉州市退役军人事务局委托退役军人培训中心，在“泉州市退役军人事务局”微信公众号上设立“适应性培训”专栏，更好促进退役士兵就业。秋季接收安置返乡退役士兵线上培训参训率100%。组织2021年转业军官到泉州师范学院参加培训。组织多名转业军官到市委党校参加为期40天的岗前培训。全市开展招聘会多场，2301家企业参加。根据《泉州市促进大学生征兵工作若干措施》，提供14个事业单位岗位招聘退役大学生士兵。选送泉港东烽投资合伙企业的“纳米防火安全水漆”项目获评第二届全国退役军人创业创新大赛传统产业及生活服务业组优胜奖。

【军休服务管理】 2022年，泉州市军休服务管理工作坚持以服务军休人员为宗旨，优化服务保障，满足军休人员生活需要。组织5名军休干部参加省退役军人事务厅2022年度军休趣味运动会，组织军休干部到武夷山疗养。接收安置军休干部，做到“即交即接”，达到移交单位、接收单位、被移交人“三满意”。

【退役军人优待抚恤】 2022年，泉州市退役军人事务局联合910医院、泉州市中级人民法院等到泉州

台商投资区、德化县、永春县等县（市、区）开展7场“送医、送药、送政策”三下活动，为退役军人和其他优抚对象进行医疗巡诊、送药和政策宣传。探索为重点优抚对象购买意外身故、意外残疾、意外医疗保险项目，每人每年20元。市退役军人事务局联合市财政局，为重点优抚对象发放市级配套生活和医疗补助经费。全市优抚对象年度确认率提前两个月100%完成，位居全省第一。帮扶105户困难重点优抚对象，解决其生活难、住房难、医疗难问题。联合市发展和改革委员会等部门对享受国家定期抚恤补助的优抚对象发放春节及7月、9月、10月临时补贴。

【退役军人褒扬纪念】 2022年，泉州市退役军人事务局制定出台《进一步做好烈士纪念设施管理保护工作措施》，提出分类管护要求，制定《泉州市烈士纪念设施管理保护工作指引（试行）》，指导基层更好地开展烈士纪念设施管理保护工作。支持惠安县、安溪县、南安市和永春县开展烈士纪念设施修缮保护和整治提升工作。开展“为烈士寻亲”活动，通过联系烈士籍贯地退役军人事务部门、依托“今日头条”全国性公益项目等多种渠道开展“为烈士寻亲”活动，为100位烈士（含因公牺牲军人、病故军人）找到亲属。清明节期间，开展“奋进·2022清明祭英烈”烈士祭扫活动，倡导网上祭扫。组织拍摄的《李子芳烈士的足迹》在福建省“2022·奋进·网上祭英烈”微视频大赛中获二等奖。市退役军人事务局联合中共泉州市委宣传部、市委党史和地方志研究室举办“喜迎党的二十大 红色基因代代传”八闽英烈讲解员大赛市级初赛，选派刘丽红、陈芳菲参加省级决赛，分获专业组二等奖和志愿组一等奖。

【退役军人关爱帮扶】 2022年，泉州市退役军人事务局以“我为老兵办实事”实践活动为抓手，帮援困难退役军人，发放补助资金。成立全省首个地级市退役军人关爱协会。开展“十城千店崇军联盟”，1559家商企加入。开展走访慰问活动，走访慰问退役军人，并发放节日慰问金。推进“法律政策落实年”活动，全年办理30件法律援助案件，福建电视台《福建新视野》栏目予以专题报道。

【国防教育和双拥宣传】 2022年，泉州市退役军人事务局结合双拥模范城创建工作，新建鲤城区中山双拥主题公园、德化县双拥陶瓷馆、崇军拥军示范街道等宣传场所多个；各县（市、区）制作双拥专题汇报片和画册，展示双拥工作成果。军地多部门联合举办以“青春激扬迎盛会、奋进强军新征程”为主题的泉州市“爱我国防”大学生演讲比赛，9所高校33件演讲作品入围，在线观众8万余人次。组织参加福建省“爱我人民爱我军·八闽鱼水情”活动，选送作品81项，20项作品获奖，获奖总数位列全省设区市第一。

【拥军支前保障】 2022年，泉州军供站保障在泉州演训部队多批次，解决部队提报问题，推进多个科技文化拥军项目。泉州市作为全国双拥模范城代表（全国仅36个）参与全国双拥工作领导小组办公室组织的第二批“城连共建”工作。开展全国双拥模范城与驻泉州高山基层连队结对共建工作。泉港区开通全省首条“拥军专线”。落实军人子女入学优待，享受中考加分。

【军民共建】 2022年，泉州市退役军人事务局重新调整全市47个市直部门与驻泉州部队基层连队结对共建。探索“双拥+志愿服务”，成立全省首支设区市退役军人志愿服务队，在八一期间发动全市开展“送温暖、献爱心”拥军优属志愿服务活动，走访慰问困难军人、退役军人家庭。组织开展“八闽拥军健康行”“共学党的二十大精神”等主题军民共建活动30余场次。驻泉州部队抽组多批次支持泉州抗击疫情，为社区防疫提供自热食品、防疫物资5000余份；驻泉州部队赴外驻训期间多次救助交通事故受伤人员、失足落水、海岛被困群众，获《人民日报》等媒体报道。

【双拥模范城创建】 2022年，泉州市及所辖11个县（市、区）获省

2022年4月29日，泉州市退役军人和其他优抚对象优待证首发仪式在晋江市举行 （陈诗婷 摄）

级双拥模范城（县）称号，实现“满堂红”四连冠。中共泉州市委组织部、泉州市退役军人事务局、晋江市爱国拥军促进会3个单位获评“福建省爱国拥军模范单位”；刘朝辉、王荣锋、黄辉灿、王华琼、佘日森、柯其辉、陈伟尧7人获评“福建省爱国拥军模范”。泉州市退役军人事务局承办全省双拥工作领导小组办公室专职干部培训班，邀请驻福建部队相关领导集中授课，组织到驻泉州部队等调研，泉州市、惠安县等地双拥工作负责人分享双拥工作经验。

【退役军人优待证申领办理】 2022年，泉州市退役军人事务局成立泉州市优待证发放工作领导小组，并建立市级优待证审核工作专班。3月1日，举办优待证申领发放工作责任状签订暨合作银行服务承诺发布仪式，启动退役军人和其他优抚对象优待证申领发放工作，与13个县（市、区）签订优待证申领发放责任状，4家金融机构推出优待服务承诺。4月29日，泉州市优待证首发仪式在晋江市举行，全市12个县（市、区）举办优待证集中发放首发仪式。5月11日举行全市优待证申领发放工作推进会；6月10日召开全市优待证申领发放工作分析会，总结推广惠安县优待证申领发放工作经验做法；8月18日召开全市优待证申领发放工作交流座谈会；10月21日召开第四季度优待证申领发放工作分析会，推进优待证申领发放工作。当年，泉州市优待证申请人数、审核通过人数、通过率和优待证发放总数均居全省第一。

【全省设区市首个退役军人关爱协会在泉州成立】 2022年6月1日，全省设区市首个退役军人关爱协会——泉州市退役军人关爱协会成立。会员大会选举产生第一届理事会。省、市退役军人事务部门相关负责人共同为协会揭牌、授旗。泉州市退役军人关爱协会是在市委、市政府领导下，由泉州市关爱退役军人和热心拥军工作的各界人士自愿结成的专业性、非营利性社会组织，旨在宣传党和政府关心关爱退役军人的方针政策，整合各方面资源力量，协助开展全市困难退役军人帮扶援助，开展退役军人思想引导、政策宣传、教育培训、就业创业以及相关公益性活动。

2022年6月10日，泉州市首个崇军“奔跑”主题邮局在市政府邮政支局揭牌

（张泓 摄）

【泉州市首个崇军“奔跑”主题邮局揭牌】 2022年6月10日，泉州市退役军人事务局与中国邮政泉州分公司联合建立的全市首个崇军“奔跑”主题邮局在市政府邮政支局揭牌启用。仪式上，双方同时签订崇军战略合作框架协议。以“奔跑”为主题的邮局名称，不仅寓意中国邮政“迅速、准确、安全、方便”的国企服务方针，也是泉州军邮共建的目标。

【泉州市退役军人志愿者服务队成立】 2022年7月20日，福建省首支设区市退役军人志愿服务队——泉州市退役军人志愿者服务队在丰泽区红星宝珊爱国教育产业园成立。在中共泉州市委精神文明建设办公室、泉州市志愿者协会的指导下，这支队伍发挥模范带头作用，带动全市县、镇、村组建退役军人志愿服务队。全市成立县级退役军人志愿服务队13支，镇级退役军人志愿服务队162支，村级退役军人志愿服务队1696支。

【泉州市退役军人思想政治研究中心成立】 2022年9月27日，福建省首个退役军人思想政治研究中心——泉州市退役军人思想政治研究中心在泉州海洋职业学院成立。现场为研究中心首批7名校外特聘专家颁发证书。研究中心的主要任务是成立科研团队，开展课题研究，深化“军民情·连心桥”主题活动，拓展大讲堂、沙龙和“心灵茶室”等系列活动，从退役军人生活、工作的实处、困处、难处化解矛盾和问题。

（黄秀错）

“海上丝绸之路先行区”建设

综述

【“海丝名城”建设】 2022年，泉州市围绕“海上丝绸之路先行区”和战略支点城市的定位，建设“海上丝绸之路”综合交通、经贸合作、文化展示、城市联盟的重要门户，打造面向东南亚的工商业中心，活态传承中华海洋文明，建设世界遗产保护典范之城。传承弘扬“晋江经验”，实施28项重点改革任务。强化市级统筹统管能力建设，对中心城区实施规划建设一体化管理机制。发布支持民营经济发展政策“大礼包”，线上直达兑现惠企资金54.6亿元。推动营商环境提升，建成投用政务便民服务平台、公共数据开发平台，“一网通办”比例85%，“一趟不用跑”比例92%。整合“一件事”集成套餐548项，基本覆盖重点领域、高频事项。实施“百千万”融资促进活动，开展政府、银行、企业对接153场，存贷款余额均突破万亿元；启动企业上市“刺桐红”三年行动，新增上市企业4家，新设天使投资基金，不良贷款率下降。推进市属国企战略性重组和专业化整合，新组建城市规划设计集团、能源集团，市属国企资产总额增长21%、突破3000亿元；水务集团控股上市公司，实现泉州国企上市“零”的突破。推进聚城畅通，53个重点项目完成投资94亿元，兴泉铁路全线通车，国道324改线惠安黄塘段、洛江西环路双阳段建设完工，国道324改线南安水头段、政永高速德化段、通港东街快捷化改造等项目启动建设，跨江跨海通道项目前期工作取得实质性进展。全力稳外贸、稳外资，全市实际使用外资比2021年增长100%，进出口总额增长3.6%，推广扩容市场采购贸易试点，市场采购额574亿元、增长25.1%；开展“海外抢单”，组织外贸“微展会”“代参展”，包机组团参展，开行“中欧班列”和“整船出海”泉州至俄罗斯远东航线。实施“抓开放招商促项目落地”专项行动，建立12个产业发展领导小组，组建市招商服务中心，新签约合同2342个、总投资1.3万亿元。启动“爱泉州·大乐购”促消费活动，组织“十大主题促销、百场工业旅游、千家企业大让利、万场产业直播”，加快消费回补和潜力释放，全市网络零售额2463亿元，社会消费品零售总额增长2.8%。推动现代服务业提质增效，新增AAA级以上物流企业5家，快递业务量保持全国前十，获评首批国家综合货运枢纽补链强链城市；发行“全域旅游卡”，策划推广世遗游、研学游、乡村游、工业游等精品线路70条，新增国家AAA级以上景区4家、国家级旅游休闲街区1个、国家级夜间文化和旅游消费集聚区2个；支持影视产业发展，新增影视剧制作企业13家。安溪铁观音茶文化系统入选全球重要农业文化遗产。密切与华侨交流，建立完善重点侨情数据库，开展泉州籍精英故乡行、“中菲人文之驿”等活动。细化金融、农业、司法等领域惠台政策，新批台资企业、投资总额分别增长54%、99%；实施海峡两岸闽南文化溯源交流工程，举办纪念郑成功收复台湾360周年活动，清水岩获评国家级海峡两岸交流基地。

【智造强市建设】 2022年，泉州市围绕实施“数字泉州”战略、推动制造业转型升级、建设全球先进制造基地，推进国家智能铸造产业创新中心建设。实施“项目攻坚2022”，150个重点项目开工建设，120个重点项目建成投产，完成固定资产投资2840亿元、比2021年增长10.3%，其中工业投资增长21.6%。为企业减轻税费负担和增加现金流

178.5亿元，支持龙头企业和本地中小微企业产能对接850亿元。加快产业升级步伐。开展“强引擎、建载体、铸链条、提存量、拓增量”转型升级组合拳。新增高新技术企业超700家、总数超2300家，新增国家专精特新“小巨人”10家；新引建高水平科创平台3家，落地国家技术转移东部中心泉州分中心，国家智能铸造产业创新中心建成投用；全市技术合同成交金额比2021年增长62%；实施新时代人才强市战略，推出“涌泉”行动20条措施，入选省级以上人才计划250人，新增高层次人才2416名，新培养引进高校毕业生、技能人才、专技人才8.4万名；获批国家知识产权强市建设试点城市。实施龙头企业培优扶强工程，新增省级龙头企业35家；狠抓中小微企业“小升规”，新增“四上”单位2210家；商标有效注册量达72万件，保持全国地级市首位。加快绿色数字技改，编制完成“碳达峰”实施方案，新增国家级绿色制造示范项目25个，实施节能重点项目89个，单位规模以上工业增加值能耗比2021年下降9%，入选全国废旧物资循环利用体系建设重点城市。推动机器换工向全流程数字化迈进，新增国家级智能制造示范工厂3家、智能制造优秀场景7个，推广数字化生产线121条、新增“上云上平台”企业超1000家，新建5G基站7525个、培育5G示范场景应用新案例37个。

【品质泉州建设】 2022年，泉州市围绕高品质开放创新，实施“抓城建提品质”专项行动，划定国土空间总体规划“三区三线”（三区指农业空间、生态空间、城镇空间三种类型的国土空间；三线即对应划定的耕地和永久基本农田、生态保护红线、城镇开发边界三条控制线），开展西华洋、南滨江、江南等6个片区控制性详细规划修编，完成中央活力区城市设计国际竞赛。分3批实施城建项目1173个，完成投资800亿元；24个重点片区开发建设加快推进，中央商务区人气加速集聚，入驻企业数比2021年增长105%，税收增长55.4%。古城保护提质提效，完成古城核心区29条街巷市政综合提升，启动中山南路片区46条街巷整治。实施老旧小区改造项目560个、7.9万户，基本建成保障性安居工程1.2万套，新增保障性租赁住房5600套。实施“绿满泉城”、照明提升、水系联排联调、电力设施补短板4个三年行动，建立“三山一线”（大坪山、桃花山、观音山、山线绿道）统一规划建设管理机制，建成口袋公园157个、新增公园绿地面积121公顷；实施东海片区、“两江”沿岸及重要节点照明提升；完成水系联排联调规划总体方案编制；中心城区电力设施投资增长22%。建成智慧城管物联通管理平台，实行中心城区环卫一体化管理，完善生活垃圾分类管理办法。推动乡村建设，完成全市151万栋农村地籍房屋调查，编制实施村庄规划942个，创建整镇推进“五好”乡镇20个，打造乡村振兴示范线23条、典型示范村60个，新增国家级乡村治理示范村8个，整治裸房4.3万栋；实施城乡供水一体化建设，新改建供水管网1125千米；完成农村公路路网建设301千米、安防工程180千米。提升市民生活品质，民生福祉日益改善。坚持超七成五财力投入民生，完成39个为民办实事项目，建成229个便民惠民利民的“党建+”邻里中心。巩固拓展脱贫攻坚成果，强化防返贫监测和低收入群体帮扶，实施产业帮扶3800余户、稳定务工就业1.6万人、住房条件改善提升422户；扶持低收入村发展村财项目166个，脱贫村集体经营性收入均20万元以上。促进教育优质均衡发展，新增公办幼儿园学位1.2万个、中小学学位2.7万个，实现义务教育阶段学校课后服务全覆盖，启动中小学“5G+专递课堂”试点，新建技工院校4所，获批硕士学位授予培育单位2家。颁布实施新一轮妇女儿童发展纲要。加快补齐卫生健康短板，新增卫技人员3500人、医疗床位1200张、普惠性婴幼儿托位3000个；深化“三医联动”改革，开展信用医保试点，推进先诊疗、后付费；药品和医用耗材集采价格大幅下降，按病种收付费项目达494个。加强就业和社会保障工作，多措并举全力保就业，全市城镇新增就业9.1万人，失业人员实现再就业1.8万人，新增“五险”参保51万人次。建成投用市社会福利中心，新增养老床位超2500张；市、县慈善组织筹集善款16亿元。提升文化软实力，建立世界遗产“1+N”管理体系，成立文物保护中心，德化窑、永春苦寨坑窑获国家考古遗址公园立项；出台闽南文化生态保护区管理办法，新增中国工艺美术大师5名，培育新型公共文化空间24个，开展公益性惠民演出活动1400场。第十七届福建省运动会获金牌188枚。

（市政府办）

政策措施

【《关于加快推进21世纪“海丝名城”建设的决议》】 2022年1月6—9日，泉州市第十七届人民代表大会第一次会议在泉州人民会堂召开。会议审议通过《关于加快推进21世纪“海丝名城”建设的决议》（以下简称“决议”）。决议要求，全市各级国家机关和人民群众要把握省委、市委的部署要求，创新发展“晋江经验”，抢抓战略机遇，扛起时代重任，凸显在21世纪“海上丝绸之路核心区”建设中的使命担当，谋划建设世界多元文化商贸中心城市。要坚持产城融合、双轮驱动，强化市域统筹能力，构建梯次结构、分工合理、功能互补的城镇体系，做大做强中心城区、做实做优次中心组团、做精做美小城镇和新农村，加快建设高品质“两江一湾”（晋江、洛阳江、泉州湾）“海丝新城”。要坚持以文润城、以旅彰文，擦亮“宋元中国·海丝泉州”城市品牌，打造世界遗产保护利用典范城市。要坚持商贸引领、先行先试，主动嵌入“双循环”下的国内大市场和国际大流通，抓住《区域全面经济伙伴关系协定》（RCEP）生效契机，推动更高水平对外开放，构建“买全球、卖全球”的供应链体系，打造面向东南亚的工商业中心。要坚持以通促融、以惠促融、以情促融，打造台胞台企登陆第一家园的桥头堡。要坚持以侨架桥，开拓华人华侨参与“海上丝绸之路”建设新途径，让国内外资源、技术、人才、资金汇聚起来，打造具有泉州辨识度的“新侨牌”。要健全工作机制，明确责任分工，保障工作力量，构建统一领导、部门协同、责任落实、齐抓共管的工作格局。要强化要素支撑，主动对接争取上级支持，多层面完善政策，多渠道筹集资金，多方位引进人才，让更多资源要素集聚，让发展效应不断叠加。要加强宣传推介，凝聚各方共识，调动一切积极因素，形成万众一心推进21世纪“海丝名城”建设的合力。

【《关于传承弘扬“晋江经验”支持泉州建设21世纪“海丝名城”的意见》】 2022年8月，中共福建省委、福建省政府印发《关于传承弘扬“晋江经验”支持泉州建设21世纪“海丝名城”的意见》（以下简称“意见”）。意见以供给侧结构性改革为主线，以高水平改革开放为动力，发挥泉州市民营经济、“世界遗产城市”、侨台港澳资源优势，推动泉州市全方位高质量发展。意见提出推进供给侧结构性改革，把发展经济的着力点放在实体经济，支持泉州实施“强产业、兴城市”行动。到2026年，泉州市经济总量与产业层次显著提升，地区生产总值达1.75万亿元，民营经济增加值突破1.4万亿元，高新技术企业突破4000家，争创2～3家具有全球竞争力的世界一流企业，打造3个万亿级的产业链群。意见提出支持泉州站位“世界遗产城市”新起点，发挥侨台港澳资源的比较优势，强化泉州在“海上丝绸之路核心区”建设中的担当，把泉州建设成为工贸发达、文化璀璨、百姓富足的21世纪“海丝名城”。到2026年，泉州市“海上丝绸之路先行区”建设取得重要突破，“双循环”商贸物流枢纽作用更加凸显，在服务和融入新发展格局上展现更大作为，在探索海峡两岸融合发展新路上迈出更大步伐。意见把促进社会公平正义、增进人民福祉作为改革发展的落脚点，支持泉州构建教育、医疗、住房、就业、社会保障等民生保障体系，建设品质泉州。到2026年，泉州市城市能级与城乡品质大幅提升，营商环境达到全国先进水平，在创造高品质生活上实现更大突破。

【《泉州市加快推进21世纪“海丝名城”建设实施方案（2022—2026年）》】 2022年10月，泉州市政府印发《泉州市加快推进21世纪“海丝名城”建设实施方案（2022—2026年）》（以下简称“实施方案”）。实施方案明确，到2026年，泉州“强产兴城”取得重大成果，地区生产总值达1.75万亿元；“海丝泉州”城市名片更加靓丽，“宋风闽韵”城市风貌充分彰显；城乡品质能级显著提升，中心城区建成区面积达260平方千米以上；乡村振兴试点镇村、示范线建设全面推进。立体化国际运输体系基本形成，“双循环”商贸物流枢纽作用更加凸显；高水平开放型经济体制更加完善，侨务资源和侨乡建设“新侨牌”充分激活，台胞台企登陆的第一家园初步建成。实施方案提出工作措施：一、优化“海上丝绸之路”中心城市空间格局。围绕争取城市更大发展自主权、加快提升“海丝新城”品质、推动城乡融合发展3个方面，具体举措包括：1.争取政策支持在环泉州湾区域晋江南岸、洛阳江北岸规划建设“海丝新区”，对环湾中心城区实施一体化开发建设。2.争取政策支持规划建设“晋江经验”先导区。3.高水平规划建设高教职教园区。推动华侨大学、泉州师范学院等高校融入环清源山科创走廊布局、跨洛阳江布局建设，推动泉州市第一医院、泉州市中医院创建国家区域医疗中心。4.打造东海城东核心区，推动东海城东片区“一年突破、三年起势、五年成形”繁荣发展。推进东海后埔—金崎、北峰西华洋、江南繁荣等重点片区更新提质。5.实施“聚城畅通”，加速推进金屿大桥、百崎大桥、东海大桥建设。6.深化乡村振兴“串点连线成片”建设，实施试点村“梯度提档”工程、示范线“增量提质”工程、整镇推进“五好培育”工程。二、打造世界遗产保护利用典范城市。围绕打响“宋元中国的世界海洋商贸中心”品牌、创新世界遗产保护管理活化长效机制、打造世界古城活态传承典范3个方面，具体举措包括：1.高标准建设中国“海上丝绸之路”博物馆暨泉州世界文化遗产会展交流中心。2.办好“海上丝绸之路”国际艺术节、世界闽南文化节、世界文化遗产保护论坛等国际性展会活动。3.实施“水上看泉州，夜游世遗城”重大文旅项目。4.完善世界遗产保护管理体系，编制《“泉州：宋元中国的世界海洋商贸中心”世界遗产保护管理条例》。5.推动德化窑遗址、永春苦寨坑窑遗址申报国家考古遗址公园。6.打造古城6.4平方千米“国际慢城”、刺桐古港国际文化展示中心等一批历史文化地标。抓好古城街巷微改造，打造富有闽南韵味、泉州印迹的街巷空间。三、建设国内国际“双循环”重要节点。围绕打造国内大循环重要节点、融入国内国际“双循环”、打造“海上丝绸之路”对外开放平台、构建“一带一路”新交汇、打造辐射国内的消费中心城市5个方面，具体举措包括：1.推动纺织鞋服、建材家居、食品饮料等民生制造行业开启“新国货”“新国牌”“新国潮”行动。2.鼓励企业开拓国内市场，抱团参加知名展会，设立重点地区销售网点。3.建立健全现代物流体系，申报创建国家物流枢纽和国家骨干冷链物流基地。4.打造全球消费品集采中心，办好泉州品牌“境外行”“海丝行”活动，办好“海丝品博会”“海博会”“鞋博会”“石博会”等。5.推动泉商泉企抱团设立海外经贸合作区，建设集直播销售、线下体验、仓储物流于一体的新型海外仓。6.建设纺织服装、鞋业等10个国家外贸转型升级示范基地，申报国家外向型产业贸易投资提质增效项目。统筹发展石狮、晋江市场采购贸易试点。7.加快建设“海上丝绸之路”枢纽港口，推进晋江机场扩能改造，加快构筑“四横四纵多支点”铁路网络。四、拓展泉台融合和侨智侨力汇聚新渠道。围绕推动泉台直接往来通道建设、建设台胞台企登陆“第一家园”、搭建泉商侨商回归大平台、打造海内外华侨“心灵故园”4个方面，具体举措包括：1.跟踪国家用海政策，推动建设石井闽台客货运码头。2.加快泉州台商投资区、海峡两岸集成电路产业合作试验区等载体建设。3.推动台胞台企登陆第一数据港项目上升为省级和国家级平台。4.改造提升中国闽台缘博物馆，实施“海峡两岸闽南文化溯源交流工程”。5.鼓励企事业单位招聘台湾青年，承办台湾青年实习实训活动，推行对台专业技术职（执）业资格直接采认、采信。6.办好“海外泉籍精英故乡行”活动和海外华裔青少年网上夏（冬）令营。谋划设立“泉州人会客厅”，策划举办世界侨商大会。规划建设华侨投资创业产业园和侨商总部基地，在有条件的“党建+”社区邻里中心设立服务海外华侨所站，规划建设“华侨名人园”。7.加快建设南洋华裔族群寻根谒祖综合服务平台（二期）项目。争取将泉州华侨历史博物馆升格为省级馆，打造全国爱国主义教育基地。

【《关于深入学习宣传贯彻党的二十大精神，加快建设21世纪“海丝名城”的决定》】 2022年12月8日，中国共产党泉州市第十三届委员会第四次全体会议召开，审议通过《中共泉州市委关于深入学习宣传贯彻党的二十大精神，加快建设21世纪“海丝名城”的决定》（以下简称“决定”）。决定明确目标安排，到2035年，泉州市与全省一道基本实现社会主义现代化，全方位高质量发展核心指标位居全省前列，基本建成21世纪“海丝名城”；从2035年到21世纪中叶，全面建成21世纪“海丝名城”，成为展示中国特色社会主义制度优越性、展示中国式现代化实践成果的生动范例。决定要求，坚持把发展经济的着力点放在实体经济上，推进新型工业化，加快建设现代化产业体系，推动传统优势产业转型升级、战略性新兴产业集群集聚、未来新经济新动能培育壮大，构建高黏性产业生态，促进民营经济发展壮大，提升实体经济竞争力，推动经济实现质的有效提升和量的合理增长。健全现代城镇体系，以开展国家盘活利用低效用地试点为契机，优化城市空间格局，坚持城乡统筹、新老并重，推进新城集聚、古城提质、乡村振兴，提高城市规划、建设、治理水平，打造宜居韧性智慧城市，为高质量发展提供空间支撑。推进高水平对外开放，建设“双循环”重要通道节点，构建高能级开放平台，汇聚海内外侨商泉商智慧力量，加快建设21世纪“海上丝绸之路先行区”。

（总编室）

海丝中心城市建设

【中心市区一体化建设】 2022年，泉州市加强中心市区一体化建设，推进“海上丝绸之路先行区”建设。编制《泉州市城市更新试点工作方案》，争创全国城市更新试点。出台加强中心市区城建项目建设管理政策性文件，一体推进鲤城区、丰泽区、洛江区、泉州台商投资区统管区项目建设。“三区三线”划定成果于年底通过自然资源部审核，将作为建设项目用地用海报批审核的依据。

【东海城东核心区建设】 2022年，泉州市成立“水上看泉州、夜游世遗城”、法石“海上丝绸之路”历史文化街区、市民健身中心项目等项目专班，基本完成金凤屿片区（万安）、东星4号地块等项目征迁，启动东海金崎、后渚莲垵等项目征迁前期工作；东宝花苑三期工程、洛阳江流域综合整治——浔美滞洪湖景观公园等项目完工，开工建设滨海小学、金屿大桥等项目。

【“聚城畅通”工程】 2022年，泉州市实施“聚城畅通”工程，完成投资94亿元，超年度计划6.7个百分点。其中，加快武荣大桥、泉州大桥拓宽改造工程建设，武荣大桥完成投资85%，泉州大桥改扩建完成投资86%；金鲤大桥、洛阳桥扩宽改造工程完成前期工作，待用地用海要素报批；金屿大桥完成施工招标；百崎大桥完成初步设计审查工作；东海通道深化方案研究，完成隧道方案、桥梁方案编制；丰泽至洛江高速完成工程可行性审查，推进初步设计编制；大安高速完成初步设计审查及修编，开展施工图设计；泉梅高速被列入国家公路规划网，完成工程可行性报告、初步设计文件编制；兴泉铁路完成建设并于2022年12月开通；福厦客专主体施工全面完成。

【“两江一湾”建设】 2022年，泉州市推进东海城东等组团开发，集中力量打造中央活力区，加快建设高品质“两江一湾”“海丝新城”。完成2000年底前建成的老旧小区改造任务。开工保障性安居工程1.1万套，新增保障性租赁住房2000套。贯通一重环湾快速路，开工通港东街快捷化改造项目，加快刺桐大桥南节点改造，推动晋江西滨至石狮大道段主线贯通。建设中心市区至县域放射线，往南开工晋江世纪大道南延伸项目，往西加快武荣大桥建设，往北开工市区至泉港快速通道。开工建设金鲤大桥，加快泉州大桥改扩建步伐。新增5000个以上公共停车泊位。支持南安北部新城、安溪“大三环”、永春“东拓西进”和德化大城关建设。加快城际铁路R1线、轨道交通等项目前期。

【产城融合】 2022年，泉州市加快数字化转型发展，坚持“产城融合、双轮驱动”，推进新型工业化和城镇化。实施制造业高质量发展工程，突出历史遗产活化保护，提升环湾城市品质，完善综合交通，打造共建共治共享幸福家园。实施特色现代农业高质量发展工程，以优势农产品、特色农产品优势区为核心区，建设茶叶、蔬菜、畜禽、水产4个优势特色产业集群。新创建农业产业强镇3个、“一村一品”专业村40个，建设现代农业项目100个、新增投资45亿元以上，建成一批主导产业发展水平高、全产业链协调发展的产业核心区。实施“绿色数字技改”专项行动，推广数字化生产线120条，新增“上云上平台”企业1000家以上；开展大数据、区块链、人工智能等前沿技术创新应用等。加强能耗“双控”，建设绿色制造体系，实施重点节能工程60项以上，新增国家、省级绿色项目10项。实施“工业园区标准化建设”专项行动，抓好“规划、规范、提升、示范、招商”5个环节，建好标准厂房、研发楼房、标准公寓房，打造一批产业综合体和创新综合体，推动规模以上企业入园率、在园规模以上企业增加值占比持续提升。加快建设一批数字技术公共服务平台，加快在建半导体项目投产达产；做强海洋经济，培育海洋食品药品、海上牧场、滨海旅游等新业态。培育现代服务业集聚示范区，建立园区企业数据库，园区规模以上服务业企业入驻比重逐步提升，新增市级现代服务业集聚示范区4家以上。深化国家服务型制造示范城市建设，新增服务型制造示范15个以上，争创国家先进制造业和现代服务业深度融合试点。推进晋江陆地港片区和石狮石湖港片区建设，争创国家物流枢纽。打造中国快递示范城市，实施快递进村、进厂、出海三大工程，推进快递业与制造业深度融合发展。城乡发展构建梯次结构分工合理功能互补城镇体系，加快推进城市有机更新、片区滚动开发，推动环湾组团整体崛起，提升综合承载力和创新要素集聚力。实施一系列城市建设品质提升项目，建立中心市区一体化开发建设体制，实行环湾区域统管统筹，加快推进东海城东等组团开发建设，集中力量打造中央活力区，加快集聚高端服务业和科教文卫优质资源，打造“城市会客厅”。提升城市宜居品质，开展城市体检，实施社区补短板行动。实施生态连绵带及园林绿化景观提升、水环境综合治理等。规划落实“带图审批”制度，实施镇域中心建成区裸房“存量清零”。

（庄启鑫）

世界遗产保护典范城市建设

【文化遗产保护修缮】 2022年，泉州市完成各级文保单位（945处）文物安全标准化建设任务，组织多次文保单位、泉州世界遗产点安全生产督察检查，开展安平桥（晋江段）保护修缮、顺济桥遗址抢险加固工作，夯实文物安全根基。

【文化遗产展示利用】 2022年，泉州市推进“海上丝绸之路”博物馆选址考古勘探，南外宗正司遗址、安溪青阳下草铺冶铁遗址列入省级考古遗址公园立项，德化窑址、永春苦寨坑窑址国家考古遗址公园获国家文物局立项。上线5种语言版本的世界遗产智慧语音讲解系统，在九日山开展定位讲解服务试点。建立世界遗产志愿讲解队伍，完成超1000人次的志愿讲解服务。

【智慧语音讲解系统上线】 2022年，“泉州：宋元中国的世界海洋商贸中心”智慧语音讲解系统五种语言全部上线，用汉语、英语、日语、朝鲜语、闽南话讲述22个遗产点，只要一键扫码，就可以全面快捷地了解泉州系列遗产背后的故事。该系统突出“清晰”“便捷”的特点，游客可按照归类在一级页面直接找到22个遗产点中的任一遗迹点，点击对应按键进入二级页面即可收听该遗迹点的语音讲解。每个版本的体验界面都可以完整看到22世界遗产点分属的四大框架：制度保障类、多元社群类、商品产地类、运输网络类，更系统地理解泉州世界遗产内涵。语音讲解的音频，逐点搭配现场讲解点对应的图片，并提供倍速功能，游客可根据需要，采用倍速或慢速形式播放讲解语音。

【《“泉州：宋元中国的世界海洋商贸中心”世界遗产保护管理办法》施行】 2022年2月1日，泉州市政府《“泉州：宋元中国的世界海洋商贸中心”世界遗产保护管理办法》（以下简称“管理办法”）施行。管理办法立足守护好中华民族的文化瑰宝和全人类的共同财富，以遗产整体性保护理念为支撑，坚持问题导向，围绕保护、传承、活态利用三个方面，对标国际公约关于世界遗产的保护要求，构建符合遗产价值特征需求的保护制度。管理办法分5章，共36条。管理办法提出，突出规划与管理。坚持科学规划。明确泉州世界遗产管理规划和保护专项规划的法律地位，并对规划的编制内容、程序作出规定。为避免出现多规冲突，规定涉及泉州世界遗产的各类区域规划、专项规划，应当符合泉州世界遗产管理规划和保护专项规划。同时，建立规划定期评估制度，为强化规划实施或修改调整提供依据。强化管理措施。以遗产管理规划和保护专项规划为依据，细化保护要求。根据上位法要求，以及调研中各地比较集中提及的“应明确什么不能做，便于宣传”的意见，对遗产保护区域内的建设工程审批要求、遗产区和缓冲区的禁止行为作出规定；按照联合国教科文组织有关世界遗产保护的要求以及泉州世界遗产保护实际需求，在立法中再次明确建立专家咨询、遗产影响评估、联合技术审查、遗产监测等相关制度；并对遗产点日常管理、遗产区活动管理等提出要求。管理办法明确，促进遗产传承利用。坚持保护为主、科学合理利用的原则，根据遗产保护需求，组织制定保护利用的正面或者负面清单，明确鼓励、支持或者限制、禁止的活动，避免在遗产利用方面急功近利、竭泽而渔。针对“世遗泉州”带来的品牌效益，对于处理好遗产保护与旅游发展的关系，提出促进遗产保护和旅游融合发展的要求，让遗产在守得住、传承好的前提下，发挥更多的带动效应。管理办法将每年的7月25日定为“泉州世界遗产日”，动员全社会共同参与、关注和保护遗产，增强全社会的遗产保护意识。同时，支持活化利用泉州丰厚的非物质文化遗产资源，展现“世遗泉州”丰富多彩的历史积淀，以及独特的文化魅力，提升“世遗泉州”的国际影响力。

【世界遗产地博物馆城市学术研讨会】 2022年7月24日，由中国海外交通史研究会、泉州市文化广电和旅游局主办，泉州海外交通史博物馆与泉州师范学院泉州文化遗产研究院承办的世界遗产地博物馆城市学术研讨会在泉州海外交通史博物馆举行，数十位专家学者、文博工作者共同探讨世界文化遗产与城市发展、文旅融合及博物馆发展等事项。研讨会上，专家学者围绕“世界遗产与城市发展”主题，从“世界文化遗产与城市发展”“世界文化遗产与文旅融合”“世界文化遗产与博物馆发展”3个议题方向进行具体论述。

【《泉州古城创建国家级旅游度假区提升规划》编制】 2022年10月，泉州市鲤城区文化体育和旅游局委托泉州市嘉隆招标代理有限公司对泉州古城创建国家级旅游度假区提升规划编制及过程辅导服务类采购项目组织公开招标，标志该项目启动。

（庄启鑫 陈卉）

非物质文化遗产保护

【概况】 2022年，泉州市开展非物质文化遗产传习所资料整理。推荐传承人参加国家级、省市各级传承人研培活动。举办2022年泉州市非物质文化遗产保护工作暨非遗代表性传承人培训班，提升非物质文化遗产保护工作者的综合素质。举办“传承泉州非遗技艺•弘扬优秀传统文化”泉州非物质文化遗产进校园宣传活动；组织承办“中国巧手•泉州非遗项目体验专场”活动；举办“喜迎二十大 奋进新征程”泉州木雕精品展，特邀11名省级非物质文化遗产代表性传承人的百余件作品参展。开展泉州市第三十二届中小学生南音比赛，集中展示南音进校园成果，为南音传承输送新鲜血液。开设非物质文化遗产普及课程，推出“泉州歌诀”系列微视频60期；开展“非遗•二十四节气”主题系列线上宣传活动；上线泉州非物质文化遗产手绘电子地图，完善微信非物质文化遗产馆语音智能导览。

【首个“泉州世界遗产日”系列活动】 2022年6月11日，由泉州市文化广电和旅游局主办、泉州市艺术馆承办的泉州市2022年“文化和自然遗产日”活动在泉州非物质文化遗产馆举行。活动采用双活动主题，其中非物质文化遗产主题为“连接现代生活，绽放迷人光彩”，文物保护主题为“时代共

2022年6月11日，泉州市2022年“文化和自然遗产日”活动在泉州非物质文化遗产馆举行

（陈智勇 摄）

进，人民共享”。活动内容包括启动仪式、非物质文化遗产展演展示及法律法规宣传和非物质文化遗产购物节等部分。泉州提线木偶戏《狮子舞》、梨园戏《绣鸾》和《惠女服饰表演》同台献演；泉州木雕、彩扎、妆糕人等15个非物质文化遗产工作坊展示分布在馆内，吸引市民参与互动体验；非物质文化遗产购物节由有众多传统技艺类和传统医药类非物质文化遗产商家参加。活动现场，主办方为第七批省级非物质文化遗产代表性项目保护单位代表和第三批市级非物质文化遗产传习所代表授牌，同时举行泉州非物质文化遗产手绘电子地图上线等活动。

【《泉州市闽南文化生态保护区管理办法》出台】 2022年11月17日，泉州市政府公布《泉州市闽南文化生态保护区管理办法》（以下简称“管理办法”），自2023年1月1日起施行。管理办法提出，闽南文化生态保护区建设将坚持保护优先、整体保护、见人见物见生活的理念，既保护非物质文化遗产，又保护孕育发展非物质文化遗产的人文环境和自然环境，推动实现建设成为国家级文化生态保护区先进区、示范区和引领区的目标；坚持政府主导、社会参与、立足传承、创新发展的保护原则，并将闽南文化生态保护纳入国民经济和社会发展规划及绩效考核评价体系。管理办法指出，泉州市将加强非物质文化遗产调查，真实、系统和全面记录其种类、数量、分布、生存环境、保护现状等情况，并建立非物质文化遗产档案和相关数据库，促进记录成果广泛利用和社会共享。对具有价值的非物质文化遗产资源及时采取保护措施，有计划地分期分批申报各级非物质文化遗产代表性项目名录。同时，完善代表性传承人的评选认定、退出机制，指导、支持其开展授徒、传艺、交流等活动。加强对列入联合国教科文组织非物质文化遗产名录名册项目的履约保护，建立申报项目储备库，对具有泉州特色、国际影响、厚重价值的非物质文化遗产，按照有关规定申报列入联合国教科文组织非物质文化遗产名录名册。管理办法明确，泉州市和县（市、区）文化旅游主管部门开展非物质文化遗产代表性项目存续状况测评和保护绩效评估，制定落实分类保护政策措施：对濒临消失、活态传承较为困难的代表性项目，制定抢救性保护方案，优先实施抢救性保护；对受众较为广泛、活态传承基础较好的代表性项目，通过培养后继人才、提供必要场所和资金、加强宣传推广等方式，实行传承性保护；对可转化为文化产品或者服务的代表性项目，在保持其传统生产方式、工艺流程和核心技艺的基础上，通过培育和开发市场、完善创新产品或者服务、引导金融机构提供金融支持等方式，实行生产性保护。

（陈 卉）

文旅经济

【概况】 2022年，泉州市推进文旅经济发展，宣传贯彻《泉州市文化旅游发展促进条例》，开展第二批市级文化产业和旅游产业融合发展示范区培育单位创建工作，起草《关于开展文旅产业发展专项行动方案（暂名）》。溪禾山铁观音文化园获评国家AAAA级旅游景区，8家企业获评第六批“福建老字号”，全市网络零售额近2300亿元。

【文旅项目支撑】 2022年，泉州市加强文旅项目支撑作用，促进文旅经济发展。溪禾山铁观音文化园获评国家AAAA级旅游景区，晋江市博物馆、安溪国心绿谷、德化安娜茶油获评国家AAA级旅游景区，泉州八仙过海旅游度假区获评省级旅游度假区。泉州中山路入选第二批国家级旅游休闲街区公示名单，惠安崇武镇入选第二批全国乡村旅游重点镇，“畅游山水寻找年味”德化之旅入选文旅部全国乡村旅游精品线路。蔡国强艺术中心项目开展概念性设计方案，发布用地征收土地预公告和征地补偿安置方案公告。

【“最泉州”街区商圈】 2022年，泉州市做热“最泉州”街区商圈。举办“爱泉州·大乐购”、百场工业旅游、千家企业大让利等系列活动，开展石狮“网交会”暨“五在石狮”直播节、南安“五月花”直播乐购节等活动。全市网络零售额近2300亿元。深化创建“闽菜馆”，举办美食和泉州优品微视频创作大赛，开展“最闽南”美食名店、名菜、名厨和预制菜名企评选。打造“礼遇泉州”美食和伴手礼平台，举办“寻味刺桐 礼遇泉州”平台对接会，推动传统餐饮、老字号、伴手礼企业传承和创新发展，8家企业获评第六批“福建老字号”，36家企业获评第二批泉州老字号。

【“寻味刺桐 礼遇泉州”平台对接会】 2022年1月3日，由泉州市商务局主办、鲤城区商务局与“礼遇泉州”平台承办的“寻味刺桐 礼遇泉州”平台对接会举行。活动旨在让老字号、老味道，嫁接新数字、新零售，通过线上平台，送到海内外千万家乡人手上，释放“老”产业的“新”动能。包括莲花峰茶厂、尧记酱道等多家老字号与“礼遇泉州”平台签约，专家向业界分享如何数字赋能及文化赋能传统产业。“礼遇泉州”是泉州金控集团投资，由泉州市电子商务协会、泉州中泉供应链管理有限公司和泉州鲤城文旅投资集团共同打造的伴手礼福利平台。该平台立足破解泉州市传统老字号、餐饮、食品企业发展瓶颈，借助互联网和信息技术手段，通过专业团队帮助泉州市特产、老字号、非物质文化遗产、网红爆款、国潮产品进行全新包装，线上线下结合开拓市场。

【2022年度“最闽南”美食名店评选活动】 2022年12月24日，由泉州市商务局指导，泉州晚报社、泉州广播电视台、泉州中央商务区丰泽区指挥部主办的2022年度“最闽南”美食名店、名菜、名厨及预制菜名企评选活动启动仪式举行。同步举行名厨、名菜推选活动。谢清明等十名选手获泉州市餐饮烹饪职业技能竞赛前十名，获评“最闽南”十大名厨。古城炬龙牛肉店的药膳牛尾、好成财牛排馆的牛肉羹、永春湖洋竹筒农家饭店的醋猪脚等菜品被评为“最闽南”20道美食名菜。2022年度“最闽南”美食名菜、名厨、名店及预制菜名企系列推选活动于9月底启动。经各县（市、区）推荐和筛选，112道菜、70家店、40位厨师和24家预制菜企业符合参赛条件，进入初赛名单。“最闽南”美食名店、预制菜名企推选采取专家打分占比70%、线上公众投票占比30%相结合的方式；“最闽南”美食名菜推选采取成品或半成品现场加热方式进行，专家打分占比70%，网络投票占比15%，网红大众评审打分占比15%；“最闽南”美食名厨推选则采取理论考试占比20%、现场制作占比80%的方式进行，现场制作部分由专家打分。

（庄启鑫）

海丝重要门户建设

【外贸通道拓展】 2022年，泉州市常态化开行“中欧班列”，首航开行“整船出海”泉州至俄罗斯海参崴航线。锦尚作业区扩大对外开放完成省级初验。中化外走马埭1～8号石化泊位、斗尾作业区7号泊位新增对外开放作业点。开展泉州口岸电子公共服务平台项目报批和可行性研究，深化进出口货物“提前申报”“两步申报”等改革。推行进口“船边直提”和出口“抵港直装”，进、出口整体通关时间比2021年分别压缩38.2%、18.1%。

【泉州市融入“丝路海运”发展战略】 2022年，泉州市利用福建省“丝路海运”“丝路飞翔”相关政策，新增3条泉州港外贸集装箱班轮航线（2条泉州—菲律宾马尼拉航线、1条泉州—俄罗斯海参崴航线）。泉州晋江国际机场扩能改造工程完成国内航站楼扩建区域一期外立面施工和国际航站楼扩建区域封顶，塔台通过行业验收，搬迁投用。

【面向东南亚的工商业中心建设】 2022年，泉州市打造面向东南亚的工商业中心，举办各种展会。推动更高水平“引进来”，主动承接发达国家和地区先进技术、先进生产力转移，重点吸引世界500强、全球行业龙头企业和细分市场领先企业。对接中国国际进口博览会、中国国际投资贸易洽谈会等平台，精准引进全球产业链价值链中高端项目。创建晋江国家进口贸易促进创新示范区。支持合适产能“走出去”，促进纺织鞋服、机械装备、建材家居等优势制造业企业在海外投建产能合作基地，开展品牌并购、境外上市和高新技术合作。推动泉商泉企抱团设立海外经贸合作区，建设集直播销售、线下体验、仓储物流于一体的新型海外仓，打造海外原料生产、零部件采购和商品销售基地。继续举办港澳泉州品牌专区推广活动，组织参加澳门国际展洽活动，融入闽澳“并船出海”。

【消费品集采中心建设】 2022年，泉州市开展泉州品牌“境外行”“海丝行”活动，举办“海丝品博会”“海博会”“鞋博会”“石博会”等，推进专业展会、专业市场、电子商务、生产基地、快递物流联动发展，线上线下深度融合，打造“买全球、卖全球”的全球消费品集采中心。

【“海上丝绸之路”对外开放载体建设】 2022年，泉州市开展“海上丝绸之路”对外开放载体建设。高质量建设开放平台，推动福建自贸区增设泉州片区，做强做大泉港、泉惠石化园区石化贸易，争取省级石油化工产品交易中心等重要贸易平台落地，申报国家级石化自贸试验，推动石狮、晋江、惠安争创国家级渔港经济区，探索建设中国与欧洲、中国与RCEP区域国家合作产业园区，探索与阿联酋共建“中阿丝路数字科技园”，建设纺织服装、鞋业、伞业、陶瓷、藤铁工艺等10个国家外贸转型升级示范基地，申报国家外向型产业贸易投资提质增效项目。加强“海上丝绸之路”沿线国家城市合作，夯实与日本浦添市、德国诺伊施塔特市等国际友城的友好交流与务实合作，继续推动与印度金奈市、韩国光州广域市、日本大阪泉州地区等深化友好关系；依托联合国海陆丝绸之路城市联盟工商理事会平台，加强与发达或发展中国家城市的交流借鉴。构建更高水平开放型经济新体制，加快综合保税区创新升级，统筹发展石狮、晋江市场采购贸易试点，开展提升跨境贸易便利化水平专项行动，拓展升级国际贸易“单一窗口”，实行关、港、贸、税、金一体化运作，推动泉州和厦门两地统一关区代码，形成港口联盟。

【中欧班列（泉州—莫斯科）首发】 2022年1月18日，泉州市政府会同中国铁路南昌局集团有限公司主办中欧班列（泉州—莫斯科）首发仪式活动。此次中欧班列主要装有卫生用品、箱包、鞋服及工艺品等泉州轻工产品，货物在泉州晋江陆地港验放，装载50个柜集装箱，货重445.7吨，货运总值1037.3万元。班列从泉州东站始发，经由满洲里国境站出境，直达俄罗斯莫斯科，总行程1.1万千米，与原有海运运输方式比较，运输时间可节省25天。10时30分，搭载50个40英尺

2022年1月18日，75010次中欧班列从泉州东站驶出（市商务局 供图）

（1英尺=0.3048米）货柜的75010次中欧班列从泉州东站驶出，标志中欧班列（泉州—莫斯科）首发。

【印度石材散杂航线获命名"丝路海运"散杂货特色航线】 2022年9月8—9日，2022"丝路海运"国际合作论坛在厦门举行。论坛发布第十批"丝路海运"命名航线。第十批"丝路海运"命名航线新选取广州港、山东港、天津港、辽宁港、北部湾港五座港口六条集装箱航线，并首次命名两条"丝路海运"散杂货特色航线，分别是"丝路海运"巴西—福建铁矿石航线和印度—福建石材航线。印度—福建石材航线从印度港口运大理石材到泉州港和厦门港，整个运输模式更加丰富，整个运量更大，通道更畅通。

【中国泉州—俄罗斯远东航线首航】 2022年9月15日，中国泉州—俄罗斯远东航线首航活动在泉州石湖港举行。此航线投入两艘各656标箱船型的船舶，船期为双周班，沿途挂港顺序为泉州石湖港—广州南沙——俄罗斯海参崴港，为客户提供单程132小时（5.5天）的快捷班轮服务。

（庄启鑫）

海上泉州建设

【渔港经济区建设】 2022年，泉州市推进渔港经济区建设，创建国家级渔港经济区，扶持指导石狮、晋江等地立足良好的海洋经济发展条件，加快渔港经济区建设规划，用好、用足国家级渔港经济区、省级海洋产业示范县、海洋经济发展专项资金等政策资金和社会资本，布局海洋经济项目，加快石狮海洋生物科技园区、晋江深沪海洋生物技术园区建设，吸引鱼货交易、冷链物流、水产品加工等上下游产业集聚发展，辐射带动渔区及周边发展，打造海洋经济发展新增长极。

【蓝碳产业】 2022年，泉州市重视海洋经济发展工作，支持探索海洋经济发展新模式，发展生态型海洋养殖产业，助力"双碳"目标实现，加大对蓝碳高新技术产业的投入，拓宽经费来源渠道，引导各类社会资金投入蓝碳科技研发，支持蓝碳产业新技术研发，促进科研成果落地。实施蓝碳相关产业科技攻关，立项支持"几种红树植物幼苗的适生性及幼苗快速培育技术研究""近岸海域污染监测的多光谱激光诱导荧光雷达关键技术"等一批蓝碳科研项目，补助科研经费120万元。"海带红曲保健醋关键技术的研发及产业化"获批省级星火项目，补助经费20万元；"海洋渔船通导与安全装备关键技术研发与产业化"等4个项目获批福建省科学技术奖评审。开展海洋生物科技"揭榜挂帅"重大技术需求征集。将晋江闽南水产开发有限公司"即食休闲鱼糜制品品质提升关键技术"列入"揭榜挂帅"重大技术需求榜单予以发榜，项目补助资金200万元。推进石狮市海洋生物产业研究院建设工作，引进中国海洋大学共建石狮市海洋生物产业研究院项目，计划总投资5000万元，解决企业关键技术难题、研制新产品或承担企业委托研发项目10项以上，促成技术交易金额不少于2000万元，综合提升泉州海洋生物产业综合实力。

【海洋旅游业】 2022年，泉州市利用"水乡渔村""海上牧场"等资源，孵化开发集餐饮、观光、旅宿、垂钓于一体的"渔旅结合"项目，促进一、二、三产融合发展和延伸发展，推动海洋旅游业发展。

【海洋生物医药】 2022年，泉州市推进海洋生物医药产业。对海洋生物医药和制品进行全产业链研究设计，从水产产品开发、下脚料利用、功能制品研发、生物医药提取等全链条予以规划。扶持海洋中药材、海洋生物医药研究服务平台等产业，加大技术创新和资金投入，加速科研成果转化，培育引进龙头企业，壮大产业规模，形成富有竞争力的海洋药物与生物制品产业体系。

【海洋交通运输业】 2022年，泉州市落实"促进水运业发展""丝路海运"等港航扶持政策，对企业新增运力、企业规模发展、新增外贸集装箱航线等方面进行奖励，审核、兑付促进港航业发展资金2200多万元。全市有营运船舶275艘（货船274艘、客船1艘），营运货船运力规模468.8万载重吨，集装箱箱位17.4万标准箱，新增4家20万载重吨企业。泉州港口开通集装箱班轮航线42条，包含内贸航线28条、外贸航线13条、外贸内支线1条。

【海洋科技产业聚集园区】 2022年，泉州市推进泉州国家农业科技园区海洋食品园区建设，促进海洋科技产业聚集园区。海洋食品园区落地海洋项目25个。

（总编室）

泉侨交流合作

【概况】 2022年，泉州市克服新冠疫情影响，推进各项侨务工作。开展“喜迎二十大、同心谱新篇”主题宣传教育，举办“侨·商说‘晋江经验’”等宣传活动。在“泉州统一战线”微信公众号开设专栏，摄制《番客楼里的侨心》《拼出一片海》《家》等专题宣传片。设立涉侨招商工作小组，建立完善海外重点人士名录数据库，开展“万名干部进万企、一企一策促发展”行动，走访看望泉州籍重点侨商、企业家、商会组织负责人，推进招商工作。出台《关于开展“聚侨赋能”专项行动，促进21世纪“海丝名城”建设的实施方案》，发挥侨资侨智侨力作用，促进更多资源要素汇聚泉州。承办第八届中国（泉州）海上丝绸之路国际品牌博览会暨第二届RCEP（《区域全面经济伙伴关系协定》，Regional Comprehensive Economic Partnership）青年侨商创新创业峰会。全年全市接受海外华侨、华人等捐资3.66亿元，捐资方向主要分布在教育、慈善福利事业、医疗卫生、科研及工农业生产等。

【侨务联谊】 2022年，泉州市开展各种侨务联谊活动。2月21日，举办以“侨这新时代：弘扬奥运精神 共享冬奥荣光”为主题的“海丝泉州”寻“墩”之旅活动。9月9日，邀请海外侨胞、归侨侨眷30余人在泉州分会场参加“四海共明月 乡情暖侨心”——2022年泉州籍海外乡亲迎中秋联谊活动，连线23个国家和地区30家海外社团，互致中秋祝福。

【侨务对外宣传】 2022年，泉州市加强侨务对外宣传。7月，开设《番客楼里的侨心》专栏，制作播出《光前裕后》《汉林楼》《贤銮新厦》《过溪大厝》《济阳楼》《利通南海》《东张楼群》《陈清山故居》《龙水侨厝》《景新堂》《福美堂》《南雁小筑》12个短视频和图文专版。11月13日，第22期海外华文媒体高级研修班暨感知中国（福建）行采访团到泉州开展为期6天的考察采访活动，美国、俄罗斯、英国、法国、日本等15个国家和地区的18家华文媒体参加，向海外推介泉州发展变化和文化之美，客观真实地向世界讲好中国故事、泉州故事。

【海外华文教育】 2022年，泉州市选派泉州一中、城东中学等9所学校53名“网上外派教师”为菲律宾、阿根廷华校学生线上授课。12月13日，举办“丝路华教•文化泉州”2022年马来西亚华小教师线上研习班，60名华校教师参加培训。12月16日，举办“华教同心园•筑梦云课堂”2022年泉州市印度尼西亚华文教师线上培训班，120名海外华文教师参加培训。

【“海丝泉州”寻“墩”之旅活动】 2022年2月21日，由泉州市政府侨务办公室、市海外联谊会主办的，以“侨这新时代：弘扬奥运精神 共享冬奥荣光”为主题的“海丝泉州”寻“墩”之旅活动举行，邀请40余位泉州籍侨胞侨亲参加，举行冬奥座谈会分享感受，并参观德化国际陶瓷艺术城、“海上丝绸之路”陶瓷历史博物馆，到顺美集团体验冬奥会吉祥物“冰墩墩”“雪容融”制作过程。

【第二届RCEP青年侨商创新创业峰会论坛】 2022年11月25日，由福建省政府侨务办公室、省商务厅、省贸易促进会、泉州市政府主办的第二届RCEP青年侨商创新创业峰会论坛在泉州举行。论坛采取线上和线下相结合的形式，50个国家和地区的150名青年侨商现场参加会议，线上开设覆盖包括所有RCEP成员国在内的全球五大洲22个国家和地区视频分会场。论坛邀请中国—东盟商务理事会、商务部研究院、厦门大学专家学者解读RCEP协定政策与商机，邀请省电子商务促进会、LAZADA电商平台负责人分享机遇与市场前景，邀请福州、泉州、漳州、石狮就国家级市场采购贸易试点平台、“两国双园”（指两国政府间重大合作项目，分别在两国各建设一个园区）建设进行招商推介。

（涂德基 郑志江）

泉台交流合作

【概况】 2022年，泉州市发挥对台合作交流独特人文、区位、产业等优势，传承弘扬“晋江经验”，结合开展“强产业、兴城市”双轮驱动行动，建设台胞台企登陆的第一家园，助推泉州和台湾各领域交流合作，为推动两岸融合发展、推进祖国统一提供保障。

【泉台民间交流】 2022年，泉州市实施“海峡两岸闽南文化溯源交流工程”，塑造“民间信仰、宗亲宗族、传统文化、青年一代”四大交流品牌，深化以“情”促融，确保疫情下泉台交流不停、不断、不少，促进两岸同胞心灵契合。全市组织各类泉台交流活动65场次，6万人次台胞参加线上、线下活动。全市获批设立4个国家级海峡两岸交流基地，获批设立6个省级对台交流基地，5个省级台湾青年体验式交流中心，3个省级基层对台交流示范点。民间信仰方面，举办纪念郑成功收复台湾360周年大会及系列活动。泉州天后宫以线上、线下结合的形式举办第十六届泉澎"乞龟"民俗文化活动，吸引两岸近十万人次信众参与。宗亲宗族方面，金井镇围头村举办第四届两岸少儿（围头古街）闹元宵暨首届闽台姐妹合家园（围头新娘）春节小联欢活动，数十名两岸青少年和海峡姻亲共度佳节。开展"迁台记忆"档案文献征集工作，妥善保护反映两岸社会变迁、承载民族记忆的原始档案文献。传统文化方面，选送300余盏创意花灯到台南参加第十二届泉州花灯展，让台胞在家门口领略祖地传统文化的魅力。平台建设方面，立足对台丰富交流资源，依托4（国家级海峡两岸交流基地）+14（省级对台交流基地6个、省级台湾青年体验式交流中心5个、省级基层对台交流示范点3个）+N（多个民间基层各具特色交流点）的"4+14+N"平台，开展交流活动。中国闽台缘博物馆推出"艺揽闽台——大师与您面对面"9场、"海峡两岸融合发展之路——福建探索与实践"云端展、纪念郑成功收复台湾360周年——海峡两岸郑成功史迹展等。安溪清水岩举行"海峡两岸交流基地"授牌仪式。2022年闽台青年元宵民俗文化研习营在晋江五店市传统街区开营，邀请20余名台湾青年体验非物质文化遗产民俗。

【泉台青少年交流】 2022年，泉州市举办"两岸一家亲 共叙端午情"传统文化交流活动、"粽享快乐庆端午"之"福"文化两岸（泉台）人才交流活动，吸引近百名两岸青少年参与，通过和台胞一起听国学讲座、包粽子、品粽香，共同传承中华优秀传统文化，促进两岸同胞心灵契合。举办"携手共创·筑梦远航"主题活动，组织台湾籍青年职工开展交流座谈、篝火宴会及集体生日会等活动，让台湾籍职工感受到工会"娘家人"对台湾籍职工及其子女的关爱。

【泉台经贸合作】 2022年，泉州市在落实疫情防控前提下，举办"海博会""鞋博会""农订会"等涉台展会，通过线上线下相结合的模式，实现展会规模、台商台胞参与热情"双不减"。第十四届"农订会"参展台企89家，展位232个，占总展位数49.3%，达成意向成交金额13.8亿元，现场销售4160万元。石化产业方面，行业龙头项目、总投资106亿元的国乔石化项目完成65%主装置安装。半导体产业方面，海峡两岸集成电路产业合作试验区泉州分园区有台资企业及技术合作项目13个，总投资超500亿元。中探探针（福建）有限公司弹簧针式电子连接器生产项目进驻2条产线，推进营运总部项目建设。健康医疗产业方面，由台湾海峡两岸医疗产业基金投资的台资颐和医院建成医保定点医院，颐和医院健康管理中心开业，开展体检3000余人次。由民营企业源昌集团投资、台湾童综合医院负责运营管理的福建童昌医院有序推进。泉台农业合作方面，出台《促进泉台农业融合发展十条措施》，推动"两园一中心"（惠安县台湾农民创业园、永春闽台农业融合发展产业园、农业农村部台湾农业技术交流推广中心）对台农业合作体系建设。惠安台湾农民创业园新增台资农业企业8家，其中农业种植企业6家、水产养殖企业1家、农业电商企业1家。泉台工业设计合作方面，举办第二届海峡两岸青年创客"i-China计划"项目和第十届泉州海峡两岸大学生设计工作坊以及2022年德化海峡两岸大学生设计工作坊等，开展两岸青年设计实践活动。金融合作方面，推动福建品尚征信公司开展两岸民间征信合作。出台《泉州市金融领域落实台胞台企同等待遇若干措施》。推广台商台胞金融信用证书，32家台企、30名台胞获颁证书。全年全市引进台湾投资项目2182个，投资额69.3亿美元，合同台资42亿美元。

【纪念郑成功收复台湾360周年大会在南安市举行】 2022年6月14日，由国务院台湾事务办公室和福建省政府主办的纪念郑成功收复台湾360周年大会在南安市举行。活动以"弘扬郑成功爱国主义精神，维护国家统一，捍卫民族尊严"为主

2022年6月14日，郑成功陵园民间拜谒活动在南安市举行

（市委台港澳办 供图）

表6　2022年泉州市对台交流活动情况表

时间	项目名称
1—12月	艺揽闽台——大师与您面对面
2月15日	虎年福见世遗泉州：我在东海送全福
2月15日	泉州花灯展（在台南举行）
2月15日	第十六届泉澎乞龟民俗文化活动
2月1日至3月31日	福缘善庆·锦绣流金——闽台金苍绣特展
5月18日至8月18日	纪念郑成功收复台湾360周年——海峡两岸郑成功史迹展
5月29日	“粽享快乐庆端午”之“福”文化两岸人才交流活动
6月14日	纪念郑成功收复台湾360周年大会
6月21日至8月9日	第十届泉州海峡两岸大学生设计工作坊
7月29日至8月29日	指掌春秋——闽台木偶艺术展（西藏站）

（资料来源：市委台港澳办）

题，海峡两岸各界500余人在南安市主会场和台湾嘉义县分会场参加活动。纪念大会后，由两岸26家民间机构主办的郑成功陵园民间拜谒活动在南安市和嘉义县同时举行。

【第十届海峡两岸大学生设计工作坊】　2022年6月21日，由泉州市工业设计协会主办的第十届泉州海峡两岸大学生设计工作坊启动。启动仪式上，企业代表及海峡两岸院校师生线上相聚。组委会遴选联邦三禾、帝牌、佶龙机械、天守服装、振兴石材、如海家居、得壹醋业、冠鸿陶瓷8家优质企业参与工作坊承办。鲁迅美术学院、江苏大学、江南大学、河南科技大学、广西科技大学、柳州工学院、福州外语外贸学院、广州城市理工学院、台湾大同大学、台湾亚洲大学、台湾中原大学、台湾高雄师范大学、台湾“中国科技大学”、台湾云林科技大学、台湾东南科技大学、台湾树德科技大学、台南应用科技大学等17所院校的165名师生，结合8家企业的市场需求、企业文化，按照企业的设计要求方向产出创意设计作品。承办企业通过现场直播的方式，带领导师学员“云参观”生产线、展厅，了解产品生产工艺、特性以及市场情况，更好地让在校师生了解产品的市场定位、生产工艺、技术难点。还将产品邮寄至高校，让导师学员能直观感受产品材质、结构。

（程小娇　叶冠庆　杨华）

泉港澳交流合作

【概况】　2022年，泉州市密切关注港澳疫情动态发展情况，及时掌握港澳乡亲返乡动态。副市长汪志红带队到澳门开展招商推介活动服务工作。接待香港工联会福建中心到访。参加庆祝香港特别行政区成立25周年晚会。疫情防控常态化条件下，开展泉州市国家工作人员赴港澳审批工作，全年受理赴港澳审批团组17团139人次。

【泉州与港澳青年交流】　2022年，泉州市推进与港澳青年交流活动。澳门南安同乡会（商会）南安办事处暨“南安市澳门青年交流服务中心”揭牌。围绕“筑梦海丝路　携手新征程”主题，举办第五届“海丝情·中国梦”港澳青年精英故乡行活动，50余名参与活动的港澳青年精英参加中国国际品牌创新论坛，参观东南亚集散采购中心，沉浸式互动体验泉州特有的“海上丝绸之路”文化、闽南文化、世界遗产文化，凝聚发展共识，厚植家国情怀。

【泉州籍港澳青年精英主题研修班】　2022年7月30日，泉州籍港澳青年精英主题研修班开班。为期5天的研修班内容丰富，既有《井冈山斗争与井冈山精神》专题讲座，也有走进井冈山革命博物馆、茨坪毛泽东旧居、茅坪八角楼、小井红军医院、小井红军烈士墓等多场现场式、体验式学习，重温井冈山革命斗争的历程，激发敢闯新路、奋进拼搏的精神动力。

（程小娇）

经济管理

宏观经济调控

【概况】　2022年，泉州市发展和改革委员会组织编制市本级政府投资项目三年滚动投资计划、年度计划。提出“十四五”泉州市能源发展的总体要求、重点任务、重点工程、环境影响与评价和保障措施。突出传统优势产业（纺织鞋服、建材家居、健康食品）“压舱石”地位，推进数字化、高端化、绿色化，推动新材料、新装备与传统产业有机结合。传统产业规模以上工业增加值增长5.2%，增速比规模以上工业平均水平高1.3个百分点。按照“大项目—产业链—产业集群—产业基地”的发展思路，主动围绕联合石化、中化泉州两大龙头，以及泉港、泉惠两大园区，推动石化中下游产业项目集聚，重点发展精细化工和化工新材料。聚焦新材料、新能源、生物医药等领域，以集群化、生态化思维加快培育形成一批战略性新兴产业集群。同时，围绕具有重大产业变革前景的颠覆性技术及新产品、新业态，前瞻谋划发展时空大数据、空天信息、高效储能、无人驾驶等未来产业前瞻谋划未来产业。编制《泉州市现代服务业发展规划（2022—2025年）》《泉州市中长期物流规划》《泉州市现代服务业招商指导目录》，加大相关领域特别是短板领域和新兴业态的精准招商和项目策划力度。

【统筹协调疫情防控和经济发展】2022年，泉州市发展和改革委员会应对疫情影响和经济下行压力，根据不同时间节点、形势变化，出台稳增长系列政策措施，尤其是面对突发疫情的冲击，及时出台“1+N”纾困帮扶政策。4月中旬即全面复工复产；5月25日全国稳住经济大盘电视电话会议后，泉州市立即跟进出台69条贯彻措施，后续又出台26条接续政策措施。开展“万名干部进万企、一企一策促发展”活动，对全市规模以上工业企业、限额以上商贸企业、高新技术企业进行全覆盖走访，解决问题3000余个；为企业减轻税费负担和增加现金流178.5亿元，投放“纾困贷”金额居全省首位，援企稳岗政策惠及企业27.8万家次、员工193万人次；支持龙头企业和本地中小微企业产能对接850亿元。

【经济运行监测】　2022年，泉州市发展和改革委员会密切跟踪监测全市经济运行情况，重点监测宏观环境变化、主要指标变动、政策措施落实等情况，按月按季做好经济运行分析。制定《2022年一季度“开门红”工作方案》，围绕冬春农业生产、稳工业、扩投资、促消费、促外贸外资、支持中小微企业发展、优化营商环境、加强要素保障、强化疫情防控和安全生产等方面制定10项工作措施。应对疫情影响和经济下行压力，争取省发展和改革委员会制定支持泉州抗疫的两批专项政策，制定全市抗疫助企保民生促发展、稳住经济一揽子政策措施实施方案等，帮助企业复工复产、满产达产、增资扩产、提效强产，保持经济运行在合理区间。印发出台《泉州市支持丰泽区巩固疫情防控成果加快经济恢复发展的若干措施》《泉州市支持晋江市巩固疫情防控成果加快经济恢复发展的若干措施》，支持丰泽区和晋江市应对疫情影响，帮助企业纾困解难，推进经济加快恢复发展。4月4日全市即迅速分区分类分时推进复工复产，4月下旬即全面实现复工复产，上半年全市实现地区生产总值5637.87亿元，增长2.5%，与全国平均水平持平，总体延续稳定恢复态势。

【投资项目规范管理】　2022年，泉州市纳入市本级政府投资项目三年计划项目113个、计划总投资967.15亿元，纳入2022年度计划项目84个、计划总投资633.91亿元、年度计划投资104.38亿元。泉州市发展和改革委员会围绕光伏、天然气（含城市燃气管网）、石油、煤电、生物质发电、天然气发电、电网、充电基础设施、储能、能源装备制造等10个领域谋划项目支撑，强化项目储备，策划生成“十四五”期间能源发展规划重点项目32个、计划总投资707.63万亿元，“十四五”计划投资370.86亿元。设立无偿“帮代办”服务专窗，配备“线上客服”“线下专员”，盯紧省、市重点项目用地预审、环评等工作，加快地方专项债和省级预算内投资项目报批进度，在项目策划生成后即纳入“帮代办”项目台账，指导项目业主科学制定项目报批计划，明确报批事项、主要时间节点，梳理形成项目流程图。每两周召开工改会议，按照“周梳理、月会商、季度调度”，定期通过视频会议、专题会议、项目会商会等方式，及时协调解决项目报批困难问题，指导开展同步报批，交叉推进项目前期工作。

【传统产业高新化转型】 2022年，泉州市发展和改革委员会实施“重龙头、强品牌、铸链条”专项行动，推行重点产业“链长制”。同时，常态化开展产能对接活动，引导一批中小企业与龙头企业深度对接，在培育壮大一批成长型企业和新头部企业的同时，形成更加紧密的产业协作体系，重塑产业集群优势。推动产能对接超850亿元。从优化传统产业供应链入手，培育辅城网、一品嘉、鞋创云等一批基于互联网的新型供应链平台，推动3500余家企业“上云上平台”，提升供应链的整合能力和协同效率。开展智能制造数字化赋能三年行动，支持企业顺应“互联网+”的产业发展趋势，引进高端设备、高端技术，推动传统优势产业向先进制造业跃升。全市超五成规模以上企业参与数字化改造，建成数字化车间超100间、数字化生产线近1000条，推广工业机器人超1万台。支持龙头企业通过品牌收购、兼并重组，走品牌化、国际化发展之路。同时，抢抓新国货、新国潮、新国牌机遇，引导中小企业与头部企业开展品牌对接合作，释放品牌价值效应，带动产业链整体提升。

【战略性新兴产业和未来产业培育】 2022年，泉州市发展和改革委员会按照产业链、供应链的思维导图，谋划盯引“竞争性强、成长性好、关联性高”的产业链引擎性项目，瞄准“国字号、中字头、世界500强”，精准招引一批重大新兴产业项目落地泉州。如总投资73亿元的中化学天辰60万吨/年环氧丙烷项目、总投资36亿元的五矿智慧工坊·中国（南安）高端阀门智造产业园、总投资30亿元的安溪中关村领创信息产业园等。围绕产业龙头，加快全产业链延伸，巩固壮大集群。如集成电路产业依托晋华、渠梁等龙头，对接落地54个产业链项目，形成从IC设计、晶圆制造、封装测试到装备材料、终端应用的完整产业链，呈现集群化、规模化发展态势。

【产业发展空间拓展】 2022年，泉州市发展和改革委员会坚持存量盘活与增量集约利用并举，拓展产业发展空间。推进国家“盘活利用低效用地”试点建设，通过成立攻坚小组、建立工作专班、实行包片指导、强化服务保障、严格标准处置等措施，推进批而未供与闲置土地处置工作，盘活存量土地资源。全市完成批而未供用地处置773.27公顷、闲置土地处置445.33公顷。全市新增建设用地指标1320公顷，获批项目用地面积3593.33公顷，均为全省最多。实施“工业园区标准化建设”专项行动，紧抓规划、规范、提升、示范、招商5个环节，启动首批市级14个试点项目，全市开工和在建标准厂房1300万平方米，建成300万平方米，规模以上企业入园率和增加值占比分别提高到35%、50%。

【重点领域改革】 2022年，泉州市发展和改革委员会梳理生态文明领域改革任务，形成泉州市生态文明体制改革2022年工作要点，提出统筹推进“碳达峰、碳中和”、创建国家生态园林城市、推进全民所有自然资源资产所有权委托代理机制试点、打好污染防治攻坚战四大重点突破事项。印发《泉州市生态文明建设2022年度实施计划》，从加快绿色低碳循环发展、推进环境污染防治、提升生态系统多样性、推进“碳达峰、碳中和”、深化生态文明体制机制创新等方面推进生态文明建设。创建试点示范，加强改革成果复制推广。泉州市列入国家废旧物资循环利用体系城市建设重点城市名单；洛江区、惠安县入选第六批国家生态文明建设示范区；鲤城区入选2022年省级生活垃圾分类示范区创建名单；南安市、德化县、永春县入选省级林下经济重点县；南安市申报省级林业碳中和试点；永春县农业水价综合改革典型案例入选全国农业水价综合改革典型案例并推广。

【“模拟审批”机制】 2022年，泉州市发展和改革委员会制定出台《泉州市开展重点建设项目模拟审批工作方案》，立足促项目落地，在业主办理土地报批手续时，根据项目实际情况，依托“模拟审批”机制，提前开展可研、初设、水保、环评等前期工作，并通过并联审批等方式，折叠审批前期耗时，双管齐下打破不同部门前期审批阶段的壁垒。截至年底，全市23个审批事项开展模拟审批，336个项目享受模拟审批“政策红利”。其中，晋江市推行建设项目设计方案“模拟审批”，前移“建筑设计方案技术审查”环节；南安市推出智慧导办平台，业主线上填写项目信息后即可自助生成办理流程图；永春县、德化县通过“模拟审批”实现“交地即交证”“拿地即开工”，开启企业办证“直通车”模式。

【重点项目建设】 2022年，泉州市820个市级重点项目完成投资2100亿元，超年度计划13.8个百分点，在2022年暨第四季度全省项目工作正向激励考评中位列全省第一。159个重点建设项目竣工，其中交通项目7个、能源项目3个、农林水利项目3个、社会事业项目14个、城乡建设与生态环保项目26个、服务业项目31个、制造业项目75个。

【重大工程推进】 2022年，泉州市加快推进重大工程，完成投资230.43亿元，增长33.97%。组团式推进城东、东海、北峰、江南等片区开发建设和老旧小区微改造，“水上看泉州 夜游世遗城”、海丝金融中心等项目落地中央商务区。109个“抓城建提品质”项目超额完成年度投资计划的130.87%，完成古城核心区29条街巷市政综合提升。泉州晋江国际机场航空保障楼投入使用，兴泉铁路全线开通运营，政永高速项目落地开工，白濑水利枢纽工程截流，“七库连通工程”投入使用。

（庄启鑫）

自然资源管理

【概况】 2022年，泉州市自然资源和规划局出台自然资源要素保障、疫情防控期间资源要素保障和用地用海要素保障措施，协调解决项目用地报批问题，全市用地获批面积数和新增建设用地指标数量均居全省第一。组织开展泉州市“招商一张图”编制工作，提供给城东东海指挥部招商组等相关部门用于招商推介工作，为引导产业空间合理布局提供技术支撑。按照“生态优先、节约集约、分类施策、积极稳妥”的原则，加快处理围填海历史遗留问题。按照“统一底图、统一标准、统一规划、统一平台”要求，对自然资源数据进行梳理整合，完成整合632个图层空间数据专题。印发《泉州市工程建设项目前期策划生成管理办法》，规范和强化工建项目策划生成管理工作，完成项目策划483件。

【用地审批】 2022年，泉州市自然资源和规划局出台自然资源要素保障8条措施、疫情防控期间资源要素保障9条措施和用地用海要素保障全力稳经济8条措施，建立全流程全系统保障、包片指导跟踪服务、督促考核、多部门协同配合与信息共享等机制，及时协调解决项目用地报批问题。全年全市获批261个项目、面积3506.67公顷，比2021年增长165.15%，同时产生新增建设用地指标1320公顷。

【建设用地使用权出让】 2022年，泉州市完成国有建设用地使用权出让土地395宗，土地面积1265.87公顷，成交金额375.12亿元。其中，经营性房地产用地出让157宗，土地面积547.07公顷，成交金额336.83亿元；工业用地220宗，土地面积652.87公顷，成交金额32.69亿元；其他用地18宗，土地面积65.93公顷，成交金额5.6亿元。

【土地变更调查】 2022年，泉州市自然资源和规划局组织各县（市、区）开展2021年度国土变更调查与遥感监测工作，采用内外业核查等多种作业方式，确保年度变更成果的真实性、准确性。根据2021年度变更数据统计，截至2021年底，全市有耕地100718.76公顷、林地619313.11公顷、草地10900.38公顷、城镇及工矿用地159610.54公顷、交通运输用地23547.97公顷、水域用地30699.25公顷、其他土地27001.26公顷。

【专项清理整治】 2022年，泉州市自然资源和规划局落实中央、省、市决策部署，做好整治新增农村乱占耕地建房问题各项工作。全年完成疑似新增农村乱占耕地建房问题图斑核查工作121宗，完成新增农村乱占耕地建房问题处置工作29宗，涉及耕地面积1.07公顷。

【不动产登记】 2022年，泉州市受理不动产登记业务总量56.08万宗，发放不动产权证书25.93万本、不动产登记证明26万份。办理抵押登记17.4万宗，其中一般抵押登记12.28万宗、预告抵押登记5.12万宗；抵押金额2851.65亿元，其中一般抵押金额2469.61亿元、预告抵押金额382.04亿元；办理抵押变更登记1015宗，抵押金额182.71亿元。

【重点项目用海要素保障】 2022年，泉州市自然资源和规划局坚持陆海统筹，坚持海域资源节约集约、高效利用，提高项目用海审批效率，为全市涉海产业项目建设提供海洋资源要素保障。省、市两级政府批准用海项目6宗，合计面积166.4公顷，包括晋江市安东路延伸段（晋江盐场段）工程、南安市石井作业区11号12号码头工程、晋江市集成电路产业园（工业园）2号区块、晋江经济开发区（安东园）1号2号区块、南安市沿海片区污水处理厂尾水深海排放管道工程。

【围填海历史遗留问题处理】 2022年，泉州市6个围填海历史遗留问题处理方案报送自然资源部审查备案，其中晋江经济开发区（安东园）、南安水头片区、泉州台商投资区海湾大道3个方案获自然资源部批复，合计备案面积158公顷、备案项目28个，居全省前列，为全市纺织、五金机械等涉海产业项目及市政道路建设提供要素保障。全市38宗已批准但尚未完成围填海项目，有18宗项目按要求与市政府签订协议，明确继续填海或不再填海，项目业主按照协议要求抓紧实施填海。其余20宗项目开展生态评估等前期准备。

【自然资源管理信息化建设】 2022年，泉州市自然资源和规划局完成整合现状数据、规划管控数据、管理数据、社会经济数据4个一级类别、29个二级类别、187个三级类别、632个图层空间数据专题。国土空间基础信息平台、“一张图”实施监督系统和一体化服务平台等完成建设并通过项目初验。开展实景三维模型制作，更新完善江南、城东片区43平方千米高精度城市实景三维模型，运用三维规划辅助决策系统开展建设项目三维方案评审，制作泰山石化总部基地等多个项目三维模型，服务于城市设计、规划建设方案审批。加大泉州地理信息公共服务平台应用推广力度，新增完成与“泉州市自然资源移动信息平台”、丰泽区政府“智慧丰泽”、“鲤城区综合执法平台”和“泉州产业地图”4个应用系统的地图服务对接工作。

【自然资源监测】 2022年，泉州市自然资源和规划局落实最严格的耕地保护制度，开展“月度+季度+年度”监测等措施，增强自然资源监测时效性，从源头上防范和遏制各类违法占地建设行为。

【测绘管理】 2022年，泉州市自然资源和规划局完成“多测合一”全流程管理信息系统开发，规范“多测合一”成果样式和统管区“多测合一”成果抽检制度，“多测合一”平台受理测绘事项203件，完成测量任务1040件。发挥测绘地理信息大数据优势，编制各类疫情专用地图4700余份，开发的“智慧城市——疫情空间信息上报系统”为疫情防控提供精准的测绘地理信息服务保障。

【自然资源执法监察】 2022年，泉州市自然资源和规划局开展土地卫片执法工作。部卫片方面，涉及违法占用耕地面积31.25公顷，已整改耕地面积10.35公顷，违法占耕比2.71%，低于自然资源部规定的15%问责比例；省“天地网”方面，涉及违法用地1462宗，均已查处。开展扫黑除恶常态化暨四大行业领域整治工作，开展打击矿产领域“砂霸”“矿霸”行业整治工作，无证盗采、越界采矿行为显著下降。全年查处各类矿产资源非法违法行为11宗，其中非法采矿7宗、越界开采4宗。自开展陆地涉海砂突出问题专项整治行动以来，全市自然资源主管部门加强与海警、海事、公安等执法机构的配合，完善联动执法机制，核查海砂堆砂场33处，发现违法违规海砂堆砂场15处，查办案件15宗。联合相关部门出台《关于进一步规范全市建设工程项目范围内剩余砂石土处置工作（试行）的通知》，明确剩余砂石处置范围、主体、程序、要求和监管职责。对辖区内5家金矿采矿权范围的废弃矿洞（井）进行全面摸排，摸排露天金矿废弃矿洞16处（其中15处属于早期民采矿洞、1处为到期已注销矿权露天洞口）、井下废弃井巷洞口61处，均实施封堵，未发现人为破坏情况，专项行动顺利转段。

【泉州市获批盘活利用低效用地国家级试点城市】 2022年9月30日，《泉州市盘活利用低效用地试点工作方案》获国务院批准同意。获批后，试点工作按照边推进、边总结、边完善的思路有序推进并取得初步成效。初步构建试点工作“1+1+N”制度体系（1份实施方案+1张试点工作路线图+N份配套政策文件），策划生成首批23个城镇低效用地开发示范试点项目，可盘活用地总面积533.33公顷，新增建筑面积1000万平方米以上。处置批而未供用地772.13公顷、闲置土地445.33公顷，完成自然资源部下达处置任务。

【泉州市第一本集体土地所有权证书颁发】 2022年12月7日，泉州市第一本集体土地所有权证书在安溪县制作完成，标志着泉州市集体土地所有权登记成果可实现常态化更新。2022年，市自然资源和规划局按照自然资源部、省自然资源厅的工作部署，第一时间组建泉州市集体土地所有权确权登记成果建库更新汇交专项工作组，开展实地调研，制订工作方案，倒排时间节点，按照“试点先行、分步推进”的总体思路，将安溪县、惠安县作为泉州市集体土地所有权确权登记成果更新汇交工作的试点，形成统一的全市成果标准，借助3S技术批量化处理数据，线上线下共同配合，探索形成符合泉州市实际的工作模式和技术方法。

【“天地图·泉州”微信小程序上线运行】 2022年12月，“天地图·泉州”微信小程序上线运行，成为全省第一个上线微信小程序的地理信息公共服务平台。“天地图·泉州”微信小程序包含地图浏览、搜索定位和时空影像三大功能模块。地图浏览功能提供丰富的地图图源，涵盖国家、省级和市级数据源以及地方专题，用户可以根据需求选择合适的数据源进行地图浏览。其中，地方专题中已上线的风貌建筑专题，让用户足不出户就可浏览泉州1300余个历史建筑风貌，包括建筑简介、历史事件和图片等信息。搜索定位功能汇聚地名数据和楼门牌数据，形成海量的地名地址数据库，用户通过搜索地名地址或楼门牌，可快速定位到指定地点，方便出行和决策。时空影像功能中用户可直观看到同一地点不同时期的地形地貌变化，见证十几年来泉州城市发展的变迁历程。

（戴丽云）

国有资产监督管理

【概况】 2022年，泉州市国资系统聚焦增量增质增活力，推动市属国企经济效益企稳向好。资产规模快速增长，首次位居全省第三，实现资产总额3292.02亿元、增长33.68%，各所出资企业资产总额均实现20%以上的增长幅度。经营效益稳定提升，全年实现营业收入394.06亿元，增长40.66%，利润总额23.15亿元，增长8.19%。全年新增直接融资191亿元，增长151.31%。实现泉州国企上市零的突破，新增1家主体长期信用等级AAA企业，4家企业入选省综合百强及服务业百强企业，1家企业跃居全国城投公司百强榜第54位。

【国有资本布局】 2022年，泉州市国资系统聚焦数字经济、海洋经济、绿色经济、文旅经济“四大经济”领域，结合泉州实际指导市属国企重点布局城市建设开发和运营、古城保护和文旅融合、公共服务体系、战略性新兴产业培育、现代服务业集聚区建设、战略性资本运作、应急保障和物资储备七大领域。围绕上述领域和产业布局规划，泉州市国资国企以市场化的方式开启新一轮重组整合。组建规划设计集团和能源集团，增强城市规划设计和重要资源能源支撑托底能力；逐一核定所出资企业主业和培育业务，根据企业主责主业加大内部专业化整合力度。健全多层次产业基金体系，设立8支产业投资基金（母基金），总规模216亿元，初步形成覆盖天使投资、创业投资、产业投资的基金链条，为产业发展提供重要金融支撑。泉州晋江国际机场设立泉州市首支消费基金。

【国有企业改革】 2022年，泉州市国资系统规范董事会运行，出台《所出资企业董事会工作规则（试行）》《所出资企业董事会和董事评价办法》，提升董事会履职质量。董事会职权、董事会向经理层授权管理逐步有序落实，建立所出资企业外部董事人才储备库，6家应纳入外部董事占多数要求的子企业均实现外部董事占多数。实现经理层成员任期制契约化管理、新进员工公开招聘和全员考核全覆盖。精准深化管理层级压减、“处僵治困”专项行动，处置企业62家。围绕“让实物形态和企业形态的国有资产向价值形态的国有资本转变”的目标，高位推动泉州市属国企强化资本运作。泉州交发集团获评AAA主体长期信用等级，5家市级国资集团公司中，主体长期信用等级AAA企业2家、AA+企业3家。“一企一策”推进闲置资产盘活，盘活15.28万平方米、回收资金15亿元。

【国资国企监管】 2022年，泉州市国资系统发挥监督考核作用，针对供应链贸易业务、资金使用等重点领域开展专项审计，实现供应链贸易业务审计全覆盖。优化企业绩效考核体系，科学谋划、完善分类考核和差异化标准设置，强化正向激励机制。加强风险防范，加大违规经营投资责任追究力度，健全投资后评价机制，规范企业投资行为。完善债务风险监测管理机制和处置预案，实行债务风险级别动态双线控制。推进信息化监管，开展市国资国企在线监管系统建设。

【泉州市与省属国有企业项目对接活动】 2022年2月25日，泉州市委、市政府联合福建省国有资产监督管理委员会举行泉州市与省属国有企业项目对接活动。活动中，市政府与省国有资产监督管理委员会签署战略合作协议。省电子信息集团、省建工集团、惠安县、泉州城建集团主要负责人分别做交流发言。通过此次活动，泉州市与省属国有企业达成一系列合作意向，围绕数字经济、海洋经济、绿色经济、文旅经济等领域对接项目59个，其中现场签约项目23个，总投资超600亿元。

【泉州市国有控股上市企业实现“零”的突破】 2022年4月27日，泉州水务集团与江苏无锡蠡湖增压技术股份有限公司签订控股权转让协议，标志着泉州市国有控股上市企业实现“零”的突破。江苏无锡蠡湖增压技术股份有限公司成立于1994年，

2022年4月27日，泉州水务集团与江苏无锡蠡湖增压技术股份有限公司在洛江区签订合作协议 （市国资委 供图）

注册资本2.153亿，于2018年在深圳证券交易所创业板上市，主要从事涡轮增压器关键零部件压气机壳、涡轮的研发、生产及销售。主营业务产品处于龙头地位，其中压气机壳份额位列全球第一，占比24%。

【泉州城市规划设计集团揭牌】 2022年7月27日，泉州城市规划设计集团暨校企合作实习基地揭牌活动举行。揭牌活动中，该集团分别与福州大学建筑与城乡规划学院、华侨大学建筑学院签订校企共建合作协议，与高校在人才招聘、实习实训、联合培养、课题研究、技术创新等多方面开展全方位合作。该集团整合市规划设计院、市住宅设计院、市监理事务所等7家单位技术力量，快速构建起“职能部门+专业分院+科研中心”企业架构，拥有城乡规划、工程设计、监理、测绘及施工图审查等“七甲九乙二A”共20余项专业资质，成为泉州市专业门类最广、设计资质最全、技术人员最多、荣誉奖项最高的国有规划设计集团。

【泉州市能源发展集团有限公司揭牌】 2022年12月24日，泉州交通发展集团权属企业泉州市能源发展集团有限公司（以下简称“能源集团”）、泉州交发交通产业投资集团有限责任公司（以下简称“交发投资集团”）揭牌。能源集团主要参与全市清洁能源、基础能源、绿色能源、数字能源项目的规划、投资、建设和运营。交发投资集团下设私募基金、融资租赁、商业保理、财务共享中心等板块。

（张镜宇）

财政

【概况】 2022年，泉州市财政局面对经济下行、产业转型、疫情冲击、减税降费、财源短缺等多重压力，多措并举挖潜补缺，稳住收入大盘。严控支出，提高财政资源配置效益，强化重点领域支出保障。聚力“保主体、稳大盘、优环境、增动力”，系统集成运用各项财税政策工具，狠抓政策提质增效，助企纾困，推动建设现代产业体系。树立市场化思维和经营财政理念，创新“财政+国企+金融”融合机制，做大融资载体和资产资源支撑，建立大财政统筹运作“资金池”，多渠道筹集资金保障项目落地投建。围绕建立现代预算制度，强化思路举措创新，提升财政资源配置效率，发挥财政在国家治理中的基础和重要支柱作用。

【全市预算收支执行情况】 2022年，泉州市一般公共预算总收入920.7亿元，比2021年下降2.1%，还原增值税留抵退税后可比增长1.9%；地方一般公共预算收入526.79亿元，比2021年增长4.4%，还原增值税留抵退税后可比增长8%。全市一般公共预算支出807.45亿元（含上级转移支付、上年结转和政府一般债券安排的支出），比2021年增长20.1%。其中，民生支出624亿元，比2021年增加119.02亿元，增长23.6%，占全市一般公共预算支出的77.3%。全市政府性基金收入353.2亿元，比2021年下降15.3%；政府性基金支出597.1亿元，比2021年增长30.5%。

【市本级预算收支执行情况】 2022年，泉州市本级（含泉州台商投资区，下同）一般公共预算总收入148.63亿元，比2021年增长6.2%，还原增值税留抵退税后可比增长8.3%；地方一般公共预算收入87.81亿元，比2021年增长5.7%，还原增值税留抵退税后可比增长7.5%。市本级一般公共预算支出151.24亿元，比2021年增长22.2%。市本级政府性基金收入108.24亿元，比2021年下降6.5%；政府性基金支出128.56亿元，加上对统管区的补助后比2021年可比增长24.4%。

【财政政策落实】 2022年，泉州市财政局全方位、清单式精准辅导，全链条流程即办，确保退税减税缓税快速落地，全市减税降费178.5亿元，增加企业现金流，提振市场主体信心。市本级全年投入惠企资金8.38亿元，完善惠企政策体系，细化实施培优扶强、科技创新、商务发展、外贸稳增长、专精特新中小微企业研发支持等具体措施。市本级投入4000万元增资市产业股权投资基金扩模达11.37亿元，撬动社会资本67亿元参与重点和新兴产业投资发展。制定出台稳住经济69条具体贯彻措施及抗疫助企保民生促发展33条措施、援企稳岗促就业10条措施、帮助工业企业纾困稳产8条措施、推广纾困贷批量担保业务模式8条措施、商务领域复工复产助企纾困22条措施。市本级投入6896万元鼓励引导金融服务实体经济，全市政府性融资担保机构新增融资担保61.54亿元，在保余额94.21亿元。投放纾困贷4050笔139.47亿元，居全省首位。帮助623家企业获得省制造业中小微企业新增流动资金贷款26.89亿元并给予1个百分点贴息补助。推广运用惠企政策线上直达兑现平台，注册企业超1.2万家、上架惠企政策1789条，常态化梳理“免申即享”政策清单，提速提效精准兑现惠企资金。聚焦优化政府采购营商环境11项指标，制定落实攻坚行动方案，逐项巩强补弱促提升；开展政府采购领域“清隐去垒”整治行动，提升政府采购监管质效。

【经济发展保障】 2022年，泉州市财政局做好统管区政府投资重点项目、“抓城建提品质”专项行动、“聚城畅通”工程等492个项目的资金需求审核拼盘，逐个项目制定资金筹措方案保障到位。投入重点项目前期经费2640万元，推动加快做细做深做实前期工作。印发《统管区投融资及收益平衡测算管控机制》《统管区资金统筹运作保障机制》等系列配套文件，建立统管区资金“月协调、季统筹、专人包片”服务机制，推动中心市区一体化开发建设高效运作。搭建与国家开发银行、农业发展银行沟通对接平台，策划申报和落地基础设施投资基金项目8个13.85亿元，支持重大项目投资。市财政采取资本金注入、资源配置、投资补助、贴息奖补、运营补亏、资本运作等措施提升市属国企项目承载力，推动市属国企综合运用流动性资金贷款、企业债券、公司债券、中期票据、项目收益债、保险信托等渠道方式，全年筹措资金312.5亿元支持重点项目建设。

【民生托底保障】 2022年，泉州市本级社会保障支出12.4亿元，提高城乡居民社会养老保险基础养老金标准、城乡低保标准。下达城乡困难群众最低生活保障、特困群众生活救助及困难群众临时补助资金7.43亿元。全市发放困难群体价格临时补贴64.9万人次、4357.07万元。市本级投入就业补助资金1.05亿元，促进新增城镇就业9.06万人。落实降低失业和工伤保险费率政策，减征5.76亿元、惠及企业15.77万家次。

【社会事业发展保障】 2022年，泉州市本级卫生健康支出31.63亿元，提高城乡居民基本医疗保险政府补助标准，支持公立医院综合改革，完善全民医疗保障体系；市本级教育支出27.92亿元，推动基础教育质量提升，完善现代职业教育体系；投入1500万元活化保护世界文化遗产；投入1050万元开展全民健身活动。

【财政绩效化管理】 2022年，泉州市财政局将预算管理一体化作为规范预算编制执行管理、提升资金使用绩效的重要抓手，完成总预算会计、单位会计核算、预算绩效管理等业务模块上线运行，加强财政资金全流程监督管理。将全面实施预算绩效管理与零基预算改革相结合，落实预算安排和绩效目标同编制同审核同批复，常态化实施预算执行与绩效目标“双监控”。

【财政体制改革】 2022年，泉州市财政局实施零基预算改革，打破基数概念和支出固化格局，市本级取消29个项目8000万元、调减压缩36个项目1.09亿元，用于重点支出保障。加快预算管理一体化改革，将预算管理一体化作为规范预算编制执行管理、提升资金使用绩效的重要抓手，完成总预算会计、单位会计核算、预算绩效管理等业务模块上线运行，加强财政资金全流程监督管理。推进财政事权和支出责任划分改革，精细落实交通运输、生态环境、医疗卫生、应急救援等领域财政事权和支出责任划分改革，制定实施自然资源领域改革方案，衔接争取省级事权转移支付资金，履行市级事权及市县共同财政事权支出责任，保障促进基本公共服务均等化。

【财政监督】 2022年，泉州市财政局开展城乡义务教育、农村饮水安全巩固提升、农机购置、国土绿化、文物和世界文化遗产保护、工业企业技改、疫情防控经费等专项资金监督检查。开展财经秩序专项整治自查自纠和整改规范，确保各项财经法规和管理制度严格执行。

【会计管理】 2022年，泉州市财政局完善会计人员管理，宣传和发动会计人员进行信息采集，推动会计人员信息化建设。截至年底，全市会计人员有近5.2万人完成信息采集。组织全市会计专业技术资格和注册会计师报名考试工作，5.02万人次参加考试。开展会计人才培养、推荐等工作，完善会计人才队伍结构。截至年底，全市有3.58万人取得初级会计专业技术资格，9682人取得中级会计专业技术资格，401人取得高级会计专业技术资格，4人取得正高级会计专业技术资格，具有注册会计师资质人员618人。

【政府采购管理】 2022年，泉州市财政局聚集优化政府采购营商环境11项指标，制定落实攻坚行动方案，逐项巩强补弱促提升，从7月1日起，将履约保证金缴纳比例从10%降低到2%，全市为企业节省投标（响应）保证金10.76亿元，节省履约保证金2.33亿元；开展政府采购领域“清隐去垒”整治行动，全市重点检查单位126个、涉及项目金额5亿元。

【政府债务管理】 2022年，泉州市财政局强化政府债务等实时监测和风险预判预警，对财政收支、库款保障、直达资金分配、债券资金使用、惠企资金兑现实行“旬统计、月通报、季预警”，严守财政运行安全底线。全市发行新增政府债券267.74亿元，比2021年增长25.5%，居全省第一位，至10月底全部完成支出。获批再融资债券211.9亿元，占全年到期本金83.9%，居全省第一位。

【市直医疗系统财政电子票据改革推进会召开】 2022年6月24日，泉州市财政局、市卫生健康委员会、市医疗保障局联合市直医疗系统财政电子票据改革工作推进会。会上各医疗单位就财政电子票据改革实施情况、改革中遇到的难点、堵点进行交流探讨。针对第一医院和儿童医院提出的财政电子票据出票时间长（需3～5分钟）问题，会议督促博思软件公司提供医疗系统接口参数，完善系统对接；同时要求改革进展较慢的医疗单位加快步伐，做好财政电子票据改革。会议要求各医疗系统承担实施改革的主体责任，对照全省工作要求倒排时间进度，建立健全推进情况周报和协调机制，力争提前完成改革任务。

（郭智勇）

表7　2022年泉州市一般公共预算收入完成统计表

单位：万元

预算科目	全市	市本级
税收收入	3399716	429994
增值税	1320726	134978
企业所得税	652460	105997
企业所得税退税	0	0
个人所得税	139094	24300
资源税	5033	0
城市维护建设税	204836	36924
房产税	161730	16889
印花税	72214	10715
城镇土地使用税	101200	7238
土地增值税	380028	20952
车船税	70281	11788
耕地占用税	17002	279
契税	269075	58977
烟叶税	0	0
环境保护税	5092	953
其他税收收入	945	4
非税收入	1868212	264578
专项收入	481780	83804
行政事业性收费收入	114258	28190
罚没收入	226494	28578
国有资本经营收入	44542	0
国有资源(资产)有偿使用收入	810085	65600
捐赠收入	71791	16
政府住房基金	33513	29179
其他收入	85749	29211
合计	5045352	663469

说明：该表根据2022年度年终决算数填报，市本级不含泉州台商投资区

（资料来源：市财政局）

表8 2022年泉州市一般公共预算支出完成统计表

单位：万元

预算科目	全市	市本级
一般公共服务支出	579455	95329
外交支出	0	0
公共安全支出	451727	130883
教育支出	2051474	217747
科学技术支出	215447	22338
文化体育与传媒支出	139673	37430
社会保障和就业支出	955586	103870
医疗卫生与计划生育支出	970086	288953
节能环保支出	112892	30503
城乡社区支出	490239	80823
农林水支出	620827	66719
交通运输支出	255171	85493
资源勘探信息等支出	390703	20176
商业服务业等支出	159181	8878
金融支出	13026	2864
援助其他地区支出	3430	1809
国土海洋气象等支出	60853	6907
住房保障支出	191631	38334
粮油物资储备支出	16901	2820
灾害防治及应急管理支出	54913	8170
其他支出	47710	3316
债务付息支出	281508	13843
地方政府一般债券付息支出	281254	13843
债务发行费用支出	1399	61
合计	8074508	1270180

说明：该表根据2022年度年终决算数填报，市本级不含泉州台商投资区

（资料来源：市财政局）

税务

【概况】 2022年，国家税务总局泉州市税务局围绕党中央、国务院决策部署和地方发展战略，处理好组织收入与减税降费的关系，推动税费优惠政策直达。全年组织各项税费收入1392.6亿元，其中税收收入783.2亿元、社保费收入222.4亿元、非税收入387亿元。

【税收征管】 2022年，国家税务总局泉州市税务局坚持忧患意识和底线思维，落实征管改革要求，强化数据闭环管理。坚持“无风险不打扰，有违法要追究，全过程强质控”的原则，搭建留抵退税风险指标模型5个，识别疑点纳税人1828户，涉及留抵退税金额5.85亿元，缴回留抵退税金额5002万元，防范化解退税减税政策落实风险。探索建立“科技创新+风险防控”机制，日常过错预警事项“点对点”提醒，实时跟踪执法人员过错事项整改情况，强化税务执法内部控制和监督；编写非税业务管理指引、违法违章处理“一本通”、入户检查明白卡等规范基础管理事项，推进精确执法。

【减税降费】 2022年，国家税务总局泉州市税务局完善税费优惠政策落实工作机制，创新工作方法，推动税费优惠政策直达快享，让企业享受政策红利，采取市、县两级成立退税减税专班等措施，推动组合式税费支持政策落实落细。全市税务系统为企业减轻税费负担和增加现金流178.5亿元。其中，办理增值税留抵退税73.4亿元；办理制造业中小微企业缓缴税费53.9亿元、阶段性缓缴企业社会保险费5亿元；小规模纳税人减免增值税等其他新增减税降费46.2亿元。落实出口退税新政，畅通出口退税链条，全年办理出口退（免）税202.83亿元，增长10%，缓解企业资金困难。

【依法治税】 2022年，国家税务总局泉州市税务局树立税收法治观念，在全面规范权力运行、优化税务执法方式、完善权利救济和纠纷化解机制、推进税收共治等方面提质增效。健全权责清单动态调整长效机制，落实“首违不罚”责任清单；强化税收执法全过程留痕和可回溯管理，推行行政执法事项公示动态更新，促进严格规范公正文明执法。探索将“枫桥经验”运用到税费争议化解当中，建设公职律师（法律顾问）涉税争议咨询调解中心，归集行政复议和司法判例中的执法风险点，对行政执法中的普遍性、倾向性、趋势性问题提出预警及治理建议，从源头上预防、化解行政争议，实现诉源治理，维护征纳双方合法权益。构建税收治理协同共治格局，强化跨部门协作，形成常态化、制度化的协作治税机制，推进行政审判与税务行政执法良性互动，创新开展“税院联动破解难题、法税协作强化共治”活动；与市中级人民法院、市发展和改革委员会、市地方金融监督管理局开展对破产重整民营企业支持帮扶工作，帮助企业焕发生机活力。

【税收风险管理】 2022年，国家税务总局泉州市税务局依托税收大数据，以“一体式”应用系统为支撑，构建全环节、全链条、全方位的一体化风险防控体系，完成风险应对任务2323户次。针对2022年留抵退税加力扩围的实际，自主搭建留抵退税风险指标模型5个，识别疑点纳税人1828户，涉及留抵退税金额5.85亿元，缴回留抵退税金额5002万元。

【纳税服务】 2022年，国家税务总局泉州市税务局运用现代服务理念和先进技术手段，扩大“最多跑一次”“一次不用跑”覆盖面，拓展“非接触式”服务事项至266项，让纳税人缴费人足不出户即可享受安全便捷的服务。打造“暖心细作 同心兴闽”纳税服务品牌，在全市创建13个兼具税费争议调解、疑难杂症解决、合法权益保护等多功能于一体的“税悦工作室”，实现疑难问题及时解决、特色需求快速响应，帮助纳税人解决疑难问题677件。开展便民办税春风行动，推进办税缴费服务数字化转型，打造服务快享新模式，细化推出167条具体措施，实现“尽可能网上办”的目标，泉州网上办税率位居全省前列。在全省首创“学税定制”智能学习模式，由纳税人自主定制学习需求，结合大数据分析精准推送税惠政策，全年提供标签学习40.6万次，智能推送学习资源23.57万户次。“学税定制”“同屏帮办”社保功能试点在全省推广，“智能享惠”平台创新做法作为优化营商环境工作典型案例被省发展和改革委员会在全省推广。成立优化税收营商环境领导小组，全年召开5次营商环境专题工作会加压推进。编写《税收营商环境白皮书》，展示泉州税收营商环境举措和成效。2022年泉州市纳税服务指标被列为全省营商环境标杆。

【税务稽查】 2022年，国家税务总局泉州市税务局创新稽查案件项目制管理，构建六部门联合打击机制下“1+1”“1+N”多部门配合、多岗位协调工作新模式，集中团队智慧，攻坚大要案件，在“5·13”“5·19”“税剑1号”等多个重大案件上取得关键性突破，实现项目制管理水平和稽查办案质效的“双提升”。“税剑1号”专案行动涉案金额12.3亿元。

【全省首例破产重整企业获得纳税信用修复】 2022年，泉州市税务部门与市中级人民法院到贵人鸟股份有限公司开展政策服务，确保企业在第一时间享受政策红利。市税务部门与法院建立常态化互动联系机制，组建专项政策服务团队，梳理破产重整企业信息清单，通过信息比对厘清破产重整企业纳税信用等级现状和纳税情况，逐一审核重整企业是否符合公告规定的信用修复条件。通过信用修复，贵人鸟股份有限公司2020年度的纳税信用级别由C级提升至B级，成为全省首家完成破产重整后信用修复的企业。

【“四不四即”服务快享新模式】

2022年3月21日，党中央、国务院实施新的组合式税费支持政策后，国家税务总局泉州市税务局创新打造“四不四即”服务快享新模式。其中，为打通行政审批便捷直达落地“最先一公里”，利用税收大数据，实现政策红利“不来即享”；为打通部门间数据应用壁垒，创新举措强化价值性税费信息的运用，实现部门信息“不跑即用”；为打通解决企业办事痛点堵点“中间一公里”，丰富拓展“非接触式”服务，实现涉税事项“不见即办”；为打通政策服务企业“最后一公里”，打造智能化的“云端”学习服务载体，实现税收政策“不问即知”。以“四不四即”为主要内容的“闽捷办”智慧税务平台得到国务院办公厅通报表扬，并在省委、省政府创新评审中获得第一名。

（吴小璐）

表9 2022年泉州市各类税种收入统计表

单位：万元

项目	金额
税收收入合计	7831798
增值税	2891261
企业所得税	1719190
消费税	1285257
个人所得税	360844
土地增值税	380028
契税	367435
城市维护建设税	245164
车辆购置税	146892
城镇土地使用税	101200
房产税	161730
印花税	72214
车船税	70281
耕地占用税	17001
资源税	5033
营业税	1902
环境保护税	6365

（资料来源：市税务局）

表10 2022年泉州市各县（市、区）税收收入统计表

单位：万元

单位	金额
全市	7831798
鲤城区	234975
丰泽区	403028

续表

单位	金额
洛江区	234296
惠安县	1147581
泉州台商投资区	262104
晋江市	1810685
石狮市	403462
南安市	820061
安溪县	371736
永春县	142517
德化县	179659
泉港区	888223
泉州经济技术开发区	129797
第一分局	803675

（资料来源：市税务局）

金融监督管理

【概况】 2022年，中国人民银行泉州市中心支行针对省外村镇银行挤兑风险事件，在全省范围内率先组织对地方法人银行及其发起设立的村镇银行开展风险排查；落实2次全面降准，释放辖内法人金融机构长期资金11.11亿元，估算每年可节约金融机构资金成本2500万元；组织对辖内4家金融机构开展执法检查（不含外管），检查内容涉及人民币流通管理、金融统计、征信管理、国库经收、反洗钱、金融消费权益保护、支付结算等；组织对2家银行机构（包括分支机构）开展外汇业务专项检查，对外汇违法案件立案3起，结案2起。中国银行保险监督管理委员会泉州监管分局落实稳经济一揽子政策和接续措施，结合泉州实际，密集出台一系列政策配套，按月、按季加强监测通报和监管督导，引导银行业、保险业支持泉州市经济平稳运行。泉州市地方金融监督管理局实施金融支持民营经济9条、金融稳企保供10条，建立金融调度工作机制，“首贷”专项行动破解小微融资“最先一公里”难题获全省推广，发挥金融支撑带动作用。

【金融风险防控】 2022年，中国人民银行泉州市中心支行运用央行评级、存款保险、压力测试等金融稳定工具，强化对法人银行风险预警和纠正，向7家法人机构发出风险提示和预警；推动法人金融机构发行各类金融债券，拓宽资金来源，优化负债结构，全年全市发行金融债券45亿元，其中泉州银行发行小微债20亿元、二级资本债13亿元，晋江农商银行发行二级资本债7亿元，南安农商银行发行二级资本债5亿元；全市16家地方法人银行运行总体稳定，央行评级分布在1～5级14家、6级2家，均在安全边界内（1～7级）。中国银行保险监督管理委员会泉州监管分局完善全口径信用风险排查机制，摸清风险底数，分析研判疫情对信贷资产质量的影响，督促银行机构备足化险资源，加快不良处置进度，处置不良贷款137亿元，主动防范信用风险反弹；推动市、县两级政府建立主要领导负责的财政金融风险处置机制，提升法人机构化险能力；引导法人机构提升负债管理能力，定期开展压力测试，加强流动性风险防控，完善科技网络管理；组织村镇银行开展2轮重点风险排查，推动辖内主发起行提升对外设28家村镇银行的管控能力；加强对重点区域性房企及中高风险房企全口径融资的监测和风险分析，开展非房贷类贷款流入限制性领域排查，主动配合相关部门化解区域性房企风险，做好“保交楼、保民生、保稳定”。截至12月末，全市不良贷款余额89.78亿元，下降6.26%，不良贷款率0.84%，低于全省平均水平0.27个百分点，居全省第七位。

【货币政策】 2022年，中国人民银行泉州市中心支行推动再贷款支持乡村振兴示范点建设，创新“再贷款+”多维模式，用好用足再贷款再贴现资金，截至12月末，全市再贷款余额125.69亿元，增长55.87%；再贴现余额76.56亿元，增长16.53%，支持民营、小微、“三农”等薄弱环节发展。落实好两项直达货币政策工具转换和接续工作，全年通过普惠小微贷款支持工具向泉州辖内11家地方法人金融机构提供激励资金2.52亿元，撬动普惠小微贷款增加约145.23亿元。推动地方法人加快落地普惠小微阶段性减息政策，为6.2万户市场主体减息7911.76万元。推动落实多项结构性货币政策工具，发放符合专项货币政策工具支持领域的碳减排贷款、煤炭清洁高效利用贷款、科技创新贷款、交通物流贷款、设备更新改造贷款60亿元。推动银行间市场债券品种创新，推进企业在银行间市场发债总量快速增长。全年全市企业在银行间债券市场发行63只债券，金额406.88亿元，增长51.99%，其中落地全国首单民营企业绿色熊猫债10亿元和全国首单澳门证券交易所民企熊猫债5亿元。

【外汇管理】 2022年，中国人民银行泉州市中心支行在全省率先开展中小微外贸企业汇率避险“首办”培植行动，在《泉州晚报》开设“行长话汇率避险”专栏，引导市场主体树立汇率“风险中性”理念，完善汇率风险管理；推动套保产品创新，全省首个“一保双免”（免保费、免保证金）汇率避险产品落地泉州，指导晋江农商银行开发“白名单”批量专项授信“汇保通”业务，继续推广“公共保证金池”模式，全年汇率避险“首办户”户数居全省第一，外汇衍生品签约额增长率高于全省34个百分点。开展“局长走流程”活动，截至12月末，市、县两级外汇局分管行长开展“走流程”25次，帮助发现并解决问题9个，打通外汇政策落地“最后一公里”。

【反洗钱工作】 2022年，中国人民银行泉州市中心支行完成对全辖216家义务机构2021年度反洗钱工作进行分类评级工作，对31家义务机构开展监管走访，对3家义务机构高管进行约见谈话，发出监管意见书6份。开展打击治理洗钱违法犯罪三年行动，与市公安局、市中级人民法院等11个部门联合组建泉州市打击治理洗钱违法犯罪领导小组。银警汇部门协作破获“歼击22”地下钱庄案，涉案金额14.1亿元。常态化推进扫黑除恶斗争，牵头多成员单位联合开展新一轮全市金融放贷领域整治，金融生态环境明显净化。高压打击外汇领域违法违规行为，深化“行刑衔接”工作机制，协助公安机关收网“税剑1号”专案。

【银行业保险业监管】 2022年，中国银行保险监督管理委员会泉州监管分局督促银行、保险机构加强合规建设，纵深推进“内控合规管理建设年”活动，联合相关部门推动设立全省首个地级市反保险欺诈中心。严查风险隐患，组织开展现场检查项目10个，立案查处严重违法违规行为，对36家机构、36名个人实施行政处罚，罚款1164.4万元，警告33人次，禁业3人次。加强公司治理监管，开展大股东行为规范性监管评估等工作，指导5家法人机构完成董事会、监事会换届，5家农银机构修订公司章程，完善股东股权管理和关联交易监管。

【地方金融监管】 2022年，泉州市地方金融监督管理局开展民营小微企业“首贷”深耕行动，新增普惠小微企业首贷户1.52万户。开展“局长走基层”活动、行长（经理）进企业等活动，举办政银企对接活动153场，向1500余家企业授信金额879.12亿元。推进市、县两级小分队一线服务活动，服务企业1295家。落实“政银企担”融资对接机制，向银行、担保机构推送1206家企业的融资需求，促成融资230.8亿元。推动8家银行机构推出27个金融创新产品，派驻1293名驻村金融助理，全年新增涉农贷款383.49亿元。创新绿色金融服务，推动在泉州各金融机构制定年度绿色金融工作方案32个，开展生猪和工业品类“保险+期货”业务模式，建立“绿色挂牌上市后备企业资源库”并实现一家绿色企业上市，绿色信贷增长72.7%。建立在泉州金融机构及驻泉州金融管理部门激励评价制度，组织泉州市银行业机构服务民营和小微企业评价。出台《关于金融支持抗疫纾困的若干措施》，创新“纾困贷”周通报督导机制，落实“纾困贷”147亿元，为企业节省成本超1.4亿元。推动贵人鸟公司完成司法重整化解债务危机和退市风险。打击非法集资，立案14起。加强不良贷款处置化解，全市不良贷款率0.84%。

（颜建源 柯志生 蔡毅峰）

审计

【概况】 2022年，泉州市审计机关依法履行审计监督职责，在助推重大政策落实、维护财经秩序、盘活资源提高资金使用效益、助企纾困、服务保障民生和推进廉洁政府建设等方面发挥作用。完成审计项目253个，查出违规金额2.86亿元，处理应上缴财政2.65亿元；审计促进整改落实有关问题金额16.93亿元，其中增收节支2.26亿元，挽回（避免）损失558万元；移送处理事项23件8人。出具审计报告和专项审计调查报告352篇，被批示、采用170篇次；提交审计信息758篇，被批示、采用435篇次。提出审计建议894条，被采纳869条；促进被审计单位建立、健全规章制度126项。

【国家重大政策措施落实情况跟踪审计】 2022年，泉州市审计局开展“两稳一保一防”政策跟踪审计，推动泉州市企业获得福建省第六期“纾困贷”57.45亿元，获得制造业中小微企业专项贷款26.9亿元，投放量居全省首位。加快稳就业奖补资金拨付2776万元，清退涉企保证金728.3万元，推动兑现一次性稳就业奖补336.35万元。

【财政审计】 2022年，泉州市审计局开展泉州市本级预算执行及决算草案审计、重点领域财力保障专题审计等审计项目15个，推动非税收入11.73亿元上缴国库，盘活使用二次沉淀资金1.67亿元，促进结转结余资金支出进度8.18亿元、专项债券资金支出20.43亿元。推动39个为民办实事项目市级补助资金下达率比2021年同期提高15.5个百分点，获批新增政府债券额度占比居全省第一。

【经济责任审计】 2022年，泉州市审计局紧扣“统”“审”“评”“用”四个环节，创新建立以经济责任审计为主线、组合多样审计方法的“1+N”审计模式，围绕分类型、有步骤、全覆盖要求，对74个单位106位党政主官、公检法、国有企业领导干部开展经济责任审计，加强权力运行制约，实现项目“一审多果”，推动部分深层次问题得到有效解决。

【固定资产投资审计】 2022年，泉州市审计局开展对16个福建省级重点项目、中心城区6个片区项目等审计调查，促进14个项目复工复产，推动项目投资额383.44亿元加快形成实物工作量，扩大有效投资超60亿元。开展泉州台商投资区政府投资项目和政府债务审计，推动稳妥有序化解债务风险，促进可持续发展。

【民生资金（项目）审计】 2022年，泉州市审计局开展国家粮食储备、乡村振兴政策和资金落实情况审计、泉州市医保基金和“三医联动”改革政策推进情况审计调查等，推动粮储政策落实，消除粮食安全隐患，促进规范民生领域及涉农专项资金24.8亿元，推动市委、市政府出台4项制度，力促盘活用好民生保障资金近6000万元。

【企业审计】 2022年，泉州市审计局开展三大国有企业集团领导人员经济责任审计，结合项目研究探讨国企重组整合、债务预警机制等重点领域问题，形成研究审计成果5篇。提前两年完成对泉州市属五大集团企业的审计全覆盖，推动建立和完善地方国有企业的重大经济风险预警指标体系。

2022年7月10日，泉州市审计局联合泉州市纪委监委派驻市财政局纪检监察组对经济责任审计整改情况开展专项回头看 （市审计局 供图）

【专项资金审计】 2022年，泉州市审计局加大资源环保审计力度，与泉州师范学院资源与环境科学学院建立“审校结合”联动机制，开展多场自然资源和审计业务研讨会。聚焦“蓝色海湾”建设，促进区域重大战略推进实施，推动2.15亿元海洋生态保护修复项目资金拨付到位。

【审计整改】 2022年，泉州市审计局推动建立健全审计查出问题整改长效机制的意见等制度4项，落实审计整改四种清单制度，开展2017年以来审计整改未到位问题“回头看”，推动2017—2021年度局审计项目查出问题整改3062个，总整改率96.44%，提高2.08%。探索“审计+”协同模式，在全省首次出台《泉州市纪检监察监督巡察监督与审计监督贯通协同工作机制的实施意见》等文件，推动“纪巡审”联动。

【内部审计指导监督】 2022年，泉州市审计局在前期做好86家市直行政事业单位内部审计工作调研的基础上，率先在全省推进首批39个部门商请编办统一调整“三定”方案，建立分工明确、各司其职、齐抓共管的内部审计指导监督工作机制。首次开展5家市直重点单位内部审计工作检查，促进内部审计工作健康有序发展。

【大数据审计】 2022年，泉州市审计局应用大数据审计工作机制，推动形成各类审计分析模型133个，形成大数据审计案例31篇。联动实施对市本级381家一、二级预算单位财政财务数据采集整理和分析，促进上缴财政1600余万元，36家单位补录1100条资产台账信息，完善资产管理等制度。

【"研究型"审计】 2022年，泉州市审计局创新建立"动态式政策库"，把财税金融、教育医疗、环境保护等14类368条政策措施纳入共享政策库。探索建立"审校结合"机制，与泉州师范学院共建审校科研实践基地，将理论与实操相结合。大兴"研究型"审计之风，形成"研究型"审计成果13篇和调研课题成果12篇。

（洪亦申）

统 计

【概况】 2022年，泉州市统计局发挥统计职能，组织完成农业、工业、商业、建筑业、服务业等国民经济行业以及投资、人口、劳动工资、能源、社会科技等领域常规统计调查。巩固地区生产总值统一核算改革成效，实现全市数据和各县（市、区）汇总数的衔接，推动自然资源资产负债表编制工作从试点、探索，逐步走向常态化落实；做好民营经济、文化产业等重点领域增加值核算工作。参考国家高质量发展绩效综合评价方案，到基层和企业开展调研，探索构建地市级高质量发展指标体系，对标济南、合肥、福州、南通、东莞、西安等经济总量与泉州相近的万亿城市，完成《践行新发展理念，推动高质量发展——泉州与部分万亿城市高质量发展综合绩效比较分析》调研报告。会同市效能办，对接省对市高质量发展监测与绩效管理工作方案，科学设置季度和年度市对县绩效考评指标体系，发挥指标导向作用。强化R&D经费支出占比、战略性新兴产业占比等薄弱指标统计监测，提升短板指标数据质量。国家统计局泉州调查队将数据质量管控作为调查数据质量的"第一关"，加强调查全流程标准化、规范化动态管控。规范辅助调查员管理，强化市队管理职责，加强辅助调查员动态管理机制，及时掌握本地区辅助调查员选用和工作开展情况。对各县队实行包点负责制，分阶段开展现场指导，形成多方联动、分工明确、协同配合、齐抓共管的工作机制。发挥统计监督效能，配合国家统计局的统计督察整改及总队的统计执法检查工作。做好常规调查和专题调研，撰写经济信息123条、季度分析10篇、综合分析报告29篇。

【统计执法监督】 2022年，泉州市统计局组织到各县（市、区）开展季度经济形势工作督导调研，重点督导调研各县（市、区）统计部门工作措施及各地新增一套表单位统计业务培训情况。联合市委组织部、市委党校举办全市领导干部统计知识专题培训班，提升县、乡和市直相关部门分管负责人统计法治意识和"管行业必须管统计"工作理念，提高基层和部门统计业务水平。协调以市委办公室、市政府办公室名义印发《关于贯彻落实〈福建省防范和惩治统计造假、弄虚作假责任制规定（试行）〉的通知》，在全市范围建立起防范和惩治统计造假、弄虚作假的责任分工体系。成立泉州市统计造假不收手不收敛问题专项纠治领导小组，全市所有县（市、区）统计局相应成立领导小组，推进专项纠治工作。建立统计违法举报工作制度、统计违法案件通报曝光制度、统计造假弄虚作假案件监督检查制度，拓宽统计违法违纪行为线索发现能力。把统计造假不收手不收敛问题专项纠治工作和2022年度统计执法检查工作相结合，部署统计执法检查，全市完成检查616家，行政处罚17起，警告3起，警告并罚款14起，罚款金额3.7万元。在全市开展"四上"单位和固定资产投资项目入退库专项检查工作，督促检查各级统计机构履行业务监管责任、严格审核把关，纠正不规范的管理模式和审批流程，核查企业（项目）2448个，清理纠正、规范相关入退库单位214个。在全市范围内开展第三方机构违规代填代报统计数据清理整顿专项工作，对"四上"单位名录库中的"僵尸企业"、空壳企业、倒闭企业、虚假投资项目以及代填代报统计数据问题开展重点排查，指导督促各县（市、区）统筹推进和重点核实核查省统计局反馈的一套表企业1237家。

【统计管理】 2022年，泉州市统计局按照"优化存量、严控增量"原则，从项目审批、方案设计、制度公示全流程提升系统内外地方统计调查项目管理水平，为市、县两级地方党委、政府及有关部门提供优质统计服务。依法审批新建部门统计调查项目3项、审批修订部门统计调查项目1项，市、县两级统计局组织实施的地方统计调查项目审批实现全覆盖。常态化开展各专业线上线下培训，会同科技、住建等主管部门开展统计业务培训，重点组织新增入库企业培训，县级培训覆盖全部统计调查单位，提升各级统计部门和调查单位统计人员的业务能力。推进企业电子统计台账试点工作，组织各县（市、区）选取67家具有较强代表性的企业开展试点工作，规范企业统计工作流程，健全完善企业统计台账和统计原始记录。提高数据审核精度，做好1.4万家"四上"单位年定报期间数据监测分析和数据审核验收工作，推行"即报即审即验"模式，在国家统计局和省统计局查询的基础上，升级审核模块，强化不同专业相关指标匹配性分析，防止企业错报、漏报数据，提高联网直报平台数据的准确性。建立数据质量定期评估通报制度，每季度组织开展统计数据质量评估分析，汇总各专业一套表平台数据审核和相关指标匹配性情况，并定期通报各县（市、区）数据质量，增强数据质量意识，提高基层数据审核的积极性。

【统计数据质量】 2022年，泉州市统计局推动市政府办公室转发《福建省统计局关于进一步做好我省高质量纳统工作的通知》，明确各级各部门纳统工作职责，建立纳统工作联络机制和通报机制。会同市机关效能建设领导小组办公室将入库纳统成效列入市对县绩效指标考核范畴，定期通报各县（市、区）一套表单位新增入库情况。组织开展“四上”单位和固定资产投资项目入库退库专项检查工作，督促各级统计机构履行业务监管责任、严格审核把关，纠正不规范的管理模式和审批流程。组织各县（市、区）选取部分具有较强代表性的企业开展企业电子统计台账试点工作，规范企业统计工作流程，健全完善企业统计台账和统计原始记录。做好“四上”企业年定报期间数据监测分析和数据审核验收工作，推行“即报即审即验”模式，在国家统计局和省统计局查询的基础上，升级审核模块，强化不同专业相关指标匹配性分析，防止企业错报、漏报数据。组织开展统计数据质量评估分析，汇总各专业一套表平台数据审核和相关指标匹配性情况，增强数据质量意识，提高基层数据审核的积极性。开展全市统计联网直报系统的管理和运维，强化技术保障和系统安全建设，落实网络和数据安全管理制度，确保系统可靠高效、平稳运行。以大集中集约化方式入驻市一体化协同办公平台，实现公文办理、会务处理、征求意见等跨部门业务全流程在线处理。

【统计基层基础】 2022年，泉州市统计局组织开展统计基层基础工作专项调研，推动出台《泉州市人民政府办公室关于进一步完善全市统计体系的实施意见》，成为全市出台的首份以提高政府统计能力为根本目标，规范完善全市统计工作体系和队伍建设的规范性文件。常态化开展各专业线上线下培训，会同科技、住建等主管部门开展统计业务培训，重点组织新增入库企业培训，县级培训覆盖全部统计调查单位，拓宽培训覆盖面，提升各级统计部门和调查单位统计人员的业务能力。国家统计局泉州调查队成立统计基层基础建设工作领导小组，从重痕迹向重实绩转变，形成各专业自查自纠、交叉核查、下沉核实等基层基础和数据质量检查模式。

【统计服务】 2022年，泉州市统计局组织实施国家统计制度方法，发挥统计职能，有序组织完成农业、工业、商业、建筑业、服务业等国民经济行业以及投资、人口、劳动工资、能源、社会科技等领域常规统计调查，开展“四下”单位样本优化和抽样调查。巩固地区生产总值统一核算改革成效，实现全市数据和各县（市、区）汇总数的衔接，推动自然资源资产负债表编制工作从试点、探索，逐步走向常态化落实；做好民营经济、文化产业等重点领域增加值核算工作。

【国家统计调查】 2022年，国家统计局泉州调查队加大网签数据核验力度，每季度组织对网签数据与房屋买卖合同等原始资料逐一比对。走访22个乡镇、43个村，对基层原始报表、报送方式、数据收集来源等农村调查基础性工作进行详谈查看；应用无人机遥感技术核查村级播种面积，把控统计调查数据质量。抽选采购经理相关业务不熟练或填报易出错的企业进行回访，访问企业21家；实行在线实时审核制度，在企业数据上报后1小时内反馈审核结果，做到上报一家审核一家。在每个县抽取一个城镇调查点和一个农村调查点，采用入户核实、账页核对等方式开展检查，走访31个村（居），提升住户调查电子记账率。陪访12个县（市、区）30个村（居）68个样本户，实现劳动力调查陪访全覆盖。

【企业生产经营情况快速调查】 2022年3月24—28日，泉州市统计局通过网络调查方式开展企业生产经营情况快速调查，了解新冠肺炎疫情对企业生产经营影响及企业需党委、政府帮助解决的有关事项。调查收到有效样本6418份，市、县两级统计部门完成专题调查报告11份。省统计局启动快速审批程序，对调查项目方案制度设计、组织实施方式等方面给予专业指导，并肯定市统计局的做法。4月1日，印发《福建省统计局设管处关于推荐泉州市开展企业生产经营情况快速调查做法的通知》，在全省范围内予以推荐。

【《关于进一步完善全市统计体系的实施意见》出台】 2022年12月27日，泉州市政府出台《关于进一步完善全市统计体系的实施意见》（以下简称“意见”），成为全市出台的首份以提高政府统计能力为根本目标，规范完善全市统计工作体系和队伍建设的规范性文件，为泉州未来加快建立健全现代化的统计管理体制，发挥统计监督职能作用，提供政策依据和路径指引。意见坚持顶格推进，统筹联动，部署加强市、县、乡、村、部门、企业等统计队伍建设，构建统计规范化建设机制，落实统计工作保障，形成统计机构牵头、部门分工负责、各级上下联动、调查对象依法参与的大统计格局，构建全市专业化统计工作体系。意见通过立体化、全方位的措施解决长期以来统计工作资源配备与统计工作任务不相适应问题，首次实现五大突破：组建全市统计专员队伍、发放村级统计工作岗位津贴、提高辅助调查员补贴标准、乡镇统计纳入政府绩效考核、实施统计一线褒奖激励。

（市统计局 国家统计局泉州调查队）

价格管理

【概况】 2022年，泉州市发展和改革委员会完善价格管理，提升价格认定工作质量。全市办结价格认定2615件，标的总金额17.27亿元。加强重要民生商品保供稳价工作，加强价格监测及预警分析，启动平价商店稳价惠民，落实困难群体生活兜底保障。疏导管道燃气价格矛盾，推进农业水价综合改革。

【价格认定】 2022年，泉州市价格认定机构做实涉案财物价格认定工作。全市办结涉案财物价格认定2351件，标的总金额1.47亿元，其中安溪县、晋江市、南安市办理涉案价格认定均超过400件，继续保持“零复核”工作成效。做细涉纪财物价格认定工作。全市完成涉纪财物价格认定20件，标的金额3671万元。市本级配合中共泉州市纪律检查委员会、市监察委员会办理粮食等巡察受贿人员涉案财物的价格认定，完成涉纪案件5件，标的金额375万元；石狮市完成涉纪案件5件，标的金额3220万元，晋江市、南安市、惠安县、永春县、德化县各完成涉纪案件2件，标的总金额76万元。做优涉税财物价格认定工作。定期与税务部门加强沟通联系，完善基准价格数据库，保障存量房交易计征相关税收“价实相符”。全市完成涉税财物价格认定107件，标的金额13.7亿元。市本级、洛江区、晋江市、安溪县完成新一轮存量房基准价格调定工作，更新楼盘600余个。市本级配合海关部门开展打击走私行动，及时对涉嫌走私的523种台杂货进行价格认定，涉案标的金额1.55亿元。做好价格争议调处工作。加强与人民法院、司法行政机关的沟通协调，建立调解衔接联动的工作机制，提高部门协同效率。做好日常价格纠纷事项咨询及记录，定期与调解工作站（点）进行业务沟通并对其进行指导，全市调解价格争议46件，涉及金额785万元。

【价格监测】 2022年，泉州市发展和改革委员会做好生活必需品常规价格监测和应急监测工作，及时完成国家、省发展和改革委员会每周、每旬、每月的主副食品、成品粮、畜产品、工业生产资料、农业生产资料、日用工业消费品等常规价格监测任务。全市居民消费价格总水平（CPI）涨幅1.4%，实现泉州市价格总水平预期目标。

【价格调整】 2022年，泉州市发展和改革委员会加快推进海西天然气管网德化支线管道通气进度，及时协调指导安溪县、永春县、德化县按照3县管道燃气终端销售价格统一的原则核定管道燃气价格，经测算，通气后每年可减轻企业用气负担2亿元左右。及时分解下达新增农业水价综合改革实施面积7333.33公顷，制定各县（市、区）2022年农业水价综合改革计划任务。全年全市完成实施农业水价综合改革1.12万公顷，超额完成2022年改革任务52.7%。

【价格监督检查】 2022年，泉州市市场监管部门密切跟踪市场价格动态，每日开展价格巡查，采集商超、农贸粮油菜肉蛋奶等26种重要民生商品和药店口罩、酒精等4种主要防疫物资价格，对市场需求度高、人员密集度高的区域重点加强监测预警，提高对购销情况、供应秩序的关注度，加强引导市场供应结构调整，同时配合相关部门畅通渠道，确保满足泉州市市场需求。密切关注市场价格运行走势，及时掌握粮油肉蛋菜等主要食品的价格走势，并分析和预判，第一时间上报疫情防控指挥部以及平台发布重要民生商品价格信息。做好工业生产资料5天一报价，对泉州市工业生产资料价格进行分析、预测，作为政府决策依据，同时引导消费者按需购买，合理消费，稳定市场预期。

（庄启鑫）

市场监督管理

【概况】 2022年，泉州市市场监督管理局深化商事制度改革，推进住所申报承诺、简化企业市内迁移手续、企业开办“一窗通办”、企业简易注销、免申即办等一系列改革新举措，优化泉州市营商环境，促进全市市场主体稳定发展。开展多个专项执法行动，加大市场监管领域违法违规行为查处打击力度，维护市场秩序，净化市场环境。全市市场监管系统立案查处违法案件9997件，移送公安机关75件。开展对全市13个县（市、区）政府的质量考核，全部为A级。实施企业标准自我声明公开制度，在全国企业标准信息公共服务平台自我声明公开标准1223项。继续对辖区内食品和食用农产品实行“一品一码”食品安全信息追溯制度，构建“从农田到餐桌”的全过程追溯体系。联合市公安局、市医保局等部门开展药品安全专项整治行动，消除和防控药械化安全隐患，保障人民群众用药安全有效。

【住所申报和迁移手续简化】 2022年，泉州市市场监督管理局简化住所证明文件，以一张市场主体住所（经营场所）申报承诺表替代所有的场所证明文件，惠及超23万户新设立市场主体。在全省率先实施企业市内迁移“新政”，迁移企业可向迁入登记机关同时申请准迁和迁入登记。

【企业开办“一窗通办”】 2022

年，泉州市市场监督管理局企业实行线下企业开办“一窗通办”改革，将企业开办时间压缩至1个工作日，继续落实新开办企业免费发放一套（3个）印章和免费邮寄服务的开办“大礼包”政策，实现企业开办零费用，为企业节省费用超2700万元。

【企业简易注销登记改革】 2022年，泉州市市场监督管理局推进企业简易注销工作，为全市近1.9万户企业申请办理简易注销登记，节约公告费用超1400万元，简易注销企业数占注销总数的57%。

【“双随机、一公开”监管】 2022年，泉州市市场监督管理局印发《关于规范管理“双随机、一公开”监管执法检查人员名录库的通知》，健全工作机制。制定“双随机、一公开”抽查工作方案，开展联合“双随机、一公开”监管，全市抽查1万多家企业。

【反垄断与反不正当竞争】 2022年，泉州市市场监督管理局推进落实公平竞争审查制度，维护公平竞争政策环境。常态化开展公平竞争审查复核抽查和函询提醒工作，督促落实整改、提升审查效能。开展反不正当竞争专项执法，查处不正当竞争案件35起，3起案件入选全省典型案例。配合市场监督管理总局、省市场监督管理局查办“阿里巴巴”“美团”等多起重大垄断案件。培育商业秘密保护基地13个，其中4个被省市场监督管理局确认为全省示范基地。

【网络传销与交易监测】 2022年，泉州市市场监督管理局监测并编制136份涉嫌网络传销项目报告上报国家市场监督管理总局、省市场监督管理局，编制23期涉嫌网络传销舆情报告，撰写3份网络传销形势分析报告，完成国家市场监督管理总局、省市场监督管理局交办的监测任务20余项次，为国家市场监督管理总局和相关省市场监督管理局部署开展2022年度打击网络传销专项整治行动提供研判依据和决策参考。开展医疗美容、养老诈骗、普通食品非法添加、网络销售功效性牙膏、网络销售不符合要求燃气具、燃气泄漏报警器相关配件等24项次专项监测，监测相关网站（网页）12.13万个次，监测发现违法行为线索153条，均分流处置。

【合同监管】 2022年，泉州市市场监督管理局组织开展2020—2021年度泉州市守合同重信用企业公示工作，从合同信用管理体系健全、合同行为规范、合同履约状况好、企业和品牌具有社会影响力、社会信誉好5方面进行量化考评，公示834家企业为2020—2021年度泉州市守合同重信用企业。结合房地产市场秩序整治、校外培训机构“双减”等专项工作及日常检查强化格式条款监管，加大合同示范文本的宣传推广力度，加强部门联合执法联动，依法查处利用不平等格式条款侵害消费者合法权益等违法违规行为。全年查办合同相关案件8起，罚没8000元。

【广告监管】 2022年，泉州市市场监督管理局开展整治借重大活动从事违法违规商业广告宣传工作。围绕事关人民群众身体健康和生命财产安全的重点领域，在全市范围内开展涉老食品、保健品、校外培训广告管控和文娱领域市场经营活动综合治理。依托国家市场监督管理总局互联网监测平台、省市场监督管理局“互联网媒体+传统媒体”广告监测平台、市市场监督管理局互联网商务监测中心和户外违法广告“随手拍”小程序，逐步构建“互联网+传统+户外”三位一体广告媒体监测体系。全市市场监管系统立案查办各类虚假违法广告案件592件，罚没174.65万元。

【消费者权益保护】 2022年，泉州市市场监督管理局优化消费环境，提振消费信心。在中国消费者协会发布的全国100个城市消费者满意度测评结果中，泉州市得分连续五年稳步攀升，2021年排名位于全国100个城市中的第13名，较2020年上升12名。推动“12315”热线与“12345”热线“双号并行”，确保“12315”热线7×24小时人工接诉不断档。在南安市、安溪县两地使用线上调解功能探索开展投诉案件云调解工作。全年全市市场监管部门受理咨询投诉举报30.64万件，其中投诉8.33万件、举报4.47万件。

【市场综合执法】 2022年，泉州市市场监督管理局制定下发《日常监管与执法办案衔接工作规定（试行）》等规范性文件，强化综合执法与日常监管的有效衔接。联合厦门、漳州、龙岩等地市场监管部门签署跨区域执法协作框架协议，建立闽西南跨区域执法协作机制，形成高效有力、互联互通、共管共治的闽西南市场监管执法体系。开展民生领域“铁拳”行动、农村假冒食品、进口冷链食品、走私冷冻食品、过度包装“天价”月饼和蟹卡蟹券等多个专项执法行动，维护市场秩序，净化市场环境。全市市场监管领域立案查处违法违规案件9997起，结案1.08万起，罚没7404.8万元，移送公安部门75起。加大重点领域大要案、典型案件查处力度。其中，依法查处的1起医疗机构使用未经注册的医疗器械案被国家市场监督管理总局列为督办案件，受到通报表扬；申请省市场监督管理局挂牌督办食品案件3起。

【质量标准建设】 2022年，泉州市新增完成国际标准研制1项、国家标准87项、行业标准25项、省地方标准9项；发布团体标准15项；7项产品获国家企业标准“领跑者”称号；4个项目获评省市场监督管理局两岸标准互通试点，数量居全省地级市第一。

【特种设备安全监管】 2022年，泉州市市场监督管理局开展特种设备安全大检查、大整治，检查生产使用单位1.03万家，发出安全监察指令书614份，立案64件，拆除各类特种设备2489台、报废370台，清理报废液化石油气瓶7.13万只，及时消除一大批特种设备安全隐患。开展特种设备制造企业安全生产标准化提升行动，以点带面推进全市40家制造企业安全保障水平。试点“城市电梯数智化管理平台”，完善气瓶和移动式压力容器质量安全追溯系统，推动智慧监管能力建设。全市特种设备使用登记率99.99%，定期检验合格率99.78%，隐患整改率99.54%，安全形势持续稳定向好。

【计量管理】 2022年，泉州市市场监督管理局减半收取餐饮企业2022年电梯、锅炉、锅炉水（介）质等检验检测费用。市属检验机构对属于疫情防控用测体温类计量器具以及用于政府部门牵头组织的捐助疫区的防护物资，实施免费检测；对泉州市生产企业送检的产品，检验检测费实行八折优惠。全市法定计量技术机构为企业减免费用1306万元。

【认证认可建设】 2022年，泉州市市场监督管理局加强认证认可工作，一大批企业通过认证认可，提升工业产品的质量水平，强化企业的质量基础工作，改变企业的管理面貌，促进企业质量管理水平的提升。截至年底，全市有2.4万张认证证书，涉及企业4850家。其中，ISO 9001质量管理体系认证证书3706张，ISO 14001环境管理体系认证证书2321张，ISO 45001职业健康管理体系认证证书2046张，食品安全管理体系认证证书261张，HACCP认证证书269张，知识产权管理体系认证证书223张，强制性产品认证证书1092张，服务认证证书704张。

【质量泉州建设】 2022年，泉州市市场监督管理局推动质量泉州建设，坚守产品质量安全底线。开展十类重点工业产品安全隐患专项排查整治，强化工作许可获证企业证后监管，打击“地条钢”死灰复燃。抓好监督抽查后处理完成闭环工作，及时处置多起质量舆情，未造成不良影响。开展“一县一帮扶”，分别确定童装（校服）、童鞋、食品相关产品、日用陶瓷、消防产品、危化品、燃香等作为主要帮扶对象并映射到其他产品。推进第六届市政府质量奖评选，14家企业入围并完成现场评审和答辩。做好省对市2021年度质量考核工作，获评A级。开展对全市13个县（市、区）政府的质量考核，全部为A级。

【检验检测】 2022年，泉州市市场监督管理局开展质量基础设施“一站式”试点服务，在安溪、永春、德化围绕茶产业及茶具、熏香等相关产业，整合各类检验中心，成立“一站式检测服务点”。推动省市场监督管理局“闽质通”质量基础设施一站式公共技术服务平台在南安市质量计量检测所、南安市石材协会、南安华大石材产业技术研究院三个地方设立工作站。减半收取餐饮企业2022年电梯、锅炉、锅炉水（介）质等检验检测费用。市属检验机构对属于疫情防控用测体温类计量器具以及用于政府部门牵头组织的捐助疫区的防护物资，实施免费检测；对泉州市生产企业送检的产品，检验检测费实行八折优惠。全市法定计量技术机构为企业减免费用1306万元。

【食品监管】 2022年，泉州市市场监督管理局实现从种植养殖、生产加工到经营环节的全程追溯管理，做到食品“源头可溯、去向可追、风险可控、责任可究”。全市1812家食品生产主体注册“一品一码”系统，录入追溯数据3757.69万条。全市食品经营者在省、市“一品一码”系统注册用户8.11万户，录入追溯信息2.82亿条。全市集中监管仓进仓进口冷链3445批次1.39万吨，查处违反冷链食品防控要求案件162件，移送公安13件，行政拘留1人。

【药品监管】 2022年，泉州市市场监督管理局检查药品医疗器械化妆品经营使用单位9000余家次，抽检药品742批次、化妆品128批次、医疗器械65批次，查处药化械案件763件（药品468件、器械192件、化妆品103件），罚没款1632万元，移送公安案件7件。推进药品零售企业分级分类工作落实，提升药品零售企业的管理水平，按要求完成辖区2474家药店分级分类管理。落实药品追溯体系建设，泉州市零售药店全部入驻码上放心平台并完成重点品种扫码追溯。

【医疗器械监管】 2022年，泉州市市场监督管理局发挥零售药店疫情防控“哨点”作用，对20家未按要求登记上报“四类药品”（退热、止咳、抗病毒、抗生素类药品）的药店予以停业整改。以石狮市为试点，探索建立医疗器械监管信息化平台。以安溪县为试点，建立市场监督管理局、卫生健康委员会、医保局医疗器械协作三方监管联盟，对辖区内医疗器械使用单位进行协同监管。正骨医院被国家市场监督管理总局评选为“首批医疗器械唯一标识实施示范单位”的全国6个医疗机构之一。

【化妆品监管】 2022年，泉州市市场监督管理局开展化妆品日常监管及抽检工作，督促企业重点落实进货查验记录制度，重点打击经营假冒伪劣、未经注册备案、虚假宣称等违法行为。全年完成国产普通化妆品产品备案161个品种，开展化妆品非法添加快速检测220批次，产品抽检128批次，收集上报化妆品不良反应报告930份。全市查处化妆品类案件104件，罚没款113.37万元。

【泉州市在全省率先出台企业强制注销暂行规定】 2022年2月18日，泉州市政府办公室公布《泉州市企业强制注销暂行规定》（以下简称“暂行规定”），系全省首个关于企业强制注销暂行规定。2021年，国家市场监督管理总局批准泉州等地作为全国首批市场主体强制退出试点。在此背景下，泉州市市场监督管理局启动暂行规定的制定工作，以市政府办公室名义印发。暂行规定明确制定企业强制注销目的、依据、适用范围、工作机制、适用情形、程序、后果、救济途径、归档要求、期间界限、解释机构、实施时间等内容，在全省首次对企业强制注销进行规范。暂行规定明确登记机关对吊销未注销企业实行强制注销。暂行规定还明确当事人享有被催告、告知、陈述申辩、申请听证、复议、诉讼等权利，明确企业利害关系人异议权利，保障当事人和企业利害关系人的合法权益。

【泉州市在全省率先推出简单变更事项“免申即办”】 2022年3月，泉州市市场监督管理局在全省率先推出市场监管领域许可（备案）简单变更事项试行“免申即办”改革，对与执照变更存在业务直接关联的16个许可（备案）事项，试行法定代表人、企业名称等简单变更事项的“免申即办”改革。“免申即办”实施范围包括食品生产许可证、食品经营许可证、食品生产加工小作坊核准证、药品经营许可证、第一类医疗器械生产备案凭证、医疗器械经营许可证、特种设备使用登记证等16类许可（备案）事项。凡适用“免申即办”的许可证件变更，凭许可证（备案凭证）原件及经办人的身份证明即可直接办理许可证（备案凭证）有关事项变更，无须提交变更申请表及相关变更证明材料。以平均一件申请减少3份材料计算，16个事项可减少48份材料。

【泉州市两家医院入选首批国家医疗器械不良事件监测哨点】 2022年4月28日，国家药品不良反应监测中心公布首批国家医疗器械不良事件监测哨点（医疗机构）名单，福建医科大学附属第二医院及泉州市第一医院入选。泉州市食品药品认证与不良反应监测中心高度重视国家医疗器械不良事件监测哨点建设，积极推进国家医疗器械不良事件监测哨点医院的遴选申报。此次泉州市入选的两家医院是由医院自主申请、泉州市食品药品认证与不良反应监测中心推荐上报并经层层审核获批的。

【两岸茶叶机械标准共通试点项目启动】 2022年8月4日，两岸茶叶机械标准共通试点启动仪式在安溪县举行。项目承担单位福建佳友茶叶机械智能科技股份有限公司汇报试点基本情况及工作方案，并通过视频方式与两家台湾企业签订茶叶机械标准制（修）定合作协议书。该试点建设时间为期两年，试点工作将以两岸共通标准为基础，制定标准引导产业转型升级，打造在标准研制、应用实施、体系建设、宣传贯彻等方面互联互通的两岸茶机械标准化创新基地。

（郑书田）

知识产权保护

【概况】 2022年，泉州市市场监督管理局下达1200余万元奖励补助资金，支持地理标志商标发展、商标海外保护、专利转化运用、知识产权贯标等项目。推进全省首创实施的地理标志商标质押贷款工作，向永春闽南水仙等10项地理标志商标授信两亿元。发挥中国（泉州）知识产权保护中心作用，加强专利预审，接收专利预审案件469件，获国家授权199件，发明专利发明、实用新型和外观设计专利平均授权周期分别缩短至48.1天、12.9天和8.7天，授权时间缩短90%以上。加大知识产权行政保护力度，立案查处商标、专利侵权违法案件702件。

【知识产权战略实施】 2022年，泉州市市场监督管理局以优化营商

2022年8月4日，两岸茶叶机械标准共通试点启动仪式在安溪县举行
（市市场监督管理局 供图）

环境为引领，发挥知识产权在服务泉州市勇当实施新时代民营经济强省战略主力军中的支撑促进作用。泉州市被列为首批国家知识产权强市建设试点城市，晋江市被列为首批国家知识产权强县建设示范县，德化县和南安市均被列为首批国家知识产权强县建设试点县，全市在知识产权强国建设第一方阵中形成“1试点城市（泉州）+1示范县（晋江）+2试点县（南安和德化）”的发展态势。

【专利与发明专利】 2022年，泉州市新增专利授权4.04万件，年度专利授权量连续12年居全省第一位；新增发明专利授权2821件，发明专利拥有量达1.41件，每万人高价值发明专利拥有量达3.76件，均处于全省第一梯队水平（全省第三位）。“一种微棱镜阴阳条纹反光模具的制作方法”等5个项目获第二十三届中国专利优秀奖，九牧厨卫股份有限公司的外观设计专利获中国外观设计优秀奖。

【商标】 2022年，泉州市新增注册商标8万多件，商标有效注册量达72万件，连续三年居全国地级市第一位；驰名商标达159件，马德里国际注册商标达1300件，均居全国地级市前列。安溪铁观音入选国家商标品牌建设优秀案例。

【版权保护】 2022年，泉州市版权局围绕“优环境、促创新、兴文化”目标任务，结合泉州产业特点和版权保护实际，提高版权社会服务水平，提升版权创造运用能力，提增版权保护管理效益。为“冰墩墩”“雪容融”授权生产厂家护航服务。开展打击网络侵权盗版“剑网行动”。版权知识进乡村、进校园、进企业，版权释法宣传紧贴实际。2月15日，《中国新闻出版广电报》头版刊登《福建主动靠前做好冬奥版权保护》，报道泉州市开展冬奥会版权保护集中行动，主动服务企业的做法；2月22日，“学习强国”平台刊登《北京冬奥会|保护冬奥版权　省市两级开展联合行动》和《科普知识|自制冰墩墩会不会涉及侵权？》，报道泉州市科普冬奥会版权相关知识、解答企业疑问、优化营商环境的做法。德化新秀园获“全国版权示范园区”称号（全国15家，　福建省仅此1家），南洋艺品有限公司获“全国版权示范单位”称号。

【知识产权运用】 2022年，泉州市新增中国专利奖6项、福建省专利奖6项，新增国家知识产权示范企业和优势企业28家，新增福建省知识产权优势企业35家，新增福建省知识产权信息公共服务网点9家，均创历史最高水平。华侨大学获批2022年度国家知识产权信息公共服务网点，泉州高校由此实现“国字号”高层次知识产权平台零的突破。2022年10月，全省首例专利开放许可交易落地泉州。

【知识产权执法】 2022年，泉州市市场监督管理局强化知识产权保护，开展“铁拳”“蓝天”“龙腾行动”等知识产权保护专项行动。发挥市场监管职能作用，开展执法稽查碳中和工作。强化司法保护，加大刑事打击力度，推进“昆仑2022”“治理餐桌污染”“食安7号”等专项行动，严惩侵权假冒犯罪行为。建立健全多元化的知识产权保护机制，牵头组建泉州知识产权保护联盟。成立泉州市全智汇知识产权研究院，作为联盟秘书处。利用平台优势和专家库资源，开展网络侵权监测、民事调解等业务，及时协助联盟企业进行网络维权；协调相关职能部门与监测平台，启动快速维权运行程序、监测取证、线索分流及处理、线上快速下架及信息删除等工作。同时，获批知识产权保护工作站，对接洛江区人民法院，开展知识产权诉前调解工作，完成3件商标、2件著作权侵权纠纷调解工作。制定知识产权侵权鉴定准则，推进知识产权鉴定行业的专业化、规范化发展，填补省内空白。

【知识产权宣传】 2022年，泉州市知识产权工作领导小组各成员单位发挥各自条线资源优势，开展召开新闻发布会、制作知识产权司法保护白皮书等一系列富有特色和亮点的宣传工作。泉州市市场监督管理局履行牵头职责，强化知识产权宣传，讲好泉州知识产权发展“故事”，在中国网、《中国日报》、人民日报App、中国经济网、《中国知识产权报》、中国网海峡频道、《福建日报》等国家级和省级新闻媒体刊发专题报道30余篇；其中《福建日报》刊发4次专题报道，5月25日以一个整版的篇幅刊出《搭乘商标“快车”，泉州制造走更远》，该报道稿和10月27日《福建日报》《全球运动鞋行业专利申请数量前十泉州企业首占半数》，均获省政府网站全文转载；央广网刊发2期专题报道，介绍泉州市强化专利快速预审服务和优势产业专利培育发展工作成效。

【泉州市入选首批国家知识产权强市建设试点城市】 2022年8月4日，国家知识产权局印发《关于确定国家知识产权强市建设试点示范城市的通知》，经申报推荐、材料审查、专家评审等程序，泉州市入选首批国家知识产权强市建设试点城市，试点示范时限自2022年7月至2025年6月。晋江市入选首批国家知识产权强县建设示范县，其知识产权快速维权中心通过国家知识产权局验收；德化县和南安市入选首批国家知识产权强县建设试点县。

【泉州知识产权保护联盟成立】 2022年11月22日，泉州知识产权保护联盟成立大会在泉州市工人文化宫举行。联盟第一批成员包括知名企业、科研院校、服务机构等114

2022年11月22日，泉州知识产权保护联盟与泉州师范学院陈守仁商学院签约仪式在泉州市工人文化宫举行　（市市场监督管理局 供图）

家，联盟设理事会、监事会、秘书处、专家委员会、服务机构委员会等机构，匹克（中国）有限公司当选理事长单位、总经理许志华当选联盟理事长。许志华代表泉州知识产权保护联盟分别与中国银行泉州分行、泉州师范学院陈守仁商学院签订战略合作协议。会上还印发由联盟牵头起草的、由省标准化服务行业协会发布的《知识产权侵权鉴定准则》团体标准，填补福建省该领域的空白。

（郑书田）

信用体系建设

【概况】 2022年，泉州市社会信用体系建设工作坚持服务民营经济创新发展和传承，夯实制度机制和平台设施建设，构建以信用为基础的新型监管机制，改造升级泉州市公共信用信息平台，高标准建设泉州市信易贷平台。在2022年全国信用信息平台建设现场观摩会上，泉州市中小企业融资综合信用服务平台获“全国中小企业融资综合信用服务示范平台”称号，泉州市公共信用信息平台网站获“2022年度特色平台网站”称号。

【信用监管】 2022年，泉州市完善信用修复和信用约束制度，被列入市场监管领域严重违法失信名单的企业16户、自然人8位，被列入严重违法失信企业名单237户；移出企业经营异常名录7454户，个体工商户恢复正常状态4.43万户，终止行政处罚公示35户。落实包容审慎监管，在6月30日前，对市市场监督管理局登记的企业逾期未按规定年报的，但能纠正违法行为、补办年报的，不予行政处罚。

【信用管理制度建设】 2022年，泉州市将完善信用体系建设纳入优化营商环境三年行动计划，制定出台《泉州市关于全面开展信用分级分类监管的实施意见》《泉州市关于全面建立信用承诺机制的实施方案》等指导性文件。按照国家要求梳理规范信用政策制度，依法合规开展信用约束，建立诚信长效机制。发布适用信用承诺事项清单，促进行政管理和政务服务中信用承诺制度全面建立和实施。推行信用告知承诺制度，公布市直单位证明事项告知承诺制事项，在全市范围内行政服务大厅窗口应用实施。

【公共信用信息平台建设】 2022年，泉州市推进市公共信用信息平台升级改造，开发信用数据中台、信用承诺管理系统、信用评价管理系统、合同履约践诺管理系统等应用系统，构建一体化公共信用信息服务体系，形成上联国家、省，下至全市县（市、区）、横跨行业领域的数据共享网络。全市信用信息库信息总量9亿多条，其中纳税、水、电、气等公共信用信息7568万多条，信用承诺信息及履约践诺情况信息200万多条。

【征信服务】 2022年，中国人民银行泉州市中心支行创新“实时申报、即来即审”申报模式，对20家台湾企业、14名台湾同胞发证书，促成28家持证台湾企业获39.68亿元授信，授信金额居全省首位。联合有关部门发文推动动产和权利担保统一登记，探索“支农再贷款+第三方监管+动产抵押”等模式，提升“登记促融”覆盖度和受益面。开展首批金融信用村、乡镇评定工作，推动出台配套优惠措施，金融信用村信用贷款余额增加2.06亿元，增长17.2%，新增贷款农户1258户。

【守信激励和失信惩戒机制】 2022年，泉州市建立政务诚信预警机制，明确对政府部门、公务员、事业单位人员政务诚信领域的约束预警措施，依托第三方服务机构对市直单位和县（市、区）开展季度政务诚信监测，并将政务失信纳入政府绩效考核。建立政府失信治理机制，完善公务员诚信档案，将公务员信用记录作为干部考核、任用和奖惩的重要依据。开展政府机构失信问题专项治理，开展各级各部门与企业签约合同履约情况摸底，推动社会资本合作、招商引资等重点领域政务合同履约监管，建立健全政府失信责任追究制度，完善治理拖欠账款等行为长效机制。市中级人民法院牵头65个部门开展失信联合惩戒，判处拒执犯罪52件55人，拘传拘留610人，限制高消费、出入境等5.6万人次。

【纳税信用体系】 2022年，国家税务总局泉州市税务局落实国家税务总局《关于纳税信用修复有关事项的公告》，对纳税人申请纳税信用修复的19种纳税信用失信行为，在符合相应的修复条件时给予信用修复。在试点并开发“福建省电子税务局纳税信用动态提醒服务系统”的基础上，将信用修复提醒引入服务系统，及时提醒纳税人进行信用修复。加强纳税信用共享，深化“税银互动”，与多家银行合作创新开发信贷产品，优化服务机制，结合企业纳税信用评价结果、企业发票开具情况等涉税信息，让符合条件的企业轻松申请信用贷款，缓解中小企业融资难题。全年为1.43万户小微企业获得贷款126.33亿元，增长2.25%。推进联合执法服务，共建更具深度和广度的社会协同治理格局。探索全生命周期“集团税务管家”个性化服务举措，联合市中级人民法院推动全省首例破产重组企业的信用修复，帮助实体制造业企业重回正轨，多部门共同制订支持民营企业破产重整措施，形成常态化帮扶机制。

【泉州市推广非接触“信易贷”服务】 2022年疫情防控期间，泉州市公共信用信息平台及中小企业融资综合信用服务平台（以下简称泉州“信易贷”平台）加强平台运行维护，通过信用核查、信用查询、信用公示、信用修复、中小微企业增信“信易贷”等各项信用服务工作“不掉线”，支撑经济社会平稳抗疫。泉州“信易贷”平台与全国中小企业融资综合信用服务平台建立常态化信息反馈共享机制，同时依托泉州市公共信用信息平台，通过公共信用信息助力银行等金融机构熟练掌握企业基本情况，为中小微企业增信赋能，获得额度高、利率低、手续简单的融资贷款。并通过在“泉服务”小程序上线的“泉州中小微企业信贷直通车”，为企业提供7×24小时“云上申请”“码上办贷”服务，倡导非接触式金融模式。坚持每日收集、分解、向银行机构推送企业发布的融资需求，并指导银行机构使用移动网络沟通方式，及时受理、尽调、审批，既提高业务办理效率，又减少人员流动传染风险。

【泉州市中小企业融资综合信用服务平台上线】 2022年6月30日，由泉州市发展和改革委员会牵头主办、泉州大数据运营服务有限公司建设运营的泉州市中小企业融资综合信用服务平台完成整体功能开发工作，投入上线运行。平台依托泉州市政务数据汇聚共享平台、市公共信用信息平台，归集中小微企业登记注册、行政监管、失信被执行人、信用承诺、纳税、水电气费缴纳、不动产、科技研发等公共信用信息，结合大数据、智能风控等金融科技手段，为银企双方提供信用信息画像、智能匹配撮合、优质企业名单推送、专项信贷产品定制开发、贷后监测预警、信用优惠政策激励等一站式综合服务，促进金融机构向信用状况良好且符合授信条件的市场主体提供额度更高、利率更优惠的信贷产品。

（庄启鑫 郑书田 颜建源 曾惠勇 吴小璐）

数字泉州建设

综述

【数字泉州十大工程建设】 2022年，泉州市开展数字泉州十大工程建设。实施数字基础设施夯实工程。建设5G基站超过9000个，部署一批5G行业虚拟专网。加快“双千兆”城市建设，推进IPv6规模部署。推进四大重点数据中心扩容增效和节能降碳改造，加快泉州先进计算中心建设，加速布局边缘计算节点。实施公共服务平台支撑工程。推动中国科学院海西装备所等泉州市优势科研单位加强数字新技术新应用创新，加快“海上丝绸之路”时间中心大科学装置、商业遥感卫星地面站福建站等项目建设。实施公共数据价值激活工程。加速公共数据汇聚，汇聚公共数据超过80亿条。深化公共数据治理，加快完善基础数据库，建设疫情防控、普惠金融、应急管理等一批主题数据库。实施传统产业数字赋能工程。落实工业（产业）园区标准化行动，推进园区5G网络、千兆光网、数据中心等数字基础设施建设。分行业推动制造业数字化转型。利用数字技术对服务业进行全方位、多角度、全链条的改造升级，发展服务业数字化。打造一批现代农业智慧园、市级农业物联网示范项目，推动更多信息共享项目延伸到农业。实施数字新业态强引擎工程。发展“智慧工厂”、“无人经济”、“直播带货”、跨境电商、在线研发设计等产业新业态，发展智慧出行、“互联网+医疗”、“互联网+文旅”、在线教育、线上展览、IP数字文创等消费新业态，聚焦人工智能、5G、物联网、大数据、区块链等领域，形成一批技术新业态。实施龙头数字企业引培工程。通过以商招商、场景招商、数据招商等方式，引进数字经济龙头企业及平台企业。加快集成电路上下游产业集聚发展，推动数字经济领域“未来独角兽”和“瞪羚”创新企业发展壮大。实施平台经济发展“五十百千”专项行动（围绕工业互联网平台、电商物流平台、文创文旅平台、新兴细分互联网平台、基础资源平台5个重点领域，聚焦纺织服装、鞋业、建材家居、机械装备、食品饮料、工艺制品、纸业印刷、商贸、物流、文旅10个主要行业，筛选培育扶持100个具有行业性、区域性影响力的平台，每年推广应用100条/个以上数字化、智能化生产线或应用场景，每年新增1000家以上企业“上云上平台”），分期分批在分行业领域优选打造一批重点平台。实施数字应用场景示范工程。形成30个5G示范场景应用，打造一批标杆示范工业互联网场景应用，建设一批综合性AI应用场景，加快“区块链+产业”典型应用项目落地，实施遥感与空天大数据示范应用。实施数字政府强基工程。构建省、市、县融会贯通的统一电子政务网络体系，加快政务网络与政务云平台实现“云网融合”。加强基础数据库和专业主题数据库建设，构建统一城市视频融合赋能平台、地理信息公共服务平台、综合网格化服务平台、房屋建筑工程网格化平台，提升政务通用服务支撑能力。推广应用市级一体化协同办公平台，打造“泉服务”城市级掌上移动服务平台。建设升级疫情防控信息服务平台。实施数字社会建设工程。编制出台《泉州市智慧城市专项规划》，强化智慧城市建设“全市一盘棋”，谋划建设城市大脑。推进数字乡村建设，规划建设农村信息一体化综合大平台。推进“互联网+教育”“互联网+医疗”“智慧文旅体育”“智慧交通”建设。实施要素保障落实强化工程。健全电子政务、数字经济等评估考核机制，推进全市数字经济统计监测工作，开展数字建设评价，探索建立信息化专家问诊服务机制。

【数字经济规模】 2022年，泉州市做优做强数字经济，拓展数字技术创新应用场景，在工业制造、数字生活、政务服务等领域多层次多维度探索开展数字技术创新应用场景开发，推动人工智能、5G、物联网、云计算、大数据、区块链等数字技术与实体经济、城市治理、社会民生深度融合，让“数字+”加速解锁新应用场景。数字经济成为驱动泉州经济高质量发展的重要引擎。全市数字经济总规模超5900亿元，占地区生产总值比重近五成。

【数字经济发展政策措施】 2022年，泉州市重视发展数字经济，出台《泉州市加快区块链技术应用发展的若干措施》《加快泉州市数字经济发展若干措施》《泉州市平台经济“五十百千”行动实施方案》《泉州市“十四五”数字泉州专项规划》等数字经济发展相关政策、规划，推进设施新型化、数字产业化、产业数字化、治理数字化、数据价值化，统筹推进数字产业、数字社会、数字政府建设。发挥专项资金引导带动作用，泉州市数字泉州建设办公室组织开展2022年惠企专项补助工作，扶持泉州区块链产业、公共服务平台、大数据产业、5G产业等领域项目发展。全市37个项目获2022年市级数字泉州发展专项资金扶持，惠企资金助力区块链、平台经济、大数据、5G等数字经济产业提速发展，推动泉州数字技术与实体经济的深度融合。

【数字经济招商引资】 2022年，泉州市印发《泉州市“抓开放招商促项目落地”2022年专项行动方案》，成立泉州市开放招商领导小组、泉州市产业发展领导小组，同时下设数字经济产业发展小组，构建开放招商领导机制。绿色数字技改招商方面，推进绿色数字技改专项行动，围绕绿色化发展、智能化改造、信息化建设、数字化应用四大重点工程，优化技改项目鼓励政策，推动产业链龙头企业、成长性好的企业引进关键技术和人才团队，加快转型升级。科技创新平台招商方面，按市场化运作模式，聚焦产业链关键领域和创新链缺少环节，引建一批智能装备、人工智能、大数据、云计算、新材料等支撑引领能力强的创新平台。按市场化运作模式，引建一批公共技术服务平台，满足产品研制、试验、质量检测等行业共性需求，带动相关产业发展。各县（市、区）结合当地产业需求引建一批“小专特”平台。

（陈夏凉）

数字基础设施建设

【概况】 2022年，泉州市数字泉州建设办公室推进数字基础设施。升级固网光纤建设，建成光缆超47万皮长千米，乡镇以上NB-IoT网络实现连续覆盖。梳理印发《泉州市第三批5G建设重要场所清单》（102个），实现泉州市中心城区、各县主城区、各乡镇以及重要园区、热点区域5G信号连续覆盖。数字福建（安溪）产业园数据中心二期1600个机柜楼体建设完毕并完成机房内部设计。

【固网光纤建设】 2022年，泉州市全面升级固网光纤建设。截至年底，全市累计建成光缆超47万皮长千米，千兆以上光纤端口近349.2万个，NB-IoT基站超1.57万个，家庭宽带覆盖率110.3%，互联网出口带宽8.8太字节，云计算能力达9000vCPU，所有乡镇均具备千兆光纤接入能力，乡镇以上NB-IoT网络实现连续覆盖。

【5G网络建设】 2022年，泉州市数字泉州建设办公室完成兴泉铁路专项覆盖建设，启动福厦客专覆盖建设，新建海域、海岛98个5G站点建设。全年完成1765个农村基站建设。完成首批14个工业（产业）标准化试点园区5G覆盖，累计完成投资超12亿元。新建成5G基站7525个，累计建成5G基站超过1.8万个。

【数据中心和云平台建设】 2022年，数字福建（安溪）产业园数据中心二期1600个机柜楼体建设完毕并完成机房内部设计，建成后可达到6000个T4等级标准机柜规模。数字福建（安溪）产业园空天、影视产业数据中心一期基本建成，泉州先进计算中心初步完成平台建设工作。泉州移动城东3楼IDC机房207个机柜建设及2T出口带宽扩容工程投用，布局移动云、边缘云、行业全栈专属云，总立项规模7000vCPU。泉州电信建设信创云平台和政务网密码应用服务云平台，运营3座星级云计算数据中心机房和6个云平台（政务信息网、外网，政务信息、外网信创云，政务信息网、外网密码云平台）。

【“双千兆”城市建设】 2022年，泉州市加快“双千兆”城市建设。统筹推进互联网骨干网、移动宽带网、广电网络和窄带物联网建设，提升千兆宽带用户覆盖面，升级改造通信运营企业城域骨干网，推进IPv6规模部署，全年光纤及相关基础设施完成投资额超过3亿元。

【工业互联网服务平台建设】 2022年，泉州市建设工业（行业）大数据平台。结合“产业大数据创新中心+大数据公司+产业园+人才”四位一体推进产业数字化转型，鼓励晋江、南安等地区根据属地产业特色打造纺织服装、建材家居等产业大数据中心，通过整合政府数据、企业数据、外部数据，为政府、行业、企业提供上下游供应链的图谱信息、供需对接、产业情报共享、市场预测、金融服务、人才服务等，政企协同推动产业高质量发展。

（陈夏凉）

数字产业化

【概况】 2022年，泉州市推动电子信息千亿产业集群发展壮大。抓龙头骨干项目，晋华、三安、渠梁、中石光芯、慧芯、博纯等项目有序推进。抓项目招商，完成全色光显、灏谷光电、科塔等45个项目签约，总投资315.9亿元。推动泉州优品数字化工程、跨境电商创新发展和农村电商示范建设，入选全国直播电商城市20强，淘宝镇、淘宝村分别达到77个、335个。举办首届中国（福建）—非洲青年跨境电商交流合作论坛、2022电商主播大赛、阿里巴巴国际站“丝路领航、品牌出海”、首届中国鞋都跨境电商采购节、“爱泉州 大乐购”促消费活动等一系列电商活动。依托供销社基层经营服务网点，新（改）建电商服务站、点20个。

【平台经济】 2022年，泉州市发展平台经济，实施平台经济发展“五十百千”专项行动，建立加快平台经济发展联席会议制度，分期分批在分行业领域优选一批重点平台，率先支持“天地汇”“青创网”“海石荟”“师傅邦”等第一批优选本土平台经济企业做强做大，平台交易额达百亿以上平台有6个。上线省内首个面向海外华侨的跨境电商平台“侨易邦”，已入驻1862家生产企业。打造新晋物流平台“卡车集市”，平台在全国管理超1500家车队、2万台卡车。“义乌购”平台实现试运营。品尚金融科技平台发挥“大数据征信+金融科技服务”优势，打造中小微企业信用信息交换共享平台。

【龙头数字企业引进培育】 2022年，泉州市通过以商招商、场景招商、数据招商等方式，引进数字经济龙头企业及平台企业，构建数字经济产业发展生态格局，带动更多数字经济关联企业落地，形成“引进企业、做大企业、聚集企业”的完整生态链闭环，实现“强龙头、补链条、聚集群”的数字经济发展目标。

【集成电路与半导体产业】 2022年，泉州市加快集成电路上下游产业集聚发展。发挥数字经济龙头企业的引领示范带动作用，推动数字经济领域“未来独角兽”和“瞪羚”创新企业发展壮大，助推泉州数字产业转型升级。依托“泉州芯谷”、数字福建（安溪）产业园、智能装备产业园，打造全国重要的半导体产业特色集聚区。

【光电产业】 2022年，泉州市推进光电产业发展，在安溪县湖头镇启动光电产业园二期项目，以小间距LED、microLED，以及半导体外延制造和芯片制造为发展主线，做全做强半导体产业链，提高安溪县光电产业集群整体影响力、竞争力。

【光伏元器件产业】 2022年，泉州市推进光伏元器件产业发展。泉州台商投资区光电产业园规划面积6平方千米，重点引进LED、光伏产业和数字微芯片半导体、电子元器件、通信设备等产业，对接台湾高清数字摄录机、显示屏、集成电路、计算机系统、电子专用材料、电子元器件、触控系统、卫星导航系统、通信设备、仪器仪表、传感器、防伪技术与设备，争取引进一批技术领先的电子信息企业。强化与台湾光伏产业的合作，重点发展高纯多晶硅、硅碇/硅片、晶硅电池、薄膜电池、高效聚光太阳能电池、纳米碳薄膜电池，促进产业链拉长，打造完善光伏产业链条，最终形成较完备的光电产业链。

【智能安防产业】 2022年，泉州市强化数据安全保护。逐步推动数据安全监管体系建设，强化数据防窃密、防篡改、防泄露、数据脱敏、数据审计、数据备份、加密认证、流动追溯等方面安全部署，探索利用安全隐私计算、区块链等技术，打造行业级的隐私计算平台。探索建立数据分级分类保护制度。

【传感器产业】 2022年，泉州市推进传感器产业发展，以西人马联合测控为龙头，争创国家传感器产业示范基地。支持无人驾驶、人脸识别等人工智能企业快速成长。

【空天遥感产业】 2022年，泉州市依托全球商业遥感卫星地面接收站网福建站项目，打造空天遥感产业，完成“安溪铁观音一号”“安溪铁观音二号”两颗卫星发射，建成投用两部12米口径卫星数据接收设备，建成6000平方米场站科研楼、卫星运控中心、数据处理中心、空天科技馆，具备年接收40颗各类遥感卫星和处理、分发PB级高分辨率空天数据的能力，可覆盖福建及周边省份、海峡两岸及西南太平洋部分区域。以安溪县为根据地，数据应用场景和信息化系统平台业务广泛涉及全省及周边省份，涵盖数字城市建设、数字海洋、地灾监测与预警、危房排查与监测、自然资源监测、数字茶园、精准农业、数字乡村、林业防火、环保监测、应急救援、智慧电网、重点目标监测等，构建由“卫星星座+数据接收+卫星运控+数据应用”组成的全产业体系。

【数字产业园区】 2022年，泉州市落实工业（产业）园区标准化行动，搭建泉州市区域工业互联网平台和园区产业大脑，培育一批综合型、特色型、专业型等多层次工业互联网服务平台，加强园区管理与企业服务。以首批14个试点园区为重点，建设一批智慧园区示范典型。推进园区5G网络、千兆光网、数据中心等数字基础设施建设。建设与推广5G+智慧园区管理平台，鼓励园区采用服务器托管、租用方式建设数据中心或边缘计算节点，为园区企业提供云计算、上云上平台等服务、信息和资源共享，为智慧园区建设提供重要支撑。重点建设数字福建（安溪）产业园、泉州芯谷、泉州软件园、石狮光子技术产业园等新基建新经济基地。

【“泉州之夜——芯之所向 数智未来”论坛】 2022年7月22日，作为第五届数字中国建设峰会的重要配套交流活动，由泉州市政府主办的“泉州之夜——芯之所向 数智未来”论坛在福州举行。论坛上，泉州市政府分别与昆仑芯科技、中国联通福建分公司签订框架协议、战略合作协议，并集中签约一批数字经济重点项目。签约项目涵盖智慧物流、电子商务、智能制造等领域，包括中硼药玻零碳智慧工厂、圆通智慧供应链创新中心暨福建总部基地项目、泉州市鲤城区鞋捕头数字电商科创城、永春良塑科技工厂项目、泉州市云箭测控导航产业化项目和星辰云仓智慧仓储物流园等，总投资98亿元。昆仑芯科技首席执行官欧阳剑致辞；美国工程院院士、美国艺术与科学院院士陈世卿，百度飞桨总架构师于佃海，国家对地观测科学数据中心主任李国庆，曙光信息产业股份有限公司副董事长关宏明分别做主题分享。“共拓未来城市数智发展之路”主题圆桌论坛同时举行，专家学者、企业代表围绕人工智能、大数据、智能芯片等数字经济关键要素和热门话题展开对话交流，共话泉州未来城市数智发展之路。

2022年7月22日，“共拓未来城市数智发展之路”主题圆桌论坛在福州举行 （数字中国建设峰会 供图）

【泉州市大数据产业协会成立】 2022年7月27日，泉州市大数据产业协会成立大会暨第一届第一次会员大会举行。现场举行重点项目合作协议签约仪式、泉州市大数据产业党建联盟成立仪式等。泉州市大数据产业协会旨在促进公共数据资源开放与开发，挖掘激活数据多重价值，繁荣数据要素市场，发挥协会的行业交流桥梁和资源聚合加速孵化作用，参与大数据产业标准体系构建，建设完整的“政产学研用”产业生态链。探讨数据安全交易规范及交易机制，致力于打造服务产业、服务政府、服务社会的大数据“三服”特色品牌，在服务和融入新发展格局中展现大数据产业协会独特的数字赋能作用，加快推动产业数字化和数字产业化，全方位推进泉州数字经济和数字政府高质量发展超越。

（陈夏凉）

产业数字化

【概况】 2022年，泉州市鼓励龙头企业建设数字化工厂示范标杆，支持中小企业“智转数改”，制造业绿色数字化转型加快推进，21家企业获评省级新一代信息技术与制造业融合发展新模式新业态标杆，数量居全省首位。新增培育工信部物联网示范项目3个、大数据产业发展试点示范项目1个，省级工业App2个，新增国家智能制造示范工厂和优秀场景各1家。推广数字化生产线121条，“上云上平台”企业1000家，累计推动“上云上平台”企业超4400家。新建“鞋捕头”全国鞋源一站式供应链平台、“海石荟”石材工业互联网平台、尚食云链食品工业互联网服务平台、“石头牛工厂”石材工业互联网平台等一批赋能传统产业的数字化平台。新增全国现代农业产业园1个、国家农村产业融合发展示范园1个，建成“数字农田”系统（德化），实现农田掌上动态管理。

【制造业数字化】 2022年，泉州市推进制造业数字化转型。针对制造业存在“不想转、不敢转、不会转”现象，从“龙头”“中小”“链条”“园区”四条路径发力，夯实数字化基础设施建设、智能装备、工业软件、工业互联网平台、技术改造五大基础支撑，分行业推动制造业数字化转型。出台《泉州市制造业数字化转型行动方案》，承办晋江产业数字化转型工作现场会，新增工业和信息化部物联网示范项目3个、大数据产业发展试点示范项目1个、中小企业数字化转型试点平台1个、福建省新一代信息技术与制造业融合发展项目22个、省级工业App2个。建成工业互联网标识解析二级节点应用平台，推广数字化产线121条，新增上云上平台企业超1000家。

【服务业数字化】 2022年，泉州市发展服务业数字化。利用数字技术对服务业进行全方位、多角度、全链条的改造升级，发挥数字技术对业态的放大、叠加、倍增作用。发挥市场采购贸易试点政策优势，打造“买全国、卖全球”大型跨境贸易平台。健全电子商务公共服务体系，引导传统优势产业与电子商务深度融合。推动本地电商平台开展资源整合，打造汇聚全国数据和资源的电商龙头平台。构建智慧物流配送体系，推动物流龙头企业发展基于互联网面向中小物流企业的智能物流信息云服务平台。优化在线金融服务，鼓励在泉州银行业金融机构开发知识产权质押贷款、科技保险、专利保险等金融产品。

【农业数字化】 2022年，泉州市加快农业数字化发展。贯彻落实《数字乡村发展战略纲要》，抓好农村数字经济，发展农业物联网应用和农业电商，帮助农民、农企“触网”，打造一批现代农业智慧园、市级农业物联网示范项目。推动更多信息共享项目延伸到农业，整合更多数字农村农业特色资源，促进数字城乡信息资源开放共享。

【泉州市11个数字项目签约】 2022年7月23日，第五届数字中国建设峰会网信产业合作签约仪式在福州举行，包括“泉州企业产业权益保护平台”“众鑫纺织5G+智慧工厂”“泉州市政务云平台EC产业园数据中心商用密码资源池”在内的泉州市11个项目签约。其中，泉州数字云谷与泉州大数据运营服务公司就泉州政务云平台EC产业园数据中心商用密码资源池建设达成合作协议。双方通过投资建设的方式，对政务数据在政务云平台的传输、储存等环境进行加密和安全防护，以增加政务数据的保密性、完整性。中国移动泉州分公司签约“众鑫纺织5G+智慧工厂”“泉州加来盟鞋业5G+人机协同生产智慧园区”等3个项目。

（陈夏凉）

通信业

【概况】 2022年，泉州市完成电信业务总量112.95亿元，比2021年增长17.6%。年末移动电话基站数7.98万个，其中4G基站6.18万个，5G基站1.8万个。电话用户总数1206.75万户，其中固定电话用户138.26万户、移动电话用户1068.49万户。互联网用户1408.89万户，比2021年末增加56.64万户。其中，固定宽带用户474.37万户，增加37.16万户；移动互联网用户934.52万户，增加19.48万户。

【中国电信泉州分公司】 2022年，中国电信泉州分公司推进网络建设，实现全市千兆光网全覆盖，乡镇以上5G基本连续覆盖，建成全省规模最大的市级政务云平台，全市有508个应用系统迁移上云，政务数据存储量达到1PB。加强5G+工业互联网解决方案成熟行业的复制推广、新行业的攻关突破以及标准化产品的挖掘开发，拓展制鞋、卫生用品、电子、新材料等行业应用。推进“云改数转”，结合泉州制造企业特点和特色，拓展5G工业信息化应用场景，11个案例入选全省云业务标杆案例，占总案例数的61%。完成市级四大政务云平台的建设交付及县、区两平台的全覆盖，全市660套系统迁移上云。参与省“智慧机房”试点工作，初步实现66个机房人员进出、节能等方面的AI智能管理。助力乡村振兴行动，泉州市脱贫村、农村地区网络覆盖率实现光网及无线网络100%覆盖，“数字乡村”签约1476个，覆盖全部县、区，乡村渗透率70.3%，年度全公司消费帮扶144.86万元。落实国家各项提速降费、助企纾困要求。落实中小微企业免费提速政策，每月优惠65万元；针对中小微企业专线、宽带主动降费，每月降费50万元以上；加大千兆宽带优惠力度，规模提速促进千兆城市创建。全年收入规模31.92亿元，利润总额5.15亿，贡献所得税额1.28亿元，拥有天翼（310万部）、宽带（231万部）、固话（120万户）、天翼高清电视（94.6万部）、物联网（860万户）等用户1600余万户。

【中国移动泉州分公司】 2022年，中国移动泉州分公司加快算网融合布局，锚定“改革红利”。开通5G站点超4200个、700M海面覆盖站点150个、新增宽带端口27万个，实现5G网络规模、覆盖能力及20千米海域竞对领先。推进“5G+算力网络+智慧中台”落地，城东机柜资源、带宽资源较2021年提升29%、45%。投产全栈专属云，扩大行业云规模。引入省信创云实验平台，提供信创云服务。加快提升信息服务水平，开通基层治理平台超1900个，覆盖80%行政村；加强产学研合作，提升行业产业影响力。推动集团9-one平台中的5个平台在泉州落地，引入本地各条线支撑单位和业务合作商超千家，搭建各领域5G应用实验室5个，全年签约5G项目80个，签约金额破2亿元，拓展5G标杆项目10个。9-one平台在泉州九大千亿产业集群中的6个实现快速复制应用，推动众鑫纺织、美岭水泥、福海粮油、华茂陶瓷等一批传统产业加速数智化转型，形成具有泉州特色的工业互联网平台。全年通信服务收入61亿元，比2021年增长7%，净利率连续多年保持省内移动系统领先地位，缴交税收2.05亿元。

【中国联通泉州分公司】 2022年，中国联通泉州分公司加大新基建投入，5G基站累计1.04万站，5G行政村覆盖率92.2%。千兆端口96.5万个，千兆光纤入户覆盖227万户家庭。建成PeOTN企业精品网，覆盖商务楼宇2000栋。建成“1个骨干云池+9个边缘云节点”的泉州算力网络架构。聚焦泉州九大千亿产业集群，推动中国联通（福建）工业互联网研究院泉州分院、中国联通东南研究院泉州分院、联通（福建）产业互联网公司泉州分公司在泉州落地。组建一支专业化的工业互联网支撑服务团队，打造“三六一度5G+全连接工厂”“隆汉物流5G+智慧仓储”“阳光中科工控安全分级分类”等标杆项目，实现在全连接工厂、智慧仓储、工控安全等技术领域的突破。其中，“隆汉物流5G+智慧仓储”获工业和信息化部“5G绽放杯”MEC边缘计算专题赛三等奖，“三六一度5G+全连接工厂”获工业和信息化部“5G绽放杯”绿色智能制造专题赛优秀奖。结合泉州工业企业特点，发挥自身资源禀赋，到企业开展诊断调研，主动挖掘企业痛点、堵点问题，为企业量身定制智改数转解决方案，通过标杆项目的复制和推广，推进劲力机械、美佳爽、万润食品、蜡笔小新等工业互联网等项目的打造。聚焦5G网络资源，推动5G+工业数采、5G+AI机器视觉、5G+AGV、5G+MES、5G+WMS/WCS等应用场景的落地，涵盖纺织服装、机械装备、电子信息、食品饮料、纸业包装等优势产业，助力泉州数字经济和实体经济深度融合，赋能泉州工业企业数字化转型升级。

【无线电管理】 2022年，泉州市无线电管理局新许可地面业务无线电台（站）8.35万个，管理地面业务无线电台（站）19.62万个。受理并排查无线电干扰6起，解决率100%。受理行政审批104件，指配频率31个，核换发电台执照15.32万份，注销电台执照4.3万份，新增经营主体备案219个，审核销售备案型号1.36万个，收缴频占费53.22万元。开展专项频率台站核查工作，核查卫星地球站19个、短波业余电台4个。开展执法行动24次，检查35家单位和个人，责令改正3起，查处“黑广播”案件2起。完成型号核准“双随机”抽查工作，抽查8家企业12款对讲机产品，合格率100%。开展设台“双随机”工作，抽查8家设台单位，检查无线电发射设备41台。开展无线电监测工作，记录并统计分析监测数据，排查不明信号，按时完成各项监测任务，对民航、铁路、水上、广电、移动通信等重要频段开展监测保护，开机监测时间9万多小时，监测分析各重点频段在用信号359个。截至年底，泉州市无线电管理局有固定监测站43个、移动监测站2个、可搬移和便携监测设备20多台（套）、电磁兼容屏蔽室2间、检测仪器仪表10多台（套）。

（江中杰 姜虹桦 骆龙玲 董帝烺 陈全斌 陈亦敏）

数字化公共服务

【概况】 2022年，泉州市完善“互联网+政务服务”一体化行政服务平台，实现市、县、乡、村四级行政服务网格化全覆盖。实现市、县两级政务数据汇聚，推进政务数据共享服务。梳理五批公共数据资源目录清单330张数据表超7亿条数据，通过全省统一公共数据资源开放平台面向社会公开。以建设“海丝数字应用标杆城市”为目标，以市级财政性信息化项目为引导，构建数字社会，推动文化教育、医疗健康、交通出行、城市管理、社保等公共服务数字化水平提升。

【数字政府建设】 2022年，泉州市完善“互联网+政务服务”一体化行政服务平台，横向涵盖82个市直部门，纵向覆盖至13个县（市、区）、163个乡镇（街道）、2528个村（居）。全市行政许可“一网通办”率84.20%，一趟不用跑比例92%，整合“二手房转移登记”“入学+不动产”等“一件事”集成套餐改革事项535项。提升掌上政务服务水平。做大做强“泉服务”平台，拓展支付宝端小程序，新增“泉防疫”“泉创城”“泉信用”专区，升级全新首页，上线长者模式。集成政务、民生、医疗、公安、应用、创城、交通、旅游、信用、惠企、投资等13个主题，累计上线便民服务模块190个，实现全市582项审批服务事项掌上可办，接入全市13个县域掌上服务平台。建成投用市级一体化办公平台，注册单位数量850个，实现跨部门、跨层级公文传输总量超76万份。同时，在82个市直单位及13个县（市、区）党委办公室、政府办公室推广应用一体化办公平台，推动56家市直单位启用一体化平台进行内部办文流转。建成投用惠企政策线上直达兑现平台，为企业提供惠企政策查阅和奖补申兑服务，累计上架发布政策865条，其中市级有效政策268条、县（区）级有效政策597条，注册企业7700余家，累计线上公告奖补金额13.77亿元。提升空间地理信息服务支持能力，完成泉州市国土空间规划基础信息平台建设，建成自然资源“一张图”。推动泉州市“多规合一”协同系统升级改造。做好地理信息公共服务平台年度动态更新工作，完成泉州市环湾统筹区电子地图数据更新工作，完成与“泉州市国土空间规划基础信息平台”“智慧丰泽”“鲤城区综合执法平台”和“泉州产业地图”四个应用系统的地图服务对接工作。

【数据资源开发利用】 2022年，泉州市推进公共数据汇聚，市汇聚共享平台汇聚数据超过68亿条，基本实现市、县两级政务数据汇聚。平台汇聚数据量和数据资源目录编制列全省地级市第一名。推进政务数据共享服务，为全市各级各部门提供数据批量交换服务3000余项，发布身份证、机动车、养老保险、企业法人、个体工商户、婚姻、社保、医保等服务接口300余个。梳理五批公共数据资源目录清单330张数据表超7亿条数据，通过全省统一公共数据资源开放平台面向社会公开，公开数据列全省地级市第一名。探索推进数据资源开发，上线公共数据资源开发服务平台，初步具备按照“可用不可见”的数据开发模式面向社会提供数据开发服务，“基于大数据的泉州市公共数据资源开发服务平台”项目入选工业和信息化部大数据产业发展试点示范项目。筹建纺织鞋服行业大数据中心，联合省大数据公司、省数研院围绕纺织鞋服行业大数据中心项目需求、应用场景等方面对泉州市相关企业及行业协会开展调研工作，对接工业和信息化部中国工业互联网研究院优化完善中心建设方案。

【智慧城市建设】 2022年，泉州市推进城市大脑项目规划论证等前期工作，完成数字泉州智慧城市（城市大脑一期）新型基础设施建设项目立项工作，总投资4.4亿元。完成泉州市地下综合管线数据建库和系统建设，完成5000千米的泉州市地下综合管线探测。开展CIM基础信息平台建设前期工作，汇聚全市遥感影像、数字高程模型、地形级三维模型、480平方千米房屋框架模型和81平方千米高精度倾斜三维模型。推动医疗健康信息化互联互通工作，市第一医院通过国家互联互通4级现场评审，首批开通账号的37家医疗机构全部实现检查检验结果互联互通互认。建成智慧城管物联通管理平台（城市运行管理服务平台），完成基础数据库系统、城市物联通管理系统、井盖监测管理系统、名木古树、停车综合监管系统、市政设施设备档案系统等18个系统建设，实现城市管理更加智慧化。

【数字乡村建设】 2022年，泉州市建立福建数字乡村信息化平台，为全市1467个乡村开通乡村平台，以乡村平台带动信息化应用，覆盖村民190万人。开展全市农村地籍房屋调查数据汇聚建库工作，完成144.78万宗农村地籍房屋调查成果汇交，服务数字乡村建设。利用乡村振兴平台及AI监控等产品能力，汇聚村镇监控数据、村民人口数据、疫情防控信息等，创建云上乡、镇11个，安装平安乡村监控3.6万个，完成智慧社区改造722个。

【智慧文旅建设】 2022年，泉州市首个元宇宙数字文旅创新平台——神旅App平台上线。泉州文化云平台发布文旅资讯520条、文旅活动453场，开展线上、线下宣传活动38场。功夫动漫企业创建城市超级IP数字文创生态平台。完成文旅产业数据资源库建设，初步录入480余家文旅企业基础数据。

【“互联网+教育”建设】 2022年，泉州市推进“互联网+教育”建设。提升线上教育教学资源应用水平，构建互联网环境下优质共享新生态，逐步实现教育资源共建共享与智能服务，推进“智慧校园”试点建设，开展智慧课堂教学，推动“专递课堂”“名师课堂”和“名校网络课堂”在中小学校应用。培育5G+智慧教育应用场景，提升教学、管理、科研、服务等各环节的信息化能力。

【“互联网+医疗”建设】 2022年，泉州市加大“互联网+医疗”建设。推进医疗机构互联网+便民服务体系建设，支持互联网医院发展。推行信用就医，促进落实“先诊疗、后付费”模式，推进检查检验结果互认和影像共享调阅，减轻群众负担，增强人民群众获得感。促进世行贷款信息化（一期）项目系统常态化应用。提升居民健康档案平台病历数据上传率，逐步建立起互联互通、业务协同的汇聚平台。加强卫健行业安全管控，提升网络与信息安全保障能力。

【“智慧交通”建设】 2022年，泉州市推进“智慧交通”建设。推动交通运输运行监测调度中心建设工作，强化公共交通监控、共享、指挥、服务、应用的建设，加强全市综合交通运输的统筹、协调和联动，实现交通运输运行实时监测和决策分析，为交通运输应急指挥提供全天候、全方位调度。加速推进“多式联运”一单制，全年完成49票，运送货物634箱、1.59万吨，实现陆运、海运等多种运输方式高效衔接。全年成交“网络货运”27.3万票，交易运送量1031.3万吨，营业收入63.76亿元，为地方创收2.39亿元。推进“快递进村”，在实现邮政、顺丰、京东、德邦四个直营品牌进村基础上，发挥区域总部集聚优势，推进通达系快递品牌以“邮快合作”等方式实现快递进村，全年进村代投快件32.79万件。

【“世遗泉州·科技文旅”神旅App上线】 2022年6月26日，由泉州市文化广电和旅游局和丰泽区政府主办的“世遗泉州·科技文旅”神旅App上线发布会活动在真武庙中心广场举行。为保护好、传承好、利用好世界文化遗产，推动数字科技赋能文旅事业，做大做强数字经济规模，丰泽区政府会同福建神旅科技有限公司研发数字AR世界遗产游览功能。神旅App是一款集旅游、AR导览、城市美食等多板块内容于一体的城市旅游特色平台，为市民打造文旅新体验。基于该平台，以真武庙AR体验为起点，贯穿全市22个世界遗产景区，让线上虚拟展示成为线下景点的补充与延续。

（陈夏凉）

农 业

综 述

【农业生产】 2022年，泉州市农林牧渔业总产值454.03亿元，比2021年增长3.7%。粮食播种面积8.76万公顷，比2021年增加600公顷。其中，稻谷播种面积5.51万公顷，增加80公顷；油料种植面积1.51万公顷，增加6.67公顷；蔬菜种植面积5.66万公顷，增加1700公顷。粮食产量50.84万吨，比2021年增加4200吨，增产0.8%。其中，稻谷产量34万吨，增产0.1%。

【农业政策支持】 2022年，泉州市农业农村局出台强农惠农政策，市级财政预算资金3.66亿元，用于特色现代农业发展和乡村振兴建设以及衔接推进乡村振兴等方面。

【现代农业】 2022年，泉州市农业农村局推进现代农业建设，构筑产业发展平台，实施特色现代农业“4222”高质量工程，加快全市15个现代农业产业园建设，做大做强茶叶、水果等7个优势特色产业。新创建“一村一品”示范镇村国家级2个、省级12个、市级40个。永春县入选国家现代农业产业园。石狮市祥芝镇入选全国农业产业强镇。

【绿色农业】 2022年，泉州市农业农村局推进绿色农业发展，实施农药化肥减量工程，完成农药包装废弃物回收处理108.82吨，推进受污染耕地安全利用，完成惠安、安溪整县推进畜禽养殖废弃物资源化利用及其洛江、德化提升项目，完成总投资8362万元。分别入选国家级生态农场3家、省级生态农场1家。

【农业保险】 2022年，泉州市农业农村局下达特色现代农业发展专项资金（农业保险市级财政补贴）608万元，其中生猪期货保险200万元、农业气象巨灾指数保险150万元、相关县（市、区）258万元。

【农业重点项目】 2022年，泉州市农业农村局开展“项目攻坚2022”活动，实施现代农业重点项目142个，完成年度投资50.8亿元。历史遗留未完成投资项目16个，完成投资1.08亿元。策划生成招商项目100个，签约项目20个，其中5亿元以上项目8个。

【休闲农业】 2022年，泉州市有各类休闲农业经营主体430个，从业人员3.87万人（其中农村居民从业3.44万人），带动农户数6.28万户，年接待游客1386.96万人次，营业收入26.08亿元（其中农副产品销售收入19.72亿元），实现利润总额3.89亿元。培育休闲农业知名品牌，安溪县获“全国休闲农业重点县”称号，晋江市英林镇湖尾村入选“中国美丽休闲乡村”，晋江市吉隆生态体验园、南安市大富琅休闲山庄、华农生态休闲农庄、德化县春秋葡萄庄园获评“福建省休闲农业示范点”，安溪县尚卿乡黄岭村、德化县美湖镇美湖村、南安市官桥镇九溪村、永春县仙夹镇东里村入选“福建省美丽休闲乡村”。扶持休闲农业做大做强，安排市级支农资金100万元，用于奖励2021年度认定的10个市级休闲农业示范点，2021年度获评的中国美丽休闲乡村1个、福建省美丽休闲乡村3个、福建省休闲农业示范点4个以及“安溪铁观音茶文化系统”。出台《泉州市新型农业经营主体贷款贴息实施方案》，组织家庭农场、农民合作社等小微新型农业经营主体申报贷款贴息，缓解休闲农业经营主体贷款压力，助力疫情后复工复产。补助4家休闲农业经营主体贴息金额13.28万元。

【农业综合执法】 2022年，泉州市

农业农村局加强农业综合执法，强化农业农村法治保障，在农资、动物卫生、农产品质量、农业机械等领域开展各类专项治理，全市立案查处各类案件398件，与公安协同协作13件（次），捣毁私屠滥宰窝点16个，罚没162万元。

（市农业农村局）

种植业

【概况】　2022年，泉州市农业农村局落实粮食安全责任制，建立25个粮食作物“五新”推广示范片，面积339公顷；规模种植马铃薯181.22公顷，完成抛荒山垅田复耕种粮186公顷；坚持绿色生态发展，实现全市秸秆综合利用率94.48%。围绕特色现代农业，注重发展茶叶、蔬菜、水果、食用菌产业，在晋江建立高标准百香果育苗基地1个，年育苗能力30万株，在永春建立百香果标准化示范基地3.33公顷。建成标准钢架设施大棚99公顷。全年全市完成粮食播种面积8.76万公顷，粮食产量50.84万吨。

【粮食生产】　2022年，泉州市谷类作物播种面积5.68万公顷，平均公顷产6142.5千克，总产34.91万吨，其中春收作物种植面积40公顷，总产100吨；夏收作物2.18万公顷，总产13.03万吨；秋收作物种植面积3.5万公顷，总产21.87万吨。稻谷播种面积5.51万公顷，占谷类作物96.95%，总产34万吨，占谷类作物97.39%。其中，早稻面积2.05万公顷，总产12.36万吨；中稻面积1.4万公顷，总产9.31万吨；晚稻面积2.06万公顷，总产12.33万吨。大、小麦播种面积40公顷，平均公顷产2500.5千克，总产100吨。以小麦为主，面积33.33公顷，占83.33%。杂粮播种面积1700公顷，平均公顷产5347.5千克，总产9000吨。以玉米为主，面积1500公顷。薯类播种面积2.94万公顷，平均公顷产5259千克，总产15.58万吨。其中，甘薯播种面积2.25万公顷，占薯类面积76.56%，总产12.78万吨，占薯类总产82.02%；马铃薯播种面积6900公顷，总产2.8万吨。豆类面积1300公顷，总产3600吨。以大豆为主，播种面积1000公顷，总产2600吨。

【水果种植】　2022年，泉州市水果种植面积1.5万公顷，比2021年增长3.12%，总产量16.71万吨，比2021年增长5.5%。其中，柑橘种植面积5100公顷，产量8.51万吨；龙眼种植面积4600公顷，产量1.74万吨。

【蔬菜种植】　2022年，泉州市蔬菜播种面积5.66万公顷，比2021年增长3.2%，产量108.57万吨，比2021年增长3.6%。

【中药材种植】　2022年，泉州市中药材播种面积425.4公顷，比2021年增长4.9%，全年产量1367吨。

【食用菌种植】　2022年，泉州市食用菌（鲜品）产量9.68万吨，比2021年增长4.3%，食用菌（干品）产量6170吨，比2021年增长5.2%。

【油料作物生产】　2022年，泉州市油料作物播种面积1.51万公顷，总产4.71万吨。以花生为主，播种面积1.46万公顷，总产4.55万吨。

【土肥植保】　2022年，泉州市农业农村局强化生态农业发展，实施农药化肥减量工程，完成农药包装废弃物回收处理108.82吨，推进受污染耕地安全利用4666.67公顷以上。

【农业植物检疫】　2022年，泉州市农业农村局强化农业生产安全，加强重大植物疫病防控，落实农业领域安全生产行业监管责任，提高防灾减灾能力。

【植物病虫害防控】　2022年，泉州市开展农作物重大病虫害监测预警。全市发布病虫情报93期、6936份，病虫电视预报2期，手机短信28期、4710条。市农业信息网发布信息26条，培训村级植保员87人次、农民127人次，科学指导农民防治病虫害。全年全市各种农作物病虫害发生20.89万公顷次，防治29.30万公顷次，挽回粮食损失2.39万吨。其中，主要水稻病虫发生5.47万公顷次，防治6.89万公顷次；甘薯病虫发生1.36万公顷次，防治1.36万公顷次；花生病虫发生1.57万公顷次，防治1.78万公顷次；果树病虫发生2.80万公顷次，防治3.87万公顷次；蔬菜病虫发生4.94万公顷次，防治6.28万公顷次；茶树病虫发生4.33万公顷次，防治8.59万公顷次。草地贪夜蛾在洛江区、泉港区、南安市、惠安县和德化县5个县（市、区）发生，发生64.35公顷，防治7093公顷次。

（市农业农村局）

表11　2022年泉州市主要农产品产量统计表

产品名称	产量（万吨）	比2021年增长（%）
粮食	50.84	0.8
春收	4.14	1.3
夏收	13.26	-0.3

续表

产品名称	产量（万吨）	比2021年增长（%）
秋收	33.44	1.2
油料	4.71	0.4
花生	4.55	0.4
油菜籽	0.16	-0.1
甘蔗	1.08	2.9
茶叶	9.86	5.1
水果	16.71	5.5
蔬菜	108.57	3.6
食用菌	10.29	4.4

（资料来源：市统计局）

茶 叶

【概况】 2022年，泉州市茶叶栽种面积5.25万公顷，采摘面积5.22万公顷，全年毛茶产量9.86万吨。其中，安溪县栽种面积4.35万公顷，产量8.27万吨；永春县栽种面积5600公顷，产量1.21万吨。

【茶叶生产】 2022年，泉州市茶叶主产区安溪县茶叶种植面积4万公顷，提升茶山生态4100公顷，建成高标准生态茶园3500公顷，新增绿色食品茶叶认证400公顷，涉茶总产值320亿元。推进茶叶制作发展，开展茶叶精深加工，开发袋泡茶、速溶茶、茶含片、茶水饮料等快捷茶品。安溪县全年茶叶产量6.2万吨。

【茶叶品牌】 2022年，泉州市“安溪铁观音”农产品地理标志准用企业159家，涵盖安溪县大部分规模以上茶叶企业。“安溪铁观音”品牌价值以1430亿元连续7年位列全国茶叶类首位，连续10年位居全国重点产茶县首位。

【茶叶销售】 2022年，泉州市乌龙茶产量占全国乌龙茶产量的28%，占全省乌龙茶产量的34%。主要在本省的泉州、厦门、福州销售，省外主要销售区为广东、上海、北京等地，全国各大中城市都有安溪铁观音销售。

【安溪铁观音茶文化系统被认定为全球重要农业文化遗产】 2022年5月17—19日，全球重要农业文化遗产科学咨询小组在意大利罗马召开会议，福建安溪铁观音茶文化系统因其在食物与生计安全、重要的农业生物多样性、社会价值与文化以及杰出的生态价值、景观等方面具有显著特点和全球重要性，被联合国粮农组织认定为全球重要农业文化遗产。

【首届安溪铁观音茶文化系统保护与发展论坛举行】 2022年7月28—29日，由中共安溪县委、安溪县政府、泉州市农业农村局主办的首届全球农遗·安溪铁观音茶文化系统保护与发展论坛在安溪县举行。联合国粮农组织全球重要农业文化遗产科学咨询小组副主席、中国农学会农业文化遗产分会副主任委员、中国农科院农业经济与发展研究所研究员李先德等专家学者参加活动。与会嘉宾解读安溪铁观音茶文化系统的内涵，共同探讨农业文化遗产的保护与发展。安溪县总结安溪铁观音茶文化系统申遗和保护经

2022年7月5日，安溪县茶农在茶园采摘茶叶 （洪博涵 摄）

验，发布保护与发展阶段性研究成果——《安溪铁观音质量安全白皮书（2021）》，启动安溪铁观音茶文化系统保护与发展系列项目。

【安溪铁观音科技成果发布】 2022年9月23日，安溪铁观音科技成果专题报告会在安溪县举行。福建农林大学资源与环境学院、中国科学院城市生态健康与环境安全研究中心分别发布《安溪铁观音茶园岩石及土壤条件与茶叶品质成分关系》《安溪铁观音茶园生态系统微生物多样性及茶叶风味物质研究》最新研究成果，从地球化学、微生物学的角度，研究地质环境、土壤肥力、加工工艺、存储环境对安溪铁观音品质的影响，探寻安溪铁观音"地域香""工艺香"来源。安溪县还与浙江大学农业与生物技术学院茶学系屠幼英教授团队签订《安溪铁观音预防阿尔茨海默病人群的肠道健康作用机理及与微量元素的关系研究》技术开发合同书，研究安溪铁观音的特殊作用功效。

【首届中国茶科技创新大赛在安溪县举行】 2022年12月21—23日，由中国茶叶学会、中国农业科学院茶叶研究所、中华全国供销合作总社杭州茶叶研究院、福建省科技厅、泉州市政府、福建农林大学主办的首届中国茶科技创新大赛在安溪县举行。大赛自4月启动，吸引国内17个省（市）48家高校院所、近百家企事业单位，以及日本、韩国、以色列三国245个科研团队报名参赛。经过专家初审，37个优秀项目入围决赛。铁观音智能化精加工流水线（大包装和小包装）项目获特等奖，蛋白纳米复合物的新型花果茶窨制技术等3个项目获一等奖，乌龙茶智能化清洁化加工设备等5个项目获二等奖，茶叶植物工厂等12个项目获三等奖，其余16个项目获优秀奖。大赛现场就福建数字经济壹号股权投资基金、安溪茶业"数字基座"云服务平台等项目达成战略合作签约，举行中国乌龙茶产业研究院揭牌&中国乌龙茶产业研究院院长聘任、茶叶精深加工科技特派员工作站授牌、国际乌龙茶产业科技创新联盟成立等活动。

（市农业农村局）

林 业

【概况】 2022年，泉州市林业局实施生态市建设战略，打造自然亲和的山水田园城市。实现林长制从"全面建立"到"全面见效"转变，全方位推动泉州林业高质量发展超越。争取中央财政国土绿化试点示范项目；"三山一线"（大坪山、桃花山、观音山，山线绿道）统一规划建设管理，实施《福建省湿地保护条例》，提前打赢互花米草除治和森林督查图斑整改"清零"两场攻坚战；争取福建省统筹定额150公顷林地要素保障；推行松材线虫病3～5年防控绩效管理，对重点乡镇实行综合整治，全市实施松林防治性改造提升1.06万公顷。

【林业经济】 2022年，泉州市林业局落实"强产业、兴城市"双轮驱动战略，全市林业产业产值1312.34亿元，比2021年增长5.13%；安排市级林下经济项目40个200万元、争取省级资金445万元，新增省级笋竹精深加工示范县2个（德化县、永春县）、省级林下经济重点县3个（德化县、永春县、南安市）、林下经济重点乡镇4个（德化县水口镇，永春县下洋镇，南安市乐峰镇、向阳乡）。扶持林产品主产区就地加工、可食用林产品质量安全可追溯体系建设。组织开展鲜竹笋、油茶籽等可食用林产品及其产地土壤质量市级监测120批次。推动投资5.8亿元的"清境桃源森林康养度假项目"和投资20.6亿元的"永春县花卉苗木数字产业园项目"签约落地。

【林业改革】 2022年，泉州市林业局实施林改创新试点项目16个。探索"国有林场+村""国有林场+集体林场"等林权流转新模式，德化县大铭乡率先开展集体林权综合改革试点；惠安县依托国有企业筹集资金12亿元流转集体林地6700公顷。落实林地家庭承包经营政策，规范林权流转。年度流转林权182起，全市登记规范流转林权面积6.37万公顷，占商品林面积的16.8%。规范引导林业专业合作社、家庭林场等林业新型经营主体健康发展，新增林业专业合作社41个、家庭林场51个，申报省级新型林业经营主体标准化24家。全市经工商部门登记林业新型经营主体1728家，经营面积10.87万公顷。推进林权抵押贷款，新增林权抵押贷款2000万元，抵押贷款面积122公顷。全市发放林权抵押贷款6.3亿元，贷款余额1.9亿元，抵押面积1.38万公顷。

【国有林场建设】 2022年，泉州市推进现代国有林场试点建设，组织开展试点单位申报工作，全市2个国有林场列入建设试点。试点林场实施建设项目26个，完成投资1613万元。创新森林资源管理机制，开展"百场带千村"活动，全市参与场村共建活动的国有林场12个。推动国有林场高质量发展，以培育高质量森林资源为主业，落实"442"（四个战略储备库建设、发展四大保障基地、探索建设两支队伍）工程。通过招商引资推动森林旅游、林产品种植加工等林下经济产业的发展，为国有林场增加收入、提增效益。

【绿化苗木】 2022年，泉州市推进绿化苗木基地建设，全市国有林场规划建设绿化苗木基地172.67公顷。根据时花和绿化苗木品种和数量，拟定时花由安溪丰田国有林场牵头实施，利用自有圃地或租赁土地设施的方式，第一期建设温室大棚面积2公顷，苗圃地3.33公顷；拟定绿化苗木由永春碧卿国有林场为主，利用自有圃地或租赁土地的方式，分期有序推进绿化苗木基地建设。

【林场森林管理】 2022年，泉州市推进国有林场生产性活动引入市场机制，采取合同、委托、承包或招标等形式面向社会购买服务，实施平台交易机制。加强国有林场森林资源管护和森林公园保护地管理，确保森林资源不受损失。探索扩大国有林场生态公益林储备库，推进近自然森林、森林质量精准提升、国家战略储备林等建设，夯实国有林场森林资源基础。推进森林综合保险等配套改革，完成省级以上森林综合保险财政保费补贴资金的测结算及申请拨付，全市森林综合保险承保面积47.52万公顷，生态公益林参保率100%。

【国土绿化】 2022年，泉州市林业局从优化树种结构、推动林业产业发展等方面，提升森林质量，增强森林生态功能，推进国土绿化行动。泉州市绿化委员会出台关于科学造林绿化的实施意见，配套编制《珍贵树种林下造林技术规程》《泉州市主要乡土树种名录》，全市完成造林绿化5360公顷，占年度任务的123.25%；建设乡村公园35个、乡村绿化提升70个；完成森林公园改造提升10个，完成森林步道建设61.7千米。开展全民义务植树和森林城市创建活动，全市参加义务植树531.5万人次，植树1697.8万株，开展“互联网+全民义务植树”上线活动，推进国家级森林县城和省级森林城镇、森林村庄创建工作。全市完成森林抚育1.43万公顷，占总任务的107.07%，其中松林择（间）伐抚育改造完成8033公顷。全市完成封山育林5540公顷，占总任务的103.82%。

【绿民富民产业发展】 2022年，泉州市林业局培育林业经济新增长点，全市林业产业产值1312.34亿元，其中第一产业林业产值6.62亿元，比2021年增长13.1%。发展特色现代林业，安排专项资金，实施优势特色产业提升行动，以林竹、花卉苗木、林下经济、森林旅游等为重点；培育森林旅游新业态，推动森林旅游业人才培养，选送一批人员参加省级森林康养师专业技术培训，在泉港区举办一期森林康养培训班。全年新增省级森林养生城市1个、省级森林康养小镇3个、省级森林康养基地4个、森林人家授牌点11个。推进一批特色现代林业项目，助力脱贫攻坚和乡村振兴。扶持服务企业发展，完善服务林业企业平台，通过微信群等新媒体及时发布政策信息和林业动态，指导企业对接。

【林业品牌创建】 2022年，泉州市林业局扶持林业品牌创建和林产品加工业发展。开展省级“著名农业品牌”和市级“知名农产品品牌”推荐、评选、认定工作，福建兴隆香业有限公司“兴隆牌卫生健康香”获年度“福建名牌农产品”称号，福建兴隆香业有限公司“林挺明卫生健康香”、永春县达埔彬达制香厂有限公司“彬达乌沉香”获年度“泉州市知名农产品品牌”称号。

【清境桃源森林康养度假项目签约】 2022年4月28日，南安市举行2022年重大项目集中签约仪式，清境桃源森林康养度假项目落地丰州镇，由香港亚太国际企业有限公司投资6亿元建设多元一体的森林度假旅游风景区。该项目位于南安市丰州镇环山水吼村，以生态、健康、旅游、养生度假为主，打造现代农业，旅游休闲，科普教育，养生度假四大基地。主要景点有桃花源瀑布、玻璃索道桥、特色木屋、闽南民宿、动物亲子园、听荷池、汽车露营地、垂钓烧烤、樱花园、冒险漂流、薰衣草花海、内蒙古大草原、四季花海、风车玫瑰园、湿地植物园等。

【永春花卉苗木数字产业园项目签约】 2022年7月1日，福建省永春县花卉苗木数字产业园完成项目签约，项目投资20.6亿元。该项目分三期建设，一期建设花卉苗木交易中心，建设成全省最大花卉苗木产业链服务业态，打造全省花卉苗木产业链核心区；二期建设冷链物流

2022年8月2日，泉州市林业局与泉州银行战略合作签约仪式在泉州银行总部举行 （市林业局 供图）

中心，建成花卉苗木原产地冷库、冷链集配中心、冷链物流信息化平台；三期建设“种繁推”一体化基地，与国内外科研院校合作建成花卉苗木产业育种研发中心和生产试验基地，创新林业科技成果转化。

【泉州银行林业特色银行授牌】 2022年8月2日，泉州市林业局与泉州银行在泉州银行总部举行战略合作签约仪式，首批4家泉州银行林业特色支行授牌。泉州银行相关支行对德化县林业产业发展协会等4家协会（合作社、龙头企业）现场预授信1.6亿元。协议确定，未来5年内，泉州银行设立林业经济专项信贷额度，安排100亿元专项资金投向支持泉州市林业。

（郑海平）

畜牧业

【概况】 2022年，泉州市农业农村局开展重大动物疫病防控、牲畜屠宰管理、病死畜禽无害化处理工作；推广畜牧“五新”技术；推进畜禽标准化规模化养殖和畜禽粪污资源化利用整市推进工作；促进畜牧业生产有序健康发展，保障市场肉、蛋、奶有效供给。全年肉蛋奶总产量29.45万吨。肉类总产量20.37万吨，禽蛋产量8.56万吨。年末生猪存栏87.36万头，全年生猪出栏146.27万头。

【生猪生产】 2022年，泉州市生猪存栏87.36万头，比2021年增长1.8%；出栏146.27万头，比2021年增长4.5%。

【畜禽生产】 2022年，泉州市家禽存栏2007.39万羽，比2021年增长1.2%；出栏4802.45万羽，增长2.7%。牛存栏6.27万头，增长4.5%；出栏4.44万头，增长1.3%。羊存栏15.39万只，增长2.0%；出栏24.83万只，增长2.9%。全市肉蛋奶总产量29.45万吨，增长2.8%。

【产业化经营】 2022年，泉州市农业农村局推进畜牧业产业化经营，开展安溪养殖场资源化利用项目、种养结合示范点及两个有机肥厂的建设、验收和资金拨付；开展南安市养殖场和种养结合示范点项目建设和验收，完成有机肥厂用地的选定和有机肥厂建设。推进畜禽健康低碳养殖。

【动物疫病防控】 2022年，泉州市农业农村局加强动物疫病防控，开展非洲猪瘟常态化防控，排查生猪养殖场（户）31.77万个次、生猪8062.87万头次；排查生猪屠宰场1.34万个次、生猪235.36万头次；排查生猪无害化处理场3030个次、生猪2700头次。均未发现异常情况。开展非洲猪瘟监测工作，监测非洲猪瘟病原学样品4433份，结果均为阴性。全市完成入场采样监测生猪规模养殖场162家，任务完成率115.7%。开展重大动物疫病强制免疫，免疫家禽3357.79万羽次（其中免疫鸡1983.96万羽次、鸭1338.79万羽次、鹅13.19万羽次、其他禽21.85万羽次）、免疫牲畜口蹄疫237.2万头（只）次（其中猪口蹄疫188.74万头次、牛口蹄疫15.75万头次、羊口蹄疫32.71万只次）、免疫羊小反刍兽疫32.71万只次。市本级下发禽流感疫苗1735万毫升、牲畜口蹄疫疫苗270.4万毫升（其中猪口蹄疫疫苗169.9万毫升、牛羊口蹄疫疫苗100.5万毫升）、小反刍兽疫疫苗52.3万头份。

【动物卫生监督】 2022年，泉州市农业农村局加强动物卫生执法，发放新修订《中华人民共和国动物防疫法》《动物检疫管理办法》和《病死畜禽和病害畜禽产品无害化处理管理办法》宣传手册，普及动物防疫知识，加大对打击违禁使用“瘦肉精”和丢弃、出售、贩卖病死动物的宣传力度。开展市级农业综合执法能力提升务实讲座，其中主讲动物卫生监督检查和动物检疫与动物防疫行政执法讲座2场次。强化动物卫生检查，采取日常监督和专项抽查等方式相结合。全市立案查处动物卫生案件74件，主要涉及动物防疫、生猪屠宰等类型。加强“瘦肉精”饲料和兽药抽检工作，全市在养殖、屠宰环节抽检牲畜尿液样品10.29万份，其中猪9.04万份、牛9338份、羊3110份进行快速检测盐酸克伦特罗、莱克多巴胺和沙丁胺醇，结果均为阴性。完成肉牛肉羊“瘦肉精”专项抽检32份样品，屠宰环节质量安全风险监测48份送省农产品质量安全检验检测中心检测；完成部级屠宰环节质量安全风险监测专项抽检7份。组织完成饲料质量抽检17批次、兽药执法抽检40批次。对3家饲料经营店存在销售过期饲料等违法行为进行立案查处，对安溪县2家饲料经营企业进行跨部门随机抽查。德化县对1家兽药经营店经营不合格兽药进行立案查处。开展打击生猪屠宰扫雷行动，严厉打击屠宰环节注水或私屠滥宰等违法行为。全市开展执法检查次数357次，出动执法人员1215人次，立案查处12件，公安机关直接立案4件，其中南安市3件、洛江区1件，捣毁私屠滥宰窝点16个。加强动物检疫工作，产地检疫生猪84.89万头，屠宰检疫生猪231.55万头。开展调运管理工作宣传指定通道管理有关规定，引导管理相对人自觉遵守指定通道制度。开展检查197次，出动检查人员503人次，检查入闽家畜2.39万头、家禽3.3万羽。

【兽药饲料行业监管】 2022年，泉州市农业农村局开展饲料行业安全生产标准化提升专项行动，完成13家饲料生产企业安全生产标准化评定。加强兽药监管，对未及时启用新版《畜禽养殖场（户）兽药使用记录》等行为进行查处，责令改正。推进《福建省饲料生产企业安全风险分级管控和隐患排查治理规范》在全市饲料和饲料添加剂生产企业实施，将实施治理规范等级评定为三级的2家企业（泉州市洛江玉丰饲料有限公司、泉州牡丹生物科技有限公司）列入安全生产重点监管对象，其中安溪牡丹生物等级提升为二级，促进泉州市饲料企业安全生产管控水平整体提升。制定《泉州市饲料生产行业（领域）企业安全生产检查清单》，深化饲料企业安全生产专项整治工作，预防和遏制生产安全事故发生，2022年度未发生安全事故。全年市、县两级出动239人次，检查饲料、饲料添加剂生产企业114家次，发现隐患12项，整改12项，整改率100%。

【畜禽屠宰监管】 2022年，泉州市农业农村局开展生猪定点屠宰资格审核清理，关闭所有不合格生猪定点屠宰企业29家。经重新审核确认为合格屠宰企业16家。全市有屠宰企业39家，其中不合格屠宰企业2家。推进屠宰企业合理建设布局，推进大中型屠宰企业建设。推进洛江区肉食品加工产业园（罗溪镇三村村，计划投资1.36亿元，完成用地勘测、项目签约）、石狮市肉品加工厂（蚶江镇溪前村，计划投资1.85亿元，完成各项项目审批手续，完成土石方平整和工程招投标，8月动工投建，完成待宰栏及屠宰车间的封顶）、泉港区肉食品加工厂（前黄镇普安工业区，计划投资6000万～8000万元，完成项目选址论证、目地块控制性详细规划批复、红线图编制和用地规划条件书编制等前期工作，进入设计阶段）和南安市官桥智能化食品加工配送一体化项目（官桥镇岭兜村，计划投资3.2亿元，完成可研、征地，进行环评和设计，于2022年底前动工建设）4个新建屠宰加工项目。推动晋江市（永和镇）、南安市（康美禽类屠宰加工）、惠安县（净峰镇）、德化县（城关场迁建雷峰镇）4个新建设屠宰加工项目落地。督促安溪县（官桥镇）、永春县（东平镇）2个屠宰场实施就地改（扩）建。组织开展生猪屠宰监管“扫雷行动”，组织督查检查组21个，参加人员157人次，检查屠宰企业51家次。排查发现隐患总数14项，均为一般隐患，全部按要求完成整改。

【畜禽无害化处理】 2022年，泉州市农业农村局开展病死畜禽无害化处理专项整治，印发公开信、明白纸、告知书等宣传材料1952份，发放、张贴镇村、生猪养殖场户、屠宰场（点）等场所494个。加强病死畜禽无害化处理的监管，开展日常巡查229次，出动检查人员566人次，检查养殖企业等场所281个次，发现并监督指导无害化处理生猪113头，下达无害化处理设施整改通知书6份，督促养殖场建立完善无害化处理管理制度92场次。加强部门协作配合，专项行动期间，开展联合执法6次，出动执法人员40人次。全年全市无害化处理生猪3.64万头，会同市财政局审核上报养殖环节病死猪无害化处理补助2.66万头。

【政策性生猪“保险+期货”项目】 2022年7月22日，泉州市农业农村局和中国人民财产保险股份有限公司泉州分公司举行泉州市政策性生猪“保险+期货”项目签约仪式。该项目由泉州市财政局给予保费补贴，中国人民财产保险股份有限公司泉州分公司承办。此次政策性生猪“保险+期货”项目计划为养殖户的3.9万头生猪提供超过8000万元的价格风险保障。项目由瑞达期货等多家期货公司负责进行市场风险对冲，当保险期间结算价格低于目标价格时，保险公司负责赔偿，投保人可规避生猪价格下跌的市场风险。

【泉州市首家现代化屠宰企业揭牌】 2022年12月27日，泉州市第一家现代化屠宰企业——福建永春铭发肉制品有限公司牲畜定点屠宰厂揭牌及颁发证书仪式在永春县蓬壶镇举行。该项目占地1.67公顷，投资5000余万元，年可屠宰生猪15万头、肉牛1万头、肉羊15万只，已建设完成生猪和牛羊屠宰车间、办公楼、污水处理设施以及生猪产品排酸、分割和冷链物流配送、动物检疫申报等配套设施。

（市农业农村局）

海洋渔业

【概况】 2022年，泉州市海域面积1.14万平方千米，海岸线长498千米，拥有湄洲湾、大港湾、泉州湾、深沪湾、围头湾5大海湾。近海渔场面积50.6万公顷，大、小岛屿208个，主要水产生物500余种。渔港24个（其中国家级中心渔港3个、一级渔港3个、二级渔港8个、三级渔港10个），机动渔船2619艘（大、中型渔船1409艘），远洋渔船54艘。渔业重点乡（镇）13个，渔业村99个，渔区人口29.59万人，渔业从业人员13.07万人。有地理标志产品11个，中国驰名商标3个，省级以上重点龙头企业20家（国家级4家），省著名商标22个。全年全市水产品产量107.04万吨，比2021年增长1.85%，其中近海捕捞58.12万吨、海水养殖38.86吨、远洋捕捞8.4万吨。渔业产值163.5亿元，比2021年增长2.6%。

【渔业惠民政策】 2022年，泉州市海洋与渔业局单列30亿元信贷资金用于支持涉海涉渔企业贷款，最低贷款利率可优惠至基础利率下调50个基点。出台《促进涉海涉渔企业主体稳步增长十二条措施》等扶持政策，争取上级资金5.1亿元，比2021年度2.77亿元增长84%，对远洋渔业、设施渔业、品牌建设、冷链物流、水产品加工等通过先建后补、贴息等方式进行补助。

【水产养殖业】 2022年，泉州市海洋与渔业局制定《泉州市促进水产养殖高质量发展若干措施》，对深远海养殖、高值鱼类养殖、水产养殖等给予用地、用海、用水、用电、补助、贴息等支持。出台《泉州市渔业结构优化调整行动方案》，对开发利用养殖规划空间的，按每公顷5000元予以补助，对新增高值鱼类养殖投资超100万元的，按不超过投资额30%予以补助，对符合条件的封闭式循环水、普通工厂化养殖，分别按每平方米600元、每平方米150元标准进行补助，加快养殖结构调整步伐。推动石斑、大龙虾、鲳鱼、黄姑鱼、海鲈鱼、鳗鲡、大小黄鱼等高值水产品养殖，全年全市海水养殖产量38.86吨，比2021年增长0.76%；淡水养殖产量1.44吨，比2021年增长3.09%。

【远洋渔业】 2022年，泉州市有远洋渔业企业5家、远洋渔船54艘，作业范围覆盖至太平洋、印度洋公海。泉州市海洋与渔业局争取中央远洋渔船履约养护国际渔业资源补助资金2625万元，筹集下达补助资金750万元鼓励远洋自捕渔获运回泉州口岸，上岸量3万吨。开展石狮远洋渔港码头建设，华锦码头口岸设施建设项目办公场地、海关检疫实验室、码头配套设施设备和疫情防控相关软硬件基本完成，申请省级验收。组织编制深远海养殖发展规划，在惠安大港湾外规划区域面积35平方千米、在石狮外海域规划面积24平方千米、在晋江外海域规划面积24平方千米，发展以鲷科鱼类为主、深远海贝类为补充的深远海养殖。全年远洋捕捞8.4万吨，比上年增长22.5%；海水养殖38.86万吨，比上年增长0.8%。

【水产加工业】 2022年，泉州市有水产品加工相关企业212家，总产量82.13万吨，总产值200亿元。其中，水产品初加工企业73家，产量49.35万吨，产值62.72亿元；海洋健康食品企业124家，产量31.08万吨，产值88.79亿元；海洋药物与生物制品15家，产量1.69万吨，产值5.7亿元。

2022年6月7日，泉州市2022年“放鱼日”活动在泉州湾外海域举行

（市海洋渔业局 供图）

【渔业安全体系建设】 2022年，泉州市海洋与渔业局推进渔业安全“标准化”全覆盖，在沿海县（市、区）渔船集中乡镇设置13个点验中心，制定一套标准化评价体系，落实点验干预、进出港报告、编组生产、值班值守、一船一档5项制度，形成检查、隐患、整改“三张清单”闭环管理。推进“智能化”监管，筹集2000万元为全市大中型渔船安装天通卫星电话，强化“插卡式AIS”和北斗示位仪管控，升级高通量卫星终端，按照“红、橙、黄、蓝”实行差异化、精准化、可视化动态监管，推进安全生产工作，保持两年零伤亡事故。

【渔业品牌建设】 2022年，泉州市海洋与渔业局组织101家涉海涉渔行业重点企业参加中国国际（福州）渔博会、预制菜产业博览会，提高企业产品知名度。石狮市祥芝镇入选全国渔业产业强镇创建名单，泉港惠屿村获评全省美丽水乡渔村，晋江力绿入选省战略性新兴产业企业100强，福建万弘海洋生物科技、石狮正源水产科技开发、晋江东石白沙水产品加工二厂3家企业认定为省级国贸基地，泉州市台商投资区欧乐堡、安溪县华农生态休闲农庄获评省级“水乡渔村”。

【海洋渔业综合执法】 2022年，泉州市海洋与渔业局开展“中国渔政亮剑”“蓝剑”“净海清湾”“商渔共治”等专项执法行动，与公安、海警、海事签订深化执法协作联合机制合作备忘录，确保执法信息互通互联，形成海上严打严控震慑力。全市检查港口1938个次、渔船5830艘次（其中45千瓦以上渔船4652艘次），查处违法违规渔船845艘次（包括责令整改渔船），拆解涉渔“三无”船舶97艘，查扣待拆解23艘，清理取缔各类违禁渔具4228张（顶、件），办结渔业行政处罚案件192起，罚没款328万元，没收涉渔违规船舶9艘，立案查办历史遗留非法用海案件12起，行刑衔接移送涉嫌犯罪案件线索3起，依法规范海洋与渔业生产秩序。

【《泉州市海洋生物资源综合利用产业发展专项规划》出台】 2022年9月，泉州市海洋与渔业局编制印发《泉州市海洋生物资源综合利用产业发展专项规划》，对海洋药物、生物制品、健康食品、海产品初加工、冷链物流等进行全产业链规划发展，优先加快发展海洋健康食品、预制菜加工以及冷链物流等较有基础、增长较快的产业，打造国家级休闲食品基地。重点培育海洋药物、功能性食品、生物材料等科技含量高、附加值高的产业，扶持一批如华宝生物科技、中益制药、海星生物等龙头企业，形成氨基葡萄糖衍生物、高纯度海洋胶原蛋白、海洋中药材等新型产品规模化生产能力，2025年初步形成全产业链布局、产品竞争力和品牌影响力显著提升、产值达500亿元以上的产业体系。以渔博会、预制菜博览会、厦门海洋周等国内大型展会为契机，参展并召开两场招商会，策划招商项目40个，计划投资292.4亿元，完成五矿产城水产预制菜产业园、高正集团深远海养殖项目等27个项目签约，计划投资197.6亿元；引导支持企业增资扩产项目47个，计划投资39亿元，完成25个项目，总投资15.6亿元。

【《深远海养殖发展规划（2021—2030）》出台】 2022年11月，泉州市海洋与渔业局印发实施《深远海养殖发展规划（2021—2030）》，谋划推动新一轮深海养殖空间，突破水产养殖业新赛道。规划投放深远海养殖设施平台360台、抗风浪网箱2000个。同步制定准入条件、扶持政策，加快项目招商落地。惠安6万立方米养殖综合平台项目完成装备建造招标；晋江6万立方米深远海养殖项目签约；泉港2万立方米深远海养殖项目签约并着手设计；石狮“大台套+大网箱+加工”项目签约，编制项目实施方案。

（傅成志）

种 业

【概况】 2022年，泉州市制定《泉州市种业振兴行动实施方案》，编制《泉州市种业发展成果报告（2022年）》。完成“第三次全国农作物种质资源普查与收集行动”项目，通过国家考核验收。强化种子质量监督管理，确保生产用种安全。健全救灾备荒种子储备制度。研究制定种业创新扶优政策措施，鼓励省级以上重点企业在泉州市设立种子研发中心、分公司或子公司。全年新建种质资源库4个。

【种业振兴】 2022年，泉州市农业农村局制订《泉州市种业振兴行动实施方案》，谋划创设一批现代种业振兴行动重点项目，注重特色品种研发创新，培育一批优质新品种，全市通过国家级或省级审定、认定、登记的特色品种103个；注重新优品种推广应用，市级财政安排专项资金支持水稻、甘薯等农作物新品种示范推广，全市建设农作物新品种示范片132个、面积1300余公顷，农作物良种覆盖率、优质专用率分别在98.5%、86%以上。泉州市林业局从优势特色地方种质资源、自主选育品种、种质资源库、种业基地、种业企业等方面进行梳理，编制《泉州市种业发展成果报告（2022年）》；出台《种业种苗产业发展补助办法》。

【良种繁育】 2022年，泉州市注重培优闽南种质资源，注重种质资源保护利用，新建（改扩建）农作物种质资源基地10个，改造提升晋江马、德化黑鸡、水禽等保种基地。全市种质资源保存总量2000份以上，种业基地30个以上，种质资源实现应保尽保。蝴蝶兰“粉黛安妮”通过农业农村部植物新品种认定。福建省绣球花卉科技有限公司通过省级绣球种质资源库（圃）评审认定，经省林业局批准为“福建省泉州市永春县绣球花种质资源库”。德化葛坑林场秃杉、油茶良种基地和安溪半林国有林场福建柏良种基地被省林业局确定为第三批省级林木良种基地。新增晋江福大鲍鱼入选国家种业阵型企业，惠安诚润获评为省级皱纹鲍良种场。

【国家水禽品种资源基因库改扩建项目通过竣工验收】 2022年1月21日，位于石狮市的国家水禽品种资源基因库改扩建项目通过福建省农业农村厅专家组验收。石狮市国家水禽品种资源基因库承担着中国最大的鸭活体基因保存工作，保存国内鸭地方品种15个。通过改扩建项目的实施，国家水禽品种资源基因库成为全国首个双层建筑结构的水禽品种资源基因库，保种设施更加完善、分区更加合理、管理更加规范，水禽品种保护能力提升至25个。基因库新购置实验室仪器设备15台（套），可以更好地开展保种效果监测和遗传多样性研究，为中国水禽产业的发展提供长期的资源储备和数据依据。改扩建项目总投资2500万元，其中中央投资1750万元、地方配套750万元。

（市农业农村局）

农业科技

【概况】 2022年，泉州市农业农村局深化农业科技特派员制度，全市选认市级科技特派员个人58人、法人科技特派员1个、团队科技特派员2个，涉农工作站4个，10人被选认为2022年福建省科技特派员。以高素质农民为培育主体，提升农村实用人才的科技素质、职业技能和经营能力，落实省、市优秀农村实用人才表彰奖励政策。全市培训高素质农民2.15万人次，评选泉州市优秀农村实用人才25名。推进基层农技推广体系改革与项目建设，全市建设农技推广示范基地44个，发布落实农业主推技术151项，培育科技示范主体2801个。

【农村实用人才】 2022年，泉州市农业农村局下达中央、省级财政补助资金1419万元，全市培训中央资金补助的高素质农民4159人。选送251名青壮年农民和有志从事农业生产经营的农村高中毕业生、返乡农民工、退役军人等，参加专科学历教育和农业职业技能培训。建立市级高素质农民培训师资库。选派15人参加全省高素质农民培育示范培训师资班学习；选派泉州市优秀农村使用人才作为高素质农民培训授课师资，整合优质师资配置，实现优秀师资资源共享，提高高素质农民培训工作的质量和效益。实施乡村产业振兴带头人“头雁”项目。全市遴选110名优秀代表作为泉州市实施乡村产业振兴带头人培育学员，进行系统性培养和综合性支持，选派13位优秀人才作为“头雁”项目实践导师，增强“头雁”项目培育的针对性和有效性。评选市级优秀农村实用人才25名，发挥优秀人才在扶贫脱贫成果巩固与乡村振兴有效衔接、农业农村改革、现代农业发展等重点工作中的示范引领作用。培育农业农村创新创业带头人912人，培育一批充满创业激情、带动农村经济发展和农民就业增收的农村创新创业带头人。参加第六届全国农村创业创新项目创意大赛福建省选拔赛，获一等奖1个、三等奖2个、优秀奖2个。市级财政安排现代农业发展专项资金5700万元，用于市级以上龙头企业、农村新型经营主体和农村优秀农村实用人才贷款贴息，推行优秀农村实用人才贷款贴息，全年扶持16人，贴息资金90.54万元。

【农业技术推广】 2022年，泉州市农业农村局加强基层农技推广应用，各县（市、区）结合产业特色与实际，遴选推广应用水稻、果蔬、畜牧、茶叶、绿色肥料、农业机械等主推技术151项（累计），主推技术到位率98.46%；以租用、合作方式建立农技推广示范基地44个”，立足基层农技推广补助项目任务要求和当地优势特色产业发展需求，全市遴选2801个能力较强、乐于助人的新型农业经营主体带头人、种养大户、乡土专家等作为农业科技示范主体。加强农技推广队伍建设，全市有基层农技人员579人参加省（部）市、县级业务培训，两名基层农技推广人员获“全国农技推广贡献奖”。依托泉州国家现代农业科技示范展示基地、泉州国家农业科技园区创新中心等平台，组织或协助开展举办农业科技培训、现场观摩69场次，受训4000余人次。开展“农业专家八闽行”行动，选派143名农业专家和技术员开展对口帮扶和技术指导、信息咨询服务。

【农业科研】 2022年，泉州市农业科学研究所承担在研市级及以上农业科研项目47个，其中合作3个，各项目研究均按计划推进，取得阶段性成果。主持承担18个省、市项目通过验收。引进136份农作物种质资源进行观察与鉴定评价，育成“泉花15号”“泉花16号”“佳谷优404”“野香优707”和“野香优711” 5个粮油作物新品种通过国家品种登记或福建省品种审定，1个花生新品种获植物新品种权，获授权专利22件，其中发明专利1件。市农科所与5家农业企业和1个行政村签订农业技术支撑合作协议，通过省级科技特派员认定10人。多次组织科技专家到永春县蓬壶镇仙岭村九九农村科技文化园开展助推科技文化园发展工作。选派16名专业技术骨干，参与省农业农村厅组织的“农业专家八闽行”活动。赠送水稻、花生、大豆等粮油作物种子3410千克、甘薯种苗16.8万株。依托泉州国家现代农业科技示范展示基地、泉州国家农业科技园区创新中心等平台，组织或协助开展举办农业科技培训、现场观摩69场次，受训4000余人次； 科技人员在“福建科普”频道“空中课堂——乡约科普”栏目中主讲1个专题；在省、市星火科技远程培训中主讲5期6个专题，受训2.7万多人次。加强对台农业科技交流合作，采用线上线下结合方式， 组织开展对台交流活动9批次21人次。在全市推广市农科所培育或引进的农作物新品种、新技术3.33万公顷。泉州市林业局开展林业科研，推进《市树刺桐培育及应用关键技术研究》，从全国各地收集到南非刺桐、黑刺桐、莫桑比克珊瑚树、黑刺刺桐、蝙蝠刺桐、非洲大叶软木刺桐等刺桐属植物6种58株（盆）以及亚塔尔刺桐、比氏刺桐、马逊刺桐、韩氏刺桐、三德威刺桐、劲直刺桐、翅果刺桐、念珠刺桐、塞内加尔刺桐、刺桐（本种）等十余种刺桐物种的枝条和种子进行保存。加快推进国有林场时花和绿化苗木基地建设，培育高质量的珍贵乡土树种和市政绿化花卉苗木。泉州市农业农村局推广畜牧业“五新”技术（新技术、新品种、新工艺、新设备、新思维），推进畜禽标准化规模化养殖和畜禽粪污资源化利用。围绕畜禽产业链关键环节开展优势畜禽育种技术、智能化养殖技术、重大疫病防控技术、养殖废弃物资源化利用等关键技术集中攻关。泉州市海洋与渔业局开展海洋生物资源研究，印发《泉州市海洋生物资源综合利用产业发展专项规划》，对海洋药物、生物制品、健康食品、海产品初加工、冷链物流等进行全产业链规划发展研究，培育海洋药物、功能性食品、生物材料等科技含量高、附加值高的产业，扶持华宝生物科技、中益制药、海星生物等龙头企业，形成氨基葡萄糖衍生物、高纯度海洋胶原蛋白、海洋中药材等新型产品规模化生产能力。

【优质早稻品种“泉珍12号”粥米鉴评会】 2022年9月21日，由泉州

2022年9月21日，优质早稻品种“泉珍12号”不同产地种植的粥米品质鉴评会在泉州国家农业科技园区创新中心举行 （市农业农村局 供图）

市农业科学研究所、市农村专业技术协会和福建省现代水稻产业体系泉州试验站主办的2022年全国科普日暨中国农民丰收节活动在泉州国家农业科技园区创新中心举行，同时举行优质早稻品种“泉珍12号”不同产地种植的粥米品质鉴评会，石狮、晋江、南安、惠安、永春的13家水稻种植企业参评。“泉珍12号”系市农科所选育的优质、高产、抗病早籼稻品种，2019年通过福建省水稻品种审定，适宜在福建省稻瘟病轻发区作早稻栽培。此次鉴评采取稻米理化指标检测和现场煮米粥食味鉴评相结合的方式进行，其米质检测结果占60分、米质食味鉴评占40分。稻米理化指标由主办方统一取样集中送农业农村部稻米及制品质量监督检验测试中心检测。鉴评专家组从粥米的气味、外观、适口性三个方面对参评样品逐一品尝记录并进行打分。经综合评定，南安市农科所的粥米获金奖，石狮协盈科技种养家庭农场、南安码头东联农业科技示范场和晋江市李锦成农场有限公司选送的粥米获银奖，晋航农业股份有限公司等9个参评单位选送的粥米获铜奖。

（市农业农村局）

农业机械化

【概况】 2022年，泉州市推进农作物生产全程机械化补短板工作，开展胡萝卜机收、水稻精量穴直播、水（旱）稻无人机直播和蔬菜机械化移栽等试验活动，完成全市主要农作物耕种收综合机械化率67.5%，水稻耕种收综合机械化率77.5%的目标任务。泉港区获评全国“平安农机”示范区，农机安全生产形势持续稳定。

【农机购置补贴】 2022年，泉州市办理补贴机具8040台（套），使用中央补贴资金871.55万元、省级资金183.39万元，受益农户6699户。办理农机报废更新补贴机具81台，使用报废中央补贴资金43.23万元。

【农机社会化服务】 2022年，泉州市完成农机社会化服务3.27万公顷。南安市建设2022年智慧农机试点县，选取3家农机社会化服务主体，安装6台北斗导航定位系统，服务面积886.67公顷，对接农户262户。南安市高顺农机专业合作社完成市级“全程机械化+综合农事”服务中心建设，全程机械化服务面积746.67公顷，服务2537户农户。

【新机具新技术试验推广】 2022年，泉州市推广水稻商品化育插秧服务面积2428.8公顷，开展水稻精量穴直播试验68.67公顷、水稻无人机直播试验18.33公顷。举办胡萝卜机收、水稻精量穴直播、水稻无人机直播等8场全市性主要农作物生产全程机械化现场演示活动。

【农机应急作业服务体系】 2022年，泉州市加强农机应急作业服务体系建设，制定市、县农机应急作业队建设方案11份，组建常态化应急作业服务队10家，应急服务队成员88人，配备应急农机具227台（套）。

【农机安全】 2022年，泉州市组织农机安全执法检查140多次，出动检查人员300多人次，检查农业机械700多台次，查处纠正农业机械违法违规行为8起，发放农机安全宣传材料1，7万余份，推送安全提醒短信2.3万余条；开展农机事故应急救援演练8场次；联合交警开展联合多功能拖拉机道路交通安全专项整治37次。全市创建9个市级“平安农机”示范乡镇，泉港区获评全国“平安农机”示范县（区）。

【胡萝卜机械化采收试验观摩】 2022年2月18日，泉州市胡萝卜机械化采收试验观摩会在石狮市蚶江镇绿清果蔬种植合作社基地举行。泉州市农机发展中心、石狮市、晋江市、南安市、泉州台商投资区农机部门有关人员及胡萝卜种植大户代表等参加。这是继2021年引进德国“格立莫”胡萝卜收获机试验后，首次引进日本原装进口“井关VH-C114型”单行胡萝卜收获机进行的可行性试验。通过现场试验，该型号胡萝卜收获机机身小巧轻便，更适合泉州市胡萝卜小田块种植模式，更符合泉州市原有4行的胡萝卜种植方式，种植户仅需对种植农艺进行微调即可适应机收。

（市农业农村局）

农业园区建设

【概况】 2022年，泉州市农业农村局构筑产业发展平台，实施特色现代农业高质量工程，加快现代农业产业园建设，做大、做强优势特色产业。泉州国家农业科技园区围绕建设总体目标，以科技创新为先导，推进合作，创新产学研用合作模式，多方投入培育园区创新平台，提升园区科技创新和辐射带动能力，以一中心服务两园区协同发展，提升园区整体创新水平。是年，永春县现代农业产业园被列入国家现代农业产业园创建名单。

【现代农业产业园建设】 2022年，泉州市农业农村局加快全市15个现代农业产业园建设，做大、做强茶叶、水果等7个优势特色产业。推进现代农业产业园建设，推进惠安县国家级台湾农民创业园、闽台融合发展产业园（永春）高质量建设。4月，2022年全国农业产业融合发展项目创建名单公布，永春县现代农业产业园被列入国家现代农业产业园创建名单。

【泉州国家农业科技园区】 2022年，泉州国家农业科技园区包括“两园一中心”（茶叶园、海洋生物园和创新中心）。园区提高平台建设水平，提升科研创新力量，与泉州市4所高校开展融合协作，引进包括泉州师范学院、华侨大学、福建农林大学安溪茶学院和泉州海洋学院等院校资源力量，以一中心服务两园区协同发展。园区引进国内外农作物新品种260个，其中，中国台湾名特优园艺作物49种、130个品种，中国台湾农业新技术6项、新肥料3种、新农机具1种、保鲜新材料1种，多项新技术和品种为大陆首家引进，并在省内外大面积推广应用。创新育成新品种11个，发挥项目引领支撑作用。以示范推广实现产业融合，筛选出的果树、蔬菜、花卉（香药）、粮油作物等农作物新品种在泉州农业生产中示范推广应用。园区年上市销售蝴蝶兰、红掌花卉20余万株，年产乳鸽百万只。

（市农业农村局）

农业产业化经营

【概况】 2022年，泉州市一、二、三产业比例为2.1∶56.9∶41.0，农林牧渔总产值454.03亿元，全市农村居民人均可支配收入2.76万元。泉州市农业农村局培育新型农业经营主体，评审认定第十轮市级农业产业化龙头企业311家，其中国家级9家、省级127家；省级示范社272个；省级示范场200个；省级农业产业化联合体40个；农产品产地初加工中心103个；“三品一标”有效使用408个，其中无公害农产品211个、绿色食品109个，有机食品65个，地理标志23个。以园区、功能区、产业带为平台，推动优势特色产业向适宜发展区域集聚，建设国家级数字农业创新应用基地1个、省级数字创新应用基地11个、市级数字农业示范基地64个；创建国家现代农业产业园2个，省级现代农业产业园3个；创建全国农业产业强镇6个，省级农业产业强镇2个；培育市级“一村一品”专业村156个，其中省级“一村一品”专业村80个，国家级“一村一品”示范村16个。

【农业经营主体】 2022年，泉州市农业农村局推动农民专业合作社和家庭农场等新型农业经营主体高质量发展，增强农民专业合作社经济实力、发展活力和带动能力，发挥其服务农民、帮助农民、提高农民、富裕农民的功能作用；加快培育规模适度、生产集约、管理先进、效益明显的家庭农场，使家庭农场成为发展特色现代农业的主力军。全年新增新型农业经营主体275家，全市新型农业经营主体总数1.19万家。

【农民专业合作社】 2022年，泉州市农民专业合作社质量提升整县推进基本实现全覆盖，基本形成合作社自我规范、部门指导规范、社会监督规范的良性发展局面。截至年底，全市有省级以上农民专业合作社示范社272家、市级以上394家、县级以上635家，全市农民专业合作社总数5429家。

【农业龙头企业】 2022年，泉州市加快一二三产融合发展，培育重点龙头企业，鼓励龙头企业深化产加销一体化建设。支持农业品牌做强做大，安排市级知名农业品牌专项扶持资金，培育扶持农业品牌。鼓励龙头企业打造一批竞争力强的企业品。培育新型农业经营主体，评审认定第十轮市级农业产业化龙头企业311家，其中国家级9家、省级127家、市级175家。

【家庭农场】 2022年，泉州市农业农村局推动新型农业经营主体高质量发展，增强家庭农场经济实力、发展活力和带动能力，加快培育规模适度、生产集约、管理先进、效益明显的家庭农场。8月，市农业农村局、市财政局公布2022年市级农业新型经营主体示范名单，确认永春县宏裕家庭农场、晋江市内坑镇黄景俊家庭农场、南安市绿清家庭农场、安溪县龙门进元家庭农场、永春益超家庭农场、德化县富有奇家庭农场、泉州市洛江区罗溪秋月家庭农场等30家家庭农场为2022年度市级家庭农场示范场。截至年底，全市新增家庭农场1500家，总数达4000家以上。

（市农业农村局）

农产品质量建设

【概况】 2022年，泉州市农业农村局推进农产品质量安全监管，新增“三品一标”农产品44个、名特优新农产品8个。德化梨和山格淮山入选国家地理标志农产品保护工程项目，2家生产主体入选国家现代农业全产业链标准化示范基地创建单位，泉州市农业检验检测中心和6个项目县的农产品检测机构通过双认证。全年全市开展农产品质量安全定量监测7859批次。

【农产品质量监管】 2022年，泉州市农业农村局强化质量安全监测，在重点整治的“三颗菜”“一枚蛋”“一只鸡”“两头畜”7个品种基础上，根据各级各部门通报监测情况，将问题较多的产品列入本级监管重点品种，加大监测力度和监测频次。组织发动基层网格员，开展重点品种调查摸底，建立63家重点品种生产主体名录库并开展专项监测。开展质量安全监测。配合国家和省级农产品质量安全监测抽样，配合完成国家和省级监督抽查和风险监测13次，细化监测方案，合理分配市县监测任务，全市定量监测农产品10136批次，不合格45批次，总体合格率99.6%；快检禁限用农兽药样品7.76万批次，“瘦肉精”抽检牲畜尿液10.29万份，其中猪9.04万份、牛9338份、羊3110份，结果均为阴性。组织开展食用农产品质量安全专项执法检查和市、县联合执法检查，以重点品种和各级监测不合格生产主体为重点，检查生产记录建立和农兽药使用情况，督促指导生产主体落实安全间隔期和休药期规定。落实食用农产品质量安全检打联动机制，打击销售农药兽药残留、畜禽肉未经检验检疫、未建立生产记录、违法使用禁限用农兽药等违法违规行为。全市出动监管执法人员4178人次，检查生产经营主体1662家次，立案查处各类有关农产品质量安全案件74件，移送公安5件。开展系统比对，组织开展现场核查，及时增新补漏，动态管理生产主体名录库。采取线上巡查和线下检查有机结合的方式，督促主体做好信息上传和落实批批赋码出证。全市纳入省级一品一码与合格证追溯并行平台监管主体2685家，上传追溯信息1.19万个批次，赋码8.01万个批次；线上监管登录3.31万次，巡查主体32.23万家次，出动监管执法人员4669人次，现场检查主体2176家次，开具整改通知书34份，行政处罚1家次。推动散户开具使用合格证，建档散户数1737户，开具合格证7949张，重量66.46万千克。全市未发生农产品质量安全事件，省级监督抽查合格率98.6%。

【农产品质量安全定量监测】 2022年，泉州市强化农产品质量安全监管，落实“双随机”“四快速”抽检制度，开展农产品质量安全定量监测7859批次，未发生农产品质量安全事件，省级监督抽查合格率98.6%。

【品牌农业】 2022年，泉州市农业农村局开展年度泉州市知名农业品牌评选认定工作，全市新增市级知名农业品牌21家，累计有市级知名农产品区域品牌10家、市级知名农产品品牌58个。申报2022年省级著名农业品牌2个，全市有省级区域品牌6个、省级著名农产品品牌19个。

【德化梨和山格淮山入选国家地理标志农产品保护工程项目】 2022年8月，泉州市的德化梨、山格淮山被农业农村部列入2022年地理标志农产品保护工程名录中，争取到中央财政资金800万元。该项目重点围绕“五特”属性，即地理标志农产品种质特点、地域特性、文化特质、生产特性、品质特色，开展标准化生产、品牌化管理、特色化保护、融合化发展、体系化推进、数字化赋能“六化”建设，培育一批特色鲜明、品质优良、品牌卓越、示范带动作用强、富民增收效果好的地理标志农产品产业，推动农产品一、二、三产深度融合发展。

（市农业农村局）

工　业

综述

【工业经济运行】　2022年，泉州市全部工业增加值6182.83亿元，比2021年增长3.1%。规模以上工业增加值增长3.9%。在规模以上工业中，轻工业增长4.5%，重工业增长3.2%；采矿业增长46.1%，制造业增长4.0%，电力、热力、燃气及水生产和供应业下降5.9%。工业产品产销率94.6%。全市规模以上工业37个大类行业中有24个行业增加值比2021年增长，增长面64.9%，有16个行业实现两位数以上增长，其中金属制品业、农副食品加工业、纺织服装服饰业、专用设备制造业增加值分别比2021年增长48.2%、23.4%、15.0%、12.0%。全年规模以上工业企业实现利润总额1298.68亿元，比2021年下降11.0%。全年规模以上工业企业每百元营业收入中的成本为86.13元，比2021年增加1.12元；营业收入利润率为6.6%，下降1.1个百分点。年末规模以上工业企业资产负债率为46.8%，比2021年末提高0.7个百分点。全市列入统计的211种主要工业产品中，有111种产品产量比2021年增长，增长面52.6%，有75种产品产量保持两位数以上增长，占全部监测产品的35.5%。消费品类产品中，无纺布产量增长30.5%、罐头产量增长13.8%、鞋产量增长10.3%；高技术产品中，太阳能电池（光伏电池）产量增长28.7%。全市规模以上民营工业企业实现增加值占规模以上工业增加值的比重为86.4%，比2021年增长5.6%；民营工业企业产品产销率95.9%，高于规模以上工业平均水平1.3个百分点。全市1134家新纳入统计工业企业实现增加值比2021年增长97.7%；对全市规模以上工业增长的贡献率56.8%，拉动规模以上工业增长2.2个百分点。全市规模以上纺织鞋服产业增加值比2021年增长5.6%，对规模以上工业增长的贡献率45.4%。全市规模以上工业企业内销产值比2021年增长4.1%，快于出口交货值增速2.8个百分点；占销售产值比重为87.1%，占比较2021年提高0.3个百分点。从重点产业看，工艺制品、建材家居国内市场销售份额提升明显，内销产值占销售产值比重分别比2021年提高6.3和1.9个百分点。

【工业经济结构】　2022年，泉州市工业经济结构呈现积极变化。全市规模以上机械装备产业增加值比2021年增长8.8%；从产品产量看，建筑工程用机械产量增长20.2%、金属紧固件产量增长20.4%。全市规模以上高新技术产业增加值比2021年增长10.2%。其中，电子元件及电子专用材料制造、电子器件制造增加值分别比2021年增长20.9%和16.9%；增加值占规模以上工业增加值的比重24.7%，占比较2021年提高1.1个百分点。全市规模以上六大高耗能行业增加值占规模以上工业增加值的比重29.9%。

【工业经济效益】　2021年，泉州市规模以上工业整体效益水平进一步提高。全市规模以上工业企业实现利润总额1298.68亿元，比2021年下降11.0%。利润虽然下降但结构明显改善，皮革、毛皮、羽毛及其制品和制鞋业表现良好，全年实现利润总额241.12亿元，增长6.1%，增速比全市规模以上工业平均水平高17.1个百分点，拉动全市规模以上工业利润总额增长0.9个百分点；电子信息产业利润降幅收窄，全年实现利润总额56.84亿元，比2021年下降4.6%。装备制造业表现抢眼，全年规模以上装备制造业实现利润总额168.80亿元，比2021年增长1.4%，增速比全市规模以上工业平均水平高12.4个百分点。装备制造业利润总额占规模以上工业的比重为13.3%，

表12 2022年泉州市规模以上工业企业主要工业产品产量一览表

产品名称	单位	产量	比2021年增长（%）
原油加工量	万吨	2276.04	-8.5
发电量	亿千瓦时	414.54	-3.4
布	亿米	48.41	-5.3
化学纤维	万吨	277.31	3.7
钢材	万吨	544.57	-17.1
水泥	万吨	884.81	-6.3
建筑工程用机械	台	19523	20.2
金属切削机床	台	1595	-15.9
太阳能电池（光伏电池）	万千瓦	165.84	28.7
光电子器件	亿只（片、套）	1.26	2.2

（资料来源：市统计局）

比2021年提高0.6个百分点。全市规模以上小微型企业实现利润总额604.69亿元，比2021年增长0.2%，增速比规模以上工业平均水平高11.2个百分点，分别比中型和大型企业高4.9和35.3个百分点。营业收入利润率6.2%。全市规模以上工业产成品存货559.46亿元，比2021年微增0.1%；产成品存货周转天数为10.6天，比2021年减少0.4天。企业库存增速持续回落，库存周转有所加快，有利于提高资金利用效率，促进工业生产恢复。全市规模以上工业企业每百元营业收入中的成本为86.13元。全市规模以上工业发生四项费用1296.22亿元，比2021年微增0.3%。其中，发生销售费用468.63亿元，下降3.1%；发生管理费用561.72亿元，微增0.4%；发生研发费用182.96亿元，增长14.9%；发生财务费用82.91亿元，下降8.1%。费用低位增长，降低企业经营压力。

（市统计局）

【城镇集体工业】 2022年，泉州市城镇集体工业联合社推进城镇集体工业资产运营、改造，规范市属城镇集体企业房产租赁行为。市工艺美术工业公司对旧工艺大院内各企业进行整合，由市工艺美术工业公司与市文旅集团合作，将旧工艺大院改造为“泉州工艺美术文化园”，打造复兴泉州37个工艺美术传统艺种传承基地，形成集聚区域。市二轻集体工业联社配合开展古城街巷综合提升工作，提供伍堡街场地作为泉州古城市政综合提升工程材料存放场所，将鲤城区古榕巷43号房产出租给鲤中街道新峰社区居委会翻修后作为社区党群服务中心使用，投入资金消除房屋安全隐患，支持社区提升公共服务水平工作；指导市塑料工艺厂和金属制品厂支持古城办开闭所改造工作。规范市属城镇集体企业房产租赁行为，开展房产租赁情况年度检查，督促企业加强协议履约管理工作。

（许思思）

纺织服装产业

【概况】 2022年，泉州市纺织服装产业集群基础扎实、行业门类齐全、专业市场网络发达，从纺织、染整、成衣到辅料生产都有专业配套厂家，建立专业市场和较为完善的市场网络。泉州市纺织服装产业整体规模、配套、品牌优势突出，是全国唯一一个有两个市场采购贸易试点的城市，拥有国内最大的鞋服批发市场和华东最大辅料市场，石狮国际轻纺城是全国单体规模最大，设施最齐全，经营品种最多的千亿级纺织品集散中心，是亚洲最大的轻纺专业市场之一，石狮服装城是全国主要的服装生产基地和集散中心之一，石狮青创城国际网批中心获评国家电子商务示范基地和国家小型微型企业创业创新示范基地，晋江国际鞋纺城是全省优先发展的四个千亿大型市场之一。泉州纺织服装产量占全国10%，综合实力在福建省排名第一位，全国排名前五位。截至年底，全市纺织服装产业有规模以上企业1672家，规模以上工业增加值比2021年增长5.6%。

【品牌效应】 2022年，泉州市纺织服装行业品牌效应明显，拥有中国驰名商标26项、中国名牌11项、上市企业33家。泉州市被《中国城市报》、中国国家品牌网授予“国潮品牌之都”称号，安踏、鸿星尔克等11家企业获评首批“国潮泉州”。

【产业布局】　2022年，泉州市纺织服装产业布局完整，全市有纺织鞋服企业1.3万多家，有纺织原料、纺纱织布、漂染整理、成衣加工、辅料生产、纺织机械等完整的服装产业链条，形成国内最齐全的纺织服装产业链条，一件衣服从原料采购到生产销售全过程均可在泉州实现。

【安踏集团】　安踏集团是一家专门从事设计、生产、销售运动鞋服、配饰等运动装备的综合性、多品牌的体育用品集团。公司1991年成立，2007年在香港上市。安踏集团坚持“单聚焦、多品牌、全球化”的发展战略，旗下拥有安踏（中国）、斐乐（意大利）、迪桑特（日本）、可隆体育（韩国）等多个知名的运动品牌。2019年，收购亚玛芬体育公司，旗下的国际知名品牌包括萨洛蒙（法国）、始祖鸟（加拿大）、威尔胜（美国）等加入安踏集团的多品牌阵营。2009—2022年，安踏集团连续14年成为中国奥委会的官方合作伙伴。

（刘益群）

鞋　业

【概况】　2022年，泉州市鞋业产业链相对完整，形成鞋材、皮革、鞋类化工、鞋成品、鞋机、专业化市场等产业链配套资源互动发展的格局。产业布局区域特色明显，形成以晋江市和泉州开发区为主的旅游鞋、运动鞋生产基地；以石狮市为中心的真皮休闲鞋生产基地；以南安市为主的童鞋生产基地。“中国鞋都”晋江市是第三个国家体育用品产业基地，拥有全球最完善的运动鞋产业链，在市域内就可以实现一双鞋从原料采购到生产销售的全过程。“中国拖鞋名城”晋江内坑年产拖鞋7亿双，产值100亿元以上。2022年，全市鞋业产业有规模以上企业746家，规模以上工业增加值比2021年增长9.1%。

【品牌效应】　2022年，泉州市制鞋行业品牌效应明显，拥有中国驰名商标30个、中国名牌12项、上市企业23家，国家免检企业产品55个、出口免检企业3家。

【特步集团】　特步集团1987年成立，2001年创立特步品牌，2008年在香港上市，2019年合资或并购多个国际品牌，包括索康尼、迈乐、盖世威、帕拉丁等。2001年，特步集团以“体育+娱乐”双轨制营销开创品牌定位新模式，奠定行业领先地位。2007年起，特步集团赞助北京、上海、香港、台北、厦门、广州、武汉等三十多个城市的马拉松赛事，赞助马拉松赛事和活动超过1000场，参加人数超过500万人，活动路程超过1亿千米，成为中国赞助马拉松赛事最多的运动品牌。2022年，特步集团发布“世界级中国跑鞋”全新战略定位，计划在未来10年投入50亿元助力中国路跑事业。

【全国鞋源B2B平台鞋捕头落地泉州】　2022年5月6日，全国鞋源B2平台鞋捕头落地泉州，成为鲤城区首个鞋靴类自建B2B电商平台。平台PC端官网、移动端App、微信小程序三大系统同时启动。鞋捕头是一个致力于打造以“互联网SaaS技术+产业带供应链平台”为核心竞争力的鞋源B2B平台。鲤城区拥有全国最大的男鞋网批集散地之一——幸福鞋街市场。此前，该平台已与幸福鞋街市场进行探索性合作，为市场商户代发鞋靴1万多件。

【中国运动鞋CMF设计研究院在泉州筹备成立】　2022年6月17日，中国运动鞋CMF设计研究院筹备成立暨中国首届“X大奖”运动鞋设计大赛启动仪式在泉州悦华酒店举行。中国运动鞋CMF设计研究院筹备组是在国家皮革和制鞋行业生产力促进中心、制鞋产业技术创新战略联盟指导下，由中国皮革和制鞋工业研究院（晋江）有限公司联合迪特国家工业设计中心共同组建，以材料、色彩、工艺为研究方向，围绕“一个研究院、一个大数据中心、一个设计师联盟、一系列活动赛事、一批原创设计”等建设内容，打造布局合理、服务齐全、专业能力强的

2022年10月17日，市民在选购安踏品牌的鞋子　（董严军　摄）

中国运动鞋CMF设计研究院。

（刘益群）

石油化工产业

【概况】 2022年，泉州市石油化工产业是重要的工业支柱产业，综合实力位居全省首位。上、下游产业集聚度显著增强，形成良好的产业生态氛围。全市石油化工产业年炼油规模2900万吨，乙烯年生产规模210万吨，芳烃年生产规模160万吨。湄洲湾石化基地作为泉州市石化产业发展重要载体，被列入全省“两基地一专区”规划（漳州古雷石化基地、福清江阴化工新材料专区）；新规划修编方案获省发展和改革委员会批复，规划总面积59.42平方千米，包含泉港、泉惠两个石化园区，已入驻产业企业73家、项目86个、总投资2185.99亿元。

【产业集群】 2022年，泉州市建设具有国际竞争力的世界级绿色石化产业基地和海峡西岸石化产业先导区，突出一体化、绿色安全、低碳循环，支持联合石化和中化集团从“炼”到“化”、向“少油多化”优化调整，发展化工新材料、专用精细化学品、电子化学品，构筑“油头—化身—纺尾”产业集群。

【泉港石化工业园区】 2022年，泉港石化工业园区规划面积25.98平方千米，包括仙境、洋屿、南山3个片区，定位为湄洲湾石化基地先导区、省级开发区。园区已入驻联合石化炼化一体年炼油规模1400万吨、乙烯年生产规模110万吨、芳烃年生产规模100万吨和EO/EG龙头项目，以及中国化学天辰环氧丙烷、国亨化学丙烷脱氢及聚丙烯、凯美特火炬气回收、林德二氧化碳气体等40余个中下游产业项目。建成联合石化10万吨原油码头及配套库区、中石化30万立方成品油库、宏海石化公司10万吨级码头及总库容51万立方米的成品油罐区（全省唯一的化工品保税仓库）、华星公司5万立方米低温液化石油气储罐；在建中国燃气5万吨级液化烃仓储码头等仓储配套设施。

【泉惠石化工业园区】 2022年，泉惠石化工业园区规划面积33.2平方千米，包括炼化一体化项目区、合成材料加工区、石化深加工区、物流仓储区、管理服务区、公用工程设施六个功能区，系湄洲湾石化基地的重要组成部分，省级开发区。园区已落户中化泉州、中仑塑业、石大胜华、邦丽达等30余个上下游产业链项目。已引进中化泉州石化公司，形成每年1500万吨炼油、100万吨乙烯、80万吨芳烃的生产能力，入驻中仑年产11万吨尼龙6切片、邦丽达高吸水性不饱和树脂、永悦年产10万吨不饱和树脂项目、香江石化年产5万吨热塑性弹性体、石大胜华公司年产44万吨新能源材料、信和年产10万吨涂料和250吨石墨烯粉体、三星年产3万吨水性电泳漆、博纯年产3300吨电子材料项目等30余个石化中下游项目。

【福建联合石化公司】 福建联合石化公司是由福建炼化公司（中国石化和福建省合资）、埃克森美孚中国公司、沙特阿美亚洲公司以50%：25%：25%的股比出资设立的合资企业，是中国第一个集炼油、化工产销、成品油营销全面一体化合资项目，占地面积480公顷。2022年，福建联合石化公司拥有1400万吨/年炼油、110万吨/年乙烯和100万吨/年芳烃产能，主要生产化工产品包括聚乙烯、聚丙烯、对二甲苯、石油苯、丁二烯、环氧乙烷、乙二醇等；主要炼油产品包括车用汽油、轻柴油、沥青、液化气、石油焦、硫磺（液体/固体）等。

【中化泉州石化有限公司】 中化泉州石化有限公司隶属于中化控股有限公司，2006年9月成立，承担1200万吨/年炼油和100万吨/年乙烯及炼油改扩建项目的生产运营，及后续项目的规划建设。2022年，中化泉州石化有限公司拥有1500万吨/年炼油、100万吨/年乙烯和80万吨/年芳烃产能，主要生产煤油、汽油、柴油、苯、甲苯、混合二甲苯、聚丙烯以及液化气、硫磺、化工轻油等产品。

【福建百宏石化有限公司】 福建百宏石化有限公司成立于2018年6月，地处湄洲湾南岸的泉州市泉港区石化园区内。投资57.2亿元建设年产250万吨精对苯二甲酸生产项目，项目采用国际领先的英威达最新专利生产技术，以对二甲苯为主要原料，醋酸作为溶剂，钴、锰为催化剂，溴为促进剂，经过对二甲苯氧化和产品精制，生产精对苯二甲酸。2022年，工厂占地31.02万平方米，绿化3.45万平方米。

【中国化学天辰公司泉州环氧丙烷项目启动】 2022年7月12日，位于泉港石化工业园区的中国化学天辰泉州60万吨/年环氧丙烷项目启动建设。2021年10月，由中国化学工程集团有限公司子公司中国天辰工程有限公司投资150亿元的天辰泉港新材料产业园，签约落地泉港石化工业园区，是泉港区招引落地的最大石化产业项目。天辰泉港新材料产业园计划建设60万吨/年环氧丙烷、20万吨/年尼龙66、10万吨/年尼龙12等项目。此次率先开工的60万吨/年环氧丙烷项目，占地面积66.67公顷，总投资66亿元，采用国际先进技术，具有环保、能耗低等优势，与国亨化学等泉港石化工业园区企业形成上下游一体化格局。

（刘益群）

建材家居产业

【概况】 2022年，泉州市建材家居产业是全市九大千亿元产业集群之一，主要包括建陶、石材、水暖厨卫、水泥、钢材、新型墙体材料、消防安防设备、铝型材、涂料、家具等行业。全市规模以上建材家居产业（包括工艺制品及纸业印刷）实现工业增加值增长6%、产品产销率95.9%。

【产业集群】 2022年，泉州市建材家居产业是全国乃至全球的重要产业基地，形成产业链较为完整的石材、建陶、水暖厨卫（含消防设备）三个主导优势产业集群。其中，南安石材集中加工区是中国乃至东南亚地区规模最大、种类最齐全的石材生产、出口基地，石材进出口量分别占全国的60%和55%，是辐射全球的世界级石材生产交易中心；晋江市磁灶镇、内坑镇和南安市水头镇、官桥镇为主的建陶产业集群是全国四大建陶生产基地之一，建陶产品年产量占全国的25%，外墙砖、地铺石等产品在全国市场中占主导地位；以南安市为核心的水暖卫浴产区，是全国三大水暖生产基地之一，也是国家新型工业化产业示范基地和外贸转型升级示范基地。

【九牧集团】 九牧集团是一家以数智卫浴为核心，集研发、制造、营销、服务于一体的全产业链、创新型国际化企业，在全球设有16个研发中心，在德国、法国、泉州、厦门、武汉、滁州、成都设有15家高端数智工厂，行业首创5G灯塔工厂、零碳5G灯塔工厂。基于市场营销带动数字化制造的策略，打造全面数字驱动全价值链卓越运营C2M智能定制5G+云制造，打通消费端到设计端、生产端包括订单、设计、生产、物流、销售、服务等关键环节，实现数智建材行业C2F/C2M全链数字化、一人一版柔性制造、消费者前端个性化定制、工厂后端自动生产，实现全方位、全链条数字化转型，实现数智建材行业首个全链数字化解决方案，实现产业链上下游企业及合作伙伴全方位、全链条数字化转型，赋能产业链上下游企业数智化转型。

【泉州英良石材有限公司】 泉州英良石材有限公司2006年成立，坐落于南安水头滨海工业区，占地4万平方米，是大理石批发及工程加工中心，集大板加工、工程加工、荒料进出口批发、大板批发，半宝石生产研发销售为一体。与海尔卡奥斯及链石联合打造石材产业数字化标杆工厂。拥有最先进的全套完整智能制造设备体系。2022年，泉州英良石材有限公司拥有年20万平方米的工程加工能力以及40万平方米的大板加工能力，年产值2.6亿元。

【福建省闽发铝业股份有限公司】 福建省闽发铝业股份有限公司1993年成立，专业生产铝合金建筑型材、工业型材、铝模板、铝单板及铝型材。是国家标准GB5237《铝合金建筑型材》和铝合金工业型材的主编单位和研制创新示范基地、国际标准ISO28430研制创新示范基地。产品覆盖全国，并出口到东南亚、澳大利亚、美国、南美洲、欧共体、非洲等四十余个国家或地区。2022年，福建省闽发铝业股份有限公司拥有南安美林、东田两个生产基地，占地60万平方米，人员2000多人。

【福建华泰集团股份有限公司】 福建华泰集团股份有限公司致力于新型建筑新型材料开发与应用，集陶板生产、幕墙设计与施工、服务于一体，拥有福建省建陶行业省级企业技术中心、工程研究中心及全国建陶行业陶板应用技术研究中心、劳模工作室、TOB陶板商学院等科研创新平台。在福建省建陶行业内率先通过ISO9001质量管理体系认证、ISO14001环境管理体系认证、OHSAS18001职业健康安全管理体系认证。2022年，福建华泰集团股份有限公司是福建省建陶行业的龙头企业、中国陶板行业国家标准制订唯一的生产商和服务商，是全国建筑卫生陶瓷标准化技术委员会委员单位。

【第十八届南安水暖泵阀暨消防器材交易会】 2022年8月29—31日，由福建三叶集团有限公司主办的第十八届南安水暖泵阀暨消防器材交易会

2022年8月29日，第十八届南安水暖泵阀暨消防器材交易会开馆式在南安成功国际会展中心举行 （泉州品牌发展中心 供图）

在南安成功国际会展中心举行。该届交易会首度冠名“南安泛家居主题展”，围绕“融合发展，跨境未来”主题，设置水暖、泵阀和消防器材三大展区，9个精品展馆，1086个国际标准展位，展览面积2.5万平方米，吸引全国14个省市、重点产区423家参展企业参展。展会上，泉州市贸易促进会与赞比亚华侨华人总会发起“走进非洲——赞比亚”推介会，南安市“海丝泛家居”产业联合会与赞比亚华侨华人总会签署战略协作，共同开拓新市场。推介会旨在为泉州市企业“走出去”搭建平台，推动泉州市企业有效应对全球疫情蔓延和国际经贸严峻形势，实现对外合作发展。

【泉州建材中国行系列推介活动】 2022年9月21日，由泉州市政府主办，市工业和信息化局、市财政局、市工商业联合会、泉州晚报社等承办的泉州建材中国行系列推介活动在山东济南南郊宾馆举行。活动旨在助力泉州市建材家居产业转型升级、开拓市场。活动吸引九牧厨卫、华泰集团、豪山建材、申鹭达、天广消防、中宇厨卫、铭盛陶瓷、腾达陶瓷、鑫阳光茶具等50家具有代表性的泉州建材家居生产企业到场参加推介。山东省装饰协会、山东省家具协会、山东省智能家居协会、山东滨中建设集团等济南本地及周边地区地产、建筑、设计、装潢企业和建材经销商代表近300人到场洽谈沟通，提升泉州建材家居区域品牌在山东的知名度和美誉度。

（刘益群）

装备制造业

【概况】 2022年，泉州市装备制造产业加快向专精特新方向发展。泉州市工业和信息化局引导装备制造企业加强技术创新体系建设，支持企业研发智能化高端数控机床、工业机器人、轻工装备、智能传感与控制等智能制造装备。全市规模以上机械装备产业实现工业增加值比2021年增长8.8%，高于全市规模以上工业增加值增速4.9个百分点，增速居九大千亿元产业第二位，总体保持较为平稳的增长态势。

【专精特新发展】 2022年，泉州市引导装备制造中小企业向专业化、精细化发展，对在国内各自细分领域已进入前列的企业，推动其专注于细分领域，培育一批具有较强竞争力的专精特新企业。全市机械装备领域培育专精特新企业85家，其中2022年新增24家。

【高新及科技小巨人】 2022年，泉州市机械装备产业培育高新及科技小巨人。泉州市工业和信息化局引导装备制造企业加强技术创新体系建设，建立高新技术企业种子培育库，开发运用高企申报预诊断小程序，实施高企培育“云服务”，全年指导推荐超340家装备企业申报高新技术企业认定。开展2022年度科技“小巨人”企业征集遴选，全年入库省科技“小巨人”企业175家，全市科技“小巨人”企业达474家，其中装备制造类“小巨人”企业119家，占比25.1%。全市有35项装备技术产品进入省级首台（套）重大技术装备指导目录，推荐32家企业申报2022年度省级首台（套）重大技术装备。

【智能制造装备】 2022年，泉州市工业和信息化局支持机械装备企业研发智能化高端数控机床、工业机器人、轻工装备、智能传感与控制等智能制造装备，组织开展泉州市十大智能装备评选活动，评定泉州市十大智能装备产品，扩大行业在社会中的影响。全年新增发布装备制造领域国际标准1项，推荐3项泉州市企业主导的装备制造领域标准。全市装备制造业新增7家福建省知识产权优势企业、2家国家知识产权示范企业和2家国家知识产权优势企业。

【福建晋工机械有限公司】 福建晋工机械有限公司坐落于福建省装备制造晋江重点基地安海工业园区。是一家集生产“晋工”牌JGM轮式装载机、叉装机、履带式及轮式液压挖掘机及其零部件的大型专业化工程机械企业。是国内领先的叉装机、装载机生产企业，是中国工程机械制造商30强。坚持差异化产品技术创新战略，以自主研发为主，与长安大学、吉林大学、华侨大学、厦门大学、福州大学、中科院泉州装备制造研究所、天津工程机械研究院、泉州华中科技大学智能制造研究院等科研院所开展产学研合作为辅。技术中心为泉州、福建省级企业技术中心，泉州、福建省土石方机械企业工程技术研究中心，泉州工业设计中心。2022年，福建晋工机械有限公司占地50多万平方米，员工600多人，拥有71项专利技术，参与11项工程机械国家和行业标准制定。

【福建省铁拓机械股份有限公司】 福建省铁拓机械股份有限公司坐落于洛江区智能装备产业园，是中国沥青混合料搅拌/沥青厂拌热再生设备专业提供商之一，专注于在沥青搅拌/再生/砂石骨料整形等领域提供有竞争力的设备解决方案与服务，销售及服务网络覆盖全国各个省、市、自治区以及欧亚非等50多个国家。产品研发、制造涵盖沥青混合料搅拌设备、沥青厂拌热再生设备、骨料整形制砂设备、废旧沥青混合料破碎筛分设备、沥青温拌设备等多个产品系列。与长安大学、重庆交通大学、山东交通学院等多所国内知名院校强强联合，汇集一批高层次、高素质的专业技术人才，成立“省级沥青再生设备企业工程技术研究中心”“国家级博士后科研工作站”等。

【福建泉工股份有限公司】 福建

泉工股份有限公司坐落于泉州台商投资区，是一家专业从事生态砌块成型设备的研发、制造和销售的高新技术企业。产品涵盖全系列生态砌块自动化设备，同时为行业提供管理咨询服务、技术提升、人才培养及生产托管等相关服务，拥有成员企业德国策尼特机械制造有限公司、印度阿波罗策尼特科技有限公司、江苏中晶泉工建材有限公司、福建泉工模具有限公司。获得300多项产品专利，其中24项为发明专利。

【泉州市两企业入选智能制造试点示范工厂揭榜单位和优秀场景名单】 2022年2月14日，工业和信息化部、国家发展和改革委员会、财政部、国家市场监督管理总局发布“2021年度智能制造试点示范工厂揭榜单位和优秀场景名单”，福建省5家企业入选，其中包括泉州市两家企业。泉州市阳光中科（福建）能源股份有限公司入选2021年度智能制造示范工厂揭榜单位名单，揭榜任务名称为太阳能电池组件智能制造示范工厂，典型场景包括智能在线检测、生产计划优化、物料实时跟踪、人机协同作业、原料性质表征与配方研发、流程型工艺数字化设计、在线运行监测与故障诊断。福建省晋江市华宇织造有限公司进入2021年度智能制造优秀场景名单，典型场景名称为智能在线检测。

【《泉州市加快装备制造产业发展行动方案》出台】 2022年5月，泉州市装备制造产业发展小组办公室出台《泉州市加快装备制造产业发展行动方案》。方案提出，泉州市确定专用装备制造业、通用装备制造业、交通运输装备制造业、金属制品业、电气机械及器材制造业、仪器仪表及智控装备制造业为装备制造产业六大重点发展领域，并明确实施产业梳理策划行动、产业项目招引行动、产业提质增效行动、产业创新引领行动、产业生态培育行动五大行动。到2025年，泉州市装备制造产业产值要确保实现3200亿元（年均增长约10.2%），力争超过3500亿元（年均增长约12.7%），打造成为国内重要的智能装备产业基地。

（刘益群）

电子信息产业

【概况】 2022年，泉州市工业和信息化局推动新一代信息技术与制造业融合发展，发展工业互联网、人工智能、大数据、区块链、5G等新一代信息技术。通过实施工业互联网示范工程、扶持公共服务平台建设等信息化改造工程，推进信息化和工业化进一步融合发展。承办晋江产业数字化转型工作现场会，新增工业和信息化部大数据产业发展试点示范项目1个，中小企业数字化转型试点平台1个，重点跟踪服务56个省级融合发展滚动项目，培育20家省级融合发展标杆企业。

【工业云平台建设】 2022年，泉州市工业和信息化局推动通信运营商向云服务商转型，发挥华为、金蝶、用友等云服务商作用，引导中小企业将研发设计、经营管理、生产制造等核心业务系统向云端迁移，帮助中小企业从云上获取资源和应用服务，实现提质增效。全市“上云”企业超4500家。组织泉州电信、移动、联通三家公司在泉州工业互联网标识解析二级节点基础上，重点针对建材、机械、电子、食品等行业建设工业互联网标识解析二级节点应用平台，拓展企业生产经营管理应用功能。

【软件业】 2022年，泉州市工业和信息化局加快数字经济发展，从软件和信息服务、动漫游戏、企业“上云”、工业互联网、公共服务平台发展等方面支持软件企业发展。鼓励各行业龙头企业率先加快转型升级步伐，支持互联网、软件和信息技术服务业企业与纺织鞋服、建材、机械装备等传统产业合作，实施工业互联网示范工程。泉州迪特工业产品设计有限公司的鞋类设计数字板房解决方案、德化亿星软件有限公司的德化工业互联网App应用解决方案入选福建省工业互联网App优秀解决方案。

【泉州市电子信息产业首个5G项目签约】 2022年3月10日，中国移动泉州分公司、福建火炬电子科技股份有限公司、浙江大华技术股份有限公司举行5G+智能制造战略合作暨“党建和创”签约仪式，宣布三方建立长期战略合作伙伴关系，共同为“5G智能制造”“智慧党建”建设贡献力量，争创智能制造、数字化改造的新标杆和新典范。此次签约是泉州九大千亿元产业中的电子信息产业首个5G+智能制造项目。三方将在5G+智能制造全领域开展合作，中国移动与浙江大华将为火炬电子提供最优化的通信业务合作及智能化制造方案，将基于中国移动OnePower工业互联网平台及标准化园区建设方案，助力火炬电子深化智能化改造和信息化建设。

【集成电路分析测试及关键材料装备技术研讨会】 2022年7月14日，由中国半导体行业协会、泉州市电子信息产业发展小组指导，晋江市政府、泉州半导体高新技术产业园区管理委员会主办的“海丝芯城 数创未来”集成电路分析测试及关键材料装备技术研讨会在晋江市举行。全国数十家集成电路产业代表性企业、科研机构、投融资机构负责人参会。大会主环节，主办方邀请行业权威专家代表做主题演讲，与参会人员分享行业前沿资讯；高端对话环节，通过多个专家、企业家代表的观点碰撞，探讨“芯”产业的发展方向，呈现多方观点的同时，带动产业从业人员思考行业前景等重要议题。

（刘益群）

食品行业

【概况】 2022年，泉州市是全国重点休闲食品生产基地，食品行业主要产品有休闲食品、饮料、精制茶、水产品、粮油等，规模效应明显。年产值超亿元企业207家，占全部规模以上产值的97.3%，拥有达利、盼盼、福海粮油等一大批龙头企业，形成多元化的产业集群。受疫情期间居民消费水平下降影响，全市311家规模以上食品企业实现工业增加值比2021年下降1.1%。

【休闲食品】 2022年，泉州市休闲食品种类齐全，涵盖糖果、膨化、果冻、烘焙、卤制品等十多个门类、数百个品种，烘焙、糖果、果冻、饼干、膨化食品占据全国最大市场份额，其中糖果占全省产量的90%以上，占全国产量的20%。

【生产技术和设备】 2022年，泉州市食品行业龙头企业面对激烈市场竞争，重视技术提升和设备更新，推动数字化车间和智能制造试点示范建设，开展生产线技术改造，提高产品竞争力。全市食品行业投资1亿元以上增资扩产项目21个，完成投资8.2亿元，实施行业重点技术改造项目19个，总投资4.5亿元。

【盼盼食品集团】 盼盼食品集团1996年成立，是以农产品精深加工为主的国家农业产业化重点龙头企业，主要生产“盼盼”牌麦香系列、“艾比利”薯片系列等休闲膨化类食品及法式小面包、梅尼耶干蛋糕、手撕包、“领鲜”短保系列等烘焙类食品。年加工各类农副产品超百万吨。2022年，盼盼食品集团拥有17个大型现代化生产基地，市场营销网络遍布全国各省、市、县和乡镇，产品远销全球50多个国家和地区，员工1.3万人。

【达利食品集团】 达利食品集团1989年成立，是位列中国民营企业500强的综合性现代化食品企业集团。专注食品行业，形成“食品、饮料”两大产业结构，“休闲食品、休闲饮料、家庭消费”三大消费板块，以及大平台、高密度、立体化、创新式的品牌推广模式。拥有“达利园”糕点、“好吃点”饼干、“可比克”薯片、“和其正”凉茶、“乐虎”功能饮料、“豆本豆”营养豆奶、“美焙辰”短保面包等知名品牌。2022年，达利食品集团在全国18个省（自治区）拥有21家子公司38个食品、饮料生产基地，1个马铃薯全粉生产基地，1家包装彩印公司。

【第六届海峡两岸食品交易会】 2022年11月25—27日，由晋江市政府、泉州市商务局、泉州市工业和信息化局、泉州市进出口商会指导的第六届海峡两岸食品交易会暨“爱泉州·大乐购”泉州优品美食专场活动在晋江国际会展中心举行。展会设五大主题馆，参展面积5万平方米，设置豪新食品市场分会场，以及台湾馆、进口馆、网红新品馆、名优食品馆、石狮伴手礼馆等特色展区，包括久久王、友臣、泓一、雅客、泡吧等1000余家境内外展商参展，还有统一、桂禾等50余家台湾及台资企业参展。

【《关于加快推进泉州预制菜企业发展的若干措施》出台】 2022年11月，泉州市工业和信息化局等四部门制定《关于加快推进泉州预制菜企业发展的若干措施》，出台11条扶持措施，从规划建设专业园区、着力培育龙头企业、完善产业配套、培育引进一批装备企业、加大招商引资力度五方面支持预制菜产业发展，引导企业抢占细分领域新市场，力争到2025年，泉州市预制菜全产业链年产值超300亿元，预制菜企业竞争力走在全省前列。

（刘益群）

生物医药产业

【概况】 2022年，泉州市有药品生产企业19家，其中制剂企业12家、中药饮片企业4家、医用氧企业2家、出口国外的原料药生产企业1家。主要分布在泉州经济技术开发区（4家）、南安市（3家）、石狮市（3家）等地，其中较大的企业有太平洋制药、华宝海洋生物、中益制药和国有控股中侨药业等。药品生产企业大都为中小企业，底子薄、产品技术含量不高，发展速度不快。全市医药工业产值8亿元。

【产业集群】 2022年，泉州市生物医药产业涵盖传统中药、药物制剂、生物医药、医疗器械、海洋药物、功能食品和生物农业七大门类，涉及中成药、化学原料药及制剂、海洋药物和天然药物等265个品种规格，主要集中在晋江市、石狮市、永春县、泉州经济技术开发区、泉州台商投资区等地，形成五大产业集聚区。

【福建太平洋制药有限公司】 福建太平洋制药有限公司1992年成立，坐落于泉州市经济技术开发区。生产化学药和中成药制剂，拥有45个国药准字批文，生产剂型包括口服片剂、硬胶囊剂，乳膏剂、搽剂和口服溶液剂、大容量注射液。太平洋制药拳头产品布洛芬缓释胶囊和曲安奈德益康唑乳膏市场销量位列全国国产第一，风油精市场销量位列全国第三。2022年，福建太平洋制药有限公司是泉州市级和福建省级上市后备企业，推进企业股改及A股上市筹备工作。

【布洛芬生产扩能】 2022年疫情期间，位于泉州经济技术开发区的福建太平洋制药有限公司作为省内唯一的布洛芬缓释胶囊生产企业，发挥技术优势，尽最大努力扩充布洛芬产能，竭尽所能保证疫情防控所需，最快速度将产能转化为产品投入市场。自12月16日开始，为确保订单能及时完成，该公司的布洛芬缓释胶囊生产线24小时轮班换人不停机，日产量250万粒。该公司将所有产能投入生产自营小规格（10粒/盒）产品。该规格产品由自动化设备包装，生产周期约7日，出货速度较快。

（刘益群）

造纸及纸制品业

【概况】 2022年，泉州市造纸和纸制品业是具有鲜明特色的产业。产业可分为造纸和纸制品两大部分，行业龙头带动明显，产业链完整。全市拥有恒安、玖龙等造纸生产企业以及天娇、利澳、嘉华、美佳爽、雀氏、婴舒宝、金佰利等一批行业领先的纸制品生产企业。吸引培育非织造布、复合芯体、透气膜、高吸收性树脂、热熔胶、包装等一系列配套企业，形成较为完善的上下游产业链条。造纸产业集中度高，科技水平先进，节能减排效果显著，具有可持续发展前景。其中恒安、玖龙等龙头企业生产线具有国际或国内先进水平。纸制品企业数量众多，产业基础好，是中国最大的一次性卫生用品生产基地之一。主要产品包括生活用纸及纸制品（包括卫生纸卷、纸巾、卫生巾、纸尿裤等）和纸质包装印刷品（纸箱纸盒等）两大类。一次性卫生用品的出口货值占全国的2/5。受疫情影响和全国出生婴儿数量减少等因素影响，全市172家规模以上造纸和纸制品企业实现工业增加值比2021年下降10.6%。

【卫生用品生产设备】 2022年，泉州市卫生用品生产线及生产设备主要由本土企业制造。经过多年的技术沉淀，泉州自主生产的卫生用品生产线（生产设备）质量越来越好，稳定性越来越高，具有较强竞争力。代表性企业有鲤城的汉威机械、晋江的海纳机械、石狮的道普精工机械、洛江的培新机械等。其中，汉威机械已取得600余项自主知识产权保护，获国家高新技术企业、国家知识产权优势企业等称号，产品技术水平达到国际同类产品的先进水平。

【产品销售渠道】 2022年，泉州市纸制品业产品主要销售渠道丰富，多数企业注重线上、线下相结合方式进行市场营销。线上主要依靠天猫、京东、淘宝等电商销售平台，企业及品牌官网、官方微博、公众号，抖音、小红书、直播等互联网渠道，把握线上流量红利，增强品牌影响力；线下主要与经销商、代理商合作，通过展会、行业活动、销售团激励等方式，加强品牌传播能力，取得较好效果。

【恒安集团】 恒安集团1985年成立，是国内最大的生活用纸和妇幼卫生用品企业，拥有固定资产450亿元。拥有安尔乐、心相印、安儿乐三枚中国驰名商标，卫生巾、婴儿纸尿裤、生活用纸三大主导产品市场占有率在国内市场名列前茅。引进世界知名管理咨询公司美国汤姆斯集团、美国博斯公司和IBM公司，三次推行企业全面管理变革，提升核心竞争力。在马来西亚收购上市公司，在印度尼西压、俄罗斯等国投资建厂，延伸产业链和布局国际市场。2022年，恒安集团在晋江总部投资50亿元建设现代化卫品产业园、在湖北孝感等地投资建设造纸产业园和卫品产业园等项目。

【玖龙纸业（泉州）有限公司】 玖龙纸业集团1995年成立，总部位于广东东莞，是世界最大的废纸环保造纸的现代化包装纸制造集团。玖龙纸业（泉州）有限公司是玖龙纸业集团2010年独资兴建的大型高档包装用纸生产企业，位于泉州台商投资区。建成高档包装纸年产能130万吨，其中一期工程65万吨生产线（包括一条高档牛卡纸机生产线、一条瓦楞纸机生产线）于2013年底建成投产，总投资30多亿元；二期工程新上一条按德国工业4.0标准建造的包装纸生产线和配套项目，总投资25亿元，年产牛卡纸65万吨，于2017年3月开工建设，2019年11月9日建成投产。2022年，玖龙纸业集团有国家专利46项，其中发明专利2项。

（刘益群）

2022年7月14日，恒安集团包装车间　（董严军 摄）

工艺美术品制造业

【概况】 2022年，泉州市有规模以上工艺制品企业467家，销售产值1400亿元，比2021年增长2.2%；增加值352亿元，比2021年增长1.5%。全市有工艺制品企业7000余家，从业人员50余万人。有中国工艺美术大师12名、福建省工艺美术大师323名、福建省工艺美术名人135名、泉州市工艺美术大师359名。

【工艺美术人才培养】 2022年，泉州市通过现场创作、代表作品、艺德业绩三个考评环节，开展第八届中国工艺美术大师的推荐参评，5人获中国工艺美术大师称号。10人获评2021年度十佳工艺美术大师，并在2022年度泉州经济年会年度峰会上进行表彰颁证。全市推荐199名从业人员参评第六届福建省工艺美术大师，获评136名，占全省300名的45.33%。

【培训展评和行业交流】 2022年，泉州市城镇集体工业联合社加强工艺美术业人才技能培训，举办3D实用技术人才培训班、雕刻传承与科技创新培训班，参训人数分别为30人和120人；举办藤铁工艺高级工美设计及电商培训班，参加研修人员250人；举办陶艺高级研讨班，参训200人。搭建工艺美术行业交流平台，举办福建省"陶艺杯"陶瓷技能现场创作大赛，参赛人员57名，评选获奖作品金奖5件、银奖10件、铜奖15件；举办"庆七一·喜迎二十大"泉州市福文化工艺美术精品展，展示石木雕、陶瓷、民间工艺等111件优秀作品；举办"福"文化工艺美术精品展，征集并展示泉州市138名大师及民间名艺人"福"文化经典作品360余件（套）；举办工艺美术现场设计创作大赛，评选金奖、银奖、铜奖优秀作品。组织138家企业、126个展位参加第二届中国工艺美术博览会，获"百鹤杯"金鼎奖9件、百花奖金奖2件、其他奖项28件。组织26家企业、27个展位参加第十六届中国（莆田）海峡工艺品博览会。组织工艺企业参加市商务局和相关县（市、区）开展的"泉州优品·工艺制品乐购"活动，借助电商平台开拓销售渠道，催生新型消费热潮。

【泉州市新增5位中国工艺美术大师】 2022年8月5日，中国轻工业联合会发布公告，确定第八届中国工艺美术大师名单，全国108人入选。泉州市张建奎（石雕）、吴德强（石雕）、许瑞峰（陶瓷）、林建胜（陶瓷）、史俊贤（木雕）5人入选。中国工艺美术大师评选始于1979年，已举办八届，泉州市累计获评16人，已故4人，现有12人，其中陶瓷类6人、木雕类3人、石雕类3人。

【《关于支持建材家居与工艺制品行业"双改造双提升"的八条措施》出台】 2022年9月30日，泉州市政府办公室印发《关于支持建材家居与工艺制品行业"双改造双提升"的八条措施》，做好建材家居与工艺制品行业的"固链、强链"，推动产业可持续高质量发展。政策出台前，泉州市建材家居与工艺制品产业发展小组到各县（市、区）和企业调研，梳理产业发展存在的突出问题和发展思路及对策措施，对标先进地区同行业经验，在此基础上，提出"双改造双提升"的八条措施。"双改造"即企业的物理空间改造和技术装备水平改造，"双提升"即提升企业发展质量和提升行业发展水平。

（许思思）

电力工业

【概况】 2022年，泉州市电厂总装机1042.3万千瓦，其中省网主力电厂装机676.8万千瓦（南埔电厂194万千瓦、鸿山电厂一期120万千瓦、二期210万千瓦、晋江燃气电厂152.8万千瓦），占地区各类电源64.9%；地方有中小电源装机365.5万千瓦，占地区各类电源35.1%，其中火电装机113.5万千瓦、水电装机87.9万千瓦、新能源装机62.9万千瓦、太阳能装机98.2万千瓦、储能3万千瓦。完成电网基建投资34.7亿元，新增35千伏及以上变电容量271.3万千伏安、输电线路399千米，新建及改造10千伏线路1342千米、新增配电容量115万千伏安。

【发电】 2022年，泉州市发电量433.17亿千瓦时。其中，水电25.17亿千瓦时，比2021年增长45.87%；火电375.5亿千瓦时，比2021年增长0.48%；新能源24.1亿千瓦时，比2021年增长9.64%；太阳能8.4亿千瓦时，比2021年增长42.7%。

【社会用电】 2022年，泉州市用电量605.10亿千瓦时，比2021年下降1.2%，增长率下降15.75个百分点。其中，工业用电量396.68亿千瓦时，比2021年下降3.23%，增长率下降19.97个百分点。全市最高负荷1043.52万千瓦，比2021年增长2.85%，增长率下降7.62个百分点。第一产业用电量1.99亿千瓦时，比2021年增长5.33%，增长率下降12.61个百分点；第二产业用电量401.7亿千瓦时，比2021年下降3.43%，增长率下降20.13个百分点；第三产业用电量82.1亿千瓦时，比2021年增长3.27%，增长率下降15.05个百分点。城乡居民生活用电量119.3亿千瓦时，比2021年增长3.62%，增长率下降2.26个百分点。

【电网建设】 2022年，泉州市完成电网基建投资34.7亿元，完成年度计划的100%。新增35千伏及以上变电容量271.3万千伏安、输电线路399千米，新建及改造10千伏线路

表13 2022年泉州市全社会用电量及工业用电量情况表

分区名称	全社会用电量（亿千瓦时）	增速（%）	工业用电量（亿千瓦时）	增速（%）
晋江市	188.2242	-1.15	140.8818	-2.37
南安市	97.7021	-2.20	64.6781	-4.63
石狮市	48.2224	-2.50	28.8869	-4.98
惠安县	55.7387	0.07	33.3533	-1.93
安溪县	45.3749	2.02	25.4916	-0.72
德化县	18.8769	-7.27	12.7624	-13.06
永春县	15.6515	-4.47	7.6292	-13.87
本部	135.3048	-0.35	82.9930	-1.42
全市合计	605.0955	-1.20	396.6763	-3.23

（资料来源：泉州供电公司）

1342千米、新增配电容量115万千伏安。全市有500千伏变电站6座，容量1020万千伏安，线路768千米；220千伏变电站48座（含用户变），容量1888万千伏安，线路2161千米；110千伏变电站195座（含用户变），容量1919万千伏安，线路3839千米。地区配网10千伏馈线4078条，其中公用馈线3645条；10千伏线路总长度3.07万千米，其中电缆1.26万千米。公用配电变压器3.72万台，总容量1791万千伏安。专变配电变压器5.06万台，总容量2125万千伏安。

【电网运营维护】 2022年，国网福建省电力有限公司泉州供电公司加强电网设备运维管理，强化“计划不停电”“抢修快复电”，不停电作业化率提高到91.5%，比2021年增长8.66%，建成11个“零计划停电示范区”，惠及22.5万用户，全市供电可靠率提升至99.96%，户均停电时间3.69小时，比2021年下降18.33%。推出居民“刷脸办电”和“水电气网”一网通办等系列便民服务举措，提升办电便捷度。把快接电摆在首位，靠前服务2350个高压业扩项目建设，全市新增接电容量208万千伏安，比2021年增长6.17%，确保项目早投产、早用电。提前超额完成2022年市、县两级“为民办实事”电力项目，老旧小区供配电设施改造入选全市典型案例，农村电网户均供电容量比2021年增长6.01%，故障抢修平均复电时长比2021年下降39.9%。

【《泉州市“十四五”能源发展专项规划》印发】 2022年7月18日，泉州市政府办公室印发《泉州市“十四五”能源发展专项规划》。规划旨在构筑清洁低碳、安全高效的能源保障体系，助力泉州全方位推进高质量发展超越。规划明确，至2025年，全市能源消费总量控制在省上下达目标范围以内；单位生产总值能耗及碳排放强度均控制在省下达指标内；全社会用电量达到690亿千瓦时，用电最高负荷1186万千瓦，年均增长均为5.2%。全市煤炭消费占比下降两个百分点，非化石能源消费比重提高5.3个百分点，煤炭、石油、天然气和非化石能源消费比重由2020年的43.6：35.6：11.9：8.9调整为41.6：33：11.2：14.2，清洁能源消费比重由20.8%提高至25.4%。全市电力装机提高至1230万千瓦，主要新增泉惠热电联产支撑性电源项目132万千瓦、光伏发电项目100万千瓦，全市清洁能源装机比重由41.1%提高至42.4%。根据“碳达峰、碳中和”总体要求，谋划储备200万千瓦深远海海上风电项目。

（郑日铃）

建　筑　业

综　述

【建筑业产值】　2022年，泉州市完成建筑业总产值2344亿元，比2021年增长6.8%，建筑业总产值总体稳定；建筑业省外产值完成1148亿元，比2021年增长1.6%，产业外向度49%；一级以上企业完成产值1826亿元，比2021年增长15.7%，产业集中度77.9%。

【建筑企业资质】　2022年，泉州市住房和城乡建设局围绕“内扶外引、做大做强”的工作主线，对优质建筑企业实施一揽子扶持政策重点帮扶，落地中建海峡（落地鲤城）、中兴华骏建设（落地中央商务区）、福建建工（落地晋江）等一批国企强企。全市建筑业有资质企业2667家，其中特级为福建省闽南建筑工程有限公司、福建省惠东建筑工程有限公司、福建第一公路工程集团有限公司、福建路港（集团）有限公司、福建省五建建设集团有限公司5家，一级企业472家，二级企业1166家，三级企业712家。企业资质专业分布广，总承包一级及以上资质涵盖建筑（特级4家，一级83家）、市政（43家）、水利（2家）、通信（1家）、矿山（1家）、机电（3家）、公路（特级1家、一级5家）、港航（2家）8个专业，另有特色专业承包一级资质企业466家，涵盖隧道（2家）、古建筑（54家）、幕墙（124家）、钢结构（21家）、装饰装修（241家）、城市照明（24家）6个专业。

【建筑业龙头企业】　2022年，泉州市住房和城乡建设局推进建筑企业发展，支持企业申报省级建筑业龙头企业，全市9家企业入选，全省占比18%。印发《泉州市培育建筑业龙头企业工作方案》，公布49家市级建筑业龙头企业、37家准龙头企业，实施一揽子扶持政策，对优质建筑企业进行重点帮扶。

【建筑企业纾困】　2022年，泉州市有252家建筑企业通过年度中小微企业纾困专项资金贷款申请，金额12.8亿元。实行年度投标保证金制度，合法经营的建筑企业缴纳一笔不超过80万元的年度投标保证金即可在泉州市自由投标，惠及建筑业企业超过600家，部分龙头企业释放沉淀资金超过2000万元，年度节约投标保函费用超过40万元。

【建筑市场】　2022年，泉州市住房和城乡建设局规范建筑市场秩序，加强建筑企业批后监管，开展建筑市场“双随机”执法检查、招标代理企业市场专项检查。加强劳务实名制信息化管理，保持全市房建、市政项目保障农民工工资支付良好态势。

【建筑节能和绿色建筑】　2022年，泉州市住房和城乡建设局启动《泉州市绿色建筑专项规划》工作。全年竣工民用建筑项目325个（建筑面积1808.56万平方米），其中绿色建筑305个（建筑面积1717.65万平方米），城镇绿色建筑占比率94.97%。全市建设工程执行建筑节能强制性标准率100%。全市完成既有公共建筑节能改造项目28个（建筑面积13.33万平方米）。完成既有居住小区或项目17个（建筑面积212.9万平方米）。完成太阳能、空气能等可再生能源建筑应用项目21个（建筑面积38.69万平方米）。武荣大桥工程等8个项目列入2022年福建省城乡建设领域绿色低碳试点项目。

【无障碍环境建设】　2022年，泉州市住房和城乡建设局完成无障碍设施品质提升改造项目171个，打造30个省级无障碍改造示范样板项目和1个无障碍改造示范区，以点带面，推进无障碍建设，为残疾人、老年人等全社会成员创造无障碍环境。

勘察设计

【概况】 2022年，泉州市住房和城乡建设局强化勘察设计市场监管，推进无障碍设施改造提升，推广建筑节能和建设科技应用，开展绿色建筑、公共建筑节能改造等各项工作。牵头组织编制印发《泉州市住房和城乡建设局等五部门关于印发〈城市既有住宅增设电梯的指导意见〉的通知》，开展行业技术服务。

【勘察设计监管】 2022年，泉州市住房和城乡建设局履行行业检查监管职责，确保勘察设计质量安全。组织开展两轮全市勘察设计图审质量检查，首次在下半年依托福建省数字化施工图审查系统开展线上检查。到施工现场对受检项目进行勘察、设计、审图质量及绿建节能“按图施工”情况和勘察设计单位的内部管理、质保体系、市场行为进行检查。全市4家施工图审查机构审查完成勘察工程710项，市政工程83项、专项工程823项、房屋建筑工程716项、建筑面积2066万平方米，勘察、设计质量安全保持稳定。

【垒智设计集团有限公司】 垒智设计集团有限公司曾用名泉州市建筑设计院。泉州市建筑设计院有限公司成立于1977年，是泉州市首家具备建筑工程设计甲级资质单位，2010年改制，成为垒知控股集团股份有限公司旗下全资核心子公司，具备建筑工程设计甲级、岩土工程设计甲级、岩土工程勘察甲级、岩土工程物探测试检测监测甲级、风景园林工程设计专项乙级资质以及房建一类A审查资质，主营业务涵盖建筑设计、绿建节能、智能建筑、景观设计、室内装潢、古建园林、加固改造、岩土设计、岩土勘察、岩土物探测试检测监测、施工图审等。

【千亿设计集团有限公司】 千亿设计集团有限公司成立于2006年，是一家拥有综合化资质的民营甲级设计院。拥有建筑工程甲级、风景园林甲级、城乡规划甲级、市政全行业乙级、装饰设计甲级、人防工程乙级、岩土勘察乙级、公路专业乙级、房建监理甲级、工程咨询等资质，并通过高新技术企业认定、科技型企业认定、科技小巨人领军企业认定和AAA 企业信用等级认证、ISO标准的认证（质量、环境、职业健康、知识产权）。

【福建省海西勘测设计有限公司】 福建省海西勘测设计有限公司，成立于2016年，经营范围包括建设工程勘察、文物保护工程勘察、地质灾害治理工程勘查、建设工程设计、建设工程施工、建筑劳务分包、测绘服务、建设工程质量检测、住宅室内装饰装修、建筑智能化系统设计、建设工程监理、地质灾害治理工程监理、水利工程建设监理、水利工程质量检测。

2022年3月10日，武荣大桥建设现场　　（《海丝商报》供图）

建筑行业管理

【概况】 2022年，泉州市住房和城乡建设局加强建筑业管理，优化房建市政招投标管理，出台“评定分离”招标办法，实行年度投标保证金制度，减轻建筑企业负担。建立欠款欠薪问题联动处置机制，开展工资清欠，查处工资拖欠案件375起，涉及1774人、金额1497.83万元。加强建筑市场秩序整治，开展项目招投标“双随机”检查、建筑市场“双随机”检查、“僵尸企业”资质核查等工作，分别检查企业18家、项目767个、企业208家。

【招投标管理】 2022年，泉州市住房和城乡建设局针对之前招投标市场存在“专家把控”“业主自主选择权低”等问题，将招标定标的权利回归建设单位。引导建设单位合理运用招投标“评定分离”定标方法，使本市投资项目更多地在本地纳税纳统，达到支撑泉州市建筑业产值税收的目的。调整房屋建筑和市政基础设施项目工程总承包招标文件部分条款，缓解泉州市EPC项目产值、税收外流问题。

【工程监理管理】 2022年，泉州市住房和城乡建设局加强建筑业工程监理管理，完成新受监项目首次监督检查23个次，监督工程质量竣工验收项目18个，2个市管项目获评鲁班奖和国家优质奖。

【欠薪问题处置】 2022年，泉州市住房和城乡建设局加强房屋建筑和市政基础设施工程领域欠款欠薪问题联动处置工作，建立欠款欠薪问题联动处置机制，定期开展联合执法，不定期组织召开部门联动工作会议，通报有关工作开展情况。开展工资清欠，全市住建部门会同人社部门查处工资拖欠案件375起，为1774名工人解决1497.83万元工资。开展清理拖欠工程款和农民工工资"点题整治"，推动政府投资项目带头开展过程结算，征集11个"过程结算"试点项目，推动清理工程欠款4.45亿元。对各县（市、区）不定期开展督查。

【建筑行业"双随机"检查】 2022年，泉州市住房和城乡建设局开展建筑市场、质量安全"双随机"检查，全市检查项目767个，查处工程施工发包与承包违法行为为17起，处罚金额74.3万元。对外地企业开出市场行为方面的执法建议书13份，整治转包、挂靠、违法分包行为，树立在本地纳税纳统的正确行业发展导向。依托福建省公共资源交易电子行政监督平台，开展项目招、投标"双随机"检查，查处一批涉嫌参与围标串标的施工企业。全市依法查处围、串标案件8个项目，涉及18家企业。

【"僵尸企业"资质核查】 2022年，泉州市住房和城乡建设局开展"僵尸企业"资质核查工作，将164家无产值企业、20家投标文件雷同企业、24家被公安部门通报的企业列入核查对象进行核查。

【建筑造价管理】 2022年，泉州市加强建筑造价管理，开展建筑市场造价咨询专项执法检查。完成233家造价咨询企业信用评价、53项次施工企业履约评价，发布材料价格1.37万条，造价指数指标12个。

建筑产业现代化

【概况】 2022年，泉州市住房和城乡建设局推进建筑产业现代化，提升装配式建筑项目面积占比，试点竖向预制构件体系、钢结构体系、装配式装修体系等新型建筑工业化项目，加大产业人才培养力度，推进建筑产业现代化和城乡建设"碳达峰、碳中和"目标与高校有关学科融合发展。装配式建筑占新建建筑比例提升到30%。

【装配式建筑】 2022年，泉州市住房和城乡建设局提升装配式建筑项目面积占比，新开工装配式混凝土建筑和钢结构建筑项目176个，新增面积410万平方米，装配式建筑面积占比31%，累计实施装配式建筑项目393个，总建筑面积1225万平方米。装配式建筑占新建建筑比例从20%提升到30%。

【新型建筑工业化试点项目】 2022年，泉州市住房和城乡建设局推动新型建筑工业化发展，协同市发展和改革委员会、市自然资源和规划局印发《关于加快推动新型建筑工业化发展的通知》，明确至2025年泉州市装配式建筑占当年新建建筑面积的比例须达到40%的目标任务，试点竖向预制构件体系、钢结构体系、装配式装修体系等新型建筑工业化项目；出台《泉州市房屋建筑和市政基础设施工程特殊性划分标准（试行）》文件，通过新增"单体建筑面积3000平方米以上采用装配式竖向预制柱、剪力墙体系的混凝土建筑工程"等六条工程特征指标，为加快推动新型工业化试点项目落地提供招投政策支撑。建设全省第一个"组合箱型钢板剪力墙体系"超高层装配式全钢结构综合体建筑——莲花中心总部大厦。

【泉州市城乡建设"双碳"产业学院成立】 2022年11月22日，泉州市城乡建设"双碳"产业学院在闽南理工学院宝盖校区揭牌成立。泉州市住房和城乡建设局抢抓"碳达峰、碳中和"战略发展新机遇，推进建筑产业现代化和城乡建设"碳达峰、碳中和"目标与高校有关学科融合发展。闽南理工学院成立泉州市城乡建设"双碳"产业学院，旨在开展住房城乡建设领域"碳达峰、碳中和"人才培育和科技创新工作，推动"政、校、企、会"多方协同育才的新模式，推进建筑行业产教融合和产学研协同发展，打造建筑产业未来人才的培养高地。

（吴有荣）

2022年11月22日，泉州市城乡建设"双碳"产业学院在闽南理工学院宝盖校区揭牌成立 （闽南理工学院 供图）

商贸服务业

商贸流通

【概况】 2022年，泉州市组织开展“全闽乐购 福见商旅”“爱泉州 大乐购”“万企百日惠福品”等综合促消费活动，发放消费券、购车消费补贴等，激活消费市场。全市社会消费品零售总额5982.94亿元，增长2.8%。限额以上商贸企业达到5115家。在限额以上批发和零售企业商品零售额中，粮油食品类等生活必需品零售额比2021年增长24.3%，服装、鞋帽、针纺织品类增长9.4%，石油及制品类增长8.4%，日用品类增长26.3%，中西药品类增长5.4%，五金、电料类增长29.2%，汽车类受疫情影响下降2.4%。限额以上批发和零售业企业通过互联网实现商品零售额459.07亿元，比2021年增长18.3%。全市有批发零售业市场主体88.5万户，比2021年上升9.26%。新登记批发零售业市场主体14.23万户，比2021年下降8.42%。全市限额以上批发零售业法人企业达到5047家，比2021年增加392家，实现商品销售总额1.18万亿元，比2021年增长15.9%；其中商品零售额1648.01亿元，比2021年增长2.4%。

【农产品批发及零售】 截至2022年年底，泉州市有限额以上农、林、牧、渔产品批发业法人企业24家，从业人员568人，年销售总额34.28亿元。福建禾恒蔬菜批发市场、新华洲水产批发市场等农产品批发市场稳步发展，辐射闽南区域。

【食品饮料批发及零售】 截至2022年年底，泉州市有限额以上食品饮料批发及零售业法人企业528家，从业人员2.85万人，年销售总额638.68亿元。

【纺织、服装及家庭用品批发及零售】 截至2022年年底，泉州市有限额以上纺织、服装及家庭用品批发及零售业法人企业1226家，从业人员1.39万人，年销售总额3298.51亿元。

【文化、体育用品及器材批发及零售】 截至2022年年底，泉州市有限额以上文化、体育用品及器材批发及零售业法人企业92家，从业人员1343人，年销售总额69.11亿元。

【医药及医疗器材批发及零售】 截至2022年年底，泉州市有限额以上医药及医疗器材批发及零售法人企业83家，从业人员5022人，年销售总额176.47亿元。

【矿产品、建材及化工产品批发】 截至2022年年底，泉州市有限额以上矿产品、建材及化工产品批发业法人企业605家，从业人员3203人，年销售总额2858.18亿元。

【机械设备、五金产品及电子产品批发】 截至2022年年底，泉州市有限额以上机械设备、五金产品及电子产品批发法人企业203家，从业人员4227人，年销售总额312.56亿元。

【汽车、摩托车、零配件和燃料及其他动力零售】 截至2022年年底，泉州市有限额以上汽车、摩托车、零配件和燃料及其他动力零售法人企业412家，从业人员1.34万人，年销售总额581.35亿元。全市通过银联发放各类汽车消费券超3900万元，促进疫情后汽车消费复苏。

【烟草批发及零售】 截至2022年年底，泉州市有限额以上烟草批发及零售法人企业2家，从业人员1124人，年销售总额136.31亿元。

【商贸中心建设】 2022年，泉州市商务局推动安溪县、德化县等地实施“县域商业建设行动”，提高县城综合商贸服务中心覆盖率、县级物流配送中心覆盖率和乡镇商贸中心覆盖率。

【市场建设】 2022年，泉州市经营面积10万平方米以上、年交易额亿元以上的大型专业市场有23个，其中包括鞋服及原辅材料市场、建材市场、陶瓷市场、食品及农产品市场、五金机电市场、电脑城及酒店用品市场。全市各县（市、区）以本辖区的产业特色优势为依托，逐步形成规模大、辐射力强、功能较齐全的区域性专业批发市场，带动本辖区县域经济社会发展。全市大型专业市场的交易辐射面不断扩大，促进泉州市纺织鞋服、建筑建材等传统优势产业市场占有率不断提高。

【老字号传承保护】 2022年，泉州市商务局推动老字号传承和创新发展，融入“古城复兴计划”，启动实施“泉州老字号振兴计划”。组织企业申报第六批“福建老字号”。3月，泉州市8家企业的老字号品牌被认定为第六批福建老字号，包括日春股份公司的“日春”铁观音茶、德化月记窑陶瓷有限责任公司的“月记窑”德化瓷、福建省安溪县雾山茶业有限公司的“奇苑”乌龙茶、福建省安溪幔陀茶业有限公司的“幔陀”乌龙茶、德化蕴玉陶瓷雕塑艺术研究所有限公司的“蕴玉”德化瓷、福建西滨酒业有限公司的“西滨”米酒、永春县蒲庆兰香室的“蒲庆兰”蔑香和福建省安溪茶厂有限公司的“凤山”铁观音茶。

（陈文珍 叶冠庆 杨华 郑书田 潘茜）

住宿餐饮业

【概况】 2022年，泉州市有限额以上一般旅馆法人企业87家，从业人员3625人，年营业额10.89亿元。限额以上住宿餐饮业法人企业实现营业额79.71亿元，比2021年增长10.8%；实现餐费收入和商品销售额收入共55.17亿元，比2021年增长11.7%。截至年底，全市有限额以上旅游饭店法人企业119家，从业人员1.14万人，年营业额30.24亿元；限额以上餐饮业法人企业187家，年末从业人员7659人，年营业额35.76亿元。

（叶冠庆 杨华）

【住宿业】 2022年，泉州市有限额以上一般旅馆法人企业78家，从业人员2953人，年营业额10.83亿元。有星级饭店51家，其中五星级酒店12家、四星级酒店26家、三星级酒店13家；拥有客房总数8005间，床位数1.31万床。全年撤销8家星级饭店称号，其中三星级5家、四星级2家、五星级1家；无新评星级饭店。

（陈卉）

【餐饮服务】 2022年，泉州市持有食品经营许可证的餐饮服务单位6.74万户，其中餐饮服务经营者6.42万户、单位食堂3229个。餐饮服务经营者还包括中央厨房25户、集体用餐配送单位58户，单位食堂中包括学校食堂2216个。从餐饮服务单位的主体类别划分，属于企业法人的2847户、属于个体工商户的6133户、农民专业合作社9户、其他22户。50平方米以下的小餐饮单位8447户。

（郑书田）

【“闽菜馆”品牌培育】 2022年9月21日，福建省商务厅公布2022年“闽菜馆”品牌拟授权名单，泉州市54家餐饮企业入选，成为新一批“闽菜馆”。省商务厅对获得“闽菜馆”品牌授权使用的线下经营门店（含总部在省内、到省外创建“闽菜馆”的企业门店）给予每家不高于5万元的资金奖励。

（叶冠庆 杨华）

粮食物资储备

【概况】 2022年，泉州市粮食总消费量约274.4万吨，总产量50.84万吨，粮食自给率18.5%。泉州市地方储备粮实际到位数52.6万吨（折合原粮）万吨，完成省政府下达泉州市49万吨、市政府下达3万吨的储备任务，应急储备大米1.7万吨、应急面粉3000吨和食用油4000吨保持常年足额到位。

【粮库建设】 2022年，泉州市有标准化仓容79.2万吨，按照储备规模与标准化仓容相匹配原则，推动泉港区、石狮市、德化县等三个县（市、区）分别建设4000吨、2万吨、7000吨仓容，补齐标准化仓容缺口。全市10个县级以上中心粮库全部完成智能化信息化升级改造，与省级粮食管理平台实现库存、库点、仓房、货位、粮情、安防6项信息的数据对接。

【粮食加工企业】 2022年，泉州市粮油加工填报企业26家，其中大米加工企业12家、食用油加工企业2家、小麦粉加工企业7家、副食品加工企业5家、玉米加工企业1家。粮油加工企业完成工业总产值147.14亿元，主营业务收入181.74亿元，销售收入182.05亿元，利润总额2.91亿元。粮油加工企业年处理稻谷量53.55万吨，年处理小麦111.87万吨，年处理油料100万吨，年精炼油脂101.75万吨。

【粮食应急体系】 2022年，泉州市依托20个粮油价格监测点，坚持市场粮油价格监测，密切关注市场行情动态。全市有粮食应急加工企业18家，日加工稻谷2530吨（折算大米1771吨），日加工能力可保障全市应急日供应量。有粮食应急供应网点222家、应急配送中心14家、应急储运企业17家、应急保障中心23家，基本满足泉州市粮食应急保障需要。粮食应急网点主要分布在各县（市、区）、泉州台商投资区的连锁超市、门店、综合超市、粮油商店等，应急加工企业、商场超市、批发市场、粮油供应网点等应急网络节点依托物流配送服务连接，形成网状应急供应配送服务网络。

【粮油监管】 2022年，泉州市粮食和物资储备局组织开展应急成品粮油库存、政策性粮食出库、收购等专项检查。加强对储备粮、政策性用粮、放心粮油质量的监督管理，抽检粮油样品426份，检查项目涉及质量指标、储存指标、重金属及真菌毒素等，食品安全指标合格率100%，质量安全指标合格率98.4%。争取市财政补助资金50万元用于市、县两级粮食质量安全检验监测能力建设，实现每个县级中心粮库都有粮食检化验室，增强全市粮食质量检验监测能力。

【省级南安粮库拆旧建新工程开工】 2022年6月14日，福建省储备粮管理有限公司南安直属库拆旧建新工程开工。省委、省政府批准同意年内在全省开工建设75万吨省级仓容。南安直属库拆旧建新工程是该轮建库的第一个开工项目，位于南安市官桥镇（中国）粮食城内。项目拟拆除4.15万吨旧仓房，建设高标准生态型现代化仓容7.46万吨，配备储粮技术、充氮气调、粮面控温等绿色生态储粮工艺设备和智能化系统，建设工期24个月。

【救灾物资入库验收】 2022年12月上旬，泉州市发展和改革委员会会同市应急管理局，邀请相关领域专家组成市级救灾物资入库验收组，对2022年计划采购的一批市级救灾物资开展入库验收工作。该批救灾物资有14个品类1.57万件，总价值99万元，存放在泉州市区中心粮库。

（庄启鑫）

供销合作

【概况】 2022年，泉州市供销合作社系统在流通网络建设、农资供应、抗疫保供、党的建设等方面取得良好成效，为推进农业农村现代化和服务乡村振兴做出新贡献。全市系统实现商品销售总额355.86亿元，比2021年增长26.54%。其中，消费品零售额242.88亿元，比2021年增长32.22%；售给农民农业生产资料金额11.57亿元，比2021年增长6.02%；实现利润总额3611.44万元，比2021年增长28.85%。

【农资保供稳价工作】 2022年，泉州市供销合作社发挥农资流通主渠道作用，疫情期间畅通农资供应绿色通道，加大农资商品调运和供应力度，公布农资“保供稳价”企业名单，保障农资供应。发挥11家县级农资公司龙头作用，培育建设11个区域农资配送中心和322个农资经营网点，建立覆盖全市的连锁经营网络。做好农资冬储工作，2021—2022年度全系统储备化肥6.03万吨，超额完成年度储备任务。全市供销合作社系统销售化肥23.4万吨（其中有机肥3.76万吨）、农药2390吨，分别比2021年下降2.15%和2.08%，落实化肥、农药减量化和推广使用有机肥的政策精神，农资商品供应数量充足。加强新型庄稼医院建设，在鲤城和洛江区分别选点建设省级示范庄稼医院，全系统建成新型庄稼医院57家，其中省级示范庄稼医院23家。开展助农惠农活动，市、县（区）二级社在春耕期间开展“送农资送农技下乡”活动10场，向农民专业合作社、种植大户、家庭农场及脱贫巩固户、特殊困难户赠送化肥311吨。推进农业社会化服务，依托服务载体开展测土施肥、统防统治、农机作业、种苗供应等社会化服务。

【县域流通服务网络建设】 2022年，泉州市供销合作社围绕实施乡村振兴战略，构建县域流通服务网络，开展全国总社县域流通服务网络强县永春县试点工作，创办永春供销•裕挚县域流通中心、永春供销•鲜到家食材配送中心，建成1个县级集采集配中心、34个乡镇综合超市、42个村级物流网点，初步形成以流通骨干企业为支撑，县城为枢纽、乡镇为节点、村级为终端的县域流通服务网络，全县农资、烟花爆竹连锁配送率分别达到85%和100%；惠安县供销合作社成立惠盾供应链管理有限公司，建设县、镇、村三级综合服务网点，首批7个（1个县级展示中心、2个镇级、4个村级）服务网点同步开业，所有网点中配套设立退役军人供销社服务驿站，为军人、警察、医护人员提供优惠服务；安溪县供销合作社成立县供销集团物资配送中心，联结乡镇连锁超市、村级综合服务社，构建县域流通服务网络，通过集采集配、网点配送等方式实现连锁配送，建农资及烟花爆竹连锁经营网点103个和77个。

【乡镇惠农综合服务中心建设】 2022年，泉州市供销合作社部署年度试点工作，落实项目计划和资金扶持，加强工作督促指导，全市系统3个省级、5个市级和15个县级试点乡镇惠农综合服务中心建设项目全部建成投入使用，为群众提供农产品购销、农资供应、日用消费品销售、快递物流配送等服务，拓展金融服务、代办保险等综合服务。截至年底，全市有乡镇惠农中心43个，服务范围覆盖500余个行政村，辐射面积近1000平方千米。

【安溪县供销集团物资配送中心揭牌】 2022年5月24日，安溪县供销集团物资配送中心揭牌仪式举行。安溪县供销集团物资配送中心由安溪县供销集团创办，通过集采集配、网络点单配送等方式，发挥其县级配送中心枢纽作用，实现对供

2022年5月24日，安溪县供销集团物资配送中心揭牌仪式举行

（市供销社 供图）

销系统内外乡镇和村级网点的连锁配送功能，实行“统一标识、统一采购、统一配送、统一定价、统一标准”的统一管理体系，为安溪供销·见福综合服务网络、安溪供销爱心超市及机关事业单位、其他社会经营主体的2000余个网点，提供日用消费品配送、农资物流配送和快递分拣服务，为农产品上行提供仓储保鲜、分拣包装、电子商务等服务，统一配送率100%以上，日配送量50余吨、日配送物资价值30余万元。

【永春供销·鲜到家食材配送中心揭牌】 2022年8月10日，永春供销·鲜到家食材配送中心揭牌仪式举行。鲜到家食材配送中心为永春县本土创新的生鲜食材及关联性产品供应链集成企业，承接政府部门、企事业单位、学校、部队食堂及酒店、餐饮店、食品加工厂等的业务。该中心自建实验检测室，全程引入HACCP、ISO 22000、ISO 9001等食品安全质量管理体系，拥有完善的冷链物流体系及相关监管体系，可确保食材从运输、接收、存储到加工、配送实现全程冷链及食材安全全程监管。

（潘 茜）

烟草专卖

【概况】 2022年，泉州市烟草行业实现税利37.98亿元，比2021年增长5.3%；实现不含税销售额123.9亿元，比2021年增长3.87%。泉州市烟草专卖局统筹推进专卖体系建设，构建新发展格局。查获假烟1498万支，比2021年增长30%；走私烟2208万支，比2021年增长60倍。完成重大案件9起，其中三级案件6起、四级案件3起；完成省督案件11起、云端全国集群战役1起。

【专卖管理】 2022年，泉州市烟草专卖局依法履行对各类烟草专卖品生产经营的监督管理职责，提升专卖管理效能。推进“战疫2022”“百日攻坚”等7个专项行动，保持严打高压态势。聚焦“全覆盖”监管，依托福建省涉烟案件要素管控平台，建立市级层面涉烟信息研判中心1个、县级层面涉烟信息研判工作室13个。落实电子烟监管政策，开展电子烟申报主体审查，依法受理发放烟草专卖零售（电子烟）许可证205本。开展打击涉电子烟违法犯罪专项工作，破获1起特大制售电子烟案，查获成品电子烟1.45万支，案值2000余万元。查处大户违法违规经营案件178起，取缔违法违规大户42户。开展真烟异常流动整治，查获异常流动真烟3725件，比2021年减少15.2%。

【泉州市烟草公司泉州邮政签署战略合作协议】 2022年11月24日，泉州市烟草专卖局与中国邮政集团有限公司泉州市分公司签署战略合作协议。双方本着“优势互补、互利共赢、协同推进、依法依规”的原则，以双方拥有的资源优势，探索在物流配送、邮政寄递、金融服务、市场监管和零售终端建设等领域开展深度交流合作。双方本着高效、务实、诚信的原则，主动对接，加强交流、深化合作，建立长期稳定的战略合作关系。

【国产雪茄品鉴会】 2022年10月24日，泉州市烟草专卖局联合四大雪茄工业企业举行“相约泉州 共叙‘茄’话”国产雪茄品鉴会。品鉴会创新采用雪茄盲评的形式，开展国产雪茄与进口雪茄比拼。将20名评委分为四组，分别盲评一支四家雪茄工业出品的国产雪茄与一支外观相似、价位相近的进口雪茄，并分组票选更钟爱的那支雪茄，最终四组评委更钟爱的“现场最佳（茄）”称号均由国产雪茄获得。

（陈常林）

盐业经营

【概况】 2022年，泉州盐务局行使行政辅助执法职能，优化营销模式和激励机制，严守集团公司价格底线，对各分公司的促销申请严格把关，坚持一地一策、一户一策精准投放的销售策略，做好市场价格管控。维护无碘盐终端专柜陈列，建设闽盐专柜形象店170家。签订年度特约配送商服务协议，设置食盐社会储备库45个，常年库存量721吨。加大仓储量，年底视货款回笼、配送量、品种结构等情况给予一定费用奖励，做好客情维护，稳固实体渠道。疫情期间，对符合条件的承租户给予减免租金合计21.07万元。

【食盐销售】 2022年，泉州市实现食盐销售总量4.71万吨。其中，小包装盐销售1.91万吨，比2021年增加818.9吨；大包装盐销售总量2.8万吨，受疫情影响比2021年减少5300.8吨。营业收入9111.93万元，比2021年935.73万元；实现利润总额732.32万元，比2021年增加170.61万元。疫情期间，畅通食盐配送“绿色通道”，短短4天时间配送小包装盐400吨、大包装盐150吨。

【食盐市场监管】 2022年，泉州盐政支队出动2314次，出动9578人次，检查餐饮店2.52万家次、批发零售店4.13万家次、加工用户334家次，发现涉嫌违规线索650起，其中重大违规线索9起（23.22吨），移交各地市场监管部门61起，查获涉嫌违规盐产品41.7吨，办结案件59起，没收盐产品7.27吨，罚款23.57万元，分发宣传材料1.1万份。

【闽盐品牌宣传活动】 2022年，泉州盐务局以“3·15”国际消费者权益保护日等活动为契机，联合卫健委、疾控、市场监管等部门开展闽盐品牌宣传系列活动。到居民小区、农贸市场、广场等，开展“我为群众办实事”主题便民服务活动，现场对群众进行海盐和矿盐的口感比较宣传。在日常终端网格化工作和市场巡访中张贴闽盐宣传海报。利用户外广告、公交车载广告、自营抖音号和微信公众号、重点区域张贴宣传海报和分发宣传资料等各种形式，因地制宜开展场外推广宣传。

【“善营贷”合作】 2022年，泉州盐务局落地供应链金融项目，与建设银行泉州分行创造性合作，共同打造“善营贷”合作方案，解决中小配送商户“贷款难、贷款贵、担保难”的问题，也为营业资金回笼提供更高保障，提升泉州盐业与配送商客户的联系，增强客户的黏性和满意度。

（庄丽珍）

成品油供应

【概况】 2022年，泉州市有加油站620家，其中中国石油化工集团有限公司197家、中国石油天然气集团有限公司117家、中国中化控股有限责任公司65家、中国海洋石油集团有限公司11家、福建高速加油站12家、其他加油站218家。

【成品油销售】 2022年，泉州市汽油和柴油消费量分别为145万吨和135万吨；限额以上石油及其制品零售额完成216.21亿元。

【新建加油站】 2022年，泉州市商务局根据《石油成品油流通行业管理工作指引》《福建省成品油市场管理规定》《福建省成品油分销体系“十三五”发展规划》等规定，对德化县浔中镇石鼓村相桉角落北三环路、德化县苏洋村古洋角落城三和城四交界、德化县雷峰镇朱紫村六组、德化县龙浔镇大坂村、鲤城区江南站前大道西5座新建加油站的无业主布点规划确认进行审核。

【首座“零碳综合加能站”投入运营】 2022年6月16日，全省首座“零碳综合加能站”在中国石化福建泉州石油南安水头加油站投入运营。该站通过光伏发电，采用“自发自用，余电上网”模式，所发电量基本能满足加油站日常生产经营和生活用电需求。在光照充足时，多余电量还可上网。项目全寿命周期内可减排二氧化碳超1300吨，年节约电费近四成。该站还设置综合污水处理系统，将站内生活污水通过一体式智能净化处理器进行处理，实现生活污水脱氮除磷。引入配备水循环系统的新型洗车机，洗车用水减少七成，每年可节约用水840吨。配备污水回收处理装置，将雨水、经过处理后的洗车污水和生活污水进行收集、回收，用于站内绿化浇灌、地面冲洗，每年可节约用水700吨。

（叶冠庆 杨华）

电子商务

【概况】 2022年，泉州市网络零售额2462.7亿元，在全省排名第一位，在全国城市中排名第10位，占全省的33.5%。拥有4个国家电商示范基地、3个国家级电子商务进农村综合示范县，入选全国直播电商城市20强，6个县（市、区）上榜“2022县市电商竞争力百佳样本”，占全省67%。截至年底，全市有“淘宝村”335个，占全省总数的52.1%；“淘宝镇”77个，占全省总数的37.75%。“淘宝村”“淘宝镇”数量稳居全省第一。

【电商高质量发展】 2022年，泉州市商务局强化政策引领，推动电商高质量发展。出台《2022年泉州市促进电子商务高质量发展若干措施》，开展“刺桐新生——政策面对面”等多样化政策宣讲活动。把石狮市作为试点率先在全省出台电商人才积分政策，建档电商人才超1000人，为超500名电商人才提供积分申报咨询及服务。疫情期间，发动泉州市电子商务协会开发“刺桐菜无忧”小程序，做好疫情线上保供工作。对接阿里巴巴、京东等主流电商平台，推动阿里巴巴开展“泉橙行动”、推出“1688纾困计划”，推动京东出台12条举措等，为疫情受困商家减负。

【电商平台培育】 2022年，泉州市商务局立足产业优势，培育电商平台。推动石狮东南亚采购集散中心打造全国首个面向华侨的跨境电商平台“侨易邦”，入驻品牌厂家1862家，产品链接7.37万个，对接物流服务商12家。推动涉茶企业入驻福茶网，有1000余家企业和商户入驻福茶网，数量全省最多，安溪铁观音和德化县等涉茶产业的知名度得到提升。推动泉州金控集团和泉州市电子商务协会携手创办“礼遇泉州”电商平台，举办“爱泉州·大乐购”促消费暨泉州优品数字化工程系列活动，线上打造“泉州优品库”。

【电商创新创业】 2022年，泉州市商务局围绕创新创业，举办“2022电商主播大赛”总决赛，大赛以福建为中心，吸引全国八大赛区主播近5000人报名参赛，实现直播带货交易额近20亿元，其中福建赛区直播带货近10亿元。承办全省电商工作现场会，推动举办亚马逊“走进泉州产业带”、沃尔玛线上分享会、ebay运营大会等系列人才培训活动超百场，培训跨境电商人才超1.2万人次。

【“刺桐菜无忧”小程序上线】 2022年3月17日，由泉州市商务局与泉州市电子商务协会联合推出的“刺桐菜无忧”小程序上线。该小程序包括京东到家、饿了么、美团外卖、元初到家、多多买菜、大润发优鲜等10余个平台入口，将各大电商平台及同城商场、周边商城等商城店铺小程序集合在一起，实现一键跳转，统一对接快递和跑腿，实现派单配送到家。市民可在微信搜索、关注“泉州市电子商务协会”公众号，通过资讯广场进入“刺桐菜无忧”小程序，实现居家一键买菜、商家配送上门。

【泉州优品数字化工程系列活动】 2022年6月16日，由福建省商务厅、省工业和信息化厅指导，泉州市政府主办，市商务局、市工业和信息化局等承办的“爱泉州·大乐购”促消费暨泉州优品数字化工程系列活动在东海中央商务区大剧院启动。活动现场，由市商务局指导建设，泉州金控集团打造的“礼遇泉州”平台与社区代表、商协会进行共建“15分钟便民生活圈”签约。数十位品牌企业代表上台为泉州优品代言，发出“新时代、新消费、泉州优品、热卖全球”的呼声。金融机构、运营商、电商平台等单位代表在启动仪式上签字，助力“泉州优品”大乐购活动。此外，活动还聘请举重奥运冠军李发彬、羽毛球奥运冠军黄东萍等一批“泉州优品”推广大使，共同为“泉州优品”助力。活动时间从6月持续至12月，推出美食、鞋服、家居、出行、旅游等十大主题促消费活动。活动以产品数字化营销、线下专场展销、商家让利促销、直播带货等形式，通过沉浸式体验消费、工业旅游购、比赛等多维举措，分时段、分区域，开展一系列的主题促消费及泉州优品数字化活动，提振消费信心，推进泉州优品数字化，推动商业数字赋能，畅通产业循环、市场循环，促进就业创业。

（叶冠庆 杨 华）

2022年6月16日，“爱泉州·大乐购”促消费暨泉州优品数字化工程系列活动启动仪式在东海中央商务区大剧院举行 （陈小阳 摄）

会展业

【概况】 2022年，泉州市统筹疫情防控与会展业发展，首次出台会展经济扶持措施。举办第31届泉州国际车展、男装直播节“抖in域见好货·福建运动潮酷”、2022福建晋江国际纺织服装产业供应链博览会暨纺织机械、纺织品印花缝制设备、面辅料纱线展、“全闽乐购 购在石狮”石狮国际商贸城促消费活动、特步23Q2商品二选会等80余场订货会、微展会、促消费活动，组织汽车、餐饮、食品饮料、纺织服装、机械装备、轻工艺品等企业进行现场对接、销售，成交额超180亿元，形成“周周有展会”氛围。组织323家企业参加香港秋季电子产品展和香港秋季国际灯饰展、沙特利雅得国际建材及建筑技术展览会等25场展会，意向成交金额超12亿美元。水暖泵阀暨消防器材交易会获得国际展览联盟认证，成为国际品牌展会。

【办展参展】 2022年，泉州市推动举办“周周有展会”系列活动，通过市场化运营，举办第十八届水暖泵阀暨消防器材交易会、第十五届海峡两岸（泉州）农产品采购订货会、第六届海峡两岸食品交易会暨第九届闽台（泉州）食品交易会、第八届中国（泉州）“海上丝绸之路”国际品牌博览会、第二十二届中国（南安）水头国际石材博览会5场市级重点展会，展会规模12万平方米，2052个参展企业参展，达成意向成交额200余亿元。开展“泉州品牌专区”推广计划，组织1292家企业参加第131届、132届“线上广交会”。组织203家企业参加2022年泉州外贸云展会，展会主题包括家居工艺品礼品、时尚产品等。组织487家采购商参加第五届中国国际进口博览会，意向采购企业及单位57家，采购需求12亿美元，现场签约意向采购3亿美元。组织112家企业参加第二届时尚家居礼品云展会（欧洲站）、莫斯科茶业博览会云展会、全球家居工艺品及礼品云展会（泉州专场）等7场云展会，帮助企业对接500余名国际采购商。

【会展展馆】 2022年，泉州市有晋江国际会展中心、南安成功国际会展中心、石狮服装城展览艺术中心、南安水头石博会展馆、德化会展中心、惠安雕艺文创园会展中心、泉州海峡体育中心、晋江市第二体育中心、泉州侨乡体育馆、德化国际陶瓷艺术城、德化三班中国茶具城、德化新秀园艺术馆12个可供举办展会活动的会展场馆与会展空间，展会活动可使用空间24.6万平方米。有晋江磁灶特步会展中心、顺美陶瓷文化世界、佳美集团展厅、龙鹏艺术馆、如瓷生活文创园、戴玉堂瓷雕会展中心等6个企业自建展厅，可供展会活动使用的面积4万平方米。

【第八届中国（泉州）“海上丝绸之路”国际品牌博览会】 2022年11月25—27日，由中国国际贸易促进委员会、世界贸易中心协会支持，中国国际商会、省政府侨务办公室、省商务厅、省贸易促进会、泉州市政府主（承）办的第八届中国（泉州）“海上丝绸之路”国际品牌博览会在石狮服装城展览艺术中心举行。该届展会以“共享新机遇、共启新格局、共创新未来”为主题，开幕式上举行福建省侨商“回归”工程重点投资项目、“走出去”国际产能合作项目及部分地方特色产业集群馆入驻石狮东南亚采购集散中心、品牌企业入驻“侨易邦”等签约活动。展出面积2.6万平方米，设置14个展区、321个展位，邀请“海上丝绸之路”沿线超30个国家和地区近200家企业携带特色商品参展、350名专业采购商参会，入场参观1.31万人次，现场成交5021万元，意向成交2.6亿元。

【第二十二届中国（南安）水头国际石材博览会】 2022年12月25—28日，由福建省政府主办、南安市政府协办的第二十二届中国（南安）水头国际石材博览会暨石设计周及第六届中国（南安）泛家居主题活动周系列活动在南安市石材产业展示中心举行。该届展会秉承“办一届展会，留一座展馆”理念，延续“创意、智造、共融”主题，突出“源头办展、消费转型、设计引领、跨界破圈”四大核心价值，同时举办第六届中国（南安）泛家居主题活动周、中国建筑学会室内设计分会第三十一届（泉州）年会，三展联办，汇聚全球500余家参展企业和上千名资深设计师，拓展石材内涵外延。展会现场设置石材资源展区、机械设备展区、新材料展、大师之家展区、设计策展人展区、美石市集展区等9大主题展区，9位设计师联合多位艺术家，联袂打造9所“美石空间”，同步举办20余场相关活动。

（叶冠庆 杨 华 廖雅滨）

2022年11月25日，第八届中国（泉州）海上丝绸之路国际品牌博览会开幕式在石狮服装城展览艺术中心举行 （李荣鑫 摄）

邮政快递业

【概况】 2022年，泉州市邮政行业业务总量完成24.39亿元，比2021年下降3.96%；业务收入完成140.51亿元，比2021年下降2.72%。快递服务企业业务量完成21.08亿件，比2021年下降2.71%，全省占比49.43%，全国地级市排名第十位；业务收入完成125.28亿元，比2021年下降2.95%。

【快递企业】 截至2022年底，泉州市有快递企业及网点3002家（其中，法人企业88家，分支机构78家，备案网点2836个），涵盖国内主要快递品牌和FedEx、DHL等国际品牌超20个，其中业务量超过1亿件的快递品牌7个，业务收入超过10亿元的快递品牌6个。泉州市是省内快递业的功能集聚区，设有快递区域总部或省级分拨中心11个。

【行业发展环境优化】 2022年，泉州市邮政管理局优化邮政快递业发展环境。印发《泉州市加快农村寄递物流体系建设实施方案》《做好快递员群体合法权益保障工作若干措施》。推动多项涉邮支持措施纳入泉州市推动现代服务业高质量发展实施方案、加快推进旅游业高质量发展实施意见、促进电子商务高质量发展若干措施、“抓城建提品质”专项行动方案、加快推进21世纪“海丝名城”建设实施方案（2022—2026年）等10余份重要文件以及泉州市“十四五”数字泉州、“十四五”制造业高质量发展等专项规划。出台涉及邮政快递业疫情防控和复工复产纾困解难的政策措施6份。

【邮政普遍服务】 2022年，泉州市邮政函件业务完成702.86万件，比2021年增长25.12%；报纸业务完成1.61亿份，比2021年下降0.38%；杂志业务完成336.06万份，比2021年下降5.51%；包裹业务完成10.6万件，比2021年下降35.84%；汇兑业务完成1.99万笔，比2021年下降39.51%。

【安全监管】 2022年，泉州市邮政管理局开发建设邮政快递业监管服务平台，推动提升行业数字化监管水平，强化行业数据汇聚共享及开发利用。在全国率先推行行业安全生产标准化，制定《泉州市邮政快递企业安全生产标准化评定标准（试行）》《泉州市快递营业网点安全生产标准化评定标准（试行）》，并按进度培育标杆企业。开展邮政快递业安全生产专项整治三年行动，推动市、县两级邮件快件处理场所开展规范化提升，开展邮政快递业安全生产隐患排查整治。与公安、交通、市场监管等部门相互配合形成监管合力开展执法检查。联合市、县两级扫黄打非工作领导小组办公室开展联合检查，建设“扫黄打非”进基层工作站。

【快递业“两进一出”工程推进】 2022年，泉州市邮政管理局推进“快递进厂”服务，引导快递业主动融入供给侧结构性改革，嵌入电子商务、先进制造业、现代农业等关联产业的协同发展。全市有顺丰霞美仓、宝峰仓等10余个成熟的仓配一体化项目，面积近30万平方米，年均服务制造业件次超过7000万件，直接支撑制造业产值超过370亿元。26个快递业与制造业融合发展项目接受国家邮政局入库审核通过，推动晋江市申报第一批快递业与制造业融合发展试点先行区。推进“快递进村”服务，发挥快递企业区域总部集聚优势，推进中通、圆通、韵达、申通、极兔5家快递品牌的下属加盟企业在山区县开展“邮快合作”快递进村，由本品牌总部给予每件快件0.3元的额外派费补助。全年代投32.8万件，兑现进村快件补贴9.48万元。安溪县“多网融合+客货邮融合”成为全省唯一入选全国第三批农村物流服务品牌。推动“党建+寄递”村级邮政快递综合服务站建设，建好66个“党建+寄递”村级邮快驿站，涉及7个县（区）、20余个乡镇，打造永春县大羽村典型案例。推进“快递出海”服务，出台一系列支持快递“上机”“出海”补助政策；顺丰新增1架全货机，泉州晋江国际机场的顺丰全货机保有量增至6架；泉州晋江国际机场增开泉州—北京往返航线，全货机进出港航班增至每日12班，提升两地间快件运输时效；泉州国际邮件互换局通过上线e邮宝产品等方式，提升跨境寄递服务质量。及时衔接泉州晋江国际机场、晋江陆地港及国际邮件互换局，加强对Shopee快件转运仓、Lazada、云途等跨境企业的监管。

【快递员权益保障】 2022年，泉州市邮政管理局推进基层快递网点优先购买工伤保险工作，覆盖6000人次。推进各级工会组织建设，石狮市、晋江市成立快递行业工会联合会。开展一线职工疗休养活动、女职工免费体检等活动，覆盖120人次。初步建立快递员工资集体协商机制。推动快递员关爱驿站建设，有机融入“党建+”邻里中心，建设红色驿站40余个。联合中共泉州市委组织部、市总工会等在市中心建设“党建+”暖XIN驿站，面积近300平方米。关注快递行业职业提升和文明建设，开展第三届“快递员艺术风采展”主题摄影、书法和绘画比赛以及“喜迎二十大 唱响新时代”首届快递员唱歌比赛等，参与全国“最美快递员”和“快递小哥跑中国”等评优评先和央级媒体宣传活动。推动快递行业技能竞赛纳入全市行业技能竞赛，市总工会给予经费补助。

【邮政公司】 2022年，中国邮政集团公司泉州市分公司履行邮政普遍服务义务，有提供邮政普遍服务的营业场所220处，服务半径4.07千米，平均服务人口4.41万人，电子化营业场所220处，邮筒（箱）369个，村村通邮率100%，便民服务站938个，邮政专用标识车辆338部。

【《中国古镇（四）》特种邮票首发式】 2022年5月19日，《中国古镇（四）》特种邮票首发式在晋江市安海镇安平桥景区举行。《中国古镇（四）》特种邮票一套4枚，其中1枚邮票图案为晋江市安海镇。此系泉州元素第12次登上国家邮票。安海古镇邮票图稿主视图由白塔和安平桥构成，采用雕刻布线配合淡彩的表现形式，橘红色荧光油墨，在紫外光灯下，还能呈现古镇夜景照明效果，灵动活泼。白塔寓意“白塔点灯，金榜题名”，而有着“天下无桥长此桥”之称的安平桥也是泉州22个世界遗产点之一。

【《关于加快全市农村寄递物流体系建设的实施方案》出台】 2022年8月10日，泉州市政府办公室印发《关于加快全市农村寄递物流体系建设的实施方案》。方案围绕基本形成“开放惠民、集约共享、安全高效、双向畅通”的农村寄递物流体系总目标，从指导思想、工作目标、具体任务、组织落实四个方面进行部署。截至年底，实现4个以上快递品牌入驻的建制村数量占比达到60%以上；产业协同发展水平显著提升，培育推广快递服务现代农业“一地一品”“一县一品”项目，建设1个以上农村电商快递协同发展示范区、1个以上快递服务现代农业示范项目等工作目标。

【“人身意外险”赠送】 2022年，福建省总工会联合泉州市总工会开展“为新就业形态劳动者购买人身意外保险”主题活动，向泉州市5529名一线快递员赠送“人身意外险”。此次赠送的“人身意外险”标准为100元/人，主要从一般意外与工作伤害、热射病救治、意外医疗、住院医疗、出行意外等方面加强保险保障，为快递员提供更好的安全保障，提升快递员群体的“职业安全感”。市邮政管理局和市快递行业工会联合会以赠送“人身意外险”，开展新就业形态劳动者工会工作宣传，推动泉州百通快递有限公司建立工会，吸收214名职工入会。

（许志煌）

2022年5月19日，《中国古镇（四）》特种邮票首发式在晋江市安海镇安平桥景区举行

（苏德恺 摄）

物流业

【概况】 2022年，泉州市加快培育一批布局集中、用地集约、功能集成的示范物流园区。鼓励和支持物流企业提升综合服务能力，参与国家A级物流企业评估。以纺织鞋服、水暖卫浴等优势制造产业为重点，推动制造业龙头企业加快投资建设、改造智能仓配一体化项目。加快农村三级物流体系建设，深化客货邮融合发展，实现三级物流通达率100%、100%、96%。

【示范物流园区】 2022年，中通快递集团泉州综合物流园获评省级示范物流园区。至此，泉州市有晋江陆地港、泉州传化公路港、海西石材物流园、安踏一体化物流产业园区、菜鸟网络晋江园区、中通快递集团泉州综合物流园6个省级示范物流园区，数量位居全省前列。

【物流企业】 2022年，泉州市新增国家AAA级及以上物流企业5家（含升级），福建安踏物流信息科技有限公司获评国家AAAAA级物流企业。截至年底，全市有AAA级及以上物流企业106家，其中AAAAA级物流企业3家、AAAA级物流企业27家、AAA级物流企业76家，数量位居全省第二。

【智能仓配一体化项目建设】 2022年，泉州市以纺织鞋服、水暖卫浴等优势制造产业为重点，推动制造业龙头企业加快投资建设、改造智能仓配一体化项目，提升制造业生产、仓储、分拨和配送的链条一体化和智能化，加快推动制造业由批发模式向新零售和全渠道模式、从人工密集型向智能智慧型转变。安踏、卡宾、九牧王、九牧厨卫、乔丹等一批龙头企业仓配一体化项目相继建成并投入使用，大幅提升消费者客户体验度和配送服务效率。

【农村三级物流体系建设】 2022年，泉州市加快农村三级物流体系建设，深化客货邮融合发展。利用县级客运站、农村客运站、乡镇综合运输服务站等现有站场资源，打造客货邮综合运输服务站。利用农客班车、城乡公交空余运力代运邮件快递，降低运营成本，增加企业收入，实现双方合作共赢。截至年底，全市建成客货邮综合运输服务站4个，开通客货邮线路7条。

【泉州市入选2022年国家物流枢纽建设名单】 2022年11月18日，国家发展和改革委员会发布2022年国家物流枢纽建设名单，泉州商贸服务型国家物流枢纽入选，系全省唯一入选的国家物流枢纽。泉州商贸服务型国家物流枢纽选址于晋江市和石狮市，由晋江陆地港片区和石狮石湖港片区组成，总面积166.33公顷。由福建陆地港集团作为牵头单位，与普发仓储公司、丝路云仓公司、港口开发公司和阜康储运公司四家企业组成战略联盟，共同推进枢纽项目的建设运营。

（叶冠庆 杨华 刘益群）

新兴服务业

【概况】 2022年，泉州市推进新兴服务业健康发展，打造城市美食IP，引导餐饮、住宿、洗染、再生资源回收、报废汽车拆解、二手车等行业规范发展新兴服务业。推进家政服务业扩容提质，制定家政服务业发展措施及行业管理规定，开展家政服务业职业技能培训89期，培训学员5769人次。

（叶冠庆 杨华）

【人力资源服务】 2022年，泉州市人力资源和社会保障局抓好人力资源服务机构招商和招工引才，新增经营性人力资源服务机构和劳务派遣机构91家、总数达558家。在全省率先举办从业人员职业技能提升培训班，76家机构近200人参训。印发《泉州市经营性人力资源服务机构推荐高校毕业生或其他紧缺急需人才奖励方案》。加快筹建中心市区人力资源服务产业园，全市经营性人资机构有172家，增长31%（41家）。新增在建人力资源服务产业园项目2个。其中，惠安县人力资源数字经济产业园项目签约落地，总投资1.5亿元，建设面积2.7万平方米；泉州市人力资源服务产业生态园项目按照“一园两区”计划，中央商务区人力资源服务产业生态园选址中央商务区厦门银行总部，加紧研究三方合作协议，同步建设的泉州市（丰泽）人力资源产业园政务服务中心A、B座完成基本装修改造，建筑面积8000平方米，园区招商意向入驻企业30家，审核通过并签约企业14家。

（黄倩悦）

【科技服务业】 2022年，泉州市科技局依靠科技创新优化调整产业结构，健全完善科技创新服务体系，提升科研平台研发创新能力，完善科技孵化、技术转移等服务平台服务功能。探索建立“众创空间—孵化器—加速器—科技园区”一体化的科技企业孵化链条。获批省级技术转移服务机构累计32家，数量居全省第二。开发泉州网上技术市场平台，建立企业技术需求数据库和高校院所技术成果数据库，开展各类产学研金对接交流活动。主动服务精准定位有融资需求的企业，面向科技型中小微企业广泛征集融资需求，征集67家企业融资需求7.6亿元，推送科技型中小微企业贷款各合作银行精准对接。截至年底，全市技术合同成交额达10.05亿元，增长62.88%，比2020年翻一番以上。

（王少雄 林峰龙）

【广告业】 2022年，泉州市广告业规模以上企业营业收入3.96亿元，比2021年增长38.27%。中共泉州市委宣传部履行广告监管职能，指导广告业发展。取消广告发布登记，压缩企业开办时间，降低企业注册门槛，培育广告业市场主体，激发市场活力。强化行政指导，引导广告企业守法经营，坚持正确的广告宣传导向，自觉规范广告行为。推进包容审慎监管，完善首次轻微违法行为不予处罚清单，建立容错机制，为广告企业提供更加宽松的制度环境。

（曾晓辉）

【质检技术服务业】 2022年，泉州市质检技术服务业规模以上企业营业收入4.92亿元，比2021年增长27.5%。泉州市市场监督管理局通过“人员帮扶”“技术帮扶”“政策帮扶”促进泉州市质检技术服务产业高质量发展。技术人员下沉企业帮扶，指导企业规范开展质检技术服务。通过计量服务团队、企业联络专员、一站式计量器具校准服务、技术全面辅导，服务质检技术企事业单位近一千余家；提供免费质检技术帮扶，为企业节约运营成本；通过缩减计量服务时间、减免计量服务费用、标准化查询政策帮扶，增强质检技术企业公信力。

（郑书田）

【养老服务业】 2022年，泉州市民政局申报和承办省级为民办实事项目，承办9所嵌入式养老服务机构、43个长者食堂建设等任务；主动向市委、市政府申报35个长者食堂、政府购买居家养老上门服务2项市级为民办实事项目，均得到市委、市政府审批；主动向财政部门申报新建或提升30个农村居家养老服务站（幸福院）、75个微型消防站、居家社区养老服务实体站点奖补、100个农村幸福院运营补贴、养老服务机构星级评定以奖代补、养老护理员入职和岗位奖补等项目，得到市财政局支持，部分项目与“党建+”邻里中心建设项目相结合。截至2022年年底，全市有各类养老服务机构和设施2830所。其中，社会福利中心养老院15所，乡镇敬老院104所，街道和重点乡镇养老服务照料中心91所，社区养老服务设施469所，农村养老服务设施2106所，其他各类民办养老机构28所。全市养老床位5.31万张，每千名老年人拥有床位数43.12张，街道和重点乡镇居家社区养老服务照料中心覆盖率、农村养老服务设施覆盖率均为100%，护理型床位占比89.4%。全市有注册登记经营范围包含养老服务的企业351家。

（庄婉芳）

【代理记账行业】 2022年，泉州市财政局要求全市各县（市、区）于每月25日前上报以告知承诺方式取得行政许可的代理记账机构数量，同时在做出行政许可后两个月内对承诺真实性进行全覆盖核查。利用代理记账备案国家级管理平台，及时掌握全市代理记账机构的有关情况，纳入日常监管范围，做到“不漏一户、精准管控”。依托代理记账行业协会的行业自律管理功能，加强对代理记账行业执业标准制定、诚信体系建设、竞争机制搭建等方面的引导。联系市市场监督管理局等部门，运用部门间共享监管业务数据的方式，每年备案工作完成后及时推送相关信息，通过部门间业务数据比对，及时掌握代理记账机构的情况变化，纳入监管。截至年底，全市有874家代理记账机构取得代理记账许可证。

（郭智勇）

【家政服务业】 2022年，泉州市商务局推动家政服务业规范发展，制定《泉州市深化促进家政服务业提质扩容“领跑者”行动实施方案》《泉州市促进家政服务业发展的若干措施》，出台《泉州市促进家政服务业发展资金申报指南》，印发《泉州市家庭服务业管理规定》。推动乐乐、美尔、闽康、蓝企鹅和海峡5家企业申请5个家政服务地方标准立项。依托“党建+邻里中心”建设契机，推动22个社区通过“泉州市惠企政策线上直达兑现平台”线上申报该项目，经审核17个社区建设成为家政进社区服务示范点，兑现资金170万元。

（叶冠庆　杨华）

【律师】 2022年，泉州市有202家律师事务所，2912名律师。全市律师办理各类案件8.69万件，担任法律顾问4484家，提供公益法律服务8024件次，咨询和代写法律文书8169件，业务创收7.46亿元。

【公证】 2022年，泉州市有11家公证机构，60名公证员。全市公证机构办理各类公证事项4.44万件，收费2354.18万元。

【司法鉴定】 2022年，泉州市有16家司法鉴定机构，130名司法鉴定人。全市司法鉴定机构承办司法鉴定案件2.94万件，业务收入3038万元。

（杨晶晶）

【家庭服务业职业技能竞赛】 2022年11月12日，由泉州市商务局等主办的2022年泉州市家庭服务业职业技能竞赛暨2022年福建省家庭服务行业职业技能竞赛选拔赛在泉州市妇女儿童活动中心举行。各县（市、区）层层选拔推荐的38名家政育婴员参赛。竞赛以《育婴员国家职业技能标准》《保育员国家职业技能标准》的四级（中级工）技能等级要求为基准，适当增加新技术、新技能等相关考核内容。竞赛内容由理论考试和现场技能操作两部分组成，各占100分。理论考试60分钟，采取闭卷笔试的方式。技能操作考试60分钟，考4项技能实操。个人竞赛总成绩=理论成绩×30%+技能操作×70%，个人名次按总成绩从高到低排列。经过角逐，最终产生一等奖1名、二等奖2名、三等奖3名。

（叶冠庆　杨华）

2022年11月12日，2022年泉州市家庭服务业职业技能竞赛暨2022年福建省家庭服务行业职业技能竞赛选拔赛在泉州市妇女儿童活动中心举行

（市商务局　供图）

金 融 业

综 述

【金融运行情况】 2022年，泉州市金融业增加值551.14亿元，比2021年增长5.2%；截至12月末，全市本外币存款余额增长12.47%，各项贷款余额增长10.84%；银行业不良贷款率0.84%，实现“六连降”。全市有各类银行业机构47家（包含5家信用卡中心）、银行网点1330个，保险机构57家，证券期货机构98家，交易场所3家，金融租赁公司、消费金融公司、企业集团财务公司各1家，征信公司1家，典当行35家、小额贷款公司30家、融资担保公司21家，正常经营类融资租赁公司18家、商业保理公司2家，在协会登记备案的私募基金管理人65家、管理基金数量465只，证券分公司6家，证券营业部82家，期货分公司2家，期货营业部16家。

【金融助企】 2022年，中国人民银行泉州市中心支行落实2次全面降准，释放辖内法人金融机构长期资金11.11亿元。联合市发展和改革委员会等多部门开展民营和小微企业首贷深耕等六大工程，加大实体经济信贷投放。全市新增普惠小微企业首贷户1.52万户，金额181.7亿元，民营和小微企业首贷深耕工作经验做法被福建省普惠金融改革试验区工作推进小组作为普惠金融第四批可复制创新成果在全省推广。加大助企纾困工作力度，推动纾困贷、技改贷、科技贷、乡村振兴贷、制造业专项贴息贷款、纺织鞋服产业专项纾困贷等福建省政策性优惠贷款在泉州投放超240亿元，规模居全省第一。释放贷款市场报价利率（LPR）改革效能，截至12月，全市人民币贷款加权平均利率4.34%，下降72个基点；企业贷款加权平均利率3.86%，下降77个基点；普惠小微贷款加权平均利率5.21%，下降12个基点。释放支付手续费减费让利政策效应，截至12月末，全市为49.44万户小微企业和个体工商户减免支付手续费1.83亿元。落实增值税留抵退税政策红利直达市场主体，截至12月末，全辖国库办理增值税留抵退税金额71.54亿元。落实税费减免政策，保证优惠政策红利快享快达，办理小微企业减税降费退库业务13.77万笔，金额2.56亿元。实施“2022年深入推进外汇支持泉州民营经济高质量发展专项行动”，细化出台全面对接RCEP10条具体落实措施。推进贸易收支便利化试点扩面增效，试点企业家数位居全省第一。创新推出市场采购跨境收汇“总量匹配”便利化举措，全市市场采购跨境收汇增长160%。

【金融服务】 2022年，中国人民银行泉州市中心支行推行简易开户服务，推动辖内20家银行完成业务系统改造，并通过受理电子营业执照开立企业账户3864户。推动泉州银行实现手机银行线上渠道销户功能。推进便民支付场景建设，加快移动支付下沉县、乡，新增云闪付App用户数、移动支付日活跃商户数、银行App移动支付交易笔数均位居全省第一。创新“实时申报、即来即审”申报模式，促成28家持证台企获39.68亿元授信，授信金额居全省第一。增加跨境征信产品有效供给，提供RCEP成员国征信服务479笔。推动中征平台在线供应链模式、基础业务模式融资金额均位列全省首位。推进泉州市金融纠纷一体化调处中心建设，创新纳入金融债权催收环节，构建多元化、立体式的解纷体系。构建全省示范性中小学生金融教育阵地、乡村金融教育阵地。推动个税汇算清缴和代扣代缴手续费退库工作有序开展，完成个税汇算清缴及代扣代缴手续费退税金额3.41亿元，增长53.87%。

开展“金融科技下乡”专项活动，推动全辖40个数字信贷产品下乡、28个便民服务应用得到推广。

（蔡毅峰 颜建源）

银行业

【概况】 2022年，泉州市银行信贷持续增长。截至年底，全市本外币各项存款余额1.1万亿元，增长12.47%；各项贷款余额9885.46亿元，增长10.84%。全年本外币贷款新增966.50亿元。全市企业直接融资618.31亿元，其中债券融资600.88亿元，占直接融资的97%。其中，在人民银行主管的银行间债券市场融资406.88亿元，比2021年多139.18亿元。

（颜建源）

【中国农业发展银行泉州分行】 截至2022年年底，中国农业发展银行泉州分行贷款余额369.71亿元，存款余额46.77亿元。全年审批贷款273.85亿元，比2021年增长46.07%，创历史新高。召开融资方案会商会14次、商定客户融资方案82个，召开信贷业务调度暨存款工作例会12次、解决问题超100个。组建业务攻坚队，组织5次集中评审，评审项目52笔、金额275.8亿元。疫情期间提供17亿元授信并投放15.21亿元。服务基础设施，审批农业农村基础设施项目43个224.14亿元、农发基础设施基金4个5.32亿元，支持公路、水利、安置房等基础设施建设；对接惠安县崇武镇、晋江市英林镇、石狮市永宁镇、安溪县湖头镇等整镇推进项目8个、融资需求28.1亿元，审批惠安县崇武镇乡村振兴整镇推进项目11亿元，形成试点示范效应。服务实体小微，聚焦复工复产、稳产保供等重点环节投放实体企业贷款17.05亿元；支持小微企业18家、投放金额1.35亿元，存量小微企业15家、贷款余额1.12亿元。

（赖秀你）

【中国工商银行泉州分行】 截至2022年年底，中国工商银行泉州分行全部存款余额1257.48亿元，比年初增加172.52亿元；各项存款1214.62亿元，比年初增加173.46亿元；各项贷款（含卡）余额1077.33亿元，比年初增加107.79亿元。实现中间业务收入5.75亿元，比年初增加2300万元；营业收入33.57亿元，比年初增加1.97亿元。实现拨备前利润24.81亿元，比年初增加2.45亿元。不良贷款余额9.67亿元，不良率0.92%，比年初下降0.08个百分点。银监口径普惠贷款余额98.34亿元，比年初增加31.16亿元，增长46.38%。首贷企业当年发放户数200户，首贷企业贷款发放金额10.24亿元，发放贷款对象均为民营企业。落地11个特色方案及产业集群，创新特色方案贷款余额18.03亿元，惠及小微企业315户。向实体经济投放贷款超过400亿元，比2021年增长30.1%。投放纾困贷款、制造业专项、纺织鞋服专项融资贷款21.95亿元。支持泉州市五大国有集团融资需求。泉州市五大国有集团在分行开户数139户，建立信贷关系46户，授信额度175.33亿元、提款金额68.49亿元，其中项目贷款额度112.35亿元、投放项目贷款49.44亿元。举行以“家企欣荣 财富向善”为主题的“企业家加油站”启动仪式。

（王俊超）

【中国农业银行泉州分行】 截至2022年年底，中国农业银行泉州分行本外币各项存款余额1485.79亿元，比年初增加203.18亿元，增量首次突破200亿元；本外币各项贷款余额1223.31亿元，新增投放279.61亿元，新增贷款主要投向重大项目、民营企业、制造业、“三农”、普惠金融、科技创新、绿色发展等领域；账面不良贷款余额4.25亿元，比年初减少5.03亿元；不良率0.35%，比年初下降0.44个百分点。聚焦制造业重点客户和重点项目清单中的优质企业，以及先进装备制造、石油化工、纺织服装等泉州市优势产业中的制造业企业，支持泉州制造业转型升级。制造业贷款余额312.81亿元，比年初增加52.22亿元，增速20.04%。加强本外币一体化经营。普惠型小微企

2022年1月12日，中国工商银行泉州分行举行以“家企欣荣 财富向善”为主题的“企业家加油站”福建泉州站启动仪式

（中国工商银行泉州分行 供图）

业贷款户数2.06万户，比年初增加1809户，增速9.65%；普惠小微企业贷款余额270.83亿元，比年初增加29.92亿元，增速12.42%。聚焦粮食安全、乡村发展、乡村建设、乡村治理等领域，加大乡村振兴重点领域信贷支持力度，做好“三农”和乡村振兴金融服务。县域贷款余额910.7亿元，比年初增加34.2亿元，增长3.9%。涉农贷款余额844.69亿元，比年初增加33.27亿元，涉农占比69.05%，较2021年末提升0.22个百分点。推动“惠农e贷”创新，结合泉州县域“一县一品”的特色产（行）业，制定推广独具优势的金融服务方案，丰富“惠农e贷”产品体系，扩大区域、产业、客户覆盖面。“惠农e贷”余额141.24亿元，比年初增加17.24亿元，服务农户2.26万户。为332家小微企业新投放纾困贷款615笔、金额20.13亿元，贷款主要投向制造业、批发零售业、建筑业、交通运输等受疫情影响较为严重的行业。加强信贷风险防控，优化资产质量，不良贷款本金清收处置总额9.44亿元，核销贷款清收2.06亿元。

（潘伊芃）

【中国银行泉州分行】 截至2022年年底，中国银行泉州分行存款余额589.59亿元，比2021年新增57.86亿元；日均余额553.55亿元，比2021年新增26.94亿元。下辖73家网点有70家个人金融类存款实现正增长，其中新增量破亿元网点9家。公司贷款比2021年新增46.96亿元，投放设备更新再贷款1.55亿元，战略性新兴产业贷款余额13.57亿元，比2021年新增7.12亿元，批复“准中型”授信客户50户，获批授信总量13.78亿元，实现表内贷款投放8.76亿元。银保监口径余额73.75亿元，比2021年新增20.05亿元，增量居全省第一；线上融资比2021年新增10.68亿元，新增占比53.29%；加快e抵贷产品市场拓展，个人普惠抵押类贷款净增4.17亿元。消费贷款余额219.61亿元，比2021年新增15.73亿，其中住房贷款市场份额、投放份额和增量排名均实现提升；非房消费贷款余额6.77亿元，比2021年新增3.99亿元，占全省新增总额18.80%，全年任务完成率319.34%。理财客户数23.53万户，财富级以上客户个人全量金融资产199.26亿元，比2021年新增18.58亿元，其中私人银行客户金融资产84.03亿元，比2021年新增6.59亿元。完成不良项目处置4.33亿元，实现表内、表外现金清收6707万元，潜在风险大户得到压降，对公不良资产余额及户数达到历史低点，全行不良资产余额2.89亿元，比2021年下降3.12亿元，不良率0.5%，比2021年下降0.62个百分点。

（吴玮频）

【中国建设银行泉州分行】 截至2022年年底，中国建设银行泉州分行一般性存款余额1707亿元，各项贷款余额1365亿元。通过信贷与非信贷等综合融资方式，解决客户融资需求超1100亿元。加大对重点领域信贷支持，制造业贷款（含贴）当年投放468亿元，绿色贷款投放47亿元。个人住房贷款投放82亿元，惠及家庭超万户；率先推进住房租赁战略，创新推出保障性租赁住房贷款，授信超5亿元。为1800余户企业办理无还本续贷业务，涉及贷款金额36亿元；为1100余户普惠小微企业提供贷款延期服务，涉及金额超10亿元；办理纾困贷款700余笔，金额28亿元。资产质量保持平稳可控，不良贷款额6.1亿元，不良贷款率0.45%；不良资产处置成效明显，计处置不良贷款15亿元。

（王婷婷）

【交通银行泉州分行】 截至2022年年底，交通银行泉州分行人民币各项存款余额59.67亿元，比年初增加4.84亿元。其中，对公存款余额44.50亿元，比年初增加2.23亿元；储蓄存款余额15.16亿元，比年初增加2.61亿元。人民币贷款余额102.9亿元，比年初增加3.92元。其中，对公贷款71.16亿元，比年初增加7400万元；个人贷款31.74亿元，比年初增加3.18亿元。注重整合客户资源，通过客户清单制管理和专项行动方案等措施，提升优质客群。年末对公达标客户较年初净增235户，普惠贷款较年初净增3.34亿元，普惠客户较年初增加137户，国际业务客户数完成96户，人民币同业存单日均余额增长2.1亿元。房贷余额25.37亿元，年度新增投放笔数535笔，投放金额4.06亿元，净增7600万元。年末非房贷款余额1.57亿元，较年初净增1.01亿元。个人普惠贷款余额4.62亿元，净增1.4亿元。

（杨祖杰）

【兴业银行泉州分行】 截至2022年年底，兴业银行泉州分行各项贷款余额845.34亿元，各项存款余额875.95亿元，不良贷款连续五年实现“双降”。全年发放民营企业贷款311亿元，年末数字经济、海洋经济、文旅经济、绿色经济贷款余额261.5亿元。制造业贷款余额174.25亿元，其中中长期贷款新增39.23亿元。债券承投、并购贷款均实现大幅增长，承销市场首单体育用品行业绿色债券、全省首单县级国企中长期境外债。绿色银行融资余额、贷款余额分别较年初新增59.59亿元、25.42亿元。辖内省级以上园区合作率65%，年末园区有效及以上客户3083户、金融资产297.54亿元。普惠金融贷款增量排名市场第二，普惠型小微企业贷款余额136.73亿元。支持汽车等大宗消费，全年汽车分期放款5516.8万元。

（庄 鹏）

【泉州银行】 截至2022年年底，泉州银行资产突破1500亿元，存贷款余额分别为1154.21亿元、918.35亿元。全年为1008家企业办理延期还本付息；推出“抗疫专项贷”，为19家抗疫重点企业发放贷款19.78亿元，创最快审批速度；主动践行融资促进，开展进企活动超800场次；实施普惠小微贷款阶段性减息工作，惠及客户超万户，减息金额超2300万元。零售、普惠条线贷款占全行比重分别为28.15%、31.44%；两条线年度收入占总收入比重为39.64%。三明分行落地全省首个破产重整银担合作模式按揭项目，盘活不良资产1.7亿元。总行营业部发挥区位优势，主动对接泉州中央商务区招商融资需求，投放贷款金额8700万元，服务中央商务区企业24户。

（吴怡豪）

【泉州农商银行】 截至2022年年底，泉州农商银行（泉州市农村信用社）资产规模2787.51亿元，存款余额2214.23亿元，市场份额20.26%，贷款余额1569.65亿元，市场份额15.61%；贷款总户数62.94万户，个人贷款覆盖面37.64%，全年缴纳税金10.72亿元，是泉州市规模总量最大、机构网点和从业人员最多、支农支小作用最突出的、纳税贡献最多的金融机构。构建“乡村振兴市场共同体”，将优质金融资源投向“三农”重点领域，涉农贷款余额1234.46亿元，占比78.64%，农户贷款余额947.43亿元。整合金融资源与政策资源，与相关政府部门联合出台超20份政策性措施，加大实体经济金融供给，实现普惠型小微企业贷款户数15.43万户、贷款余额763.79亿元，占全市银行业比重35.84%。与市商务局等联动，加大“跨境金融区块链服务平台”应用推广，为涉外企业提供本外币结算、贸易融资等服务；强化政府性融资担保服务，加强商贸企业、科技创新企业、台商台企信贷支持及工业（产业）园区标准化建设支持，创新探索“供应链核心企业+担保公司”分险模式。

（庄建华）

【招商银行泉州分行】 截至2022年年底，招商银行泉州分行全折人民币各项存款277.07亿元，比年初增加58.76亿元，增长26.92%；全折人民币一般性贷款261.79亿元，比年初增加23.31亿元，增长9.78%。资产质量显著改善，不良余额、不良率双降。账面不良贷款余额5.95亿元，比年初减少1.19亿元，不良率1.9%，比年初下降0.45个百分点。服务实体经济成效显著，对公一般性贷款余额112.18亿元，增长17.6%。立足泉州市九大千亿产业集群，以“名单制”为抓手，“项目制”为保障，抓审批落地，促贷款投放。全年授信金额210.72亿元。普惠小微贷款余额25.9亿元，比2021年增长33.1%，当年投放23.73亿元；普惠小微贷款3780户，较年初增加932户。发挥金融科技优势，助力泉州企业数字化转型。提供服务可持续、适用更广泛、成本可负担的数字化产品，打造金融科技展厅，展示最新金融科技应用、前沿技术探索，借助展厅的交互能力，让抽象的金融科技被具象地看见。

（刘燕婷）

2022年7月18日，招商银行泉州分行私人银行（晋江）中心在晋江市金融广场开业

（招商银行泉州分行 供图）

【民生银行泉州分行】 截至2022年年底，民生银行泉州分行辖17家支行、1家村镇银行、25家社区小微支行；服务各类客户超156万户；表内外资产规模306.14亿元，较年初增加27.66亿元，增长9.93%；各项存款余额280.04亿元，较年初增加58.98亿元，增长26.68%；各项贷款余额304.39亿元，较年初增加26.43亿元，增长9.51%。提升服务实体经济质效，对公制造业贷款、制造业中长期贷款、专精特新贷款、小微个人、法人贷款及对公民企贷款余额分别比年初增加5.33亿元、3000万元、2.58亿元、10.96亿元、8.41亿元、12.49亿元。把好新增授信准入关，多措并举、稳妥推进存量不良资产处置，资产质量显著提升，年末不良率1%、逾期率0.95%，分别比年初下降0.04个、0.19个百分点，达到2015年以来最高水平。

（王维维）

【邮政储蓄银行泉州分行】 截至2022年年底，邮政储蓄银行泉州分行资产规模超460亿元，新增各项贷款56亿元，存贷比96.42%，较年初上升3.35个百分点，完成市政府下达的400亿元贷款规模年末指导性目标。新增实体贷款56亿元。发放纾困贷款207笔，金额9.05亿元，八期发放纾困贷款512笔，金额24.15亿元。为284家企业发放无还本续贷20.7亿元，降低企业融资及转贷成本。普惠小微企业贷款余额年新增20亿元，户数年新增898户；深耕小微企业首贷培植工程，其中小微企业首贷户新增98户，新增户数位居福建邮储系统首位；发放制造业贷款78.3亿元，贷款余额较年初新增3.46亿元。创新绿色金融产品，加大“碳达峰、碳中和”信贷支持力度，发放绿色贷款3.96亿元；绿色融资结余3.74亿元，增长66.96%。涉农贷款年增15.18亿元，完成监管计划192.97%，建成信用村1840个，评定信用户2.25万户，信用村贷款结余28.49亿元。在重点基建方面，对接超20个重点项目，融资需求金额200亿元，为中化泉州石化、厦沙高速、安溪厦沙等授信融资10亿元；对接申报政永高速、海峡石化产品交易中心等50亿元融资需求。在文旅服务方面，为泉州文旅集团发放流贷1亿元。在民生服务方面，实现“新市民贷”授信341户，授信金额2.85亿元，贷款余额2.53亿元。

（徐清锋）

【中国工商银行“企业家加油站”泉州站启动】 2022年1月12日，中国工商银行泉州分行举行以“家企欣荣 财富向善”为主题的“企业家加油站”启动仪式。“企业家加油站”是中国工商银行落实服务实体经济战略，构建企业家客群服务生态圈，为企业家客户提供思想交流、商机孕育、银企互联的综合化服务平台。中国工商银行泉州分行以企业家的需求为核心，联动行内公私专业条线、集团内外合作机构，打造“共享活动中心、共享商务中心、共享金融中心、共享展示中心、共享培训中心、共享服务中心、共享社群中心”七大共享中心，围绕“财经投资、健康管理、家企服务、法律服务、二代赋能、文化传承、品质生活、公益慈善”八大主题开展活动，从“个人—家族—企业—社会”多维度提供服务。

（王俊超）

【泉州市政府与邮储银行福建省分行签署战略合作协议】 2022年3月10日，泉州市政府与中国邮政储蓄银行福建省分行签署战略合作协议。根据协议，中国邮政储蓄银行福建省分行把泉州市作为重要战略合作地区，在五年内向泉州市重点地区、重点行业、重点项目以及“三农”、民生等领域提供总额不低于1000亿元的意向性投融资支持。该行结合泉州实施“强产业、兴城市”双轮驱动，制定出台针对性的区域授信政策和差异化审批授权，支持泉州市中小微企业发展；同时，加大政银合作力度，拓宽泉州市中小微企业的融资渠道。中国邮政储蓄银行福建省分行在泉州市有164个网点，80%的网点分布在县域及以下的农村地区，具有网点多、覆盖面广、客户数量多的先天优势。

（徐清锋）

2022年3月10日，泉州市政府与中国邮政储蓄银行福建省分行签署战略合作协议 （邮政储蓄银行泉州分行 供图）

【招商银行泉州分行私人银行（晋江）中心开业】 2022年7月18日，招商银行泉州分行私人银行（晋江）中心在晋江市金融广场开业，成为招商银行泉州分行首个落地县域的私人银行中心。招商银行泉州分行私人银行（晋江）中心主要为晋江市区域以民营企业家为主体的高净值人群提供“投资银行、商业银行、私人银行、科技银行”一体化的综合金融服务。

（刘燕婷）

证券业

【概况】 截至2022年年底，泉州市拥有证券分公司6家，分别是兴业证券、华福证券、东兴证券、申万宏源证券、世纪证券、中山证券；证券营业部82家。全市证券市场通过发行、配售股票筹集资金17.19亿元，比2021年增加11.77亿元。其中，新发行A股2只，筹集资金17.19亿元，比2021年增加11.77亿元。此外，有1家企业通过中国证券监督管理委员会发行审核委员会审核待发行，同时收购1家市域外上市企业控股权，成为泉州市首家国企控股的上市公司。

【企业上市】 截至2022年年底，泉州市境内外上市企业达113家，其中境内25家、境外88家。全市新增4家企业在上海证券交易所、深圳证券交易所上市，3家企业提交美股上市申报材料；5家企业在中国证券监督管理委员会福建监管局辅导备案；56家企业纳入2022年度省级重点上市后备企业名单；120家、293家企业分别被纳入2022年度市级上市、挂牌后备企业资源库，后备企业总数增长53%。

（蔡毅峰）

【兴业证券泉州分公司】 2022年，兴业证券泉州分公司下设9家营业部，是泉州地区最早成立的证券公司之一。助力惠安交发集团发行碳中和绿色公司债，该项目是全省首单县域碳中和绿色债券、创近五年福建省县级长期限信用债利率新低。助力晋江城市建设投资开发集团有限责任公司在澳门发行1.58亿美元债券，成为全国首单县域经济赴澳门市场发行的美元债券。截至年底，公司代理买卖收入区域份额及股基交易量区域份额实现区域排名双第一，下辖营业部在当地缴纳各项税费近4000万元。

（兴业证券泉州分公司）

【华福证券泉州分公司】 2022年，华福证券泉州分公司辖属11家营业网点，是泉州地区拥有网点最多的券商。截至年底，总资产412.72亿元，全年交易量6767.7亿元。销售产品超20亿元，其中固收产品销量13.5亿元，产品保有规模41亿元，人均销量780万元，形成常态化的产品销售体系。引进全国各地上市公司股东落地泉州区域进行限售股减持，为各地财政贡献个人所得税17.59亿元。债券承销实现常态化落地，承销泉州城建、泉州台商投资区、晋江市、石狮市、南安市等地方国企债券，发行债券项目15个，发行规模超70亿元。

（华福证券泉州分公司）

【兴业银行泉州分行与兴业证券泉州分公司签订战略协议】 2022年9月22日，为贯彻落实兴业银行总行与兴业证券签署的战略合作协议，服务区域实体经济，推进泉州地区“双兴”联动，兴业银行泉州分行与兴业证券泉州分公司开展合作座谈会暨战略协议签约仪式。根据协议，双方将在巩固现有业务合作领域的基础上，加强在客户资源互荐共享、股权并购融资、科创板企业IPO融资、债券承销、代理推介、财富产品销售、三方存管、获客户场景共建等领域的全面合作。

【企业改制挂牌上市政策扶持】 2022年12月，《泉州市进一步支持企业改制挂牌上市实现高质量发展若干措施》出台，致力于推进补贴前移化，以分担企业改制上市全周期成本，企业从股改至首发上市最高可获1300万元奖励资金，对企业和人才的地方贡献奖励幅度也有不同程度的提升。从全市纳税超500万元企业中优选322家储备企业进行上市引导，推动近40家拟上市企业加快改制上市进度。

（蔡毅峰）

保险业

【概况】 2022年，泉州市保险业实现各项保费收入268.82亿元，比2021年增长2.7%。其中，财产保险保费收入67.27亿元，增长8.29%；人寿保险保费收入201.55亿元，增长0.96%。赔款及给付支出78.06亿元，增长9.85%。其中，财产保险赔款及给付支出38.56亿元，增长4.87%；人寿保险赔款及给付支出39.5亿元，增长15.19%。全市保险业为经济社会提供12.72万亿元风险保障，增长38.26%。

【特色险种】 2022年，泉州市在全省首创政策性“保险+期货”生猪期货保险、知识产权被侵权损失保险等特色险种，推广农业保险、环境污染责任保险、安全生产责任保险等业务，推动防返贫保、医疗纠纷保险实现全覆盖。截至年底，全市保险业为农业提供73.01亿元的风险保障；办理环境污染责任保险签单数量279笔，比2021年增长47.62%，提供保险保障5.11亿元；办理安全生产责任保险签单数量1.41万笔，比2021年增长50.25%，提供风险保障575.72亿元。

【养老保险】 2022年，中国银行保险监督管理委员会泉州监管分局深化养老保险保障，推进晋江市、石狮市长期护理保险试点，启动养老保险试点，指导8家试点机构规范业务流程，承保保单964件，实现保费收入2455万元。

【车险综合改革】 2022年，中国银行保险监督管理委员会泉州监管分局深化巩固车险综合改革。截至年底，全市车险车均保费较改革前下降11.94%，保险保障金额较改革初期增长122.76%，综合赔付率较改革前上升7.6个百分点，实现“降价、增保、提质”目标。

（柯志生）

【中国人寿保险股份有限公司泉州分公司】 截至2022年年底，中国人寿保险股份有限公司泉州分公司实现总保费收入66.49亿元，比2021年增长0.18%。总保费市场份额35.29%，比2021年提升0.06%。股份续期保费51.23亿元，比2021年增长4.13%。“乡村振兴保”拓展8.07万件，为20.11万名群众提供便捷的线上普惠保险服务，风险保额379.84亿元。参与“惠闽宝”宣传推广，线下销售惠闽宝11.48万件，线上分配5.84万件，合计17.32万件，保额6063.36亿元，处理泉州地区赔案569件、赔款532.97万元。发挥保险保障功能，受理保单借款21.18万件、借款金额62.29亿元；为3.33万人提供理赔服务，理赔保单件数3.73万件，总赔付金额3.93亿元。全年缴纳税收5964.44万元。

（中国人寿保险股份有限公司泉州分公司）

【中国人民财产保险股份有限公司泉州市分公司】 截至2022年年底，中国人民财产保险股份有限公司泉州市分公司实现保费收入38.69亿元，比2021年增长12.35%，市场占比47%，承担各类风险保障金额3.5万亿元，保费规模居全省地市首位，处理各类理赔案件28.58万件，支付赔款25.71亿元。为230万户居（村）民和外来务工人员提供社会治安综合治理保险保障，保障金额1048.07亿元；承办城镇职工补充医疗保险和城乡居民大病保险以及社保意外险，保险服务人群700万人，为全省参保人数最多；为全市203家公立医疗机构提供多层次医疗纠纷保险保障，保障覆盖面100%。形成农村住房、自然灾害公共责任、水稻、能繁母猪和育肥猪、森林综合、设施大棚、渔工渔船等政策性涉农保险险种以及“生猪保险+期货”等新型涉农保险平台，辖区森林保险覆盖率79.06%，农村户籍人口农房保险覆盖率100%。

（中国人民财产保险股份有限公司泉州市分公司）

【“惠闽宝”泉州推进会】 2022年8月2日，“惠闽宝”泉州推进会在泉州市迎宾馆召开。中国银行保险监督管理委员会泉州监管分局、泉州市地方金融监督管理局、市农业农村局、市保险行业协会等相关负责人，以及中国人寿保险股份有限公司泉州分公司、中国人民财产保险股份有限公司泉州市分公司等8家共保体代表出席推进会。会上，市保险行业协会负责人分别就推动医保外利民项目等政策提出鼓励建议，并对“惠闽宝”项目推广做出相关指导意见。“惠闽宝”是由中国银行保险监督管理委员会福建监管局等单位推动，省保险行业协会协调8家保险公司，专为福建省基本医保参保人（厦门市除外）推出的产品，该产品旨在为福建省医保参保人降低医疗费用负担。

（柯志生）

其他非银行金融机构

【概况】 2022年，泉州市类金融机构总体运行平稳，风险基本可控，但受宏观经济下行影响，全市类金融机构业务规模明显缩减，经营风险有所攀升。截至年底，全市有典当行35家、小额贷款公司30家、融资担保公司21家，正常经营类融资租赁公司18家、商业保理公司2家。

【典当行】 截至2022年年底，泉州市35家典当行注册资本金7.49亿元，开展业务3626笔，典当总额9.48亿元，比2021年减少8400万元；典当余额5.33亿元，比2021年增加7600万元。

【小额贷款公司】 截至2022年年底，泉州市30家小额贷款公司注册资本金74.11亿元，发放贷款5297笔70.16亿元，比2021年减少13.76亿元；贷款余额63.18亿元，比2021年减少7.89亿元。

【融资担保机构】 2022年，泉州市融资担保业务规模快速增加。截至年底，全市21家融资担保机构注册资本金34.86亿元，担保额219.48亿元，比2021年增加29.54亿元；担保责任余额135.43亿元，比2021年增加55.19亿元。其中，政府性融资担保机构11家，注册资本24.05亿元，全市政策性融资担保机构新增担保金额87.17亿元，在保余额105.17亿元。

（蔡毅峰）

旅 游 业

综 述

【旅游接待】 2022年，泉州市文旅市场有序复苏，接待旅游总人数5620.71万人次，比2021年下降15.8%。其中，国内游客5615.16万人次，下降15.8%；境外游客5.55万人次，下降46.9%。旅游总收入593.53亿元，下降14.9%。其中，国内旅游收入591.18亿元，下降14.9%；旅游创汇3400万美元，下降8.9%。

【旅游规划】 2022年，泉州市文化广电和旅游局编制《泉州市“十四五”文化和旅游改革发展专项规划》（以下简称“专项规划”），出台《加快推进旅游业高质量发展的实施意见》，配套系列政策和专项资金，为文旅经济发展提供要素保障。专项规划提出将着力打造世界遗产保护利用典范城市，深化闽南文化生态保护区建设，推进国家公共文化服务体系示范区创新发展及国家文化和旅游消费示范城市建设，力争到2025年，实现全市旅游1.3亿人次，旅游总收入2000亿元。

【旅游政策支持】 2022年11月24日，由泉州市文化广电和旅游局牵头起草的《泉州市文化旅游发展促进条例》经省人大常委会表决通过，成为全国首部聚焦文化旅游发展的地方性法规。市文化广电和旅游局积极向上争取、推动本级出台、促进各县叠加，推出系列政策，暂退旅行社“质保金”537万元，兑现首批纾困资金1367.88万元，全力支持旅游市场复苏回暖。

【全域旅游】 2022年，泉州市市、县两级联动、线上线下聚力，构建以“宋元中国·海丝泉州”为核心的品牌营销矩阵，全方位唱响泉州文旅品牌。泉州市文化广电和旅游局推出“世遗泉州·全域旅游卡”，以“电子+实体卡”形式发行。该卡是集“食、住、行、游、购、娱”于一体的一卡通旅游卡产品，覆盖酒店、景区、购物、娱乐、餐饮等业态，联动整合文旅产业链优质资源，实现文旅惠民、利民、便民。持卡所有者可在激活后一年有效期内，免费畅游联盟合作的免门票景区，以及享受部分合作

2022年9月27日，“世遗泉州·全域旅游卡”发布会在清源山老君岩举行
（市文旅局 供图）

表14　2022年泉州市旅游接待人数统计表

	接待人数（万人次）	比2021年下降（%）
总人数	5620.71	15.8
国内游客	5615.16	15.8
境外游客	5.55	46.9

（资料来源：市文旅局）

景区的专属门票优惠福利，还可享受联盟电影院、星级酒店、购物商场、伴手礼折扣优惠和其他文娱赛事等活动优惠。首批联盟合作的收费景区达25家，涵盖山海大观、世界遗产风情、自然休闲、人文亲子、“海上丝绸之路”文化等类型。

【文旅融合】　2022年，泉州市文化广电和旅游局调整全市旅游产业发展领导小组，建立文旅经济工作专班。聚焦市委、市政府关于文旅经济和“强产业、兴城市”战略部署，围绕国家文化和旅游消费试点城市建设总体要求，注重在抓顶层、抓项目、抓业态、抓品牌四方面发力，提升文旅经济发展实效。新策划一批重点招商项目，推动签约100个，总投资1163.6亿元。25个省重点项目、36个市级重点项目分别完成投资41.38亿元、63.68亿元，超额完成投资计划。成立泉州市文旅融合与文化创意协会，团结和凝聚全市文旅融合与文化创意领域的企业、专家学者和工作者，研究产业发展现状与趋势，推动文旅融合与文化创意各领域、多方位、全链条深度融合发展。泉州市入选穷游网“最世界”年度榜单——“2022最佳文旅融合之城”。

（陈　卉）

旅游资源

【概况】　2022年，泉州市有A级旅游景区56家，其中AAAAA级1家（清源山风景名胜区）、AAAA级14家、AAA级31家；省级观光工厂34家、省级工业旅游示范基地4个；全国乡村旅游重点镇1个、全国乡村旅游重点村4个；福建省“全域生态旅游小镇”9个、金牌旅游村16个；省级旅游度假区4个；国家级旅游休闲街区2个，省级旅游休闲街区2个。年内全市新增AAAA级旅游景区1家、AAA级旅游景区3家，全国乡村旅游重点镇1个，福建省“全域生态旅游小镇”5个、金牌旅游村3个，省级旅游度假区1个，国家级旅游休闲街区1个。

（陈　卉）

【清源山风景名胜区】　2022年，清源山风景名胜区管理委员会丰富夜游活动，开启以“悦清源”为主题的夜间经营，初步形成老君岩广场夜景、清泰岩汽车后备集市、欧阳书院文化休闲、势至岩苗圃灯光互动活动4个夜游主题；整修观景平台18个，增设便民服务点3处、智能一体化杆82套；现场踏勘、规划“陈三五娘古道”“半岭岩—大道岩古道”“舟峰岩—赐恩岩古道”“福鼎村—张犁村古道”“五台峰”5条线路；梳理出清源山19处历代书院、20处宗教场所、36处岩洞、32株古树名木、12处文物保护单位分布情况等；组织拍摄《清风拂面　正本清源》廉政文化宣传片、《清源山颂》短视频，策划“清风路”等；举办文化活动32场，包括“强国复兴有我”系列活动、“贯彻党的二十大精神学经典颂党恩”现场书法笔会、“生活中的泉州学”非物质文化遗产系列讲堂、“党员读书驿站”落户欧阳书院、申报世界

2022年2月4日，“强国复兴有我”春节活动在清源山老君岩举行

（清源山管委会　供图）

遗产一周年低碳环保徒步清源山活动等；推进洞后、茶寮、西田寮等8个乡村专项规划编制和花博园片区、五虎朝狮片区详细规划编制工作；修订完善清源山风景名胜区日常管理项目考评办法，对景区卫生保洁、公厕卫生、设施维护、文明服务、绿化管养等实行精细化考评。全年接待游客60.81万人次。

（吴慧兰）

【泉州市三景区获评国家AAA级旅游景区】 2022年10月26日，晋江市博物馆、安溪国心绿谷生态茶庄园、德化安娜茶油文化产业园获评国家AAA级旅游景区。晋江市博物馆是集典藏、展示、科研、社教等功能于一体的国家二级博物馆、福建省一级博物馆，建筑面积1.7万平方米，展厅面积5500平方米，设有“晋江故事——历史与人文的诉说”“匠心天工 美美与共——馆藏文物精品展”“海天万里故园情——晋江华侨华人历史展”“晋台缘港澳情——晋江港澳台同胞展”四大固定展览。国心绿谷生态茶庄园位于安溪县尚卿乡，海拔750～1200米，除200余公顷生态茶园外，还拥有峰、谷、林、溪等多样化的生态环境。安娜茶油文化产业园位于德化县浔中镇城东开发区，以传播中国传统油茶文化为宗旨，汇集观光工厂、文化展示、研学实践、茶油主题餐厅、手工DIY体验、农业文创等。

【溪禾山铁观音文化园获评国家AAAA级旅游景区】 2022年12月29日，福建省文化和旅游厅公布全省新增7家国家AAAA级旅游景区。泉州溪禾山铁观音文化园获评国家AAAA级旅游景区。泉州溪禾山铁观音文化园位于安溪县，占地80.87公顷，分为四个区域：乌龙集镇、清心湖、百岁村、花田里，是建立在安溪茶产业基础上，以茶文化为主题建设的集“吃、住、行、游、购、娱”于一体的旅游景区综合体。全年接待游客9.74万人次。

【八仙过海旅游度假区获评省级旅游度假区】 2022年12月29日，泉州八仙过海旅游度假区获评省级旅游度假区。泉州八仙过海旅游度假区由山东八仙过海旅游集团总投资80亿元打造。一期投资32亿元，已建成运营的项目有欧乐堡欢乐水世界、欧乐堡海洋王国乐园、欧乐堡水上酒店、郑和宝船酒店，以及即将开业的郑和海洋酒店。二期项目有欧乐堡动物王国乐园、欧乐堡梦幻世界、国际滑雪场、博物馆群等文化旅游项目。全年接待游客40余万人次。

（陈 卉）

2022年12月29日，泉州八仙过海旅游度假区获评省级旅游度假区。图为八仙过海旅游度假区俯瞰 （泉州台商投资区管委会 供图）

旅游项目建设

【概况】 2022年，泉州市文化广电和旅游局注重项目带动，激发旅游业发展新活力。围绕策划、招商、落地、在建梳理重点项目，分类指导、靠前服务、主动协调，加快“水上看泉州、夜游世遗城”、德化红旗坊、法石“海上丝绸之路”历史街区保护和蟳埔民俗文化村及一批省、市重点旅游项目建设。年内竣工石狮永宁古卫城保护综合提升改造工程、永春外山乡康养旅游小镇、晋江欧洲海洋大马戏项目、世界瓷都德化国际陶瓷艺术城、安溪云中山旅游综合开发项目、安溪连捷温泉世界山庄六个市重点旅游项目。

【石狮永宁古卫城项目】 2022年，石狮永宁古卫城保护综合提升改造工程竣工。永宁古卫城位于石狮市永宁镇近海处，建于明朝洪武年间，已有600多年历史。永宁古卫城按照“永宁老街古城慢生活体验区”项目定位，立足永宁镇发展全域旅游，将永宁古卫城“景区网格”作为网格化工作的特色项、试点项，探索特色鲜明的“景区网格+”融合发展模式。永宁古卫城总体规划面积73.33公顷，其中一期工程涉及总用地面积14.87公顷，主要建设内容为古卫城老街及周边景区提升改造工程、城墙边智慧停车场建设、景区内海城大道（古卫城段）及永港路道路建设、建设游客服务中心及古卫城智慧旅游服务平台、完善标识标牌及消防安防系统5个子项目。

【晋江欧洲海洋大马戏项目】 2022年，晋江欧洲海洋大马戏项目竣工。晋江欧洲海洋大马戏项目位于晋江市安海镇安平桥景区旁，由力绿集团与乌克兰尼莫集团公司合作投资建设运营。项目占地面积1万平方米，总建筑面积2.2万平方米，由1栋5层楼的生活馆、1栋钢结构的表演馆组成，其中表演馆可容纳1600余人同时观看表演。乌克兰尼莫集团公司是世界知名的从事海豚养殖、驯化、表演的集团公司，拥有成熟的海豚养殖核心技术和专业的海豚养殖、繁殖、培训、表演技术队伍。

（陈 卉）

旅游业态

【概况】 2022年，泉州市文化广电和旅游局将文化旅游与山地旅游、康养旅游、海洋旅游跨界融合，推出一批世界遗产游、古城游、微度假精品路线；打造夜景灯会、旅游演艺、餐饮购物、商街夜市等业态；推出“世遗泉州·全域旅游卡”，覆盖酒店、景区、购物、娱乐、餐饮等业态；联合泉州市总工会认定第二批6家“泉州市职工疗休养基地”。领SHOW天地文化创意产业园、五店市传统文化旅游区获批第二批国家级夜间文化和旅游消费聚集区。

【古城和世遗旅游】 2022年，泉州市文化广电和旅游局以古城和22个世界遗产点为核心，将文化旅游与山地旅游、康养旅游、海洋旅游跨界融合，串点成线、连线成面，形成“亮点在古城、厚度在山海”的旅游发展格局。启动“走读泉州古城”旅游体验师探秘计划，精选“非遗瑰宝·活态古城”“世遗泉州·海丝古城”“寻味刺桐·烟火古城”三大主题精品路线。策划推出“世遗泉州”“古韵泉州”非物质文化遗产游、古城文化之旅、古城街巷深度游等精品线路或产品。

【夜间旅游】 2022年，泉州市文化广电和旅游局鼓励有条件的夜间文旅消费集聚区在丰富夜游产品、提升文化体验、完善配套服务上下功夫，打造夜景灯会、旅游演艺、餐饮购物、商街夜市等业态。8月25日，文化和旅游部公布第二批国家级夜间文化和旅游消费集聚区名单。泉州领SHOW天地文化创意产业园、五店市传统文化旅游区入选。在此之前，泉州古城的西街东段已入选第一批国家级夜间文化和旅游消费集聚区。泉州市在打造夜间经济上持续发力，在传统夜市的基础上，众多年轻业者给夜间经济注入新活力，后备箱夜市、集装箱夜市等不断涌现，夜市已经成为市民游客在泉州夜间消费的热门选项。

【乡村旅游】 2022年，惠安县崇武镇获评第二批全国乡村旅游重点镇。惠安县崇武镇、晋江市金井镇、永春县岵山镇、安溪县虎邱镇、南安市金淘镇5个镇获评福建“全域生态旅游小镇”。惠安县崇武镇前垵村、南安市眉山乡观山村、永春县仙夹镇东里村3个村获评福建省金牌旅游村。“云端踏青，香约茶园”浪漫赏花之旅线路入选全国乡村旅游精品线路。国庆期间，晋江梧林传统村落、安溪国心绿谷等主要乡村旅游点分别接待游客3万人次和4700人次。

【购物旅游】 2022年，泉州市文化广电和旅游局举行2022第五届“润物无声”泉州文创旅游商品设计大赛，培育优质文创旅游商品，助推购物旅游发展。大赛决出城市礼物奖6名、“世遗”专项奖6名、优秀设计奖18名、高校优秀组织奖6名、海峡设计创作交流奖3名。其中，“六胜塔风铃”获城市礼物奖一等奖，“桑莲法界 桃莲映瑞”系列作品获“世遗”专项奖一等奖。

【泉州主题浪漫赏花之旅入选全国乡村旅游精品线路】 2022年，文化和旅游部推出“乡村四时好风光——春生夏长 万物并秀”全国乡村旅游精品线路专题，包括113条乡村精品线路。其中，泉州安溪、永春、德化三县主题为“云端踏青，香约茶园”的浪漫赏花之旅线路获推荐。行程路线第一天：德化县九仙山景区—赤水街农家餐厅—云龙谷景区；第二天：永春县北溪文苑—岵山古镇—玫瑰园民宿—仙夹龙水村—东里村；第三天：安溪县洪恩岩—华农生态农庄—铁观音发源地—云岭茶庄园。

【2022年“山海泉州露营生活节”】 2022年5月19日，由泉州市文化广电和旅游局、德化县政府主办的

2022年11月15日，惠安县崇武镇获评第二批全国乡村旅游重点镇。图为该镇最重要的景点崇武古城

（洪旭 摄）

2022年5月19日，2022年“山海泉州露营生活节”暨德化全域旅游宣传系列活动在德化县赤水镇蜗旅露营基地举行　（曾世彬　摄）

2022年“山海泉州露营生活节”暨德化全域旅游宣传系列活动在德化县赤水镇蜗旅露营基地举行。此次活动以“星空下·山海间　享受美好旅程”为主题，旨在提升泉州陶瓷文化生态旅游在海内外的知名度和美誉度。活动内容包括开幕式、山海泉州露营生活展和“星空下·山海间　享受美好旅程”泉州露营生活篝火晚会等。德化县以此为契机，启动遍布全县的10个露营基地，为游客开启全新的露营旅游新方式。

（陈　卉）

旅游营销

【概况】　2022年，泉州市文化广电和旅游局策划举办文旅主题活动800余场，带热旅游市场；策划开展“#宋元中国看泉州”等多个话题播放量过亿人次的营销热点，其中“世遗泉州”推荐官、“探见泉州”等系列话题全网曝光超10亿次；对接央视等各级主流媒体到泉州，推出系列专刊、专片。泉州成为新晋网红地，入选携程国庆黄金周全国十大“本地游新锐目的地”榜首（订单增长463%）、“新晋美食目的地”和新周刊“2022年十大出圈小城”，全年实现旅游总收入593.53亿元。

【媒体宣传】　2022年，泉州市文化广电和旅游局用好电视、报纸、抖音、微信公众号等媒体矩阵，开展文旅宣传推广，发布新媒体相关信息、短视频超3000条，阅读量/播放量超7000万次；开展“宋元中国看泉州”新媒体事件营销，邀请姚晨、黄渤、黄晓明等16名影视演员为泉州发声，抖音话题播放量超1.7亿人次，系列话题全网曝光超3亿人次；编制出版《D调泉州》《不一样的泉州》等宣传出版物。泉州市文化广电和旅游局、泉州古城办聚焦首个“7•25”泉州世界遗产日，联合抖音推出“#宋元中国看泉州”抖音话题挑战赛，邀请抖音达人为泉州代言，话题播放量累计超1.3亿人次。市民和游客积极参与，超过5200个投稿视频从各个角度向全网推介泉州。

【节会参展推介】　2022年，泉州市文化广电和旅游局组团参加第二十届中国·海峡创新项目成果交易会，作为文旅经济展区板块的主宾市，组织布设“世遗泉州”文旅经济专馆，以“宋元中国•海丝泉州”世遗品牌为主题，突出展示世界遗产、古城、“海上丝绸之路”、闽南文化特色等文旅经济发展成果及项目招商，组织48家文旅企事业单位参展。在端午来临之际，与厦门、漳州、三明、龙岩四市文旅部门联合到莆田、福州、南平等地举行“山海微度假•YOUNG游闽西南”2022年闽西南协同发展区（闽东北）联合旅游宣传推广活动，向闽东北旅行商、市民、游客推广“山海红潮、世遗经典、山海潮旅”三大主题“闽西南微度假”产品，展现多彩“闽西南文旅生活”，吸引“福建人游闽西南”。继续联合厦门、漳州、三明、龙岩四市文旅部门，在台湾台北和高雄设立“清新福建•山海闽西南”旅游形象店，多方位、多角度、多层次、多渠道宣传“山海闽西南”“海丝泉州”文化和旅游资源，推广精品旅游线路，重点针对青少年群体、大学院校学生及潜在大众客户群体。

【旅游商品开发】　2022年，泉州市旅游商品在2022中国旅游商品大赛（健康主题）中获1银3铜，包揽福建省全部奖项。其中，泉州市金砖文化传媒有限公司“有福同享”获金奖；德化润金陶瓷艺术研究所“福兔”、乐城知礼（泉州）文化创意有限公司“禧狮·美好生活”系列摆件和泉州市大魏文化传播有限公司“拍拍兔小夜灯”获铜奖。

【旅游联盟建设】　2022年，泉州市文旅部门联合福州、厦门、漳州、莆田、宁德、平潭五市一区文旅部门共同成立福建滨海旅游联盟，这是贯彻落实省委、省政府关于做强做优做大“海洋经济、文旅经济”要求的重要举措。联盟工作会议在宁德市霞浦县召开。会上，省文化和旅游厅发布“1号滨海风景道”标识，并向国家知识产权局申请“1号滨海风景道”23大类注册商标；六市一区文旅部门共同签署《福建滨海旅游联盟章程》，打造一个以“1号滨海风景道”为主的大旅游IP，串联省域山海自驾大环线，实现滨海旅游品质国际化，培育海洋、文旅经济新增长点，做强做优做大“海上福建”。

【文旅活动】 2022年，泉州市文化广电和旅游局通过“闽南美好生活嘉年华”的持续举办，激发泉州民俗文化的活力，丰富充实“宋元中国•海丝泉州”世界遗产城市品牌内涵，让更多海内外游客以及本地市民体验多元又独具特色的“原真闽南•美好生活”。为庆祝第12个“中国旅游日”，泉州市文化广电和旅游局、德化县政府联合在德化举办2022年“山海泉州露营生活节”暨德化全域旅游宣传系列活动。各地围绕“中国旅游日”、端午假期、暑期旅游旺季推出“听！古城的声音”接力直播、网络达人悠游洛江探秘计划、泉港福船文化节、晋江市文化体育旅游节、南安市全域旅游节、石狮研学旅游线路推介会以及景区门票减免和购物享折扣优惠等100余项文旅节庆活动和优惠措施。

【2022“闽南美好生活嘉年华”】 2022年2月4日，由泉州市文化广电和旅游局、泉州古城办、鲤城区政府主办的2022“闽南美好生活嘉年华”启动仪式在泉州威远楼广场举行。启动仪式上，同步发布“原真闽南•美好生活”泉州民俗旅拍大赛，举行第九、十期古城讲解员聘用仪式、“流光溢彩•点靓古城”换装设计获奖作品颁奖仪式、流动花灯展发车等活动。该活动以古城和传统民俗节庆为主，结合“福”文化，开展“流光溢彩•点靓古城”—“小白”换新装古城流动花灯展、“世遗泉州•诗意栖居”古城街巷艺术联展、“润物市集”、非物质文化遗产进古城、“刺桐寻遗•文旅畅游”泉州文化云盖章寻宝活动、“寻鲤计”古城探秘之“泉州锦鲤”活动、“泉家福”系列福文化打卡点推荐、泉州精品花灯展等。为打响“宋元中国•‘海丝’泉州”“世遗”文旅品牌，泉州打造“四季泉州”文旅节庆IP，春季以古城和传统民俗节庆为主，举办“闽南美好生活嘉年华”，夏季举办“滨海时尚旅游节”，秋季举办“山地生态旅游节”，冬季以文艺演艺为主，打造“闽南戏窝子”品牌，并全城联动营销推广。

【“走读泉州古城”旅游体验师探秘计划】 2022年7月15日，由泉州古城办、泉州市文化广电和旅游局主办的“走读泉州古城”旅游体验师探秘计划在市区苏廷玉故居启动，同时发布“#泉州古城太好逛了”话题挑战赛，活动当天话题量突破100万人次。活动邀请20余名百万粉丝大V、全国金牌导游、泉州金牌讲解员以及90名游客组成大众体验团参与，开启为期三天的“走读泉州古城”之旅，面向3000万名“粉丝”发送“泉州古城云攻略”。为让体验团成员尽享泉州古城好风光，活动精选“非遗瑰宝•活态古城”“世遗泉州•海丝古城”“寻味刺桐•烟火古城”三大主题精品路线，融合非物质文化遗产互动、街巷美食、“海上丝绸之路”研学、街拍打卡、古城夜游等体验方式，体验古城别样特色。

（陈 卉）

2022年7月15日，“走读泉州古城”旅游体验师探秘计划开营仪式在苏廷玉故居举行 （庄丽祥 摄）

旅游管理

【概况】 2022年，泉州市文化广电和旅游局强化旅行社和星级酒店日常监督和管理，举办导游员、讲解员培训班，开展星级饭店评定复核。组织开展全市文旅行业安全生产培训、消防应急和反恐防暴演练，提升旅游企业安全应急处置能力。引导旅游企业开展安全培训和应急演练。监督实施旅游行业标准。承担旅游行业信用和质量体系建设。监管旅游服务质量，指导服务品质提升。负责旅游经济运行监测、假日旅游市场综合协调和监管。截至年底，全市有旅行社147个，导游1760人。

【旅游市场监管】 2022年，泉州市文化广电和旅游局建立旅游投诉综合协调机制，落实“放心游福建”服务承诺，联动市场监管、商务、城管等部门分工协作，实行首接负责制，落实旅游投诉“一口受理”“快速办结”“先行赔付”，依法依规维护经营者和游客合法权益，提升游客满意率。

【旅游安全管理】 2022年，泉州市文化广电和旅游局紧盯旅游市场重点领域，加强安全排查和市场秩序整治，重点加强旅行社租用旅游包车和出境旅游安全管理，落实旅游包车“一团一报”制度，在全国旅游监管服务平台填报旅游团队信息，并对旅游产品开展安全评估，严禁组织游客到存在安全隐患，以及未开放的景点和未开发的区域旅游。加强导游领队教育管理和游客安全文明旅游提示提醒，做好旅游团队安全保障和突发事件应急处置工作。

【星级酒店管理】 2022年，泉州市文化广电和旅游局组织力量对企业进行检查指导，多次到企业督促整改，有针对性地抓薄弱环节，加强员工培训，提升企业员工业务知识和服务技能，引导各星级饭店推行个性化、人性化服务；依据国家标准，完成4家四星级饭店满三年期评定性复核；加大星级饭店监管力度，撤销8家星级饭店称号；组织参加全省星级饭店服务技能大赛，6人获奖。截至年底，全市有星级酒店51家，拥有客房总数8005间、床位数1.31万床。

【旅行社管理】 2022年，泉州市文化广电和旅游局鼓励泉州市旅行社开展地接业务，扩大客源市场，拉动旅游消费，促进经济增长；引导企业用好用足省、市叠加政策；鼓励机关企事业单位将符合条件的活动委托旅行社组织实施，在规定限额内凭旅行社发票报销。截至年底，全市有旅行社147家。

【导游管理】 2022年，泉州市文化广电和旅游局依托全国导游资格考试平台，建立导游人才数据库，挖掘优秀行业人才；指导各县（市、区）开展导游讲解员人才服务技能提升培训，组织百名古城及周边导游（讲解员）提升培训；一名中级导游员被文化和旅游部认定为全国金牌导游；选拔优秀导游参加第五届全国导游大赛福建省选拔赛，选送的两位导游分获二、三等奖。截至年底，全市有导游1760人。

（陈 卉）

旅游公共服务

【概况】 2022年，泉州市文化广电和旅游局坚持服务与监管相结合，简政放权、优化程序、筑牢底线，营造高效、放心的文旅消费环境。优化审批程序，压缩环节和时限，提前办结率达100%。推进文明旅游，支持晋江市五店市传统街区、德化县石牛山景区申报省级文明示范单位。

【旅游基础设施建设】 2022年，泉州市文化广电和旅游局加大旅游基础设施建设力度，改造提升1座自驾车露营地，建设7座镇（村）旅游服务中心、12座示范性旅游厕所，提升旅游公共配套服务。

【景区道路建设】 2022年，洛江区仙公山完成索道提级改造，新建缆车上站出口至通仙桥以及缆车通行道下水永亭至二级站方向两条安全护栏、缆车下站停车场LED彩屏。惠安县惠女风情园完成亲水栈道B段建设。安溪县优化设置国道通往清水岩景区道路交通旅游标志牌。永春县百丈岩拓宽景区道路300米。德化县石牛山景区修复沿途村道；九仙山提升旅游道路旁两侧设备设施，建成枫香彩叶休闲景观道；云龙谷完成亲水平台道路安全及标识标牌等提升工程。

【景区设施建设】 2022年，石狮市宝盖山新增35个监控摄像头；永宁古卫城完成小东门总面积3500平方米停车场建设，游客中心搬迁至陇西番仔楼地块。晋江市五店市传统文化旅游区完成夜间特色体验项目提升、大众茶馆建设；安平桥（五里桥）新增停车位、安全警示牌；七匹狼中国男装博物馆完成线上藏品系统二期开发、一齐飞防控智行安全管理系统项目建设；围头战地文化渔村完成古街巷微改造项目；梧林传统村落完成“梧林胸怀祖国”片区景观、游客中心服饰、空间功能、讲解服务、标识标牌、智慧景区等的提升；晋江经验馆完成游客中心、标识系统提升；灵源山完成标识系统提升。南安市叶飞故里红色旅游区修缮叶飞故居、新建游客服务中心；郑成功文化旅游区进行展厅修缮。惠安县净峰寺完成仙公大殿外观提升及夜景亮化工程项目建设；惠女风情园完成游客中心夜景灯光工程建设。永春县牛姆林生态旅游区建设大众茶馆，对原有生态科普馆进行部分扩建、重新布馆设计、装修，更换维护破损动植物标本；北溪文苑生态旅游区增加景区广播系统，完善景区电梯监控，建设大榕树下拱桥。德化县石牛山景区建设主峰酒店周边提升工程；九仙山建成love网红打卡点、森林康养项目场地、生态教育实训基地、智慧景区提升工程、游船项目提升、生态文化宣传栏等；顺美陶瓷文化世界增加景区提示标牌，完成企业文化长廊升级改造，自主研发AR投影系统；云龙谷建设小蛙帐篷营地夜景项目及配套娱乐设备；安娜茶油文化产业园改善景区内标识标牌、警示标志、园区导览图、景区活动节目预告，完善游客服务中心配套及餐饮配套服务，增加专业讲解人员；江山美人茶庄园完成茶园夜景、餐厅、住宿等配套设施更新及智慧庄园改造。

【文明旅游宣传引导】 2022年，泉州市文化广电和旅游局举行泉州市“文明旅游·荣耀泉州：与文明相伴与健康同行”“文明旅游进景区”等主题宣传活动，突出泉州文化元素，制定具有泉州特色的文明旅游宣传折页，推进宣传折页进景区、进酒店、进旅行社，让文明提醒贯穿旅游全过程。分季度、分区域、分重点开展文明旅游主题宣传活动，2022年度A级旅游景区志愿活动全覆盖，发放宣传资料3万多份，普及文明旅游常识，引导市民树立文明旅游和安全出行意识。

【旅游惠民】 2022年，泉州市文化广电和旅游局整合全市优质旅游景区、酒店、伴手礼等“食、住、行、游、购、娱”市场经营主体，打造旅游一卡通，向市民、游客特价优惠促销。联合泉州市总工会打造职工版“惠工卡”，鼓励全市职工“知行泉州游世遗、惠工惠民促消费”。

（陈 卉）

房地产业

房地产开发经营

【概况】 2022年，泉州市以稳定房地产市场作为制定房地产政策、措施的出发点和落脚点，从激活土地市场、调整购房政策、强化信贷支持、降低预售门槛、灵活资金监管等方面，分散出台20条政策措施，促进房地产市场平稳健康发展。加强中高风险房地产企业风险防范化解工作，推动房地产项目策划包装、规划审批、政策出台等各方面工作。6月，泉州市促进房地产市场平稳健康发展领导小组成立。小组定期研判房地产市场形势，调动各成员单位力量，协调推动房地产项目策划包装、规划审批、政策出台等各方面工作，促进房地产市场平稳健康发展。截至年底，全市有房地产开发企业1290家，其中一级企业1家、二级企业304家、三级企业215家、四级企业151家。全年房地产企业完成投资922亿元，比2021年下降4.2%。从投资构成看，房地产土地购置费293.22亿元，增长12.8%，占房地产开发投资的31.8%，拉动房地产开发投资增长3.4个百分点，带动作用显著。从工程用途看，房地产地下商场、车位等其他投资144.43亿元，增长12.9%，占房地产开发投资的15.7%，拉动房地产开发投资增长1.7个百分点。全年房屋施工面积7228.26万平方米，比2021年下降4.9%，其中住宅5198.65万平方米，下降4.3%；房屋竣工面积881.21万平方米，比2021年下降18.4%，其中住宅631.41万平方米，下降14.1%。商品房销售面积1516万平方米，比2021年下降5.9%。

【土地出让】 2022年，泉州市出让房地产用地107宗、404.47公顷，可建成建筑面积1000万平方米。

【商品房供应】 2022年，泉州市供应商品房596.1万平方米，比2021年下降38.91%；新开工面积1076.07万平方米，施工面积7228.25万平方米，竣工面积881.21万平方米。

【二手房交易】 2022年，泉州市存量房交易378.98万平方米，比2021年下降33.71%；其中，存量住房交易285.15万平方米，比2021年下降24.49%。鲤城区、丰泽区、洛江区、泉港区、泉州经济技术开发区、泉州台商投资区存量房交易129.54万平方米，比2021年下降27.83%。其中，存量住房交易88.74万平方米，比2021年下降33.91%。

【商品房价格】 2022年，泉州市商品房均价每平方米9785元，比2021年上涨3.79%。其中，商品住房均价每平方米1.06万元，比2021年上涨8.66%。鲤城区、丰泽区、洛江区、泉港区、泉州经济技术开发区、泉州台商投资区商品房均价每平方米1.3万元，上涨18.15%。其中，商品住房均价每平方米1.27万元，上涨16.2%。

【商品房库存】 2022年，泉州市商品房库存1098.29万平方米，去化周期11.8个月。其中，商品住房库存677.31万平方米，去化周期8.42个月，略为偏紧；非住宅库存420.98万平方米，去化周期33.17个月。市本级商品房库存329.15万平方米，去化周期12.53个月。其中，商品住房库存167.05万平方米，去化周期7.26个月，非住宅库存162.09万平方米，去化周期49.97个月。

【房票安置】 2022年，泉州市住房和城乡建设局创造房地产需求，刺激商品房需求端，提振土地拍卖和房地产市场交易信心。在中心市区推行房票安置，新上市销售项目安排20%房源用于房票安置，部分居民为认购新上市销售项目房源向房票持有者购买房票。

【泉州市公积金提取政策调整】 2022年5月11日起，泉州市允许提取公积金支付首付款。凡在泉州市行政区域内购买新建商品住房的，购房职工（含共有产权人）、配偶及直系血亲可提取住房公积金支付购房首付款，减轻支付首付款资金压力，方便职工购买新建商品住房。同时，提高住房公积金贷款最高额度。借款人夫妻双方均缴交住房公积金的，最高贷款额度由60万元调整为80万元，单方缴交住房公积金的，最高贷款额度由40万元调整为50万元。

房地产中介与租赁服务

【概况】 2022年，泉州市住房和城乡建设局推动建立住建行业市场主体和中介机构标准化内控管理体系，培育可复制、可推广的标杆企业。培育发展住房租赁市场，探索长租房市场建设。完善保障性租赁住房发展机制，新增保租房5738套。

【房地产中介】 2022年，泉州市住房和城乡建设局依法规范市场主体及中介机构监管。推动建立住建行业7类市场主体和7类中介机构标准化内控管理体系，培育一批可复制、可推广的标杆企业。开展“双随机、一公开”执法检查，加强对市场主体以及市场中介机构的信用评价和结果应用。截至年底，全市有房地产中介机构1057家，从业人员5300人。

【住房租赁】 2022年，泉州市住房和城乡建设局培育发展住房租赁市场，探索长租房市场建设，在各县（市、区）各培育发展1家以上专业化规模化住房租赁企业，新增市场化租赁住房1万套（间）以上。

【《泉州市保障性租赁住房建设与管理规定》出台】 2022年9月1日，泉州市住房和城乡建设局、市发展和改革委员会、市财政局、市自然资源和规划局、国家税务总局泉州市税务局出台《泉州市保障性租赁住房建设与管理规定》（以下简称“规定”）。根据规定，保障性租赁住房的承租人主要为在中心市区工作生活且无房的新市民、青年人等群体。鼓励高层次人才、产业人才、企业引进人才等人才承租保障性租赁住房，符合泉州市高层次人才安居保障相关政策的，按规定申请住房补贴。涉及保障性租赁住房以小型、适用、满足基本居住需求为原则，严格控制套型面积。户型设计以30～45平方米的一房型为主，适当配置45～70平方米二房型和90平方米以内的三房型，其中90平方米以内的三房户型配比不高于20%。产业园区及各工业项目要着重配建宿舍型保障性租赁住房。该规定自2022年10月1日起施行，有效期至2027年9月30日。

房地产市场监管

【概况】 2022年，泉州市住房和城乡建设局加强新建商品住宅及商办类建筑建设管理，提升新建商品住宅建设品质。重拳治理房地产乱象，加大房地产市场秩序整治力度，重点整肃房地产交易秩序。加强房地产市场监测，委托第三方专业机构密切监测市场变化，梳理分析房地产各类数据，研判市场走向。成立中高风险房地产企业风险防范化解工作小组，建立17个风险房地产项目定期跟踪研判制度。

【房地产建设管理】 2022年，泉州市住房和城乡建设局试水不限价、全装修、改善型住房。单套房屋建筑面积不低于180平方米，由房地产开发企业自行销售，并进行全装修交付，改变市场供应产品的单一性现状。实施教育配套设施建设提升三年行动，中心市区计划完成94个教育项目建设，总投资145亿元；推动教育设施一体化开发建设，与首期项目做到报建、建成、验收、投用“四个同步”。

【房地产企业信用建设】 2022年，泉州市住房和城乡建设局加强新建商品住宅及商办类建筑建设管理，提升新建商品住宅建设品质。试水不限价、全装修、改善型住房。单套房屋建筑面积不低于180平方米，由房地产开发企业自行销售，并进行全装修交付，改变市场供应产品的单一性现状。

【房地产市场监测】 2022年，泉州市住房和城乡建设局召开房地产座谈会，了解各房地产开发企业战略布局、经营状况，以及对泉州市房地产市场发展的意见、建议，优化房地产市场调控政策，增强房地产企业投资、开发的信心。

【房地产企业风险防范化解】 2022年，泉州市住房和城乡建设局成立中高风险房地产企业风险防范化解工作小组，建立风险房地产项目定期跟踪研判制度，落实属地责任，按照“一项目一方案一专班”原则，突出推动司法重整，实施国企代建代售，落实领导包案、专班化解和涉访人员稳控措施，推进房地产项目风险处置工作，化解5个项目风险，分别为：安溪县润丰领尚、南安市恒大新城、晋江市雍锦府、晋江市东海正荣府、泉州台商投资区星河城B地块项目。6个恒大“保交楼”项目全面托管，采取“政府主导、国企托管”的模式去“恒大化”，由泉州市金控集团托管建设，其中南安市恒大新城项目于9月完成全部房源交付，成为恒大巨额债务违约以来福建省第一个整体交付的“保交楼”项目。

【房屋征收管理】 2022年，泉州市住房和城乡建设局加强房屋征收管理，实施房屋征收拆除面积347.44万平方米，征收土地1400公顷，完成回迁安置107万平方米。

【房屋质量管理】 2022年，泉州市住房和城乡建设局加强房屋质量管理，完成新受理监督项目首次监督检查23个次，监督工程质量竣工验收项目18个。2个市管项目获评鲁班奖和国家优质奖。

【房屋安全鉴定】 2022年，泉州市住房和城乡建设局加强房屋安全鉴定，完成房屋鉴定36宗，建筑面积1万平方米；核查经营性自建房结构安全10.08万栋。

【商品房预售资金监管】 2022年，泉州市住房和城乡建设局加强商品房预售资金监管，保障交易安全，深化交易资金监管力度。修订出台《泉州市存量房交易资金监管规定》，自2022年11月26日起实施，有效期至2027年11月26日。文件明确交易资金监管范围，系买房人应支付的全部购房款（包括首付款、按揭贷款、一次性付款、分期付款以及其他形式的全部购房款）。规定“归属于定金部分的金额，除了卖方已实际收取外，应在存量房买卖合同签订后转为购房款进入监管账户接受监管”。

物业服务

【概况】 2022年，泉州市有住宅小区2429个，其中物业管理小区1358个、业主自治管理小区362个、街道社区托管小区470个。有物业服务企业564家（含分公司），其中67家成立物业党支部、23家参与成立联合党支部。行业从业人员3万人，其中党员857人。全市成立业主委员会887个，其中“红色业主委员会”660个，360个业主委员会主任为党员。

【公共收益专项整治】 2022年，泉州市住房和城乡建设局推进公共收益专项整治。全市排查物业住宅小区2023个（次），责令整改企业312家（涉及物业小区505个），对28个物业企业（物业小区）通报批评，对3家涉及违法的物业企业行政处罚，排查出公共收益8800万元，维护业主合法权益。印发市级公共收益整治宣传海报4.6万张，由各县（市、区）组织辖区物业企业在小区各个楼栋宣传栏张贴，提高群众知晓率。

【物业行业标准提升】 2022年，泉州市住房和城乡建设局开展物业行业标准提升，创建市级标杆项目1个、县级标杆项目16个，带动项目区域物业管理水平提升。推动全市1336个物业小区编制应急预案，586家物业服务企业签订安全标准化提升承诺书，督促物业企业强化自查自纠，全市自查并消除安全隐患1050条。市、县两级组织专题培训15场，参训1729人次。开展“民法典进小区”宣传活动，引导小区业主（住户）参与、支持物业安全生产标准化创建工作，主动发现并上报各类安全违规行为。

【住宅专项维修资金管理】 2022年，泉州市住房和城乡建设局开展住宅专项维修资金统一管理试点工作，从调整监管职责、强化专户管理、落实区县具体经办、规范账务管理、规范票据管理、提升管理效能等方面，对维修资金试点创建提出具体要求。

【物业企业履约检查】 2022年，泉州市住房和城乡建设局开展物业企业履约检查，组织各县（市、区）住建部门对辖区物业住宅小区的物业履约情况进行全覆盖检查，检查物业企业的基础管理、公共秩序安全管理、公共设施设备管理、环境卫生管理等。全市出动执法人员3329人次，检查物业小区1328个次，发现并督促整改问题5559条。

【创城小区物业提升专项行动】 2022年，泉州市住房和城乡建设局开展创城小区物业提升专项行动，制定行动方案，区分小区“内外”，紧扣设施短板、环境卫生、秩序维护以及违章搭盖、“飞线充电”、空中“蜘蛛网”整治等创城易回潮、难处理问题。

（吴有荣）

民企与泉商

国家民营经济示范城市创建

【概况】 2022年，泉州市创建国家民营经济示范城市，形成支持民营经济发展政策体系，实施工业（产业）园区标准化建设和抓开放招商促项目落地、营商环境持续提升、安全生产标准化提升等专项行动，全方位支持民营企业高质量发展。

【政策赋能】 2022年，泉州市梳理制定12条惠企具体措施，线上直达兑现惠企资金54.6亿元。出台《2022年提升民营和小微企业金融服务能力行动方案》，实施七大行动，提高民营和小微企业金融服务获得感和满意度。实施“百千万”融资促进活动，开展政银企对接153场，存贷款余额均突破万亿元。启动企业上市“刺桐红”三年行动，新增上市企业4家，新设天使投资基金，不良贷款率持续下降。

【园区标准化建设】 2022年，泉州市实施工业（产业）园区标准化建设专项行动，加快推进14个工业（产业）园区标准化建设试点项目，启动600公顷工业用地改造提升，滚动推进总投资540亿元的47个重点项目加快建设，推动制造业高质量发展。推动各县（市、区）从原有开发区或工业园区中各确定一个6公顷左右的工业园区标准化试点项目。通过试点项目建设，探索推动一个园区试点集聚一个产业，通过龙头企业牵引，形成一个产业链配套，打造一批工业园区标准化试点新标杆。全市开工在建标准厂房1300万平方米。

【服务优化】 2022年，泉州市实施“营商环境持续提升”专项行动，开展“万名干部进万企、一企一策促发展”“政企早午晚餐会”“局长走流程、走基层”“企业服务专线”，构建“亲而有度、清而有为”的政商关系。建成投用政务便民服务平台、公共数据开发平台，“一网通办”比例达85%，“一趟不用跑”比例达92%；解决痛点堵点问题959个，压缩承诺时限3013个工作日。实施“安全生产标准化提升”专项行动，完成5.2万家企事业单位标准化创建全覆盖，提高本质安全水平，生产安全事故起数、死亡人数实现“双下降”。

【《泉州市2022年提升民营和小微企业金融服务能力行动方案》出台】 2022年1月，泉州市金融工作办公室印发《泉州市2022年提升民营和小微企业金融服务能力行动方案》，实施通过实施“七大行动”（“首贷首办”深耕行动、实施融资服务优化行动、实施政府性融资担保融资增信赋能行动、实施区域资本发展全面提速行动、实施地方金融组织助力行动、实施金融领域落实台胞台企同等待遇行动、实施民营企业纾困帮扶行动），提高民营和小微企业金融服务获得感和满意度，推动营商环境优化提升。

【泉州市民营经济发展大会召开】 2022年2月6日，2022年泉州市民营经济发展大会在泉州人民会堂召开，1000位企业家、有关银行机构和行业协会负责人等在主分会场参会。会上发布《泉州市人民政府关于进一步支持民营企业高质量发展的若干措施》（以下简称“若干措施”）。若干措施在2021年出台惠企政策基础上，梳理制定12条惠企具体措施，其中包括进一步扶持企业自身成长3条、进一步强化科技人才支撑2条、进一步提升金融服务实体经济质效2条、进一步实施工业园区标准化建设1条、进一步实施质量

2022年2月6日，2022年泉州市民营经济发展大会现场签约15个民营企业重大项目（陈晓东 摄）

品牌战略3条、进一步打通政策落地“最后一公里”1条。若干措施出台后，泉州市形成“1+1+13”政策体系。其中，第一个“1”是2021年出台的《关于创新发展“晋江经验”加快创建全国民营经济示范城市的决定》；第二个“1”是此次新发布的《关于进一步支持民营企业高质量发展的若干措施》；“13”是指《关于进一步支持企业科技创新促进高质量发展的实施意见》《关于印发泉州市进一步支持制造业高质量发展若干措施的通知》《关于印发泉州市进一步加强金融服务实体经济若干措施的通知》《关于印发泉州市绿色数字技改专项行动方案的通知》等13项专项扶持政策。会上公布60家民营企业纳税大户红榜，举行首批30名“招商引才顾问”聘任仪式，现场签约15个民营企业重大项目。

民营经济发展

【民营经济规模】 2022年，泉州市民营经济突破万亿元大关，占生产总值比重83%，居全国万亿城市首位。全市规模以上民营工业企业增加值占规模以上工业增加值比重86.4%，增长5.6%，增速快于全市规模以上工业平均水平1.7个百分点。全市民营企业出口额1648.24亿元，下降5%。

【民营经济结构】 2022年，泉州市民营经济以传统制造业为主，包括纺织鞋服、石油化工、电子信息等九大千亿产业集群的民营经济经营主体突破140万家，居全省首位。新增高新企业712家。

【民营经济投资】 2022年，泉州市民间投资1893.69亿元，增长6%。泉州市启动实施“抓开放招商促项目落地”专项行动，签约合同项目2342个。成立由市委、市政府主要领导挂帅的市招商领导小组，以及人大、政协主要领导和市委常委任组长的十二个产业发展小组，统筹推进全市招商工作；设立市招商服务中心，抽调专业骨干集中办公，实行市场化运营、专业化招商和全过程保障服务。从龙头企业、重要商协会、专业机构和重点侨商中选聘招商引才顾问；建立招商项目预审机制，牵头对招商项目投资条件进行预审，筛除不符合产业规划的项目，集中精力锚定大项目、好项目。

【泉州市17家企业入围2022福建省民营企业100强】 2022年9月26日，福建省工商业联合会在福州发布2022福建省民营企业100强、2022福建省制造业民营企业50强、2022福建省创新型民营企业100强三个榜单，同时发布《2022福建省民营企业100强调研分析报告》。泉州市的安踏体育用品集团有限公司等17家民营企业入围2022福建省民营企业100强，入围数量排名全省第三，营业收入总额超过2000亿元；安踏体育用品集团有限公司等11家民营企业入围2022福建省制造业民营企业50强；福建恒安集团有限公司等12家民营企业入围2022福建省创新型民营企业100强。

市场拓展

【泉州市民营企业助力北京冬奥会】 2022年2月4日，北京2022年冬奥会开幕。泉州民营企业安踏体育用品集团有限公司（以下简称“安踏集团”）、福建盼盼食品集团有限公司（以下简称“盼盼集团”）、舒华体育股份有限公司（以下简称“舒华体育”）等携手赞助该届冬奥会。其中，安踏集团助力赛时制服装备、火炬手服装和该届冬奥会15大分项中的12支中国国家队比赛装备等的生产和服务；盼盼集团向北京冬奥村、各比赛场馆、冬奥酒店等提供32个品种2000余万包食品，为来自全球的运动员、教练员、志愿者提供健康营养美味；舒华体育则为三大冬奥村健身中心量身定制专业、科学的健身训练解决方案，并提供跑步机、动感单车、椭圆机等上千件产品。

【福建凤竹纺织科技股份有限公司安东新厂竣工】 2022年5月20日，福建凤竹纺织科技股份有限公司安东新厂项目竣工投产。该项目位于晋江经济开发区安东园，总投资8.5

亿元，占地面积11公顷，建筑面积16万平方米。该项目以生产高端针织印染布为主，生产规模为年产针织印染布10万吨、年产高端针织面料5万吨。作为国内纺织行业首个绿色工业建筑三星级项目，该项目在厂区各个环节都采用节能环保的设计：屋面搭设3.6万平方米太阳能光伏系统，年发电量500万千瓦时；两级回用设计的中水反渗透膜系统，可使污水回用率达50%以上；4台烟气回收处理设备，对废气进行高效回收净化处理，并进行余热回收，一年可减排5000吨标煤；厂区穿行道路采用风光互补的智能路灯系统等。

【盼盼集团与阿根廷国家足球队战略合作签约】 2022年9月29日，盼盼集团与阿根廷国家足球队战略合作签约仪式在北京举行。盼盼集团成为阿根廷国家足球队中国区赞助商。这也是阿根廷国家足球队在中国休闲食品饮料行业的首个合作对象。盼盼集团同时发布《盼盼面包六大“新鲜”标准》，推出阿根廷足球队纪念版盼盼麦香鸡味块、盼盼豹发力能量饮料、艾比利薯片等产品家族，推出盼盼烘焙类14个单品。

【56家泉州企业入选省重点上市后备企业】 2022年11月25日，福建省地方金融监督管理局公布2022年度福建省重点上市后备企业名单，56家泉州企业入选。对入选省级重点上市后备企业库的企业，省级财政分阶段分别予以一次性奖励：完成中国证券监督管理委员会福建监管局辅导验收后奖励50万元；实现境内上市（含上海证券交易所、深圳证券交易所、北京证券交易所）后奖励100万元。对已在北京证券交易所上市的公司转至上海证券交易所或深圳证券交易所上市后奖励100万元。

【三安光电定增募集资金78.7亿元】 2022年12月7日，三安光电股份有限公司（以下简称“三安光电”）发布公告称，扣除与发行相关的发行费用后，募集资金净额78.7亿元。此次定增事项从2021年9月启动，预案显示，三安光电拟向不超过35名特定对象募集79亿元。其中，69亿元用于湖北三安光电股份有限公司Mini/Micro显示产业化项目，10亿元用于补充流动资金。该项目建设地点位于湖北省鄂州市葛店经济技术开发区，投资建设形成Mini/MicroLED氮化镓芯片、Mini/MicroLED砷化镓芯片、4K显示屏用封装三大产品系列的研发生产基地。

商会活动

【商会组织】 截至2022年年底，泉州市有市、县两级驻外商会276家。年内，包头泉州商会成立。杭州市泉州商会等23家异地泉州籍商会及泉州上饶商会等13家驻泉州异地商会、行业商会、镇级基层商会等36家泉州籍商（协）会获评全国“四好”（“政治引领好、队伍建设好、服务发展好、自律规范好”）商会。

【十家泉州籍异地商会获评“年度优秀泉属异地商会”】 2022年2月25日，由中共泉州市委宣传部、市发展和改革委员会、市工业和信息化局、市商务局、市地方金融监督管理局等主办的2021年泉州经济年会峰会举行。会上发布“年度优秀泉属异地商会”榜单。福州市泉州商会、长沙市泉州商会、武汉市泉州商会、深圳市泉州商会、银川泉州商会、合肥泉州商会、泉州市温州商会、泉州市泉永企业商会、北京晋江企业商会、南宁南安商会入选“年度优秀泉属异地商会”榜单。

【泉州籍异地商会支援家乡抗疫】 2022年疫情期间，泉州籍异地商会捐赠资金、物资达614.35万元。其中，深圳市泉州商会组织“战疫情、爱家乡抗疫捐款”活动，向泉州市红十字会捐赠80万元抗疫专用资金；重庆市福建泉州商会向泉州市红十字会捐赠N95医用口罩6万个，价值42万元；长沙市泉州商会向泉州市红十字会捐赠医用口罩50万个、84消毒液200桶，以及5万元抗疫专用资金，总价值36.2万元；江西泉州商会采购3000套医用防护服支援泉州，价值13.5万元；南通泉州商会向全体理事发起支援家乡抗疫爱心捐赠倡议，募集善款16.24万元；南宁泉州商会向全体会员发出“‘泉’心‘泉’力、共克时艰”助力家乡疫情防控捐款的倡议，募集善款10.14万元。

【包头泉州商会成立】 2022年9月1日，包头泉州商会成立大会在内蒙古自治区包头市举行。大会选举产生包头泉州商会第一届领导班子成员和第一届理事会成员。内蒙古苏核阀门设备有限公司董事长洪亚炼当选包头泉州商会第一届会长。与会领导和嘉宾为包头泉州商会、商会党支部揭牌，为商会会长授牌。商会会长为执行会长、监事长、秘书长及荣誉会长等授牌。包头福建商会代表兄弟商会致贺词。

【“长三角”泉州商会联盟成立】 2022年11月5日，中共泉州市委、泉州市政府在上海举行泉州市“长三角”招商推介会，并举行“长三角”泉州商会联盟成立仪式。上海泉州商会联合上海、江苏、浙江、安徽等泉州籍商会发起成立“长三角”泉州商会联盟。该联盟旨在把“长三角”泉州籍商会与家乡经济类行业商（协）会进行融合，融入国内国际“双循环”大发展格局，在推动“长三角”地区与泉州两地交流互动、共享商机、共谋发展等方面，发挥“助推剂”“润滑剂”

2022年11月5日，泉州市“长三角”招商推介会在上海举行

（张九强 摄）

作用，增强“长三角”泉州籍企业的抗风险能力和市场应变能力，引导“长三角”地区项目、资金、人才和技术资源嫁接服务泉州做好新型工业化文章、做强做优做大现代产业体系。

泉商社会活动

【泉州市民营企业家入选北京冬奥会火炬手】 2022年2月2日，北京冬奥会火炬传递启动仪式举行。约1200名火炬手参加火炬传递，泉州市两名民营企业家入选，分别是安踏集团董事局主席丁世忠和舒华体育董事长张维建。火炬手中既有全国各级先进模范代表，也有科、教、文、卫等各界先进代表和知名人士，大部分是扎根生产和工作一线、做出突出贡献的“不平凡的普通人”。

【安踏集团董事长及董事局负责人获评“年度慈善家”】 2022年5月30日，由民政部指导、《公益时报》主办的第十九届中国慈善榜暨《2021中国慈善捐赠发展蓝皮书》发布。安踏集团荣誉董事长丁和木、董事局副主席丁世家、董事局主席丁世忠2021年度捐赠额达24.07亿元，获评“年度慈善家”，捐赠金额位居榜单前十名；同样获此荣誉的泉州企业家还有金光纸业（中国）投资有限公司总裁、黄奕聪慈善基金会名誉理事长黄志源。此外，在“年度慈善项目”榜单中，“安踏茁壮成长公益计划”入选；在“年度慈善榜样企业”榜单中，特步集团有限公司入选。

【泉州市两名民营企业家获评“全国优秀企业家”】 2022年9月16日，由中国企业联合会、中国企业家协会主办的2022年全国企业家活动日暨中国企业家年会在内蒙古自治区包头市举行。大会表彰2021—2022年度“全国优秀企业家”。福建讯网网络科技股份有限公司董事长王冬竹、盼盼集团董事长蔡金垵入选。“全国优秀企业家”评选活动在企业家自愿参加的前提下，采取由全国各省（自治区、直辖市）企业联合会和全国性行业协会等机构推荐申报的办法，通过初审、复审、终审的评选程序，并向社会公示。

【安踏集团丁世忠获评“年度影响力企业领袖”】 2022年12月10—11日，由《中国企业家》杂志社主办的第二十届中国企业领袖年会暨第二十二届中国企业未来之星年会在线上召开。会上，《中国企业家》杂志公布2022年度“25位年度影响力企业领袖”名单，安踏集团董事局主席兼首席执行官丁世忠入选该名单。

【安踏集团赖世贤向晋江一中捐款1亿元】 2022年12月24日，晋江市第一中学建校70周年办学成果展暨捐赠仪式举行。新一届校董会55位成员向晋江一中捐款1.7亿元。其中，晋江一中第三届校董会董事长、安踏集团执行董事兼首席财务官赖世贤捐款1亿元。

（杨 挛）

经贸合作

招商引资

【概况】 2022年，泉州市商务局大招商、促落地，促进双向投资稳定增长。全市招商引资1.3万亿元，其中实际利用外资9.7亿美元，增长100%，增幅分别比全省和全国平均水平高98.2和92个百分点，创历史新高。围绕产业发展方向，强化经贸对接和精准招商，服务项目落地，拓展双向投资。发起“暖企业”行动，推动百宏、特步等在产外资企业以分配利润增资扩营超5亿美元；推动达利集团等境外上市企业返程投资近1亿美元。泉州市获评全国首批“中国投资热点城市”。

【精准招商】 2022年，泉州市商务局出台抓开放招商、促项目落地专项行动方案，利用“投洽会”、“进博会”、东盟博览会、海峡两岸企业家峰会、“晋江经验”20周年招商签约大会等平台，精准开展招商推介、对接。新备案（含增资）投资总额超亿美元项目4个，新增投资总额4.6亿美元，合同外资2.9亿美元。

【泉州成为投洽会“中国投资热点城市”】 2022年9月8日，第二十二届中国国际投资贸易洽谈会（以下简称“投洽会”）在厦门开幕。投洽会组委会与国际著名会计师事务所公司普华永道首次联合发布《中国投资热点城市》报告。由福建省团推荐并经组委会确定，泉州与广州、赣州、长沙、福州等17个城市成为该届投洽会“中国投资热点城市”。报告采用普华永道产业评估工具对选定城市进行观察，梳理城市重点产业形成较为完整的产业热力池，从增长力、扩展力和改革力三个维度描述城市发展机会、开放优势、转型成果等，展示各地发展现状和发展潜力，为企业优化布局提供参考。

表15 2022年泉州市及各县（市、区）利用外资及台港澳资统计表

项　目	项目数（个）		投资总额（万美元）			其中：合同外资（万美元）		
	本年累计	历年累计	本年		历年累计	本年		历年累计
			总值	其中净增资		总值	其中净增资	
全市	587	15417	150205	48329	7422541	144916	66934	4424835
鲤城区	7	1091	2706	1381	331461	1963	1390	195759
丰泽区	73	1270	12186	3381	496887	8650	2523	316688
洛江区	4	311	-39225	-39629	183746	-10256	-10509	124974

续表

项目	项目数（个）		投资总额（万美元）			其中：合同外资（万美元）		
	本年累计	历年累计	本年		历年累计	本年		历年累计
			总值	其中净增资		总值	其中净增资	
泉港区	1	341	30	0	538659	1416	1387	238259
石狮市	120	2593	16220	4657	710802	16906	7044	553743
晋江市	150	5050	38449	23803	2223573	33790	25167	1482659
南安市	62	1364	42236	10091	745437	31734	7753	487365
惠安县	18	967	16733	14841	524502	16814	15553	233411
安溪县	7	557	4855	2958	269464	4195	2958	65786
永春县	22	507	9531	139	175437	7834	521	92379
德化县	2	193	-886	-908	49270	-387	-398	27979
泉州经济技术开发区	2	228	19318	19233	183474	8005	7968	128067
泉州台商投资区	119	240	28053	8381	219435	23430	5576	111144

（资料来源：市商务局）

表16　2022年泉州市分行业利用外资及台港澳资统计表

项目	项目数（个）		投资总额（万美元）			其中：合同外资（万美元）		
	本年累计	历年累计	本年		历年累计	本年		历年累计
			总值	其中净增资		总值	其中净增资	
合计	587	15417	150205	48329	7422541	144916	66934	4424835
第一产业	13	346	6072	1298	98624	2485	1765	72443
第二产业	79	12243	57944	42754	5451337	48887	40710	3265416
食品饮料	13	482	6027	3165	184712	5876	4955	155333
纺织业	12	951	31018	27630	852180	29687	27919	636179
服装业	10	3855	1360	395	746854	3566	2711	580321
包袋业	0	427	0	0	86421	0	0	43584
工艺美术业	0	1014	330	330	150114	677	677	101454
制鞋业	5	1180	1598	846	472693	453	-100	336879
建材业	7	499	1657	0	249498	208	24	155248
五金机械业	5	1003	-1312	-1502	341941	120	-58	230960

续表

项目	项目数（个）		投资总额（万美元）			其中：合同外资（万美元）		
	本年累计	历年累计	本年		历年累计	本年		历年累计
			总值	其中净增资		总值	其中净增资	
电子业	3	688	8565	7845	647256	1636	967	297907
其他	24	2144	8702	4044	1719668	6665	3616	727550
第三产业	495	2770	86190	4276	1872580	93537	24459	1086976
土地开发及房地产	7	208	-38581	-40354	577304	-10981	-12444	336972

（资料来源：市商务局）

对外贸易

【概况】 2022年，泉州市商务局统筹疫情防控和商务发展，做好稳外贸、稳外资、扩消费、强口岸、惠民生、优环境、保安全等工作。对外贸易量稳质升，有为应对贸易摩擦、国际疫情、新疆棉禁令等风险。全市进出口总额2711.9亿元，比上年增长3.6%。

【出口贸易】 2022年，泉州市出口额1994.6亿元，比上年下降0.2%。主要出口国家及地区为东盟、美国、欧盟，占全市出口的64%，出口额分别为735.2亿元、277.8亿元、266.3亿元，分别增长11.9%、-4.5%、11.7%；主要出口纺织原料及纺织服装、鞋靴、机电产品等，出口额分别为551.2亿元、308.9亿元、203.3亿元，分别增长-15.6%、32.6%、-2.5%。

【进口贸易】 2022年，泉州市进口额717.3亿元，比上年增长23.4%。主要进口国家为沙特阿拉伯，占全市进口的57%，进口额404.4亿元，增长35.3%；主要进口商品为原油等，进口额492.1亿元，增长36.6%。

【“海外抢单”行动】 2022年，泉州市商务局在全省最早出台范围广、力度大、服务周全的扶持政策，搭建“抢订单拓市场”助企工作群和“泉通行海外版”企业服务平台，为企业出境签证、返回泉州集中隔离、“点对点”接回等提供“一条龙”服务，市、县两级组织157家企业221人参加四季度18个境外展。畅通国际循环，在全省率先开展“海外抢单”行动，创全国最短时间开行“中欧班列”。

【助企开拓市场】 2022年，泉州市商务局组织620家企业参加132届线上“广交会”；举办锦汉家居礼品展采购对接会，通过数字化手段助力展商在线对接海外采购资源；创新举办纺织服装、轻工工艺等外贸“微展会”，达成意向订单5600余万美元。

【RCEP对接平台】 2022年，泉州市出台全面对接RCEP行动方案。泉州市商务局推动泉州获评全国首个“国潮品牌之都”，举办“国潮品牌”大会（泉州）暨“丝路品牌”侨商对接会，16家泉州企业成为全国首批“国潮品牌”，与阿拉伯联合酋长国迪拜共建“国潮品牌馆”。配合市统战部门举办RCEP青年侨商创新创业峰会。开展20余场RCEP线上线

2022年11月26日，国潮品牌大会（泉州）暨丝路品牌侨商对接会在石狮市举行
（泉州商务之窗 供图）

下专题培训，发布RCEP成员国投资贸易环境信息14期。

【丝路品牌侨商对接会】 2022年11月26日，由中国品牌建设促进会、丝路规划研究中心主办的国潮品牌大会（泉州）暨丝路品牌侨商对接会在石狮市举行。活动旨在探索"国潮品牌"对经济和新消费的推动作用，探讨"国潮品牌"的国际化路径，为城市发展注入新动力，为经济发展打造新增长点。会上，安踏、达利等16家泉州企业获"国潮品牌"称号。会议前一天，泉州市被《中国城市报》、中国国家品牌网联合授予"国潮品牌之都"称号，成为全国首个获得该称号的城市。

表17　2022年泉州市进出口分类统计表

指标	绝对数（亿元）	比2021年增长（%）
进出口总额	2711.93	3.6
出口额	1994.61	-2.0
其中：一般贸易	1384.92	-9.2
加工贸易	44.61	-6.5
其中：机电产品	380.00	-6.3
其中：高新技术产品	50.33	-17.2
其中：市场采购贸易	558.86	21.7
其中：国有企业	43.50	27.8
民营企业	1648.24	-5.0
外资企业	302.87	13.4
进口额	717.32	23.4
其中：一般贸易	676.57	30.4
加工贸易	21.75	1.6
其中：机电产品	62.52	-17.9
其中：高新技术产品	50.21	-20.9

（资料来源：市统计局）

表18　2022年泉州市对主要国家和地区进出口统计表

国家和地区	出口额（亿元）	比2021年增长（%）	进口额（亿元）	比2021年增长（%）
亚洲地区	1081.12	-0.7	580.76	24.9
日本	44.02	-30.9	19.00	-21.9
韩国	73.19	-20.1	15.55	23.9
东盟	730.87	11.3	34.21	-4.4
沙特阿拉伯	18.59	-36.8	408.92	36.8
欧盟	264.74	11.0	33.66	-10.1
英国	36.41	-44.6	1.57	-34.7

续表

国家和地区	出口额（亿元）	比2021年增长（%）	进口额（亿元）	比2021年增长（%）
俄罗斯	33.59	16.3	9.90	90.9
美国	272.71	-6.2	32.37	32.1
非洲	94.24	-7.2	2.42	-58.5

（资料来源：市统计局）

境外经济技术合作

【概况】 2022年，泉州市商务局组团开展经贸促进活动，开拓葡语系国家市场。组织开展与东盟、欧盟等区域国家的经贸对接活动，做好泉州产业推介。全市新增备案（核准）对外投资合作项目协议投资总额和协议投资总额分别增长32.8%和68.2%。全年批准境外投资企业9家，境外投资金额1.1亿美元。

【经贸合作对接】 2022年，泉州市商务局在第19届中国—东盟博览会、中国—东盟商务与投资峰会上，重点推介泉州营商环境、对外投资政策等。联合省商务厅、越南驻华大使馆举办中国（福建）—越南经贸合作推介会，线上参会达2万人次。指导服务惠安铭城体育用品、泉工股份、晋江名志体育用品等企业“走出去”，督促企业做好境外项目安全防范。

【劳务合作】 2022年，泉州市对外劳务派出5934人次，新签劳务人员合同工资总额4059万美元。

【俄乌冲突对泉州市外贸影响专题座谈会】 2022年3月4日，泉州市商务局召开俄乌冲突对泉州市外贸影响专题座谈会，与企业进行沟通交流，研究应对工作措施。市税务局、中国出口信用保险公司泉州办事处业务负责人分别就出口退税函调业务和出口信保避险及提交索赔业务进行现场解读。美佳爽、联合石化、格兰特等10余家从事俄罗斯和乌克兰贸易的企业负责人参加会议。根据企业的具体诉求，市商务局开展涉俄罗斯、涉乌克兰项目风险排查工作，引导企业对俄业务采取跨境人民币结算方式，引导企业对原材料采购量适当提前评估布局，做好应对价格、汇率波动准备。

中国（泉州）跨境电商综合试验区

【概况】 2022年，泉州市跨境电商创新发展，为服务双循环和稳外贸做出贡献，网络零售额2462.7亿元，在福建省排名第一位，全国城市中排名第十位。自2019年12月获批跨境电商综合试验区以来，泉州市跨境电商发展迅速。青创网、“侨易邦”列入福建省重点经济平台发展扶持项目，青创网开辟跨境专区。泉州市在全省率先实施电商人才积分政策，率先成立涉侨海外仓联盟，开展海外华裔青年（小语种国家）跨境电商培训，举办系列跨境电商峰会活动。截至2022年年底，全市出口跨境电商卖家数量超6000家，其中出口跨境电商B2B企业数量超4000家。

【东海跨境电商生态圈】 2022年，泉州市东海跨境电商生态圈运营“泉州跨境电商综合服务大厅”，生态圈聚集跨境电商企业超1000家（均为境内企业），就业人数超1万人，实现区域年产值超100亿元，年发货量3000万件，销售额过亿元企业逐年增长，跨境电商出口规模保持年增长率30%，跨境电商出口规模占全市1/3以上，以园区为载体，驱动城市产业的整体发展和产业链条的高度聚合，形成标杆示范效应。

【电商展会】 2022年，泉州市举办中国（福建）—非洲青年跨境电商大会，拓展与非洲国家“丝路电商”合作，助力非洲电商产业发展和青年创新创业，引导省内优质企业发掘非洲巨大市场潜力，开拓电商新领域。举办阿里巴巴国际站“丝路领航·品牌出海”跨境电商峰会、“买全球 卖全球”2022晋江跨境电商创新发展大会、第二届RCEP青年侨商创新创业峰会、第三届中国（石狮）网上直播交易会、阿里巴巴全球速卖通品牌出海大会、中国鞋都首届跨境电商采购节等跨境电商资源对接会超30场。全年跨境电商出口额超150亿元。

【2022跨境电商（东南）峰会】 2022年3月1日，由泉州市商务局和阿里巴巴国际站主办的2022跨境电商（东南）峰会在泉州大剧院举行。此次峰会以“丝路领航·品牌出海”为主题，旨在推动阿里巴巴国际站与泉州携手加速泉州本土品牌出海。与会专家学者、外贸企业代表畅谈跨境电商新机遇、分享品

牌出海新理念。

【中国（福建）—非洲青年跨境电商大会】 2022年5月18日，由福建省政府外事办公室和泉州市政府主办的中国（福建）—非洲青年跨境电商大会以线上线下相结合方式举行。赞比亚、埃塞俄比亚、肯尼亚、埃及、加纳、南非、博茨瓦纳、津巴布韦、莫桑比克等非洲国家的青年企业家代表、非洲两大跨境电商官方平台与福建省企业畅谈电商合作，共享发展机遇。福建省电商领域研究专家介绍跨境电商概念框架、趋势、挑战和机遇；非洲两大跨境电商平台Jumia和集酷负责人分别介绍平台的特点和优势，在线解读最新政策，分享创新创业经验。

【2022晋江跨境电商创新发展大会】 2022年7月13日，由福建省商务厅、泉州市政府指导，晋江市政府、泉州市商务局主办的“买全球卖全球”2022晋江跨境电商创新发展大会在晋江国际会展中心举行。活动采用“1+5+1+1”的形式，即举办1场线下大会，配套设立5个特色产业专区举办特色产业带对接会、设立1个直播专区举办跨境主题直播活动、设立1个平台资源对接专区邀请国内外主流跨境电商平台到晋江对接，多形式推动生产与销售、线上与线下、内贸与外贸的创新整合。是日，晋江跨境电商全球开店综合服务平台启动。

2022年7月13日，“买全球 卖全球”2022晋江跨境电商创新发展大会在晋江国际会展中心举行 （市文旅局 供图）

国家级市场采购贸易方式试点

【概况】 2022年，泉州市作为全国首个拥有国家市场采购贸易方式双试点（石狮服装城、晋江国际鞋纺城）的地级市，围绕招商推广、政策支持、港口航线、通关便利化等重点工作，加快试点改革创新步伐，加快全省复制推广。全市市场采购出口573.9亿元，比2021年增长25.1%。

【“出海”平台】 2022年，泉州市商务局以港口扩容推动企业就近出海，坚持“一线一策”个性化扶持方式，拓展国际航线和外贸内支线，开通包括泉州首条俄罗斯远东航线在内的国际外贸航线18条。石狮市搭建东南亚采购集散中心和“侨易邦”跨境电商平台两大“出海”平台，线上线下齐发力。东南亚采购集散中心招引全省5个地级、14个县（市、区）级特色产品馆入驻；“侨易邦”入驻品牌厂家1500余家，产品链接7.37万个，SKU（库存量单位）总数110.4万个，实现“买全国、卖全球”。

【金融服务外贸创新】 2022年，泉州市商务局创新金融服务，帮助外贸企业规避汇率波动风险。石狮市在全国首创汇率避险“公共保证金池”，晋江市创设“汇率避险担保增信”机制。石狮市在全省率先开辟跨境收汇“总量核销”绿色通道，解决企业“收汇登记繁琐时效慢”痛点；上线市场采购收汇数据核对系统，提速企业奖补资金直达；创新“数据贷”“增信信保贷”“退税快贷”等金融产品，增强外贸企业活力。

【物流通道】 2022年，泉州市商务局完善物流通道。石狮市率先创新实施市场采购贸易试点“采购地申报、全省口岸验放”一体化通关模式，实现“就地采购、就近通关”，较原通关模式平均每标箱为企业节省费用超1000元，节省时间超12小时。推动开展“船边直提”“运抵直装”等口岸快速提离模式试点，开通以水路方式运抵、提离货物的“海上巴士”，创新“陆改水”、内外贸“同船运输”等监管业务模式，提升外贸企业转运和通关效率。

（叶冠庆 杨 华）

园区建设

综述

【园区建设评价】 2022年，泉州市有14个省级及以上开发区，核准面积131.19平方千米。其中，国家级经济技术开发区、台商投资区、海关特殊监管区和高新技术产业园区4个，完成地区生产总值908.76亿元，税收收入56.86亿元；省级经济开发区、工业园区、高新区10个，完成地区生产总值3117.9亿元，税收收入258.04亿元；省政府派出机构1个，市政府派出机构6个，县、区政府派出机构7个。主要聚集纺织鞋服、机械装备、建筑建材、陶瓷、食品、纸制品等传统制造产业以及化工化纤、生物医药、光电信息等新兴产业，是泉州市工业集聚、外资密集、外向度高、投资环境日趋完善的重要经济增长区域。全市开发区实现地区生产总值、固定资产投资、实际利用外资总额稳中有升。省商务厅对全省97家开发区进行2021年度综合发展水平考核评价，泉州市有14个开发区参评，排名前十名的有3个（晋江经济开发区第4名、泉州台商投资区第8名、泉港石化工业区第10名），排名前30名的有10个。商务部对2021年度全国217家国家级经济开发区的发展情况进行综合发展水平评价考评，泉州市有泉州经济技术开发区和泉州台商投资区两个国家级经济开发区参评，其中泉州台商投资区取得较好成绩，排名全国144名，较2021年上升61位。

【园区管理】 2022年，泉州市除政区合一的开发区外，各县（市、区）均对应省、市促进开发区高质量发展联席会议制度，建立工作领导小组、联席会议制度或协调机制，推动部分园区管委会主要负责人由当地政府领导兼任，其余则先行指派1名所在地领导挂钩负责，园区统筹协调力度逐步加大。各县（市、区）逐步理顺开发区管委会与所在地政府和职能部门之间关系，突出各自职责重点，优化人员配置。九个开发区设立投融资平台，主要类型有发展、投资基金以及融资担保公司等，助力园区建设和企业发展。针对部分开发区所在乡镇周边的各类工业园区存在管理体制不健全、规模体量较小和发展滞后等问题，在符合依法、合理、集约用地和环境保护要求的条件下，重点推动条件成熟的省级开发区整合托管区位相邻或产业趋同的各类工业园区，实行“一区多园”集中管理，拓展开发区发展空间，统筹产业布局，共享招商资源，做大园区经济。泉州市除政区合一的国家级经济开发区、泉港、泉惠石化专业园区及高新园区外，6个县（市、区）推动辖区内开发区整合托管县域内42个工业园区。

【招商引资】 2022年，泉州市各开发区开展与闽东北、闽西南两大协同区的交流协作，采取飞地经济、联合共建、委托管理等形式，建设跨区域合作产业园区。全市有5个开发区与两大协同区开展协作招商和共建园区。安溪经济开发区与厦门市合作共建湖里园、思明园。各开发区更新招商理念和转变招商方式，构建招商平台，实行市场化运作。晋江经济开发区开展“开放招商科技创新项目落地攻坚年”活动，优化完善招商机制，统筹“全市一区”资源，引进招商项目23个，总投资100.14亿元。

【重点建设】 2022年，泉州市各开发区发挥传统产业积淀优势，突出龙头企业带动作用，拓展新兴产业，加快产业转型升级，促进主导和新兴产业集群化发展。全市开发区实现公共基础设施建设投资总额308亿元，比2021年增长23.6%；省级工业龙头企业数79家，比2021年增长51.9%；产业集聚水平率均值超80%以上，最高值100%；财政对科技的实际投入额23.3亿元，比2021年增长12.6%；期末高新技术企业数812家，比2021年增长51.5%；省级及以上创新研发平台机构数224家，较2021年新增19家；有效发明专利数4067件，比2021年增长30%。洛江经济开发区加大园区科技创新推进力度，提升园区科技创新能力，推荐42家企业申报国家高新技术企业，入库省科技型中小企业66家，新增省级科技“小巨人”企业11家。

【绿色发展】 2022年，泉州市各开发区坚持绿色发展，按照相关环保要求，落实污水集中处理设施建设，沿海开发区污水处理厂均具备脱氮除磷工艺，并接入在线监控装置系统，对总氮、总磷污染因子进行监控；建设配套管网全覆盖，基本实现区内企业污水接管率100%，达到雨污分离要求。

（叶冠庆 杨华）

表19 2022年泉州市省级及以上开发园区一览表

单位：万元

开发区	层级	主导产业	地区生产总值	规模以上工业增加值	税收收入	工业用地地均税收	进出口总额		实际利用外资
							出口总额	进口总额	
泉州经济技术开发区	国家级	纺织鞋服、电子信息、机械制造、医药食品	2172384	1198859	138077	19.26	1467739	882755	41697
泉州台商投资区	国家级	纺织鞋服、机电设备、造纸及纸制品	3557000	1928027	210740	71.43	440317	102514	25049
泉州综合保税区	国家级	保税物流、进出口贸易、加工贸易、航空维修	—	—	15372.2	5.01	—	—	339.29
泉州市高新技术产业开发区（江南园、石狮园）	国家级	电子信息、纺织鞋服、机械汽配、精细化工	3358232	2158975	204370	14.92	707851	84845	34336
泉州半导体高新技术产业园区	省级	化合物半导体、集成电路、光电	1230940	583915	77427	21.71	94349	452009	6418
泉港石化工业区	省级	石化产业	3979689	3540444	918234	82.2	114663	3290275	73814
泉惠石化工业区	省级	石化产业	2276521	2048869	648930	68.61	2330000	4970000	1659
晋江经济开发区	省级	鞋服纺织、食品饮料、纸制品	4270567	3483188	432283	54.58	888835	557400	54686
洛江经济开发区	省级	工艺制品、纺织鞋服、机械装备，提升智能装备产业	2847765	1705527	194947	30.92	723325	26266	15469
南安经济开发区	省级	水暖厨卫、消防阀门、日用制品	5912458	2492413	222165	22.4	624051	183727	21285
惠安经济开发区（城南工业园区）	省级	鞋服包袋、建材机械、食品	1260327	1108292	52773	14.34	86236	19619	17990
惠安经济开发区（惠安惠东工业园区）	省级	纸制品、化纤、食品、机械	684664	534588	33630	8.4	69876	3173	2250
安溪经济开发区	省级	建材、藤铁工艺、服装鞋帽、茶叶业、轻纺、轻工机械	6418176	2406414	180581	25.22	335775	30176	12463
永春经济开发区	省级	轻纺鞋服、机械铸造、陶瓷树脂	1426828	1261772	31296	5.14	171659	6274	6139
德化陶瓷产业园区	省级	日用陶瓷、工艺品、树脂	871096	336479	110240	15	238120	180	205

（资料来源：市商务局）

泉州经济技术开发区

【概况】 2022年，泉州经济技术开发区规划面积31.5平方千米。包括经国务院批准纳入国家级开发区范围的面积12.5平方千米（含综合保税区3平方千米）；与晋江市合作开发的泉州特种汽车基地4平方千米；与南安市政府合作开发的官桥园区15平方千米。有各类市场主体1.35万家，规模以上工业企业131家，限额以上企业133家，产值超亿元企业48家；税收超亿元企业2家，超千万元企业14家；上市企业8家，拟上市重点企业3家；拥有中国驰名商标11件，作为主要起草单位参与国家行业标准制定企业9家；国家级工程研究中心等“国字号”科技品牌81家（项），科技小巨人领军企业23家，国家高新技术企业75家，省级专精特新中小企业10家、制造业单项冠军企业2家。形成纺织鞋服、电子信息、机械制造、医药食品4个主导产业。每万人发明专利拥有量96.25件，每万人中拥有高层次人才71名。有商住小区17个，在建楼盘小区2个，常住人口5.1万人。年内，泉州经济技术开发区被工业和信息化部评为五星级国家新型工业化产业示范基地，成为全省首个、全国第五个被联合国工业发展组织授予的“绿色开发区”。

【经济发展】 2022年，泉州经济技术开发区实现生产总值217.24亿元，比2021年增长1.1%；工业增加值160.8亿元，比2021年增长0.5%；第三产业增加值57亿元，比2021年增长2.3%；一般公共预算总收入12.91亿元，比2021年下降2.3%；一般公共预算收入6.14亿元，比2021年下降0.8%；全社会固定资产投资13.31亿元，比2021年增长12.44%；社会消费品零售总额127.9亿元，比2021年增长7.1%；出口商品总值51.84亿元，比2021年下降2%；实际利用外资（验资口径）1.26亿美元，比2021年增长319.69%。

【招商引资】 2022年，泉州经济技术开发区坚持招大引强，开放招商稳步实施。聚焦主导产业、龙头企业，采取专业招商、以商招商等多种方式，存量增量双线并进。提升招商实效，突出“小而精”项目，根据四大主导产业发展情况，分业分类梳理策划工业量更新、产业链合作、增资扩产、提容增效项目116个。推动太平洋制药、天地星电子等65家龙头企业、专精特新企业进行增资扩产，总投资340.05亿元，其中，特步增资扩产带动外企增资1.26亿美元，天地星等企业技术改造带动技改增资增长99.8%。出台完善《项目入驻、评估及退出管理规定》等招商政策，精准开展专场推介，引进濛创IP共享直播基地、利讯国际IP生态运营总部等特色产业项目，集聚闽汉新能源等一批总部、研发平台。全年洽谈合作项目141个，总投资548亿元，涉及机械装备、医药食品、纺织鞋服、电子信息及新材料、新能源、国际IP等产业。其中，正式合同项目118个，总投资503.1亿元，完成全年目标任务的100.62%，正式合同转化率99.16%；20亿元以上重大项目7个，总投资145亿元，完成全年目标任务的140%；1亿元以上项目99个，完成全年目标签约数的198%。开工项目112个，开工率94.92%，履约率100%。

【园区标准化建设】 2022年，泉州经济技术开发区推进园区标准化建设。空间挖潜成效明显，在摸排园区254个工业地块的税收、产值、业态的基础上，分门别类，细化台账，绘制工业用地效益热力图，一地一策、一企一策，确定处置措施，做到有鼓励、有限制；实施物理空间和生产工艺“双改造、双提升”，加快推进空间盘活、产业更新，全年更新盘活16个地块，置换金刚石工具装备数字化产业园、亿丰（福建）高端汽车数字化装配中心等优质项目，总投资115.3亿元。整合区内国企收购的7公顷地块作为园区标准化提升首个试点，以“新建+改造”的方式进行规划建设，开展远程异地开标，采用EPC承包模式，打造国际IP产业创新园。落地利讯儿童鞋服智能制造基地、小黄鸭全球采购与零售营运中心等9个项目，总投资18.5亿元。筹集到位专项债资金2.3亿元。快速推进项目建设，力促开工、投用、在建、谋划的“四个一批”项目滚动接续。区本级“四个一批”项目10个，总投资25.2亿元，年度计划投资5.3亿元，亿恒、腾趣等部分项目建成投用。21个省、市在建重点项目全年完成投资22.7亿元，完成年度计划125%，超时序进度25个百分点。泉州市下达的6个开工项目、5个竣工项目均按计划推进。

【科技创新行动】 2022年，泉州经济技术开发区实施抓创新促应用专项行动，组织34家企业申报国家高新技术企业，高企保有量75家；新增华利塑胶、大西洋电力、名品电子、隆恩建筑4家企业科技“小巨人”企业。实施绿色数字技改专项行动，新增国家级绿色工厂1家、市工业互联网项目1家、数字化生产线8条，“上云上平台”企业12家；全年工业投资增长104.3%。

【企业转型升级】 2022年，泉州经济技术开发区突出分类培育，推动小微企业升级、成长企业做精、龙头企业做大。区内有省级龙头企业2家、市级龙头企业10家；新增国家级专精特新“小巨人”企业1家，省级专精特新企业2家，市级服务型制造企业2家。“四上企业”35家，其中规模以上工业企业15家、限额以上商业企业17家、规模以上服务业2家、房地产开发企业1家。

【政务服务提质增效】 2022年，泉州经济技术开发区推出“清亲清濛”掌上平台和23件“一件事”集成套餐服务事项，创新“税秒算”+“远程帮”组合拳，建设“线下，线上，流动”三个大厅，促进政务服务提质增效。行政许可事项“一趟不用跑”占比位居全市第一，在全省开发区综评中，管理服务质量居全省前列。

（汪静文 姚清池 李振军）

泉州台商投资区

【概况】 2022年，泉州台商投资区辖洛阳镇、东园镇、张坂镇、百崎乡4个乡镇，区域面积218平方千米，年末户籍人口22.8万人，常住人口33.8万人，人口自然增长率5.4‰。耕地面积3428公顷，粮食播种面积1673.33公顷，粮食产量8200吨。林地面积4423公顷，森林覆盖率20.53%，森林蓄积量20.57万立方米。矿产资源以花岗岩为主。

【经济发展】 2022年，泉州台商投资区实现地区生产总值355.7亿元，比2021年增长4.8%；规模以上工业增加值比2021年增长7.8%；第三产业增加值113.61亿元，比2021年增长2.5%；社会消费品零售总额103.23亿元，比2021年增长5.1%；固定资产投资181.13亿元，比2021年增长19.1%；一般公共预算总收入28.89亿元，比2021年增长17.3%；一般公共预算收入18.35亿元，比2021年增长12.2%；实际利用外资4000万美元，比2021年增长71.6%。

【重点项目】 2022年，泉州台商投资区开展“项目攻坚2022”活动，举办重点项目集中开竣工活动4场、集中开（竣）工项目82个、总投资5356亿元，188个区级、49个市级、15个省级重点项目分别完成投资243亿元、167.7亿元、96.7亿元，完成年度计划的100.5%、121.1%、120.6%。其中，150个区级在建项目、40个市级在建项目、14个省级在建项目分别完成投资238.5亿元、162.7亿元、96.5亿元，完成年度计划的105.1%、123.9%、121.1%；新开工建设科华中盈石墨烯新材料、玖龙智能包装等62个项目，完成年度计划的101.6%；建成（部分建成）中南高科、唯科模塑等41个项目，完成年度计划的105.1%。智能电网产业基地获全市新基建新经济考核第一方阵第二名。

【招商引资】 2022年，泉州台商投资区坚持规划跟着新发展理念走、产业跟着规划走、项目跟着产业走，形成清晰的主导产业和特色产业招商路线图，锚定战略性新兴产业和先进制造业两大主攻方向及高端装备制造业、新材料应用产业、数字包装产业等五大细分方向，实施靶向招商、精准招商、以商招商等，推动产业集聚发展，完成招商引资年度目标任务。全年签约合同项目215个，总投资1355.48亿元。全年举办春节招商项目集中签约系列活动、2022年重大项目“云签约”活动等3次区级招商活动，参加第22届中国国际投资贸易洽谈会、第5届中国国际进口博览会、“晋江经验”20周年招商签约大会、泉州市民营经济发展大会、第七届世界闽商大会、泉州市“长三角”招商推介会等多次活动，对区情概况、优惠政策等进行宣传推介，延展平台聚集作用，挖掘一批优质客商资源。

【创新产业】 2022年，泉州台商投资区加快推进自主创新示范区建设，实施高新技术企业提升、研发投入提升、科技成果提升三大行动计划，储备培育科技创新企业95家，认定高新技术企业51家、省级科技“小巨人”企业10家，新增市级以上科技特派员28位，市级科技特派员工作站1个，获市级以上立项的科技计划项目14个，完成技术交易额6215.86万元、完成率86.11%。落实市政府与中国科学院海西研究院新一轮科技合作，支持装备所提升平台建设、研发创新、人才团队、转化应用能力和水平，新增产学研合作企业4家。

【行政审批改革】 2022年，泉州台商投资区实施“一枚公章管审批”改革，聚焦企业群众办事诉求，做到权责清晰化、管理扁平化、审批高效化，实现从企业开办到行业准入、从厂房报建到产权登记全链条“一局办、一章办、一次办”，审批效率提高85%。立足企业投资全链条、全场景、全周期需求，推行惠企政策“可计算、可兑现”数字化兑现和产业投资“企业开办、厂房报建”智能化导航以及不动产权“绑定管理、全链智治”一体化登记等数字化应用场景，实现企业投资办事闭环链接和实时监督。构建政企双兑现监督体系，将“惠企奖补、招商合同、发展诉求”全过程纳入数字化平台闭环管理，在惠企政策“掌上直兑”基础上，为企业量身定制“一企一策”兑现功能；优化升级“合同双兑现”监督功能，将企业投资、建设、投产和政府征迁、供地、审批等节点合同约定条款进行闭环管理；搭建“政企直通”通道，推动企业诉求随时线上提交、系统即时流转相关部门、部门限时办理反馈，确保企业诉求精准直达、诉求处置高效直通。以智能化督促手段，推动惠企政策必兑、政企承诺必践、发展诉求必应，以智慧监督促进政企双兑现，提升营商环境诚信化。

【泉州台商投资区海湾大道二期项目通车】 2022年1月12日，泉州台商投资区海湾大道二期项目通车，标志泉州海湾大道项目全线建成通车。泉州海湾大道是泉州台商投资区骨干路网之一，起始于后渚大桥东桥头，连接惠安山霞，全长21.4千米。项目分两期建设，一期工程于2021年全线建成通车。二期工程由中建五局投资建设运营，项目总投资32亿元，是省、市重点项目。项目起于泉州台商投资区16号码头，终于后渚大桥东侧互通立交，集交通、经济建设、防洪防潮、旅游观光等功能于一体，道路总长11.35千米，主路采用双线8车道，辅路采用双线4车道，全程无红绿灯，主路最高时速可达100千米。

【“青春闽台缘 筑梦泉州湾”两岸青年研讨会】 2022年7月28日，作为第十四届海峡论坛活动之一，“青春闽台缘 筑梦泉州湾”两岸青年研讨会在泉州台商投资区举行。8个省市的150余名两岸青年（其中台湾青年97人）及创业代表与会。启动仪式上，主办方授予泉台人力资源产业园“福建省台湾青年之家”牌匾。现场还分别举行台青创业项目、台青人才交流项目合作签约仪式。台青跨境电商基地项目、台青国际物流平台项目、台青科技人才孵化基地项目分别签约。武汉瀚台神农业科技有限公司、北京外企人力资源服务（福建）有限公司、亚台青创业孵化器经营管理（成都）有限公司等两岸人才交流项目分别与泉台人力资源有限公司签约。6名从台湾到大陆创业的青年分享他们的创业故事。

（苏仲鸣）

泉州综合保税区

【概况】 2022年，泉州综合保税区是泉州市功能最全的国家级海关特殊监管区，是落实国家“一带一路”“海上丝绸之路先行区”战略和发展对外贸易的重要平台。区内获批面积2.05平方千米，同时区外另行规划配套面积2平方千米。全年完成工业产值29.37亿元，比上年增长4.76%；完成固定资产投资额1.15元；完成限额以上批发零售12.82亿元，比上年增长28.97%；进出口总额89.78元，比上年增长176.1%。其中，出口额81.87亿元，增长196%；进口额7.91亿元，增长62.7%。

【产业集群】 2022年，泉州综合保税区产业主要涉及航空维修、高端印刷、环保新材料、酒类食品、保税物流、跨境电商及进出口贸易等类型。以大数据、云计算、物联网为代表的新一代信息技术产业；以航空航天、高端装备为代表的特色产业以及以新能源、生物医药等为代表的新兴产业已经形成产业集群。重点发展电子信息、生物医药、智能装备、汽车零部件、新材料等主导产业，成为推动高质量发展的创新能级。

【跨境电商业务】 2022年，泉州综合保税区优化“转关+安全智能锁”模式，深化运行“跨境贸易电子商务”“保税跨境贸易电子商务”模式，“跨境贸易电子商务”模式业务在10月突破亿元，全年突破100万票，比上年增长1744%，位居泉州地区“跨境贸易电子商务”业务量首位。

（庄聪雅）

泉州市高新技术产业园区

【概况】 2022年，泉州市推进高新技术产业园区基地建设，加强自创区建设，推进高新园区、科技园区标准化建设，打造科技创新高地。落实工业（产业）园区标准化建设专项行动，完善泉州高新区“一区多园”考核体系，强化对各分园区动态管理。组织编制《泉州高新区绿色发展五年行动方案》和《泉州高新区绿色发展示范园区申报方案》。

【环清源山科创走廊】 2022年，泉州市高新技术产业园区谋划建设环清源山科创走廊。将环清源山科创走廊纳入“十四五”科技创新专项规划空间布局，聚焦做大做强中心城区，提出环清源山科创走廊空间布局和成果转化落地图。推动环清源山区域布局科创资源，引进、孵化22个科创平台、科创型企业和项目落地走廊。其中，在鲤城片区，引进泉州市五交科技产业研究院及福建飞阳光电、厦门燧成照明、清大思源医疗3D打印等项目落地；在丰泽片区，引进落地国家技术转移东部中心泉州分中心、中关村硬创空间泉州知创园检测实验室、思极位置科技、出凡直播生态产业园等平台项目，推动福建（泉州）哈工大工程技术研究院改制，并依托天津大学集成电路及人工智能研究院、南京大学环保研究院等院所，引进孵化摩鉴微电子技术、玻尔光电科技、易斯德智能、河山环保科技等多个项目企业；在洛江片区，推动云箭测控导航产业化项目、伊顿电子产品项目、深圳时誉高精等项目企业落地；推动华数机器人、赛孔雀新材料等项目企业落地泉州经济技术开发区，睿步智能装备落地泉州台商投资区。

【自创区高新区建设】 2022年，泉州市高新技术产业园区加强自创区高新区建设。争取到2022年省级自创区建设资金6500万元，比2021年度增加700万元，推动23个项目列入2022年福厦泉自创区重点建设任务清单。开展跨区域协同创新，7个自创区协同创新平台获省级立项支持。完善泉州高新区“一区多园”考核体系，强化对各分园区动态管理。落实科技部高新区绿色发展部署要求，组织编制《泉州高新区绿色发展五年行动方案》和《泉州高新区绿色发展示范园区申报方案》，争创绿色发展示范园区。

（王少雄 林峰龙）

口岸管理

口岸开放

【口岸与航线】 2022年，泉州市港口与世界19个国家和地区有海运往来，已开通集装箱班轮航线39条，其中外贸集装箱班轮航线13条（含内支线1条），主要是近洋集装箱航线，通达菲律宾、越南、日本、俄罗斯等地。受疫情影响，泉州港口岸外贸进出口吞吐量完成3681.34万吨，集装箱进出口完成10.96万标箱。泉州晋江国际机场有国内外37家航空公司进场运营，开通国际（地区）、国内客货运航点83个，每周计划进出港航班1998架次。受疫情影响，泉州晋江国际机场暂未复航。

【口岸对外开放】 2022年，泉州市口岸管理单位推进石狮锦尚作业区扩大对外开放，加快锦尚作业区查验配套设施的建设，9月1日完成锦尚作业区扩大对外开放省级验收。推动中化石油公司外走马埭1～8号石化泊位和斗尾作业区7号泊位新增作业点对外开放，拓展国际船燃供应业务。推动中欧班列常态化开行，缓解泉州市部分企业对俄罗斯出口货物运输压力。会同市交通局，石狮、晋江两地商务和交通部门，中泉集团和福建中外运，与沃德菲航运就合作开辟俄罗斯航线进行探讨，推动俄罗斯海运集装箱新航线开辟。9月15日，中国泉州—俄罗斯远东航线班轮从泉州港石湖码头首发；10月12日，泉州港围头码头开通中国泉州—俄罗斯远东航线班轮，标志泉州继中欧班列（泉州—莫斯科）之后又一对俄罗斯贸易货物运输通道开通，缓解外贸企业对俄罗斯出口货物出运难、出运贵的难题。

【口岸管理服务】 2022年，泉州市口岸管理单位组织工作专班口岸收费工作组，到各码头开展疫情防控工作和口岸收费情况检查，重点检查口岸收费目录清单制度、口岸环节收费行为规范和落实现有降费措施落实情况。督促各收费主体要及时维护、更新发布本企业的收费清单数据，特别是针对4月1日以后取消的货物港务费并入港口包干费等更新事项，提醒码头企业提前安排做好口岸收费公示工作，简化收费项目，规范收费行为，提高口岸

2022年9月15日，中国泉州—俄罗斯远东航线首航仪式在石湖港举行
（李荣鑫 摄）

收费公开透明水平，优化口岸营商环境。配合港口部门开展涉企违规收费专项整治行动，更好服务稳外贸工作，促进产业链供应链稳定畅通，减免返还货物港务费超210万元，引航（移泊）费降费219.21万元。下达免除查验没有问题外贸企业吊装移位仓储费用试点经费68.61万元。

【通关便利化】 2022年，泉州市口岸管理单位推广“提前申报”等业务改革模式，推动口岸通关提效降费。深化进出口货物“提前申报”“两步申报”等改革；加大政策宣传引导，对有实际业务需求的企业，继续推行进口“船边直提”和出口“抵港直装”。在泉港口岸推行“边运抵边装船”的模式，提升口岸收管效能，加快港区危险化学品疏运效率。开通属地查检“绿色通道”，对远洋渔获实施“提前申报、船边验放”模式，提升水产品企业原料供应和产品出口通关质效。进出口提前报关量分别为49.47%和52.51%。在2019年底已提前完成整体通关时间比2017年压缩一半的目标的基础上，巩固压缩通关时间成果。泉州关区进、出口整体通关时间均优于厦门关区平均水平，进出口整体通关时间比上年分别压缩36.64%、16.13%。

（叶冠庆 杨华）

海关监管

【概况】 2022年，泉州海关统筹疫情防控和促外贸稳增长，推进“更有效率海关”建设。监管进出口货运量4677.3万吨，比上年下降1.5%；税收入库数177.09亿，比上年增长69.8%；进出口报关单14.3万份、集装箱29.5万标箱，分别比上年增长12.1%、2.3%；监管进出境邮快件376.4万件，比上年下降31.7%；监管进出境运输工具2562艘（架）次，比上年下降19.5%；签发各类原产地证书4.5万份，签证金额188亿元，分别比上年下降5.1%、增长2.1%。

【税收征管】 2022年，泉州海关全年税收入库177.09亿，比上年增长69.8%，创同期历史新高。其中，关税3.75亿元，比上年增长3.1%；进口环节税173.34亿元，比上年增长72.2%。落实中央各项减税降费措施和税收政策，推广税款担保改革、汇总征税、关税保证保险、预裁定等便利化征管举措，办理减、免税（费）超9.1亿元，利用相关税收政策助企纾困。其中，办理征免税证明966份，审批减免税款1.2亿元；自贸协定等优惠贸易安排项下商品进口享受协定税率，进口25亿元，为企业减免税款1.4亿元；通过签发自贸协定优惠原产地证书3.3万份，货值140亿元，可为企业获得进口国关税减让6.5亿元。与福州海关联合报送的白茶税政调整建议获国务院关税税则委员会采纳。

【卫生检疫】 2022年，泉州海关做好口岸疫情防控，筑牢口岸检疫防线。及时制订修订新冠疫情口岸常态化防控工作方案等15项，建立口岸传染病疫情风险监测与风险评估工作机制，落实入境人员防控要求。常态开展防控培训21次、应急处置演练17次，新增运输工具登临检查卫生资质8人，资质总人数达到154人。优化泉州、泉港2个专班工作机制，完成84人次、27轮水运专班工作，及时解决总署“百名科长百日督查”以及3轮次“关长走进口岸封管区”发现问题。推动口岸核心能力建设，完成关区5个海港、1个机场、1个中心自查评估。全年检疫监管进出境运输工具2008艘（架）次、检疫监管进出境人员3.36万人次，分别比上年减少28.57%、36.31%，在入境船员中检出核酸阳性23例；监测进出境体检人员7252人次，减少0.8%，检出传染病63例。强化口岸公共卫生监督，防范疫情多点叠加风险，检出鼠类汉坦病毒合并钩端螺旋体阳性1例，入选海关总署2022年全国口岸病媒生物监测典型案例。

【动植物检疫】 2022年，泉州海关推进外来物种口岸防控，开展“国门绿盾2022”“跨境电商寄递‘异宠’综合治理”等重点工作和专项行动。检验检疫进出境动植物及其产品9381批，货值43.59亿元，分别比上年减少17.23%、24.45%。其中，出口9244批、货值10.16亿元，分别比上年减少16.14%、31.05%；进口137批、货值33.43亿元，比上年减少55.95%、22.34%。辖区主要进境动植物及其产品为大豆、盐渍牛皮、棕榈仁粕等，主要出境动植物及其产品为竹木草制品、种苗花卉、芦柑、观赏鱼饲料、豆粕等。截获检疫性有害生物174种次，比上年减少38.30%；非贸渠道截获外来物种22种次，比上年增长69.23%。完成一家进境植物繁殖材料临时隔离检疫圃备案、首家出境食用水生动物中转场注册登记。

【进出口食品监管】 2022年，泉州海关深化“国门守护”行动，加强进出口食品安全监管，确保进出口食品质量安全。检验监管进出口食品化妆品2.93万批、货值98.34亿元，分别比上年增长17.67%、减少7.93%。其中，出口2.84万批、货值90.74亿元，分别比上年增长18.45%、减少3.4%；进口964批、货值7.60亿元，分别比上年减少1.33%、46.70%。主要进口食品为水产品、食用油、酒类、茶叶类，主要出口食品为水产品、糖果类、水产制品、茶叶、蜜饯制品。执行准入管理制度，参与海关总署食安局疫情防控源头管控相关专项工作，对境外水产品企业开展视频检查及评估境外企业整改材料52家次，核查处置境外通报不合格10批次，约谈企业6家次。

【进出口危险化学品监管】 2022年，泉州海关强化进出口危险化学品监管，执行危险化学品检验双人持证上岗，规范工作指引现场作业，开展“口岸危险品综合治理”百日专项行动，强化联防联控，提升应急处置能力，确保危险品监管安全。监管进出口危险化学品2541.01万吨，货值1300.56亿元，分别比上年减少7.63%、增长37.94%。主要包括原油、成品油和液体化工品等。防“滞”、查“瞒”成效明显，查获进口夹藏危险化学品和危险货物22.52吨，完成出口危险货物包装性能鉴定、使用鉴定187批，检出进出口危险化学品及其包装不合格13批。通过厦门海关危险货物及其包装检验人员资质考试21人。在驻泉港办事处建成全国海关系统首个散装气体和液体危险化学品取样与安全防护实操培训基地。推动福建口岸首次出口新能源材料碳酸二甲酯（DMC）、甲基叔丁基醚（MTBE），泉州关区首次出口苯乙烯、液态二氧化碳，促进巴布亚新几内亚原油首次登陆福建口岸。

【市场采购试点监管】 2022年，泉州海关助推外贸企业通过石狮服装城、晋江鞋纺城两大国家级市场采购贸易试点开拓国际市场，密切与地方政府配合协作，加强对市场采购贸易规范化引导及虚假贸易突出商品的打击力度，促进市场采购贸易有序健康发展。监管两个市场采购贸易试点出口货物12.66万票，货值746.28亿元，分别比上年增长22.46%、30.46%。出口商品涉及日用百货、建材、塑料橡胶、机器机械、鞋、纺织服装等13个大类；出口到东南亚、中东等160余个国家和地区。其中，石狮服装城市场出口8.65万票、504.46亿元，分别比上年增长26.44%、33.41%；晋江国际鞋纺城4.01万票，241.82亿元，分别比上年增长14.67%、24.71%。其中，对石狮服装城市场采购出口预包装食品试点坚持“风险可控、源头可溯、责任可究”管理原则，构建地方政府负总责、企业负主体责任、海关及市场监管部门负监管责任的“多方共治”监管体系，开辟预包装食品出口新通道。监管出口预包装食品2539批、3.85亿元，主要包括糖果、巧克力、糕点饼干类等18类低风险预包装食品，输往菲律宾、泰国、越南、缅甸等11个国家。

【快邮件监管】 2022年，泉州海关推行寄递渠道“选查处”分离改革，改造业务流程，并于6月1日起统一由驻晋江办事处承担石狮国际快件中心快件审单职责，实现泉州关区集约化审单，并加强物流监控力度，提升现场查缉能力。监管进境非邮政快件299.62万件，比上年减少23.94%，主要进境货物为食品保健品、奶粉、化妆品护肤品、服装鞋帽等。查获“两简”（简单案件和简易程序）案件28起、濒危物种案件4起，管制刀具23把，非法出版物116件，涉检安全准入情事213起。监管“e邮宝”出境邮件76.35万件，比上年减少0.052%，主要物品为鞋靴、纺织服装及配件、小配饰、包袋、玩具及游戏用品、口罩等，出口至全球100余个国家和地区。

【泉州综合保税区监管】 2022年，泉州海关以《综合保税区管理办法》实施为契机，加大政策研究及应用转化，加强重大决策落实和业务务实创新，有序保障泉州综合保税区运行与发展。监管泉州综合保税区一、二线进出口金额96.21亿元，比上年增长61.4%。其中，一线进出口金额84.25亿元，比上年增长110.3%。采取“一企一策”，协调市场监管部门为区内一家酒类分装企业首办生产许可证，成功培育泉州综保区内首家AEO高级认证企业。推动泉州综保区跨境电商“9610”项目健康有序运行，并获评厦门海关第三批“我为群众办实事”四佳项目。

【企业管理和稽查工作】 2022年，泉州关区推进以信息化为依托的“放管服”改革，优化企业备案流程，降低企业制度性交易成本。泉州关区新增备案登记报关单位851家，累计17714家。新增出口食品生产企业34家，累计备案食品、化妆品进口商328家，出口食品生产企业249家，出口食品原料种植场94家（蔬菜基地26家、茶叶基地68家），养殖场1家，进口肉类产品收货人14个，对外注册企业73家次。加大AEO信用培育工作力度，新增高级认证企业1家，累计20家。围绕稽查改革方案的总体要求，继续提高稽查业务运行管理，提升稽查查发能力，办结稽查作业73起，稽查查发率80.82%；办结核查作业347起，查发率68.01%；稽核查追补税1.93亿元；办结主动披露29起，因主动披露享受免予或减轻行政处罚15起；移交案件线索26起，涉案货值8.84亿元，比上年增长5.96倍，其中包括稽查改革以来厦门关区首起逃避商检刑事案件。稽查移交线索刑事立案6起，维护关区税收安全、准入安全。

【查缉打私工作】 2022年，泉州海关全年刑事立案38起（其中被总署缉私局列为一级挂牌管理案件5起），案值12.9亿元，涉税1.8亿元；行政立案288起，案值2.50亿元，涉税617.25万元。打击整治“水客”走私，摧毁三个自“线下”漂移至“线上”的水客团伙，抓获嫌疑人7名；快件监管现场查获精神管制类咖啡因胶囊48起、安非拉酮5起、象牙等濒危动植物产品4起、非法出版物25起。查扣涉嫌侵权货物43.16万件，向公安机关通报涉嫌侵权犯罪线索6起。

【海关实验室建设】 2022年，泉州海关综合技术服务中心（以下简称综技中心）加强实验室建设，提高实验室综合检测能力。3月，所属保健分中心医学实验室第一时间检出泉州本土新冠肺炎病毒阳性病例。5月，所属石油化工检测实验室被纳入厦门海关“十四五”建设规划“重点建设实验室”范围。5月，综技中心及其所属5个实验室通过中国合格评定国家认可委员会（CNAS）评审组现场评审，检测能力覆盖生物、化学、医学等三大认可领域，涉及食品、棉花、纺织品、鞋材和鞋类产品、原油、化工品、血清、鼠等79类产品，新增项目424项，实验室认可检测能力达2278个项目。7月，所属食品检测分中心实验室通过2022年农业厅农产品质量安全检查机构飞行检查。全年完成检测（疫）业务2.35万单、项目17.51万个，完成新冠病毒核酸检测19.2万人次，其中在入境船员检出核酸阳性23例；检出肝炎、艾滋病等传染病63例；截获检疫性有害生物175种次，检出泉州关区首例检疫性有害生物长芒苋；捕获病媒生物3大类10种1867只，其中一只鼠类合并检出Ⅱ型汉坦病毒核酸阳性及致病性钩端螺旋体核酸阳性，系厦门关区首次检出。全年获授权发明和实用新型专利16项，通过泉州市科技项目验收2项。

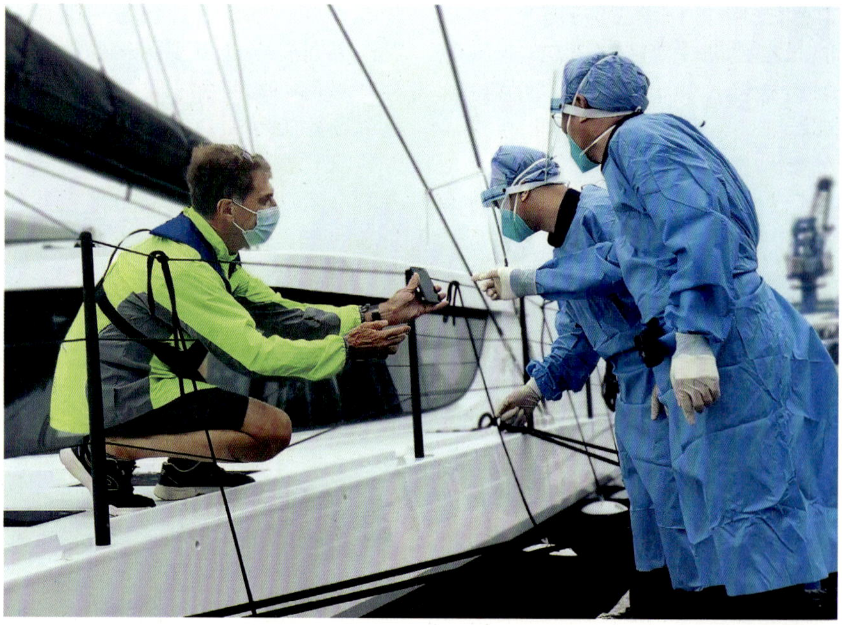

2022年4月25日，泉州海关驻南安办事处关员对“自航离境”游艇进行检疫查验 （张宗辉 摄）

【泉州关区首次完成泉州造游艇“自航离境”监管业务】 2022年6月8日，在泉州海关监管下，由两名外籍驾驶员驾驶的一艘泉州造“双体玻纤帆船”型游艇从泉州围头湾港区石井作业区驶离，驶往泰国普吉岛，标志着泉州关区首次完成游艇“自航离境”监管业务。此次出口的游艇长15.19米，宽7.44米，核载10人。以往，此类游艇的出口大多数是通过陆路运输至厦门等周边港口换装远洋运输船舶出口。但是，受疫情影响，国际海运运费大幅上涨，严重制约企业盈利水平和国际市场空间。为此，哈德森（福建）游艇有限公司向泉州海关提出以“自航离境”的方式出口，这样既可以缩短交货时间，又能有效压缩海运成本10%以上。为帮助该公司解决游艇出口的困难，泉州海关迅速成立工作专班，在调研基础上，组织加贸、通关、监管等方面的专家力量，提前会商企业需求，对该公司开展“自航离境”监管业务进行全流程的梳理研究，确保业务运行顺畅，风险可控；指定专人与企业对接，在申报要素、监管要求等方面加强指导，确保企业高效顺利完成“自航离境”出口。2022年，泉州海关监管以“自航离境”方式出口游艇3艘，克服疫情以及国际海运运费大幅上涨影响，可为企业节省运费60万美元。

【围头港区公共保税仓库和出口监管仓库启用】 2022年，泉州海关提前指导企业进行围头港区公共保税仓库和出口监管仓库（以下简称“两仓”）开展围网卡口、视频监控、计算机联网等设施建设，完善运营企业管理制度，促进“两仓”于9月1日启用。由厦门建发保税储运有限公司申请设立的围头港区“两仓”占地3000平方米，为世界第一大不锈钢生产商青山实业进出口卷钢、焦炭等大宗商品提供全球供应链服务，减少企业资金周转压力和物流成本，促进围头港口经济做大做强。全年监管进出仓货冷轧不锈钢钢卷4.38万吨，货值8867.8万美元。其中，出库转内销货物重量2.1万吨，内销征税3730.4万元。

（黄忠族 杨琳）

海事监管

【概况】 2022年，泉州海事局突出沿海水上交通安全专项委员会作用，提请地方政府并推动出台清理整治碍航违规捕捞渔具和养殖设施工作机制及涉渔船舶监管协调工作机制。发挥海事执法领域试点效应，开展现场执法前自查工作，事后督察发现问题比上年下降23.5%。组建水上交通管理中心，深化南北两湾协同执法机制，健全立体动态监管体系。探索实施载运易流态化固体散装货物船舶清单化管理机制。泉州辖区船舶进出港4.4万艘次。其中，国际航行船舶进出口岸2573艘次，比上年下降19.2%。港口货物吞吐量1.49亿吨，比上年减少5.1%。其中，外贸货物4061.4万吨，危险货物6496.9万吨，集装箱208.39万标箱。出动执法船艇1057

艘次，巡航里程2.22万海里。实施船旗国监督检查1034艘次，船舶现场监督检查1504艘次。处置事故5起、各类险情88起。

【海上安全监管】 2022年，泉州海事局开展水上交通安全专项整治三年行动，统筹推进涉危、涉客、涉渔、涉砂及施工作业船舶等重点领域专项行动，聚焦突出问题的整治，开展隐患整治和风险管控，集中力量完成一批重难点问题攻坚治理。推动71家航运公司高标准完成安全生产标准化提升创建工作，强化航运公司和船籍港管理，实现航运公司安全管理“三项指标”（船舶事故数、船舶滞留率、行政处罚艘数）下降。探索推广水上交通安全重大风险“一图一册一表”和“水上校车”保障服务等一批创新成果，健全远程监管和精准执法工作机制，形成29项长效工作机制。协同海洋渔业部门建立泉州市涉渔船舶监管协调工作机制，构建协同共治格局。通过抖音平台举办全省首次“商渔船长面对面”线上直播，开展宣教95次、联合执法173次。点验商渔船值班值守1203艘次，拆解涉渔“三无”（无船名船号、无船舶证书、无船籍港）船舶37艘。

【搜救应急保障】 2022年，泉州海事局组建水上交通管理中心，构建两级水上交通动态管控新模式，指挥协调中枢功能持续优化，信息流转处置更加顺畅高效。编制出台《泉州市“十四五”防治船舶及其有关作业活动污染海洋环境应急能力建设规划》，成立省内首个海上危险化学品应急救援基地。组织泉州市海上综合应急演练11场。救助遇险人员227人，救助遇险船舶20艘次，人命救助成功率98.7%。

【港航经济服务】 2022年，泉州海事局优化政务服务，设立海员信息采集“移动式政务服务窗口”，推出12项暖心“微服务”便民措施。帮扶船员产业，开班期数比上年上升67.9%，考试评估人次67923人次，比上年上升84.9%，创历史新高。突出海上保通保畅，解除25万吨以下超大型矿砂船进出港临时交通管制，提升船舶通航效率。保障4.4万艘次船舶进出港，保障煤炭、石油等能源物资5663.2万吨。指导泉州中化解决新货种海运外港问题，助力游艇公司以自航方式出口游艇。支持锦尚作业区口岸开放、斗尾7号泊位临时进靠国际航行船舶。全市新增体系船舶53艘，总运力比上年上升15.6%。加强重大项目建设要素保障，指导12项省市重点工程项目安全高效建设，保障福厦铁路安海湾特大桥成功合龙。

【海事执法能力建设】 2022年，泉州海事局受理海事行政许可/确认1.56万件，办理行政处罚472件，罚款金额1101.94万元。发挥海事系统执法领域试点示范作用，率先开展现场执法前自查工作，创新“嵌入式”驻点督察，落实事后闭环监控，构建“事前预控、事中管控、事后监控”的全过程执法督察新格局。

【泉州市海上综合应急演习】 2022年6月21日，由泉州市海上搜救中心主办的，以“提升应急能力，共建平安泉州”为主题的泉州市海上综合应急演习在泉州湾石湖码头前沿对开水域举行。泉州市海洋与渔业局、泉州海警局、泉州市消防救援支队等市直部门以及码头、航运公司、施工单位、拖轮公司、清污单位、志愿者队伍等17家单位160余人参加，出动参演船舶20艘、参演车辆20余部。演习模拟台风Ⅳ级预警期间，一艘远洋渔船“闽丰渔××”轮回港避风时因操纵不当与空载出港货船“嘉洋××”轮碰撞，造成渔船一名船员落水，货船失火、油舱燃油泄漏、主机故障，且失去控制向泉州湾大桥通航孔北侧漂移的情景。泉州市海上搜救中心接警后迅速核实和评估险情情况，立即启动应急预案，迅速调派船艇、消防应急拖轮和清污公司赶赴现场，组织消防拖轮现场探火灭火、志愿者船舶搜寻救助落水人员、调派应急拖轮对失控船进行拦截控制、调集专业船艇进行溢油防

2022年6月21日，以“提升应急能力，共建平安泉州”为主题的泉州市海上综合应急演习在泉州湾石湖码头前沿对开水域举行

（泉州海事局 供图）

污处置，完成船舶消防灭火、人员救助及疫情防控、船舶失控碰撞桥梁险情、船舶溢油防污处置四个科目演习。

【泉州市海上危险化学品应急救援基地授牌】 2022年10月10日，泉州市海上搜救中心与国家危险化学品应急救援泉州基地签订合作共建协议，并为泉州市海上危险化学品应急救援基地授牌。此系全省首个海上危险化学品应急救援基地。泉州海事局与中化泉州石化有限公司就国家危险化学品应急救援泉州基地的运作情况、扩大口岸开放，港区通航环境整治等事项进行交流。此次共建主要围绕建立应急信息通报机制、建立联合培训演练机制、建立应急协作联动机制、共同提升海上危化救援能力四个方面，明确多项共建内容，有助于加强泉州辖区海域海上危险化学品应急处置能力。

（王苏贞）

边防检查

【概况】 2022年，泉州出入境边防检查站查验出入境人员1.66万人次、交通工具1157架（艘）次。肖厝出入境边防检查站检查出入境（港）船舶1000艘次，检查出入境（港）船员2.1万人次。

（龚元章 林奕君）

【泉州出入境边防检查站】 2022年，泉州出入境边防检查站开展“獴猎”——2022专项行动、“三非”（非法入境、非法居留、非法就业）外国人专项治理，排查推送97条非法出入境案件线索、24条网络有害信息，排摸上报5条海上涉嫌非法出入境船舶线索、经济外逃人员18名，排查涉赌诈可疑人员信息11人，配合地方出入境部门破获3起“三非”外国人案件。妥善做好“南方精神”轮20名染疫船员离船转运保障工作。靠前指导锦尚作业区边检查验基础设施建设并通过省、市两级验收，完成晋江围头、石狮石湖至俄罗斯远东新增航线边防检查任务，保障专包机、哈德森游艇公司游艇等出入境任务。夯实基础设施建设，投入1000余万元完成警用数字集群通信、综合培训室、警务装备等项目建设，推动晋江机场边检候检大厅由原来的311平方米扩展到780平方米，提升旅客通关体验感。

（龚元章）

【肖厝出入境边防检查站】 2022年，肖厝出入境边防检查站出台《强化口岸管理工作的实施意见》，树牢“管理优先”理念。开展“獴猎”——2022专项行动和“三非”外国人专项治理等，强化数据分析研判，发现并通报相关部门核查涉“三非”违法线索10条。盯紧长期无业务的码头、台轮停泊点和散杂货码头等重点部位，强化巡查管控措施，开展联合海上巡航5次，阻断海上非法入境通道。加大口岸安全隐患排查力度，发现整改问题隐患30余个。建立健全勤务内控制度，常态化开展线上、线下督导，发布督察通报10期，通报问题50余个。开展“国门铸盾——2022”应急演练，协调口岸相关单位、公安警种部门多形式开展联合演练。修订完善4大类19种应急处置预案，按照“推演、演练、复盘”循环总结提升的实战演练模式，定期开展实战演练，组织全流程全要素应急处突演练20余次。实行船员换班勤务“一船一方案”，安全高效办理船员换班248人次。强化口岸限定区域综合管控体系建设，常态化排查整改口岸安全隐患。建立联检单位、港口企业、公安警种和港口部门多方参与的口岸联席会议机制，全年召开3次联席会议。健全优化诚信管理制度，规范企业生产经营活动，开展两次诚信等级评定，加强评定结果运用，实行差异化管理服务措施。

（林奕君）

2022年8月29日，肖厝出入境边防检查站开展外贸船舶边防检查勤务

（肖厝出入境边防检查站 供图）

交通·水利

交通建设

【概况】 2022年，泉州市交通运输业完成固定投资157.3亿元，比2021年增长20.6%。其中，高速公路完成投资22.3亿元，普通公路完成投资68.3亿元，运输服务完成投资51.7亿元，港口航运建设完成投资12.7亿元。截至年底，全市新建、改建公路333千米。年末公路通车总里程1.89万千米，比2021年末增加374千米。其中，二级及二级以上高级公路里程1173千米，高速公路里程684千米。公路密度为每百平方千米171.6千米。

【铁路建设】 2022年，泉州市铁路规划总里程1314千米，其中既有铁路440千米、在建铁路100千米。兴泉铁路建成通车，泉州市境内长162千米，设德化、马跳、永春、蓬华、后寮、安溪东、南安北、雪峰、洪濑、文雅、黄塘12个站。在建的福厦铁路（泉州段）自福州引出，全长275千米，其中泉州市境内86.97千米，设泉州、晋江、惠安3个站。在建的福厦客专铁路全长277.9千米，其中泉州市境内100千米，设泉港、新泉州东、泉州南3个站。正在推进前期工作的项目包括：厦漳泉城际铁路R1线，线路经泉州台商投资区、丰泽区、晋江市至厦门市翔安机场，穿过厦门市至漳州市；兴泉铁路厦门支线，规划线路经过安溪县和南安市；肖厝港区延伸线，线路于既有施厝站北侧新建肖厝港湾站，终点至振戎石化仓储罐区。

【高速公路建设】 2022年，泉州市续建泉南高速公路永春至汤城枢纽段及沙厦高速公路德化至汤城枢纽段改扩建工程，完成年度投资12.06亿元。其中，泉南高速公路永春至汤城枢纽段完成投资9.05亿元，沙厦高速公路德化至汤城枢纽段完成投资3.01亿元。6月新开工政永高速德化段，完成年度投资10.02亿元。福厦高速公路晋江至石狮支线（彭田连接线）、泉南国家高速公路锦斗出入口工程、沈海国家高速公路紫山出入口工程、沈海高速公路东星出入口工程、大田广平至安溪官桥高速公路泉州段、沈海联络线泉（州）梅（州）高速公路泉州段、沈海联络线泉（州）金（门）高速公路泉州段、洛江至丰泽高速公路、深海高速公路泉厦段扩容工程、安溪至翔安等高速公路项目同时开展前期工作，大安高速泉州段、紫山互通完成初步设计审查，洛江至丰泽高速通过省发展和改革委员会工可审查。泉梅高速和泉金高速被列入《国家公路网规划》。泉厦漳城市联盟路泉州段新增的南安成功收费站于4月30日0时起开放通行，其中2条ETC车道采用国内最先进的云收费模式，是省内首个高速公路云收费试点站。收费站开通后，泉州辖区内高速出入口增至54个，位于全省前列，其中南安辖区高速出入口14个，位列全省县级市第一。

【普通国省干线公路】 2022年，泉州市建设国道324线泉州大桥及接线扩宽改造工程、国省干线横七线（G356线）永春石鼓卿园至达埔东园段公路等22个项目，完成投资34.73亿元。其中，开工建设国道358线安溪城厢至官桥段公路工程第Ⅴ标段、国道324改线工程南安水头段等项目里程13.73千米，完工省道215线南安洪濑镇过境段公路工程、湄洲湾港斗尾港区斗尾作业区至省道312线拓宽改造工程、省道312线惠安黄塘至虎窟段等项目里程24.42千米。截至年底，全市普通国省道通车里程1361.51千米，居全省第四，占全省普通国省道总里程12.3%；普通国省道公路密度为每百平方千米12.38千米，居全省第四；普通国省道二级及以上公路1117.81千米，占全市普通国省道的比重为82.1%。推进标准化建设，打造二重环湾快速路（晋江段）新建工程一期工程等“品质工程、绿色公路”示范项目。

【农村公路】 2022年，泉州市基本实现乡镇通达三级及以上公路，85%以上的建制村通达双车道及以上公路；农村公路通车总里程达1.68万千米，稳居全省首位，占全省农村公路总里程17.6%；农村公路密度为每百平方千米153千米，居全省第一。截至年底，全市完成农村公路建设和改造301千米、安保工程180千米、危桥改造21座，实施路面修复工程25.6万平方米，打造“建设达标、管护到位、主题突出、服务优质”的“美丽农村路”180千米。永春岵山北溪至南安蓬华公路旅游风景道获评福建省第一批最美乡村“福”路，示范线路“串珠成链”，带动乡村振兴发展。

【港口建设】 2022年，泉州港（不包括湄洲湾南岸的港区）港口水运工程在建项目4个，实际完成投资5.5亿元。石湖作业区5～6号泊位工程一期工程（码头、港池）完成竣工验收，推进后方陆域施工。石井作业区16～17号泊位工程进行沉箱预制、陆域回填、基槽开挖、出运码头等施工。锦尚作业区2号泊位扩建及4号泊位工程完成竣工验收并投产。围头湾石井航道二期工程进行疏浚、炸礁等。锦尚作业区4号泊位扩建工程于8月开工建设。石井作业区11～12号泊位工程完成项目核准、岸线批复、初步设计批复，进行施工图设计等。

【空港建设】 2022年，泉州晋江国际机场新开、恢复琼海、腾冲、南昌、十堰、安康、菏泽、洛阳、凯里8个航点。加大货运航线拓展力度，推动市政府出台民航纾困政策，修订扶持民航发展专项资金意见，新增货运扶持专项资金5000万元。7月1日起，顺丰新增北京全货机航线，全货机航线增至6条，提升全货机业务经营保障能力。加速非航业务拓展，立足服务航空主业，完善航空服务产业链，打造“一齐飞”商业孵化基地，举办“世遗泉州 美好生活·一齐飞”经济文化展产品销售活动，助力泉州优品对外展示；加强与地方民企合作，投资成立食品供应链公司，推动完善航食产业链；推动泉州空港旅行社混合所有制改革，通过产权交易中心引入外部投资方，激发开拓市场活力；优化拓展招商项目，整合周边资源，寻找站前综合体项目合作方，探索将和平广场纳入航站区配套规划，初步规划空港商务区。

【新建福厦铁路安海湾特大桥合龙】 2022年4月6日，新建福厦铁路（又称“福厦客专”“福厦高铁”）安海湾特大桥最后一节钢箱梁用时近2个小时完成吊装工序，标志着大桥合龙，无砟轨道铺设施工全面展开。安海湾特大桥是福厦高铁控制性工程，连接晋江市、南安市，全长9.46千米，主桥为650米双塔双索面半漂浮体系钢混结合梁斜拉桥，是中国高铁建设中首次在跨海斜拉桥中铺设无砟轨道。项目部在强化疫情防控的同时，抢抓施工，保证材料进场，确保大桥成功合龙。

【泉州港鸿山热电码头获评中国“四星级绿色港口”码头】 2022年9月15日，中国港口协会发布2021年度绿色港口等级评价第一批项目评价结果，泉州港鸿山热电有限公司煤炭码头获评“四星级绿色港口”码头。此系国内首批、省内唯一获此荣誉的干散货码头，也是全国唯一获此荣誉的国有企业货主码头和发电行业“绿色港口”码头。作为泉州港绿色港口建设的先行者，泉州港鸿山热电有限公司率先建成高低压岸电系统，满足码头船舶靠泊作业期间的供电需求，让码头告别黑烟和油味、减少船舶排放的硫化物及氮氧化物等污染物。该公司投资5亿多元用于码头装卸堆存的防尘改造，包括桥式抓斗卸船机、皮带输送机、堆料机等大型设备，实现“煤码头不见煤”。万吨卸煤能源消耗优于国家干散货码头单位产品能源消耗限额先进值40%，二氧化碳直接排放量保持在同类港口指标控制值20%以内。此外，码头还建设生态水系统，实现生活生产污水“零排放”。

【泉州大桥新桥合龙】 2022年12

2022年4月6日，新建福厦铁路安海湾特大桥合龙

（陈小阳 林劲峰 摄）

2022年7月9日，国道324线泉州大桥及接线扩宽改造工程施工现场，施工人员正在进行浇筑 （市公路事业发展中心 供图）

月26日，泉州大桥新桥合龙，比预定日期提前多天实现全线贯通，为确保2023年8月通车打下基础。国道324线泉州大桥及接线扩宽改造工程由泉州市公路事业发展中心直属分中心作为业主单位，是在既有的泉州大桥上游新建一座26米宽的新桥，并与旧桥相拼形成总宽43米的桥梁。泉州大桥新桥共五联，此次浇筑的合龙段位于第二联，施工单位在对合龙梁端悬臂端中线、高程测量检查和偏差校正后，安装模板、钢筋、预应力管道、骨架等，于气温较低时段进行浇筑，在气温上升和受压状态下实现精准合龙。

（庄启鑫 龚一方 黄水来 张一斌 苏江梅）

交通运输

【概况】 截至2022年底，泉州市有营运汽车4.26万辆（不含4.5吨以下货车）。其中，客运车辆2.37万辆（含客运班车710辆、旅游客车368辆、包车客车453辆、公交客车3383辆、出租车2419辆、网络预约出租车1.64万辆），货运汽车3.53万辆（含4.5吨以上普通货车2.05万辆、牵引车6678辆、挂车8075辆）。公路运输总周转量增幅1.1%，全省排名第五。全市有水运企业82家，拥有营运船舶275艘（货船274艘、客船1艘）。营运货船运力规模468.8万载重吨，比2021年增长15.6%；集装箱箱位17.4万标准箱，比2021年增长2.0%；新增4家20万载重吨企业。水路运输总周转量3165.3亿吨千米，比2021年增长13.0%，增幅居全省各地市第三。泉台集装箱班轮运输航线运营138航次，运载集装箱1.58万标准箱；泉州与台湾本岛海上直航运载散杂货物12.9万吨；泉州与金门、马祖、澎湖海上直航运载货物5.3万吨。

【铁路运输】 截至2022年底，泉州市铁路总里程440千米，其中高铁里程86.97千米。在铁路总里程中，内燃里程137.4千米，比2021年减少106.4千米；电气化里程302.6千米，比2021年增加186.4千米。完成铁路货物运输量890.84万吨，比2021年增长3%。完成铁路旅客运输量1295.03万人次，比2021年下降23.4%。

【道路运输】 2022年，泉州市交通运输局加速推进“多式联运”一单制，完成49票，运送货物634箱、1.59万吨，实现陆运、海运等多种运输方式高效衔接。“网络货运”虹吸效应显著，南安天地汇、福建宏图华昌、泉州闽运兴等11家网络货运企业成交票数27.3万票，交易运送量4031.3万吨，完成营业收入约63.76亿元。推进“快递进村”，在实现邮政、顺丰、京东、德邦四个直营品牌进村基础上，发挥区域总部集聚优势，推进通达系快递品牌以“邮快合作”等方式实现快递进村，全年进村代投快件32.79万件。开展道路客运企业经营资质核查，组织道路旅客运输企业质量信誉考核，引导经营者提高运输安全水平和服务质量。开展包车利用率调查，科学发展旅游包车客运，在公平、公正、公开的公共资源配置方式下规范运营、有序竞争、健康发展。新增市际旅游包车客运23辆，服务旅游城市发展。推动巡游和网约出租车融合发展，巡游、网约出租汽车在营车辆1.75万辆，组建“爱心车队”，重启“95128”电召服务电话，推动解决“老年人打车难”问题。落实“电动福建”建设三年行动计划，巡游出租汽车及网约车推广使用新能源车辆。截至年底，在营巡游出租汽车2428辆，清洁能源巡游车1442辆，占总在营车辆59.3%；在营网约车1.51万辆，清洁能源巡游车1.18万辆，占总在营车辆78.3%。截至年底，完成公路货物运输量1.7亿吨，比2021年下降2.1%；公路货物运输周转量142.61亿吨千米，比2021年增长1.3%。完成公路旅客运输量624.67万人次，比2021年下降31.2%；公路旅客运输周转量4.89亿人千米，比2021年下降42.9%。

【水路运输】 2022年，泉州市交通运输局落实“促进水运业发展”“丝路海运”等港航扶持政策，对企业新增运力、企业规模发展、新增外贸集装箱航线等方面进行奖励，审核、兑付促进港航业发展资金2200余万元。截至年底，全市有营运船舶275艘（货船274艘、客船1艘），营运货船运力规模468.8万载重吨，集装箱箱位17.4万标准箱，新增4家20万载重吨企业。泉州港口开通集装箱班轮航线42条，包含内贸航线28条、外贸航线13条、外贸内支线1条。其中，首次开通泉州—俄罗斯（海参崴）远东航线，新增2条至菲律宾马尼拉航线。有“海上丝绸之路”航线9条，其中菲律宾马尼拉航线6条、越南航线1条、日本航线1条、俄罗斯航线1条。“海上丝绸之路”航线运营302个航班。泉台集装箱班轮运输航线运营138航次，运载集装箱1.58万标准箱；泉州与台湾本岛海上直航运载散杂货物12.9万吨；泉州与金门、马祖、澎湖海上直航运载货物5.3万吨。

【航空运输】 2022年，泉州晋江国际机场完成航班起降3.54万架次、旅客吞吐量370.8万人次、货邮吞吐量5.64万吨，分别比2021年下降32.31%、38.03%和22.90%，在全国254个民用航空机场中分别位列第61位、第42位和第36位。37家国内外航空公司驻场运营，通航航点83个，完成总营收3.71亿元，建设项目投资3.46亿元，停机位增至34个。

【爱心送考活动】 2022年6月7—9日，泉州市交通运输部门延续往年的爱心送考活动，为参加高考的学子提供免费接送服务。60条公交线路、140余部出租车参与爱心送考，考生凭准考证免费乘坐贴有“爱心送考”标识的车辆。公交方面，凡持本人学生证（高三）或准考证的高考考生，免费乘坐一元一票制公交线路以及社区巴士。同时，为满足市民需求，高考期间，泉州公交推出高考定制专线服务。出租车方面，共有140余部出租汽车（包括巡游车和网约车）参加“高考义载”活动。其中，巡游车50部，在车辆前挡风玻璃右下角贴“爱心直通车”标志牌，对考生实行“招手即停”的接送方式，考生凭准考证免费乘坐。考生及家长通过泉州市出租汽车协会热线电话或约车热线进行电话叫车，预约巡游车接送时间和地点。网约车有90部，50部由滴滴平台提供，分配在泉州市区考点等待，考生凭准考证免费乘坐；40部由万顺叫车提供，定向服务石狮市、安溪县两个区域的考点免费接送。

【泉州厦门两地携手治理货车超限】 2022年7月29日，泉州、厦门两地交通运输部门携手，在南安市贤林大道举行“反超限 防脱落 保安全”大型联合宣传贯彻启动仪式。启动仪式上，货运行业协会代表宣读倡议书；两地交通运输主管部门向企业代表发放“关爱货车司机”清凉礼包，包含司机棉纱手套、花露水、防暑软饮料、安全生产普法宣传彩页等物品。4家企业派出代表就如何规范运载大石头、钢卷钢圈、石制品、砂石等货物进行示范。泉州市依托交通、公安联合治超站等检查点，在主要国省干道开展跨区域跨部门错时错峰联合整治行动。同时加强违法信息共享，对路面巡查、监控发现、投诉举报等线索严格调查、依法查处，建立“黑名单”，实施信用联合惩戒，提升联合打击成效。

（*庄启鑫 龚一方 苏江梅*）

水利

【概况】 2022年，泉州市有水库454座（大型2座、中型18座、小型434座），总库容16.6亿立方米；各类堤防849.65千米。初步形成以山美水库为主要水源、以龙门滩引水为补充、以各大中型水库为支撑、以金鸡拦河闸为分水枢纽、以南北渠和湄南工程为主要输水通道的沿海配供水网络体系。泉州市水利局推动水利项目建设提速增效、水利投资稳步增长，全年全市完成水利投资跃升至91.74亿元，占年初投资计划77.61亿元的118.2%；扩宽融资渠道，落地各类水利专项资金58.96亿元。

【水资源管理】 2022年，泉州市水利局提升河湖治理体系和治理能力现代化水平，河湖面貌明显改善，流域水质持续提升，主要流域国家级、省级控制性断面Ⅰ～Ⅲ类水质比例100%，小流域考核断面Ⅰ～Ⅲ类水质比例94.7%，山美水库、惠女水库总体水质均达到或优于Ⅲ类。截至年底，全市建成水库454座，总库容16.6亿立方米；各类堤防总长849.65千米。初步形成以山美水库为主要水源、以龙门滩引水为补充、以各大中型水库为支撑、以金鸡拦河闸为分水枢纽、以南北渠和湄南工程为主要输水通道的沿海配供水网络体系。

【水利工程建设】 2022年，泉州市水利局加强重大项目和民生水利工程建设与管理。开展全县域全流域综合治水试验，推动南安、永春县入选全国水系连通试点县，获中央补助资金2.7亿元，其中南安市实施情况终期评估被水利部、财政部评为“优秀”等次。推进金门供水水源保障工程前期工作，可研报告获省发改委批复。城东至东海泉州台商投资区供水第二通道工程于11月实现提前通水。晋江防洪提升工程（南安段一期、安溪段一期）可研报告取得省水利厅审查意见。永春县暗坑、荷殊、北苏坂3座水库增补列入全省小型水库建设规划；暗坑水库工程可研报告获市发展和改革委员会批复，初设报告获市水利局批复。完成泉州市水利基础设施空间布局规划，完成闽江北水南调工程（泉州段）开发方案专题论证报告。全年实施农村供水保障工程受益人口33.97万人，实施农业水价综合改革面积1.12万公顷。委托第三方对水库、水闸和堤防开展全覆盖检查，排查安全隐患，保证库闸堤的正常运行。完成惠安水流口水库常态化除险加固，中小河流治理河长51千米，建设安全生态水系82千米。

【小型水利工程管护】 2022年，

泉州市水利局加强小型水利工程管护，在泉港区推行小型水库、堤闸、山塘水利工程一体化管理试点，做到“人、财、物”统筹管理，为提升全市小型水利工程管护水平提供标准化模板。委托第三方编制小型水库社会化管护标准手册，提升各县（市、区）小型水库社会化管护水平。

【山塘管理】 2022年，泉州市水利局针对山塘管理技术力量不足、管理不规范等问题，探索创新山塘管护模式，在泉州台商投资区试行公益性水库带山塘社会化管理模式，永春县将山塘纳入河长管理巡查范围。为加强山塘高水位预报预警，建设山塘高水位预警监测系统，提升安全水平。

【库区移民】 2022年，泉州市有农村移民8.64万人，其中省水利厅核定大中型水库移民后期扶持资金直补人数4.91万人，项目扶持到村3.73万人。年度向上级争取移民扶持资金1.6亿元，组织实施涵盖饮水安全、道路交通、环境整治、社会事业等类型的后扶项目，完成水库移民后期扶持项目储备库增补修订完善工作，促进库区社会稳定和发展。按照“产业兴旺、生态宜居、乡风文明、治理有效、生活富裕”的总要求，高质量建设库区移民后扶示范区。洛江区、泉港区、永春县三个2021年度省级后扶项目示范区完工，德化县龙门滩获批2022年度省级后期扶持项目示范区。提升生态环境，打造出一批富有当地特色的文旅项目，推动水库移民后扶示范区建设更加美丽、移民群众生活更加富足、未来更加美好。在建水库移民安置工作稳步推进，白濑水利枢纽工程移民安置点建设有序推进，导（截）流阶段移民安置工作通过验收。永春县马跳水库完成全部的土地及房屋征收协议签订工作，公路复建工程基本完工，通信、电力、军用光缆等基本完成迁改工作，开展安置区建设。完成对白濑水利枢纽工程和永春县马跳水库工程移民安置稽察，及时发现移民安置实施过程中出现的问题，要求责任单位限期整改到位。深化“平安库区”创建工作，移民安居乐业、增收发展。通过多措并举、完善联动机制，及时排查化解库区矛盾纠纷，依法依规处理信访问题，确保库区社会安定稳定。

【永春县水系连通项目开工】 2022年5月19日，全省重大水利项目集中开工视频动员会举行，泉州市在永春县设分会场。参加此次集中开工的永春县水系连通及水美乡村建设试点县项目，总投资4.49亿元，主要实施水系连通8.5千米，清淤疏浚27.66万立方米，新建生态护岸46.45千米、景观节点46个、污水处理站6座。

【石壁水库高空智慧监控】 2022年，泉州市石壁水库水资源调配中心建成全省首个无线通信组网+高点AI监控网络全覆盖的水库高空智慧监控，推动水库管护从“人防”向“技防”转变，打造高效能的库区智慧治理新方式。泉州市推进智慧水利建设，提升管理数字化、网络化、智能化水平，为从严从细管好水资源、水工程，推进水利高质量发展提供支撑。泉州市石壁水库水资源调配中心在泉州市水利局指导下，打造全省首个无线通信组网+高点AI监控网络全覆盖的库区，提高水资源保护的数字化管理能力。

（杨明坤）

2022年5月19日，永春县水系连通及水美乡村建设试点县项目开工。图为开工仪式

（永春县融媒 供图）

城市建设

城市规划

【概况】 2022年，泉州市自然资源和规划局开展市域规划编制研究。完成泉州“城市中心性”问题及对策思路研究成果，加快城市集聚提升，推进新型城镇化。完成泉州市国土空间总体规划编制和公示，支持南安市高起点规划建设北部新城，支持安溪县、永春县、德化县县域大城关提质扩容，推进乡村振兴。完成泉州市南翼新城规划研究建议研究成果，加速南北两翼扩能提质，南翼以“泉州芯谷”为引擎，建设海峡两岸集成电路产业合作试验区和泉厦科创走廊。统筹统管“海丝新城”，加速环湾中心市区一体化，实施“抓城建提品质”专项行动，实行“统管区+统筹区”管控，聚力建设高品质“两江一湾”“海丝新城”，完成泉州“海丝新区”城市设计。

【城市专项规划】 2022年，泉州市自然资源和规划局推进城市专项规划。开展泉州市国土空间总体规划“三区三线”划定情况，根据自然资源部和省自然资源厅部署，泉州市国土空间总体规划完成多轮城镇开发边界的划定工作。根据省政府和省自然资源厅要求，完成全市过渡期城镇开发边界划定，报送省自然资源厅审核通过。根据自然资源部和省自然资源厅部署，完成全市“三区三线”成果“三上三下”等三轮划定工作，根据自然资源部、省自然资源厅的反馈情况和规则更新，调整完善城镇开发边界、永久基本农田的划定工作，优化调整生态保护红线。推进重点片区控制性详细规划。洛江区以及中心城区重点片区局部控制性详细规划吸纳城市设计管控要素进行优化调整，形成相应成果。东海中央活力区（后埔—蟳埔）、东海云山、北峰招联东等几个片区控制性详细规划获市政府批复；江南新区控制性详细规划修编召开市政府专题会研究，待市政府召开常务会议讨论研究；北峰东片区控制性详细规划完成技术审查、意见征求和批前公告。推进十五分钟社区生活圈专项规划。将中心市区697个社区划分类型，摸清现状底图底数，针对幼儿园、托儿所、卫生站、文化站、养老服务中心、消防站等设施开展评估。同时结合泉州防疫实践和大数据分析，合理确定防疫设施类型。选定丰泽区浔美社区、鲤城区金山社区、晋江市阳光社区、惠安县聚龙小镇、南安市四黄村作为首批试点。规划提出符合泉州市实际的生活圈规划布局、设施配建标准和建设引导要求，形成泉州社区建设评估报告、建设导则及实施方案等内容，打造一批社区建设示范样本。规划引领提升城市景观品质。桃花山景区统筹实施规划，统筹研究清源山、大坪山、桃花山、观音山、滨海公园绿轴等重要节点，通过城市森林公园修复、生态保育、湿地修复与水土流失治理、废弃矿山修复等方式，采取低干扰的设计手法，建立生态和景观通廊，适度引入休闲运动、高端民宿等业态，形成自然和谐的景观体系。滨海公园（中轴线）景观提升概念规划，统筹公园与行政中心景观轴线在空间景观、步行交通的联系性，融入运动、休闲、停车等便民服务设施，提升滨海公园综合功能。“两江四岸”（北岸）城市品质提升规划，围绕夜游塑造、岸线公共空间建设、文化历史活化、滨江城市功能塑造、滨江生态环境建设等几个方面，串联顺济桥、中芸洲、法石、渔人码头、后渚港、凤屿村等节点，依托现状资源，打造串联古桥、古港、古码头，市民观鸟望江、休闲健身，融合生态、民生和城市景观的精品示范路线。

【历史文化名城保护规划】 2022年，泉州市加强和提升历史文化名城保护工作，中共泉州市委托北京清华同衡规划设计研究院有限公司和泉州市城市规划设计研究院编制《泉州历史文化名城保护规划（修编）》工作。规划成果报送省住房和城乡建设厅，待省政府审批。泉州历史文化名城保护规划范围与《泉州市国土空间总体规划（2020—2035）》规划范围一致，为市域范围，面积1.1万平方千米；重点规划范围为中心城区范围，面积980平方千米；核心规划范围即泉州历史城区范围，总面积7.08平方千米，其中泉州古城6.41平方千米、丰州古城0.67平方千米。规划依据历史文化名城价值与特色，确定历史城区及其周边环境，历史文化街区及风貌区，不可移动文物、历史建筑及优秀工业遗存三个保护层次。此外，还包括市域文化遗产保护、世界文化遗产（含列入预备名单项目）保护、非物质文化遗产保护。市域范围内文化遗产的保护结构，保护“一核两轴九片区”：“一核”即历史城区及周边环境；“两轴”即泉州沿海海洋文化遗产聚集带、沿海地区与北部经贸文化遗产聚集带；“九片区”指九片文化遗产聚集片区，包括德化文化遗产聚集片区、永春文化遗产聚集片区、安溪文化遗产聚集片区、崇武文化遗产聚集片区、泉港文化遗产聚集片区、泉州湾文化遗产聚集片区、围头湾文化遗产聚集片区、深沪湾文化遗产聚集片区和安海文化遗产聚集片区。

【《泉州“海丝新区”城市设计》完成】 2022年，泉州市从1350平方千米的中心城区、255平方千米的“海丝新区”以及60平方千米（秀涂、东海、晋东、西滨、蚶江）的新区示范区三个尺度，多层次、多维度、创新性的开展“海丝新区”城市设计。规划围绕“战略+设计”两大主线，通过采取大数据技术手段，发现泉州城市现状的特征与问题；依托产业研究，制定产业发展路径和空间落位；突出规划可操作性，建构泉州“海丝新区”从总体战略到详细城市设计的空间体系与营城路径。

（吴有荣）

城市更新

【概况】 2022年，泉州市围绕建设“海丝名城、智造强市、品质泉州”的目标，实施城市更新、新区拓展、生态连绵、交通通达、安全韧性、典型样板六大工程，推动城市能级和品质双提升。加强城乡民生基础设施建设，推进历史文化名城保护管理，实施老旧小区改造。晋江市、石狮市被评为2022年福建省城乡建设品质提升综合绩效优异县（市、区）。全年策划实施项目1024个，年度计划投资743.71亿元，完成投资866.82亿元，完成投资额的116.4%。

【城市更新工程】 2022年，泉州市城市更新工程主要实施城市宜居水平、城市风貌特色、历史文化保护利用、城市照明整治、井盖杆线整治、无障碍设施改造提升、城市生活垃圾处理、城市精细化管理八方面提升，完善城乡基础设施公共服务功能。实施东海片区、“两江”沿岸及重要节点照明提升；建成智慧城管物联通管理平台，实行中心城区环卫一体化管理，完善生活垃圾分类管理办法，提前实现原生生活垃圾“零填埋”目标。

【新区拓展工程】 2022年，泉州市新区拓展工程通过系统谋划、着眼产城人融合、明晰功能定位，规划实施重点片区建设、建筑产业现代化、新型城市基础设施建设和保障性安居工程。集中力量、联动推进鲤城江南，丰泽东海城东、北峰，洛江阳江，晋江晋东，泉州台商投资区海江6大组团片区更新。

【生态连绵工程】 2022年，泉州市生态连绵工程主要推动城市生态屏障区、城市生态廊道和城市公园绿地建设。建立统一规划建设管理机制，建成郊野公园5个、口袋公园157个、立体绿化195处，新改建公园绿地面积121公顷、城市福道159.56千米，完成浔美滞洪湖景观公园、崎山山地自行车公园等6个精品公园建设。

2022年7月10日，浔美滞洪湖景观公园俯瞰　　（市住建局 供图）

【安全韧性工程】 2022年，泉州市安全韧性工程主要包括排水防涝、城市供水、城市生活污水、燃气安全、房屋和桥梁安全五方面内容。推进海绵城市建设，完成水系联排联调规划总体方案编制，推进污水处理厂扩建工程，新改建污水管网160千米、供水管网116千米、雨水管网128千米。

【典型样板工程】 2022年，泉州市典型样板工程实施新区（组团）建设、城市快速路（主干道）、城市（县城）更新、绿色社区建设、城市生态廊道建设、无障碍设施建设示范区、水环境综合治理区域、城市精细化管理街区、集镇环境整治、“崇尚集约建房”十大样板工程，以县（市、区）为主体分别打造。全市相应启动晋江市科创新区建设项目、泉州市二重环湾快速路（晋江段）新建工程一期工程、石狮市全域一体化品质提升项目、南安市银河新城社区项目、晋江市九十九溪流域田园风光项目、永春县桃联社区无障碍改造提升样板工程、洪梅镇集镇环境综合整治提升项目、德化“崇尚集约建房”项目。

【中心市区交通建设】 2022年，泉州市住房和城乡建设局推进中心市区交通建设，交通通达工程开展“聚城畅通”，打通“断头路”“慢行系统”以及公共停车设施建设四方面专项攻坚行动，优化道路功能和路网结构。新建改造城市道路112.2千米，打通断头路36条，新增停车泊位5721位。

【历史文化名城保护管理】 2022年，泉州市住房和城乡建设局延续古城街巷整治的经验，坚持“见人见物见生活、留形留魂留乡愁”的工作理念，围绕建设“世界遗产保护利用典范城市”目标，加强《泉州市历史文化名城保护条例》宣传贯彻工作，发布公益宣传动漫，增强历史文化名城保护工作合力。实施古城提质项目28个，完成古城核心区29条街巷市政综合提升，启动中山南路片区46条街巷整治；完成伍堡新街等街巷、五里街历史文化街区综合整治提升项目。

【老旧小区（片区）改造】 2022年，泉州市住房和城乡建设局坚持民生优先、注重特色、建管并重，实施560个老旧小区（片区）改造项目（含续建），惠及居民7.9万户，年度完工项目470个，完成投资5.85亿元。以街区网格为界对老旧小区进行连片改造，实施拆墙并院、打通通道、管网落地、共享配套，中心市区实施西街南片区、东街南片区、涂门街南片区、丰泽—后坂片区、铭湖片区、华丰片区、东湖—水漈片区、东美片区等8个老旧片区改造项目，总面积3.4平方千米，截至年底开工项目7个，完成投资5亿元。全年获省级以上老旧小区改造补助资金2.75亿元，下达老旧小区改造市级财政补助资金2500万元，新增地方政府专项债券1.6亿元。南安市获福建省住房和城乡建设厅2021年度老旧小区改造工作评价绩效优异正向激励。

【口袋公园和街头绿地建设】 2022年，泉州市推进口袋公园、街头绿地建设。晋江市建成罗裳片区（第一期）绿化工程10号地块、市政府周边街头绿地、和平南路长驰加油站旁街头绿地等15处街头绿地（口袋公园），完成投资713.2万元，新增绿地面积2.62公顷；石狮市因地制宜、见缝插绿建设社区公园（口袋公园或小游园）20处，新增公园绿地面积3.33万平方米，投资1000万元，基本实现城市中心建成区“300米见绿，500米见园”的目标，居民“走出家门，即进园门”，步行15分钟便可进入公园；南安市完成江北公园、美林大桥桥北小游园、成功街顺兴巷口小游园等15个口袋公园建设面积7.59万平方米，投资1870万元；惠安县新建城市安全主题公园、梅山村垃圾分类主题公园、霞东健康公园等15个口袋公园，新增公园绿地面积5.5万平方米，完成投资1323万元；安溪县完成建安大道路侧口袋公园、谢氏祖厝边口袋公园、河滨南路吾都村祖祠文化公园景观工程等15个口袋公园建设，投资750万元，改造提升面积3.74公顷；德化县投入800万元，利用周边空地、拆除违建搭盖等场所建设飞凤桥头、湖前片区、浔南路西段、风林路下、水墨观邸旁等15个口袋公园。

【城市花化彩化工程建设】 2022年，泉州市中心市区为营造节日氛围，在春节、“五一”、“七一”、国庆等节日及中共二十大期间采购菊花、三角梅、一品红等时花1.87万株，在丰海路路侧、迎宾馆出入口、滨海大街等各节点处以及新门街的花箱进行花化彩化布置；采购大花百日草、变叶木、西洋杜鹃、三角梅等时花成品苗153.79万盆、穴盘苗114.93万株，种植于滨海公园示范段、丰海路中级法院中分带、站前东西大道下穿平台等处。泉港区对驿坂、泉港高速出口连接线两侧护栏花箱及驿坂廊道中分带、驿峰西路铁路桥的三角梅进行精细化养护。

【中心市区城建项目建设全过程管理】 2022年6月，泉州市出台《关于加强中心市区城建项目建设管理的通知》，聚焦泉州建设“海丝名城、智造强市、品质泉州”工作目标，按“谋划论证一批、前期储备一批、开工建设一批、推动续建一批、竣工交付一批”原则，建立中心市区城建项目“谋划策划—前期工作—建设推进—移交管理—考核评价”全过程建设管理机制，支撑中心市区一体化开发建设。该管理机制适用于中心市区统管区和统筹区，其中统管区包括鲤城区、丰泽区、洛江区、泉州台商投资区。统筹区则为泉州经济技术开发区，晋江市的池店镇、紫帽镇、陈埭镇和西滨镇，石狮市的蚶江镇和祥芝镇，南安市的霞美镇、丰州镇，惠安县崇武镇、山霞镇和黄塘镇。

（吴有荣）

城市基础设施建设

【概况】　2022年，泉州市城市管理局开展“抓城建提品质”专项行动，加快补齐市政短板，增强设施承载功能，提升城市现代化建设水平。策划实施园林、道路、环卫等市政设施项目226个、总投资31.21亿元，按计划完成164个、在建38个、开展前期工作24个，完成投资29.66亿元。

【市政道路建设】　2022年，泉州市城市管理局实施市政道路“微整治”37条；排查整治路沿石问题2301处、病害井盖1.59万个；建立“一桥一档”城市桥梁519座，改造D级病害桥梁2座；南安市精品街道（成功街—河滨路）整治提升工程列为省级主干道整治样板工程。

【中心市区照明设施建设】　2022年，泉州市城市管理局推进中心市区照明设施建设。5月，出台《泉州市中心市区照明提升三年行动方案》，统筹环湾区域照明建设，实施项目54个。12月，开始实施《泉州市中心市区照明提升专项规划（2022—2035年）》。

【城市排水防涝设施建设】　2022年，泉州市城市管理局加快构建“源头减排、管网排放、蓄排并举、超标应急”的城市排水防涝工程体系，实施滞洪区建设、内沟河整治、排涝泵站建设等各类排水防涝设施项目建设。实施玉田渠改造工程等排涝工程20个，完成洛阳江流域综合整治—城东浔美滞洪湖景观公园、泉州法石排涝泵站工程、南环路雷克萨斯段雨水节点改造项目、兴贤路排水箱涵清淤、八拦坝排洪沟、丰泽区丰惠路道路积水整治工程、滨江路沈海高速至南惠高速段环境整治工程7个项目，在建6个，开展前期工作7个。采取定人定岗分片区对所属市政道路开展日常巡查，及时发现、登记道路积水点。勘察道路积水点，分析积水原因，制订有针对性的处置办法，采取增设截水沟和雨水篦子、埋设雨水管道和雨水检查井等措施及时实施改造。完成宝洲街交通执法队前慢车道等积水点改造67处。启动二次供水设施改造，新改建城市供水管网116千米。

【天然气管网设施建设】　2022年，泉州市城市管理局推进泉州市西三线天然气高压管网应用工程和海西天然气管网工程德化支线对接工程，完成年度总投资1.24亿元，新建、改建城镇燃气管道100千米。实现管道天然气“县县通”。

【垃圾和污水处理设施建设】　2022年，泉州市城市管理局推进垃圾处理设施建设，分别投资4.66亿、3.7亿元开工建设永春县、德化县生活垃圾焚烧发电项目；建成投产晋江市、惠安县餐厨垃圾处理厂和石狮市、安溪县、德化县餐厨垃圾预处理站，全市每天餐厨垃圾处理能力449吨。开展城乡生活污水治理，推进城乡污水处理设施建设，提升污水处理能力；推进污水管网排查，深度排查污水管网运行情况；实施城市（县城）及乡、镇污水管网新建（改造），提升污水设施覆盖面。完成东海、城东及泉港污水处理厂扩建工程，新增污水日处理能力9.5万吨，完成污水管网排查257千米，开展西华洋市政道污水工程、锦祥片区雨污水管网建设工程等项目，完成城市（县城）污水管网建设160千米，开展内坑镇下黄溪污水管道工程、蓬壶镇污水管网工程等项目，完成乡镇污水管网建设130千米。

【城市供水】　2022年，泉州市13个县（市、区）有城市水厂16个，设计供水规模每日252.5万吨，包括中心市区的北区水厂（每日5万吨）、泉南水厂（每日30万吨）、金浦水厂（每日15万吨）、金鸡水厂（每日20万吨）。泉州市城市管理局推进城市节水，完成石狮市、晋江市国家节水型城市省级预评选。开展节水宣传，以“世界水日”“中国水周”“城市节水宣传周”等活动为契机，开展线上节水宣传活动。在全市150部电梯LED广告屏、大商场广告灯箱投放节水宣传广告，营造全社会惜水、节水氛围。组织年度泉州市给排水行业污水处理岗位职工技能竞赛，培养污水处理和供水节水相关技能人才。开展节水型企业、单位、居民小区创建，引导用水单位完善内部节水制度、查漏堵漏、改造老旧用水器具等，提升节水管理水平。创建94家市级节水型企业（单位、小区）。

【城市燃气】　2022年，泉州市城市管理局推进西三线天然气高压管网应用工程和海西天然气管网工程德化支线对接工程，完成年度总投资1.24亿元，新改建城镇燃气管道100千米。开展全市城镇燃气安全专项整治，按照“全覆盖、零容忍、严执法、重实效”要求，突出燃气经营、输送配送、燃气使用和燃气具生产销售四个环节17个方面典型问题进行“清单式”排查整治，建立台账和隐患清单实行对账销号、闭环管理，开展燃气安全检查7112次，排查整改隐患问题1.24万处，完成率100%。组建燃气排查整治工作专班，建立会商研判机制、信息共享机制、联合执法机制，每季度开展会商研判，协调燃气安全排查整治工作推进中的困难和问题，督促整改隐患问题589个。推进燃气安全生产标准化提升专项行动，按照“红、橙、黄、蓝”四类标准对全市35家瓶装燃气企业进行综合安全风险评价（评定蓝色14家、黄色12家、橙色7家、红色2家）。推进餐饮场所安装可燃气体报警装置工作，泉州市使用燃气的2.12万户餐饮场所全部安装可燃气体报警装置，安装比例100%。常态化开展燃气安全宣传，组织“进社区、进校园、进企业”宣传活动1019次，分发宣传册155.47万份，发送短信

856.65万条，发布专项整治行动宣传报道1218篇。加强安全培训，组织燃气业务培训11期、考核1066人次。举办泉州市餐饮业油烟污染防治暨餐饮场所用气安全专题视频培训会。打击燃气市场违规行为，立案查处53宗，罚款107.16万元，处罚金额比2021年上升42.88%，查处液化气无证经营点113家，扣押钢瓶4591个，移交公安机关拘留7人，以非法经营罪刑事起诉1起。实施完成老旧燃气管道改造76.28千米、城东东星门站改造和管道安全阀安装工程47万户。

【城市公交】 2022年，泉州市新增公交车辆98辆、公交线路9条，优化公交线路22条，开通南安市至厦门市的首条城际公交线路，串联南安市至厦门市翔安区两地，有利于区域协同发展，方便群众跨市出行。截至年底，全市公交运营线路长度7237.7千米，公交客运量9400.56万人次。巡游、网约出租汽车在营车辆1.75万辆。

【城市绿化】 2022年，泉州市统筹推进公园、景观路、花漾街区等绿化建设，建成精品公园6个、郊野公园5个、口袋公园157个、立体绿化195处、园林景观路8条、花漾街区7个，新改建公园绿地121公顷。

【城市道路绿化建设和景观提升】 2022年，泉州市中心市区完成北迎宾（仕公岭—滨江路）绿化景观整治提升工程，项目建设面积97114平方米，总投资2450万元。该项目采取简洁大气的绿化种植形式，通过小叶榄仁搭配大花紫薇，形成连续的、富有韵律的美景，建设“绿色廊道，开花名片”。

【公园建设】 2022年，泉州市中心市区完成各公园房屋整治及景观改造提升工程，建设内容包括东湖公园、郑成功公园、芳草园、中山公园及刺桐公园的管理房及大门整治，面积2000平方米，增设休闲坐凳、亭、廊、照明及监控设施及提升周边绿化景观等面积8300平方米，总投资531.3万元。

【泉州植物园建设】 2022年，泉州市城市管理局完成植物园一、二期工程园路、景观桥、管理房、人工湖及六个专类园的建设，重点推进科普馆内装布展工程的施工，基本完成科普馆一、二楼展厅墙面造型装饰，天棚龙骨架、消防布管及强弱电管线预埋工作；完成园建部分的水池及过桥基础工作；完成多功能厅天棚墙面造型装饰及强弱电管线预埋工作；完成三期过境道路现场勘测工作，获得林业砍伐证等手续。

【《泉州市中心市区照明提升三年行动方案》出台】 2022年5月，泉州市城市管理局出台《泉州市中心市区照明提升三年行动方案》，统筹环湾区域照明建设，实施门户廊道、山线水系、古城街巷、环湾新区“四个重点”项目54个，完成东海城东片区及晋江、洛阳江两岸照明提升工程初步设计，并交付市城建集团和鲤城区、丰泽区、洛江区、晋江市、南安市政府以及泉州台商投资区管理委员会组织实施。

【县县通管道燃气】 2022年12月28日，海西天然气管网德化支线工程投产通气，泉州市在全省率先实现“县县通管道燃气”。该项目是国家石油天然气基础设施重点工程，起于南安水头分输清管站出站管线，沿线途经南安市、安溪县、永春县、德化县4个县级行政区，止于德化县境内德化分输站，线路总长119.12千米，设计输气量为每年10.7亿立方米，通过泉州燃气公司管道向沿线县（市）用户供气。

（刘继明）

城市管理

【概况】 2022年，泉州市城市管理局树立“大城管”理念，聚力抓城建提品质，实施“监测吹哨、管养报到”，做实城市功能，做优城市环境，做细城市管理。泉州市垃圾分类评估成绩位列全国大城市第二档（共76个）第31名，鲤城区南外宗正司片区获评省级精细化示范样板街区，“绿满泉城”、照明提升、城区排涝建设等工作取得实效。全市城市生活垃圾无害化处理率100%、污水处理率98%，建成区绿化覆盖率43.6%、绿地率40.45%、人均公园绿地面积15.64平方米，城市供水普及率99.84%、燃气普及率99.52%，中心市区快速通道和主干道机扫率91%、路灯亮灯率99%以上、污水泵站完好率95%以上。

【城市污染监管】 2022年，泉州市城市管理局推进城市污染监管工作。落实动态巡查和节点守点制度，组织校园周边、净空安全防范等各类专项整治，清理流动活禽宰杀、交易点，查处各类占道经营12.31万起。进行夜市大排档、烧烤摊专项整治，查纠夜市大排档、烧烤摊4477起。落实“谁污染、谁治理”原则，加强城市露天焚烧垃圾巡查整治，查纠露天焚烧垃圾1098起。开展“静夜守护”城市夜间噪声污染整治专项行动，严查非施工时段施工扰民行为；开展中、高考期间噪声污染专项整治行动，打击中高考期间建筑工地超时施工扰民行为，查处施工噪声扰民案件1261起。加大执法力度和路面巡查力度，严查土方车“滴洒漏”和乱倾倒等违法行为，查处“滴洒漏”2063件。开展餐饮油烟污染专项整治行动，排查统计全市产生油烟的餐饮单位进行，逐一登记造册，建立动态管理档案，加强跟踪监察，督促餐饮单位按要求安装并正常使用油烟净化设施和油水分离设施，禁止油烟直排。督促问题整改1658处，调查摸排产生油烟的餐饮门店1.04万家、油烟净化器安装率88.19%。开展内沟河专项清淤工作，清淤26.7万立方米。开展日常巡查，组织对淤积较严重、影响行洪河段的笋浯溪、七中沟、平原渠等进行清淤4000立方米。制发《泉州市城市黑臭水体治理工作方案（2022—2025年）》，开展城市建成区5条黑臭水体整治后期管理，加强日常卫生保洁、排污口巡察整改、污水设施日常养护、活水补水等工作，5条水体水质保持良好。开展县级城市建成区黑臭水体排查整治，排查整治黑臭水体3条。截至年底，石狮市塘头沟基本完成治理，消除比例90%以上；泉州晋江国际机场沟完成910米水体治理，消除比例42%；南安市彭美溪完成1.9千米水体治理，消除比例44%。

【城市生活垃圾处理】 2022年，泉州市城市管理局加强生活垃圾调剂，统筹全市焚烧发电厂富余能力，协调永春县、德化县生活垃圾外运周边县（市）焚烧处置，全市实现原生生活垃圾“零填埋”。全市生活垃圾年处理量308.82万吨（日产生量8461吨）。其中，焚烧处理295.55万吨，卫生填埋13.27万吨，垃圾焚烧处理占比95.7%，生活垃圾无害化处理率维持100%不降。中心市区（鲤城区、丰泽区、洛江区、泉州经济技术开发区）生活垃圾年处理量48.11万吨，日产生量1318吨。

【城乡“厕所革命”】 2022年，泉州市城市管理局推进农村公厕新建改造，将“新建或改造一批农村公厕”纳入市委、市政府为民办实事项目推进，全年计划新建、改建农村公厕110座，实际建成农村公厕127座，完成投资2075.4万元。

【户外广告管理】 2022年，泉州市城市管理局开展户外广告、“牛皮癣”整治，拆除各类违规户外广告3.95万处（块），清洗“牛皮癣”129.13万张。

【机动车停车管理】 2022年，泉州市城市管理局加强机动车停车管理。6月，成立泉州市机动车停车管理工作领导小组。制发《深化“整治城区公共空间违规设立经营性停车场问题规范收费管理等行为”工作方案》《泉州市机动车停车管理信息互通共享制度》《泉州市机动车停车管理工作协调会议制度（试行）》《泉州市临时停车场设置和监督管理暂行规定》《泉州市机动车停车泊位错时共享实施意见》《泉州市停车场专项整治投诉举报处理工作制度》，规范停车管理。组织开展机动车停车场问题专项治理，摸排占用公共空间项目数量829个，其中涉及经营性停车场626个，涉及问题项目27个全部整改到位。

【中心市区养犬治理】 2022年，泉州市城市管理局开展流浪犬专项整治行动，加强城区巡边管控，劝导整治违规养犬、随意遛犬行为，开展犬只免疫工作等，每月不少于两次组织对街头绿地、背街小巷以及群众反映流浪犬出现较多区域进行巡查，规范捕捉无主流浪犬，捕捉流浪犬1689只，劝导文明养犬2375起。

【违法建设治理】 2022年，泉州市城市管理局加强城镇违法建设治理，坚持“控新、化存、固效”，综合运用网格巡查、卫片筛查、暗访暗查等措施，组织元旦、春节期间违建治理、各类产业园、遗产点违建整治等专项行动，对排查出的城镇违法建设建立清单、对单销号，遏制增量、化解存量。全市排查城镇违法建设539宗、18.81万平方米（年度新增162宗、2.27万平方米），规范处置513宗、17.51万平方米，处置率95%。

【渣土运输安全管理】 2022年，泉州市城市管理局加强渣土运输安全管理，组织对各县（市、区）相关企业、建设项目、重点路段进行暗访，检查80家企业和项目工地，发现并整治62处问题隐患。督促全市232家渣土运输源头项目安装称重设备和电子抓拍系统，全市7587辆渣土车100%安装右侧盲区报警装置。开展全域化异地交叉和联合执法行动，组织部门执法1.59万次、联合执法703次，出动6.57万人次，查处违规渣土车6315辆次，罚金599.5万元。

【“数字城管”建设】 2022年，泉州市城市运行管理服务平台（泉州智慧城管物联通管理平台）建成并投入试运行。硬件完成安装调试，包含313处监控点位、市政排水5000个智能井盖传感器和公园噪声监测等387个设备的安装；软件完成基本功能建设，包含基础数据库系统、井盖监测管理系统等18个系统建设。各县（市、区）“数字城管”平台整合城市管理资源，优化系统功能。全市依托“数字城管”平台，运用“互联网+网格”，建立“监测吹哨、管养（执法）报到”工作机制，平台立案派遣城市管理问题25.25万件，处置25.13万件，处置率99.52%。

【《泉州市渣土运输安全生产标准化提升细则》出台】 2022年5月18日，泉州市城市管理局等出台《泉州市渣土运输安全生产标准化提升细则》（以下简称“细则”），对渣土车运输安全实行全链条管控。细则从源头管理标准化、企业管理规范化、动态监管信息化、部门监管具体化等方面加强建立健全渣土运输安全生产链条闭环管理体系。泉州市建立全市统一的全过程、全链条、全方位的渣土车管控平台，包括货运源头监控和运输车辆动态监管，并具有审批、监管、服务、考评等功能。

（戴丽云 吴有荣 刘继明）

乡村振兴

脱贫攻坚成果巩固

【概况】 2022年，泉州市农业农村局巩固提升脱贫成果，出台“1338”防止返贫动态监测帮扶机制（1条监测底线、3项监测措施、3项认定程序、8项帮促措施），完成疑似对象走访核查1.96万户次。巩固“两不愁三保障”和饮水安全保障成果，控辍保学动态清零，住房改善提升422户。推进就业产业帮扶，财政衔接资金扶持产业比例55%以上；推动脱贫人口和监测对象稳岗就业，实现脱贫人口务工1.61万人。

【脱贫攻坚成果同乡村振兴有效衔接体制机制】 2022年，泉州市农业农村局守住不发生返贫底线，运用“1338”防止返贫动态监测帮扶机制，完成疑似对象走访核查。依托就业扶贫数据库开展就业帮促，完成脱贫户稳定务工就业。深化消费兜底帮扶，健全脱贫户农产品销售消费兜底网络建设。

【就业帮促】 2022年，泉州市农业农村局巩固提升脱贫成果，推动脱贫人口和监测对象稳岗就业，实现脱贫人口务工1.61万人。实施雨露计划培训补助工作，支持804人，发放补助资金234.45万元。

【产业帮扶】 2022年，泉州市农业农村局聚焦乡村产业集聚融合，强龙头、补链条、兴业态、树品牌，促进特色现代农业质效提级。全市实施现代农业重点项目142个，完成年度投资50.8亿元。策划生成招商项目100个，签约项目20个，其中5亿元以上项目8个。

【消费兜底帮扶】 2022年，泉州市农业农村局深化拓展消费帮扶，健全脱贫户农产品销售消费兜底网络，107家企业组成的脱贫户农产品销售消费兜底网络帮助1300余户脱贫户兜底销售农产品700余万元。

农村改革

【概况】 2022年，泉州市农业农村局落实重点改革任务，晋江市制定农村宅基地有偿使用、有偿退出等政策文件。开展农村集体产权制度改革，全市成立2383个股份经济合作社并完成农村集体经济组织登记赋码工作。开展农村集体所有的货币资金、资产和资源监管点题整治，完成问题整改1892件，收回资金2112.32万元，收回资产折价77.77万元，收回土地等资源性资产163.81公顷，新增加租金收入204.9万元。拓展农村集体所有的货币资金、资产和资源管理平台应用，推行“银农直联”。推广乡村治理新模式，全市推广应用积分制行政村480个、清单制试点村227个。推进农村普法，设立“农业普法超市”272个，培育农村学法用法示范户3179户，覆盖全市行政村比例81.69%。

【农村宅基地和村民住宅建设管理与改革】 2022年，泉州市所有乡、镇落实“一窗收件、一站服务、一次审批”审批制度，农村宅基地“一站式”规范审批窗口覆盖率100%。县（市、区）完善落实农村“一户一宅”认定标准和宅基地审批建设“四到场”（农村宅基地申请审查到场、批准后丈量批放到场、施工关键节点巡查到场、村民住宅竣工验收到场）制度。实施农村宅基地审批规范化管理工作核查制度（试行）。

【农村集体产权制度改革】 2022年，泉州市农业农村局完成农村集体产权制度改革及其“回头看”任务，全市成立2400个股份经济合作社并完成农村集体经济组织登记赋码工作，发放农村集体经济组织股权证书185.35万本。在全市20个村开展村民委员会事务和集体经济事务分离试点，在20个村中财政拨款等形成集体资产股份量化试点。出台泉州市《关于进一步加强农村（社区）集体资金资产资源管理工作的意见》《农村集体“三资”管理工作导则》《发展壮大薄弱村集体经济三年行动方案》及其各年度计划。改进村集体资金结算方式，推行“银农直联”工作，全市发起“银农直联”资金在线支付申请3.67万笔，审核完成3.13万笔，支付成功2.53万笔，支付金额5.74亿元。推荐晋江市、南安市两个县级市作为全省农村产权流转交易市场建设试点县，开展农村集体经营性资产、农村建设项目招投标等进场流转交易试点，分别制订试点实施方案组织实施。

产业发展

【概况】 2022年，泉州市农业农村局聚焦农业产业集聚融合，提升特色现代农业质效。攻坚现代农业项目，构筑产业发展平台，加快培育新型经营主体，推进泉台农业发展，加快一、二、三产融合。是年，全市完成粮食播种面积8.76万公顷，粮食产量50.84万吨；创建国家级现代农业产业园2个，创建全国农业产业强镇6个，培育国家级“一村一品”示范村镇16个。

【乡村产业集聚融合】 2022年，泉州市农业农村局加速乡村产业集聚融合，新增建成高标准农田1.33万公顷，农田连片整治立项2066.67公顷。完成撂荒地复耕2160公顷、复耕山垅田种粮186公顷、新建种质资源库4个。全市完成粮食播种面积8.76万公顷，粮食产量50.84万吨。创建国家级现代农业产业园2个、省级现代农业产业园3个，创建全国农业产业强镇6个、省级农业产业强镇1个，培育国家级“一村一品”示范村镇16个、省级“一村一品”示范村80个。安溪铁观音茶文化系统入选全球重要农业文化遗产。各类新型农业经营主体新建或改造农产品产地初级加工中心83个。安溪县尚卿乡、感德镇入选全国乡村特色产业十亿元镇，晋江市金井镇围头村、金井镇南江村入选全国乡村特色产业产值亿元村，创建农业产业化省级示范联合体40个。评定市级休闲农业示范点90个，获评省级休闲农业示范点42个，培育省级美丽休闲乡村16个、中国美丽休闲乡村10个，中国美丽乡村旅游精品景点线路推介4条。

【乡村三次产业融合】 2022年，泉州市农业农村局加快乡村一、二、三产融合，加快建设农产品加工集中区和2个国家农产品地理标志保护工程项目进度，新增省级农产品产地初加工中心22个，评定市级知名农业品牌21个。开展6个泉州市美丽田园·农业公园试点创建，新增休闲农业示范点市级10个、省级4个，美丽休闲乡村省级4个、国家级1个，全市休闲农业点超过300个。新增“三品一标”（无公害农产品、绿色食品、有机农产品和农产品地理标志）认证产品36个，名、特、优、新农产品8个；创建优质农产品标准化示范基地40家、国家现代农业全产业链标准化示范基地2个。农产品网络零售额130亿元，比2021年增长15%。

【乡村特色产业】 2022年，晋江市金井镇围头村、金井镇南江村2个重点渔业产业村，以鲍鱼主导产业优势入选全国乡村特色产业产值亿元村（全省3个）。围头村位于福建省东南沿海围头半岛，正面距金门岛5.6海里。村庄面积3平方千米，常住人口4300人，其中从事鲍鱼养殖业的有1500余人。该村依托区位条件和海洋环境，建成万亩网箱养鱼、海带、海蛎、鲍鱼等海产品养殖基地，实现鲍鱼主导产业年产值2.5亿元。南江村位于围头半岛东侧，与金门岛隔海相望，面积1.1平方千米，常住人口1800人。该村实施多个省部级鲍鱼养殖科研项目，培育国家级水产新品种“皱纹盘鲍”“西盘鲍”“绿盘鲍”等，形成“皇金鲍”等多个鲍鱼品牌。全村从事水产养殖的家庭农场、合作社等达50家，实现鲍鱼主导产业年产值1.2亿元。

村镇建设

【概况】 2022年，泉州市围绕“做精做美小城镇和新农村”目标，推动各项村镇建设，实施10个历史文化名镇名村传统村落保护和整治提升项目、20个集镇入选市级集镇整治项目、4.34万栋裸房整治项目、106户农村危房改造项目。德化县“崇尚集约建房”示范县创建项目获全省城乡品质提升考评第二名，争取省级正向激励资金500万元。晋江市梧林传统村落保护案例获省住房和城乡建设厅推荐参评“中国人居环境奖”。裸房整治“1+2+N”模式、永春县新时代农村社区创新模式获省住房和城乡建设厅推广。

【乡村规划】 2022年，泉州市住房和城乡建设局开展村庄规划编制。全市开展实用性村庄规划编制1093个，其中完成批复924个，超额完成年度编制任务（792个）。推进永春县下洋镇、惠安县崇武镇镇村联编试点工作，完成永春县横口乡、泉州台商投资区张坂镇、南安市金淘镇等地多村联编工作。组织开展《泉州市村庄规划成果典型案例汇编》，评定10个典型案例（集聚提升类村庄规划2个、保护开发特色类村庄规划5个，转型融合城郊类村庄规划3个），提供各县（市、区）学习参考。

【村镇基础设施建设】 2022年，泉州市住房和城乡建设局推进村镇基础设施建设，突出城乡融合，做精做美小城镇和新农村。完成既有裸房整治4.3万栋。创建永春、德化2个省级“崇尚集约建房”示范县。实施3个省级集镇环境整治样板工程，完成投资7562万元；竣工农村危房改造106户，超额完成任务。重点扶持10个历史文化名镇名村传统村落改善提升，完成投资2.6亿元；永春县入选全省城乡历史文化保护传承试点县，9个镇村列入省级重点改善提升名镇名村。

【宜居宜业乡村建设】 2022年，泉州市农业农村局实施乡村建设行动，水环境、居住、风貌、基础设施、样板工程品质提升五大类重点建设任务完成投资51.2亿元，投资完成率132.73%。评选50个乡村振兴典型案例，推进46条市级乡村振兴示范线创建，新增6条市级精品示范线。印发《2022年泉州市乡村振兴整镇推进“五好”乡镇创建考评方案》，评选20个“五好”乡镇。

【特色小城镇建设】 2022年，泉州市住房和城乡建设局推进特色小城镇建设，加强集镇环境整治，在提升环境质量的基础上，建设公共空间、塑造集镇特色、提升集镇温度、培育集镇业态、实施共同缔造，集中推进20个集镇列入市级集镇整治项目，对镇区既有建筑实施地域化风貌协调改造，消除镇建成区既有裸房，活化利用老旧建筑，探索新型集镇发展模式。全年完成集镇环境整治投资3.32亿元，占年度计划的108%。其中，惠安县黄塘镇、晋江市内坑镇、永春县东关镇、石狮市宝盖镇等集镇创建成效显著。

【名镇名村和传统村落保护】 2022年，泉州市住房和城乡建设局推动重点扶持历史文化名镇名村传统村落保护和整治提升项目10个，完成投资2.61亿元，占年度投资计划的105.86%，其中9个被列入省级改善提升项目，争取省级奖补资金3550万元。10个传统村落内的传统建筑上线省级海峡租养平台任务，全市新增6个村落被列入第六批中国传统村落，新增公布44处历史建筑，新增传统风貌建筑14处；德化县南埕镇南埕村、永春县岵山镇经验做法，推送至《中国建设报》福建省历史文化保护系列报道重点宣传推介。

【整镇连片推进乡村建设】 2022年9月7—8日，“百校联百县兴千村”行动启动仪式暨全国乡村建设现场培训班在山东威海举行。会上，泉州市以“整镇连片推进乡村建设的泉州探索”为主题做经验介绍。泉州市坚持把乡村建设摆在乡村振兴的重要位置，从泉州市情、农情、乡情出发，针对山海差异、城乡差距、需求差别，通过系列举措整镇连片推进乡村建设。形成党建带动、分类推动、部门联动、社会促动、群众主动的“‘五动’推进法”。涌现出惠安县崇武镇、南安市石井镇、永春县桃城镇等一批注重统筹规划，推进产城融合发展的典型；晋江市英林镇、泉港区界山镇等一批注重一体建设，推进城乡品质提升的典型；洛江区虹山乡、安溪县祥华乡等一批注重抱团发展，推进融入市场经营的典型；德化县上涌镇、南安市蓬华镇、石狮市灵秀镇等一批注重共建共享，推进资源优化配置的典型。

乡村文化

【概况】 2022年，泉州市农业农村局推动乡村文化便民惠民，全市新时代文明实践中心（所、站）建设、县级志愿服务总队组建、县级志愿服务促进中心建设等覆盖率100%。打造便民文化圈，建设新型公共文化空间24个，新设“百姓书房”50余家，打造“乡村书房”“文化驿站”等新型文化业态。整改提升乡镇、村级文化设施，乡镇综合文化站和村级综合文化服务中心达标率、设置率均达100%。到基层开展“文润刺桐 邻里共享”系列主题活动。

【乡村文化活动】 2022年，泉州市农业农村局实施“万千百十”文化惠民工程，推动全市12家国有文艺院团开展公益演出1325场。推荐“德化县：传承陶瓷艺术 助燃千年窑火”入选文化和旅游部“中国民间文化艺术之乡”建设典型案例。推广“百姓大舞台”活动，举办176场，培育打造5个街头文化艺术示范街区。惠安县螺阳镇锦丰村“村晚”被纳入2022年度文化和旅游部全国“村晚”示范展示点。举办第三届“云艺术节”等线上文化活动，建设泉州市公共文化数据库。

【“乡村文化记忆”保护】 2022年，泉州市农业农村局挖掘保护乡村文化记忆，开展泉州市“乡村文化记忆”主题征文比赛，挖掘乡村文化记忆素材268篇。评选“乡村记忆传承人”147人、“乡村记忆传习所”103个、“乡村记忆名特产”98个。挖掘推荐五好、最美、绿色家庭全国级7户、省级56户、市级120户。

【新时代实践中心建设】 2022年，泉州市印发《2022年泉州市拓展新时代文明实践中心建设工作安排》，提升新时代文明实践中心（所、站）等公共场所志愿（便民）服务站点效能；梳理盘活阵地资源，优化新时代文明实践中心（所、站）布局，明确中心（所、站）组织设置、工作规范、运行流程，配备专兼结合的文明实践管理人员；推动“建设36个新时代文明实践示范所（站）”为民办实事项目落地落实；项目带动全面拓展，推进洛江“一镇一园”、泉港文明实践岛、泉州台商投资区“海海上丝绸之路”文明实践线等特色品牌项目。推动各文明实践中心（所、站）开展读书会、交流会、故事会2700余场次。落实市委、市政府2022年36个新时代文明实践示范所（站）为民办实事项目。

【农家书屋】 2022年，泉州市推进农家书屋建设，“15分钟阅读圈”服务体系建设从市区向农村全面铺开，实现域内农村全覆盖。各县（市、区）将条件较好的农家书屋纳入各地图书馆总分馆体系运营，每家每季度更新新书500册以上，每年新书更新率60%以上，确保图书资源的有效利用。南安市以星级“百姓书房”创建带动农家书屋提质升级，将全市390家农家书屋纳入“百姓书房”建设管理，鼓励镇、村两级农家书屋参评年度星级“百姓书房”，从使用面积、阅读环境、馆藏图书、阅读管理等方面定标评星。惠安县在螺阳镇东风村等地试点建设3个全天候、自助式的温馨书房，将农家书屋阅读服务的端口前移，并从时间上有效延展文化空间效能。全市新设“百姓书房”50多家，打造“乡村书房”“文化驿站”等新型文化业态。

乡村治理

【概况】 2022年，泉州市农业农村局提高基层治理能力水平，建成128个“党建+”乡村邻里中心。规范村级事务运行和村务监督，探索“3+X”对象参与模式，增强党建引领基层民主协商实效。创建省级乡村治理示范镇15个、示范村190个。推广应用积分制村305个、清单制村151个。设立“农业普法超市”，培育农村学法用法示范户1637户。实施“百万村财攻坚”行动，实现村集体经营性收入超百万元209个，超20万元全覆盖。深化跨村联带、村企共建等经验做法，组建267个联村党组织，329个强村与638个周边村资源整合、联片发展，探索组建128个“强村公司”，推动资源共享、优势互补、共同富裕。晋江市“全力解决乡村治理的‘人、钱、事’难题”入选第二批全国乡村治理典型案例。

【村级党组织建设】 2022年，泉州市实施“千雁领航、联片带富”计划，按全市行政村数5%的比例筛选确定一批有潜力的优秀年轻村级党组织书记作为培育对象。开展市直单位帮镇扶村促振兴专项行动，组织市直机关“一对一”精准结对帮扶党建薄弱、经济落后、风险突出的10个乡镇和48个村（社区）。深化“跨村联带”区域化党建工作模式，组建267个联村党委（党总支）或乡村联盟，推动329个强村与638个周边村联片发展、成片治理、共同富裕。

【农村法治治理】 2022年，泉州市新增农村行政调解组织44个，排查化解各类矛盾纠纷3.42万件，调解成功率98%。南安市码头镇大庭村等3个村（社区）入选第九批全国民主法治示范村（社区）。市农业农村局开发村级小微权力监督微信群和监督平台，建立6500余个微信群，覆盖2546个村（社区）。配备文员、辅警和警务助理3491名，实现农村“一村一警务助理”。

【村财监督管理】 2022年，泉州市农业农村局加强村集体资产管理信息化、规范化建设，利用省级乡村振兴（扶贫惠民）资金在线监管平台和泉州市农村集体“三资”（货币资金、资产和资源）管理平台，提升村财监管水平。开展村级财务线上、线下同步公开，探索开展村集体经济合同网上公开。推进村（居）委会与村（居）股份经济合作联合社“职能分离、账务分设”试点工作，实现村集体资产保值增值。

【“农业普法超市”模式创建】 2022年5月20日，由泉州市农业农村局与市司法局主办的泉州市“促乡村振兴·民法典进农村”暨设立“农业普法超市”签约仪式在南安市梅山镇灯光村举行。泉州市设立“农业普法超市”，在全省属于首创，开辟农村普法新阵地。“农村普法超市”集聚多种功能于一身，不只是简单地向群众提供法治宣传资料，还通过开辟农业普法宣传角、不定期开展普法宣传和农资安全小常识讲座等活动，提供不同的法律服务，满足农民群众多元的法治需求，为群众答疑解惑，解决群众找法难的问题。

（市农业农村局）

2022年5月20日，2022年促乡村振兴·民法典进农村暨设立农业普法超市签约仪式在南安市梅山镇灯光村举行 （市农业农村局 供图）

区域发展

融入闽西南协同发展区

【概况】 2022年，泉州市推进闽西南协同发展区重大项目建设，42个项目纳入协同区年度重大协作项目库，年度计划投资376.7亿元，实际完成投资432.4亿元，完成年度计划的114.8%。推进一批跨市标志性项目，兴泉铁路12月通车。泉三高端装备产业园跨市共建成效初显，九个项目建成投产；闽西南集团惠安绿色建筑产业园项目落地。探索推动永春县、德化县与三明市大田县加快毗邻区融合发展，初步起草三县融合发展框架合作协议及三县毗邻区融合发展实施方案。深化新时代山海协作，落实山海协作帮扶机制，拨付协同区内帮扶资金8700万元。

【闽西南协同发展区人大工作联席会议第四次会议在泉州召开】 2022年10月19日，闽西南协同发展区人大工作联席会议第四次会议在泉州召开。会议总结第三次联席会议以来工作成效，研究部署下一步工作安排，审议通过并出台《闽西南协同发展区陆路交通互联互通三年行动计划（2022—2024）》《厦门市翔安区—泉州市南安市加快融合发展打造区域协同发展先行示范区的实施方案》等文件。

【兴泉铁路全线通车运营】 2022年12月30日，第一辆从泉州站通往宁化站的K8756/7次“绿巨人”动车出发，标志着兴泉铁路全线通车运营。兴泉铁路是海西铁路网“三纵六横”中的重要一横，是开发沿线资源、服务革命老区的重要铁路干线，也是打通泉州港通往内陆铁路客货运的重要枢纽，结束德化、永春等地不通铁路的历史。铁路起于江西省赣州市兴国县，经宁都、石城，进入福建宁化、清流、永安、大田、德化、永春、安溪、南安，客运连福厦铁路泉州站，货运接漳泉肖铁路惠安南站。

（庄启鑫）

2022年12月30日，兴泉铁路全线通车运营。图为由德化县冠名的“世界陶瓷之都·德化”号动车抵达德化站

（许华森 摄）

厦漳泉都市圈建设

【概况】 2022年，泉州市推进厦漳泉都市圈建设。南安石井—厦门翔安“同城同心线”738路城际公交线路开行。推动南安市与厦门市翔安区加快打造协同发展先行示范区，两区（市）建立融合发展工作机制，共同谋划推动产业发展、公共服务、基础设施等协作事项。

【厦漳泉城际铁路规划编制】 2022年，厦漳泉城际铁路R1线建设规划修编方案上报国家发展和改革委员会。厦漳泉城际铁路R1线是引导和带动厦漳泉都市区发展的重要支撑，是闽西南经济协作区重点推进的重大项目。R1线作为厦漳泉同城化交通主骨架和泉州市区内首条轨道交通系统，串联泉州中心城区、晋江市区、厦门本岛以及漳州中心城区，解决市区百姓通勤需求，线路同时连接高铁泉港站、高铁泉州东站、晋江机场、翔安机场、高崎火车站等重要交通枢纽，为沿线群众提供便捷快速出行服务，可实现与厦门1小时直达，提升城市品质，带动站点周边土地开发，促进城市经济快速发展。项目起于福厦客专泉港站，经惠安县、泉州台商区至丰泽区东海片区，至晋江市，经南安市至翔安机场，穿过厦门市到达漳州市。

【泉厦城际公交738路开通】 2022年5月8日，泉厦城际公交738路开通启动仪式在南安石井泉金码头、厦门翔安新城公交场站分别举行。继安溪—同安之后，泉州市第二条城际跨市公交开通。9时50分许，一辆车身标有“同城同心线”字样的738路公交车从厦门翔安开往南安石井，完成首次运行。市民从此可以在石井搭乘公交直达厦门翔安。该线路首期投入10辆公交车，由南安与厦门公交部门共同运营。线路采取统一票价，上车1元，跨界加收1元，全程2元，全程30千米设36个站点，线路覆盖厦门翔安新城、轨道3号线鼓锣站、厦大翔安医院、厦大翔安校区、莲河片区、南安芯谷产业园、石井客运站等交通枢纽、居住区和产业园区。线路单程90分钟，预计高峰时30分钟一班，平峰时45分钟一班，运行时间为6时30分至19时30分。

2022年5月8日，泉厦城际公交738路开通。图为南安石井站开通仪式

（林劲峰 摄）

【厦门大学国家大学科技园（德化园）落地】 2022年11月21日，厦门大学国家大学科技园（德化园）展厅开放暨厦门大学创新研究转化中心落地仪式在德化县举行。德化县致力推动招商引资与招才引智相结合、高校创新要素与社会创新要素相结合，促进“产业链”“人才链”“创新链”等有机融合。厦门大学国家大学科技园是科技部、教育部批准认定的国家级大学科技园，产学研综合实力雄厚、高层次人才资源丰富。1月，德化县与厦门大学国家大学科技园有限公司签订战略合作协议，重点打造新材料、智慧制造、人才培养、历史文化考古、科研成果转化等7大板块。厦门大学国家大学科技园（德化园）旨在为德化县转化科技成果、孵化高新技术企业、培养创新创业人才创造新平台，为德化县优化产业生态、推动经济发展提供更强有力的支撑。

【泉州市参与主办2022年闽南文化非物质文化遗产周】 2022年12月16日，由福建省文化和旅游厅、厦门市政府、漳州市政府、泉州市政府等主办的2022年闽南文化非物质文化遗产周启动仪式在厦门举行。遗产周活动内容包括“闽南非遗精品联展暨传统文化创新展”、泉厦漳非物质文化遗产大市集、行进式街头文化艺术展演等。泉州市精心组织策划，推出非物质文化遗产精品，综合展示泉州市在闽南文化生态保护区建设和文化遗产保护工作中取得的成果。在“闽南非遗精品联展暨传统文化创新展”中，泉州市推出80余件（套）展品，涵盖水密隔舱福船制造技艺、闽南传统民居营造技艺、德化瓷烧制技艺等联合国教科文组织非物质文化遗产名录名册项目、国家级和省、市级非物质文化遗产项目。

（庄启鑫）

市域统筹发展

【概况】 2022年，泉州市以“抓

城建提品质”专项行动为抓手，推动古城新城联动发展、市区县域同步推进，实现城市能级和品质双提升。联动推进丰泽北峰、鲤城江南、台商海江、晋江晋东、洛江阳江等组团开发。揭牌成立泉州中央商务区丰泽区指挥部，建成中央法务区泉州片区，加速聚集商气、人气，推进东海片区繁荣发展新局面。编制古城核心区文庙—后城片区保护提升规划和聚宝城南历史文化街区相关规划，开展龙头山片区研究，完成29条街巷市政综合提升，启动中山南路片区46条街巷整治。全市各县（市、区）聚焦比较优势，策划实施一批具有示范带动性的项目。

【新城古城联动发展】 2022年，泉州市联动新城、古城，做大做强中心城区。聚焦新城集聚，联动推进丰泽北峰、鲤城江南、台商海江、晋江晋东、洛江阳江等组团开发，统管区12个片区完成投资79亿元，完成房屋征迁96万平方米。聚焦东海城东核心区打造，以繁荣发展中央商务区、打造中央活力区为重点，全年完成项目投资68亿元。聚焦古城提质，按照“一轴三片”（中山路历史文化街区，西街、后城、城南片区）的格局系统推进街巷整治提升。聚焦交通，实施21个“聚城畅通”工程市政类项目，完工洛江西环路市政道路，贯通通港东街快捷化改造晋江大桥至绿廊段主线。

【县域统筹布局】 2022年，泉州市统筹布局县域，做实做优次中心组团。12个县域重点片区完成投资168亿元，完成房屋征迁88万平方米。全市各县（市、区）聚焦比较优势，策划实施一批具有示范带动性的项目，晋江市科创新区样板工程在全省样板评比中位列第三。推动城市更新，全市完成426个老旧小区改造，实施18个老旧片区改造试点，完成298个绿色社区创建，完工30个无障碍设施样板项目，新增公共停车位5500位，改造断头路36条，新建或改造绿道159.6千米。

【古城核心区】 2022年，泉州市继续发挥“政府主导、国企实施”的泉州古城保护提升模式优势，以“绣花”功夫分片区开展古城背街小巷综合提升及古城风貌建筑修缮利用。完成中山路周边29条背街小巷市政管网改造建设、景观路面铺装及4个街头口袋公园建设、8个开闭所改造、20条街巷电线杆拆除工作，完成29条街巷去杂去乱，分批次精品打造花巷等一批古城背街小巷展示面，同步完成中山路、西街周边5个非机动车停车场改造建设。启动27条背街小巷市政管网提升，完工市政管网提升11条，完成雨污分流管网2.74千米，同步启动景观路面铺装及10个开闭所改造建设。延续原有苏式特色建筑风格，启动对泉州市工艺美术公司旧大院1万平方米现状建筑进行修缮改造提升。修缮活化中山中路37～39号等一批古城风貌建筑空间。

2022年，泉州市分批次精品打造花巷等一批古城背街小巷展示面。图为10月8日拍摄的花巷夜景 （洪旭 摄）

【中央商务区】 2022年，泉州中央商务区围绕“打造两江一湾核心区”（晋江、洛阳江，泉州湾）目标，对标“全省的高端服务业聚集区”产业定位，统筹推进招商引资、重点城建项目、卫生教育文体配套建设等工作，打造集行政、金融、商贸、法务、文化、服务于一体的中心城市新地标。立足中心城区区位特点，紧扣高质量发展目标，侧重发展现代服务业、金融与新兴产业、电子信息产业等，优化产业布局规划。全年招商签约50个项目，总投资495.38亿元；新出租出售写字楼等商业空间8万多平方米，建成写字楼平均入驻率提高至近七成；新工商注册或迁入的企业344家（其中注册资金1000万元以上的112家），增长105%；新装修办公入驻的企业108家，其中新设企业29家、泉州市外企业迁入12家；新增白领人员上万人，新增常住人口6300人。

（吴有荣 刘楷彬）

城乡融合发展

【概况】 2022年，泉州市坚持全域统筹、一体发展，实施“抓城建提品质”“抓征迁交净地”“聚城畅通”“乡村振兴”4个专项行动，做大做强中心市区，做实做优次中心组团，做精做美小城镇和新农村。将公共基础设施建设重点放在农村，推进水、电、路、气和广电、通信、物流等基础设施往村覆盖、向户延伸。

【小城镇和新农村建设】 2022年，泉州市突出城乡融合，做精做美小城镇和新农村。完成既有裸房整治4.3万栋，完成量环境整治样板工程，完成投资7562万元；竣工农村危房改造106户，超额完成任务。重点扶持10个历史文化名镇名村传统村落改善提升，完成投资2.6亿元，投资率全省第一；永春县入选全省城乡历史文化保护传承试点县，9个镇村列入省级重点改善提升名镇名村。

【城乡基本公共服务普惠共享】 2022年，泉州市继续推进乡村基础教育发展，通过改善办学条件、健全教师补充机制，强化乡村师资队伍建设，加大对贫困学生帮扶力度，完善乡村贫困学生帮扶机制，提升乡村基础教育发展水平。提升乡村医疗卫生服务能力，开展“优质服务基层行”活动和社区医院创建工作，完善县、乡、村衔接的三级养老服务网络，加大政府统筹引导力度，多样化、多层次地满足老年人养老服务需求。

【城乡基础设施一体化发展】 2022年，泉州市通过实施城乡供水一体化，提高农村供水保障水平；提升农村电网装备水平，推动农村电网改造升级；推进农村公路单改双，开展通自然村（组）公路建设，完善村道安全生命防护工程；加快天然气管线建设，提高农村地区管道燃气通达能力；加快推进乡村通信设施、物流设施建设，超额完成5G网络建设任务，实现所有镇区全覆盖；实现快递网点乡镇覆盖率100%，4个快递品牌以上入驻建制村数量达100%。

（吴有荣 庄启鑫）

对口支援

【概况】 2022年，泉州市根据福建省委、省政府统一部署，选派援藏、援疆、援宁干部人才101人，拨付援藏、援疆、援宁1.99亿元（其中援宁社会帮扶资金2500万元）。对口支援西藏自治区昌都市洛隆县，拨付项目资金2517万元，选派干部人才17人，其中党政干部3人、组团式医生8人、专业技术人才6人；对口支援新疆维吾尔自治区昌吉回族自治州昌吉市，拨付项目资金7594万元，选派干部人才22人，其中党政干部6人、医生10人、专业技术人才6人；对口支援宁夏回族自治区吴忠市盐池县、红寺堡区，拨付项目资金和社会帮扶资金9770万元（其中全市统筹资金3670万元、石狮市和惠安县各承担资金1800万元、社会帮扶资金2500万元），选派干部人才62人，其中党政干部4人、组团式医生和教师各11人、专业技术人才36人。

【援藏工作】 2022年，泉州市落实年度援建项目6项，建设乡村振兴示范村，在俄西乡雪瓦通村和孜托镇夏果村，建设俄西产业园基础设施提升，完成乡村道路建设、水利配套设施等；在孜托镇夏果村完成人居环境整治，包括农村厕所革命、生活污水、垃圾治理、村容村貌提升等。完成特色产业园配套项目，建设特色产业标准厂房1500平方米及场地硬化附属等配套设施。完成医疗卫生提升项目，完成康沙镇、马利镇2个乡镇卫生院标准化建设，主要包括医疗废水处理、医废处理间、模块化组合式制氧设备等建设。完成文化教育提质增效项目，建设10个新时代文明实践中心、所、站。开展教师业务培训，组织洛隆县教育系统优秀校长、优秀教师（后备干部）外出培训。推进产业合作，推动成立洛隆县碳汇专项工作小组，在全区全市率先探索林草碳汇项目。对接内地啤酒生产企业，引进先进酿造技术，推进县青稞精酿酒厂项目。对接德化电商协会与制陶制瓷企业，帮助洛隆本地手工艺人提升工艺水平、展销商品。创新引入清华大学乡村振

2022年7月25日，昌吉市“泉昌情”青少年足球队访问泉州

（市足球协会 供图）

兴远程教学站公益项目，传授乡村振兴技术。开展“组团式”医疗帮扶，救治危重患者60余人，完成大小手术100余例（其中治愈“藏区顽疾”大骨节病50余例），取得多项第一：完成洛隆首例急性心肌梗死溶栓治疗、首例保留子宫的压迫缝合止血手术、首例脾破裂切除术，做好培训、师带徒、手把手带教等多种方式“传帮带”活动。

【援疆工作】 2022年，泉州市落实年度援建项目25项，包括智力援疆项目2项、产业支援5项、民生保障项目6项、交往交流交融3项、文化教育9项。建立文化润疆“1234”体系，组织“微笑昌吉”活动，讲述泉州援疆带来的牧区定居、就业增收、生命救助、助学圆梦后各族群众的获得感、幸福感，引导当地群众感党恩，跟党走。实施“书香昌吉”行动，建成8个“泉州援疆·百姓书屋”，昌吉市37所中小学建设“刺桐朗读亭”，昌吉市5所中小学校建设智慧图书馆。开展诵读经典、“品书 评书”、“红心永向党·争做好少年”小学生讲故事比赛。开展“情暖昌吉”工作，组织泉州援疆事迹《有光的地方就有希望》代表福建援疆参加自治区、昌吉州“永远跟党走”巡回宣讲报告会36场次。成立乡村少年宫，开展“粽香端午”、“青少年足球夏令营”、小学生夏令营等活动。打造“大美昌吉”品牌，开辟“大美昌吉”专题节目，通过短视频、摄影、征文、直播活动等形式，展示昌吉生态优美、人和业兴、民族团结的生动景象。开展专技人才“项目化援疆”活动，组织专业技术人才科学制定重点攻关项目和帮扶项目，32名专业技术人才实施35个技术项目在昌吉市产生效益。医疗援疆团队帮助昌吉市人民医院成立卒中中心、泉昌情·儿童感统训练康复站、医疗援疆人才工作站等，开展新技术新项目20余项，团队完成1200余台手术、业务培训350余场、疑难病例研讨560余次，开展巡回医疗、下乡义诊50余次。教育援疆团队牵线昌吉市所有中小学校与泉州市37所中小学建立“一对一”关系，提升昌吉市教师队伍专业素质和教学能力。农业援疆团队实施巨菌草、设施蔬菜红蜘蛛生物防治、牲畜品种改良等技术项目，开展农技推广2500余人次。签约山东泰安龙成消防、万头肉牛三产融合示范产业园等19个项目，总投资43.35亿元。厦门国贸集团、象屿集团、捷能通、中瀚顶达、鲁班木塑、金桂芳香等11家企业落地昌吉，其中8家企业投产。在泉州建立援疆文旅特产展销中心、“泉昌情”农特产品供应链联盟，向福州、厦门等地辐射发展，搭建昌吉市特色产品在福建的外销平台。

【援宁工作】 2022年，泉州市落实年度援建项目66项，其中盐池县33项、红寺堡区33项。盐池县项目方面，主要包括建设花马池镇、高沙窝镇范记圈自然村、冯记沟乡冯记沟村闽宁示范村，新建日光温室8座，开展6个庄点人居环境整治，硬化马儿庄生态旅游湖泊入口场地3750平方米，实施绿化树围3000米；扶持发展闽宁滩羊产业发展融合园，建设羊舍10座，占地面积4478平方米；扶持发展村集体经济，大水坑镇马坊村滩羊养殖、花马池镇盈德村农贸市场、王乐井乡郑堡子村“十里瓜廊”休闲农业建设项目，新建羊舍2座450平方米、农贸市场地面混凝土硬化1700平方米、反季果蔬暖棚3座864平方米、肉牛养殖场采食道通道防风顶棚2座1440平方米等；开展就业能力提升培训，完成各类人才培训220人次。红寺堡区项目方面，主要包括完成新庄集乡新集村、红寺堡镇同原村128座日光温室大棚，种植黄花菜866.67公顷；扶持农特产品流通销售，新建加工包装车间1200平方米，开展宣传推介活动；新建职业技术学校实训室11个，开展就业能力提升培训，培训黄花菜种植人才1600人；完成柳泉村333.33公顷土地配套高效节水水肥一体化设施，完成红寺堡镇田园综合体建设，打造黄花菜采摘体验区、葡萄采摘体验长廊、甘草种植推广区、田园生活体验区。

【山海协作】 2022年，泉州市强化山海协作，督促有对口帮扶任务的县（市、区）完成帮扶资金拨付、领导互访、干部交流及企业入驻园区的工作任务。全年落实省内山海协作帮扶资金1.24亿元，其中对口帮扶资金3600万元，引进企业22家入驻共建园区。鲤城区兑付明溪县帮扶专项资金1200万元，帮助引进3家企业入驻明溪县鲤城山海协作共建产业园区。丰泽区拨付顺昌县对口帮扶资金1200万元，其中100万元用于洋口镇解建村循环农业一体化项目。晋江市分别拨付长汀县、上杭县对口帮扶资金2000万元、1500万元；与长汀县、上杭县签署山海协作文旅合作协议，共同拓展旅游市场。

【泉州市支持盐池县打造电商融合发展新模式】 2022年11月30日，国家发展和改革委员会办公厅发出《关于推介2022年全国消费帮扶助力乡村振兴优秀典型案例的通知》，将泉州市支持的宁夏回族自治区盐池县打造电商融合发展新模式、推动闽宁消费帮扶工作作为全国电商产业发展优秀典型案例并进行全国推介。泉州市通过在盐池县打造两地特色产品对接销售网络，带动互联网+产业、产品的联动发展，引入狮城宁好电商网批（西部）运营基地，建成东部石狮电商园西北仓，打通线上销售通道，提升滩羊产品的市场周转。促进形成电商生态圈，融盐公司、滩羊集团等47家企业入驻平台，培训主播118人，进驻主播42人，开展直播带货2500场次，全年主播带货实现销售额7704万元，带动电商上下游产业1.5万余人就业。

（庄启鑫）

生 态 环 境

综 述

【“生态连绵带”规划建设】 2022年，泉州市生态环境局提出全市建设生态连绵带的总体要求，完成“生态连绵带”规划框架，构建“生态屏障地区—生态廊道地区—生态体验地区”三级生态网络化空间体系，采用规划编制与项目建设“交叉推进、前后印证”的方式，探索形成“生态连绵带”技术标准与控制导则；制订完善“全市统筹、分级落实”的实施计划，明确市、县、区在“生态连绵带”建设工程中的权责分工与考核制度；加快开展重点项目示范建设，形成可复制、可推广的经验。实施泉州市生态连绵带统筹实施规划，推进山水田园城市建设，以“两高”沿线和城市门户交通连接线景观提升为抓手，串联城市门户路径两侧生态连绵带项目，提升泉州城乡面貌和城市形象，策划生成项目18个，项目纳入《泉州市“抓城建提品质”2022年专项行动方案》。

【生态文明示范区建设】 2022年，泉州市生态环境局践行“绿水青山就是金山银山”理念，深化生态文明建设示范创建，实现生态环境“高颜值”和经济发展“高素质”。11月18日，洛江区、惠安县获第六批国家生态文明建设示范区称号（全省7个）。至此，泉州市已有德化县、永春县、鲤城区、安溪县、洛江区、惠安县6个县（市、区）获评国家生态文明建设示范区，永春县还获评“绿水青山就是金山银山”实践创新基地，创建成效走在全省前列。

【生态环境保护督察】 2022年，泉州市生态环境局统筹推进两轮中央生态环境保护督察反馈问题整改，第一轮30项均完成整改，907件交办信访件全部办结；第二轮12项，完成整改7项，剩余5项按序时推进，860件交办信访件均办结销号。配合开展2022年度省生态环境保护例行督察，配合省督察组完成现场点位检查210个、15批172件移交的群众信访举报件均及时转交办理，推动边督边改。

环境状况

【概况】 2022年，泉州市生态环境局落实生态环境保护督察反馈问题整改，开展环评审批，服务全市重点工作，开展生态环境宣传教育，推动生态环保观念深入人心。全市各城市、县城环境空气质量均达到国家二级标准，其中市区空气质量优良天数350天，占总天数的95.9%。12个县级以上饮用水水源地III类水质达标率保持100%。主要流域39个国、省控断面Ⅰ～Ⅲ类水质比例100%。39个小流域监测断面Ⅰ～Ⅲ类水质比例94.7%。36个近岸海域国、省控站位Ⅰ、Ⅱ类水质比例94.4%。全年农村饮水安全受益人口33.97万人。

【大气环境质量】 2022年，泉州市区空气质量以优良为主，空气质量综合指数为2.58，比2021年改善0.16；优良天数比例95.9%（超标15天）；优级天数占比52.3%，比2021年提升7.9个百分点。六项主要污染物指标浓度均优于二级标准限值，其中二氧化硫、一氧化碳、二氧化氮、可吸入颗粒物平均浓度达到国家一级标准。

【水环境质量】 2022年，泉州市39个主要流域断面（14个国控、25个省控）Ⅰ～III类水质比例保持100%。39个小流域考核断面Ⅰ～III类水质比例为94.7%，比2021年提升2.6个百分点。县级以上12个实际供水的饮用水水源地III类水质达标率保持100%。山美水库、惠女水库总体水质均达到或优于III类。近岸海域优良（Ⅰ、Ⅱ类类）水质比例94.4%。

【土壤环境质量】 2022年，泉州市地下水环境质量保持稳定。受污染耕地安全利用率100%，重点建设用地安全利用率100%。全市危险废物产生量31.9万吨，处置利用率98.8%。医疗废物安全处置率100%。

【辐射环境质量】 2022年，泉州市生态环境局推进放射源监控系统建设，组织开展辐射安全隐患排查整治，强化辐射监管。全市辐射环境质量总体保持稳定。

【声环境质量】 2022年，泉州市区昼间声环境功能区点次达标率100%，夜间点次达标率90.0%；昼间区域声环境质量等级均为三级，总体水平属“一般”；昼间道路交通质量等级均为一级，评价结果均为“好”。县级城市中，晋江市区昼间、夜间声环境功能区点次达标率均为100%；昼间区域声环境质量等级均为三级，总体水平属“一般”；昼间道路交通质量等级为三级，评价结果为“一般”。南安市区昼间、夜间声环境功能区点次达标率100%；昼间区域声环境质量等级为二级，评价结果为“较好”；昼间道路交通质量等级均为一级，评价结果均为“好”；石狮市区昼间道路交通质量等级为二级，评价结果为“较好”；昼间、夜间声环境功能区点次达标率为100%；昼间区域声环境质量等级均为三级，总体水平属“一般”。

【《泉州市“十四五”空气质量持续改善计划》出台】 2022年2月，泉州市生态环境局印发《泉州市“十四五”空气质量持续改善计划》（以下简称“计划”）。计划提出，将以稳步提升大气环境质量为核心，以减污降碳协同增效为总抓手，以细颗粒物和臭氧污染协同控制为主线，提升大气治理能力现代化、智慧化水平。到2025年，泉州市区$PM_{2.5}$平均浓度不高于19.2微克/立方米，县级城市$PM_{2.5}$平均浓度不高于18微克/立方米，臭氧浓度水平保持稳定并力争持续下降，优良天数比率不低于97.8%，不发生重度污染天气；氮氧化物和挥发性有机物重点工程减排量完成省下达目标。瞄准“碳中和”愿景，泉州市将围绕二氧化碳排放达峰行动，把减污降碳作为促进经济社会全面绿色转型的总抓手，优化调整产业结构、能源结构、交通运输结构，加快构建绿色、循环、低碳经济社会发展体系。

土地资源保护

【概况】 2022年，泉州市自然资源和规划局推进土地资源保护，开展耕地保护监督和宣传，起草《关于严格落实党政同责完善耕地保护责任机制的通知》，健全党委政府同责、部门协同、公众参与、上下联动的共同责任机制。落实耕地“占补”“进出”双平衡，全市完成补充耕地任务276.33公顷，补充水田及旱改水任务207.8公顷，超额完成年度补充耕地任务。组织各县（市、区）开展耕地保护政策宣传短片制作和优秀短片评选活动，制作宣传短片24部，营造全社会共同保护耕地的氛围。

【土地综合整治】 2022年，泉州市自然资源和规划局开展耕地保护与开发，补充耕地从传统的土地整理复垦开发项目转变为土地综合整治项目。全市完成36个土地综合整治子项目验收，规模107.31公顷，产生新增耕地78.66公顷、水田67.16公顷。完成传统的土地开发复垦项目验收20个，其中土地开发项目14个、旧村复垦6个，总规模33.36公顷，产生新增耕地29公顷，增减挂钩指标7.66公顷。

【耕地保护】 2022年，泉州市推进土地资源保护，开展耕地保护监督和宣传，落实耕地“占补”“进出”双平衡，完成补充耕地任务276.33公顷，补充水田及旱改水任务207.8公顷。

水资源和海洋资源保护

【概况】 2022年，泉州市生态环境局加强水资源保护，推进碧水、碧海保卫战。开展流域水质提升“碧水清源”专项行动，推进实施105个流域精准治理项目，投资19.9亿元（完成率107.6%）。制订出台《泉州市入海排污口分类整治方案》，完成100个入海排水口试点整治。完成海岸带视频监控系统建设、验收并投入运行，清理海漂垃圾2.5万多吨。

【饮用水水源地保护】 2022年，泉州市生态环境局组织开展农村饮用水水源地生态环境综合整治，重点开展千人以下农村分散式饮用水水源地环境整治。全市排查核定千人以下农村分散式饮用水水源地31个，全部完成水源地保护范围划定和标志标牌、防护设施等规范化建设。同步开展农村饮用水水源地周边生态环境问题排查整治，排查整治环境问题17个。

【河湖长制】 2022年，泉州市水利局推进河湖长制从“有名有责”向“有能有效”转变，建设“全面强化、标本兼治”的泉州现代化幸福河湖3.0版本。在全市范围内推行“乡愁河长”工作，首批选聘1000名“乡愁河长”，成为全国首个大规模、全覆盖发动乡贤护河治水的设区市。发布“河长令”，开展“碧水清河”专项行动，推行“河长日”，强化履职尽责，督促解决河湖管理保护的重大、疑难问题，推动全市河湖综合治理。

【生态河湖管理】 2022年，泉州市水利局开展生态河湖管理，依托“水生态修复创新中心”完成3项河湖长制课题研究，完成1个市级、12个县级、163个乡镇级河长办标准化和260座河长制主题公园建设，实现市、县、乡三级全覆盖；制定河流水质量化考评方案，全覆盖监测全市430条河流水质，优化水质管理责任体系。

【海洋保护】 2022年，泉州市加强海洋生态修复。“蓝色海湾”综合整治行动项目（泉州湾晋江海域）完成建设并通过市级验收。泉港区海洋生态保护修复项目开工建设，开展贝藻礁预制及后龙湾段、渔港路段沙滩修复补沙工程。泉港区惠屿岛海岸生态屏障保护与修复工程项目列入省级国土空间生态修复项目储备库，获批专项资金补助1220万元。安海湾违法围填海问题、南安海峡科技城3号项目占用滨海湿地问题2宗生态环境保护督察问题完成整改。开展“中国渔政亮剑”“蓝剑”“净海清湾”“商渔共治”等专项执法行动，与公安、海警、海事签订深化执法协作联合机制合作备忘录，确保执法信息互通互联。全市检查港口1938个次、渔船5830艘次（其中45千瓦以上渔船4652艘次），查处违法违规渔船845艘次（包括责令整改渔船），拆解涉渔“三无”船舶97艘，查扣待拆解23艘，清理取缔各类违禁渔具4228张（顶、件），办结渔业行政处罚案件192起，罚没款328万元，没收涉渔违规船舶9艘，立案查办12起历史遗留的非法用海案件，行刑衔接移送涉嫌犯罪案件线索3起，依法规范海洋与渔业生产秩序。

【水土保持】 2022年，泉州水利局市推进水土流失治理，河湖生态持续改善提升，完成水土流失综合治理面积1.49万公顷，占计划159%。永春县获评国家水土保持示范县，惠安县黄塘溪小流域获评国家生态清洁小流域。

【节约用水】 2022年，泉州市水利局开展节约用水工作，开展取用水管理专项整治行动、计划用水、用水统计调查直报、水利行业节水机关建设、县域节水型社会达标建设等。全市用水总量23.6亿立方米，万元工业增加值用水量7立方米，万元国内生产总值用水量20立方米，农田灌溉水有效利用系数0.5678，均达到水资源管理“三条红线”控制目标值要求。

【永春县获评国家水土保持示范县】 2022年12月26日，水利部公布2022年度国家水土保持示范名单。永春县获国家水土保持示范县称号，这是福建省第二批、泉州市首个国家级水土保持示范县；惠安县黄塘溪小流域获评国家生态清洁小流域。永春县水土保持率由1985年的70%提升到2021年的90.08%，超过全国平均水平，水土流失强度呈现由高强度向低强度转化，实现水土流失面积和强度“双下降”，水土保持现状良好，先后获全国水土保持监督管理能力建设县和国家水土保持生态文明工程称号。

生态修复

【废弃矿山生态修复】 2022年，泉州市完成历史遗留废弃矿山生态恢复治理232.67公顷。石狮市全市域废弃石窟治理工程项目完成36.67公顷、南安市丰州—霞美废弃采石场工程包一期工程（后田片区）进度80%，南安石井蔡仔山废弃矿山集中区生态修复工程进度45%，启动实施泉州市九龙江流域山水林田湖草沙一体化保护修复工程项目。

【流域生态修复】 2022年，泉州市推进流域生态修复提升，开展全县域全流域综合治水试验，推动南安、永春县入选全国水系连通试点县，获中央补助资金2.7亿元，其中南安市实施情况终期评估被水利部、财政部评为“优秀”等次。

【泉港区海洋生态保护修复项目】 2022年，泉州市泉港区海洋生态保护修复项目开工建设，开展贝藻礁预制及后龙湾段、渔港路段沙滩修复补沙工程。建设内侧离岸贝藻礁长度4834米，建设外侧离岸贝藻礁长度3328米，清理贝藻礁之间底质，清淤深度0.5～3.5米，后龙湾清淤工程量137.4万立方米，修复海岸线总长度3.74千米，补沙总方量86.54万立方米，施工干滩面积24.97万平方米，建设贝藻礁型丁坝318米。生态化改造海堤长度2.5千米，后滨沙地植被修复面积2.5公顷；建设海滩垃圾拦截和收集系统，长度600米；完成海岸带保护修复效果综合评估成果1套。

【惠屿岛海岸生态屏障保护与修复工程】 2022年，泉州市泉港区惠屿岛海岸生态屏障保护与修复工程项目被列入省级国土空间生态修复项目储备库，获批专项资金补助1220万元。建设地点位于泉港区湄洲湾惠屿岛，建设性质为新建，建设内容主要包括居住区海岸生态屏障保护工程，修复岸线293米；惠屿岛沙滩修复工程，修复岸线长度195米，面积100平方米，后滨植被修复20平方米；侵蚀海岸植被修复工程，修复岸线1500米，修复面积150平方米，实际补植面积10平方米。总投资1624.58万元，其中环保投资113.8万元，环保投资占总投资比例7%，施工工期5个月。

【“蓝色海湾”综合整治行动项目（泉州湾晋江海域）完工】 2022年，泉州市“蓝色海湾”综合整治行动项目（泉州湾晋江海域）全部完工。该项目总投资2.96亿元，2020

年获批列入当年度中央海洋生态保护修复项目清单，获中央财政资金补助9660万元。该项目系对泉州湾河口湿地省级自然保护区部分区域开展生态修复，清除互花米草335.07公顷，种植修复红树林194.13公顷，修复鸟类栖息地24.93公顷，建成2座鸟类观测监测站，完成海岸生态化改造6.2千米。项目通过市、县两级验收，并申报省级验收。

森林资源保护

【概况】 2022年，泉州市林业局统一规划建设管理“三山一线”（大坪山、桃花山、观音山、山线绿道），加强义务植树与古树名木保护、市树时花、林地和林木资源保护、森林督查、古驿道保护修复与活化利用、天然林与自然保护地保护、互花米草除治和松材线虫病防治等行动。围绕创建桃花山AAAA级旅游景区目标，策划生成桃花山公园北入口改造提升、浔美湾湿地互花米草除治生态保护修复、山线绿道三期工程、金山寨遗址环境提升、后亭社区后渚自然村改造提升、古驿道建设等项目。

【林木资源保护】 2022年，泉州市林业局强化林地和林木资源保护，严格执行林地定额制度，争取福建省统筹定额150公顷林地要素保障。开展“项目攻坚2021”涉林保障专项行动，保障重点建设项目用林。

【违法图斑清零行动】 2022年，泉州市林业局开展森林督查、违建别墅问题清理等专项行动。对2013—2021年1046个违法图斑逐一建立问题清单，设置“清零行动成效”指标，提前森林督查历史欠账全面“清零”。

【刺桐培育及应用关键技术研究】 2022年，泉州市林业局有序推进市树刺桐培育及应用关键技术研究，从全国各地收集到南非刺桐、黑刺桐、褐刺桐、蝙蝠刺桐、非洲大叶软木刺桐等刺桐属植物6种58株（盆）以及纳塔尔刺桐、比氏刺桐、马赛刺桐、韩氏刺桐、三德威刺桐、劲直刺桐、翅果刺桐、念珠刺桐、塞内加尔刺桐、刺桐（本种）等十多种刺桐物种的枝条和种子进行保存。

【互花米草除治】 2022年，泉州市林业局开展互花米草除治攻坚战，成立工作专班。全市8个县（市、区）除治面积1270.76公顷，完成率100%，提前完成省下达互花米草除治任务。同步筹划除治后的生态修复及生态提升项目，建立互花米草除治绩效承包制度，严防“死灰复燃”。

2022年10月8日，挖掘机在丰泽区海滨清除互花米草 （吴嘉晓 摄）

自然保护地保护

【概况】 2022年，泉州市统筹实施生态保护和修复工程，开展“绿盾”系列行动，强化自然保护地和生态红线监管，实施生物多样性调查监测评估，生态系统多样性、稳定性、持续性不断提升，社会参与度和公众意识显著增强。截至年底，全市有省级以上各类自然保护地36个，自然保护小区267个。开展全市天然林保护修复行动，强化自然保护地保护，起草《关于建立泉州市自然保护地体系的工作方案》，纳入市委、市政府加强文化和自然遗产保护利用“1+3”文件。完成省级以上森林公园界限调查，开展自然保护地整合优化工作。加强林业有害生物防控，全市实施松林防治性改造提升1.08万公顷。

【德化戴云山国家级自然保护区】 2022年，泉州市德化戴云山国家级自然保护区面积13472.4公顷，是中国东南地区重要的昆虫和植物模式物种产地，保存有最完好的原生性黄山松群落，是中国单位面积生物多样性程度最高的保护区之一。建立“管理局—管理所—检查哨卡”三级管理体系。推行林长制，根据管理所范围划分三个责任区域，基本形成联防联保、社区共管机制。建有定位监测站1处。组织开展野生动物红外监测及蝴蝶、兰科、苔藓等专项调查。实施“智慧保护区”建设工程，构建完整的监控体系，包括1个监控中心和84个监控前端，在22个辖区村、重点部位建立前端监控系统，在4个哨卡建立卡口抓拍单元和可视化紧急报警箱，在主要入区位置建立感应式语音播报，在居民重点活动区域建立5个高空烟火探测云台。该监测系统纳入全省自然保护区数字化体系及德化县智慧城市体系，为环境资源的保护管理和社区治安提供及时、准确的决策依据。

【安溪云中山省级自然保护区】 2022年，泉州市安溪云中山省级自然保护区面积4164.5公顷，主要保护对象为晋江、九龙江源头生态系统及珍稀濒危动植物物种，被誉为“天然植物园”“珍稀濒危野生动物的基因库”。推进保护区生态保护建设，对保护区开展“绿盾”专项检查行动，落实保护区日常巡查及整改。

【泉州湾河口湿地省级自然保护区】 2022年，泉州市泉州湾河口湿地省级自然保护区面积7065.31公顷，主要保护对象为红树林、候鸟及中华白海豚，泉州湾自然保护区内恢复种植红树林面积466.67公顷，是东南沿海人工恢复面积最大、成长最好的集中连片红树林。被省政府列入省重要湿地名录。泉州湾河口湿地自然保护区发展中心与红树林基金会签订合作备忘录，发挥双方优势，整合社会资源，共同推动泉州湾河口湿地省级自然保护区在保育修复、生态监测、科普宣教、社区共管等方向工作的开展，助力保护区的精细化管理，提升湿地质量。

【深沪湾海底古森林遗迹国家级自然保护区】 2022年，泉州市深沪湾海底古森林遗迹国家级自然保护区面积3100公顷，主要保护的是距今7500年前的古森林遗迹和9000年至25000年前的古蛎礁等地质遗迹。被省政府列入省重要湿地名录。依托专业团队对保护对象开展科学研究，对保护区内的海洋生态环境质量进行常态化监测。春季大小潮和秋季大小潮期间，组织对保护区范围内海域的水质、沉积物、生物质量等进行取样监测。

【湿地资源保护】 2022年，泉州市加强湿地资源保护。泉州依山傍海，分布有近海与海岸湿地、河流湿地和人工湿地三大类型湿地。全市湿地面积96171.67公顷。其中，近海与海岸湿地面积69711.98公顷，占全市湿地总面积的72.49%；河流湿地面积11279.84公顷，占全市湿地总面积的11.39%；人工湿地面积15179.85公顷，占全市湿地总面积的15.43%。泉州湾河口湿地省级自然保护区面积7065.31公顷，主要保护对象为红树林、候鸟及中华白海豚。在泉州湾河口湿地自然保护区内，完善日常湿地巡护工作机制，实施网格化管理，综合运用视频监控、无人机航拍、巡护轨迹管理App等手段，从“天上看、地上查、网上管”的多维角度进行巡护管理。随着生态环境的改善，分布的野生鸟类由建区前107种增加到197种，其中国家Ⅰ级重点保护动物9种，形成丰富的生物多样性。

【红树林恢复种植】 2022年，泉州市推进红树林恢复种植。使用“物理方法+生物替代”的方式治理互花米草、修复红树林湿地。在完成清理的地块上种植红树植物，配合持续的管护，及时抑制清理后的互花米草复发。种下的红树植物，逐渐占据部分互花米草生长的区域、形成郁闭的林冠层，与之后可能再次复发的互花米草进行竞争，使得互花米草复发率下降，并降低后续管护成本。在红树种植和湿地修复方面，遵循“因地制宜，适地适树”“宜林则林、宜滩则滩”原则。在塘堤等宜林地，按照潮位划区进行白骨壤、秋茄、桐花树等多种乡土红树植物的混交，以提高生物多样性，同时避免空间结构单一，以及受病虫害等影响。全年在泉州湾自然保护区内恢复种植红树林面积466.67公顷，成为中国东南沿海人工恢复面积最大、成长最好的集中连片红树林。

【“绿盾2022”自然保护地监督】 2022年10月，泉州市生态环境局联合相关部门开展“绿盾2022”自然保护地强化监督工作，对泉州市戴云山、深沪湾海底古森林遗迹两个国家级自然保护区和泉州湾河口湿地、安溪云中山、永春牛姆林3个省级自然保护区重点问题整改情况进行核查。自2017年“绿盾”强化监督启动以后，泉州市5个自然保护区发现334个疑似问题（含2022年21个），全部完成实地核查及整改，“回头看”工作未发现问题回潮反复情况。通过“绿盾”强化监督，泉州市自然保护区内违法违规活动受到严厉打击，生态环境持续向好，典型生态系统得到有效保护，珍稀濒危野生动植物数量总体稳中有升。

生物多样性保护

【概况】 2022年，泉州市开展国际生物多样性日宣传活动，推进生物多样性保护。截至年底，全市划定生态保护红线4226.18平方千米，除治互花米草1400公顷，有效保护自然生态系统和野生动植物栖息地，野生动植物得到恢复性增长。通过多年的调查、监测，全市在原有调查基础上新增调查记录野生动植物51种，全市现有陆生野生动物78科459种、野生维管束植物225科949属2480种。新增观测记录鸟类35种，国家一级重点保护野生动物鸟类达到21种。

【新增观测记录到中华秋沙鸭】 2022年2月，泉州市观鸟摄影爱好者在德化国宝溪记录到中华秋沙鸭，这是泉州第一次有中华秋沙鸭的影像记录。中华秋沙鸭是国家一级重点保护野生动物，属全球濒危物种，全球数量在5000对以内。

【新增记录到栗苇鳽】 2022年5月3日，泉州市观鸟学会成员在晋江市池店镇田洋村农田里记录到珍稀鸟类栗苇鳽。此系泉州市记录到的第328种鸟类，也是栗苇鳽首次在泉州被记录到。栗苇鳽是鹭科苇鳽属的鸟类，常栖息于芦苇、沼泽、水塘、溪流和水稻田中，也见栖于田边和水塘附近小灌木上。此次在晋江记录到的为雄鸟。

【国际生物多样性日科普宣传】 2022年5月22日，第29个国际生物多样性日，2022年的主题是“共建地球生命共同体”。泉州市生态环境局、市林业局等举行公众科普宣传活动，通过线上互动问答、主题科普展览、生物多样性科普课堂、“泉州百鸟精灵”生物多样性精彩图片展等形式，提高社会各界特别是中小学生关心自然、增强野生动植物保护的意识，共同构建人与自然和谐发展的美丽家园。

节能减排

【概况】 2022年，泉州市推动节能减排，开展污染防治攻坚战，加快建立健全绿色低碳循环发展经济体系。推进经济社会发展全面绿色转型，开展化学需氧量、氨氮、氮氧化物和挥发性有机物四项主要污染物减排工作。推进排污权有偿使用交易，全市出让排污权指标成交总额3383.26万元。

【工业节能】 2022年，泉州市围绕“碳达峰、碳中和”目标任务，立足能源消费、产业结构等实际情况，制定印发《泉州市“十四五”节能减排综合工作方案》《泉州市重点领域节能降碳改造升级工作方案》等文件，推动节能减排，开展污染防治攻坚战，加快建立健全绿色低碳循环发展经济体系，推进经济社会发展全面绿色转型。开展节能降碳改造，落实《泉州市绿色数字技改专项方案》，引导企业加快节能技改和绿色化改造，年度实施95个节能技改项目，投产后可节能32万吨标准煤。29个项目列入福建省2022年工业重点节能改造项目库，占全省项目总数比重25.7%。1家企业获评国家级能效领跑者，3家企业获评省级能效领跑者，1个节能改造案例入选工业和信息化部工业节能典型案例。推动绿色制造示范创建，开展绿色产品、绿色工厂、绿色园区和绿色供应链管理企业创建，带动绿色技术推广应用、产业供应链协同转型，提升泉州经济“含绿量”。2022年度新培育省级及以上绿色制造项目50个。

【建筑节能】 2022年，泉州市推动建材企业生产绿色建材产品，推进新型墙材、预拌砂浆、装配式建筑等绿色建材产业发展。全市有国家绿色建材认证企业48家、绿色产品（建材）140余个，绿色生态墙材应用率90%以上，预拌砂浆生产企业及产量占全省2/3以上，建成PC（装配式建筑及部品部件）生产基地6个，年产能50万立方米，实施装配式建筑面积941万平方米，装配式建筑项目规模、生产基地数量和产能等指标均居全省前列，城乡建设品质得到明显提升。

【交通节能】 2022年，泉州市交通行业推进节能增效，报废更新营运柴油货车101辆，新增更新新能源公交车88辆，新增新能源出租车4135辆，泉州港鸿山热电码头获评国内首批、全省首个“四星级绿色港口”称号。电商快件不再二次包装比例88.9%，新增回收包装废弃物设施的快递网点237个。

【污染物总量减排】 2022年，泉州市生态环境局开展年度主要污染物总量减排工作，完成年度主要污染物减排核算。化学需氧量、氨氮、氮氧化物和挥发性有机物四项主要污染物排放量均超额完成省级下达任务。

【碳达峰碳中和目标落实】 2022年，泉州市生态环境局推进《落实碳达峰碳中和具体任务项目（事项）清单》明确的年度任务，完成《泉州市2018—2020年温室气体排放清单报告》编制，为应对气候变化及“双碳”工作提供技术支撑。组织林德气体、凯美特气体、石大胜华3家企业开展碳捕集和利用试点。指导督促全市进入省级碳交易市场的122家企业按时足额清缴履约。推进20个低碳社区（园区、景区）试点示范创建。

【排污权有偿使用交易】 2022年，泉州市238家企业通过福建海峡股权交易中心完成新建工业项目总量指标申购，受让成交总额1666.76万元；全市出让排污权指标成交总额3383.26万元，其中企业出让2049.64万元、储备排污权出让1333.62万元。

【储备排污权投放线上超市】 2022年，泉州市生态环境局将部分政府排污权储备量以优惠价格投放到海峡交易中心线上超市，优化交易方式、为企业纾困减负。凡泉州市辖区内符合条件（有组织机构代码证及工商营业执照或其他有效证件、有生态环境部门出具的排污权指标和来源条件的审查意见文件）的建设单位均可直接通过排污权交易平台购买建设项目新增排污权指标。

污染防治

【概况】 2022年，泉州市生态环境局开展蓝天保卫战，实施蓝天工程。推进工业源、移动源等污染治理，开展扬尘污染专项整治行动。制定《〈中华人民共和国噪声污染防治法〉部分条款部门职责分工方案》《泉州市城区声环境功能区划（2022年）》，加强噪声污染防治，推进碳达峰、碳中和。全年完成126个年度大气精准治理减排项目，淘汰50台10蒸吨以下燃煤锅炉。开展碧水保卫战，实施碧水工程，开展流域水质提升“碧水清源”专项行动。推动近岸海域污染防治，分类整治入海排污口，完成海岸带视频监控系统建设、验收并投入运行，清理海漂垃圾2.5万多吨。

【大气污染防治】 2022年，泉州市生态环境局推进工业源综合治理，印发《泉州市生态环境局关于开展重点行业挥发性有机物提升治理工作的通知》，深挖挥发性有机物减排潜力，生成治理项目41个。印发《泉州市扬尘污染专项整治工作方案》，排查整治各领域扬尘污染问题。加强生态环境部门、气象部门信息共享和预测预报预警，全年发出污染天气防控预警30次，对可能出现的污染天气进行有效管控。推进网格化精准监测，通过对网格化微型站的运行应用分析，结合全市污染源分布及污染传输特征，调整优化微型站布点，加强颗粒物激光雷达组网的应用分析，加大颗粒物、挥发性有机物走航监测力度，精准溯源，为污染天气应急管控提供科技支撑。完成126个年度大气精准治理减排项目，淘汰50台10蒸吨以下燃煤锅炉。

【农村生活污水治理】 2022年，泉州市生态环境局制定《泉州市农村生活污水提升治理五年行动方案（2021—2025年）》。为民办实事“100个村庄的农村生活污水治理设施建设项目”全部完工，完成投资3.06亿元；完成300个村庄生活污水提升治理项目，完成投资额7.69亿元，投资额完成比例101.7%。全市新建农村污水主干管378.4千米、支管及入户管807.8千米，新建污水处理站81座、污水泵站46座，新增日污水处理能力5951吨。

【燃煤锅炉淘汰】 2022年，泉州市推进工业企业废气治理，坚持全面推进和突出重点相结合，结构优化和深度治理相结合，严格监管和激励引导相结合，高效统筹经济发展和环境保护，分类型、分批次稳步推进锅炉整治淘汰，减少颗粒物、二氧化硫、氮氧化物排放量，改善全市环境空气质量，全年完成45台10蒸吨以下燃煤锅炉淘汰。

【移动源污染治理】 2022年，泉州市生态环境局开展柴油货车路检路查和入户抽检工作，查处超标车辆8辆。加强车辆检验机构监督检查，检查机动车环检机构106家，发现问题184个，暂停环保联网21家。加强“天地车人”一体化的机动车排放监控系统的应用，利用遥感系统监测机动车313.6万辆，超标2.39万辆。加强非道路移动机械监管，完成非道路移动机械编码登记7572台、排气抽测1930台、淘汰替代32台。

【危险废物规范化管理】 2022年，泉州市生态环境局印发《泉州市“十四五”危险废物污染防治规划》。实施危险废物规范化环境管理评估，新增泉港丰鹏、石狮亿宏等危险废物利用能力1.3万吨。开展危险废物风险集中治理等6个专项行动，排查涉危险废物企业588家次、发现问题150个，全部完成整改，防范化解危险废物环境风险。探索小微收集、点对点利用、跨省转移“白名单”等多项危险废物制度试点，规范收集处置小微企业危险废物2.9万吨。《泉州市积极创新“行业+园区”危险废物环境管理模式》被省生态环境厅作为“危废十条”创新典型案例推荐给生态环境部。

【近岸海域污染防治】 2022年，泉州市成立海洋生态环境保护工作领导小组，统筹加强全市海洋生态环境保护工作。推动完成100个入海排水口试点整治，在总结试点整治工作经验基础上，研究制订《泉州市入海排污口分类整治方案》。启动海岸带无人机航拍环境信息调查，完成外场作业并形成工作成果。

【海漂垃圾清理】 2022年，泉州市推进碧水、碧海保卫战。制定出台《泉州市入海排污口分类整治方案》，完成100个入海排水口试点整治。完善“岸上管、流域拦、海面清”的海漂垃圾综合治理机制，提升“一县一公司”海上环卫队伍专业化、现代化、规范化水平，实现海漂垃圾治理常态化、动态化、网格化。全年完成海岸带视频监控系统建设、验收并投入运行，清理海漂垃圾2.5万余吨。

【《泉州市“十四五”地下水污染防治规划》出台】 2022年6月，泉州市生态环境局、市自然资源和规划局、市水利局印发《泉州市“十四五”地下水污染防治规划》（以下简称“规划”）。规划明确，泉州市按照“分区管理、分类防控、协同治理”的工作思路，建立科学管理体系，以地下水污染状况调查评估和地下水污染源头预防为重点，摸清全市重点污染源及区域地下水基本情况和加强地下水污染源头预防。主要从推进地下水污染风险管控与修复、建设地下水监测网络和加大地下水环境监管力度三个方面对全市地下水重点污染源进行风险防控。

【《泉州市“十四五”危险废物污染防治规划》出台】 2022年1月20日，泉州市生态环境局印发《泉州市“十四五”危险废物污染防治规划》（以下简称“规划”）。规划明确“十四五”期间，全市建设危险废物利用处置、医疗废物处置、信息化能力建设、监管能力建设4类14项重点工程项目，提升危险废物利用处置、环境监管、环境风险防范“三个能力”。

生态环境监管

【概况】 2022年，泉州市生态环境局坚守生态环境安全底线，加强涉疫医废环境风险防控。加强核与辐射安全监管。组织开展重点行业企业环境安全风险隐患排查整治，全年未发生突发环境事件。全年收集处置医疗废物1.75万吨（含涉疫废弃物1.18万吨），安全处置率100%。

【环评审批】 2022年，泉州市生态环境局优化环评审批服务，压缩行政许可审批时限，对17个事项进行提速增效，将5个子项提升为即办件，压缩承诺时限43个工作日、减少材料数6个。严格执行建设项目环境准入相关规定，落实“三线一单”（生态保护红线、环境质量底线、资源利用上线，生态环境准入清单）生态环境分区管控要求，对新建、改建、扩建高耗能、高排放项目严格把关，对于不符合相关法律法规的，依法不予审批。全市审批建设项目环境影响报告书70个、报告表958个。

【环境监测能力建设】 2022年，泉州市生态环境局推进生态环境监测能力提升三年行动，完成丰泽区、洛江区、惠安县、永春县、泉州台商投资区等环境监测站实验室改造、搬迁。组织开展城华南路国控空气自动监测站调整工作。组织完成惠安东湖村委会空气自动监测站搬迁、泉州开发区空气质量监测站撤销以及安溪砖文、安溪上山等省控空气站可吸入颗粒物和细颗粒物仪器更换工作。

【环境安全隐患排查与演练】 2022年，泉州市生态环境局落实环境安全管理工作机制，以高风险企业、工业园区、饮用水源地、涉危险废物企业、核技术利用单位五大类为重点，组织开展生态环境安全隐患大排查大整治工作。全市梳理高风险企业159家、工业园区17家、饮用水源地142座、涉危险废物企业338家、核技术利用单位64家，合计720家，发现并落实整改生态环境安全隐患问题255个。南安市、安溪县、永春县完成《晋江流域“一河一策一图”应急响应方案》编制工作。在安溪县举办市级突发环境事件应急演练和黄塘溪—洛阳江“一河一策一图”环境应急响应方案实践桌面推演。

【环境应急能力建设】 2022年，泉州市生态环境局组建市生态环境应急与事故调查中心。更新新一届环境应急专家库，组织3期全市生态环境系统应急管理岗位培训。优化调整市级环境应急物资储备库，补充一批应急物资及设备，对卫星应急指挥车进行升级改造。完成黄塘溪—洛阳江和晋江流域“一河一策一图”应急响应方案编制工作，推进政府环境应急预案修编工作。推动泉港、泉惠石化园区有毒有害气体环境风险预警体系建设并通过专家验收。

【环境保护督察】 2022年，泉州市生态环境局推进环境保护督察，全市出动生态环境执法人员2.35万人次，检查企业1.02万家次；行政处罚企业574家（罚款4586.9万元）；实施停产（限产）案件7起、查封（扣押）案件109起、移送侦办案件60起（其中行政拘留47起、涉嫌环境犯罪13起）。

【生态保护红线监管】 2022年，泉州市自然资源和规划局划定、优化调整生态保护红线。7—9月，完成全市“三区三线”（指城镇空间、农业空间、生态空间三种类型的国土空间，分别对应划定的城镇开发边界、永久基本农田保护、生态保护红线三条控制线）成果“三上三下”等三轮划定工作。生态保护红线是指在生态空间范围内具有特殊重要生态功能、必须强制性严格保护的区域，包括陆域生态保护红线和海洋生态保护红线。根据自然资源部、省自然资源厅的反馈情况和规则更新，泉州市优化调整生态保护红线。10月14日，自然资源部发文启用福建省“三区三线”划定成果。

【环境执法】 2022年，泉州市生态环境局严厉打击各类环境违法行为，利用日常检查、网格巡查、群众举报等方式，强化县域生态环境交叉联合执法机制，实施突出生态环境问题挂牌督办，推进重点行业专项治理，开展“清水蓝天”监督帮扶、“静夜守护”点题整治，执法大练兵等行动，加强非现场监管应用，创新包容审慎监管机制。完善环境监测网络，推进环境监测能力建设。开展空气、地表水、土壤和地下水、污染源等各项年度常规生态环境监测任务。

【生态环境损害赔偿案件办理】 2022年6月24日，泉州市生态环境保护综合执法支队开展执法检查时发现，福建省某石业股份有限公司废水收集池的抽水泵突发故障，废水溢流入沉淀池东侧排入雨水管的雨水沟进入城市下水道，最终排往寿溪；该公司刷胶褙网工序作业区域半敞开未密闭，未配套有机废气收集处理设施，有机废气未经收集处理直接排放。泉州市生态环境局对该公司存在的逃避监管方式排放水污染物和未配套有机废气收集处理设施排放有机废气违法行为进行立案查处；在立案的同时启动对该公司环境违法行为的生态环境损害赔偿工作，委托专家进行生态环境损害赔偿鉴定评估。在查清生态环境损害事实、鉴定认定损害后果后，市生态环境局与该公司进行生态环境损害赔偿磋商工作。经过磋商，9月6日，市生态环境局与该公司签署生态环境损害赔偿协议，该公司履行赔偿责任，修复受损环境。

（陈嘉楠 戴丽云 郑海平 杨明坤）

科学技术

综述

【科技惠企政策】　2022年，泉州市科技局优化科技政策惠企各项工作办事流程，制定印发《泉州市级科技创新专项资金管理规定》《落实科技惠企政策线上直达兑现机制实施方案》《泉州市科学技术局预算绩效管理操作规程》，规范各类惠企政策兑现流程，加快资金拨付效率。在泉州市惠企政策线上直达兑现平台发布孵化器奖补、高企奖补、研发费用分段补助等10条“免申即享”和科技计划项目、星创天地等5条“即申即享”惠企政策，通过泉州市惠企政策线上直达兑现平台兑现21项、3.3亿元惠企资金。

【科技投入】　2022年，泉州市科技局制定《落实“提高效率、提升效能、提增效益”行动 促进全社会研发投入提升工作方案》，通过政策引导、挂钩联系、培训辅导等方式，推动研发投入指标增长。9月23日，召开2022年度全社会研发投入提升工作会议，分解下达县（市、区）目标任务以及重点企业清单。制定印发《泉州市科学技术局关于建立市科技局挂钩联系县（市、区）研发投入工作制度的通知》，建立各地重点服务对象挂钩方案。发挥财税政策引导作用，落实企业研发投入分段补助政策。推荐1554家企业列入2021年度企业研发经费投入分段拟补助对象，核实三级补助金额4.69亿元。简化企业加计扣除政策申报流程，组织专家对9家企业22个项目进行鉴定，准予其进行加计扣除。

【科技项目】　2022年，泉州市科技局组织泉州企业申报2022年度福建省中国科学院科技服务网络计划配套项目，推荐福建省蓝深环保技术股份有限公司、福建艺达电驱动股份有限公司、福建中科光芯光电科技有限公司、福建嘉怡塑胶有限公司、福建浔兴拉链科技股份有限公司、泉州天智合金材料科技有限公司6家企业获项目立项，其中院省合作项目4项、院省合作重大项目1项、院省合作平台项目1项。推荐福建路通管业科技股份有限公司等5家企业申报2023年度福建省中国科学院科技服务网络计划配套项目，其中院省合作项目4项、中国科学院创新团队引进项目1项。立项支持5个市级科技对外合作项目，资助经费150万元；推荐“基于物联网技术的新型水平两级压缩螺杆式空压机的研发及产业化”项目获2022年度福建省科技计划对外产业化合作项目立项，获资助经费100万元。

科技载体

【概况】　2022年，泉州市科技局聚焦泉州市产业创新链缺少环节，争取省集成电路创新实验室落地泉州，牵头起草的《福建省集成电路创新实验室建设建议书》通过省委常委会、省政府常务会研究。制定出台《泉州市科技企业孵化器、众创空间管理办法》，新增对原中央苏区和革命老区政策支持条款，对认定条件、运营时间等孵化器和众创空间认定指标进行调整优化。制定下发《2022年高新技术企业培育发展工作方案》《关于分解下达2022年创新企业群体培育工作任务的通知》《关于局领导挂钩联系县（市、区）高新技术企业培育工作的通知》，建立局领导挂钩联系高新技术企业制度。全年新增获批建设省级（学科类）重点实验室1家；9家企业被认定为省级新型研发机构；新认定市级新型研发机构24家，补助经费240万元。

【科研平台】 2022年，泉州市科技局推动泉州市五交科技产业研究院落地鲤城并运营，协助引进北京石墨烯技术研究院有限公司落地晋江。支持泉州市亚陶汇智能陶瓷产业技术研究院、泉州市先进通信与人工智能创新研究院两家民办非企业注册运营。新认定市级新型研发机构24家。推行“院所+公司”运营模式，推动泉州湖南大学工业设计与机器智能创新研究院、中纺院海西纺织新材料研究院、泉州中国兵器装备集团特种机器人研发中心、泉州天津大学集成电路及人工智能研究院、泉州市云箭技术创新研究院5家大院大所成立产业化运营公司。引进的18家大院大所服务企业2672家、解决企业技术难题311项、与企业合作研发及技术成果转化项目275项、为企业提供技术服务和咨询项目826项，技术合同登记交易额1.09亿元。泉州华中科技大学智能制造研究院、石狮市中纺学服装及配饰研究院两家大院大所入选全国首批“科创中国”创新基地，清源创新实验室获批国家级博士后科研工作站。

【新型研发机构建设】 2022年，泉州南京大学环保产业研究院、福建省德源智能科技有限公司、海峡（晋江）伞业科技创新中心有限公司、福建永恒能源管理有限公司、福建飞通通讯科技股份有限公司、福建省中科生物股份有限公司、泉州华数机器人有限公司和福建立亚新材有限公司和清源创新实验室9家机构被认定为省级新型研发机构，中纺检测（福建）有限公司、晋江市天守服装织造有限公司、中纺协检验（泉州）技术服务有限公司3家省级新型研发机构获仪器设备后补助经费314.44万元；福建省智能运维机器人技术重点实验室获批建设省级（学科类）重点实验室，福建省先进微纳光子技术与器件重点实验室、福建省复杂动态系统智能辨识与控制重点实验室通过省级（学科类）重点实验室验收。截至年底，全市有市级以上新型研发机构104家。

【众创空间和孵化器建设】 2022年，泉州市科技局辅导推荐“晋江市三创园区科技孵化基地（科创慧谷·晋江）”申报2022年度国家级科技企业孵化器，并获省科技厅推荐公示。福建省大学生创新创业基地（泉州）获省级科技孵化器认定，黎明职业大学创新创业实践基地、泉州鼎瀚创业园、伞都空间、晋江安东园创客中心、石狮市人力资源服务产业园、泉海众创空间、立鼎众创空间、闽兴禾圣众创空间、南安市北部众创空间、永春县青年红色筑梦双创基地、瓷都青年众创空间和如瓷生活众创空间12家众创空间获省级众创空间认定。推荐申报2022年度省科技企业孵化器（众创空间）新增孵化用房补助项目3项，获奖补资金146.65万元。认定市级众创空间15家。截至年底，全市有市级以上众创空间114家，其中国家级11家、省级71家、市级100家；市级及以上科技企业孵化器26家，其中国家级2家、省级12家、市级26家。落实《泉州市全力抗疫助企保民生促发展若干政策措施》，协调两家国有科技孵化器为入驻的小微企业、个体工商户51户减免租金51.4万元。配合制定泉州市支持丰泽区、晋江市巩固疫情防控成果加快经济恢复发展若干措施两份政策文件，提出“优先支持辖区内科技创业载体申报2022年度市级科技企业孵化器、众创空间，其中孵化器孵化场地面积、在孵和毕业企业数等3项指标在当年度标准上降低20%”。

【科技企业】 2022年，泉州市科技局组织推荐1147家企业申报2022年国家高新技术企业，比2021年增加231家。高新技术企业净增712家，比2021年增长43.15%；全市高新技术企业达2362家，比2020年的1037家实现翻一番，提前一年实现高新技术企业数量第一个“倍增”目标。下发《关于做好高新技术企业种子培育库工作的通知》，摸排优质种子企业，加大“初创型科技企业—科技型中小企业—高新技术企业—科技“小巨人”企业”进阶培育力度。建立高企种子培育库，对照高新技术企业申报条件，精准筛选进入培育库优质企业1522家，实行动态分类管理。建立高新技术企业培育“云服务”机制，扩充科技特派员高企辅导团队，分区域、分行业精准辅导，全年举办线上线下培训30期，参训人员2.7万人次。分级跟踪服务300家高成长型高新技术企业，重点精选25家进行定制化服务。通过惠企政策线上直达平台兑现下达2021年高新技术企业重新认定和直接认定奖补资金7330万元，惠及企业733家。组织开展2022年科技“小巨人”企业遴选，入库省科技“小巨人”企业175家；组织30家科技“小巨人”企业申请研发投入奖励，获奖励资金1302万元。组织开展科技型中小企业评价，1844家企业入库国家科技型中小企业（其中，高新技术企业562家，占比30.5%），比上年增长20.7%，数量居全省第二。

【时空科创基地建设】 2022年，泉州市科技局加强时空科创基地建设，开展泉州时间源服务平台守时系统定制开发工作和国家标准时间水印相机系统软件研发项目；建设完成高精度“一带一路”位置与时间公共服务平台泉州分平台，并开展“泉州燃气高边坡自动化监测预警”“面向大坝灾害监测与预警的北斗高精度关键技术研究与示范”“基于智能监控的输电线路防外破告警设备”等项目研发；海时中心科学馆开始试运营。

【泉州市两家院所入选首批“科创中国”创新基地】 2022年8月1日，中国科协公布2022年“科创中国”创新基地认定结果，首批194个“科创中国”创新基地入选，其中包括泉州华中科技大学智能制造研究院和石狮市中纺学服装及配饰研究院。由泉州市科协推荐的泉州华中科技大学智能制造研究院被认定为“科创中国”智能制鞋装备产业创新基地，中国纺织工程学会推荐的石狮市中纺学服装及配饰产业研究院被认定为“科创中国”纺织服装（泉州）创新基地（产学研协作类）。创新基地是中国科协推动产学研协同创新和科技成果转移转化的合作载体，也是“科创中国”各类资源下沉汇聚的承接平台。

科技成果

【概况】 2022年，泉州市科技局聚力促进产业链与创新链精准对接，打好“技术攻关+专业对接+精细辅导+政策激励”组合拳，加速科技成果转移转化，全市技术交易日益活跃，技术合同成交额呈现快速增长态势。全年全市技术合同成交额10.05亿元，增长62.88%，比2020年翻一番以上。全市23个项目获2020年度福建省科学技术奖。

【技术转移机构】 2022年，泉州市科技局对接引进国家技术转移东部中心等国内知名技术转移机构到泉州设立分中心。组织推荐11家单位申报省级技术转移机构，其中泉州职业技术大学技术转移中心、福建泉州协创信息技术研究院有限公司、泉州科聚汇科技有限公司、泉州闽兴致盛信息科技有限公司和泉州华数技术转移中心5家单位获批。

【产业链与创新链对接】 2022年，泉州市科技局聚焦促进产业链与创新链精准对接，推行“揭榜挂帅”机制，遴选凝练形成重大技术需求榜单10项，立项实施“面向引爆型脉冲功率电容器的集成泄放电阻关键技术研发及产业化”“面向高效、重载的固废智能分选机器人关键技术开发”等9项市级科技重大专项；征集上报省级“揭榜挂帅”重大技术、成果、平台需求20个。支持高校、科研院所协同科技型中小企业开展“军令状”科技项目攻关，首次立项实施3项。推荐泉州信息工程学院、福建（泉州）哈工大工程技术研究院、清源创新实验室、泉州湖南大学工业设计与机器智能创新研究院4个单位7个项目获省自然科学基金项目及补助经费31万元。推荐4个项目申报2022年度中央引导地方科技发展资金项目，“具有自洁去污功能的耐辐射核电涂料研发与产业化应用”“系列多层斑纹变色釉研发及产业化”2个项目获批立项并获补助资金200万元。指导158家企业获省级创新券补助523.5万元、4家单位获省技术转移服务机构补助资金106.89万元；兑现市级科技成果转化奖补资金198.38万元；实行市级科技创新券申请兑现全流程网上办理、无纸化操作，兑现两批次科技创新券资金438.73万元。

【泉州市23个项目获省科学技术奖】 2022年2月18日，2020年度福建省科学技术奖揭晓，泉州市23个项目获奖，其中一等奖3项、二等奖5项、三等奖15项。其中，华侨大学完成的“磨粒切厚分布特征约束的单层金刚石工具设计制备与应用”项目获技术发明奖一等奖，信和新材料股份有限公司参与完成的“海工装备关键涂层及功能材料研发与技术创新应用”项目、晋江福大鲍鱼水产有限公司参与完成的“鲍远缘杂交育种技术与产业化应用”项目获科技进步奖一等奖。

【泉州市两项目获省“赛马制”应急科研攻关立项】 2022年，由福建省科技厅组织的物体表面消杀“赛马制”应急科研攻关项目立项揭晓，福建（泉州）哈工大工程技术研究院的“便携式智能物理表面消毒箱研发”、华尔嘉（泉州）机械制造有限公司“275nm UVC深紫外手持杀菌仪”两个项目获立项支持。根据省委、省政府对疫情防控科研攻关工作的部署要求，省科技厅牵头组织“赛马制”开展“物体表面消杀技术与产品研发”应急攻关项目。支持省内企业、高校院所采用紫外线等物理消毒方式，快速研制对物体表面具有快速杀菌效果、无毒副作用厢体式（便携式）的小型消杀新设备，主要适用于居家、宾馆和办公场所等包裹衣物防疫消杀场景需求。

【2022福建（晋江）石墨烯大会】 2022年11月3日，“点燃新烯望，一起向未来”2022福建（晋江）石墨烯大会在晋江市举行。2010年诺贝尔物理学奖获得者、曼彻斯特大学教授康斯坦丁·诺沃肖洛夫，中国工程院院士、化纤工程设计与技术专家蒋士成，工信部赛迪研究院原材料工业研究所所长肖劲松博士等专家学者围绕大会主题，分别通过线上线下进行主旨发言、圆桌对话、专题报告等。长沙理工大学环境学院学院教授陈宏、中航百慕新材料技术工程股份有限公司副总经理张亮、北京创新爱尚家科技有限公司董事长陈利军、航材国创（青岛）高铁材料研究院有限公司总经理丁小明，分别就石墨烯在低碳环境、先进工业涂料、高性能纤维、高速列车等方面的技术应用进行阐述。航材国创（青岛）高铁材料研究院有限公司——高速铁路用石墨烯改性铝合金联合实验室、长沙理工大学——低碳环境联合实验室、中润超油（北京）科技有限公司——石墨烯流体材料联合实验室、北京创新爱尚家科技股份有限公司——石墨烯特征纤维材料技术研发联合实验室等多个联合实验室签约落地。

表20　2020年度福建省科学技术奖泉州市获奖项目情况表

奖项	项目名称	主要完成单位
技术发明奖一等奖	磨粒切厚分布特征约束的单层金刚石工具设计制备与应用	华侨大学
科技进步奖一等奖	海工装备关键涂层及功能材料研发与技术创新应用	厦门大学、海洋化工研究院有限公司、信和新材料股份有限公司
科技进步奖一等奖	鲍远缘杂交育种技术与产业化应用	厦门大学、晋江福大鲍鱼水产有限公司、福建闽锐宝海洋生物科技有限公司、集美大学
自然科学奖二等奖	高活性电化学界面材料设计及其生物医学检测应用	泉州师范学院、上海师范大学
科技进步奖二等奖	铁基/锰基功能材料开发关键技术及环境治理应用	华侨大学、中汇建筑集团有限公司、中国科学院城市环境研究所、福建嘉宜建筑工程有限公司、福建众诚建设工程有限公司、福州城建设计研究院有限公司
科技进步奖二等奖	基于多源数据融合的智能交通大数据管理平台关键技术研究	华侨大学、南威软件股份有限公司、蓝海（福建）信息科技有限公司
科技进步奖二等奖	面向云边协同的电缆监控平台关键技术研发与产业化	厦门理工学院、华侨大学、清华大学、厦门亿力吉奥信息科技有限公司
科技进步奖二等奖	海洋渔船通导与安全装备关键技术研发及产业化	泉州师范学院、福建飞通通讯科技股份有限公司、泉州中侨（集团）股份有限公司半导体器件厂
科技进步奖二等奖	绿僵菌核心资源发掘及其防控林业害虫关键技术创新与应用	福建省林业科学研究院、厦门大学、龙岩市新罗区森林病虫害防治检疫站、福州植物园、泉州森林公园管理处、南平市建阳区营林技术指导站
自然科学奖三等奖	纳米团簇结构与物性	华侨大学
科技进步奖三等奖	智能型高压开关柜关键技术及产业化	福建省三星电气股份有限公司、泉州市大西洋电力科技有限公司、福建省同金电力科技有限公司、福建省启荣建设工程有限公司
科技进步奖三等奖	面向云-边-端协同计算的APT防御与数据监管关键技术及其应用	华侨大学、福建中信网安信息科技有限公司、福建省网络与信息安全测评中心
科技进步奖三等奖	云端融合一体化智慧云课堂关键技术及产业化	锐捷网络股份有限公司、华侨大学、北京星网锐捷网络技术有限公司
科技进步奖三等奖	云视讯系统关键技术研发及应用	华侨大学、中国科学院自动化研究所、厦门亿联网络技术股份有限公司、厦门华联电子股份有限公司
科技进步奖三等奖	海洋通信技术装备与智慧化应用	集美大学、北京航天泰坦科技股份有限公司、南威软件股份有限公司、厦门卫星定位应用股份有限公司
科技进步奖三等奖	经编智能数字化集成系统关键技术及应用	三明学院、黎明职业大学、福建省农业机械化研究所、泉州汇成针织有限公司
科技进步奖三等奖	集料形态参数测量、破碎加工及装备产业化应用开发	华侨大学、福建南方路面机械股份有限公司、长安大学
科技进步奖三等奖	智能建造为核心的建筑工程全质量精益控制管理技术	华侨大学、福建省第五建筑工程公司、厦门安能建设有限公司、福建省百川建设发展有限公司
科技进步奖三等奖	特殊条件下深基坑工程支护新技术及应用	华侨大学、大连理工大学、大连交通大学、兰州理工大学
科技进步奖三等奖	既有城市高架桥梁抗震性能评价和加固关键技术研究与应用	健研检测集团有限公司、福州大学、泉州市公路局、东南大学
科技进步奖三等奖	人体负荷工效测评关键技术与携行装备研究及产业化	泉州迈特富纺织科技有限公司、军事科学院系统工程研究院军需工程技术研究所、南通大学、武汉纺织大学
科技进步奖三等奖	天然植物提取物高效绿色加工关键技术与功能性产品创制	泉州师范学院、江南大学、大闽食品（漳州）有限公司
科技进步奖三等奖	通督扶阳推拿治疗腰椎间盘突出症的技术与临床应用	福建中医药大学附属康复医院、福建中医药大学、泉州市正骨医院、福建医科大学附属第二医院

（资料来源：市科技局）

科技人才

【概况】 2022年，泉州市科技局创新人才有效引育，围绕产业链、创新链建强人才链。优化完善人才团队管理，制定印发《泉州市引进高层次人才团队评审和管理实施细则》，开发“泉州市引进高层次人才团队申报平台”，发布第六批引进高层次人才团队申报指南，面向国内外引进高层次人才团队。落实“涌泉”行动，筹集3126个免费创业工位；开发科研助理岗位521个，吸纳高校毕业生就业。优化外国人来华工作许可审批流程，7个审批子项实现全流程网办。引导服务人才进入更高层次，1名人才入选国家高层次人才特殊支持计划，2个项目入选“2022年度国家外国专家项目”，3个项目入选“2022年度福建省引才引智计划”，3名人才入选第三批福建省“创业之星”“创新之星”。开展科技活动周、全国科技工作者日、科技人才沙龙交流培训会等系列活动，开展科研机构自主评价高层次人才试点工作，指导泉州华中科技大学智能制造研究院、清源创新实验室制定高层次人才自主认定方案。

【人才联盟】 2022年，泉州市科技局发展壮大泉州市人才创新共享联盟，共有成员单位33家，聚集科技人才800余人。实施泉州市人才创新共享联盟联合攻关行动，加强技术共享、联合攻关，推动科技人才抱团创新，立项实施人才创新共享联盟联合攻关项目4项，资助计划经费400万元。

【科技特派员制度】 2022年，泉州市科技局牵头起草出台《关于深入推进科技特派员制度服务乡村振兴和助力产业转型实施方案》。在服务乡村振兴的基础上，结合本地实际，将助力产业转型作为重要内容，率先在全省启动揭榜式选认、设立利益共同体运营补助等4个创新性举措。创新科技特派员选派方式，利用福建省科技特派员云平台，采取“订单式”需求对接和“菜单式”服务供给模式，征集高校、科研院所和企业、农户、其他经济对接需求1768条。开展科技特派员助力制造业数字化转型专项行动，分产业、分行业收集转移对接人才智力服务和科技成果清单100余项。在结合泉州传统优势产业面临的发展机遇，率先提出选认二产、三产领域科技特派员，拓展科技特派员服务领域，新选认省、市级科技特派员个人827个、法人（团队）113个，实现创业和技术服务行政村全覆盖，一、二、三产业全覆盖。结合泉州产业发展现状，按照试点先行、逐步推广的发展路径，首次实行揭榜式团队（法人）选认，面向服务对象发布技术需求榜，揭榜选认27个“链式”复合型科技特派员团队（法人）。试点开展金融科技特派员，与兴业银行泉州分行建立长效信息沟通机制，选聘40名科技人员担任兴业银行科技特派员顾问，试点创设推出“科特贷”。布局建设一批科技特派员创新创业平台，构建全链条创业孵化体系。新认定省级星创天地8家、市级星创天地15家、组建市级科技特派员工作站21个，参与建设省、市级科技特派员147名、聘请创业导师196人次、入驻孵化企业（团队、创客）431家、建立种植养殖试验示范基地648.33公顷。争取或下达省、市科技特派员专项资金1466万元，引导县级财政投入专项经费3099万元，推行工作经费年度包干，将用于科技特派员交通、通信和生活津贴补助的年度包干经费从30%提高到50%。

【科技创新人才】 2022年，泉州市科技局优化“人才+项目+资金”育才方式，分行业分领域精准立项高层次人才创新创业项目53项，资助计划经费1300万元。引导企业创新团队参与中国创新创业大赛（福建赛区），福建七好科技有限公司、鸿日光学科技（福建）有限责任公司、泉州宇极新材料科技有限公司3家企业进入省决赛、鸿日光学科技（福建）有限责任公司、泉州宇极新材料科技有限公司2家企业进入全国赛。制定印发《泉州市科技局等十部门关于积极支持女性科技人才在科技创新中发挥更大作用的通知》。

【新一代信息技术产业人才交流会】 2022年11月4日，由泉州市科技局等指导，泉州市人才创新共享联盟、福建省物联网行业协会等主办的新一代信息技术产业人才交流会在“海上丝绸之路”国际中心举行，省内科研平台、知名企业的40余名代表参加活动。此次交流会聚焦福建省信息技术领域前沿人才、技术专家以及企业应用实践，旨在优化新一代信息技术产业布局，加强技术融合发展及应用创新。交流会邀请福建省物联网行业协会副秘书长张阳秀做福建省物联网行业现状及发展情况分享。

科技创新

【概况】 2022年，泉州市科技局实施创新驱动发展战略，推进“抓创新促应用”专项行动，加快完善科技创新体系，推动全市科技工作取得新成效，创新主体培育、科技金融、科技特派员选认等多项工作居全省前列，推动晋江市列入全国首批创新型县（市）。

【科技创新融资】 2022年，泉州市科技局对接引导银行机构结合科技企业发展阶段特点、金融需求和风险特征，推出43项科技金融产品，并联合省农信社泉州办事处在晋江试点“科创指数贷”融资新模式，降低科技创新融资成本与风险。全市256家企业获省科技型企业贷款9.72亿元，放款量居全省第二位。

【科技创新主体】 2022年，泉州市科技局组织本地龙头企业、高新技术企业、科技计划项目承担单位、纳入梯度培育体系的科技企业等创新主体开发科研助理岗位，搭建创新主体与高校毕业生之间沟通的桥梁，落实科研助理岗位521个（含高新区），100%完成预期目标。

【科技创新平台】 2022年，泉州市科技局制定出台《推广中鞋革晋江院经验 促进科技创新平台“提质增效”工作方案》。依托科技创新平台开展技术招商，首次策划拟引进、孵化企业和项目42个。召开3场科技创新平台项目落地金融对接会，推动市属国企、基金等以股权投资的形式，助力平台招商和加速项目孵化、落地成长，新增引进、孵化企业20家。制定出台《泉州市科技创新平台绩效评价指标体系》，从创新投入、科研产出、可持续发展、对产业及企业的服务成效等方面提升平台内生动力和造血功能。

【高新技术产业发展】 2022年，泉州市加强国家自主创新示范区建设，推进高新园区、科技园区标准化建设，打造科技创新高地。全市高新技术企业总量达2362家。全市规模以上高新技术产业增加值增长10.2%，快于全市规模以上工业平均水平6.3个百分点。高新技术产业开发区工业总产值（当年价格）1044.13亿元，火炬口径总营业收入895.79亿元；科技活动费用35.29亿元，比2021年增加3.78亿元，增长11.98%。

【《泉州市“十四五”科技创新发展专项规划》出台】 2022年1月8日，泉州市政府办公室印发《泉州市“十四五”科技创新发展专项规划》（以下简称“规划”）。规划提出，到2025年，初步建成高水平国家创新型城市，打造具有全国影响力的产业创新高地和区域创新中心，实现“四倍增一优化”目标，即全社会研发经费投入倍增、高新技术企业数量倍增、高水平科研平台数量倍增、高层次人才团队数量倍增和创新创业生态持续优化。围绕建设高水平国家创新型城市的总体发展目标，形成“一核两翼多点”的空间布局，即打造环清源山科创走廊，成为环泉州湾创新核心引擎；推动南北两翼创新发展，重点打造海峡两岸集成电路产业合作试验区、晋江科创新区、东南沿海新型化工基地；精准实施山海联动战略，加强泉州高新区与厦门高新区的“双城联动”。

【东华—安踏联合创新研究院揭牌】 2022年1月12日，东华—安踏联合创新研究院签约揭牌仪式在东华大学松江校区举行。东华大学与安踏集团的合作由来已久，此次共建研究院，将围绕超轻超薄保暖技术、冰感透爽技术、极致竞技技术等在体育用品的应用，开展跨学科协同创新，在优势互补、信息互通、资源共享的基础上加强技术协同攻关，共享创新成果，形成原创性、创新性动力，推动中国体育产业构建国际品牌和全球影响力。研究院在未来5年的落地建设中，重点围绕科技赋能、中国设计、人才培养三方面集中发力。

【泉州市科技创新天使基金设立】 2022年9月13日，泉州市科技局联合市财政局、市金融监督管理局印发《泉州市科技创新天使基金设立方案》。该基金总规模2亿元，首期规模6000万元，由市科技局指定泉州高新技术产业开发区创业服务中心出资40%与泉州金融控股集团共同发起。该基金聚焦新一代信息技术、新材料、高端装备、新能源、人工智能等重点发展产业，紧盯需求，突出“投早、投小、投新”，100%投向具备核心技术、科技含量高、创新能力强、商业模式新的种子期、初创期科技型企业和创业团队，推动企业在资本市场成长壮大。

【科技创新惠企政策宣讲沙龙】 2022年11月17日，由泉州市科技局主办，泉州市人才创新共享联盟、福建泉州人才发展集团有限公司等

2022年1月12日，东华—安踏联合创新研究院签约揭牌仪式在东华大学松江校区举行
（东华大学 供图）

承办的“贯彻二十大精神 科技人才在行动——科技创新惠企政策宣讲沙龙”在晋江市三创园举行。泉州市科技型企业、科技服务机构以及泉州市人才创新共享联盟成员单位的科研人员参加活动。企业研发管理体系架构师李雪娇分享“企业创新力挖掘与研发体系构建”和“科创项目申报流程”等内容。李雪娇向参会人员介绍如何提升企业创新力、如何有效构建研发体系，使参会人员更深入地了解科创项目申报流程，掌握最新的科技创新惠企政策。沙龙还邀请泉州装备制造研究所李琦铭博士做“制造业智能转型与技术创新”主题分享。李琦铭从“智能制造的演变和发展”“智能制造行业技术创新趋势”及“工业4.0智能制造”三大内容切入，用生动的案例帮助参会人员了解智能制造行业趋势，为相关企业发展提供灵感和参考经验。

科技服务

【概况】 2022年，泉州市科技局结合落实“万名干部进万企 一企一策促发展”专项行动，坚持企业导向、问题导向，简化工作流程，改进服务方式，精准穿透落实惠企政策，帮扶创新主体纾困解难。依托泉州科技大市场、泉州人才发展集团等机构，举办初（中）级技术经纪人培训活动5场，新增技术经纪人400余名。强化线上线下联动，开发泉州网上技术市场平台，建立企业技术需求数据库和高校院所技术成果数据库，常态化开展各类产学研金对接交流活动66场。

【科技审批服务】 2022年，泉州市科技局制订印发《落实科技惠企政策线上直达兑现机制实施方案》，发布高企奖补、研发费用分段补助等10条“免申即享”和科技计划项目、星创天地等5条“即申即享”惠企政策。深化科技“放管服”改革，缩短审批时间，精简申报材料，将高新技术企业认定的审核转报、省级科技特派员选任的审核转报和省级科技计划项目立项缩减为3～4个工作日；新增省级国际科技合作基地认定等7个行政审批事项升级为“即办件”（总数达15个）；将省级星创天地认定申报材料由5项压缩至2项。

【科技项目监管】 2022年，泉州市科技局抓好科技计划项目从申报到结题全过程管理，优化申报环节、提升评审环节、规范立项环节、强化验收结题，组织项目验收结题298项，项目结题率从2021年底的95.76%提高到2022年的97.24%；将“双随机”抽查中不配合整改的3家项目承担单位和1家有严重科研失信行为的企业，纳入泉州市公共信用信息平台失信联合惩戒黑名单，停止其申报项目和享受科技奖补政策。

【专家管理】 2022年，泉州市科技局制定出台《泉州市科技咨询与评估专家库管理暂行规定》，遴选一批具有较高专业学术水平、熟悉相关领域、行业发展动态的专家学者充实到专家库，增补183名市级评审专家，并将588名省科技专家库优质专家充实到市级专家库，提高专家库专家水平。严格专家使用频率，全年抽取评审专家614人次，同一专家使用频率均不超过10次。

【科技情报服务】 2022年，泉州市科技局面向经济主战场和科技前沿，围绕全市12个产业链开展调研，做好产业链延链补链强链、产业链与创新链深度融合发展分析，提出前瞻性对策建议，服务全市产业链的招商和科技创新，编制纺织鞋服、数字经济、绿色经济、海洋经济、文旅经济等产业链分析及招商发展建议16篇，并汇编成册，为招商工作提供科技指引。组织开展《泉州市科创综合体建设谋划思路》《泉州市加速打造区域创新高地研究》等研究，编印《科技信息参考》24期，为党委政府、产业企业等提供高质量科技咨询服务。9项研究成果获华东地区科技情报成果奖，其中一等奖2项、二等奖3项、三等奖4项。聚焦国家安全需求，报送高水准科技情报信息10篇。

【科技创新平台项目落地金融对接会】 2022年，泉州市科技局引入金融资本和科技成果相融合，召开3场科技创新平台项目落地金融对接会，推动市属国企、基金等以股权投资的形式，助力平台招商和加速项目孵化、落地成长，新增引进、孵化企业20家。

【产学研对接】 2022年，泉州市举行线上线下科技对接活动、成果推介会等多形式产学研对接活动66场。组织泉州万通节能科技股份有限公司等5家企业参展第二十四届中国国际高新技术成果交易会，要要股份有限公司参展第六届海南国际健康产业博览会。推荐福建优安纳伞业科技有限公司对接福建省科技厅发布的面向全国范围内高等院校、科研院所及国家级创新平台征集的成果转化项目中的1项，并促成企业与成果所有方签订意向合作协议书。

【泉州市产学研金对接大会】 2022年11月8日，由泉州市政府主办，市科技局、市金融控股集团有限公司承办的以“始于科技 成于金融”为主题的泉州市产学研金对接大会举行。市、县两级政府领导，市直有关部门、市属五大国资集团、县级科技部门、科研院所、金融机构、投资机构、在泉州高校及行业企业代表与会。会上，26个高新技术项目签约，总投资38.56亿元，涉及大院大所孵化项目、高新技术项目、科创投融资项目、产学研合作项目等各方向领域。中科院海西研究院泉州装备制造研究中心、清源创新实验室分别介绍科技成果项目及产业化方面的经验做法，泉州金控集团和汉氏药业分别分享科技投资典型经验和科技招商项目落地体会，国家技术转移东部中心执行总裁邹叔君、大连工业大学教授郑来久、峰瑞资本合伙人顾坤分别围绕构建科技成果转化新生态、无水染色关键技术及其工程、科创投资新机遇等主题做专题演讲。

2022年1月26日，泉州市科技馆揭牌暨试运营仪式举行（市科协 供图）

科学技术普及

【概况】 2022年，泉州市科技局继续加大科学技术普及与宣传力度，围绕国家、省、市科技重点工作做好对外宣传。通过《科技日报》《泉州晚报》等主流媒体刊发多条重要信息，在“泉州科技”微信公众号开设“科特派行动”“高企培育”“科创平台”“科技人才”等专栏，以科技创新的实际成效，宣传科技创新政策。开展科技活动周、全国科普日等系列活动，揭牌运营泉州市科技馆新馆，提升市民科学素质。

【泉州市科技馆新馆揭牌】 2022年1月26日，泉州市科技馆新馆揭牌试运营。泉州市科技馆按照“海洋孕育生命、生命产生智慧、智慧培育科技、科技引领未来”的逻辑主线设置六大展览主题，分为“海陆探秘”“海洋科技”“生命健康”“智慧天地”“科技时代”“太空探索”“动物世界”和“防灾减灾”八大展区。这座新馆采用政府和社会资本合作模式建设运营。

【2022年泉州市科技活动周】 2022年5月20日，由泉州市科技局联合市委宣传部、市科协主办，黎明职业大学、市人才创新共享联盟承办的“走进科技你我同行——2022年泉州市科技活动周”启动。2022年泉州市科技活动周以“走进科技你我同行”为主题。主办方指导各县（市、区）有关部门、高校院所等开展形式多样的系列活动。考虑到疫情防控需要，活动利用大数据、云计算、人工智能等现代信息技术，采取直播、微视频、微动漫等方式开展线上科普活动，宣传普及科技政策、科技规划和各类法律法规，重点展示科技创新成果，组织科技为民服务活动，促进全社会形成“讲科学、爱科学、学科学、用科学”的氛围。

【2022年泉州市全国科普日活动】 2022年9月14日，由泉州市全民科学素质工作领导小组主办，泉州市科协、石狮市全民科学素质工作领导小组承办的“喜迎二十大 科普向未来”2022年泉州市全国科普日主场活动在石狮市泰禾广场举行。此次活动围绕弘扬科学精神，展示科学实验秀、无人机秀、AI智能互动、慧动机器人体验等科技发展前沿，并提供义诊、科技咨询等公益服务，让市民感受前沿科技的魅力。启动仪式上还为第四批刺桐科学传播学者颁发聘书。2022年全国科普日活动期间，泉州市集成各方资源，以多媒体展示、实物或模型展示、虚拟现实、互动体验等为主要形式，开展泉州市主场活动、县（市、区）主场活动、系列联合行动和“云上科普日”活动，全市开展各类科普活动800余场，包括“星空探险家”——源和1916天文观测科普活动、石狮科普馆揭牌仪式、“我和妈妈学科学”亲子科普活动等。

（王少雄 林峰龙）

教 育

综 述

【教育投入】 2022年，泉州市教育经费总投入320.53亿元，比2021年增长24.58%。其中，财政性教育经费243.46亿元，比2021年增长29.92%。

【城乡义务教育经费保障】 2022年，泉州市教育局落实省政府完善城乡义务教育经费保障机制的实施意见，泉州市义务教育公办学校生均公用经费按省定基准定额或高于省定基准定额拨款，其中小学750元、初中950元，泉州市本级高于省定标准250元；对公办寄宿制学校学生，按每生每年400元标准增加安排公用经费，足额落实对寄宿制学校和小规模学校增加公用经费的规定；特殊教育学校按普通初中生均公用经费10倍安排生均公用经费。泉州市城乡义务教育经费投入175.41亿元，其中财政性经费154.76亿元。

【校舍建设】 2022年，泉州市义务教育薄弱环节改善与能力提升项目28个，总投资5.64亿元（其中省级以上资金9100万元），新改扩建校舍面积18.86万平方米，惠及学校25所，可新增学位2.18万个。开工建设18.91万平方米，完成投资3.3亿元。中小学校舍安全长效保障机制建设项目42个，总投资3.11亿元（其中省级以上资金1亿元），规划校舍建设面积10.6万平方米，拆除存在安全隐患建筑物单体建筑面积1.34万平方米，惠及学生3.33万人，可新增学位7250个。开工建设41个，完成投资1.91亿元，竣工20个、新增学位500个。公办幼儿园建设项目33个（其中市为民办实事项目20个），规划建设面积21.4万平方米、总投资6.14亿元（其中省级资金1.23亿元），可新增学位1.33万个。全部开工建设，完成投资2.47亿元，竣工9个、新增学位3210个。

【助学】 2022年，泉州市安排学前至高中（含中职，高校学生资助金纳入省级资助部门统计）阶段学生资助资金3.63亿元，惠及学生46.82万人次。全年新增生源地助学贷款2.49万人，经办银行放款1.93亿元，支付生源地信用助学贷款风险金及贴息近550万元。

【教育督导】 2022年，泉州市教育局首次对12个县（市、区）“两项督导”全覆盖开展网络评估，对鲤城区、石狮市和晋江市开展满意度调查和实地督导；率先出台县域义务教育优质均衡发展创建工作方案；率先出台县（市、区）对乡镇（街道）教育工作督导评估工作指南（试行）；协调督促有关部门做好2021年省“对市督导”反馈五个方面问题的整改落实、密切跟踪和整改汇总，形成整改报告上报；做好2022年省“对市督导”自评工作等，针对省网络评估反馈问题逐一进行整改；开展县域义务教育均衡发展、学前教育普及普惠、“双减”、中小学教师平均工资收入不低于公务员、教育经费投入、县级教师学校标准化建设等专项督政工作。开展素质教育督导评估，指导鲤城区开展并完成第六轮中小学实施素质教育督导评估，指导石狮市对12所学校开展中小学实施素质教育督导评估。加强责任督学挂牌督导工作，召开3次市直学校责任督学工作推进会议，4次组织泉州市责任督学对中小学、幼儿园开展疫情防控工作专项督导。组织和指导县（市、区）参加国家和省义务教育质量监测，涉及8个学科、189所中小学校、上万名师生；针对质量监测反馈的主要问题，制定整改方案，推动整改和追踪。

【招生考试】 2022年，泉州市硕士研究生入学考试报名1.33万人。

高考报名4.64万人，比2021年增加4290人，增长10.18%。高职院校分类考试报名2.34万人。专升本考试报名1.2万人，比2021年增加4255人。高中学考报名34.78万科次。中考报名10.98万人。

【民办教育】 2022年，根据中央、省级规范民办义务教育发展有关文件精神，中共泉州市委教育工作小组秘书组部署落实规范民办义务教育发展的各项工作。综合采用调减招生计划、政府购买学位等手段，完成民办义务教育压减任务指标；撤销2019年底后新审批设立3所民办义务教育学校；引导具有事业编制的教师退出民办学校；规范1所举办者变更及3所民办学校名称变更工作。市教育局对泉州实验中学、泉州外国语学校、仰恩大学附属中学实行“双随机、一公开”监管检查，通过随机选派执法检查人员组成检查小组，对民办学校法人治理结构健全情况、学校法人财产权落实情况、财务管理规范情况、学校信息公开情况、党团组织健全情况等进行检查，对检查中存在的问题责成民办学校整改完毕。继续向市属民办高校选派党组织书记，首次选派干部到市属民办中小学担任党组织书记。通过签订规范办学承诺书等，规范全市民办高中国际班和民办高中、中职学校办学行为。截至年底，全市有民办学校1084所，其中民办中等职业学校7所、民办高中（含高级中学、完全中学、十二年一贯制学校）22所、民办初中（含初级中学、九年一贯制学校）12所、民办小学27所、民办幼儿园1016所，1所民办高中通过省三级达标高中的验收，新增1所“泉州市示范幼儿园”。有证照齐全的面向中小学校外培训机构300家，其中学科类65家（义务教育阶段30家、高中阶段35家）、非学科类235家（艺术类221家、科技类8家、体育类6家）。

（赖文庆）

表21 2022年泉州市各级各类学校基本情况统计表

		学校数（所）	毕业生数（人）	招生数（人）	在校学生数（人）	毕业班学生数（人）	教职工数		占地面积（平方米）	建筑面积（平方米）	固定资产（万元）
							小计（人）	专任教师（人）			
研究生培养单位		2	1732	2486	7703	2805	—	—	—	—	—
普通高等学校		18	52283	69528	206171	59407	14379	9987	12101066	5867636	1470509
成人高等学校		11	8786	19082	36170	12622	—	—	—	—	—
中等职业学校		32	24822	29794	86608	26423	4619	4316	2297353	1291241	222634
技工学校		10	2314	6533	14069	3231	915	582	404769	314332	10563
普通中学		334	154046	187689	536874	170232	44614	38177	17879004	9243414	1428928
其中	高中	129	44295	61499	166184	49716	—	12529	11185692	6435607	986756
	初中	205	109751	126190	370690	120516	—	25648	6693311	2807808	442172
小学		1269	127997	139916	852937	126731	49886	47861	14074916	7416476	1176004
幼儿园		1680	137002	106771	365357	—	44808	26050	4902326	4436487	486777
特殊教育		10	499	595	2975	—	697	593	221062	134256	18233
国际生		—	599	687	3198	—	—	—	—	—	—

（资料来源：市教育局）

表22 2022年泉州市民办学校基本情况统计表

地区	民办学校总数（所）	民办中职				民办中学									民办小学				民办幼儿园			
		学校数（所）	在校生数（人）	教职工数（人）		学校数（所）						在校生数（人）	教职工数（人）		学校数（所）	在校生数（人）	教职工数（人）		学校数（所）	在校生数（人）	教职工数（人）	
				小计	专任教师	小计	初级中学	高级中学	完全中学	九年一贯制	十二年一贯制		小计	专任教师			小计	专任教师			小计	专任教师
全市合计	1084	7	12652	724	561	34	3	9	10	5	7	76067	6974	5221	27	16608	1544	1150	1016	150134	21304	11411

续表

地区	民办学校总数（所）	民办中职				民办中学									民办小学				民办幼儿园			
		学校数（所）	在校生数（人）	教职工数（人）		学校数（所）						在校生数（人）	教职工数（人）		学校数（所）	在校生数（人）	教职工数（人）		学校数（所）	在校生数（人）	教职工数（人）	
				小计	专任教师	小计	初级中学	高级中学	完全中学	九年一贯制	十二年一贯制		小计	专任教师			小计	专任教师			小计	专任教师
鲤城区	52	0	0	0	0	4	0	1	3	0	0	11884	1072	839	3	3654	415	292	45	9739	1407	737
丰泽区	84	2	6257	323	261	5	2	0	2	0	1	14614	1302	1049	3	5121	480	377	74	9493	1780	935
洛江区	39	0	0	0	0	3	0	0	1	0	2	7044	624	476	1	37	10	7	35	4983	747	399
泉港区	72	1	0	23	16	2	0	1	0	0	1	3639	354	241	2	379	52	27	67	7575	1049	547
石狮市	110	0	0	0	0	2	0	2	0	0	0	4265	314	250	1	266	22	22	107	12555	2338	1191
晋江市	201	0	0	0	0	7	1	2	1	1	2	18577	1589	1201	10	5153	354	289	184	31762	3994	2337
南安市	243	2	2860	137	108	4	0	1	0	3	0	1977	299	171	2	168	15	12	235	28358	4052	2128
惠安县	90	0	0	0	0	4	0	1	2	0	1	9570	972	672	2	1553	159	95	84	14831	1947	1029
安溪县	103	0	0	0	0	1	0	0	1	0	0	3285	295	234	0	0	0	0	102	16314	2131	1078
永春县	8	0	0	0	0	0	0	0	0	0	0	0	0	0	0	0	0	0	8	1762	253	135
德化县	35	0	0	0	0	0	0	0	0	0	0	0	0	0	0	0	0	0	35	5883	582	346
泉州开发区	6	0	0	0	0	0	0	0	0	0	0	0	0	0	0	0	0	0	6	1850	259	142
泉州台商投资区	41	2	3535	241	176	2	0	1	0	1	0	1212	153	88	3	277	37	29	34	5029	765	407

（资料来源：市教育局）

学前教育

【概况】　2022年，泉州市教育局联合11个部门研制出台《泉州市“十四五”学前教育发展提升行动方案》，推动学前教育发展提升。2020年以来连续两个年度在省对市绩效考评中学前教育公办率项目成绩排名第二位；普惠率巩固提升至92.04%，增长2.22个百分点。截至年底，全市有独立幼儿园1680所，其中公办664所（公办园中集体办幼儿园243所）、民办幼儿园1016所（民办园中普惠性民办园803所），另有小学附设学前班405个点。在园幼儿36.54万人，泉州市学前三年入园率99.16%；就读公办性质幼儿园在园幼儿数占比58.78%，增长3.19个百分点。

【示范园创建】　2022年，泉州市教育局修订《泉州市示范幼儿园评估办法和标准》，鼓励支持创建省、市级示范幼儿园，加强实地指导，督促幼儿园持续提质量强示范，发挥引领带动作用。增创各级示范幼儿园45所（其中省级示范性幼儿园3所、市级示范幼儿园11所），各级示范幼儿园达525所，组织省级示范性幼儿园开放活动。根据《泉州市中小学幼儿园“名优校+”教育发展共同体建设实施方案》，建设8个幼儿园“名优校+”教育发展共同体。

【乡村学前教育办学点建设和评估】　2022年4月10日，泉州市教育局出台《泉州市乡村学前教育办学点建设与评估工作方案》，启动乡村学前教育办学点建设和评估。建设与评估对象范围包括除城区、镇区以外的其他区域利用中小学、教学点、村集体等场所举办的小、中、大班不完整的小规模办学点。设5个A级指标、12个B级指标，采取100分制进行量化评估。评估结果按优秀、良好、合格、不合格四个等级认定。评估工作采取自下而上的方式开展。各办学点根据评估标准进行自查和测评，形成自评报告；自评达标的向县（市、区）教育局提出评估申请，由县（市、区）教育局审核、评估，经认定达到合格标准的报泉州市教育局。市教育局审查通过后，组织人员对申报的办学点进行抽查。经评估认定达到合格标准的，由市教育局确认其为“乡村学前教育标准化办学点”，评估结果报省教育厅基础教育处备案。2022—2025年，各县（市、区）每年完成25%左右的创建和评估任务，实现校园校舍、设施设备、教玩具图书、保教人员等配备基本满足保教需要，办学点办学思想明确，保教行为规范，保教质量合格。

【学前教育宣传月活动】 2022年5月20日至6月20日，泉州市教育局开展“幼小衔接，我们在行动”第十一个学前教育宣传月活动，指导晋江市开展全省幼小科学衔接实验区实验工作，在晋江市第三实验幼儿园举行学前教育宣传月线上启动仪式，召开工作研讨活动，总结案例经验，广泛宣传推广，营造全社会理解支持的幼小衔接工作氛围。活动采取小学和幼儿园观摩研讨、专家讲座等形式，组织开展幼小衔接工作研讨会，总结一批典型案例和征集报送一批典型视频案例，让教师在研讨交流中碰撞思维、启迪智慧，在探索实践中创新思路、分享经验。同时，各校园通过开放日、家长讲座等多种活动，宣传幼小衔接工作。

2022年8月22日，中国—东盟幼儿教师发展中心分中心成立仪式在贵州贵阳举行。图为泉州幼儿师范高等专科学校获授福建分中心牌子

（泉州幼儿师范高等专科学校 供图）

【泉州幼儿师范高等专科学校成为中国—东盟幼儿教师发展中心福建分中心】 2022年8月22日，第四届中国—东盟学前教育发展对话论坛在贵州贵阳举行。论坛以“托幼衔接·未来可期”为主题，围绕0～6岁婴幼儿教育进行整体性思考，聚焦托幼衔接，旨在推动托幼行业规范化、标准化、促进行业的健康发展。论坛还举行中国—东盟幼儿教师发展中心福建省分中心、浙江省分中心授牌仪式，这是中国—东盟幼儿教师发展中心第一次设立分中心。泉州幼儿师范高等专科学校（简称“泉州幼高专”）成为中国—东盟幼儿教师发展中心福建分中心。

（赖文庆）

表23 2022年泉州市幼儿适龄人口入园分县（市、区）基本情况统计表

地区	园内外适龄（3～5岁）幼儿数（人）		在园内适龄（3～5岁）幼儿数（人）		入园率（%）	在园幼儿数（人）	毛入园率（%）
	小计	其中，女	小计	其中，女			
合计	366053	161974	362962	161124	99.16	365357	99.81
鲤城区	23286	10345	23286	10345	100.00	23318	100.14
丰泽区	24938	11080	24938	11080	100.00	25038	100.40
洛江区	11199	4843	11093	4798	99.05	11093	99.05
泉港区	15782	7151	15610	7111	98.91	15815	100.21
石狮市	31252	13506	30915	13361	98.92	30915	98.92
晋江市	80569	36201	80191	36031	99.53	80926	100.44
南安市	61555	26994	60875	27122	98.90	61090	99.24
惠安县	35492	15566	35165	15422	99.08	35175	99.11
安溪县	38152	16794	37509	16527	98.31	37935	99.43
永春县	14589	6613	14394	6503	98.66	14397	98.68
德化县	16489	7267	16325	7249	99.01	16837	102.11
泉州台商投资区	12750	5614	12661	5575	99.30	12818	100.53

（资料来源：市教育局）

义务教育

【概况】 2022年，泉州市教育局推进招生制度改革，落实“公民同招”，推进初中免试就近入学全覆盖，首次在中心市区老城区小学实行“单校片区+多校片区”招生改革，突破性规范解决困扰多年的市直小学集体户适龄儿童入学问题。在全省率先出台县域义务教育优质均衡发展创建工作方案，遴选永春、泉港等县（区）作为先行创建县（区），探索实现路径和有效措施。扩充优质教育资源，省级义务教育管理标准化学校达1152所，占比72.23%，数量居全省第一。创新试点推进初中开展“跨学科实践主题融合教学”教研活动。培育与推广教育教学成果，获基础教育省级教学成果奖19项，11个项目被推荐参评国家级。截至年底，全市有小学1269所，招生13.99万人，在校生85.29万人。普通中学334所（其中初级中学174所、完全中学112所、十二年一贯制学校9所、九年一贯制学校31所）；初中一年级招生12.62万人，在校生37.07万人，毕业生10.96万人，初中学龄人口入学率99.76%，毛入学率102.95%。初中阶段全面消除56人及以上大班额。

【办学机制体制改革】 2022年，泉州市教育局实施基础教育引才方案、试点中小学校党组织领导的校长负责制等重点改革项目。首次提出中心市区小学可探索稳步推进“单校片区+多校片区”招生入学办法，鲤城区在老城区探索实行此办法并取得良好反响。首次全面消除56人以上大班额，规范降低市直学校班生额。完善优化随迁子女入学条件，清理取消不合规的入学证明材料及其时限要求，各县（市、区）均将“两证”（居住证、务工证）年限由一年半调整为半年。

【义务教育管理标准化学校建设】 2022年，泉州市教育局继续以“义务教育管理标准化学校”创建为抓手，深化义务教育学校管理改革，示范带动区域教育教学改革，促进学校依法办学与科学管理，推动学校内涵发展与质量提升。全市新增118所小学（占全省小学新增校数的35%）、23所中学被确认为“福建省义务教育管理标准化学校”。“福建省义务教育管理标准化学校”小学达889所，占比70.06%，增长10.98个百分点；初中学校达到263所，创建率80.67%。省级义务教育管理标准化学校达1152所，占比72.23%，增长10.24%。组织对泉州市第二批65所福建省义务教育教改示范性建设学校开展终期评估，中小学共有171所（小学132所、初中39所）被确认为省级“义务教育教改示范性建设学校”。遴选的16所小学全部被确认为省级“义务教育教改基地校”。

【进城务工人员随迁子女就学】 2022年，泉州市教育局强化流入地政府责任，鼓励公办初中学校通过挖潜、扩招等办法扩大招收辖区内的进城务工人员随迁子女就近接受义务教育，健全以居住证为主要依据的随迁子女义务教育入学政策，加强对随迁子女的教育管理服务，确保符合要求的随迁子女能够应入尽入，保障义务教育阶段随迁子女入学权利。截至秋季，泉州市义务教育学校随迁子女在校生37.07万人，占比27.35%，规模全省最大，义务教育阶段随迁子女94.16%在公办学校就读，比2021年增加0.46个百分点。

【义务教育“双减”工作】 2022年，泉州市义务教育学校实现“2+N”课后服务模式全覆盖，约100万名师生参加课后服务。“双减”持续提质增效，10个案例入选教育部、省教育厅典型案例；学科类培训治理“回头看”成效明显，做法经验被国家、省级媒体报道刊发60篇。

【校际手拉手结对互助活动】 2022年3月30日，泉州市教育局启动“云端拉手‘一对一’爱与真情‘心连心’”校际手拉手结对互助活动。参加活动的中心市区小学与晋江市陈埭、池店两个镇的小学开展“点对点”结对互助，自愿参加活动的学生与“新泉州人”子女结成“一对一”朋友。各校开展形式多样、内容丰富的结对活动，包括开展“同讲一个抗疫故事、同读一本书、同写一封信、同绘一幅画、同唱一首歌、同开展一次居家劳动、同进行一项体育活动”，分享“我最擅长的一项活动”“我最擅长的运动”“我最擅长的一道菜”等，增添居家学习生活的乐趣，提高学习成效。同时，结对学校对处在隔离点的学生提供心理援助，通过组织学校心理教师团队录制抗疫心理赋能课，开通心理服务热线，疏导隔离点学生及家长的情绪，做好特殊时期的心灵陪伴，引导大家以积极阳光的心态应对困难和挑战。

【2022年泉州市中小学生班级合唱比赛】 2022年7月14—15日，由泉州市教育局、共青团市委主办，市青少年宫承办的2022年泉州市中小学生班级合唱比赛在市青少年宫举行。各县（市、区）和市直学校在发动本地中小学开展班级合唱活动的基础上，选拔推荐67支队伍。14日举行小学生组比赛，42支队伍参赛；15日举行中学生组比赛，25支队伍参赛。此次活动与以往大合唱、小合唱比赛不同，班级合唱参加对象为成建制普通教学班学生，以班级为基础，以合唱为载体，注重群体合作，鼓励个性表达。演唱歌曲主题鲜明，富有时代气息。参赛队员各展所长，加入古筝、竹笛、非洲鼓等伴奏乐器，采用朗诵、伴舞、手语等表现形式。经过评委现场打分，按照比赛成绩核

定，45支队伍分获各组别一、二、三等奖。

【泉州市小学生参加2022年《开学第一课》摄制】 2022年9月1日，由中共中央宣传部、教育部、中央广播电视总台主办的大型公益节目2022年《开学第一课》在中央电视台综合频道播出。2022年《开学第一课》以“奋斗成就梦想”为主题，分“砥砺奋斗、接续奋斗、团结奋斗”三个篇章。泉州市青少年宫侨乡少儿艺术团合唱团参加节目中《我爱你中国》和《我们都是追梦人》两首歌曲的摄制。《我爱你中国》的领唱黄佳音来自泉州市晋光小学南俊校区五年4班。

（赖文庆）

2022年7月14日，2022年泉州市中小学生班级合唱比赛在市青少年宫举行。图为小学生组比赛现场 （市教育局 供图）

表24 2022年泉州市小学教育普及分县（市、区）基本情况统计表

地区	校内外学龄人口总数（人）	在校学龄人口总数（人）	学龄入学率（%）	在校学生数（人）	毛入学率（%）
合计	848832	848832	100	852937	100.48
鲤城区	54738	54738	100	54738	100.00
丰泽区	49439	49439	100	49688	100.50
洛江区	24543	24543	100	24601	100.24
泉港区	35987	35987	100	36081	100.26
石狮市	69004	69004	100	69307	100.44
晋江市	193423	193423	100	194537	100.58
南安市	147337	147337	100	147684	100.24
惠安县	79081	79081	100	79235	100.19
安溪县	100929	100929	100	102315	101.37
永春县	36283	36283	100	36435	100.42
德化县	35042	35042	100	35092	100.14
泉州台商投资区	23026	23026	100	23224	100.86

（资料来源：市教育局）

表25 2022年泉州市初中教育普及分县（市、区）基本情况统计表

地区	校内外学龄人口总数（人）	在校学龄人口总数（人）			学龄入学率（%）	在校学生数（人）			毛入学率（%）
		小计	普通初中	职业初中		小计	普通初中	职业初中	
合计	360062	359200	359200	—	99.76	370690	370690	—	102.95
鲤城区	31101	31101	31101	—	100	31558	31558	—	101.47

续表

地区	校内外学龄人口总数（人）	在校学龄人口总数（人）			学龄入学率（%）	在校学生数（人）			毛入学率（%）
		小计	普通初中	职业初中		小计	普通初中	职业初中	
丰泽区	19519	19519	19519	—	100	19869	19869	—	101.79
洛江区	9349	9349	9349	—	100	9523	9523	—	101.86
泉港区	14614	14614	14614	—	100	14768	14768	—	101.05
石狮市	29117	29117	29117	—	100	29558	29558	—	101.51
晋江市	75871	75871	75871	—	100	78336	78336	—	103.25
南安市	59677	59677	59677	—	100	61659	61659	—	103.32
惠安县	28012	27950	27950	—	99.78	28574	28574	—	102.01
安溪县	53381	52581	52581	—	98.5	56893	56893	—	106.58
永春县	18371	18371	18371	—	100	18604	18604	—	101.27
德化县	11852	11852	11852	—	100	11975	11975	—	101.04
泉州台商投资区	9198	9198	9198	—	100	9373	9373	—	101.9

（资料来源：市教育局）

普通高中教育

【概况】 2022年，泉州市教育局强化内涵建设，创建省级示范性高中。创新启动普通高中学生素养发展体验营。推进优质高中联合体“158”工作机制（围绕“泉州高中教育质量在全省范围走前列”目标，建立资源联享、研训联动、项目联建、尖子联育和管理联通机制，开展优化提升、质优生选拔、强师培训、强基校本课程研发、质优生集训、学术研讨、资源集聚和质量监测项目）建设，举办优质高中联合体系列活动，开展强基计划招考培训暨拔尖创新人才培养专题研讨。截至年底，全市有普通高中129所（其中高级中学8所、完全中学112所、十二年一贯制学校9所），普通高中招生6.15万人，毕业生4.43万人，在校生16.62万人，其中进城务工人员随迁子女在校生4.67万人。有省级达标高中89所。

【高中招生录取】 2022年，泉州市教育局做好2022年泉州市初中毕业升学考试组织工作，下达普通高中招生计划及其细化表，出台初中毕业升学考试和高中阶段招生以及中心市区招生工作方案等招生文件。2022年普通高中录取继续实行省一级达标高中等优质普通高中学校按不低于总招生计划的50%比例分配到区域内各初中学校（含完全中学初中部），定向生名额向农村初中和无选择生源的城区初中倾斜，确保每一所农村初中和薄弱初中都有一定比例学生升入优质高中就读，保证在普通高中最低录取控制线上至少择优录取初中校1名有定向资格的考生，发挥初中均衡办学和质量提升的正向引导作用。严肃招生工作纪律，加强对自主招生规范管理，按要求控制市域内跨县（市）招生的普通高中校数和招生规模并规范学校招生行为，招生计划不得超过学校当年招生计划数的5%。2022年下达招生计划数6.21万人。全市普通高中报名人数10.97万人，录取 6.2万人，实际录取率56.5%。

【普通高中建设与发展】 2022年，泉州市教育局强化内涵建设，创建省级示范性高中7所，鼓励各校在办学形式、育人模式、课程设置、教育评价等方面进行探索，提升整体水平和办学品质。指导5所省级示范性高中建设学校迎接省级调研，加强13所省普通高中课改基地校、20所市特色普通高中学校建设。开展省普通高中达标创建工作，指导陈埭民族中学等4所普通高中接受省一级达标高中现场考察。组织市级评估组对泉港一中等5所普通高中申报省一级和二级达标校进行资格认定，普通高中优质多样化特色发展稳步推进。组织两场省级、17场市级教育教学开放活动，健全完善优质普通高中对口帮扶县域薄弱高中机制，提升县域薄弱高中办学水平。

【教学教研】 2022年，泉州市教育局出台《关于做好2022年疫情防控期间中小学教育教学工作的指导意见》，推送系列优质资源，率先组建线上巡课小组。评选确定78项2022年市基础教育教学成果奖，19个项目获省级教学成果奖，其中3项获特等奖、7项获一等奖、9项获二等奖。11项被福建省推荐参评2022年国家级教学成果奖，获奖总数和送全国参评数均居全省前列，获奖率73%。年度立项市级课题121项、省级课题218项，立项数位居全省前列，3项国家课题结题。组织课题线上培训，2000余人参加。根据各县（市、区）需求，开展系列“订单”精准式送培送教，受到县教研员和基层教师的欢迎。

【拔尖创新人才培养】 2022年，泉州市教育局启动新一轮泉州市普通高中强基计划学科教学联盟建设项目，确定晋江养正中学等10所学校为泉州市普通高中强基计划学科教学联盟建设项目基地校，设立专项资金500万元。实施泉州市普通高中教学质量跟踪监测方案，建立质量监测、反馈指导系统，开展泉州市普通中学学科教学质量监测统考、统改与质量分析，开展评价体系学科化研究。通过开展质优生培养主题调研和高三专项教学调研视导，丰富一线教学服务内涵，提升教师课程执行力。通过抓好科技创新、学科竞赛、拔尖创新人才培养，提升普通高中育人水平。2022年泉州市五大学科竞赛75人获省一等奖，列全省第二；全学科参加全省作业比赛获奖比例80%，居全省第二。

【高考综合改革】 2022年，泉州市教育局按照《福建省教育厅关于普通高中课程设置与管理的指导意见》《福建省普通高中学业水平考试实施办法》和《福建省普通高中学生综合素质评价实施办法》，指导各普通高中统筹做好高中课程规划及综合素质评价；落实高考综合改革政策举措，完善选课走班、学生发展指导等制度体系，实现新课程与新高考的有机衔接。抓好新高考备考与质量监测，举办两次泉州市新高考备考专题研训班，加强中高考命题趋势与备考策略研究。结合各强基计划学科联盟，分学科组织开展学科竞赛培训活动，发挥优质高中联合体示范引领作用。开展全市性九学科命题研训和实操比赛，组织教研团队到省内外教育高地学习先进经验。2022年高考物理方向全省前100名占19人、历史方向全省前50名占22人，两项共41人、占全省27.3%；录取北京大学、清华大学47人。

【泉州市4.6万名考生参加高考】 2022年6月7—9日，泉州市4.6万名考生参加高考，全市设12个考区49个考点1794个考场。考试期间，考风考纪良好，平稳有序，“零失误”“零差错”，未出现任何违纪舞弊事件，实现健康高考、平安高考、温馨高考的工作目标。市教育局会同宣传、公安、保密、网信、卫健、疾控、应急、生态环境、市场监管、城管、气象、无线电、电力、电信等有关部门认真履职，协同配合，以最高标准、最严要求，落实疫情防控措施和考试组织工作，在考试安全、诚信考试、疫情防控、极端天气应对、城市降噪、食品安全、考点及周边交通疏导、治安秩序、突发事件的应急准备等方面加强综合保障。全市教育、招考部门统筹做好考务组织和疫情防控工作，落实落细各项管理措施，确保考试安全有序。采取“人防+技防”、一岗多控等措施，加强对试卷流转的全流程无死角监控，确保试卷安全。

【泉州市高中生获世界机器人大赛奖项】 2022年7月7—10日，2021年世界机器人大赛总决赛在广东佛山举行。泉州第一中学梅石2队获高中组“全能奖”。“全能奖”是VEX机器人竞赛中的最高奖，获该奖项的赛队是全场综合素质最高的。世界机器人大赛自2015年以来，已举办七届，被誉为机器人界的“奥林匹克”，众多新技术、新产品、新人才亮相此次总决赛。此次赛事有2000余支赛队、7000余名选手参加。泉州第一中学23名参赛选手在兼顾学业的同时，利用课余时间将机器的机械结构设计、程序控制一步步地优化。比赛前，为提高机器人的稳定性和精确性，队员在教师的指导和陪伴下连夜调试机器人，确保以最好的状态迎接比赛。

【2022年泉州市普通高中学生素养发展体验营】 2022年7月17—23日，由泉州市教育局主办、市教育科学研究所承办、泉州聚龙外国语学校协办的2022年泉州市普通高中学生素养发展体验营活动在泉州聚龙外国语学校举行。全市各县（市、区）300余名高二、高三年学生参加活动。体验营课程指向核心素养和学科基本原理，开设涉及理想信念、脑科学、体育、劳动和高考考试学科等多门课程。既有北京师范大学心理学博士开设的“脑

2022年7月19日，2022年泉州市普通高中学生素养发展体验营活动在泉州聚龙外国语学校举行
（市教育局 供图）

表26 2022年泉州市普通高中分县（市、区）学生基本情况统计表

单位：人

地区	毕业生数	招生数	在校生数				
			合计	其中：女	一年级	二年级	三年级
合计	44295	61499	166184	79197	61510	54958	49716
鲤城区	5070	5477	15958	7197	5478	5199	5281
丰泽区	2362	2793	8193	3617	2793	2797	2603
洛江区	1512	2526	7068	3085	2527	2398	2143
泉港区	1469	2569	6523	3242	2569	2119	1835
石狮市	3822	4596	13257	6391	4598	4478	4181
晋江市	9379	11760	32614	15359	11758	10677	10179
南安市	7330	9753	26087	12820	9756	8782	7549
惠安县	3708	4739	13319	6667	4741	4444	4134
安溪县	4878	10303	24644	11873	10305	8209	6130
永春县	2410	3049	8456	4099	3050	2725	2681
德化县	1607	2150	6011	2872	2150	1927	1934
泉州台商投资区	748	1784	4054	1975	1785	1203	1066

（资料来源：市教育局）

科学与高效学习”专题讲座，也有省、市中学教学名师、学科带头人、特级教师、正高级教师到场授课，还有历届优秀学生现身说法，分享学习和生活经验。

（赖文庆）

特殊教育

【概况】 2022年，泉州市教育局起草《泉州市“十四五”教育发展提升行动有关方案》。加强随班就读基地校和特殊教育资源教室建设，培育26所省、市级特殊教育改革试点校、融合教育试点校（园），3节课、4个案例被福建省推荐参加全国特殊教育教师教学基本功展示（全省6节课）和融合教育优秀教育教学案例活动（全省10个案例）。截至年底，全市有特殊教育学校10所，招生595人，在校生2975人。义务教育阶段附设特殊教育班38个，特殊教育资源中心13个。

【基础能力建设】 2022年，泉州市教育局加强特殊教育基础能力建设，市级补助资金220万元支持建成44个特殊教育资源教室。泉州市第一所残健融合教育实验幼儿园——泉州市特殊教育学校附属市培蕾实验幼儿园园舍建成，并继续招收学前教育阶段残健幼儿进行融合教育实践。南安市建设全省首个特殊教育云端学校。

【孤独症儿童康复教育】 2022年7—9月，泉州市教育局参与泉州市人大常委会组织开展的孤独症儿童康复服务工作系列调研活动4次，多次座谈汇报孤独症儿童康复教育工作，结合教育部门工作实际，推动特殊教育学校扩大孤独症儿童招生规模，增加设置独立的孤独症班级。2022年秋季，泉州市特殊教育学校有明显孤独症倾向的在校生625人（含送教上门93人），比2021年秋季增加94人。其中，2022年秋季新招收115人，比2021年秋季增加16人。特殊教育学校独立设置的孤独症谱系障碍班增加至24个，其中泉州市特殊教育学校学前班3个、晋江市特殊教育学校义务教育班19个、惠安县特殊教育学校义务教育班2个。安溪县茶叶职业技术学校独立设置职专班1个，接纳大龄孤独症为主的心智障碍者接受职业教育。

【融合教育改革实践】 2022年，泉州市教育局允许随班就读基地校、融合教育试点校适当放宽招收学校服务区外的残疾适龄儿童，做好“一人一案”教育安置。支持泉州师范学院建设省级特殊教育资源中心，支持泉州幼儿师范高等专科学校筹建泉州市高水平普特融合实训中心，依托高校开展融合师资培训。筹建至善残疾人职业教育中心，支持泉州市特殊教育学校创办学生文创园，促进普特融合、职特融合、医康教结合。

【特殊教育特色课程与教学实践研究】 2022年11月13日，由福建省陶瓷行业协会、泉州市教育基金会特殊教育专项基金理事会、泉州市工艺美术家协会、泉州市特殊教育

学校、泉州市至善残疾人职业教育中心主办的，以“传统工艺进校园，陶瓷彩绘传爱心”为主题的职业教育特色课程与教学实践研究暨陶艺助残系列活动在泉州市特殊教育学校举行。此次活动是泉州市特殊教育学校职业教育特色课程与实践研究成果的一次展示，也是该校开展职普融通、产教融合、科教融汇课程改革的一次实践。活动旨在更好推动残疾人职业教育发展，促进残疾学生就业创业。活动现场，中国工艺美术大师王经民等进行陶艺彩绘创作，为泉州市特殊教育学校陶瓷专业的学生展示彩绘、泥塑、雕刻等技能。活动期间艺术家绘制的陶艺作品全部捐赠给泉州市至善残疾人职业教育中心，义卖所得款项全部用于资助残疾人就业创业。

（赖文庆）

中等职业教育

【概况】 2022年，泉州市教育局推动泉州财贸干校整建制并入泉州华侨职校。深化对外合作交流，组建闽西南五市跨区域职业院校联盟，组织60余名教师、4所中学参与对外专项协作交流计划。实施职业学校名师（名工匠）培养工程，黎明职业大学获批国家级职业教育“双师型”教师培训基地，福建莱仁家政有限公司获批国家级职业教育教师企业实践基地，全市职业学校“双师型”教师占比达65%以上。截至年底，全市有招生资格的中等职业教育学校28所、高职院校设中职部2所、技工学校9所，其中11所学校入选福建省“示范性现代职业院校建设工程项目培育校”。中职学校专任教师4316人，技工学校专任教师582人。中职全日制在校生8.66万人，招生3.14万人，其中五年制大专招生7041人（包含外地2103人）。技工学校在校生1.41万人，招生6656人。

【产教融合与校企合作】 2022年，泉州市政府出台《加快建设国家产教融合试点城市实施方案》，成立工作专班，统筹推进产教融合试点城市。建成产教融合综合信息服务平台（一期），组建5个市级分行业产教融合联盟，建设4个市级示范性产教融合实训基地，新增14个省级（现代）产业学院、10个省级高水平专业化产教融合实训基地。高标准建设1个国家高水平专业群、10所省级高水平职业院校和36个高水平专业群。

【中等职业教育质量建设】 2022年，泉州市教育局根据泉州产业布局发展趋势，合理规划专业设置。泉州市中职学校设置专业93个。其中，服务第一产业的8个，服务第二产业的30个，服务第三产业的55个。在人才培养过程中，注重学生学习能力的培养以及学习习惯的养成，采用丰富多样的教学形式提高学生学习兴趣，实现教学效果的整体提升。在专业学习的同时注重中职生的身心健康，注重强健学生体魄，提高体育教育的实效性。在校生文化课合格率98.13%，专业技能合格率96.26%，体质测评合格率87.94%。推进“1+X”证书制度试点工作，将学历证书与职业技能等级证书、职业技能等级标准与专业教学标准、培训内容与专业教学内容、技能考核与课程考试有机衔接融通，推进“1”与“X”的有机衔接，实现“书证融通”。

【技能赛事获奖】 2022年，泉州市有24所中职学校参加泉州市职业技能大赛，参赛率80%。7所中等职业学校承办2022年福建省职业院校技能大赛7个专业大类13个赛项的比赛。中职学校学生参加国家、福建省职业院校技能大赛（中职组）成绩优异，参加福建省职业院校技能大赛获一等奖25项、二等奖42项、三等奖41项、优秀奖42项；代表福建省参加2022年全国职业院校技能大赛40个中职赛项中的16项比赛，获一等奖2个、二等奖6个、三等奖8个。推荐29件作品参加2022年福建省职业院校技能大赛教学能力比赛，获3个一等奖、7个二等奖、11个三等奖。中职学校教师参加2022年全国职业院校职业技能大赛教学能力比赛，获1个二等奖、2个三等奖。

【泉州市中职学校与普通高中同一平台招生录取】 2022年5月20日，泉州市教育局建立全市普通高中、中职学校统一招生录取信息管理平台，首次实行全市中职学校与普通高中同一平台招生录取。实行泉州市所有公办、民办中职学校统一填报志愿、同一平台按计划有序招生，坚持“分数优先、遵循志愿”原则，实行院校专业平行志愿的投档模式，即按投档分从高到低排序，根据考生填报的志愿顺序逐个投档。

【《加快建设国家产教融合试点城市实施方案》出台】 2022年11月29日，泉州市政府出台《加快建设国家产教融合试点城市实施方案》（以下简称“方案”）。该方案是泉州市贯彻落实中共二十大关于教育、科技、人才“三位一体”共同服务创新型国家建设战略部署的重要举措，也是泉州市实施“强产业、兴城市”双轮驱动战略的有力抓手。方案聚焦传承弘扬“晋江经验”，立足“海丝名城、智造强市、品质泉州”奋斗目标，围绕“以产兴教、以教强产、产教融合、赋能发展”工作思路，提出“构建产教融合发展新格局”“发挥企业在产教融合中的主体作用”“深化校企合作人才培育模式改革”“推进产教融合平台载体建设”四大改革任务和13个方面的具体措施（项目），并组建由市长担任组长的工作专班“高位”推进，推动产业、教育与城市同频共振、协同发展，力争为全国产教融合服务经济发展提供示范经验。

【2022年“一带一路”职业教育国际研讨会在泉州等四地召开】 2022年11月24—25日，由中国职业技术教育学会、中国教育部职业教育发展中心主办的2022年“一带一路”职业教育国际研讨会在泉州、北京、上海、深圳四地以线上线下相结合的形式召开，全球40余个国家和地区的200余名政府官员、专家、学者、职业院校和行业企业代表参会。研讨会以“新内涵、新价值、新使命”为主题，为推动职业教育在共建“一带一路”和人类命运共同体中重塑新内涵、创造新价值、承担新使命指明方向。会议提出四点倡议：明确职业教育新定位，着力增进人民福祉；重塑职业教育新内涵，发展高质量现代职业教育；创造职业教育新价值，推进高质量共建“一带一路”；承担职业教育新使命，共建人类命运共同体。会议期间发布《世界职教小史》《金砖国家职业教育研究报告》两项成果。

（赖文庆）

表27 2022年泉州市中等职业学校基本情况统计表

单位：人

地区	毕业生数	招生数	在校生数					
			合计	其中，全日制	一年级	二年级	三年级	四年级及以上
鲤城区	2141	2186	7019	7019	2188	2430	2401	0
福建省泉州财贸职业技术学校	532	555	1730	1730	555	619	556	0
泉州市泉中职业中专学校	265	450	1335	1335	450	453	432	0
福建省泉州华侨职业中专学校	1264	1181	3567	3567	1183	1185	1199	0
泉州经贸职业技术学院	80	0	387	387	0	173	214	0
丰泽区	3632	4166	12825	12825	4166	4269	4390	0
泉州理工学校	920	1119	3318	3318	1119	1077	1122	0
福建省泉州艺术学校	67	110	310	310	110	124	76	0
福建省泉州市农业学校	971	1190	3162	3162	1190	981	991	0
泉州闽南工贸学校	767	752	2939	2939	752	1015	1172	0
泉州市工商旅游职业中专学校	571	774	2358	2358	774	828	756	0
福建省泉州体育运动学校	143	160	532	532	160	175	197	0
福建电力职业技术学院	0	0	0	0	0	0	0	0
泉州幼儿师范高等专科学校	193	61	206	206	61	69	76	0
洛江区	4702	3144	9063	9063	3144	3402	2517	0
福建经贸学校	4008	2646	7182	7182	2646	2799	1737	0
福建省泉州敬德职业技术学校	0	0	0	0	0	0	0	0
泉州医学高等专科学校	694	498	1881	1881	498	603	780	0
泉港区	0	368	709	709	368	341	0	0
泉州市泉港区航运职业中专学校	0	0	0	0	0	0	0	0
福建省泉州市泉港区职业中专学校	0	368	709	709	368	341	0	0
石狮市	1199	2032	5638	5638	2032	2016	1590	0
福建省石狮鹏山工贸学校	745	1011	3141	3141	1011	1086	1044	0

续表

地区	毕业生数	招生数	在校生数					
			合计	其中，全日制	一年级	二年级	三年级	四年级及以上
泉州纺织服装职业学院	194	492	971	971	492	314	165	0
泉州海洋职业学院	260	529	1526	1526	529	616	381	0
晋江市	4525	4935	15037	15037	4937	5113	4987	0
福建省晋江华侨职业中专学校	1440	1595	4877	4877	1595	1570	1712	0
晋江安海职业中专学校	819	892	2783	2783	892	1032	859	0
晋江市晋兴职业中专学校	828	1012	2926	2926	1014	1059	853	0
福建省晋江职业中专学校	1438	1436	4451	4451	1436	1452	1563	0
南安市	3290	3768	10869	10869	3768	3879	3222	0
南安市梅山工程学校	990	772	2451	2451	772	879	800	0
福建省南安职业中专学校	1021	1430	3853	3853	1430	1391	1032	0
福建省南安市红星职业中专学校	455	602	1792	1792	602	631	559	0
南安市工业学校	689	833	2233	2233	833	761	639	0
南安市柳城工贸职业技术学校	135	0	409	409	0	217	192	0
泉州工程职业技术学院	0	131	131	131	131	0	0	0
惠安县	1522	1908	5592	5592	1908	1788	1896	0
福建省惠安开成职业中专学校	822	807	2699	2699	807	844	1048	0
福建省惠安职业中专学校	700	1101	2893	2893	1101	944	848	0
安溪县	1755	3474	8670	8323	3474	2902	2294	0
安溪华侨职业中专学校	956	1909	4724	4724	1909	1610	1205	0
福建省安溪陈利职业中专学校	596	972	2719	2372	972	871	876	0
福建省安溪茶业职业技术学校	203	593	1227	1227	593	421	213	0
永春县	535	1061	2469	2469	1061	770	638	0
福建省永春职业中专学校	535	1061	2469	2469	1061	770	638	0
德化县	606	1032	2624	2624	1034	894	696	0
福建省德化职业技术学校	516	1032	2533	2533	1034	894	605	0
泉州工艺美术职业学院	90	0	91	91	0	0	91	0
泉州台商投资区	915	1720	6093	6093	1720	2581	1792	0
泉州双喜科技学校	89	438	2000	2000	438	1063	499	0
泉州海事学校	313	442	1535	1535	442	592	501	0
泉州华光职业学院	513	840	2558	2558	840	926	792	0

续表

地区	毕业生数	招生数	在校生数					
			合计	其中，全日制	一年级	二年级	三年级	四年级及以上
全市合计	24822	29794	86608	86261	29800	30385	26423	0

（资料来源：市教育局）

普通高等教育

【概况】　2022年，泉州市教育局推进院校布局调整，推进泉州医学高等专科学校升格本科医学院工作，推进黎明职业大学升格为工科为主的本科层次职业学校。推进高校管理体制改革，泉州师范学院调整为“省市共建、以省为主”，泉州工艺美术学院调整为“市县共建、以市为主”。在全省率先制定泉州市高校“青年马克思主义者培养工程”方案，举办“勇当主力军、机关我先行”教育专场论坛。实施高校“留才奖”，组建51所公益性创业学院、市校两级创业服务团，开展12期“名企导师”训练营。截至年底，全市有本科高校6所（公办2所、民办4所）、本科层次职业院校1所（民办）、高职高专院校11所（公办6所、民办5所），在校生19.5万人；另有福州大学晋江校区、福州大学石化学院（泉港校区）、福建农林大学安溪校区三个省属高校在泉州办学。全市高校毕业生5.01万人。

【高校综合实力提升】　2022年，泉州市做好泉州师范学院和泉州工艺美术职业学院管理机制体制调整工作。华侨大学入选第二轮省级“双一流”高校，泉州师范学院、泉州信息工程学院入选省级一流应用型高校，泉州师范学院和泉州信息工程学院获批硕士学位授予培育单位；新增22个国家级一流本科专业、23个省级一流本科专业。校企共建各类科研平台164个，开展校企联合科研项目877项，获得专利1285项，技术服务收入1.83亿元。

【专业设置与产业发展对接】　2022年，泉州市教育局更新完善专业“正面清单”，开展职业教育服务区域产业人才需求调研，面向泉州市“8+4”产业（电子信息、石油化工与新材料新能源、金融与新兴产业、纺织鞋服、建材家居与工艺制品、装备制造、食品饮料与生物医药、现代服务业）领导工作小组征集产业紧缺专业名单，推动院校优化专业设置，新增与泉州市重点产业紧密相关的高职专业38个，停办或撤销专业18个，构建“亲产业”专业布局。启动实施泉州市职业学校产教融合特色专业群建设工程，培育首批38个市级职业学校产教融合特色专业群。2022年泉州市职业学校面向社会开展各类培训超23万人次。

【学生综合素质培养】　2022年，泉州市教育局落实“涌泉行动”，制定《泉州地区高校“留才奖”实施方案》和《泉州市地方公益性创业学院建设有关工作的指导意见》，组建52所公益性创业学院（其中高校公益性创业学院18所、地方公益性创业学院34所），面向留在泉州的大学生开展公益性培训5万多人次；组建市校两级创业服务团，征集市级创业导师256名。全市学生参加职业院校技能竞赛获国家级一等奖3项、二等奖11项目、三等奖18项，获省级一等奖42项、二等奖94项、三等奖116项。

【师资队伍建设】　2022年，泉州市新聘任桐江学者34名（其中特聘教授5名、讲座教授29名）。实施职业学校名师（名匠）培养工程。培养131名省级、市级职业院校学科（专业）带头人，建成27个市级职业教育技能大师（名师）工作室，评选职业院校最美教师15名，入选省级职教名师8人、职教名校长8人，初步构建以名师（名匠）为核心的专家型教师群体。依托龙头企业和高水平高校建设职业教育“双师型”教师培养培训基地；两个团队入选国家级职业院校教师教学创新团队，9个团队入选首批省级职业院校教师教学创新团队。推动职业院校聘请企业工程技术人员、高技能人才、管理人员、能工巧匠等，采取兼职任教、合作研究、参与项目等方式到校工作。泉州市职业学校聘请行业企业兼职教师1400余名，建设各类技能大师（名师）工作室142个。

【2022年福建省大学生军事技能比武活动在泉州举行】　2022年7月15—17日，由福建省教育厅、省军区政治工作局主办，仰恩大学承办的2022年福建省大学生军事技能比武活动在仰恩大学举行。全省58所高校460余名师生参加活动。此次活动设置识图用图、轻武器分解结合、战场医疗救护、单兵战术基础、电磁频谱管控、手榴弹定点投掷六个课目的比赛。举办大学生军事技能比武活动，是贯彻党的教育方针和新时代军事战略方针，落实立德树人根本任务的重要举措，也是落实教育部、中央军委国防动员部印发的《普通高等学校军事课教学大纲》要求，更是对福建省大学生军事课教学质量和军事训练成果的一次集中检阅。

【华侨大学泉州古城遗产保护与利用研究基地成立】 2022年7月19日，由鲤城区政府和华侨大学共建的华侨大学泉州古城遗产保护与利用研究基地在鲤城区金刚巷42号揭牌成立。鲤城区与华侨大学签订“泉州古城遗产保护与利用研究基地合作共建框架协议”。双方将以基地为依托，发挥各自优势，通过遗产保护利用专题研究、空间环境提升整治设计工作营等多种形式，动员社区居民共同参与、共同推动古城保护利用，实现技术服务、成果孵化及人才培养三大功能。现场还为华侨大学“守望乡筑”古建保护服务团授旗。

2022年9月1日，“希望工程·涌泉圆梦”大学新生研学活动在泉州中央商务区举行。图为开营仪式

（团市委 供图）

【“希望工程·涌泉圆梦”大学新生研学活动】 2022年9月1日，由共青团泉州市委、泉州中央商务区丰泽区指挥部、市青年联合会和市希望工程办公室主办的“希望工程·涌泉圆梦”大学新生研学活动在泉州中央商务区举行。捐赠方代表、受助学生代表等40余人参加活动。活动旨在贯彻“涌泉”行动，打造人才港湾，加强对青年人才的培育、凝聚，向泉州市“希望工程圆梦行动”受助学子宣传推介泉州城市环境、人才政策和中央商务区未来愿景，激励青年学子勤奋学习、回报家乡。

（赖文庆）

表28 2022年泉州市本科高校基本情况统计表

单位：人

学校	在校生数	招生数	毕业生数	办学性质
华侨大学（泉州校区）	15086	3921	3571	公办
泉州师范学院	17590	5317	4778	公办
仰恩大学	10415	4545	1903	民办
闽南理工学院	17289	4289	4417	民办
泉州职业技术大学	12138	3761	1923	民办
闽南科技学院	9596	2908	2768	民办
泉州信息工程学院	15165	5524	3390	民办
福州大学晋江校区	2858	811	—	公办
福州大学石化学院（泉港校区）	680	477	187	公办
福建农林大学安溪校区	4458	620	476	公办
合　计	105275	32173	23413	—

（资料来源：市教育局）

表29　2022年泉州市高职高专院校基本情况统计表

单位：人

学校	在校生数	招生数	毕业生数	办学性质
黎明职业大学	17605	5283	6198	公办
泉州幼儿师范高等专科学校	9301	3523	3059	公办
泉州医学高等专科学校	8594	2420	3151	公办
泉州经贸职业技术学院	13446	4070	3143	公办
泉州工艺美术职业学院	5770	2070	1659	公办
福建电力职业技术学院	3182	1156	687	公办
泉州纺织服装职业学院	6012	2781	1177	民办
泉州华光职业学院	10417	4860	2870	民办
泉州轻工职业学院	10385	3921	3443	民办
泉州海洋职业学院	10939	5126	1953	民办
泉州工程职业技术学院	2849	1603	54	民办
合　计	110638	40574	29317	—

（资料来源：市教育局）

【华侨大学】　2022年，华侨大学有28个学院，35个国家级一流本科专业、17个省级一流本科专业，22个专业通过国际国内专业认证。有教职工2900余人。1700余名专任教师中，具有高级专业技术职务者占57%，具有博士学位者占69%，45岁以下中青年教师占64%。全日制普通本科生2.76万人、研究生7392人。

学科建设　推进一流学科建设，成立学科建设工作领导小组，出台《学科建设基本经费分配暂行办法》等制度3份。编写新一轮省“双一流”建设方案和一流大学整体学科建设方案；入选福建省第二轮“双一流”建设高校，3个学科入选主干学科名单。新增中华文化海外传播交叉学科博士点、智能制造工程目录外二级学科博士点、国别和区域研究交叉学科硕士点，自主增列的外国语言文学博士点、新闻传播学硕士点通过专家论证。成立交叉学科研究生培养指导委员会，加强交叉学科人才培养；成立博士点申报工作领导小组，做好博士点审核增列工作，新增药学、应用统计2个硕士点；推进新工科、新文科建设，立项新工科示范课程15项。新增化学学科进入ESI（基本科学指标）全球前5‰，16个学科上榜软科2022中国最好学科排名，8个学科进入2022软科世界一流学科榜单。

科研创新　立项各级各类科技项目637项，科技经费总量1.75亿元；获福建省科学技术奖11项、厦门市科技进步奖14项；新增省级科技平台5个，获专利授权、软件著作权登记645件，承办2022中国自动化大会等各类科研学术会议65场；在《中国社会科学》等高水平期刊发表论文，1篇论文获英国土木工程师协会2022年度出版奖（国内首次获奖），1篇论文入选人文社科领域ESI全球Top1‰热点论文；4名学者入选爱思唯尔2021年中国高被引学者榜单，1名教授获“2021年度中国化学会青年化学奖”。

国家战略服务　助力金砖合作机制和“一带一路”倡议，入选2021年度金砖示范单位（项目）、金砖创新基地产业创新联盟理事成员单位，成立厦门金砖新工业能力提升培训华侨大学基地，协办金砖国家智库国际研讨会、金砖创新基地建设与发展论坛等，发布《金砖国家国别研究报告》《金砖国家华侨华人研究报告》，“履带移动颚式破碎站”项目首次在金砖国家工业创新大赛上获奖；举办第六届中马“一带一路：海上丝绸之路”国际学术研讨会，开展共建国家智能制造相关培训4期1110人次；举办“一带一路”人才发展项目贸易畅通高级研修班，26个国家65名政府高级官员、专家学者参加；与厦门象屿集团达成人才培养合作协议，获批“一带一路”创新人才交流外国专家项目以及外国青年人才计划35项，首次推出《共建“一带一路”共建国家社会保障研究报告》。

地方经济服务　助力乡村振兴和地方发展，选派专业技术人才13人到地方挂职。与泉州市政府合作共建泉州民营经济研究院，合作开展“晋江经验”研究；与鲤城区共建“泉州古城遗产保护与利用研究基地”；与德化县等签订合作协议；依托集美政产学研基地孵化企业46家，完成丰泽“一带一路”侨泽园建设；与华为公司签署产教融合合作协议。举办地方统战侨务培训班26期，培训学员1093人。推进“千企千村行”活动，走访乡镇、企业821个，参与师生2202人次；选派47名教师任省科技特派员。

华文教育　获批国家语言服务领域特色服务出口基地，并召开海外华文教育能力提升专题会，探索推进经管、中医等“华文教育+”项目；完成海外《华文（初中版）》教材修编，出版《世界华文教育年度发展报告（2021）》《世界华文教育年鉴（2020）》，建立中华文化宣传作品库，完成中华文化读本3本、实景课堂3门；开展各类“云”培训、“云”教学，承办“海外华校校长线上研习班”“海外华文媒体高级研修”等培训项目，培训30个国家华文教师、华媒精英323人次；开展海外侨亲侨属学中文项目，面向168名海外华裔学子推出中文旁听课程服务计划；举办“理想”讲坛8期，覆盖32个国家华校师生1572人次；选派26名国际中文教师及志愿者到海外教学，新增7所海外对口支持华校，设立国际中文传播教师证书考试华侨大学考点。

（庄　蕾）

【泉州师范学院】　2022年，泉州师范学院有泉州主校区（校本部）和南安、鲤城两个分校区，占地121公顷。设二级学院18个，本科招生专业58个。有教职工1500余人，其中专任教师1100余人。有国家级人才3人，享受国务院政府特殊津贴专家4人，教育部教学指导委员会委员2人，福建省闽江学者、福建省百千万人才工程人选、福建省高校领军人才、福建省特殊支持高层次人才“双百计划”人选等省级高层次人才130余人，福建省高等学校科技创新团队3个，福建省本科教学团队12个，福建省研究生导师团队2个。全日制在校本科生、研究生1.8万多人。

学科专业建设　3个学科获批福建省一流应用型建设高校主干学科。4个专业获批国家级一流本科专业，5个专业获批省级一流本科专业。4个专业通过教育部普通高等学校师范类专业二级认证，3个专业接受教育部普通高等学校师范类专业二级认证线上考查。化学工程与工艺专业接受教育部工程教育专业认证线上考查。获批经济学、数据科学与大数据技术、商务英语3个专业国际合作课程项目（AISEC）。

本科教学与人才培养　获批教育部产学合作协同育人项目8项。获评省级教学成果奖7项，其中高等教育教学成果特等奖1项、一等奖2项、二等奖2项；基础教育教学成果一等奖1项；职业教育教学成果一等奖1项。获批省级重大教育教学改革项目2项，一般项目7项。获批省级课程思政示范项目2项、省级教师教学创新团队1项。获批省级一流本科课程21门。获福建省第二届教师教学创新大赛二等奖4项、三等奖2项，福建省青年教师教学竞赛一等奖1项、三等奖2项。绿色化工新材料产业学院获批省级现代产业学院。新增实践基地68个。组织学生参加各级各类学科专业赛事，获省级以上奖项600余项，其中获第八届福建省“互联网+”大学生创新创业大赛金奖1项、银奖1项、铜奖4项。获批国家级大学生双创项目24项；福建省大学生创新创业基地（泉州）入选福建省创业孵化示范基地、福建省科技企业孵化器、泉州市科技企业孵化器。2022届毕业生去向落实率91.98%，2022届本科毕业生考取研究生320人。

研究生教育　招收录取硕士研究生224人。推进研究生联合培养模式改革，与福州大学、福建师范大学、福建农林大学联合培养硕士研究生100余人。2022届毕业生有69人获硕士学位。研究生获省级以上学科专业赛事奖项230余项，获评福建省优秀专业硕士学位论文1篇，省级学位论文抽检合格率100%。获批省级专业学位研究生优秀教学案例1个。

科学研究　获批各级各类纵向科研项目129项，其中国家自然科学基金5项、国家艺术基金项目1项、中国语言资源保护工程专项任务9项、福厦泉国家自主创新示范区协同创新平台项目1项、中央引导地方科技发展专项1项，江西省科技重大专项“揭榜挂帅”项目1项，泉州市科技重大专项“揭榜挂帅”项目4项。获2021年度福建省科学技术奖4项，其中自然科学奖二等奖1项、科技进步奖三等奖3项。获批福建省轻纺化工新材料重点实验室、福建省特殊教育资源中心等省部级科研平台。云计算物联网电子商务智能福建省高校工程研究中心参加评估并获评良好等次。组织福建省先进微纳光子技术与器件重点实验室等3个重点实验室验收。组织福建省高校人文社科研究基地闽南文化生态研究中心等5个省级平台验收。获批泉州市知识产权保护工作站，获批授权发明专利47件、实用新型专利39件、外观设计专利16件。

社会服务　承担省体育局、泉州信和石墨烯研究院有限公司等政府、企业委托的委托课题、技术开发、技术服务和技术咨询122项，被市厅级及以上政府采纳的研究咨询报告47项。与泉州市科技局举办科技成果推介会，面向各县（市、区）、企业推介科技成果，实现专利转化14件，实施专利开放许可15件。选派省科技特派员23人、省科技特派员团队7个；选派泉州市科技特派员16人，建设市科技特派员工作站1个，助力乡村振兴。与晋江市政府合作创办泉州师范学院第三附属小学。与德化县政府签订战略合作协议。与匹克（中国）有限公司共建先进功能面料实验室、全球先进功能面料创新联合体。与厦门大学出版社、中国教育在线深化战略合作。多渠道拓展继续教育项目，完成省级各类培训1077人次，市级校长（教师）、公务员、企业等各

2022年10月17日，泉州师范学院化学工程与工艺专业接受教育部工程教育专业认证线上考查。图为专家见面会现场 （林小琴 摄）

类培训7493人次。

（王鸿达）

【仰恩大学】 2022年，仰恩大学占地121.76公顷，有10个学院，3个直属系部，25个本科专业，5个省级一流本科专业建设点。有教职工696人，其中专任教师456人。全日制在校本科生1.04万人。

学科专业建设 撤销行政管理专业，获批增设4个新专业。新增3个省级一流本科专业。新增6个教育部“1+X”证书制度试点项目。组织完成“经济类实践课程群教学团队”“文化产业品牌建设与传播课程群教学团队”两个省级本科教学团队评审验收工作。组织完成6个新增学士学位授权专业专家实地考察和评审工作。“西方文论”入选省级课程思政示范项目。“犯罪构成理论学习的中国视角”和“国际货物运输保险中的共同利益观”入选省级课程思政优秀教学案例。

科研工作 获批立项市厅级及以上项目39项，其中横向项目3项、科技服务项目5项。公开发表学术论文66篇，其中核心期刊和SCI、CSCI收录论文6篇。授权专利69项。学校知识产权保护工作站被确定为泉州市知识产权保护工作站，获批建设经费补助8万元。服务运作与协同创新精益生产团队被选定为2022年福建省团队科技特派员；1名教授入选2022年福建省个人科技特派员。福建省本科高校教育教学改革研究重大项目成果《新文科视阈下服务地方的全媒化复合型品牌传播人才培养研究》入选福建省教育科学研究所组织编撰《福建省本科高校教育教学改革研究典型案例汇编（第二册）》。

学生获奖 在校学生参加各类学科竞赛并获国家级奖项39项、省部级奖项51项。1名学生获评第十一届福建省大学生“创业之星”。在第八届“名仕杯”福建省高校模拟法庭辩论赛首次夺冠。在全国高校商业精英挑战赛品牌策划竞赛中首次参赛并获学生组一等奖。在福建省第十七届运动会上的啦啦操、武术、网球项目中获4枚金牌、3枚铜牌；在福建省大学生锦标赛中获网球女单冠军、啦啦操街舞冠军；在全国大学生排舞比赛中获一等奖；在全国大学生啦啦操比赛中获双人街舞冠军。

继续教育与社会服务 完成2022级成人高考（专升本）新生入学注册及2022年招生工作。成为资产评估师职业资格考试泉州考试站点并承办2022年资产评估师职业资格考试，在做好疫情防控工作的同时组织校外1094人次参加考试。完成“书记校长访企拓岗”专项活动，走访地方政府、人社部门、人才机构、重点企业等，与中国海峡人才市场泉州分部、石狮市、南安市等单位共建“仰恩大学人才工作服务站”3个，与安踏泉州分公司等6家单位建立就业实践基地。组建221支暑期实践队伍，开展社会实践和专业实习。

（游秀玲）

【黎明职业大学】 2022年，黎明职业大学设有9个学院、41个专业。有教职工889人，其中专任教师667名、硕士及以上学位教师624人、博士（含在读）62人、副高及以上职称234人（其中正高职称43人）。全日制在校生1.71万人。

招生与就业创业工作 计划招生5500人，录取5400人，录取率98.18%；报到5199人，报到率96.28%。强化就业育人，全年举办招聘会37场，引进企业915家，为毕业生提供岗位数1.01万个；推荐83名毕业生参与西部计划和服务欠发达地区；2022届毕业生就业率99.15%，初次就业率位居全省高职高专前列，用人单位满意度高。年内新增创业导师31名，面向学生开展各类创业讲座、沙龙、专项培训55场，培训1170人次，青创园入驻学生创业实体19家，两名学生获评第十一届福建省大学生“创业之星”。入选2022年高职院校就业竞争力案例展示活动全国10强、全国高职院校“创新创业100强”。

教育教学改革 新增教师教学创新团队9个。教师参加2022全国全省职业院校教师教学能力大赛，获国家级二等奖1项，省级一等奖1项、二等奖8项、三等奖6项。打造一批核心课程、核心教材、核心项目，《高等数学》《物流设备操作（第二版）》两套教材受推荐参评“十四五”首批职业教育国家规划教材；“装配式混凝土结构”等5门课程入选国家智慧教学平台；“实用摄影技能”入选职业教育国家在线精品课程、41门课程入选省级职业教育在线精品课程；国家级专业教学资源库《“一带一路”贸易文化传承与创新》通过验收。推进“黎明金课”教法改革，立项建设书证融通课程改革、课赛融合、专创融合、课程思政项目等255项；获2022年省级职业教育教学成果奖特等奖1项、二等奖3项，其中3项成果被推荐参评国家级职业教育教学成果奖。

学生获奖　完善“国家级—省级—校级”竞赛选拔机制，参加全国职业院校技能大赛获奖12项，其中一等奖1项、二等奖5项、三等级6项，实现国家“双高计划”建设“全国职业院校技能大赛一等奖2项”的重大突破，国赛获奖总数从2019年全国排名第66位、2021年全国排名第26位提升到2022年全国排名第6位。参加福建省职业院校技能大赛获奖59项，其中一等奖10项、二等奖30项、三等奖19项，成绩位居全省第二。参加各类行业技能竞赛获省级以上奖项1100项；参加思政类、体育类、文化艺术类、信息素养类和军事教育类竞赛获市级以上奖项186项。

科研与社会服务　社会服务收入近8000万元，承接30余个工种的职业技能培训，开展非学历培训6.7万人次，配合鉴定中心开展职业技能鉴定5057人次。推进乡村振兴工作，新增乡村振兴服务站6个；为农民工申请“求学圆梦行动”助学金115.95万元，35人获评福建省农民工“求学圆梦行动”优秀学员。强化科研项目培育和建设，立项64项纵向课题和100项横向课题，其中国家级一级学会课题立项3项、省级课题1项、市厅级63项；73件专利获授权，其中PCT 7件、国内发明专利授权23件；完成咨政报告28篇，参与国家标准制定4项。深化闽宁职业教育合作，共建两校对口交流合作的纪念项目“同好园”、在宁夏设立“黎明”学生奖助学金、开展闽宁联合招生等。

（何秋香　李燕燕）

【泉州医学高等专科学校】　2022年，泉州医学高等专科学校占地63.6公顷，有洛江、惠安、南安、北门街4个校区。有7所附属医院（含直属1家）及分布在全省各地的教学实习医院、实习药企209家。设有12个教学教辅院部、中心、馆，20个专业。有教职员工762人，专任教师508人，其中副高以上职称209人、享受国务院政府特殊津贴专家1名、省级高校教学名师2名、省级职业教育名校长1名、省级职业教育名师1名。全日制大专在校生8594人，在学函授学生1587人。新增“1+X”证书制度试点项目3个。3门课程获评2022年省级精品在线开放课程，临床医学专业资源获2022年省级专业资源库建设立项，“儿童护理”等6门课程获2022年福建省职业教育在线精品课程项目立项。开设10门次创新创业类课程，优化创新创业课程体系。获第五届“中国创翼”创业创新大赛福建省级选拔赛三等奖1个。学生在国家技能大赛中获三等奖1个；省级技能竞赛获一等奖1个、二等奖6个、三等奖4个；国家级行业赛一等奖4个、二等奖3个、三等奖5个；省级行业赛一等奖1个、二等奖2个。教师在各项技能比赛中获全国性行业赛三等奖2个、省级行业赛三等奖2个、市级行业赛三等奖4个；省级教学能力大赛中获二等奖1个、三等奖2个。全校教职医护员工共发表论文176篇，其中发表在核心刊物及以上的论文36篇，SCI论文16篇。教职医护员工新获授权实用新型专利33项。有市级及以上立项的纵向科研项目27项，获资助经费18.1万元；横向课题2项，资助经费6.2万元；立项校级科研项目66项，总资助经费84.32万元。其中，作为通讯作者发表论文13篇，其中SCI论文10篇、权威论文2篇；作为共同第一作者发表SCI论文1篇。

（陈洁琼）

【泉州幼儿师范高等专科学校】　2022年，泉州幼儿师范高等专科学校占地35.5公顷，有东海和永春两个校区，设置1所附属实验幼儿园。设7个二级院部、23个专业。有教职员工454人，其中专任教师332人、高级专业技术职称教师137人、“双师”素质教师230人、硕士以上学位教师252人。全日制在校生9521人。启动高职与本科贯通培养新机制，与泉州师范学院本科教师培养落地实施，招生小学教育专业50人，录取平均分超过本科线；构建中高本衔接人才培养体系，推进与9所中

2022年6月28日，2022年新疆昌吉市幼儿园管理干部能力提升培训班开班典礼在泉州幼儿师范高等专科学校举行（泉州幼儿师范高等专科学校 供图）

职学校分别联办三二分段五年制招生470人。《幼儿园语言活动设计与实施》获2022年职业教育国家在线精品课程立项。立项建设10门校级精品在线开放课程，新增省级虚拟仿真实训基地1个、教学资源库1个，省级精品在线开放课程等省级信息化项目立项4门。《“三链”有机融合，校园共铸“幼师成长”摇篮》《共愿景、筑师德、强师能》《“1+3+3”：打造闽西南学前教育“政行园校”协同育人平台》分别入选国家级和省级优秀职业教育发展改革典型案例。在省级教师教学能力比赛中获一等奖1个、二等奖2个、三等奖1个。完成福建省职业院校技能大赛（高职组）学前教育专业教育技能竞赛承办工作，获一等奖1个、二等奖3个、三等奖5个。在2022年福建省职业院校技能大赛中获一等奖2个、二等奖7个、三等奖1个。发挥“联盟+集团+产业学院”引领作用，推进人才共育一体化改革以及“产学研训”一体化实践。获批省级产业学院2个、省产创融合教育实践示范基地1个、泉州市0～6岁托幼一体化产教融合实训基地1个。校企共建实习实训基地193个，新增共同开发教材20本、共同开发课程20门。32项课题获准立项。其中，2022年度福建省教育科学“十四五”规划课题5项，省教育科学“十四五”规划2022年度“协同创新”专项课题7项，2022年度福建省中青年教师教育科研项目（科技类）5项。与贵阳幼儿师范高等专科学校共建中国—东盟幼儿教师培训中心，建立中国—东盟幼儿教师发展中心福建分中心。推进闽台联合人才培养，与台湾幼儿教育专家学者召开研讨会，在人才培养方案修订、课程体系建设、专业教材、课题研究等领域开展合作。

（戴雪芳）

【泉州经贸职业技术学院】 2022年，泉州经贸职业技术学院有8大类39个专业（含方向），各类在校学生1.3万多人。获全国职业院校教师教学能力比赛三等奖2项。获省职业院校教师教学能力比赛一等奖3项、三等奖2项，是泉州市获奖最多的高职院校。获福建省教学成果特等奖1项、二等奖1项。1名教师获评第五届“福建省十佳服装设计师”。学生在2023年福建省职业院校技能大赛获一等奖4项、二等奖10项、三等奖8项。其中，3个赛项以全省第一名的成绩入围国赛。数字经济虚拟仿真实训基地入选第二批省级示范性虚拟仿真实训基地；“商业修片”“管理会计”“智慧物流”三门课程入选省级职业教育第六批立项建设精品在线开放课程；“跨境电子商务”专业教学资源库入选省级职业教育第六批专业教学资源库。牵头成立泉州市数字经济产教融合联盟，为泉州大中型骨干企业创新发展、职业教育创新实践与特色发展构建指导、交流与合作平台；与泉州市东海跨境电商生态圈运营有限公司等多家企业开展“理实一体教学”，实现校企生三方共赢，做到毕业即就业、上岗即上手，促进就业率和就业质量的提高；同中软国际有限公司（厦门）、福建省网龙普天教育科技有限公司、福建火炬电子科技股份有限公司、福建厚溥教育科技有限公司、中软国际有限公司、安踏物流信息科技有限公司等企业合作，共建“商务大数据产业学院”“数字经济产业学院”“软件工程学院”“人工智能产业学院”以及数十个实训基地。

（肖晓凤）

【泉州工艺美术职业学院】 2022年，泉州工艺美术职业学院占地20.33公顷，设有8个教学机构和两个教学辅助机构。联系区域经济发展需要，结合学院办学基础和办学特色，新增书画艺术专业，陶瓷制造技术与工艺专业新增设自动化方向。举办2022年院级职业技能大赛，设置35个赛项，1684名学生参赛，提升学生的技能实践水平和就业竞争力；组织2175人次学生参加室内设计（中级）、数字营销应用（中级）、产品创意设计（中级）等8个工种的职业技能评价，1560人次获等级证书。完成泉州市产业实训基地（工艺品加工）项目建设。主编出版两本财政部“十四五”规划教材；“工艺美术产教融合实训基地”入选“2022年省级高水平专业化产教融合实训基地”，“陶瓷智造产业学院”入选“2022年省级第四批高职院校产业学院试点项目”；入选首批中国工业设计协会创新设计研究院，入选首批职业院校主导建设的泉州市示范性产教融合实训基地；两门课程获2022年职业教育在线精品课程立项，两门

2022年1月14日，泉州市数字经济产教融合联盟成立大会在泉州经贸职业技术学院举行

（泉州经贸职业技术学院 供图）

课程获第六批省级职业教育信息化建设项目立项建设，《民宿设计专题》获2022年福建省职业院校技能大赛教学能力比赛三等奖。师生在第十二届中国陶瓷艺术大展评比中获9金6银7铜，在福建省“福”文化创意设计大赛中获一等奖、三等奖、优秀奖各1个。学生获各级各类奖项、荣誉210余项，其中在第十届全国高校数字艺术设计大赛（NCDA）省赛中获一等奖4个、二等奖4个、三等奖7个，并在全国总决赛中获一等奖2个、二等奖1个；在省职业院校技能大赛中获得2银3铜，在第十二届海峡两岸信息服务创新设计大赛获一等奖1个、二等奖1个、三等奖4个，在十一届福建省高校艺术设计奖获银奖一项。围绕学院改革发展难题、地方产业升级发展的需要，开展有针对性的科研工作，获各级各类项目立项8项，获授权专利46项，项目（课题）结题9项。新增产学研基地企业3家、实践实习基地企业6家；与德化辉腾陶瓷等6家公司签署产学研合作协议。与德化同鑫陶瓷联合共建福建艺才汇科技中心，组建学院师生团队进行陶瓷3D打印产品创新造型设计，完善德化陶瓷三维模型数据库，联合申报产业人才项目1个、增材制造典型应用场景1个、科技计划项目1项；承接宏鹏、正山堂两家企业两项委托课题。

（李燕萍）

成人教育

【概况】 2022年，泉州市各类成人高考报名2.52万人，自学考试下半年报名2.01万人。截至年底，全市有各级老年大学（学校）2560所，市、县、乡三级建校率稳定在100%，村级建校率94.8%。市、县老年大学、乡镇老年学校布点合理，在校学员总数34.8万人，占泉州市老年人口总数的28.5%，普及率、入学率继续居全省、全国前列。全市开放大学系统招生3864人。泉州开放大学招生940人，完成目标的142%，名列全省前三。

【成人高考与自学考试】 2022年，泉州市各类成人高考报名2.52万人，比2021年增加3978人。自学考试下半年报名2.01万人，5.51万科次。

【老年教育】 2022年，中共泉州市委办公室、泉州市政府办公室印发《关于“十四五”期间加快全市老年教育事业高质量发展的若干意见》，为推动“十四五”期间泉州市老年教育工作高质量发展指明方向。泉州市教育局坚持创新驱动发展，实施老年远程教育提升工程，市级财政投入100万元，带动县级配套资金150万元，吸引社会捐助资金100余万元，建设50个基层老年远程教育示范点，全市开通2388个老年远程教育收视点，在全国率先基本实现老年远程教育全覆盖的目标。泉州市老年教育委员会发动泉州、石狮、晋江、德化四所老年大学申报参评“中国老年大学标准示范校”，完成泉州市老年大学协会换届工作。

（赖文庆）

【开放大学】 2022年，泉州开放大学辖鲤城、南安、石狮3个学院及晋江、惠安、泉港、安溪、永春、德化6个工作站。申报拟立项3项研究课题，助力成人思政教育工作、教学模式改革和教学评价改革。制订有针对性的乡村振兴人才培养方案，建立以创新创业为导向的新型人才培养模式，实施“1+X”职业技能培训，启动学分银行试点工作，建设学分互认标准。建设专业课程导学微课39个、知识讲座11个、思政金课8个。《海辰文化——新媒体赋能国潮美妆品牌的引领者》获中国国际“互联网+”大学生创新创业大赛省赛金奖、国赛总决赛银奖。在2022年国开乡村振兴优秀创新与创业案例大赛，获省赛二等奖3项、三等奖9项、优秀奖1项。在第二届国家开放大学“教育部‘一村一名大学生计划’”学生优秀创新创业案例评选获奖名单中，泉州开放大学系统获2个二等奖、1个三等奖、1个优秀奖。成立泉州开放大学乡村振兴学院，对接清华大学高端教育资源，挂牌成立清华大学乡村振兴福建泉州远程教学站。继续教育培训收入达475万余元。

（周湖健）

【社区教育】 2022年，泉州市教育局依托泉州终身教育大数据平台打造社区学习平台，推动社区教育资源共建共享，培育建设市级示范性继续教育基地、继续教育网络课程和社区教育示范基地。鼓励职业学校参与社区教育，培育建设社区（乡镇）老年学校（机构）。

【《关于“十四五”期间加快全市老年教育事业高质量发展的若干意见》出台】 2022年7月，中共泉州市委办公室、泉州市政府办公室印发《关于“十四五”期间加快全市老年教育事业高质量发展的若干意见》（以下简称“意见”）。意见提出“十四五”期间全市老年教育的发展总目标是：坚持稳中求进工作总基调，到2025年全市在校老年学员达40万人以上，占全市老年人口总数的32%以上；城市街道和农村乡镇老年学校建校率保持100%，村（社区）建校率力争达95%以上。意见从优化资源供给、创新办学机制、提升优质服务、加强队伍建设四个方面提出加快泉州市老年教育高质量发展的12条具体措施。

（赖文庆）

文　　化

公共文化

【概况】 2022年，泉州市文化广电和旅游局优化软硬件配套，推动城乡协同发展，构建“共建共享”公共文化服务体系。培育24个新型公共文化空间、5个街头文化艺术街区，优化“党建+邻里中心”文化服务功能，升级“泉州文化云”平台功能，上线展览展演400余场。打响“百姓大舞台”“海丝小艺苑”品牌，举办“泉州文化云”之“寻找最佳守城人”挑战赛、“云艺术节”、“‘丝路缘泉昌情’话说刺桐”美术作品展、第二届福建省街头文化艺术展演等活动，开展公益惠民演出1400余场，全方位满足市民多元文化需求。全市登记备案的博物馆有18家（含非国有博物馆5家），其中国家一级博物馆2家、二级博物馆3家、三级博物馆3家。全市博物馆总建筑面积超10万平方米，库房面积7000余平方米，常设展厅43个， 临时展厅22个。全年接待游客281万人次，提供1500批次讲解服务，举办215场次临时展览、1004场次社教研学活动。全市博物馆推出30项“喜迎二十大 奋斗新征程”的主题展览与社教活动。全市有市、县级公共图书馆14个（丰泽区图书馆尚在建设中），其中一级馆7个、二级馆4个，洛江区、丰泽区、泉州台商投资区图书馆未定级。全市有艺术馆1家、非物质文化遗产馆1家。

【公共文化服务体系建设】 2022年，泉州市通过创建国家公共文化服务体系示范区，推进公共文化服务标准化、均等化，基本建成市、县、乡、村四级公共文化服务设施网络。市级拥有“一中心、一公园、五剧院、七展馆”（市公共文化中心，“海上丝绸之路”艺术公园，泉州影剧院、木偶剧院、梨园古典剧院、南音艺苑、歌舞剧院，闽台缘博物馆、海外交通史博物馆、市博物馆、图书馆、艺术馆、少儿图书馆、非物质文化遗产馆）等一批重要文化设施。其中，市公共文化中心总建筑面积32.68万平方米，总投资33亿多元。截至年底，全市有163个乡镇（街道）综合文化站，2528个村（社区）综合文化服务中心。

【县级图书馆总馆分馆服务体系建设】 2022年，泉州市下辖12个县（市、区）均建成图书馆总馆、分馆服务体系，全市有12个县级图书馆、1个公共文化服务中心，人均藏书量1.3册。

【城乡“百姓书房”建设】 2022年，泉州市文化广电和旅游局发挥全市“百姓书房”的公共文化服务功能，建设50座乡村“百姓书房”。截至年底，全市有240余处“百姓书房”，实现公共文化服务全覆盖，满足群众在家门口的阅读需求。

【村（社区）综合性文化服务中心示范点改造提升】 2022年，泉州市文化广电和旅游局贯彻落实中共泉州市第十三次代表大会提出的打造“城市15分钟文化圈、农村十里文化圈”精神，推进市级为民办实事项目“建设24个新型公共文化空间，打造便民文化圈”建设，在11个县（市、区）和泉州台商投资区各选取两个乡镇（街道）建设新型公共文化空间。

（陈　卉）

【中国闽台缘博物馆】 2022年，中国闽台缘博物馆藏品1.22万件（套），接待观众30.54万人次。以“福文化”为主题，举办“福缘善庆 锦绣流金——闽台金仓绣特展”。围绕重要时间节点，举办“纪念郑成功收复台湾360周年——

2022年7月14日，中国闽台缘博物馆帮助彰化县福兴乡元中村田头仔聚落梁氏宗族在南安市翔云村查找梁氏族谱资料

（中国闽台缘博物馆 供图）

海峡两岸郑成功史迹展”。配合参与国家文物局文物交流中心举办的“财神道——中国传统财富文化展”、中国国家博物馆举办的“源缘——闽台艺术展”等。输出“指掌春秋——闽台木偶艺术展”原创展览到宜兴市博物馆、福建民俗博物馆、西藏牦牛博物馆展出，在台湾、云南、上海、江苏等地巡展26场。深化两岸谱牒、两岸家书征集研究利用，到黎明职业大学、华丰社区、泉州海警局等开展宣讲7场次。利用馆藏谱牒资源，帮助迁台已逾240年的彰化县福兴乡元中村田头仔聚落梁氏宗族与南安市翔云村梁氏宗族达成族谱世系对接。为两岸民众提供族谱对接及寻根谒祖服务，全年接待族谱查询20批次。开展“情系闽台缘——流动的博物馆”系列社教活动，举办“多彩四点半”课后延时服务、“我们的节日·中秋”、关爱留守儿童支教活动、“暖心——光明护苗·关爱星青年”爱心慈善公益活动等线上线下社会教育活动207场次，线下参与5253人次。

（王凤英）

【泉州海外交通史博物馆】 2022年，泉州海外交通史博物馆藏品1万多件，举办21场展览，包括临时展览7场、外出展览7场，利用网站、微信公众号等推出多场线上海报展览。东湖馆区、古船馆区两处场馆接待海内外观众超80万人次，其中未成年人18.2万人次。召开“世界遗产地博物馆城市论坛”研讨会，邀请文化遗产领域的知名专家学者、文博工作者围绕世界文化遗产与城市发展、世界文化遗产与文旅融合、世界文化遗产与博物馆发展等主题展开探讨。与中国中医科学院联合申报科技部“十四五”国家重点研发计划项目“道地药材的本草考古研究”，承担项目课题“外来药材与宫廷药材的调查与整理”，是泉州市文博系统首个国家科技类重点科研项目。举办“博物馆的力量 一起向未来——‘5•18’博物馆日泉州系列活动”启动仪式，策划“探寻世遗•知行泉州——博物馆的力量”15条全域博物馆研学旅游路线。举办年度“我是世遗考古小‘铁粉’”主题夏令营活动，通过“解密考古学”“田野考古发掘流程”“安溪青阳下草埔考古发掘现状”3场专业讲座，向营员普及泉州考古新发现。举办“桐游宋元泉州——青少年世遗研学之旅”，将“泉州：宋元中国的世界海洋商贸中心”世界遗产总展示馆作为寻宝宝库，以线上线下结合的方式，通过线下参观、寻找线索、线上答题、知识点科普、游戏互动等形式，打造具有博物馆特色的研学寻宝之旅。

【泉州市博物馆】 2022年，泉州市博物馆藏品3000件以上，接待领导、各机关企事业单位、学校、社会团体等100余批次，线下参观人数超30万人次。推出“虎年有吉庆——馆藏吉祥文物展”“只此倾城——馆藏女性文物展”“瓷韵——德化陶瓷专题展”“从‘瓷’出发——泉州宋元瓷器展”等临时展览，利用官方网站和自媒体微信公众号开展长期线上活动，推出馆藏文物节气及节日海报、红色爱国主义教育活动、“我们的节日”系列社教课程、馆藏文物疫情防控宣传视频等线上展览展示，浏览量超12万人次。举办“庆七一•喜迎党的二十大”主题活动，表彰2021年度优秀志愿者，成立第一届“小红星”讲解团，弘扬革命红色精神，传播中华优秀传统文化。举行“党在我心中 永远跟党走”宣讲比赛，挖掘优秀宣传讲解人才，鼓励青少年通过参与比赛挑战自我。开展“博物馆进校园”服务，服务学校教育教学工作和文化素养培育，支持学校课后服务，建设好青少年的“第二课堂”。以“传承红色精神、传播闽南文化、传递非遗艺术”为主题开展爱国主义教育、优秀传统文化、泉州世界遗产文化进校园活动。

（陈 卉）

【泉州华侨历史博物馆】 2022年，泉州华侨历史博物馆藏品6000件以上，接待观众8万多人次。举办“花

开别样红——庆祝泉州市侨联成立60周年艺术特展”，汇集海内外部分具有专业造诣和广泛影响的泉州籍华侨华人、归侨侨眷艺术作品。举办“穿越万年 情系山海——贺兰山岩画暨韩美林岩画艺术作品展”，展出80余幅（件）贺兰山岩画拓片、岩画石。举办“护行天下——华侨护照专题展”，展出三十余件（套）由中国驻不同国家、地区使领馆颁发的华侨护照（侨民证明书）等文物。举办线上展览 “浓缩的侨史 凝固的乐章|泉州华侨民居”。专题拍摄“喜迎二十大 强国复兴有我——华侨故事我来讲”系列视频线上展播。举办“泉州与中国：闽南华侨华人与泉州世界文化遗产”“赤子丹心家国情——我的侨联生涯见闻与感悟”“陈嘉庚与南侨机工——纪念南侨机工回国参战83周年”等专题讲座。完成“根脉寻踪——南洋华裔族群寻根谒祖综合服务平台体验展示馆”建设，通过艺术化、现代化、数字化的展示手段，把寻根平台的建设成果进行集中展示。

（邱联光 许锦龙 朱文婷）

【泉州市图书馆】 2022年，泉州市图书馆新馆占地面积1.53公顷，总建筑面积4.8万平方米。全年投入200万元文献购置经费，完成5万册图书采访、编目、加工、入库工作；完成1140种报刊的订购、登到、上架流通工作；征集地方文献图书1244种1911册，地方报纸1235期，地方期刊764期，族谱5种7册；利用数字化技术将16万页古籍进行数字化处理，推出古籍文献阅读服务平台，方便读者学习和研究使用。截至年底，馆藏总量达178万册，数字资源总量达160TB。全年图书报刊借还数158.87万册次，办证数1.02万张，接待读者超111万人次。全年举行阅读推广活动803场。

【泉州市艺术馆】 2022年，泉州市艺术馆开展百姓大舞台惠民演出活动，围绕“我们的节日”主题开展系列活动。举办春季、暑期、秋季培训班，开设朗诵、舞蹈、短视频、电钢琴等22门培训课程，培训252课次。开展泉州合唱团首次纳新面试，近60名声乐爱好者参与面试，组织泉州合唱团日常排练。举办常态化艺术展览展演，举行2022年泉州市美术、书法、摄影优秀作品展等。组织文艺爱好者开展文艺创作，开展“同心抗疫·优秀群文作品展播”等活动。组织承办泉州市2022年“文化和自然遗产日”宣传展示活动和泉州市第三十二届中小学生南音比赛等。

【泉州市非物质文化遗产馆】 2022年，泉州市非物质文化遗产馆接待观众8万多人次。承接泉州市机关党日活动、青少年研学活动、小记者团、大学生实习实践活动等公益活动几十场。举办2期非物质文化遗产志愿讲解员培训班，培养非物质文化遗产传播队伍。全年开设周末非物质文化遗产体验454场次，参加体验人数达2440人次；演出周末非物质文化遗产剧场57场，观众4560人次。更新“泉州南音曲谱”曲目；创新非物质文化遗产普及课程，推出“非遗小课堂”系列短视频18期；推出“泉州歌诀”系列微视频60期；上线泉州非物质文化遗产手绘电子地图，完善微信语音智能导览。

【世界遗产地博物馆城市学术研讨会在泉州举行】 2022年7月24日，由中国海外交通史研究会、泉州市文化广电和旅游局主办，泉州海外交通史博物馆与泉州师范学院泉州文化遗产研究院承办的世界遗产地博物馆城市学术研讨会在泉州海外交通史博物馆举行，国内数十位专家学者、文博工作者共同探讨世界文化遗产与城市发展、文旅融合及博物馆发展等事项。研讨会上，专家学者围绕“世界遗产与城市发展”主题，从“世界文化遗产与城市发展”“世界文化遗产与文旅融合”“世界文化遗产与博物馆发展”3个议题方向进行具体论述。

【泉州市首家“清新书苑”揭牌】 2022年11月4日，泉州市首家“清新书苑”（晋江市图书馆来旺分馆）在晋江市龙湖镇揭牌。“清新书苑”是福建省图书馆通过自建并带动全省公共图书馆共建方式，在全省文化景区、旅游景点打造的以“清新书苑”为统一标识、面向市民游客开放的文献阅读场所。泉州市首家“清新书苑”精选5000余册图书上架，特设民俗文献区和普通文献区，普通文献区分为少儿类图书与成人类图书。该“清新书苑”被纳入晋江市图书馆总分馆体系建设，可与总馆、少儿馆“通借通还”。

【新时代福建省非国有博物馆精品联展在石狮市举行】 2022年12月22日，由福建省文物局、泉州市文物局、石狮市政府主办的“凝心聚力 共筑华章——新时代福建省非国有博物馆精品联展”在位于石狮市的福建省世茂“海上丝绸之路”博物馆开幕。此次联展展出33家福建省非国有博物馆145组藏品，展出至2023年3月22日。此次联展集中展示福建省非国有博物馆馆藏珍品，藏品涵盖自然遗存、海丝文化、红色文化、民俗文化等主题，突出陶瓷、玉器、漆器、书画等馆藏艺术作品。

（陈 卉）

群众文化

【概况】 2022年，泉州市组织开展“泉心泉艺”——送欢乐下基层、“泉城艺启动”、百姓大舞台、戏曲进乡村等各类文化文艺小分队下基层、惠民文化服务项目、群众性文化惠民活动等2500余场，线上线下受众130余人（次），丰富满足基层群众的精神文化生活需求。常态化开展文艺院团公益性演出，开展文艺精品公益性惠民演出1386场次，数量居全省之最。举办“走进泉州看宋元中国”全国文旅摄影大展、“刺桐古城——古代海上丝绸之路的起点：泉州”艺术特展、数字美术长卷《宋元中国•海丝泉州传奇》创作暨“画说海丝韵”美术作品展、“奋进新征程 建功新时代”主题书画展、“四朵金花”星空音乐会等大型活动。疫情期间，组织全市文艺工作者创作各类作品2.3万余件，举办各级各类主题网络展近650余期（场）；开展“今天，我在家”短视频众创分享活动，收到短视频作品1.08万件，市民群众参与点赞数1778万人次。

【“四朵金花”星空音乐会】 2022年3月8日，由中共泉州市委宣传部、泉州市文化广电和旅游局等主办，福建省梨园戏传承中心等承办的“四朵金花”星空音乐会在泉州市公共文化中心中央广场举行。此次活动旨在响应泉州中央商务区繁荣计划，庆祝“三八”国际妇女节。率先出场的是《嗹哩啰》《愿家家康泰》，节目选自梨园戏开演前的祝福语，表达对3月的美好祝愿。紧接着《移步游赏》《留伞》《女人花》《折节丈夫》《家后》等轮番上演。最后，一曲大家耳熟能详的《蓝蓝泉州湾》将音乐会推向高潮。当晚，星空音乐会的配套活动非物质文化遗产“快闪”、鸡尾酒会、露天咖啡、亲子“快闪”秀等陆续展开，吸引众多“网红”和市民到场“打卡”。

【“刺桐古城—古代海上丝绸之路的起点：泉州”艺术特展】 2022年10月9日至12月9日，由中共泉州市委宣传部、泉州市文化广电和旅游局、市国有资产监督管理委员会主办，泉州文旅集团、泉州晋江国际机场承办的“刺桐古城—古代海上丝绸之路的起点：泉州”艺术特展在泉州晋江国际机场空港商旅大厦举行。活动现场揭幕《刺桐古城—古代海上丝绸之路的起点：泉州》主题漆画。该幅画作是知名漆画艺术家陈立德为泉州晋江国际机场专门创作，以表达和平、交流、理解、友谊、贸易、包容、互惠、共赢的当代文明理念为创作主旨。此次艺术特展特邀亚洲十佳设计师刘思聪操刀设计漆画艺术衍生品——丝巾。除“刺桐古城—古代海上丝绸之路的起点：泉州”艺术特展揭幕、艺术文创品丝巾全球首发外，融入闽南文化和世界遗产元素的机场新制服也在活动中进行展示。

【“画说海丝韵”美术作品展】 2022年11月22日至12月5日，由中共泉州市委宣传部、泉州师范学院、泉州市文学艺术界联合会主办的泉州市学习宣传贯彻中共二十大精神——“艺”心永向党·数字美术长卷《宋元中国·海丝泉州传奇》创作暨“画说海丝韵”美术作品展在泉州海外交通史博物馆开幕。此次活动为2022年度福建省文艺发展专项资金项目，集中展出《宋元中国·海丝泉州传奇》《刺桐梦华图》两部动态数字美术长卷和陈立德、郭宁、蔡永辉等数十位画家创作的“海上丝绸之路”主题美术作品。《宋元中国·海丝泉州传奇》是泉州师范学院美术与设计学院蔡永辉教授用四年时间创作的大型数字动态美术长卷，通过12米长的巨幅数字动态画面，展现泉州“海上丝绸之路”遗迹的人文历史、民俗生态和相关神幻故事。

（曾晓辉）

2022年3月8日，“四朵金花”星空音乐会在泉州市公共文化中心中央广场举行（陈英杰 摄）

文学艺术

【概况】 2022年，泉州市文艺院团登上中央电视台元宵晚会、中央电视台春节联欢晚会、福建东南卫视春节晚会等栏目，提升泉州文化影响力；创排《阿旺的幸福生活》《潮涌晋江》等一批精品剧目，打磨提升《围头新娘》《南侨机工》《英雄虎胆》等省舞台艺术精品工程剧目，复排《鸳鸯扇》等10余部传统剧目。6部作品参加“李渔杯”首届全国清廉戏曲优秀作品展演，梨园戏《陈仲子·汲水》入选十佳剧目；《董生与李氏》等3部入选纪念毛泽东《在延安文艺座谈会上的讲话》发表80周年主题作品展；《朱买臣》《昭君出塞》入选中国戏曲音像工程演员（剧目）录制；《妗婆打》入围第四届“梨花杯”全国青少年戏曲教育教学成果展示活动。10个节目获第五届福建省曲艺丹桂奖少儿大赛奖项。4人获福建省第六届“金钟花奖”声乐比赛奖项。中篇小说《故香》获第二届曹雪芹华语文学大奖，叶燕兰获《诗刊》社2021年度陈子昂诗歌奖“年度青年诗人奖”。17人入展全国第五届青年书法篆刻作品展等展览。3人获第八届福建省摄影金像奖。27件作品获2021年度福建省广播电视艺术奖。

【音乐】 2022年3—4月，泉州市音乐家协会组织创作50余首抗疫歌曲，在“学习强国”以及省内外音乐平台、新媒体发表。6月18日，“唱支心歌给党听——喜迎党的二十大合唱音乐会”在泉州音乐厅举行。9月30日，“文化名家进泉州”男高音歌唱家邢维立教授公益讲座举行。10月12日，“喜迎二十大 奋进新征程”暨弘扬“惠女精神”闽南语歌曲演唱活动在惠安县广播电视大楼举行。10月，福建省第六届“金钟花奖”声乐比赛结束，泉州市流行组合（付帅、郑艺）获流行组优秀奖；林丹青获民族组银奖，王蒙获民族组铜奖；张叶英、曾根莹获美声组铜奖；杨东霖获美声组优秀奖。11月13日，泉州市合唱协会第三次会员代表大会召开，李育强当选新一届主席，林莉、陈春莹、吴约珥当选副主席。

【南音】 2022年，泉州市南音传承中心开展南音公益性演出82场，包括泉州市传统戏曲进校园美育研学体验、非物质文化遗产馆展示。发行、出版南音唱片《春寒料峭》《风落梧桐》。完成《泉州南音基础教程》乐曲配套音视频制作。录制中小学20首南音教材示范演唱、演奏。邀请南音界老艺术家活态传承传统南音曲目，把老艺术家演唱的咬字、润腔、指法录音录像作为乐团传统南音传承资料，再转换成文字资料、曲谱。传承传统南音指谱曲6套，包括传统南音曲《魏邦去》《夏来人》《趁春光》《懒绣停针》和指套《惮梳妆》《对菱花》。策划举办南音培训班，吸收各民间社团、学校或其他组织优秀南音力量，推动南音传承。创排南音新作《潮涌晋江》歌颂“晋江经验”对于引领发展县域经济，对于推动中国社会、经济的高质量发展的鲜活生动意义，获中国曲艺牡丹奖节目提名奖。

【戏剧】 2022年，福建省梨园戏传承中心组织策划泉州市“我们的节日·梨园戏2022元宵演出季”“周末常态公益演出”“五一演出季”“梨园戏下基层”“梨园戏进校园”等文化惠民演出196场。泉州市高甲戏传承中心全年演出458场，其中下基层进社区演出117场、公益性演出共341场。泉州市提线木偶戏传承保护中心以剧场定点演出和进校园、进社区演出相结合的形式，开展公益性演出185场。梨园戏《朱买臣》入选2021年中国戏曲像音像工程录制演员（剧目）；新编梨园戏《促织记》入选国家艺术基金2022大型舞台艺术作品创新资助项目。高甲戏《围头新娘》获泉州市第34届戏剧会演优秀剧目奖、第八届福建省艺术节暨第二十八届戏剧会演剧目一等奖、表演一等奖，入选2022年度福建省舞台艺术精品工程重点剧目；《连升三级》入选八闽戏曲电影工程第一期项目库；《界树下》获评“李渔杯”首届全国清廉戏曲优秀作品展演活动优秀剧目。

【文学】 2022年，泉州市文学艺术界联合会组织抗疫文学创作，在“泉州作家”公众号上发布专辑32期，发表232位作者263篇（首）作品。1月，《人民文学》首发、《小说选刊》转载林筱聆6万字中篇小说《故香》。9月，由辽宁省作家协会主办的第二届曹雪芹华语文学大奖揭晓，林筱聆的《故香》获中篇小说奖。10月，蔡飞跃长篇人物传记《蔡清传》、林轩鹤大型城市传记《泉州传：海上丝绸之路起点》、吴谨程长篇叙事诗《风起江涌》、林轩鹤和贺彦豪长篇报告文学《独立东风看牡丹》分别由九州出版社、外文出版社、海峡文艺出版社、上海文艺出版社出版。11月，2022遂宁国际诗歌周暨中国作协《诗刊》社2020—2021年度陈子昂诗歌奖颁奖，叶燕兰凭借组诗《抒情》获2021年度陈子昂诗歌奖“年度青年诗人奖”。

【美术】 2022年1月，黄安基雕塑《融》入选第九届中国北京国际美术双年展。3月，孙宏图《微尘里》、许建宁《盛世欢歌》、林向军《丝路印象》、曾瑞文《晚秋》入选2021中国（厦门）漆画展。3月，赖兴才中国画《夕霞醉染》入选2021“子恺故里 风雅桐乡”全国中国画大展。5月，姚芳兰中国画《从一片落叶开始》入选作品创作选题申报“礼赞新时代”——主题性美术作品展览。7月，赖兴才中国画《晓露晨风》、黄可为中国画《香雨青溪长》入选“2021雨花满天”——全国花鸟画作品展览。7月，黄炳金、单玉明合作中国画《飞天·航天》入选第五届“朝圣敦煌”全国美术作品展。8月，潘文良中国画《青山万古游未变》入选2022“万年浦江”全国中国画作品展览。9月，王绍昌水彩画《明月多应在故乡》、陈玉坤雕塑《风景——遇见》、赖瑞太《盼》入选第十三届中国艺术节全国优秀美术作品展览。9月，陈建斌中国画作品《清凉一夏》入选“中国道路•美好生活”——全国美术作品展览。12月，陈学君《隔》入选“生命·未来”——第十届中国·嘉兴国际漫画双年展。

【书法】 2022年2月，庄崇宏、王永泰、黄勇升、林飞煌、曾锦溪、杨世辉、陈著挺、黄咏蘅、苏祖炮、吴剑男、张聪明11人作品入展全国第五届青年书法篆刻作品展览。3月，在2021“书圣故里•中国临沂”中国书法临书大会中，4人作品入展。7月，在“福往福来、福见华电”——福建省福文化主题书法作品展中，3人作品获奖、37人作品入展、24人作品入选。

【摄影】 2022年，泉州市主题摄影作品在国内外报纸、杂志、新媒体发表2000余件（组），短视频播放总量超亿次。泉州市摄影家协会举办抗疫主题摄影展，在公众号刊登“抗疫影像志”专题38期，播发会员专题摄影作品700余幅（组）、短视频30余条。1月，第八届福建摄影金像奖产生获奖人选12名。泉州市3位摄影家获金像奖，其中杨湘贤获终身成就奖、杨荣貌获创作奖提名奖、苏明再获国际摄影奖。11月，5人加入中国摄影家协会。

【舞蹈】 2022年，泉州市舞剧《南侨机工》获第八届福建艺术节•第五届音乐舞蹈杂技曲艺优秀剧（节）目奖。泉州市舞蹈家协会创作演出的舞蹈《人偶情未了》，经加工提高，应中央广播电视总台邀请，参加《我要上春晚》栏目录制，入围华东六省一市舞蹈大赛。8月13日，“奋进新征程 建功新时代”文化宫群艺拉丁舞专场演出在泉州市区城东万达广场举行。

【中日韩青少年传统舞蹈展演活动】 2022年1月3日，由泉州市文化广电和旅游局主办，泉州市艺术馆、日本横滨市文化观光局、韩国光州广域市亚洲文化中心城市建设推进论坛、泉州市舞蹈家协会承办的“薪传未来•筑梦青春”中日韩青少年传统舞蹈展演活动在泉州市艺术馆举行。此次活动旨在推动“东亚文化之都”城市之间的文化交流合作，增进中日韩青少年之间的互动交流。中国、日本、韩国的11支舞蹈队参加展演，展示各国代表性的舞蹈艺术。演出全程同步直播。此系三座城市首次用线上互动的形式，共同展示青少年传统舞蹈艺术。此次活动泉州市挑选7个有代表性的舞蹈节目，集中在泉州市艺术馆展演，进行线上直播。韩国光州和日本横滨各准备两个节目，通过视频现场播放展演。

【梨园戏歌舞剧邂逅世界遗产沉浸式演出】 2022年6月11日，梨园戏、歌舞剧邂逅世界遗产沉浸式演出在泉州海外交通史博物馆举行。演出由泉州海外交通史博物馆、福建省梨园戏传承中心、泉州市闽南民间歌舞传承中心携手打造，上演一场非物质文化遗产与世界遗产的“遇见”，伴着梨园戏、歌舞剧的宋韵旋律，穿梭在丰富厚重、蔚为大观的文物瑰宝中，重温宋元泉州辉煌的海上商贸史。

【泉州市首场由博士执拍主唱的南音音乐会】 2022年8月9日，“敕桃弦管”南音专场演出在泉州市区小山丛竹举行。此系泉州市首场由博士执拍主唱的南音音乐会。主唱陈振梅为中国艺术研究院音乐与舞蹈学博士，供职于泉州师范学院音乐与舞蹈学院。她出生于南音传承历史悠久的安溪县白濑乡下镇村，自幼耳濡目染，9岁启蒙，参加中小学南音比赛，中小学阶段得到南音国家级非物质文化遗产代表性传承人陈练的教导，后考上泉州师范学院南音专业，是泉州市南音进校园的优秀代表。整场音乐会由“起指”“曲唱”“煞谱”三部分组成，包括《鱼沉》《暗想暗猜》《山险峻》《梅花操》等多首乐曲。参加演出的有年过七旬的南音国家级非物质文化遗产代表性传承人苏诗咏，有未满5岁的幼儿园小朋友，还有一批对南音孜孜以求的弦友。

（陈卉 詹敏芬）

社会科学

【概况】 2022年，泉州市获国家社科基金项目立项资助17项，获省社科基金项目立项资助73项。泉州市社科研究规划项目立项142项。华侨大学获福建省社科优秀成果奖29项。泉州市社会科学界联合会履行主管责任，加强对市级社团工作的管理和指导。与中共泉州市委宣传部、泉州市民政局联合对泉州历史文化中心、泉州市洪承畴学术研究会等7个社团进行意识形态工作专项督查，督促有关社团履行意识形态工作责任，做好日常自我规范管理。指导社团按民政部门要求制度化运作，年内有6个社团完成换届工作、1个社团办理注销手续。截至年底，市社会科学界联合会主管的社会组织有41个。

【社科项目立项与经费】 2022年，泉州市获国家社科基金项目立项资助17项，其中重点项目3项、一般项目14项；获省社科基金项目立项资助73项。泉州市社科研究规划项目立项142项，提供课题研究经费79.4万元，其中重点项目18项、委托项目19项、一般项目50项、青年项目29项、合作项目26项，课题研究主要聚焦“晋江经验”、民营经济、海洋文明、“福文化”、世界遗产等主题。华侨大学立项各级各类社科项目367项，经费2404.34万元，其中国家社科基金重点项目立项数居全国第24位、福建省社科基金立项数居全省第2位。仰恩大学立项福建省社科基金项目2项。泉州幼儿师范高等专科学校立项福建省中青年教师教育科研项目（社科类）5项。

【社科成果】 2022年，华侨大学

获福建省社科优秀成果奖29项。其中，专著《财富、权力与正义：现代社会发展的历史唯物主义研究》，论文《中国碳减排实现的影响因素和当前挑战：基于技术进步的视角》《基于高频收益率曲线的中国货币政策传导分析》3项成果获一等奖，论文《网络虚拟人物对消费者行为的影响研究》等9项成果获二等奖，专著《宗族社会纠纷解决机制研究——以明清时期为中心》等17项成果获三等奖。

【社科学会建设】 2022年，泉州市社会科学界联合会组织召开泉州市历史名人研究会专题座谈会，对6个以泉州历史名人冠名的社团在历史名人主题研究和宣传方面提出要求，指出相关工作要尊重史实，把握正确导向，激发正能量；对下属社团主办的宣传阵地和活动严格把关，要求下属社团在主办或参与主办的活动前按规定报批或报备；指导泉州市孔子学会参与举办“泉州世遗与现代教育”理论研讨会，为挖掘、弘扬地方优秀传统文化，服务优秀传统文化创新性发展、创造性转化建言献策；指导郑成功研究会、泉州历史文化中心分别编辑出版《郑成功研究》《泉南文化》，按规定要求向省新闻出版局提交年度检查报告；指导泉州市中国人民解放军长江支队历史研究会在编辑出版《铭记历史，情系刺桐——长江支队精神在泉州》中，做好编校，主动向市史志部门征求意见。泉州市民族民间文化保护工作研究会召开第四届第一次会员代表大会，陈健伟当选新一届会长。南下服务团泉州团史研究会召开第十次会员大会，陈海鹰当选新一届会长。泉州市中国人民解放军长江支队历史研究会召开第二次代表大会，并举行《铭记使命，情系刺桐》新书发行会，郭勇当选新一届会长。中华道商（泉州）协会召开第二次会员大会，魏文枢当选新一届会长。泉州市楹联学会召开第六次会员大会，施维隆当选新一届会长。泉州市茶文化研究会召开第三次会员代表大会，黄永红当选新一届会长。

【社科学会活动】 2022年，泉州市闽粤赣边区革命史研究会召开工作年会，组织会员学习传达省、市党代会精神，制定新工作计划。泉州市心理咨询师协会发挥专业优势，组织抗击新冠疫情心理应急志愿服务队，开通心理援助热线电话，为市民提供心理咨询服务。泉州郑成功研究会参与举办“郑成功精神的时代意义”主题论坛。泉州历史文化中心、泉州市弘一大师学术研究会主办“念佛不忘救国”弘一大师圆寂八十周年纪念大会。泉州市公司法务研究会举办习近平新时代中国特色社会主义思想进企业宣讲活动。泉州广播影视协会举办“海丝纪录片创作人才短训营”活动。泉州市社会科学界联合会、晋江市社会科学界联合会、泉州孔子学会等举办“泉州世遗与现代教育”座谈会。泉州市社会科学界联合会、晋江市社会科学界联合会、泉州市楹联学会举办“学习贯彻二十大精神，传承弘扬‘晋江经验’”有奖征联活动。

【《泉州历史人物传（修订版）》出版】 2022年，泉州社会科学丛书第二卷《泉州历史人物传（修订版）》由福建人民出版社出版发行。该书以1991年版本为基础，基本保留原书面貌，对一些明显的错漏进行校正，对一些不必要的议论进行删减，重写个别人物的传述，增补9位在泉州历史上有影响的人物的传记。

【《泉州与世界海洋文明》出版】 2022年，《泉州与世界海洋文明》由海洋出版社出版发行。该书由中共泉州市委宣传部和泉州市社会科学界联合会邀请专家学者编撰，选辑20篇文章，分别从世界、中国、泉州三个维度及其相互关系考察和论述海洋文明，主要从多元文化、商工文明、商贸法制、造船和航海技术、商品贸易、人口迁徙等不同专题研究、展现泉州在各个重要领域与世界各国交往交流的情况，以帮助读者了解和研究泉州、中国历史上对外交往的情况，以及在世界海洋文明中的重要地位、作用、影响和贡献。

（朱燕玉）

2022年7月24日，《泉州与世界海洋文明》出版和赠书活动在泉州海外交通史博物馆举行

（洪　旭　摄）

泉州学研究

【概况】 2022年，泉州学研究所发挥组织、联络、协调、服务作用，推进泉州学研究。完成泉州学丛书之《〈西山杂志〉辑佚与研究》，于12月出版。完成泉州学丛书之《泉州学概论》的出版发行工作，推进泉州学研究走向更加科学完善的学术研究体系。继续开展“生活中的泉州学”系列科普公益活动，策划6个主题活动，并举行启动仪式。

【泉州学研究成果】 2022年，泉州学研究成果斐然，文物研究、华侨华人研究、泉州港与“海上丝绸之路”研究、方言研究等方面的研究成果推陈出新，学术研讨气氛浓烈。泉州市2022年哲学社会科学研究结项课题与泉州学有关的有《泉州金苍绣文化生态保护研究》《蟳埔女服饰文化在时尚配饰设计中的应用研究》《基于场域叙事的乡土材料语言构建策略研究》《泉州地区王爷信仰研究》《融媒体视角下泉州城市形象传播整合提升研究》《大统战下华裔留学生泉州侨乡文化交流实践路径探究》《泉州申遗背景下闽南文化资源的数字化保护及推广研究》《基于3D打印平台的泉州市工艺美术资源库开发与应用研究》《融媒体背景下泉州技艺类非遗与文创融合的研究》《闽南语童谣的文化价值与教育传承》《泉州上古史略》《泉籍华侨华人语言生活状况与语言适应研究》《泉州市家庭教育社群互助研究》《闽南剪纸风格的创意服装服饰产品开发研究》《闽南语歌曲的文化传播探究》《消费者视角下泉州西街历史文化街区形象价值结构研究——基于扎根理论》《海丝视域下的闽南“非遗”金苍绣的数字化保护研究》《融入惠女民俗元素的旅游文创产品设计开发研究》《“非遗”IP融合文旅产业共建泉州城市品牌研究》《泉州传统特色民俗文化在小学教育中的传承研究》《陈舜臣历史小说〈风云儿郑成功〉研究》《“一带一路”倡议背景下深化闽南民俗文化融入大学英语读写类教材体系研究》《中古汉语语法在闽南语中的存留与变异研究》等。

【2022年“生活中的泉州学”非物质文化遗产系列讲堂】 2022年11月19日，由中共泉州市委宣传部主办的2022年“生活中的泉州学”非物质文化遗产系列讲堂启动仪式及首场活动在清源山欧阳书院举行。启动仪式后，泉州学研究所向欧阳书院赠送泉州学丛书。随后，大家观看廉政宣传展，并一同观看短视频《非遗里的清廉》。紧接着，由国家一级技师、高级工艺美术师傅华中进行以“泥火相容　为人如瓷”为主题的陶瓷技艺讲解，并指导小学员制作清廉主题小作品。全年共举行“泥火相容　为人如瓷”陶瓷文化、“红纸刻韵　正气长流”刻纸文化、“化纸为线　织绘方圆”永春纸织画、“黑石琢磨　顽石绣花”惠安影雕、“红砖雕造　拓影流芳”砖雕拓印文化、“福船起帆　海丝远扬”水密隔舱福船文化6个主题活动。

【《〈西山杂志〉辑佚与研究》出版】 2022年12月，泉州学丛书之《〈西山杂志〉辑佚与研究》由德宏民族出版社出版。《西山杂志》是清代晋江人蔡永蒹所著，其手抄本大约写成于嘉庆年间。该书所记的许多故事与泉州文史资料互相印证，存有大量有价值的闽南地方史料，蕴藏着丰富的可资考古学、社会学、民族学、民俗学、地名学、宗教史、华侨史、海外交通史、人物传记、姓氏源流等研究的内容。此次是《西山杂志》首次以正式出版物的形式面世。全书共四卷。前两卷为《西山杂志》点校本，其中涉及泉州的方方面面：市舶司、圣墓等世界文化遗产点，郑成功等历史名人，还有少林寺、龙山寺等胜景古迹；第三卷是与《西山杂志》有关的研究性文章；第四卷为《西山杂志》影印本，供读者查看、研究。

（何捷　黄小玲）

党史编研

【概况】 2022年，中共泉州市委

2022年11月19日，2022年“生活中的泉州学”非物质文化遗产系列讲堂启动仪式在清源山欧阳书院举行　（泉州学研究所　供图）

党史和地方志研究室调整党史业务科室职能分工，聚焦研究习近平新时代中国特色社会主义思想在泉州的探索与实践，做好党史文献资料征集、党史专题研究。策划开展“强国复兴有我”群众性主题宣传教育“十个一”系列活动。在东南网开设“泉州史志”融媒体专栏。全年泉州党史方志网站刊发信息582篇，公微号刊发信息284期、文章405篇。

【党史研究和党史书籍编纂】 2022年，中共泉州市委党史和地方志研究室启动《中国共产党福建省泉州市历史（第三卷）》编修工作，编撰出版《奋楫笃行——中国共产党泉州历史要事汇辑》和《泉州社会主义革命和建设时期党史专题研究（1949—1978）》第一辑，编撰完成《泉州改革开放口述史》并提交出版。

【党史宣传教育】 2022年，中共泉州市委党史和地方志研究室举办“奋楫笃行——泉州新时代发展成就图片展”“党史教育基地评选提质”等活动。开展泉州市红色故事宣讲比赛，从300余位报名者中选出35名宣讲员，组建全市首个红色故事宣讲团，红色故事视频展播10天点击量超百万人次。“泉州史志”微信公众号运营实现优化提升，增设视频号展播功能及“党的二十大精神”“泉州党史”“泉州文化”等特色板块，重点推出党史泉州、红色宣讲等专题系列。

【资政编研】 2022年，中共泉州市委党史和地方志研究室首创内部资料《资政编研》，每月编印一期，从全市工作大局中选取课题，从历史总结和横向比较的角度，搜集整理文献资料和先进地区的经验做法，撰写研究报告供市领导参阅。全年围绕“强产业、兴城市”双轮驱动战略、学习弘扬“晋江经验”“美岭精神”“惠女精神”等主题，撰写编印12期近17万字，得到市委主要领导和省委党史研究和地方志编纂办公室领导多次批示肯定。其中，有3篇在《福建党史月刊》发表，1篇在《八闽快讯》上刊发。

【红色资源保护开发】 2022年，中共泉州市委党史和地方志研究室组织评选第四批市级党史学习教育基地17个，全市累计94个。制定《泉州市党史教育基地评选和管理暂行办法》，促进红色文化资源的保护利用，充实党史学习教育常态化长效化开展的现场教育场所。开展“泉州革命老区今日新貌”征文活动，组织作家、记者到泉州市乡村振兴示范区中的老区村采访采风，挖掘红色资源，总结交流发展经验。

【泉州市红色故事宣讲员选拔比赛】 2022年7月28日，由中共泉州市委党史和地方志研究室、泉州市教育局等主办的泉州市红色故事宣讲员选拔比赛决赛在泉州市工人文化宫举行。33位选手立足各自岗位，围绕“讲好泉州红色故事”这一主题，宣讲红色故事，弘扬红色精神，传承红色基因。经评审委员会评定，叶淑琛等5人获一等奖，庄小纷等8人获二等奖，余小欣等12人获三等奖，洪燕森的《我在“海丝起点”守国门》等5个课件获最佳红色故事宣讲课件奖。赛事自4月启动以来，全市各行各业职工群众踊跃参与。整个活动通过以赛促学、以赛促讲，呈现出发动广、热情高、作品好的效果，在全市掀起宣讲热潮，推动党史学习教育的常态化长效化。

【泉州红色故事宣讲团成立】 2022年9月17日，中共泉州市委党史和地方志研究室在南安市和永春县举办红色故事宣讲团成立仪式暨实地参观培训活动，为开展红色故事基层巡回宣讲活动进行动员。成立仪式上，宣布泉州红色故事宣讲团首批35位成员名单，为宣讲团成员颁发聘书、徽章及工作证件，并举行授旗仪式。泉州红色故事宣讲团根据宣讲受众的职业、年龄等特点组成若干宣讲小分队，谋划分众化宣讲主题和宣讲形式，到基层开展巡回宣讲活动。

【泉州新时代发展成就图片展】 2022年11月9日，由中共泉州市委市直机关工作委员会、市委党史和地

2022年7月28日，泉州市红色故事宣讲员选拔比赛决赛在泉州市工人文化宫举行 （吴寿民 摄）

方志研究室主办的“奋楫笃行——泉州新时代发展成就图片展”在泉州市图书馆开幕。图片展展出250余张图片，以时间为轴线展示2012年以来泉州市在政治、经济、文化、社会民生等领域取得的成果，“以小见大”浓缩反映进入新时代以来泉州市在经济社会发展等各领域取得的成就，引导和激励全市人民坚定信心、再创佳绩。

（刘楷彬）

档案管理

【概况】 2022年，泉州市档案馆在全省率先落实党委办公室室务会议成员、档案局长、档案馆长“三位一体”体制机制。争取到90万元国家档案局重点档案保护开发经费，在全市增设鲤城、洛江、南安、永春4处侨批分馆，指导永春建设全省首个侨批主题广场。开展市直单位“十四五”期间国家档案信息资源大调查，涉及17个系统、228个单位，为新馆建成后大批量接收档案打好基础。提供档案查阅利用便民服务，提供查档490人次、1.02万卷、6.16万件、15.62万页，资料利用46人次、133册、1794页。在泉州市范围内开展“迁台记忆”档案文献调查摸底与征集采集工作，征集到2006件，内容涉及闽台两岸家书、台胞寻根谒祖、青少年“孝道”文化交流、闽台“对渡”习俗等。总结首批全市50个乡村记忆文化示范村（社区）的项目建设经验，编撰《泉州市乡村记忆文化项目汇编》。截至年底，泉州市档案馆馆藏档案20.21万卷18.68万件，资料4.8万册。

【侨批档案】 2022年，泉州市档案馆用好省重点档案抢救保护费，征购到侨批285封、侨信437封，涉侨老照片、侨汇单据及出国护照等涉侨档案文献93件。向社会无偿征集到90件侨批及相关资料，其中8封侨批除信笺外还征集到当事人所寄钱物的关税等相关证明材料，历史研究价值较高，填补馆藏多项空白。截至年底，市档案馆馆藏侨批实物档案总数增至4409件。结合不同时间节点举办“侨批侨汇助我上清华”“七夕”“萱亲如晤”“父爱如山”等主题侨批展，开展“亲情中华、为你讲故事，网上夏令营福建—沙巴营”侨批故事专题授课；举办第二届侨批主题文学创作大赛，增设海外组，收到638篇海内外来稿，其中47篇优秀作品获奖；举办网上夏令营活动，开设三期侨批云课程，吸引350名华裔青少年参与。

【档案馆功能建设】 2022年，泉州市档案馆梳理起草《关于调整市档案馆接收档案单位的通知》，明确泉州市档案馆接收档案单位，优化馆藏资源。督促指导泉州申报世界遗产、党代会、人大政协换届等重大活动档案的归集整理，调研指导应急、卫健等部门所属的自然灾害、事故灾害、公共卫生事件等重特大事件档案工作，其中督促指导泉州市本级疫情防控档案的目录数据上报32个单位、942条目录数据，泉州市档案馆接收疫情防控指挥部293条目录数据、279件数字化副本。研究制订《关于民间珍贵特色档案及相关实物的征购方案》，征集到“晋江经验”、旧地契等方面珍贵档案1347件，含清朝康熙、乾隆、道光及民国时期的旧政权档案资料74件，填补馆藏多项空白。专人负责、加快推进到期档案开放审核，完成馆藏1990—1997年15.27万件到期档案的开放审核初审工作，其中3.21万件完成复审工作。与福建省档案馆签订数字档案资源共建共享协议书，推动“泉州档案”微信公众号率先接入全国档案查询利用服务平台，与山东烟台市档案馆签订跨馆利用服务协议，使泉州市档案馆跨馆利用服务范围扩大到全国24个地区。

【档案宣传】 2022年，泉州市档案馆与福建师范大学联合开发《天空档案馆》剧本杀，与中共泉州市委统战部联合编纂《泉州精品侨批汇编》。编印泉州《档案简讯》24期，推送“泉州档案”公众号43期。国家级媒体《人民日报》海外版2次、《中国档案报》20次、《中国档案》4次、“学习强国”20次、中国新闻网4次，其他各级各类媒体300余次报道泉州市档案馆工作，全市档案工作信息报道质量、数量稳居全省各设区市第一名。

【泉州少林寺古籍文献档案资料搜集】 2022年，泉州市档案馆组织到泉州少林寺开展工作调研，组成工作专班在全市范围内开展泉州少林寺古籍文献档案资料搜集工作。在短时间内搜集到记载有少林寺遗址、兴废、历史事件、历史人物、拳种、重建等内容的线索61条，涉及200件古籍文献档案资料，帮助联络征集到珍贵兵器9件，为弘扬南少林文化贡献档案部门力量。

【《侨批》主题MV发布】 2022年10月14日，普通话、闽南语双语原创歌曲《侨批》主题音乐短片（MV）发布仪式在泉州侨批馆举行。《侨批》是泉州市第一首以侨批为主题的普通话、闽南语双语原创歌曲，歌曲创作完成后，创作人庭龙将创作手稿、音频捐赠给泉州市档案馆，永久保存在侨批专题数据库中。泉州市档案馆和晋江市档案馆邀请泉州广播电视台将该歌曲拍摄录制成侨批主题音乐短片。《侨批》音乐短片以泉州侨批馆和晋江梧林侨批馆为主要背景，将侨批文化融入华侨古厝、古城文化，配以舒展流畅的旋律、质朴细腻的歌词，唱出海外华侨恋祖爱乡思亲的情怀。

【泉州市档案部门首次跨省馆合作办展】 2022年11月26日，由福建省

2022年10月14日，《侨批》主题MV发布仪式在泉州侨批馆举行

（市档案馆 供图）

档案馆、苏州市档案局、苏州市档案馆、泉州市档案馆等主办的“海丝情忆”——丝绸与侨批档案文献遗产展在江苏苏州有南艺术馆开幕。此系泉州市档案部门首次跨省馆合作办展。参加展览的“侨批档案——海外华侨银信”和“近现代中国苏州丝绸档案”分别在2013年和2017年入选《世界记忆名录》。展览分为“爱国”“拼搏”“诚信”“传承”“乡愁”五个篇章，展出展品346件，其中包括泉州侨批档案文献展品56件。展览将两种同为“海上丝绸之路”记忆留存的档案载体结合、提炼，彰显中国人勇于开拓、恪守信义、反哺桑梓的情怀。

（吴阳裕 刘扬宇）

地方志工作

【概况】 2022年，中共泉州市委党史和地方志研究室集中力量完成二轮《泉州市志（1991—2010）》志稿修订，启动全域年鉴精品工程试点工作，编发《泉州史志》12期，在全市范围内组织开展“乡村记忆传承人”“乡村记忆传习所”“乡村记忆名特产”评选工作。《泉州年鉴（2022）》及其分册《泉州年鉴（2022）·泉州日记》由方志出版社出版，其中《泉州年鉴（2022）》91万字、《泉州日记》97万字。

【志书编修】 2022年，中共泉州市委党史和地方志研究室集中力量完成二轮《泉州市志（1991—2010）》志稿修订，完成最后的审读校稿，准备交付印刷。配合上级完成中国全面小康志、中国扶贫志、海上福建等志书中涉及泉州市部分内容的编修。指导中共泉州市委市直机关工作委员会、泉州市生态环境局、泉州少林寺等做好部门志、特色志编修。指导相关县（市、区）做好县（市、区）志的审改和出版发行工作。组织开展新一轮中国名镇志申报工作，指导审改《湖头镇志》初稿，完成市级评审。

【年鉴编纂出版】 2022年，中共福建省委党史研究和地方志编纂办公室启动福建省全域年鉴精品工程（泉州市）试点工作。中共泉州市委党史和地方志研究室做好《泉州年鉴（2022）》以及分册《泉州年鉴（2022）·泉州日记》的编纂出版，分阶段召开全市年鉴评审会、点评会，邀请省内外专家参会评审指导，提升全市年鉴编纂水平，形成“争创精品”的氛围。《泉州年鉴（2021）》获评福建省地方志优秀成果（年鉴类）特等年鉴，省委党史研究和地方志编纂办公室专门给市委、市政府发来贺信。截至年底，全市各县（市、区）编纂出版地方综合年鉴11部。

【《泉州史志》编印】 2022年，中共泉州市委党史和地方志研究室主办的《泉州史志》出刊12期，刊发稿件100余篇，100万字。设本月聚焦、大事辑录、资政编研、专题、老区新貌、史志园地、史志论坛、红色印迹、史志动态、红色经典等栏目。该刊在全国首创按月实录地情的记载形式，受到泉州市党政机关和社会各界的欢迎。

【“乡村记忆文化”项目建设】 2022年，中共泉州市委党史和地方志研究室在全市范围内组织开展“乡村记忆传承人”“乡村记忆传习所”“乡村记忆名特产”评选工作，通过制定方案、细化评选标准、市县村（社区）“三级联动”，整理“乡村记忆传承人”147人、“乡村记忆传习所”103个、“乡村记忆名特产”98个，征集文字资料5万多字、图片资料500余张。

【福建省全域年鉴精品工程（泉州市）试点工作】 2022年1月17日，泉州市史志工作会议召开，启动福建省全域年鉴精品工程（泉州市）试点工作。该项工作从2022年起至2024年，分三阶段展开，通过实施试点工作，确保全域市、县两级12部年鉴公开出版，促进泉州全区域内年鉴编纂质量和时效全面提升，并形成稳定的年鉴专业编纂队伍。根据任务安排，2022年，泉州市全域年鉴精品工程试点工作全面铺开，年内市级年鉴和6部县（区）级年鉴达到精品年鉴评选标准，同时探索形成一套行之有效的精品年鉴编纂流程、体例、行文规范。

【《中共泉州市委市直机关工作委员会工作志》出版】 2022年12月，《中共泉州市委市直机关工作委员会工作志》由方志出版社出版发行。该志由中共泉州市委市直机关工作委员会主编，于2013年启动编纂工作，记载1949年10月1日至2017年12月31日期间晋江专区（地区）直属机关党委、泉州市直属机关党委、泉州市委市直机关工委机构变革情况和泉州机关党建发展的历史进程。该志设概述、大事记、组织沿革、机构与工作队伍、人物与先进集体等十六章，共117万字，全面、系统、翔实地载录泉州机关党的政治、思想、组织、纪律、作风、制度及反腐败斗争等方面建设的基本情况、重大事件及取得的成就。

（刘楷彬）

新闻出版

【概况】 2022年，泉州市新闻出版局坚持打击各类涉黄涉非出版传播活动，加强新闻出版行业管理和安全生产，全市文化市场环境持续健康有序，新闻出版、电影行业生产安全巩固提升。组织开展电影院、书店安全生产检查526场。组织开展侨刊乡讯、实体书店、电影院年度核验工作，20家侨刊乡讯、986家书店（其中批发41家）、71家电影院完成年度核验。全年全市版权作品登记量8.07万件，居全省第一位。泉州市公开发行报纸7家，分别是《泉州晚报》《东南早报》《泉州广播电视报》《海峡都市报·闽南版》《晋江经济报》《石狮日报》《海丝商报》。其中，《泉州晚报》是中共泉州市委机关报；《东南早报》属泉州晚报社旗下子报，是一份综合性市民生活报；《泉州广播电视报》是由泉州广播电视台主办的报纸；《海峡都市报·闽南版》《晋江经济报》属福建日报报业集团旗下子报，由福建日报报业集团负责管理；《石狮日报》《海丝商报》分属石狮市、南安市融媒体中心负责管理。全市期刊刊物包括《泉州文学》《海交史研究》《泉州学林》《闽南》等。

【出版发行】 2022年，泉州市新闻出版局下发《关于认真做好党的二十大文件及学习辅导读物印刷发行工作的通知》，指导发行单位有序做好中共二十大文件及学习辅导读物的征订发行工作。落实属地管理责任，组织各县（市、区）相关单位开展出版物市场专项督导。组织开展新闻出版行业疫情防控和复工复产工作。推进新闻出版行业开展安全生产标准化提升行动，制定下发《泉州市新闻出版（电影）行业三张清单和标准化提升运行指南》。做好“信用泉州”社会信用体系建设示范城市“双公示”工作，每月按时上报行政管理信息，公示行政许可信息105条、行政处罚信息47条。做好“互联网+监管”事项清单的认领、梳理、发布等，确认“无须认领事项”140条。制定行政检查“双随机计划”录入行政检查行为112条。做好新闻出版局窗口接办件工作，实行每月台账分析，落实月报制度。

【全民阅读】 2022年，泉州市新闻出版局配合做好《闽山闽水物华新——习近平福建足迹》学习宣传和征订发行工作，举办泉州市读者见面会、读书分享会。推进《闽山闽水物华新——习近平福建足迹》进公共阅读空间、进农村、进社区、进学校。举办“万物复‘书’”——2022“‘泉’城听你读”直播活动，11.6万人次收听收看直播活动。围绕“4·23”世界读书日，组织开展“看见世界的回声——阅读一小时”打卡、“听新语、听经典”知识问答、儿童文学作家分享会等线上线下阅读推广活动50余场，活动参加人次达8000余人次。举办“世遗之城 书香泉州”第十六个全民读书月系列活动，发布公益宣传片《真好，我们都在阅读》、聘请“全民阅读推广大使”、梳理全民阅读推荐书单，举办“光明书香节”、泉州历史文化类图书推荐阅读展、第二届泉州市中小学“诗词少年”大赛、“阅有章”沉浸式阅读推广、“喜迎二十大 书香润初心‘泉’家书房”征文评选等一系列活动。组织参加2022年“我的书屋•我的梦”农村少年儿童阅读实践活动，泉州市149件获奖，获奖数量全省第一。做好“福建省示范书店”培育工作，福建风雅颂文化传播有限公司、石狮市雅儒书店（雅儒图书城）、新华书店石狮书香狮城驿站3家入选第二届福建省示范书店名单。

（曾晓辉）

【《泉州晚报》】 2022年，《泉州晚报》为双面彩色印刷，对开16版，周五为20版。主要栏目包括时政·要闻、都市·民生、都市·视点、都市·社区、都市·养老、经济·资讯、经济·产业、经济·财富、经济·金融、地方新闻、清源·五味斋、健康、校园风、综合新闻等。泉州晚报社完成学习宣传贯彻中共二十大精神、学习宣传习近平新时代中国特色社会主义思想、传承弘扬“晋江经验”、“强产业 兴城市”双轮驱动、疫情防控宣传、助推民营经济高质量发展、万名干部进万企行动、国务院督查系列报道、“党建+”邻里中心、福文化等重大主题宣传报道。推出“走进宋元泉州”“我和世遗泉州”“古城瞭望”等专栏，推出《让世界看见泉州》《泉州：非凡十年 文旅答卷》《千年宋元 周岁世遗》等大综述和专版，做好入选世界遗产一周年各项活动报道和氛围营造。策划推出《泉州“狮”话》《番客楼里的侨心》《“泉”因有你》《邀您共同寻找“身边的狮”》《“泉”家“福”》等专栏；策划推出《看见宋元那片海——媒体眼中的世遗泉州》外宣图册；策划以“世遗之最”为主题的25个短视频。完善快速反应机制，完成疫情防控宣传报道，推出报道400余个专版、1.3万余篇（幅）；制作短视频4000余条，总阅读量破5亿人次，其中单条最高阅读量超800万人次；各媒体微信号总阅读量超5500万人次。全年实现各类收入2.99亿元，增长6.6%；纳税1498.23万元，增长23%。投入60万元建设报史馆。

（黄连茂）

【《泉州文学》】 2022年，《泉州文学》改版为双月刊，保持纯文学刊物定位，刊物装帧设计更加美观大方，刊物容量进一步扩大。全年编辑出版7期，其中1期为增刊。主要栏目包括小说天地、散文荟萃、诗歌在线、道德在线和文学评论等。开辟“世遗泉州”栏目，用散文、诗歌等文学体裁书写22个遗产点的独特魅力。举办第七届“小城故事会”杯“我眼中的文明古城”征文比赛颁奖典礼暨第八届“小城故事会”杯“小城大爱——疫情下的邻里关系”征文比赛启动仪式、第二届“世界记忆遗产·侨批”主题文学创作大赛、全市机关干部职工“勇当主力军 喜迎二十大”主题诗歌创作大赛、“聚焦世遗 对话海丝”2022年洛阳桥诗会征稿活动等。

（詹敏芬）

【《闽南》】 2022年，《闽南》杂志编辑出版6期，为双月刊，主要栏目包括闽南文化生态、泉州学、文史、人物、视野、艺苑、乡土、乡音等。编辑部通过加强编辑力量提高编辑水平，做好策划、组稿、校对等工作，完善作者群和专家审稿队伍，提升稿件质量和审稿水平；加强图片选择，做到文字图片有机结合；以刊会友，吸收各界有益建议，吸收编辑同行的先进经验等方式提升杂志编校质量。除延续原有的通过邮局邮寄、各种交流团、访问团等契机进行赠阅外，还通过微信订阅号、华人头条号等平台全文上网，方便读者上网阅读、检索，扩大杂志普及面。继续与海外华文媒体合作，精选多篇文章发表于海外华文报纸，增强杂志对外传播能力。

（何捷 黄小玲）

【泉州晚报社报史馆投入使用】 2022年7月1日，泉州晚报社报史馆投入使用。该馆分“创办史话”“领导关怀”“红色印记”“荣誉展厅”等八个板块，记录泉州晚报社从1985年7月1日创刊至今，从单一媒体向多媒体融合发展的历程。该馆除经典展陈形式，也融合数字显示屏、AR、VR、元宇宙等前沿技术，展示报业技术革新、新媒体发展成果。展厅内还设有元宇宙虚拟直播体验馆，通过真人主持人和虚拟形象的融合出镜，基于新闻素材内容形成联动与互动，实现直播内容形式的技术化升级。

（黄连茂）

广播影视

【概况】 2022年，泉州市文化广电和旅游局以主题宣传、安播保障、产业链培育为重点，推动广播电视和网络视听高质量发展。截至年底，全市有广播电视台9座（县级8座）、无线电视台1座、有线电视台8座（县级8座）。调频转播发射台9座，发射机总功率25.5千瓦；电视转播发射台9座，电视发射机总功率70.95千瓦。广播节目12套，广播综合人口覆盖率99.95%；电视节目12套，电视综合人口覆盖率99.94%。实际营业影院80家，年度电影票房1.84亿元。

【主题宣传】 2022年，泉州市文化广电和旅游局围绕迎接宣传贯彻中共二十大，深化广播电视媒体“头条”建设和网络视听平台“首页首屏首条”建设，指导协调全市各广电媒体开设“‘泉’民关注二十大”“喜迎二十大·非凡十年”等专栏专题专区20余个，做好“奋进新征程 建功新时代”“我们的新时代”等重大主题宣传，推出相关报道1.3万多条。紧扣时间节点，做好重点节目播出编排和宣推，掀起播出热潮。开展“我们的新时代”主题创作展播、“山海交响·振兴的力量”广播大联播、“礼赞新时代 奋进新征程”电视剧展播、“青春逐梦·强国有我”主题短视频展播、“喜迎党的二十大”主题公益广告展播等活动，以优秀文艺作品展现新时代精神和气象。

【精品创作】 2022年，泉州市文化广电和旅游局建立广播电视和网络视听重点节目库，开展广播电视和网络视听节目推优，组织做好“福来福见·一分钟说福建”“品读福文化 奋进新福建”“弘扬社会主义核心价值观”主题原创网络视听节目创作。开展“我们的新时代”全市短视频征集展播活动，以群众喜闻乐见的形式展示习近平新时代中国特色社会主义思想在泉州大地落地生根、取得的丰硕成果。晋江市融媒体中心网络音频节目《江海扬帆》、福建西窗文化传播有限公司网络电影《围头新娘》入选国家广播电视总局2022年度“中国梦”主题优秀网络视听推选和展播活动优秀作品。《围头新娘》还入选国家广播电视总局2022年第一、二季度优秀网络视听作品。晋江市融媒体中心的《运动吧，少年》入选国家广播电视总局2021年优秀少儿节目精品扶持项目。泉州广播电视台《宋元中国看泉州》、福建蜂子会文化传媒有限公司《面线糊抗疫》、石狮市融媒体中心《童读古厝》等20个节目入选福建省广播电视局各类评优扶持项目。承办“潮起福见 视听共享”菲律宾中国福建（泉州）电视周活动。建立菲华媒体“云朋友圈”联动机制，展播一批精品节目。泉州台与央视CGTN全媒体平台合作，策划创作一批英语精品短视频节目播出。通过魅力中国网络电视台在北美、欧洲等地播出12档闽南语节目，宣传闽南文化。通过中央广播电视总台“国广东方”海外平台直播《刺桐之声》广播节目，办好美国斯科拉卫星电视台每周一期的《中国泉州》栏目。

【电影放映】 2022年，泉州市文化广电和旅游局以主题宣传、安播保障、产业链培育为重点，推动广播电视和网络视听高质量发展。截至年底，全市有广播电视台9座（县级8座）、无线电视台1座、有线电视台8座（县级8座）。调频转播发射台9座，发射机总功率25.5千瓦；电视转播发射台9座，电视发射机总功率70.95千瓦。广播节目12套，广播综合人口覆盖率99.95%；电视节目12套，电视综合人口覆盖率99.94%。实际营业影院80家，年度电影票房1.84亿元。

【影视产业发展扶持】 2022年，泉州市文化广电和旅游局制定《泉州市影视产业发展扶持政策申报指南（2022版）》，做好相关政策上架惠企平台工作。全年有13家影视剧制作企业落地泉州，总投资1.08亿元（注册资金）。电视剧《爱拼会赢》在中央电视台一套热播，获中宣部精神文明建设“五个一工程”优秀作品奖。《此心安处是吾乡》《执行局》等5个电视剧网络剧项目投拍，总投资2.37亿元。《奔跑吧，急救医生》等3部电视剧网络剧到泉州取景。另有16个影视剧项目进入筹备期，7个影视项目正在洽谈中。向上争取电视剧网络剧生产创作扶持资金880万元。

【地面数字电视700兆赫频率迁移】 2022年，石狮调频广播发射台、晋江灵源山发射台、南安南山发射台、安溪清水岩转播台、永春天马山转播台、德化九仙山转播台、德化观音崎转播台6个台站全面完成地面数字电视700兆赫频率迁移改造工程，建成中央广播电视节目地面数字电视频率单频网，为广电5G网络建设腾出700兆赫的频率资源，确保地面数字电视频率平稳过渡。

【电视剧《爱拼会赢》播出】 2022年3月15日，35集电视剧《爱拼会赢》在中央电视台一套黄金时间开播。首日收视率3.44，排名全国第一位。该剧是一部以宣传“晋江经验”为主题，反映晋江改革开放历程的电视剧，于2019年9月26日在晋江开机，主要取景于晋江塘东村、安平桥、五店市传统街区等地。该剧以两家族、三代人、四十年的维度架构，从制鞋、纺织服装、农业食品等多个领域，讲述晋江人白手起家、创业发展的故事。11月，中共中央宣传部印发表彰决定，对第十六届精神文明建设“五个一工程”组织工作先进单位和优秀作品进行表彰，《爱拼会赢》获优秀作品奖。

【革命历史题材电视连续剧《长夜星火》拍摄工作签约】 2022年12月19日，由中共泉州市委宣传部主办、中共泉州市委党史和地方志研究室等协办的革命历史题材电视连续剧《长夜星火》拍摄工作签约仪式在泉州迎宾馆举行。《长夜星火》以“惠安暴动”革命历史事件为题材，讲述和再现泉州革命时期的奋斗历程和感人事迹。此前市委党史和地方志研究室、泉州市闽浙赣边区革命史研究会等组织协调推动各项前期工作，拍摄编导到泉州多地采风，在福州、厦门、泉州等地召开多场剧本研讨会，倾听党史研究专家和影视剧创作专家的意见建议，取得阶段性成果。

（陈 卉）

文 物

【概况】 2022年，泉州市文物局推动文物定线落图、建档立标。完成28个文物保护和安全工程建设，新立项国保“三防”（安防、消防、防雷）工程14个和保护修缮工程8个，数量居全省前列；推动文保单位电气线路套管及智慧用电建设，覆盖率超90%。组织开展革命文物和名碑名刻文物遴选。承办全省考古遗址公园现场推进会，磁灶窑金交椅山窑址入选省级考古遗址公园，德化窑、永春苦

2022年12月19日，革命历史题材电视连续剧《长夜星火》拍摄工作签约仪式在泉州迎宾馆举行 （市委宣传部 供图）

寨坑窑获国家考古遗址公园立项，南外宗正司、安溪青阳冶铁遗址获省级考古遗址公园立项；完成安溪青阳冶铁遗址考古发掘（四期）；为57个用地项目提供考古调查勘探指导，服务城市建设；出版《泉州城遗址考古发掘报告》。截至年底，全市有各级文物保护单位945处，其中全国重点文物保护单位44处、省级文物保护单位104处。

【考古调查】 2022年，泉州市文物局发挥泉州市文物考古研究所作用，通过市舶司遗址、安溪青阳冶铁遗址考古发掘项目，常态化与中国社会科学院考古研究所、北京大学考古文博学院、省考古研究院等国内知名考古研究机构合作，学习借鉴先进理念与工作方法，深化考古研究。制订《泉州世界遗产考古研究计划（2021—2030）》，科学系统指导泉州世界遗产考古研究，丰富泉州世界遗产价值内涵，将“海上丝绸之路文化”遗产研究引向深入。建立规范的涉及文物的审批程序，明确在土地收储前应完成考古相关工作，对于存量尚未完成考古相关工作的建设项目，明确在基建前应在可能埋藏文物的地方开展考古勘探。针对泉州世界遗产，初步建立地下文物埋藏区管理制度，探索划定泉州世界遗产管理区划内的文物埋藏区。完成泉州市新华路北拓及纬三路工程项目用地、泉州古城小型消防站及配套设施建设项目工程用地、泉州古城有关街巷市政综合提升工程项目用地等范围文物调查勘探工作。

【文物保护管理】 2022年，泉州市文物系统开展安全百日攻坚行动，组成6个督导组，对全市世界遗产和文物综合安全开展督导检查，并将督导检查问题反馈属地整改，形成闭环；根据国家和省文物局工作部署，泉州市文物局组织各县（市、区）文物部门开展文物系统安全生产大检查工作；在宁德屏南县全国重点文物保护单位万安桥火灾事故发生后，泉州立即组织对全市44处国保单位进行全面安全排查，排查出安全隐患21个并全部督促整改到位，同时部署全市文物安全大检查工作。市文物局召开专题会议启动实施全市945处文物保护单位文物安全标准化建设。推动省级以上文保单位实施系统性的消防工程，在其他各级文保单位推广电气线路套管和智慧用电建设，一般文物点配备基本消防器材。截至年底，泉州国保、省保已实施或正在实施消防工程32项，投入5888万元，泉州44处国保均至少立项或实施1项“三防”工程。在全省率先推广文保单位电气线路套管和智慧用电建设，推广到市、县级文保单位。截至年底，市、县级文保单位电气线路套管普及率88%，智慧用电普及率95%。落实各级文物保护单位专门机构或专人负责保护管理，实施文物管理和安全责任人公示制度；推动基层配备文物巡查员。全市有基层巡查员779人，实现有文物的村、社区全覆盖；鲤城区被省文物局纳入省级文物保险服务试点，引入第三方保险经纪机构参与安全管理，通过第三方的技防、人防和保险保障三者结合，构建一道新防线。组织力量对全市44处国保单位和104处省保单位进行巡查，完成率100%，抽查部分市、县级文保单位，纠正消防安全问题89个。结合完善世界遗产监测系统，建设市级远程监控平台。对接福建省文物安全在线监管系统，实现远程监管、消防物联网监控和文物安全监管人员智能巡检。

【福建省考古遗址公园现场推进会在德化县召开】 2022年6月17日，福建省考古遗址公园现场推进会在德化县召开，明确福建省将形成省级主导、地方协作、部门支持、民众参与的大遗址保护模式，保证考古遗址公园建一个、成一个，成熟一个、发展一个。会上，省文物局公布第二批省级考古遗址公园名单和立项名单，并为第一、二批省级考古遗址公园授牌。其中，泉州市晋江金交椅山窑址考古遗址公园入选第二批省级考古遗址公园，南外宗正司遗址、安溪青阳冶铁遗址被列入获第二批省级考古遗址公园立项。会议期间，围绕加强考古遗址公园建设、推进文化遗产活化利用，全省各设区市文物部门、国家和省级考古遗址公园进行交流研讨。与会人员还参观考察德化窑考古遗址公园、世界遗产点以及月记窑等文化遗产点。

【晋江南天寺保护修缮项目获文化遗产保护优秀奖】 2022年11月26日，联合国教科文组织亚太地区文

2022年11月26日，联合国教科文组织亚太地区文化遗产保护奖公布，“南天寺石佛造像和摩崖石刻之南天寺保护修缮项目”获优秀奖。图为晋江南天寺外观

（晋江南天寺 供图）

化遗产保护奖公布，“南天寺石佛造像和摩崖石刻之南天寺保护修缮项目”获优秀奖。这是2022年中国唯一一个修缮类获奖项目，也是继2001年泉州中山路获优秀奖后，泉州文化遗产保护项目再一次获此荣誉。南天寺位于晋江市东石镇岱峰山，是全国重点文物保护单位。为解决残损问题，2017年，晋江市文物保护中心委托清华大学（THAD）团队的中国建筑设计研究院制作南天寺保护和修复设计方案。南天寺保护修缮项目在保证文物结构安全及使用要求的前提下，针对梁架歪闪倾斜的问题，采用“打牮拨正”传统工艺，既遵循“最小干预原则”，又传承和弘扬古建筑传统修缮工艺，文物建筑真实性、完整性和可持续性得到保护和延续。该项目于2021年5月动工，2022年春季竣工。

【泉州市两考古遗址公园获第四批国家考古遗址公园立项】 2022年12月29日，国家文物局公布第四批国家考古遗址公园名单和立项名单，从31家申请评定、62家申报立项单位中，最终确定19家评定单位和32家立项单位。泉州市苦寨坑窑考古遗址公园和德化窑考古遗址公园入选第四批国家考古遗址公园立项名单。苦寨坑窑遗址位于永春县介福乡紫美村西南面（当地人称“苦寨坑”）的一座山坡上，年代距今3700～3400年，是全国发现最早的原始青瓷窑址，将中国烧制原始青瓷的历史向前推进200年。德化窑考古遗址公园总面积67.4公顷，包括龙浔镇的屈斗宫遗址片区、三班镇的尾林—内坂—大垄口—梅岭遗址片区，涵盖宋、元、明、清各个时期的窑址21处以及瓷土加工区、生产作坊区、瓷帮古道、河流等遗存，系统性、珍贵性和保存的完整性在福建乃至全国都较为少见，整个制瓷业态非常完整。

（陈　卉）

表30　2022年泉州市全国重点文物保护单位情况表

名称	公布批次	公布时间（年）	类别	年代	详细地点
清净寺	第一批	1961	古建筑	北宋	鲤城区涂门街
安平桥	第一批	1961	古建筑	南宋	晋江安海、南安水头两镇交界的海湾上
开元寺	第二批	1982	古建筑	唐	鲤城区西街
郑成功墓	第二批	1982	古墓葬	明	南安市水头镇康店村
泉州天后宫	第三批	1988	古建筑	南宋	鲤城区南门天后路
伊斯兰教圣墓	第三批	1988	古墓葬	唐	丰泽区东湖街道凤山社区灵山南坡
老君岩造像	第三批	1988	石窟寺及石刻	宋至元	丰泽区清源山麓
清源山石造像群（并入老君岩造像，更名为清源山石造像）	第五批	2001			
洛阳桥	第三批	1988	古建筑	北宋	洛江区万安街道与惠安县洛阳镇
九日山摩崖石刻	第三批	1988	石窟寺及石刻	宋、明、清	南安市丰州镇旭山村
崇武城墙	第三批	1988	古建筑	明	惠安县崇武镇
屈斗宫德化窑遗址（包括浔中、盖德、三班）	第三批	1988	古遗址	宋至明	德化县浔中、盖德、三班等镇
南坑窑址（包括南坑窑址和寮仔窑址，归入第三批——屈斗宫德化窑遗址）	第六批	2006	古遗址	宋	南安市东田镇南坑村、蓝溪村
草庵石刻	第四批	1996	石窟寺及石刻	元	晋江市罗山镇
泉州府文庙	第五批	2001	古建筑	宋	鲤城区中山中路泮宫内
蔡氏古民居建筑群	第五批	2001	古建筑	清	南安市官桥镇漳里村
泉州港古建筑——法石真武庙	第六批	2006	古建筑	宋至元	丰泽区东海街道法石社区
泉州港古建筑——江口码头		2006		宋至元	丰泽区东海街道法石社区

续表

名称	公布批次	公布时间（年）	类别	年代	详细地点
泉州港古建筑——万寿塔	第六批	2006	古建筑	宋至元	石狮市宝盖镇宝盖山上
泉州港古建筑——六胜塔		2006		宋至元	石狮市蚶江镇石湖村
泉州港古建筑——石湖码头		2006		宋至元	石狮市蚶江镇石湖村
德济门遗址	第六批	2006	古遗址	宋至明	鲤城区天后路
施琅宅、祠和墓——施琅墓	第六批	2006	古墓葬	清	惠安县黄塘镇
施琅宅、祠和墓——衙口靖海侯府、衙口施氏大宗祠		2006	古建筑	清	晋江市龙湖镇
施琅宅、祠和墓——施琅神道碑		2006	古墓葬	清	丰泽区华大街道华侨大学内
施琅故宅	第六批	2006	古建筑	清	鲤城区东门社区
陈埭丁氏宗祠	第六批	2006	古建筑	明	晋江市陈埭镇
磁灶窑址（包括金交椅山窑址）	第六批	2006	古遗址	南朝至明清	晋江市磁灶镇
安溪文庙	第六批	2006	古建筑	宋至清	安溪县凤城镇小东社区
亭店杨氏民居	第七批	2013	古建筑	清	鲤城区江南街道
安海龙山寺	第七批	2013	古建筑	明	晋江市安海镇
西资寺石佛造像	第七批	2013	石窟寺及石刻	晚唐	晋江市金井镇
南天寺石佛造像和摩崖石刻	第七批	2013	石窟寺及石刻	宋	晋江市东石镇
庵山沙丘遗址	第七批	2013	古遗址	青铜时代	晋江市深沪镇
南安林氏民居	第七批	2013	古建筑	清	南安市省新镇满山红村
南安中宪第	第七批	2013	古建筑	清	南安市石井镇石井社区
五塔岩石塔	第七批	2013	古建筑	宋	南安市官桥镇竹口村
惠安青山宫	第七批	2013	古建筑	清	惠安县山霞镇
李光地宅和祠	第七批	2013	古建筑	清	安溪县湖头镇湖二村、湖三村
清水岩寺	第七批	2013	古建筑	宋	安溪县蓬莱镇鹤前村
崇福寺应庚塔	第八批	2019	古建筑	北宋	鲤城区崇福路
安礼逊图书楼	第八批	2019	近现代重要史迹及代表性建筑	1927年	鲤城区开元街道培元中学
泉港土坑村古建筑群	第八批	2019	古建筑	清	泉港区后龙镇土坑村
景胜别墅	第八批	2019	近现代重要史迹及代表性建筑	1948年	石狮市宝盖镇龙穴村
坂埔古厝	第八批	2019	古建筑	清	南安市英都镇良山村坂埔自然村
南安桃源宫陀罗尼经幢	第八批	2019	古建筑	北宋	南安市丰州镇桃源村
观山李氏民居	第八批	2019	近现代重要史迹及代表性建筑	1890—1936年	南安市眉山乡观山村

续表

名称	公布批次	公布时间（年）	类别	年代	详细地点
安溪土楼	第八批	2019	古建筑	明清	安溪县西坪镇赤石村、平原村、南岩村
百崎郭氏墓群	第八批	2019	古墓葬	明	泉州台商投资区百崎乡
永春文庙	第八批	2019	古建筑	清	永春县桃城镇桃城路40号
魁星岩摩崖造像	第八批	2019	石窟寺及石刻	南宋	永春县石鼓镇
永春福兴堂	第八批	2019	古建筑	1947年	永春县岵山镇塘溪村
苦寨坑窑遗址	第八批	2019	古遗址	夏商	永春县介福乡紫美村

（资料来源：市文旅局）

表31　2022年泉州市非物质文化遗产代表性项目情况表

名称	类别	级别
南音	传统音乐	世界级
木偶戏（泉州提线木偶戏）	传统戏剧	世界级
木偶戏（晋江布袋木偶戏）	传统戏剧	世界级
水密隔舱福船制造技艺（晋江）	传统技艺	世界级
闽南传统民居营造技艺（鲤城）	传统技艺	世界级
水密隔舱福船制造技艺（泉港）	传统技艺	世界级
送王船习俗（泉州）	民俗	世界级
陈三五娘传说	民间文学	国家级
泉州北管	传统音乐	国家级
泉州拍胸舞	传统舞蹈	国家级
梨园戏	传统戏剧	国家级
高甲戏	传统戏剧	国家级
打城戏	传统戏剧	国家级
高甲戏（柯派）	传统戏剧	国家级
五祖拳	传统体育、游艺与杂技	国家级
泉州刣狮	传统体育、游艺与杂技	国家级
惠安石雕	传统美术	国家级
灯彩（泉州花灯）	传统美术	国家级
剪纸（泉州李尧宝刻纸）	传统美术	国家级
木偶头雕刻（江加走木偶头雕刻）	传统美术	国家级
永春纸织画	传统美术	国家级
泉州木雕（惠安木雕）	传统美术	国家级

续表

名称	类别	级别
德化瓷烧制技艺	传统技艺	国家级
闽南传统民居营造技艺（惠安）	传统技艺	国家级
闽南传统民居营造技艺（南安）	传统技艺	国家级
中医养生（灵源万应茶）	传统医药	国家级
惠安女服饰	民俗	国家级
元宵节（泉州闹元宵习俗）	民俗	国家级
元宵节（闽台东石灯俗）	民俗	国家级
灯会（南安英都拔拔灯）	民俗	国家级
蟳埔女习俗	民俗	国家级
端午节（安海嗦啰嗹习俗）	民俗	国家级
端午节（石狮端午闽台对渡习俗）	民俗	国家级
清水祖师信俗	民俗	国家级
五祖拳（永春白鹤拳）	传统体育、游艺与杂技	国家级
竹编（安溪竹藤编）	传统美术	国家级
泉州木雕（潘山庙宇木雕）	传统美术	国家级
乌龙茶制作技艺（铁观音制作技艺）	传统技艺	国家级
福建香制作技艺	传统技艺	国家级

（资料来源：总编室）

文化产业

【概况】 2022年，泉州市借世界遗产城市名气攀升之力，打造泉州世界遗产文化品牌，加快推进文化产业转型升级、高质量发展。全市文化产业增加值达703.3亿元，增长22.4%，占地区生产总值比重6.2%，增加值增长率居全省首位，增加值总量连续9年位居全省首位。规模以上文化产业营业收入1694.1亿元，比2021年增长8.2%。亿元以上产值文化企业达209家，规模以上文化企业714家。

【资金扶持】 2022年，泉州市做好文化企业复工复产工作，及时下达市级文化产业发展专项资金1700万元，扶持38个项目。争取上级资金支持，安溪县、德化县继续获得2021—2023年省文化产业发展专项资金扶持，推荐11个县（市、区）获得省文化产业专项扶持，每个县获得20万元专项用于“福”文化景观建设，石狮宝盖“福”文化园获150万元专项用于园区建设。推荐3家企业获评2022年省十强企业及最具成长性企业，评选出10名文化产业优秀人才。

【招商引资】 2022年，泉州市加大文旅产业招商引资力度，建立全市文旅项目库，新生成“水上看泉州、夜游世遗城”等文旅经济重点招商项目50个，编制《泉州文化和旅游招商手册》，发挥侨台港澳、异地商会优势，借助“6·18”海创会、“9·8”投洽会等平台，“走出去”“请进来”招商，6个项目被列为省重点招商项目。全年新增入驻13家影视企业，签约文旅经济产业项目90个，计划总投资1126亿元。

【龙头企业培育】 2022年，泉州市聚焦文旅头部企业和本土民营龙头企业，统筹各方资源力量，主动对接华侨城、携程旅游、长春影视等行业龙头以及七匹狼、恒安集团等本地民营企业投资文旅项目，推动晋江梧林传统村落、南安成功文化产业园、德化红旗坊等25个省重点文旅项目落地。实施龙头企业培育计划，建立文旅龙头企业名库，推出首批70家“福”文化示范企业、示范村落和示范空间（基地）。

【印刷业】 2022年，泉州市有各类印刷企业1045家，数量占全省33.4%。其中，规模以上印刷企业124家，年产值超5000万元企业53家，年产值超亿元企业30家，上市公司1家。金鹰（福建）印刷有限公司、福建泰兴特纸有限公司、福建省群辉彩印有限公司3家企业被省新闻出版局授予“第二届福建省示范印刷企业”称号。福建南王环保科技股份有限公司、泉州金百利包装用品有限公司、达利食品集团有限公司、福建省文松彩印有限公司、南安市恒发纸品包装有限公司、泉州立旺食品有限公司6家企业进入“2022年中国印刷百强”排行榜，泉州市连续4年成为全国入选该榜单数量最多的地级市。

【工业设计业】 2022年，泉州市多举措推动工业设计与产业链、创新链、价值链深度融合，为制造业高质量发展提供支撑。新增省级工业设计中心2个、市级工业设计中心8个；安踏设计中心获评“中国优秀工业设计奖”铜奖，实现全省零的突破；举办大学生设计工作坊（营）活动25场、工业设计系列培训7场，传播现代工业设计理念，助力企业增品种、提品质、创品牌。

【工艺美术业】 2022年，泉州市有工艺制品企业7000余家，从业人员50余万人，规模以上企业467家，完成销售产值1400亿元，占全国的7%；出口交货值600亿元，占全国的16%；增加值352亿元，比2021年增长1.5%。全市形成以惠安县和泉州台商投资区为主的石木雕、以德化县和永春县为主的日用和工艺陶瓷、以安溪县为主的藤铁家居、以永春县为主的香制品四大产业集群，发展成为全省乃至全国工艺美术的重点产区和出口基地。

【动漫产业】 2022年，泉州市工业和信息化局从原创动漫播出和举办全国性动漫游戏大型推介会、行业峰会、创业路演两方面支持动漫产业发展。全市有纺织鞋服、食品、箱包等传统产业，通过创意设计与动漫元素相结合、市场开拓与动漫形象相对接、品牌打造与动漫主题相联动，实现产品内涵提升、渠道运营能力提升、企业竞争优势提升。截至年底，全市有动漫企业100家以上，产值100亿余元。

【《关于支持“中国白·德化瓷”产业强设计创品牌若干措施》出台】 2022年12月6日，泉州市工业和信息化局等四部门出台《关于支持“中国白·德化瓷”产业强设计创品牌若干措施》（以下简称“措施”），围绕支持拥有品牌设计的优质企业发展、支持新产品开发和新材料应用等7个方面，促进德化陶瓷产业强设计创品牌，加快提升产业发展，激发高质量发展新动能。措施明确，支持具有自主品牌、研发设计能力等核心竞争力的陶瓷龙头企业围绕增资扩产、兼并重组等方面转型升级，按龙头企业年度产值同比增速给予分档奖励。措施支持科研机构围绕行业共性关键技术突破和产品创新研发，开展“揭榜挂帅”行动，推动一批科研成果产业化。鼓励研发功能性陶瓷、生物降解陶瓷、铁电陶瓷等新产品，对陶瓷企业在新材料、新技术、新工艺、新配方等方面的研发创新给予支持。

（曾晓辉　陈　卉）

2022年2月10日，在惠安县举行的第八届中国工艺美术大师评选现场

（市城镇集体工业联合社　供图）

文化交流

【概况】 2022年，泉州市开展“东亚文化之都”交流合作和世界遗产保护利用交流合作。选派泉州艺校5名学生代表，与日本横滨、韩国光州学生通过线上共同创作两首原创歌曲并在“2022横滨音乐节”上播出。选送10幅优秀美术作品参加韩国光州主办的非具象现代美术作品展。

【文化交流与合作】 2022年，泉州市与日本横滨、韩国光州联合举办中日韩“薪传未来•筑梦青春”“东亚文化之都”青少年传统舞蹈展演。组织作品参加“源远流长　同心筑梦”2022中韩云端文艺汇演。组织书法作品参加温州“东亚文化之都书法艺术家邀请展”。组织摄影作品参加济南“东亚文化之都国际摄影展”。组织梨园戏、木偶戏、南少林武术等节目参加“根脉寻踪情系桑梓——中菲人文之驿•走进世遗泉州”演出活动。

【文物交流与合作】 2022年，泉州市文物局以举办“7•25”泉州世界遗产日主题活动为契机，依托联合国教科文组织亚洲遗产管理学会举办世界遗产城市可持续保护与发展泉州论坛，国际古迹遗址理事会副主席姜波等十多名知名人士与会，共商世界遗产城市可持续保护与发展，在世界遗产学术界产生良好影响。

【泉州市木偶剧团参演澜沧江—湄公河地区木偶节】 2022年3月30日，澜沧江—湄公河地区木偶节在缅甸曼德勒国立文化艺术大学开幕，中国、缅甸、老挝、泰国、柬埔寨、越南6个国家的文化艺术代表团，通过线上与线下相结合的方式参加活动。泉州市木偶剧团作为中国唯一代表参加线上交流及展演。泉州市木偶剧团在首场学术交流论坛上宣读题为《中国木偶文化国际交流合作及对澜湄地区木偶文化交流与合作展望和建议》的论文。做题为《简述中国木偶文化的传承与保护——以泉州市提线木偶传承保护中心为例》的演讲。泉州市木偶剧团在线上展示泉州提线木偶戏的经典传统剧目，以及泉州木偶戏独具特色的表演技艺和音乐唱腔。

（曾晓辉 陈卉）

文化市场管理

【概况】 2022年，泉州市文化广电和旅游局坚持服务与监管相结合，简政放权、优化程序、筑牢底线，营造高效、放心文旅消费环境。泉州市新闻出版局以“正道2022”“新风2022”两个集中行动为平台，深化“清源”“固边”“护苗”“净网”“秋风”五大专项行动，开展8个专项整治，净化出版物市场、清除网上有害信息。

2022年3月30日，泉州市木偶剧团参加澜沧江—湄公河地区木偶节线上展演。图为泉州提线木偶“舞狮”表演现场 （洪旭 摄）

【安全生产和疫情防控】 2022年，泉州市文化广电和旅游局压紧压实主体责任，抓实抓细工作措施，建立疫情防控专员、应急演练处置等一系列有效机制，100%完成安全生产标准化建设。推进文旅市场“百日攻坚”“静夜守护”“清风”等专项行动，守稳守牢文旅领域安全生产和疫情防控主阵地。

【普法宣传和政策纾困】 2022年，泉州市文化广电和旅游局举办“2022年全市学校世界遗产保护主题宣传漫画大赛”等系列普法宣传，开展打击养老诈骗等专项行动，营造良好法治氛围。向上争取、推动本级出台、促进各县叠加，推出系列政策大餐，暂退旅行社“质保金”537万元，兑现首批纾困资金1367.88万元，支持文旅市场复苏回暖。

【审批服务和执法检查】 2022年，泉州市文化广电和旅游局优化文化市场审批程序，压缩环节和时限，提前办结率达100%。成立密闭空间专班，开展“剧本杀”和私人影院等新兴业态调研，牵头相关部门开展打击“私设景点”“私人影院”等专项整治行动，联合市人力资源和社会保障局、市司法局等部门开展“岗位练兵”技能大赛，强化文旅市场执法监管，检查经营单位7825家次，立案查处1396件，罚没金额135万元。

【扫黄打非】 2022年，泉州市新闻出版局坚持把打击政治性有害出版物及信息作为首要任务，加强行政刑事衔接，发现问题线索一律追根溯源、立案查办。全市开展文化市场专项检查530次，出动4763人次，检查各类文化经营场所3374家次，发现问题线索45条，线索转化为案件23件。结合疫情防控督导检查，开展“剧本杀”专项检查112次，发现并整改问题97个。下发《关于开展涉未成年人有害出版物及信息专项整治行动和2022年“绿书签行动”系列宣传活动的通知》，全市各县（市、区）利用“六一”国际儿童节、“4•23”全民读书日等时间节点，开展“护苗•绿书签行动”系列宣传活动1914场次，印发“护苗”宣传海报46万余份、“绿书签”33.26万份。利用283个“护苗”工作站，开展防止未成年人沉迷网络游戏、拒绝有害出版物及信息等宣传教育活动。结合开展民族宗教有害网络直播和短视频专项整治、网络社交平台有害信息专项整治、电商平台销售非法出版物专项整治及网络搜索引擎非法链接专项整治工作。对辖区内出版物经销商通过淘宝、拼多多等网络平台开设的321家网上书店进行排查，处置35家假出版物经营许可证、8家无法核验出版物经营许可证企业。

（曾晓辉 陈卉）

卫 生 健 康

综 述

【医疗卫生机构】 截至2022年年底，泉州市有各类卫生机构5415家。其中，医院127家，乡镇卫生院125家，社区卫生服务中心41家，疾病预防控制中心13家，妇幼保健院（所）13家，村卫生室（所）3019家。有卫生技术人员5.4万人，其中执业（助理）医师2.09万人、注册护士2.26万人。医疗卫生机构实有床位数4.74万张。拥有乡村医生（执业资格）2563人，实现村级医疗卫生服务全覆盖。

【医疗卫生体制改革】 2022年，泉州市政府成立医保体制、卫生体制与药品流通联动改革工作专班，并印发《促进“三医”协同发展和治理若干措施》，明确提出18项举措47项具体任务。调整专家门诊诊查费收费政策，规范调整287个医疗服务项目及价格，审核上报新增医疗服务项目119项。全市药品、耗材集中采购品种分别扩大至459种、29种。推进按病种收付费改革，新增第六批病种45个，累计病种数494个；启动DRG支付方式改革三年行动，4家省DRG收付费改革试点医院正式实施，首批28家医疗机构实行DRG付费。全年县域医共体医保基金打包总额57.17亿元。现代医院管理制度覆盖所有县级以上公立医院，9个县（市、区）、泉州台商投资区医疗服务性收入占比全部完成年度目标值（≥35%），全市医疗服务收入、药品耗材收入、检查化验收入比例由改革前的23：59：18调整至接近35：38：27。县级以上公立医院全面实行院长、党委书记、总会计师目标年薪制和年度绩效考核制。

【医疗卫生人才队伍建设】 2022年，泉州市卫生健康委员会实施卫生健康人才“金字塔”工程，聚焦人才“扩总量、优结构、上层次”目标，完善人才引进培养机制，加大人才培养经费投入，搭建人才发展平台。引进博士7名、客座专家12名、省级高层次人才团队1个、市级专家团队6个，新增“名医工作室（站）”35家，推荐2名福建省卫生健康中青年领军人才研修培养项目人选，1名医学博士入选福建省“雏鹰计划”青年拔尖人才，医疗卫生行业新增入选市级高层次人才387人、新增副高级职称631人。截至年底，全市招聘到岗卫技人员2744 人，其中硕士研究生及以上学历295人、大学学历921人。

（林 乐）

疾病预防控制

【概况】 2022年，泉州市卫生健康委员会强化疾病预防控制。乙类传染病报告发病数2.09万例，平均发病率238.09/10万，死亡率0.68/10万。艾滋病治疗覆盖率91.6%，开展高危行为干预2.8万人次。活动性肺结核患者治疗成功率94.0%。各种免疫规划疫苗报告接种率均在95%以上；新验收通过11家数字化接种门诊，全市接种单位数字化门诊建设率59.41%；维持无“脊灰”状态，无麻疹、白喉、乙脑病例。对5种性病病例开展哨点监测，全市发放电子干预包8万余人次。以慢性病综合防控示范区创建为抓手推进全民健康生活方式行动，加强死因监测、恶性肿瘤发病登记报告等工作。

【重点传染病监测】 2022年，泉州市开展手足口病监测650份，阳性539份；霍乱外环境标本监测2761份、腹泻病例标本监测3267份，结果均阴性；流感监测2407份，检出季H3型流感病毒核酸阳性153份；人感染禽流感外环境标本监测168份，检出H5N1禽流感病毒核酸阳性4份；鼠疫血清标本监测919份，肝脾标本747份，结果均阴性。按审核日期统计，全年乙类传染病报告发病数2.12万例，死亡71例，平均发病率为241.78/10万，死亡率0.81/10万。

【结核病防控】 2022年，泉州市新登记活动性肺结核患者3180例，完成全年任务数的94.8%，活动性肺结核患者治疗成功率94.0%；耐多药可疑者筛查率94.4%。全市非结防机构通过疾病监测信息系统实际报告的肺结核患者到位率98.6%；全市病原学阳性患者密切接触者筛查率99.6%，筛查发现15例活动性肺结核患者；HIV/AIDS患者肺结核筛查率93.4%，筛查发现39例活动性肺结核患者。

【艾滋病防控】 2022年，泉州市新发现艾滋病病毒感染者/病人603例，累计发现5912例，存活4651例，完成4121例病例随访和CD4检测，完成载量检测3474人次。新增抗病毒治疗386人，累计治疗5050人。完成国家级哨点监测样本9783份，被监管人员HIV抗体筛查2.15万人次，自愿咨询检测1.49万人次；完成高危和重点人群行为干预6.64万人次。

【性病、麻风病防控】 2022年，泉州市报告五种性病7495例（按报告地区），其中梅毒报告病例数3357例，报告发病率37.91/10万，一期梅毒154例、二期梅毒244例、三期梅毒44例、隐性梅毒2912例、胎传梅毒3例；淋病报告病例数1062例，报告发病率11.99/10万；生殖道沙眼衣原体感染报告病例数2001例，报告发病率22.59/10万；尖锐湿疣报告病例数790例，报告发病率8.58/10万；生殖器疱疹报告病例数285例，报告发病率3.22/10万。发现两例麻风病病人，1例为多菌型，1例为少菌型。

【免疫规划疫苗接种】 2022年，泉州市为适龄儿童免费接种乙肝疫苗、脊髓灰质炎疫苗、含麻疹成分疫苗等11种免疫规划疫苗183.02万针次，各种疫苗报告接种率均在95%以上。集中开展0～6岁儿童国家免疫规划疫苗查漏补种工作，提高适龄儿童免规疫苗接种水平，补种15.11万剂次。

【HPV疫苗免费接种】 2022年，泉州市卫生健康部门将适龄女性人乳头瘤病毒（HPV）疫苗免费接种工作纳入为民办实事项目，指定144家预防接种单位为HPV疫苗免费接种点，并于9月组织开展HPV疫苗免费接种项目工作相关技术培训，推进HPV接种工作。截至12月31日，全市完成适龄女性（2008年3月1日至2009年8月31日出生）HPV疫苗第一剂接种6.47万人，其中免费（沃森二价）5.94万人。

【免疫规划监测】 2022年，泉州市报告麻疹疑似病例214例，报告排除麻疹风疹病例205例；报告急性弛缓性麻痹病例19例，报告发病率1.05/10万；报告百日咳127例，流脑1例，无麻疹、白喉、乙脑等免疫规划疫苗针对疾病病例，继续维持无“脊灰”状态；上报疑似预防接种异常反应（AEFI）病例262例，其中一般反应219例（占83.6%）、异常反应14例（占5.3%）、偶合征23例（占8.8%）、心因性反应1例，无疫苗质量、实施差错事故及群体性预防接种异常反应情况发生。

【食品安全风险监测】 2022年，泉州市采样检测食品污染及有害因素2331份，其中化学污染物及有害因素检测1477份，不合格样品16份；微生物及其致病因子监检测853份，食源性致病菌总检出率4.5%，寄生虫检出率3.8%；放射性污染物监测1份，未见超标项目。审核食源性疾病病例1.92万例，开展食源性疾病聚集事件流行病学调查处置8起。组织开展食物消费状况调查和营养监测工作。在鲤城区完成婴幼儿食物消费状况调查240人，蛋与蛋制品消费状况调查100人；在惠安县完成食药物质消费状况调查150人，居民营养与健康状况监测360户1012人，居民营养健康知识知晓率调查420人。

【饮用水、公共场所卫生和学校卫生监测】 2022年，泉州市卫生健康委员会做好市区生活饮用水卫生监测，采集市政供水管网系统出厂水40份、管网水247份，合格率分别为92.5%（37/40）、97.2%（240/247）。开展城乡饮用水卫生监测工作，全市（不含市本级）监测水样2495份。其中，城市饮用水1149份，合格率97.7%（1122/1149）；农村饮用水1346份，合格率81.0%（1090/1346）。开展公共场所卫生监测，组织开展全市50家公共场所健康危害因素夏、冬季监测任务。做好学校卫生工作，指导、督促各县（市、区）疾控中心开展学生防病和健康教育，培养学生良好卫生习惯；开展全市近视等常见病监测和影响因素干预工作，全市完成6～18岁学生健康监测1.77万人；开展全市教育系统学校疫情防控工作培训，培训8.5万人次。

【病媒生物监测】 2022年，泉州市卫生健康委员会完成家蝇（点滴法）、白纹伊蚊成蚊（成蚊接触筒法）、白纹伊蚊幼虫（幼虫浸渍法）杀虫剂抗药性监测。完成2551只致倦库蚊及2866只白纹伊蚊病原监测工作。完成全市各县（市、区）病媒生态学监测数据审核工作。

【慢性病防控】 2022年，泉州市卫生健康委员会加强全市全人群死因监测，全市新增报告死亡个案4.2万例。深化全民健康生活方式行动，全市建成372家健康支持性环境及51家无烟环境，培训健康生活方式指导员1146人，网络报告开展现场活动与健康讲座904次。开展慢性病监测与干预，全市报告新发住院恶性肿瘤病例2.17万例。惠安县试点完成7053例肿瘤发病与死亡的登记报告与随访管理工作。石狮市试点报告户籍人口心脑血管事件1413人次，安溪县报告心脑血管事件5035人次。惠安县监测点报告1.17万例伤害监测。晋江市、南安市开展2022年度心血管病高危人群长期随访和项目全流程质量控制工作。其中，晋江初筛1033人，完成率103.00%，高危对象干预288人；南安初筛1004人，完成率100.00%，高危对象干预261人。在石狮市项目点开展慢阻肺高危人群早期筛查和综合干预，完成慢阻肺初筛8956人，筛查出高危人群1956人，高危检出率18.56%。

【地方病防控】 2022年，泉州市卫生健康委员会完成11个县（市、区）3580余名儿童、孕妇的碘缺乏病监测；开展“防治碘缺乏病日”宣传活动；完成对安溪县达到控制饮水型地方性氟中毒目标考核评估，并向省级提出考核评估申请；组织开展全市地方病三年攻坚“回头看”调查评估，抽取安溪县、永春县完成市级现场评估。

【寄生虫病防控】 2022年，泉州市卫生健康委员会完成“三热”（临床诊断疟疾、疑似疟疾、不明发热）病人血检1526人，完成率124.62%（1526/1070）。开展“全国疟疾日”宣传活动。完成丰泽区重点肠道寄生虫病调查，感染率0.3%（3/1000）。完成南安市血吸虫病监测，复查南安市两个历史血吸虫病区村历史有螺区8.4万平方米，监测目标人群200人，血清学结果均为阴性。

（林　乐）

基层医疗卫生

【概况】 2022年，泉州市卫生健康委员会在推进行政、人力资源、财务、医疗质量、药械管理和信息系统建设运营“六个一体化”和医共体实质性运行的基础上，结合市情、县情，突出地方特色和管理统一、服务同质、利益共享、责任共担，重点打造可持续良性发展的紧密型县域医共体。坚持“保基本、强基层、建机制”原则，落实村级医疗卫生服务机构、人员和服务能力建设，推进村级医疗卫生服务全覆盖，提升村级医疗卫生服务能力。保持政策基本稳定，防止因病返贫。181个脱贫村全部实现“五有”（有村卫生所、有医生看病、有基本设备、有基本药物、有专用网络），实现村级基本医疗卫生服务和医保即时结算服务全覆盖。全市实施大病救治病种34种，超过国家要求的30种，脱贫人口享受就医“绿色通道”“先诊疗后付费”和“一站式”结算。全市脱贫人口享受全省首创单病种签约服务，基本实现应签尽签。

【医共体建设】 2022年，泉州市县域医疗资源配置和效能明显提升，县域和基层医疗卫生服务能力持续提升，县域分级诊疗格局逐步形成，群众获得感明显提升。全市试点建设和提标扩面的7个县（市）全部达到国家紧密型县域医共体建设评判标准，提前完成达标任务。动态收集整理“六个一体化”30条清单建设推进进展情况。《泉州市强化四项机制　打造可持续发展的紧密型县域医共体》入选国家卫生健康委员会基层司《紧密型县域医疗卫生共同体（2022年）》；石狮市、安溪县、德化县3个县域的经验做法入选国家卫生健康委员会典型案例。

【基层医疗卫生服务】 2022年，经县（市、区）分管领导和卫生健康部门酝酿，泉州市遴选20家基层医疗卫生机构争创县域次中心，待省上立项。泉州市以“优质服务基层行”活动、建设社区医院和二级医院为推手，推动基层医疗卫生机构服务能力提升。全市有138家基层医疗卫生机构服务能力达到国家“基本标准”以上，其中34家达到服务能力“推荐标准”，新增机构数连续3年居全省第一位，总数和达标率均居全省第一。全市有8家机构通过社区医院省级评估并被省卫生健康委员会命名为“社区医院”，数量居全省前列。全市有10家乡镇卫生院经评审被定为二级医院，数量居全省第一位。

【农村医疗卫生机构基础设施管护】 2022年，泉州市卫生健康委员会出台《关于做好农村医疗卫生机构基础设施管护相关工作的通知》，构建权属清晰、权责明确、管护到位、机制健全的农村医疗卫生机构基础设施管护体系，提升农村基本医疗服务和医疗卫生机构管理水平。要求乡镇卫生院和村卫生所管护情况要纳入各县（市、区）农村公共基础设施管护体系统监督考核，纳入县医共体牵头医院年度绩效考核内容。

【基本公共卫生服务】 2022年，泉州市12项基本公共卫生服务项目补贴标准为每人75元，省级下拨资金3.98亿元。配套资金2.81亿元。65岁以上老年人城乡社区规范健康管理服务率、高血压患者基层规范管理服务率和2型糖尿病患者基层规范管理服务率分别为74.41%、82.73%、83.70%，均完成省年度指标任务。泉州市卫生健康委员会以高血压、糖尿病、恶性肿瘤、慢性传染病、重性精神疾病等慢性病患者为主，以老年人、孕产妇、儿童、残疾人、贫困人口等为重点人群，督促和指导家庭医生签约服务工作任务落实，规范做实做细签约工作，引导家庭医生为签约居民提供可及、综合、连续、有效的医疗卫生与健康管理服务，提升签约服务质量。

【乡村医生生活保障】 2022年，泉州市卫生健康委员会加强乡村医生执业注册管理。落实村医多渠道补偿政策，采取以奖代补方式实行“空白村”村医“月薪”制等，提高乡村医生获得感和收入。协调各地落实村医医疗责任险和养老保险、养老补助等，首创将医疗责任险延伸至村卫生所减少执业风险、允许村医参加企业职工养老保险消除后顾之忧和发放离岗乡村医生生活补助等。

【“一刻钟”卫生健康服务圈】 2022年，泉州市卫生健康委员会依托“党建+”邻里中心，建成267个社区邻里中心卫生健康服务站点，实现“十二个有”卫生健康服务，即有一家温馨的社区卫生服务站（点）、有一支贴心的家庭医生团队、有一套暖心的医疗专家下沉巡诊坐诊机制、有一间实用的“健康小屋”、有一台便捷的自动取药机、有一条省心的卫生医保专网、有一张舒心的家庭康复病床、有一位负责的防疫专员、有一批热心的健康生活方式指导员、有一家示范的健康餐厅、有一份智慧的健康档案、有一个走心的健康教育课堂。通过有机整合县域卫生健康服务资源，推进二级以上公立医院和公共卫生机构的医疗卫生资源和医务人员“双下沉”，主动推动卫生健康服务资源同步下沉、融合到社区（乡村、园区）邻里中心，打造好“一刻钟”城乡社区卫生健康服务圈。

【“卫生健康·急救科普下乡服务”活动】 2022年2月26日，由中共泉州市委文明办、泉州市卫生健康委员会、泉州市急救指挥中心等主办的“卫生健康·急救科普下乡服务”泉州市倡导文明健康绿色环保生活方式主题活动在南安市英都镇举行。活动邀请福建医科大学附属第二医院、泉州市第一医院、解放军第910医院、泉州市中医院、泉州市光前医院、泉州市疾病预防控制中心等30余名涉及急诊急救、内科、外科、心血管、皮肤、儿科、中医、消化、肿瘤等专业的专家到场为500余名群众进行义诊咨询，送医送药，并宣传普及健康保健和疾病预防知识，让群众做到疾病早发现、早预防、早治疗。

（林　乐）

2022年2月26日，泉州市倡导文明健康绿色环保生活方式主题活动在南安市英都镇举行

（市卫健委　供图）

妇幼保健

【概况】 2022年，泉州市卫生健康委员会落实好省、市为民办实事项目“持续呵护母婴健康工程”“提升妇幼保健机构服务能力”。及时下发实施方案，分解任务，市级财政补助资金408万元指标于5月底全额下达。9月完成目标任务，完成乳腺癌筛查2万人，完成率100%；完成宫颈癌筛查2万人，完成率100.01%；完成血清学检查5282名，完成率105.64%；完成超声检查5033人，完成率100.66%；完成6.47万名适龄女性宫颈癌疫苗接种。

【妇幼重大公共卫生服务项目】 2022年，泉州市卫生健康委员会及时与市财政局联合印发方案启动妇幼重大公共卫生服务项目，全市完成孕前和孕早期增补叶酸4.17万人，任务完成率107%；免费为1.1万名孕妇完成产前筛查诊断项目，任务完成率100.18%；完成1.22万对夫妇地中海贫血防控项目筛查，任务完成率101.39%；完成妇女宫颈癌检查3.8万人，任务完成率100%；完成妇女乳腺癌检查3.8万人，任务完成率100%；完成免费孕前优生健康检查1.35万对，任务完成率100%。

【母婴安全保障】 2022年，泉州市卫生健康委员会为健全产科医疗质量控制体系，提升泉州市产科质控水平和产科服务质量，成立泉州市产科质控中心。贯彻落实好孕产妇妊娠风险评估与管理、高危孕产妇专案管理、危重症孕产妇转诊救治、孕产妇死亡报告和约谈通报等母婴安全“五项制度”。完善危重孕产妇、新生儿抢救网络，巩固和提升危重症孕产妇转诊救治、新生儿救护和儿童医疗救治水平。全市孕产妇死亡率5.76/10万，婴儿死亡率2.29‰，5岁以下儿童死亡率3.63‰。开展围产保健协作组活动。召开3次泉州市孕产妇死亡评审会议，组织市国产保健协作组成员对孕产妇死亡病例进行评审，并对危重孕产妇抢救成功案例进行讨论，提高助产人员的业务水平。

【县（区）妇幼保健院建设】 2022年，泉州市卫生健康委员会组织对全市12家县级妇幼保健机构进行绩效考核，并及时印发考核结果通报。加强督促指导县级妇幼保健院机构建设。洛江区、丰泽区、德化县3家县级妇幼保健院均搬迁至新院区，更好地为妇女儿童健康提供优质服务。全市投入884.2万元，用于支持12家县级妇幼保健机构基础设施建设，更新保健、康复、生殖健康等业务设备。争取省上资金支持，泉州市妇幼保健院·儿童医院和石狮市、惠安县、安溪县、永春县等妇幼保健院在提升能力上均获省级资金补助。

【生殖健康】 2022年，泉州市计划生育协会推动青春健康教育工作纳入市教育局进校园活动范畴。指导泉州经贸职业技术学院、泉州师范学院等5所高校中标实施中国计生协会青春健康高校项目。建设“向阳花公益讲堂”，“育学堂”青春健康教育成为泉州市有影响力的青春健康教育工作亮点品牌。到基层学校组织开展师资培训、青春健康主题活动250场次，服务教育青少年2.8万人次，实现所有中学全覆盖。

【优生优育】 2022年，泉州市计划生育协会承接和培育国家级优生优育指导中心1个、国家级“向日葵计划”项目点2个、省级“向日葵亲子小屋”项目点2个，省级婴幼儿早期发展试点县2个、优生优育指导中心2个。总结永春县“家园互助小组”早教特色工作模式并予全市推广，牵头组建市优生优育·儿童早期发展指导中心和儿童早期发展培训基地，开展妇幼保健讲座221场次，为婴幼儿生长发育工作提供专业指导服务。

【泉州市“出生一件事”集成套餐服务运行】 2022年，根据《福建省卫生健康委员会等四部门关于做好福建省“出生一件事”集成套餐服务推广应用的通知》文件精神，泉州市卫生健康委员会牵头推进泉州市“出生一件事”集成套餐应用前期准备工作，经过业务流程改造、系统接入，多次测试，泉州市“出生一件事”集成套餐服务开始运行。“出生一件事”集成套餐服务指的是新生儿出生医学证明办理、预防接种证办理、户口登记、生育保险待遇核准支付、城乡居民基本医疗保险参保登记、社会保障卡申领等一站式联办。通过打造“一表申请、一平台受理、一站服务”的联办模式，解决新生儿出生后，事项办理环节多、时限长、跑趟多等问题。通过联合办理，办理时限减少56天，递交材料减少12份。

【“为困难母亲圆梦”活动】 2022年5月30日，由泉州市妇女联合会、市计划生育协会主办，福建省南天普门慈善基金会、市女企业家联谊会协办的“感恩与温暖同行”——2022年致敬“抗疫最美母亲”暨“为困难母亲圆梦”活动在泉州市妇女儿童活动中心举行。活动现场为“抗疫最美母亲”颁发证书。抗疫母亲代表吴静华分享抗疫经历。市妇女联合会、市计划生育协会、市女企业家联谊会、福建省南天普门慈善基金会与各级巾帼文明岗捐款为困难母亲圆梦，帮助因疫情遭遇困境的母亲们解决生产、生活困难。与会人员还观看视频短片《感恩与温暖同行》。

（林 乐 郑小茹）

职业健康

【概况】 2022年，泉州市卫生健康委员会加强职业病防治。完成职业健康检查指标常规监测体检个案信息采集、审核10.17万例；重点职业病主动监测完成率103.10%；第二产业重点职业人员健康素养调查完成率119.09%、第三产业重点职业人员健康素养调查完成率119.82%。强化职业健康监督执法力度，予以警告15家、责令停止作业1家。建成尘肺病康复站3个、康复点2个。

【职业病危害专项治理】 2022年，泉州市卫生健康委员会对全市34家单位开展职业病危害专项治理、健康企业创建、职业病危害项目申报、年度职业病防治项目工作推进等方面检查督导。全市查处放射诊疗案件7起，其中警告6起、罚款6起，罚款金额9000元；查处职业健康案件17起，其中警告15起、罚款12起，罚款金额72万元。

【《泉州市“十四五”职业病防治规划》出台】 2022年10月10日，泉州市卫生健康委员会等部门印发《泉州市“十四五”职业病防治规划》（以下简称“规划”）。规划提出“十四五”职业病防治的主要任务包括：推进职业病危害源头治理、提升职业健康监管水平、完善职业病救助救治保障体系、加强职业病危害监测预警、加快推进健康企业建设、建立健全技术支撑体系、加速推进信息化建设、坚持防治技术创新发展和提高劳动者职业健康意识。

（林 乐）

老年健康

【概况】 2022年，泉州市卫生健康委员会完善老龄健康服务体系，在全市创建医养结合机构19家，医疗机构主动签约医养合作639对。培育泉州市第一医院、晋江市医院、惠安县中医院等一批老年友善医疗机构示范单位。全市二级及以上综合性医院设立老年医学科的比例达67.56%，超额完成50%的指标要求。三级中医院设置康复科的比例达100%。

【医养结合】 2022年，泉州市卫生健康委员会与养老机构建立合作关系或签约合作协议126对；与日间照料中心建立合作关系或卫生服务项目，签订合作协议513对。做好养医康护综合性健康管理服务示范点和医养结合机构综合示范培训基地的培育工作。加强老年医学人才培养，开展医养结合从业人员的继续教育，选派医护人员参加2022年全国老年医学人才培训。推进二级及以上综合性医院（含中医院）设立老年医学科，加强康复医院、护理院（中心、站）建设。

【打击整治养老诈骗专项行动】 2022年5—9月，泉州市卫生健康委员会在全市范围内组织开展以打击整治养老机构违法办医为主要内容的打击整治养老诈骗专项行动。专项行动将养老机构内设医疗卫生服务质量管理纳入医疗质量管理体系范畴，按照相关规章和规范执行，确保医疗卫生服务质量安全。推动养老机构执行《医养结合机构服务指南（试行）》和《医养结合机构管理指南（试行）》等相关标准，落实各项医疗质量安全管理核心制度，根据相关要求配置科室、人员和设施设备，规范开展养老机构医疗卫生服务。检查全市各级各类养老机构，依法查处养老机构内设的无资质医疗机构、无行医资质人员擅自开展诊疗活动等违法行为。经过对市属医疗机构的全面摸排，未发现涉及养老金诈骗的违法违规行为。

（林 乐）

爱国卫生

【概况】 2022年，泉州市卫生健康委员会制订下发《泉州市开展2022年爱国卫生运动工作要点》《泉州市深入开展爱国卫生运动助力常态化疫情防控工作》《泉州市全面开展环境卫生消毒消杀工作》《泉州市全面开展环境卫生大整治实施方案》等30余份文件。组成5个爱国卫生运动和环境卫生整治专项督导组，对全市各县（市、区）和有关乡村及重点场所进行专项督导检查。结合开展美丽乡村、乡村振兴和创城迎检等工作，组织开展自查自纠，并对照整改。全市居民健康素养水平25.66%。

【环境卫生整治】 2022年，泉州市卫生健康委员会组织开展“全城清洁、健康泉州”常态化疫情防控爱国卫生运动和环境卫生大整治行动，开展城乡环境卫生综合整治活动，开展除“四害”消杀行动和环境消毒消杀工作，开展病媒生物防制活动。全市组织开展集中性爱国卫生运动10次以上，疫情期间做到每月一通报。全市开展城乡环境卫生集中整治活动340次，清理卫生死角2.9万处，开展病媒生物集中消杀124次，治理“四害”滋生地2.3万个，参加爱国卫生运动170万人次，全市清运生活垃圾6741.26吨、运送垃圾6490.4车次，清理卫生死角8342.2处。消杀酒店618家、面积210.9万平方米，消杀商场、超市534家、面积219.9万平方米，消杀农贸市场286个、面积84.2万平方米，消杀住宅小区2202个5730次、7900万平方米。

【爱国卫生宣传】 2022年，泉州市卫生健康委员会举行以“文明健康、绿色环保”为主题的第34个爱国卫生月现场宣传活动。活动月期间，全市张贴宣传海报1.3万张，发放宣传材料28万份，在新媒体上宣传1863次，发布文章242篇，阅读量20万次，举办相关科普讲座3.4万次、其他宣传方式2470次，线上活动参与7.4万人次，发送专题科普短信7万条。向辖区居民、商户发放《关于开展爱国卫生运动的倡议书》，向群众分发疫情防控、控烟履约、健康教育等宣传单、小册子。

【控烟宣传培训】 2022年6月8日，泉州市卫生健康委员会召开全市无烟党政机关建设工作暨业务培训会议。截至12月底，全市市、县、乡三级党政机关全部建成无烟党政机关并下发命名文件，同时下发关于组织开展第35个世界无烟日活动的通知。截至年底，市行政服务中心等3个以上市直机关建成泉州市健康机关样板。

【卫生县镇村申报】 2022年，泉州市卫生健康委员会组织开展全市卫生县、镇、村申报创建和巩固复审。永春县和德化县获评国家卫生县城；惠安县崇武镇、晋江市西滨镇、晋江市金井镇获评国家卫生乡镇；石狮市宝盖镇、南安市翔云镇、南安市眉山乡、南安市英都镇、德化县国宝乡、德化县赤水镇申报国家卫生乡镇，通过省级验收评估，上报全国爱国卫生运动委员会办公室待命名。截至年底，通过命名省卫生乡镇8个、省卫生村82个、省卫生社区26个，拟推荐命名省卫生乡镇5个、省卫生村42个、省卫生社区9个。

（林 乐）

卫生监督

【概况】 2022年，泉州市卫生健康委员会推进医疗服务多元化监管，开展国家“双随机、一公开”抽查任务，对医疗美容、健康体检、虚假违法医疗广告等医疗服务乱象予以打击。强化饮用水卫生安全监督，对城镇住宅小区二次供水设施建立底档，开展全方位拉网式检查。全年出动监督执法3219人次，监督检查指导各类场所7967家次，督促整改问题957条，立案查处23起。

【卫生监督抽查】 2022年，泉州市卫生健康委员会按照国家卫生健康委员会“双随机”监督抽查任务，抽查1503家，完成任务1369家，关闭134家，完结率100%，立案查处34起。其中，泉州市卫生计生执法支队抽查153家，完成任务136家，关闭17家，完结率100%，立案查处2起。

【跨部门联合执法监督】 2022年，泉州市卫生健康委员会联合市城市管理局、市住房和城乡建设局开展全市二次供水安全专项整治工作，全市出动卫生监督员1533人次，建档503家。联合市市场监督管理局、市医保局等7个部门开展医疗乱象专项治理工作，对医疗机构依法执业、从业人员资质等开展重点监督检查，督促医疗机构落实依法执业主体责任，打击违法违规行为，规范医疗服务行为。联合市交通运输局、市公安局开展非医疗转运市场专项整治行动，重点查处“黑救护车”从事非法诊疗行为。联合市文化广电和旅游局开展游艺厅等场所“双随机、一公开”跨部门抽查工作，按照不低于5%的比例进行随机抽查16家，抽查发现个别场所未能落实通风设施清洗消毒、个别场所疫情防控消毒记录及人员健康监测记录不规范等问题，检查人员当场责令其立即整改，并要求经营者增强主体责任意识，按要求做好清洗消毒等工作。联合市市场监督管理局开展涉疫第三方消毒服务机构跨部门联合执法检查，抽取各县（市、区）50%的涉疫第三方消毒服务机构进行执法检查，检查15家机构，其中4家未发现明显问题、10家现场责令整改、1家暂停营业。

【重点领域专项整治执法监督】 2022年，泉州市卫生健康委员会开展常态化疫情防控形势下公共场所卫生监督专项整治。各级卫生监督执法机构开展日常卫生监督检查1.54万户次，发现无卫生许可证经营360家，下达卫生监督意见书262份，立案查处76起，罚款金额7.8万元。

【抗抑菌制剂类消毒产品专项整治】 2022年，泉州市卫生健康委员会开展抗抑菌制剂类消毒产品专项整治，检查生产企业9家次，抽检样品1批次，检查医疗机构等经营使用单位24家次，检查发现问题均整改到位。开展第三轮抗抑菌制剂类消毒产品专项监督抽查工作，出动监督执法人员666人次，检查生产经营单位501家次，抽送检抗抑菌类消毒产品11份，下达监督意见书32份，立案查处17起，罚款5.1万元。

【卫生机构传染病分类监督综合评价】 2022年，泉州市卫生健康委员会对全市2705家医疗卫生机构开展传染病分类监督综合评价，其中三级医院13家、二级医院48家、一级医院76家、未定级医疗机构2554家、疾控机构13家、采供血1家。

【餐饮具集中消毒服务单位专项卫生监督检查】 2022年，泉州市卫生健康委员会每季度对餐饮具集中消毒服务单位进行专项卫生监督检查及抽检，检查103家次，抽检餐饮具759套，合格753套、不合格6套，合格率99.21%，下达监督意见书7份，立案查处2起。

（林　乐）

中医药服务

【概况】 2022年，泉州市编制出台《泉州市“十四五”中医药健康发展规划》。市中医院与上海中医药大学附属龙华医院开展科室共建活动，探索与江苏省中医院开展合作交流项目。经市委、市政府同意，市正骨医院划归市管。新建2个全国名老中医药专家传承工作室。新增4名全国老中医药专家学术经验继承工作指导老师、3个省级中医临床重点专科。建设12家市级示范基层中医馆。

【中医特色专科和基层中医药服务能力建设】 2022年，泉州市卫生健康委员会支持各级中医医院发挥中医特色，加强中医重点专科服务能力建设，全市新增泉州市中医院康复科、泉州市正骨医院儿童创伤与肢体矫形科、晋江市中医院急诊科3个省级中医临床重点专科。加强社区卫生服务中心和乡镇卫生院中医馆服务内涵建设，重点加强中医药人员配备、中医药技术服务提供和中医设备配备，建设完成鲤城区江南街道社区卫生服务中心、丰泽区泉秀街道社区卫生服务中心、洛江区双阳街道社区卫生服务中心、泉港区山腰街道社区卫生服务中心、石狮市宝盖社区卫生服务中心、晋江市东石中心卫生院、南安市官桥中心卫生院、惠安县黄塘镇中心卫生院、安溪县湖头中心卫生院、永春县湖洋中心卫生院、德化县三班镇卫生院、泉州台商投资区百崎乡卫生院12家基层示范中医馆。

【中医药学术传承和文化宣传】 2022年，泉州市卫生健康委员会加强名老中医药专家学术经验传承工作，新增孙伟芬、曾进德、白剑峰、颜少敏4名国家第七批全国老中医药专家学术经验继承工作指导老师，新增全国名老中医药专家传承工作室2个（晋江市医院郭为汀、永春县中医院周来兴），新增1个全国基层名老中医药专家传承工作室（安溪县中医院白剑峰）。开展中医药文化宣传，新增4个省级中医药文化宣传教育基地建设单位。

【中医药新冠肺炎防治】 2022年，泉州市卫生健康委员会从泉州市中医院分批抽派12名中医师进驻新冠肺炎定点收治医院（泉州市第一医院城东院区、泉州市传染病院、

“火围山”方舱医院、南安方舱医院），在医疗救治中坚持中西药并用，中医药参与率100%。协调市、县各级中医医院配足配齐中医医疗力量，做好中药饮片、中药颗粒剂、中成药的储备，因地制宜推出预防和治疗处方“泉州清新方”。

【《泉州市新型冠状病毒肺炎中医诊疗方案》出台】 2022年12月9日，泉州市卫生健康委员会印发《泉州市新型冠状病毒肺炎中医诊疗方案（试行）》（以下简称“诊疗方案”），用于指导泉州市新冠肺炎中医药防治工作。诊疗方案从预防、无症状感染者药物治疗、轻型普通型患者药物治疗、重型患者药物治疗、恢复期的治疗和中医外治六个方面提出指导意见，供临床医师参考。诊疗方案向市民推荐3个新冠肺炎中医药预防处方，包括福建省推荐的益气解毒方、中成药玉屏风颗粒、泉州清新方（泉州市中医院院内协定处方）。

（林　乐）

医政药政管理

【概况】 2022年，泉州市卫生健康委员会组织2021年委属6家公立医院院长（书记）目标绩效考核。建立4个上海六院名医工作室。加快建设18个省级县级医院临床重点专科。设立30个市级、78个县级医疗质量控制中心，涵盖30个临床专业，设置院内专职质控部门58个，临床科室质控员覆盖率100%，基本形成纵向与横向的质控工作网络。

【医院考核】 2022年，泉州市卫生健康委员会委属6家公立医院院长（书记）目标绩效考核平均得分79.84分，合格4家、基本合格2家。突出目标、问题、重点导向，引用国家二、三级公立医院绩效监测指标，运用2021年度绩效考核结果，加大学科建设、人才培养等权重分值。采取“一院一策”，考虑二级、三级医院功能定位，中医院、专医院、综合医院等实际特点，分别制定三级综合医院、中医院、儿童医院、精神卫生医院和二级综合医院考核指标，提高考核合理性、针对性。

【国家、省级区域医疗中心建设】 2022年，上海六院名医工作室专家到泉州诊疗25人次，完成疑难病例、教学查房2410人次、手术示教116次、专科会诊190人次。骨科、神经外科、普外科入选2022年福建省级临床重点专科。福建医科大学附属第二医院与福建医科大学附属第一医院合作建设国家省级区域医疗中心，新增普外科、麻醉科、内分泌科、眼科、临床护理5个省级临床重点专科，4个专科入选首批国家卫健委外科基础技能提升项目省级培训基地。9月22日，泉州市政府与上海九院签订合作共建国家区域医疗中心意向书。

【临床专科诊疗能力建设】 2022年，泉州市卫生健康委员会加强资金、绩效、人才等资源要素投入，建设一批市级重点专科，发展一批临床学科亚专业，打造一批市级专病诊疗中心，培育一批市级专科诊疗团队，掌握一批核心和关键临床诊疗技术。同步实施熔断机制，淘汰一批落后技术。全年新增8个市级重点专科、6个临床学科亚专业、13个市专病团队、14个专科专病中心。

【县级医院综合服务能力建设】 2022年，福建医科大学附属第二医院对口帮扶人口大县，实行临床科室双主任管理，第一批重点提升5家7个临床科室综合能力。8家县级二级以上综合医院全部进入国家“千县工程”县医院能力建设项目。泉州市卫生健康委员会加快建设18个省级县级医院临床重点专科，投入2951.79万元，开展新技术63项、1663例，Ⅲ、Ⅳ手术占比达77%，帮扶基层医疗机构126家。

【危急重症救治网络建设】 2022年，泉州市第一医院疑难重症远程会诊中心建成，开展多学科会诊96场。市、县两级胸痛、卒中救治体系进一步健全，10家医疗机构胸痛中心通过国家胸痛中心认证，县域覆盖率100%，建成99个胸痛救治单元，数量居全省前列。泉州市卫生健康委员会举办全市心电诊断竞赛活动，发布泉州市卒中地图，19家医疗机构成为卒中地图网络单位，建成14家卒中中心、27家卒中门诊。培训41场次，基层危急重症早期识别能力有所提升。

【医疗质量管理与控制体系】 2022年，泉州市卫生健康委员会建立动态管理机制，组织29个市级质控中心考核，结果与补助资金挂钩。组织开展29个专业医疗质量现状调查，掌握每个专业的医疗质量基本情况，为全市医疗质量安全管理提供科学依据和数据支撑。建立56个医疗质量监测指标（敏感指标项），举办39场专业质控培训班，规范诊疗技术和操作方法，培训8791人次。各个医疗质量控制中心开展院感、临床用血、检验、麻醉、急救、病案、合理用药、护理、卒中等98次医疗质量检查，检查640家次医疗机构，发现502条问题，督促整改488条，促进各临床专业医疗服务质量持续改进。

【临床路径管理】 2022年，泉州市各级各类医院推广临床路径管理，实行临床路径管理的病种数量不断增多。整体医疗质量提升显著，辖区医院实行临床路径管理的平均住院日、住院次均费用、药占比等医改重点监测指标比未实行临床路径管理的患者更加优化。全市二级以上公立医院实行按临床路径管理的出院人数占比69.37%，位居全省设区市第二位。

【医疗技术管理】 2022年，泉州市卫生健康委员会强化医疗技术临床应用事中事后监管，开展限制类医疗技术临床应用备案管理，7家医院备案6类15项。二级及以上公立医院门诊抗菌药物使用率15.61%；住院患者抗菌药物使用率43.61%；住院患者抗菌药物使用强度为35.42，均符合国家卫生健康委员会的要求。强化康复技能推广，开展针灸、手法、运动、松动等8项康复服务。

【用血、急救和医疗废物管理】 2022年，泉州市卫生健康委员会在全省首家制备并供应临床浓缩血小板，全市无偿献血5.75万人次，9.2万单位。提升院前急救能力，全市受理电话59.14万个，其中求救电话数23.61万个，出车10.9万车次，抢救病人4.91万人次。平均摘机反应时间5.06秒，平均受理时间63.8秒，优于省级标准。规范医疗废物管理，丰泽区、晋江市引入医疗废物第三方收集试点，全市“小箱进大箱”管理医疗机构4754家，收集处置医疗废物7517.7吨，集中处置率100%。

【医疗价格管理】 2022年，泉州市医疗保障局深化医疗服务价格改革，规范调整287项医疗服务项目及价格，支持医疗新技术发展，促进公立医院收入结构更加合理。推行多元复合式医保支付方式改革，按病种收付费病种数达494个，32家医疗机构实施DRG支付方式改革，其中4家医疗机构实行DRG收付费、28家医疗机构实行DRG付费，深化按床日收付费、中医特色优势门诊付费改革。

【药品和医用耗材采购】 2022年，泉州市医疗保障局推进药品和医用耗材采购领域改革，执行药品集中采购4批次、医用耗材集中采购5批次，开展第三批市级医用耗材集中采购，泉州市药品、医用耗材集中采购品种分别扩大至459种、29种。对97种国家医保谈判药品实行双通道管理，双通道管理定点医疗机构、定点零售药店分别达到18家、11家。落实国家、省组织药品集中采购和使用中医保基金结余留用政策，给予全市公立医疗机构2020年和2021年药品集中采购结余留用资金2.39亿元。

【泉州市第一医院医疗集团实质运行】 2022年，泉州市第一医院医疗集团引用成员单位年度目标、绩效考核结果，完善集团影像、远程心电、消毒供应、医学检验、远程会诊和双向转诊等信息系统，基本实现数据共享互用，指导成员单位开展新技术204项。1—9月，指导成员单位开展新技术13项，成员单位医疗服务能力明显提高。成员单位开展远程影像诊断2.08万例、心电诊断服务1.59万例、医学检验2962例、病理诊断5579例。选派管理、临床、护理专家定期下沉，推行双主任制，25人兼任成员单位相应临床科室主任，派出14批次134名专家常驻，双向转诊1.02万人次。

【《泉州市“十四五”深化医药卫生体制改革专项规划》印发】 2022年6月29日，泉州市政府办公室印发《泉州市“十四五”深化医药卫生体制改革专项规划》（以下简称“规划”）。规划明确改革优质资源共享下沉畅通机制等10个方面重点任务，力争到2025年年底，基层医疗卫生机构诊疗人次数占比超过65%，城乡参保人员的县域内住院量占比达到70%以上，县域内就诊率达90%以上，城乡居民医保住院费用政策范围内报销比例达70%左右。根据规划，泉州市将建立健全公共卫生管理体系和公共卫生应急处置体系，改革完善疾病预防控制体系，依托同级卫健部门设置市、县两级疾病预防控制局；加快构建分级诊疗合理新秩序，改革完善城市医疗集团同质辐射机制、高水平区域医疗中心建设长效机制、县级医院综合服务能力提升机制、紧密型县域医共体可持续运作机制、分级诊疗医保政策支持机制和基层医疗卫生服务网络；推进医疗保障制度改革，巩固优化待遇保障机制，健全完善筹资运行机制，推进医保支付方式改革，深化医疗服务价格改革。

【泉州市首批28家医疗机构实施DRG付费】 2022年10月15日，泉州市医保局、市财政局和市卫生健康委员会印发《关于开展按疾病诊断相关分组（DRG）付费工作的通知》，明确从是日起，泉州市28家医疗机构实施按疾病诊断相关分组（DRG）付费改革。DRG付费，是按照患者的疾病类型、治疗方法、病情严重程度等因素，将病人分入临床病症治疗和资源消耗相似的疾病诊断相关组（DRG组），每个组有相应的支付标准，以打包支付的方式进行管理，从而推动实现诊疗流程的规范及治疗费用的可控。也就是根据患者的临床诊断、治疗方式、年龄、性别、住院天数、合并症与并发症及转归等因素，把患者分入相应的DRG组，并明确支付标准。在实施DRG付费后，参保患者与DRG付费医疗机构结算住院费用时，仍以原付费方式（含按项目或按病种等方式）与医疗机构结算，参保患者按现行医保待遇政策支付由个人负担的费用，其余部分由医保基金支付。实施DRG付费后，以病组为单位打包付费，有助于促进医疗机构优化临床路径，规范诊疗行为，促进合理用药，减少不必要的检查和治疗，从而控制医疗费用的不合理增长，提升医疗服务整体效益，减轻群众就医负担。

（林乐 张智婷）

体　育

体育场馆

【概况】 2022年，泉州市体育局推进全民健身设施补短板工程。截至年底，全市体育场地面积2361万平方米，居全省第一位；全市有各类体育场地数量2.61万个，居全省第二位；人均体育场地面积2.66平方米。

【公共体育场馆】 2022年，泉州市体育局推进南安市体育场、德化霞田文体园等公共体育场馆建设工作。全市公共体育场馆100%免费或低收费开放，9座公共体育场馆纳入公共体育场馆信息化建设试点场馆。

【体育公园和场地建设】 2022年，泉州市体育局做好省、市为民办实事项目，建成2座（在建2座）智慧体育公园、110座口袋健身公园、11座游泳健身场地、10座村级老年体育活动中心、90千米健身步道和18座社会体育足球场地。推进中心市区中山公园、西湖公园老年人活动场地建设工作。

【晋江市紫峰中学晋杭体育馆落成】 2022年9月21日，晋江市紫峰中学晋杭体育馆落成典礼举行。晋杭体育馆建筑总面积2257平方米，总投资872万元。由泉州市政协委员、紫峰中学校友许晋杭捐资360万元筹建。体育馆一层建有乒乓球馆、室内健身室、舞蹈厅等，二层设置为篮球馆、报告厅。

群众体育

【概况】 2022年，泉州市永春、晋江、南安3个县（市）获评2019—2021年第一届福建省全民运动健身模范县（市、区），占全省获评数量的三分之一；晋江市作为全省唯一单位获评全国首批全民运动健身模范县。泉州市“体卫融合”项目被列为省级试点（全省两个）。

【“体卫融合”项目】 2022年，泉州市“体卫融合”项目被列为省级试点（全省两个）。该项目由泉州市体育局、市卫生健康委员会牵头开展，旨在通过市、区体育部门、卫生健康部门指导，街道（社区）、社区卫生服务中心、高等院校体育学院有机协作，探索运用运动处方、健康教育等非医疗健康方式，构建准确测试、科学评估、运动干预、运动监控、数据跟踪科学健身指导体系，促进慢性病人群病情改善、增进健康，在大众科学运动、运动康复、慢性病预防等方面发挥作用，为在全市、全省推广体卫融合和非医疗健康干预工作奠定实践和理论基础。全年指导健身72场次，指导健身人群500余人，开具运动处方1000余份。

【全民健身体育活动】 2022年，泉州市体育局结合常态化疫情防控要求，采用线上线下相结合的方式，在全市开展300余项线上线下体育赛事活动，参与群众超过20万人次。全市经常参加体育锻炼人口比例达到40.8%，《国民体质测定标准》总体合格达标率91%。

【泉州市三县（市）获评第一届省全民运动健身模范县】 2022年1月7日，福建省体育局命名2019—2021年第一届福建省全民运动健身模范县（市、区）。永春县、晋江市、南安市3个县（市）获评。

【晋江市获评全国首批全民运动健身模范县】 2022年12月27日，国家体育总局公布《关于命名第一批全民运动健身模范市（区）和全民运动健身模范县（市、区）的决定》，对12个全民运动健身模范市（区）和19个全民运动健身模范县（市、区）进行命名。其中，晋江市获评全国第一批全民运动健身模范县（市、区），成为福建省唯一获得此项荣誉的县（市、区）。

青少年体育

【概况】 2022年，泉州市体育局创新完善青少年体育竞赛体制机制，组织办好网球、举重、排球、足球等8个项目的市少年儿童锦标赛。开展全市年度青少年（含学生）体育赛事43场，参与人数超500人；开展"奔跑吧•少年"主题健身活动和冬夏令营等系列活动，参与人数超2万人。

【"体教融合"项目】 2022年，泉州市体育局会同市教育局推进"体教融合"实施意见及相关配套政策的编制工作，深化体育学校、体育工作队办学机制和管理体系改革，通过开展省队市办、市队县办、校办等新型训练模式，拓宽选材渠道，南安市成为全省首个女子足球队"省队市办"试点，省击剑队佩剑组落户晋江市少年儿童业余体育学校。

【体育人才输送】 2022年，泉州市体育局推荐泉州体育运动学校、南安市体育学校、晋江市少年儿童业余体育学校3所体育学校参评"国家重点高水平体育后备人才基地"，向省级及以上训练单位和高校输送体育人才115人，其中15人入选国家集训队。

【2022年泉州市少年儿童网球锦标赛】 2022年8月10—12日，由泉州市体育局、市教育局主办的2022年泉州市少年儿童网球锦标赛在泉州市体育中心远太网球馆举行。晋江市、南安市、安溪县、石狮市、鲤城区5支代表队102名运动员参赛，分为甲、乙组男女单打、双打和丙组男女单打等10个组别进行。比赛采用国家体育总局审定的最新网球竞赛规则，根据报名情况各组采用单循环比赛或分组分阶段循环比赛，其中甲、乙组采用标网，丙组采用短网。经过角逐，南安市代表队囊括男子团体和女子团体冠军，鲤城区代表队则获得男子团体和女子团体亚军，石狮市和晋江市代表队分获男子团体第三名和女子团体第三名。

竞技体育

【概况】 2022年，泉州市体育局总结奥运会、全运会备战经验，推进一个项目一个策略机制，抓好第十七届省运会备战训练工作。组建"三大球"队伍，"体总杯"福建省首届城市足球联赛、篮球联赛分获冠、亚军，三人篮球联赛男篮、女篮双双获冠军，南安市成立全省第一家女子职业足球俱乐部。推进反兴奋剂宣传教育常态化、制度化建设，建立高效监督体系，推动关口前移，杜绝食源性、药源性兴奋剂事件的发生。

【体育赛事】 2022年，泉州市体育局发展赛事经济，高质量办好全国电子竞技大赛、中国足球协会超级联赛中立赛区、中国女子篮球联赛等国家级知名赛事，承办"体总杯"福建省首届城市篮球联赛、省三对三篮球赛总决赛等省级赛事。国际街舞精英邀请赛入选省级重点赛事。推荐2个精品赛事、1个精品景区、8个优秀民俗民间项目申报2022年体育旅游精品项目。扩大石狮市、晋江市等地基层村篮球联赛、南安市全国汽车摩托车场地赛、永春县呈祥雪山高山徒步大赛、泉州台商投资区"环百崎湖"健步走活动等多项本土品牌赛事的办赛规格、赛事影响力，逐步完善"一县一品"赛事体系。

【参加第十七届省运会】 2022年11月27日至12月4日，福建省第十七届运动会在南平举行。泉州市代表团派出2000余名运动员参加青少年部、社会俱乐部、群众组的比赛，其中有1100余名运动员参加青少年部29个项目608个小项的比赛。泉州市在青少年部获188枚金牌、158.5枚银牌、135枚铜牌和总分5977分（其中各项大赛带入92枚金牌、48.5枚银牌、52枚铜牌和总分2862.5分，带入金牌和总分位居全省第二位），居全省前三位，金牌数、奖牌数、总分以及破省运会纪录人数和项目数均实现全面超越；群众组比赛获11个团体一等奖、12个二等奖，28个个人一等奖、28个二等奖。

【福建省首届城市篮球联赛在晋江市举行】 2022年6月24日至7月1日，由国家体育总局篮球运动管理中心、中国篮球协会指导，福建省体育局、泉州市政府主办，福建省篮排球运动管理中心、泉州市体育局、晋江市政府承办的"体总杯"福建省首届城市篮球联赛在晋江市体育中心举行。10支球队、120名运动员参赛。此次赛事线上活动以"篮球花样show"为主题，设置"谁是远投王""蒙眼投篮王""谁是创意王"3个项目，投稿时间截至7月3日。线下活动分两个阶段进行，第一阶段分两组进行单循环赛决出小组名次，第二阶段小组前四名进行交叉比赛，决出前八名。

【南安选手打破挺举世界纪录】 2022年12月8日，2022年世界举重锦标赛男子61公斤级比赛在哥伦比亚首都波哥大举行。泉州南安籍选手李发彬以抓举137公斤、挺举175公斤、总成绩312公斤包揽该项目三枚金牌，并打破印度尼西亚选手伊拉万在2018年创造的挺举世界纪录（174公斤）。

体育产业

【概况】 2022年，泉州市体育局编制印发《泉州市“十四五”体育产业发展规划》，擘画泉州体育产业发展蓝图。出台《泉州市本级单项体育协会规范管理的指导意见（试行）》，为泉州市体育社团规范管理提供制度遵循。全年全市体育彩票销售20.33亿元。

【体育项目和企业】 2022年，泉州市体育局推进开放招商，在抓好年内2个竣工类项目（晋江、鲤城智慧体育公园）和2个开工类项目（德化霞田文体园、南安市体育场）建设的基础上，策划生成10个体育类重点项目，计划总投资39.06亿元。组织南方体育健康产业园、泳者之星智慧游泳产业孵化基地、大美小岞帆船帆板运动中心3个项目参加2022年全国革命老区体育产业发展高峰论坛暨福建省体育产业招商及赛事推介活动，招商签约金额6.2亿元。对接国家体育总局、省体育局，申办弘扬“晋江经验”体育产业高质量发展大会和成立国家体育产业制造研究院，推动体育制造业转型升级，对2021年泉州市获评省级及以上产业示范单位、示范项目的2家企业（中乔体育股份有限公司、晋江市远祥服装织造有限公司）、2个项目（潮希少儿体育服务综合体项目、花千谷青少年户外体育活动营地）下发410万元体育产业发展专项资金，南安清境桃园生态农业观光园项目获评2022年省级体育产业基地。

【全省首家女子职业足球俱乐部在南安市成立】 2022年8月3日，福建省女子足球队委托南安市承办签约仪式暨福建南安足球俱乐部泉工女足2022年全国女子足球乙级联赛总结大会在南安市举行。活动现场宣读《福建省体育局关于同意由南安市承办省女子足球队的复函》，福建省篮排球（足球）中心和南安市政府签订“省队市办”委托协议书。福建南安足球俱乐部揭牌成立，成为全省首家女子职业足球俱乐部。7月，福建南安足球俱乐部开始承接管理省女子足球队。作为全省首支职业女子足球队，福建南安足球俱乐部泉工女足于7月11日起参加2022年全国女子足球乙级联赛，在24支参赛队中获得第七名的佳绩，完成赛前任务目标。

【晋江成为中超联赛中立赛区】 2022年10月24日，中国足球协会超级联赛（以下简称“中超联赛”）增加晋江为中立赛区，以分担其他赛区的办赛压力。随着天气越来越冷，北方城市进行足球比赛有较大难度。经中国足球协会、中国职业足球俱乐部联合会筹备组考察，增加晋江为2022赛季中超联赛中立赛区。晋江市足球训练中心体育场、晋江市体育中心体育场作为中立赛区比赛场。泉州赛区启动后，接下来的中超联赛集中在浙江、福建、广东、海南等省进行。泉州晋江赛区是该赛季中超联赛第二个主客场制中立赛区。泉州晋江赛区、海口赛区同时运行，承接部分俱乐部的中立主场比赛，并在俱乐部主场赛区气候条件不满足比赛要求时、主场赛区客观情况变化暂无法办赛时，承接相关比赛。

（黄玲玲）

2022年10月24日，晋江成为中超联赛中立赛区。图为比赛场地晋江市体育中心远眺 （林劲峰 摄）

社会生活

人口家庭

【人口增长】 2022年末，泉州市常住人口887.9万人，比2021年末增加2.9万人。65岁及以上老年人口占10.3%。人口出生率7.67‰，死亡率7.22‰，自然增长率0.45‰，常住人口城镇化率70.04%。

【人口迁移】 2022年，泉州市人口迁入：省内迁入9.5万人，省外迁入1.79万人；人口迁出：迁往省内10.46万人，迁往省外1.52万人。

表32 2022年泉州市年末人口数及其构成情况表

县（市、区）	常住人口（万人）	出生率（‰）	死亡率（‰）	自然增长率（‰）	城镇化率（%）
泉州市	887.9	7.67	7.22	0.45	70.04
鲤城区（含泉州经济技术开发区）	43	6.71	6.37	0.34	100
鲤城区	39.8	6.78	6.84	-0.06	100
泉州经济技术开发区	3.2	5.81	0.46	5.35	100
丰泽区	72.6	7.05	6.11	0.94	100
洛江区	25.6	7.51	6.81	0.7	61.89
泉港区	36.1	9.29	8.71	0.58	57.02
石狮市	69.5	8.03	6.71	1.32	86.22
晋江市	207.6	6.73	6.28	0.45	69.85
南安市	153.3	7.4	7.21	0.19	64
惠安县（含泉州台商投资区）	104.6	9.24	8.4	0.84	58.75
惠安县	79.1	9.41	8.46	0.95	59.7
泉州台商投资区	25.5	8.73	8.21	0.52	55.82
安溪县	99.9	8.15	8	0.15	52.79

续表

县（市、区）	常住人口（万人）	出生率（‰）	死亡率（‰）	自然增长率（‰）	城镇化率（%）
永春县	41.9	7.42	8.6	-1.18	62.05
德化县	33.8	8.9	8.59	0.31	78.76

（资料来源：市统计局）

【家庭】 2022年，泉州市家庭总户数226.64万户，年末户籍人口773.82万人，平均每户3.41人。泉州市推进“家庭教育工程”，制定出台《关于指导推进泉州市家庭教育的五年规划》，开展“凝聚家力量 喜迎二十大”家庭家教家风宣传实践活动，举办家教公益大讲堂、“共促成长•共赢未来”e享家长课堂120场次，参与家长2.45万人次。举办家庭教育指导专项职业能力培训班，开展“书香小芽儿”亲子阅读系列活动，征集亲子读书类视频200余个。开展0～3岁早期家庭教育微视频展评活动。

【生育状况】 2022年，泉州市出生7.02万人，其中男孩3.86万人、女孩3.16万人。

【婚姻登记管理】 2022年，泉州市民政局推进婚姻登记规范化及婚俗改革工作。推行婚事新办、深化婚俗改革，加强婚姻登记规范化建设，完成婚姻登记历史数据信息补录工作，实现福建省内地居民结婚登记“省内通办”工作，推动落实“公民婚育一件事”工作。全市办理婚姻登记4.5万对，其中结婚登记3.01万对、离婚登记8975对、补领登记5920对。

【收养管理】 2022年，泉州市加强收养管理，落实收养管理有关制度，办理国内收养登记16件。

【流动人口管理】 2022年，泉州市加强流动人口管理，依托“智慧社区防控平台”开发数据核实模块，下发疑似未登记的流动人口数据400万条，核实登记有效流动人口信息370万条，核实注销285万条，流动人口数据变动量655万条。

【新泉州市民服务】 2022年，泉州市推进新泉州市民服务。教育方面，强化流入地政府责任，鼓励公办初中学校通过挖潜、扩招等办法扩大招收辖区内的随迁子女就近接受义务教育，健全以居住证为主要依据的随迁子女义务教育入学政策，加强对随迁子女的教育管理服务，确保符合要求的随迁子女能够应入尽入，保障义务教育阶段随迁子女入学权利。截至秋季，泉州市义务教育学校随迁子女在校生37.07万人，占比27.35%，义务教育阶段随迁子女94.16%在公办学校就读，比2021年增加0.46个百分点。推进新市民金融服务，泉州银行将新市民金融服务作为经营管理重点工程统筹推进；围绕新市民生产生活现状、群体特征、金融需求等维度，研究制定《泉州银行新市民金融服务工作专项实施方案》，明确工作机制、考核措施等，为新市民服务提供精准的行动指南。

【殡葬管理】 2022年，泉州市民政局开展违建坟墓专项整治工作，遏制增量，化解存量，巩固违建坟墓整治成果。统筹开展清明节期间祭扫与疫情防控工作，推进“互联网+殡葬服务”。推动泉州宏福园等4个殡仪馆的改扩建和新建16个乡村公益性骨灰堂。推进丧事简办，推行惠民殡葬和文明治丧相结合的基本殡葬服务费减免或发放政策。推行节地生态安葬（放）方式，全市火化率100%。

（市统计局 市民政局）

就业创业

【概况】 2022年，泉州市强化就业优先政策，推动人事管理、职称制度改革、人才引进、劳动保护、就业服务、劳动权利维护、工资监管和指导等工作。其中，“1小时灵活就业平台”做法在全国推广，营商环境劳动力市场监管指标全省第一；泉州市政府在省政府保障农民工工资支付工作考核中获评A级。全年城镇新增就业人员9.06万人，2.69万名城镇失业人员实现再就业；培训各类劳动者12万人次。

【就业服务】 2022年，泉州市人力资源和社会保障局开发“招聘导航”和“泉通行——在线招工”2个平台，开展千企“引工大使”和百场就业服务、百家企业劳务合作、百校百企对接“三个百”招工引才2项活动，举办线上线下招聘会789场，发布岗位数54.7万个，全市城镇新增就业9.06万人，失业人员实现再就业1.75万人，帮助脱贫劳动力稳定就业1.6万人。出台援企稳岗促就业十条措施等系列扶持政策，通过落实稳岗返还、一次性留工培训补助、以工代训、降低社保费率和缓缴社保费等政策，为企业增加现金流11.24亿元，惠及企业27.77万家次、惠及员工193万人。鼓励灵活就业，立足泉州市特色主导产业和新经济新业态，鼓励各地探索创新，泉港区开发“1小时灵活就业”平台，晋江市建设“全链条”零工市场，石狮市建设“狮城零工市场”，助力本地富余劳动力就近就业。推动人力资源服务产业发展，印发《泉州市经营性人力资源服务机构推荐高校毕业生或其他紧缺急需人才奖励方案》，筹建中心市区人力资源服务产业园，全市经营性人资机构172家，比2021年增长31%。在全市范围内开展人力资源服务机构安全生产和“双随机、一公开”执法检查活动。

【高校毕业生就业】 2022年，泉州市支持高校毕业生等重点群体就业创业，在华侨大学、泉州信息工程学院等本地高校开展“送岗留才进校园”活动，组织线上线下招聘活动497场次，发布就业岗位20余万个。扩大基层岗位供给，发布“三支一扶”计划、服务社区计划、公益性岗位、基层公共管理和社会服务岗位487个，引导毕业生扎根基层、服务基层。

【困难群体就业】 2022年，泉州市强化就业困难人员就业帮扶，开办技能提升培训班19个、培训754人，发放社保补贴2980.36万元、惠及6191人。

【劳动权利维护】 2022年，泉州市人力资源和社会保障局开展劳动关系“和谐同行”三年行动，完成省级金牌劳动关系协调员推荐工作，开展重点企业和新企业的用工指导服务，服务指导重点企业15家、新企业82家。开展新就业形态劳动者劳动权益保障专项行动，制定“3+2”行动方案，维护新就业形态劳动者合法权益。完善根治欠薪工作机制，建成工程项目工资支付监控预警平台，监管发放工资350亿元，惠及农民工46万人次。组织开展“雷霆清零·百日攻坚”行动，集中整治拖欠农民工工资行为，实现“双清零”目标。拓展“枫桥经验+法律援助”模式，聚焦困难职工、女职工，提供免费法律援助新渠道，在泉州妇女儿童活动中心建立市女职工劳动权益保障一体化基地。全市各级劳动人事争议调解仲裁机构处理争议案件1.28万件，涉及劳动者2.37万人。其中，市、县两级仲裁机构立案受理6293件，基层调解4751件，为劳动者挽回经济损失3.32亿元。推进工伤认定工作，推进工伤认定信息化建设，优化办理流程，提高认定质效。全市办理工伤案件6967件，维护工伤职工合法权益。

【工资监管和指导】 2022年，泉州市人力资源和社会保障局加强工资监管和指导，审批年度考核晋升工资，兑现晋级晋档待遇。核定事业单位年终追加绩效工资总量，人均标准从原来的1.8万元调整提高至2万元，人均增资2000元。调整提高机关、事业单位工作人员基本工资标准，此次调整人均增资水平为300元/月（义务教育教师人均增资水平330元/月）。推进公立医院薪酬制度改革，制定出台《泉州市深化公立医院薪酬制度改革实施方案》。研究制定奖金规范方案，实现三季度非营利性单位工资总额指标增速13.2%。

【创业支持】 2022年，泉州市支持大学生创业，评选60个项目给予160万元市级资金资助，指导推荐12个项目获评省级资金资助49万元；发放毕业生创业担保贷款693万元，并给予贷款贴息支持。首次设立“中国创翼”创业创新大赛市级选拔赛奖励，给予24个项目总计22万元的资金奖励；指导11个项目参加省级选拔赛，5个项目获省级奖项。

【泉州市女职工维权一站式服务平台揭牌】 2022年9月23日，福建省首个女职工维权一站式服务平台——泉州市女职工劳动权益保障一体化基地在泉州市妇女儿童活动中心揭牌。女职工劳动权益保障一体化基地由泉州市妇女联合会、市中级人民法院、市人力资源和社会保障局联合成立。基地内设女职工劳动争议调解中心、女职工劳动仲裁服务工作站、劳动

2022年9月23日，泉州市女职工劳动权益保障一体化基地在泉州市妇女儿童活动中心揭牌 （市妇联 供图）

争议仲裁派驻庭、维护女职工合法权益合议庭等多个服务阵地，建立沟通协调、信息互通、指导培训、联动受理、速调速裁五项制度，及时就地解决纠纷，实现女职工劳动纠纷“闭环式办理、一揽子调处、全链条解决”。同时，拓展服务功能，聚焦女职工权益保障及服务需求，提供普法教育、调解争议、法律援助、仲裁维权、司法维权、心理咨询、关爱帮扶等一站式服务。

（黄倩悦）

收入与消费

【概况】 2022年，泉州市全年居民人均可支配收入4.67万元，比上年增长5.4%；人均消费支出2.97万元，比上年增长5.0%。城乡居民人均可支配收入比值为2.09，比上年缩小0.03。城乡居民家庭恩格尔系数分别为31.3%和38.0%。

【居民收入水平】 2022年，泉州市居民人均可支配收入4.67万元，比上年增加2375元，增长5.4%。分城乡看，城镇居民人均可支配收入5.77万元，比上年增加2713元，增长4.9%；农村居民人均可支配收入2.76万元，比上年增加1661元，增长6.4%。

【人均工资性收入】 2022年，泉州市居民人均工资性收入2.68万元，比上年增长5.1%。

【人均经营净收入】 2022年，泉州市人均经营净收入1.22万元，比上年增长4.6%。

【人均财产净收入】 2022年，泉州市人均财产净收入4239元，比上年增长5.8%。

【人均转移净收入】 2022年，泉州市人均转移净收入3468元，比上年增长9.3%。

【居民消费水平】 2022年，泉州市居民人均生活消费支出2.97万元，比上年增加1424元，增长5.0%。分城乡看，城镇居民人均生活消费支出3.5万元，比上年增加1639元，增长4.9%；农村居民人均生活消费支出2.06万元，比上年增加990元，增长5.1%。分来源看，食品烟酒类是全市居民消费第一大支出，全市居民人均食品烟酒消费支出9808元，比上年增长4.3%，食品烟酒支出占生活消费比重（即恩格尔系数）为33.0%。居住类是全市居民消费第二大支出，人均居住消费支出7507元，比上年增长3.1%。交通通信类位居第三，人均交通通信消费支出3690元，比上年增长9.4%。其后依次是教育文化娱乐消费支出2852元，生活用品及服务消费支出1799元，衣着消费支出1730元，医疗保健消费支出1410元，其他用品和服务消费支出900元。

（市统计局 国家统计局泉州调查队）

表33 2022年6月30日泉州市区主要生活必需品零售价格一览表

商品名称	规格/等级	计价单位	平均价（元）
晚籼米	标一	元/500克	3.02
粳米	标一	元/500克	2.70
富强粉	特一	元/500克	3.37
标准粉	标准一等	元/500克	2.50
花生油	金龙鱼一级桶装5升	元/桶	120.48
大豆调和油	金龙鱼一级桶装5升	元/桶	73.30
鲜猪肉	精瘦肉	元/500克	17.70
鲜猪肉	中段肉	元/500克	13.15
鸡肉	白条鸡、开膛、上等	元/500克	19.18
鸭肉	白条鸭	元/500克	21.63
鸡蛋	新鲜完整	元/500克	5.42
鸭蛋	新鲜完整	元/500克	7.90
鲜牛肉	新鲜去骨	元/500克	50.27
鲜羊肉	新鲜带骨	元/500克	43.33

续表

商品名称	规格/等级	计价单位	平均价（元）
虾	活体长10厘米左右	元/500克	39.70
鳙鱼	活1500克左右一条	元/500克	13.50
草鱼	活750克左右	元/500克	12.22
黄瓜鱼	冰鲜400克左右一条	元/500克	18.33
大白菜	新鲜一级	元/500克	2.49
青瓜	新鲜一级	元/500克	3.37
油菜	新鲜一级	元/500克	4.99
西红柿	新鲜一级	元/500克	4.07
菜花	新鲜一级	元/500克	4.87
圆白菜	新鲜一级	元/500克	2.52
上海青	新鲜一级	元/500克	3.24
土豆	新鲜一级	元/500克	2.57
胡萝卜	新鲜一级	元/500克	2.29
空心菜	新鲜一级	元/500克	5.67
苹果	新鲜一级	元/500克	7.68
香蕉	新鲜一级	元/500克	4.39

（资料来源：市发改委）

表34　2022年12月31日泉州市区主要生活必需品零售价格一览表

商品名称	规格/等级	计价单位	平均价（元）
晚籼米	标一	元/500克	2.87
粳米	标一	元/500克	2.70
富强粉	特一	元/500克	3.37
标准粉	标准一等	元/500克	2.55
花生油	金龙鱼一级桶装5升	元/桶	119.95
大豆调和油	金龙鱼一级桶装5升	元/桶	73.30
鲜猪肉	精瘦肉	元/500克	18.95
鲜猪肉	中段肉	元/500克	15.47
鸡肉	白条鸡、开膛、上等	元/500克	19.22
鸭肉	白条鸭	元/500克	21.63
鸡蛋	新鲜完整	元/500克	6.52
鸭蛋	新鲜完整	元/500克	8.87

续表

商品名称	规格/等级	计价单位	平均价（元）
鲜牛肉	新鲜去骨	元/500克	51.66
鲜羊肉	新鲜带骨	元/500克	41.27
虾	活体长10厘米左右	元/500克	36.18
鳙鱼	活1500克左右一条	元/500克	13.50
草鱼	活750克左右	元/500克	11.47
黄瓜鱼	冰鲜400克左右一条	元/500克	18.97
大白菜	新鲜一级	元/500克	2.40
青瓜	新鲜一级	元/500克	4.15
油菜	新鲜一级	元/500克	6.05
西红柿	新鲜一级	元/500克	4.02
菜花	新鲜一级	元/500克	4.60
圆白菜	新鲜一级	元/500克	1.90
上海青	新鲜一级	元/500克	5.05
土豆	新鲜一级	元/500克	3.30
胡萝卜	新鲜一级	元/500克	2.62
空心菜	新鲜一级	元/500克	8.88
苹果	新鲜一级	元/500克	7.55
香蕉	新鲜一级	元/500克	3.47

（资料来源：市发改委）

社会保险

【概况】 2022年，泉州市人力资源和社会保障局深化、落实各项社保改革任务，开展社保基金管理提升年行动、社保经办数字化转型专项行动，推动社保经办管理服务发展。推进社会保障参保扩面，落实社保降费率和缓缴政策。企业职工基本养老保险、失业保险、工伤保险3项社会保险费缓缴对象由5个特困行业扩大到22个行业，全年缓缴费款2327.17万元。推进第三代社保卡换发和功能拓展工作，发放第三代实体社保卡215.5万张，新增签发电子社保卡101万张，11家合作银行开设“立等可取”服务网点1157个。拓展社保卡其他领域应用，充实完善社保卡“市民一卡通”服务功能。全市新增企业职工养老保险、工伤保险、失业保险参保人数45万人次、总数454.03万人次。

【养老保险】 2022年，泉州市调整提高城乡居民基本养老保险基础养老金省定最低标准，全市城乡居民基本养老保险基础养老金平均水平每人每月174.79元，较国家、省定标准分别高出76.79元和24.79元。全市新增企业职工养老保险14.94万人，总数202.57万人，城乡居民基本养老保险参保人数375.55万人。

【医疗保险】 2022年，泉州市基本医疗保险参保人数720.62万人，其中职工医保参保人员117.43万人、城乡居民医保参保人员603.19万人。泉州市城乡居民医保筹资水平940元/人，其中各级政府补助610元/人、个人缴费330元/人，人均筹资比2021年增加70元，政府补助比例64.89%。泉州市城乡居民医保、医疗救助和医疗保障能力提升评分位居全省第三名。泉州市职工基本医疗保险基金（含生育保险）、城乡居民基本医疗保险基金当期收入分别为63.44亿元、56.97亿元，支出分别为46.77亿元、56.53亿元，当期结余分别为16.67亿元、4406万元，累计结余分别为126.93亿元、24.82亿元，医保基金累计结存可支付月数分别为38.04个月、5.29个月。

【失业保险和工伤保险】 2022年，泉州市新增失业保险5.49万人、总数95.35万人；新增工伤保险24.92万人、总数156.46万人。继续实施失业保险、工伤保险降费率政策，失业保险、工伤保险两项全年合计减征10.18亿元，惠及企业24.45万家次。

【生育保险】 2022年，泉州市生育保险和职工基本医疗保险合并实施，除灵活就业人员外的在职职工基本医疗保险参保对象均须参加生育保险。参加生育保险的职工，生育、妊娠终止、实施计划生育手术，按规定享受的生育保险待遇包括生育医疗费用报销和生育津贴补助。生育保险企业职工缴费费率为用人单位工资总额的0.5%，机关、事业单位缴费费率为0.35%。职工个人不缴费。参保居民生育保险在本市内发生的生育医疗费用按顺产1300元、剖腹产1800元（含300元产前检查费用补助）的定额标准给予一次性城乡居民医保生育医疗费用一次性补助；转到市域外的，按顺产1100元、剖腹产1300元（含300元产前检查费用补助）的定额标准给予一次性补助。全市参加生育保险人数95.51万人。

【保险基金发放与管理】 2022年，泉州市人力资源和社会保障局强化社保基金监管，开展社保基金管理提升年行动，发现问题795个，追回资金556.68万元。开展社保基金安全警示教育月活动，开展集中学习研讨24场。推动社保数据稽核工作，核查疑点数据2344条，核查发现冒领、多发17人，涉及33.95万元。开展社保基金冒领追讨行动，追回资金192.43万元。

【城乡居民基本养老保险大规模静默认证】 2022年5月14日，为让群众“零跑腿、零感知”享受养老保险待遇，泉州市在全省率先开展城乡居民基本养老保险大规模静默认证工作，由待遇领取人员“自证”转变为大数据“佐证”。经多方、多渠道数据交叉比对、相互验证、归并整理，剔除泉州市城乡居民基本养老保险数据库以外人员后，获得泉州市城乡居民保领取待遇人员89.11万人，并经过多重强校验，统一为全市76.88万人进行待遇领取资格静默认证，认证率80.31%。

2022年6月30日，“泉州信用医保”启动仪式在泉州广播电视台举行

（市医保局 供图）

【“信用医保”线上个人授信服务】 2022年6月30日，泉州市医保诚信体系建设工程暨“泉州信用医保”启动仪式在泉州广播电视台举行。启动仪式上，泉州市医疗保障局和兴业银行泉州分行签订“泉州信用医保”战略合作框架协议，在全省率先推出“信用医保”线上个人授信服务。“泉州信用医保”项目可向参保人员提供授信额度最低5000元、最高2万元的信用医保服务，可用于本人及其亲属支付定点医院诊疗费用，获得授信额度放款后，50天免息。

【泉州市医疗保障研究会成立】 2022年9月29日，泉州市医疗保障研究会、泉州市医疗保障和医疗救助协会分别成立。市医疗保障研究会、市医疗保障和医疗救助协会分别举行第一届第一次会员大会，选举产生理事会和监事会组成人员。其中，市医疗保障研究会为全省首个市级医疗保障研究会，是从事医疗保障科学研究和学术交流的地方性、学术性、非营利性社会组织。市医疗保障研究会主要开展医疗保障制度设计和管理体系等方面研究、专业标准和技术规范研究、数据分析及相关学术交流、培训咨询、舆论宣传。市医疗保障和医疗救助协会的百名会员中，包括单位会员90家、个人会员10名，汇聚医疗机构、金融机构、保险机构、药店、药品耗材配送企业等行业和单位的精英力量，是全市首个汇集医疗保障多元主体、全链条的公益性社团组织。

（黄倩悦 张智婷）

社会救助

【概况】 2022年，泉州市低保、特困供养保障覆盖9.13万人，及时足额发放低保和特困供养金6.69亿元。泉州市民政局完成困难群众救助补助审计发现问题专项治理工作，开展困难群众“漏保”“漏救”点题整治巩固提升行动，定期开展大数据比对筛查，完成低保边缘家庭认定10.32万人。探索“资金十物质+服务”救助模式，2个项目被确定为省级开展服务类社会救助试点（项目），示范带动全市服务类社会救助工作开展。

【特困救助】 2022年，泉州市低保、特困供养保障覆盖9.13万人，比2021年增长6.6%，及时足额发放低保和特困供养金6.69亿元。特困人员救助供养年平均标准由每人每年1.86万元提高至2.54万元，比2021年增长36.5%。

【最低生活保障】 2022年，泉州市城乡低保标准按当地最低工资标准的45%～48%确定，提标后全市城乡低保标准最低815元/人·月，最高940元人·月。城乡低保年平均标准由每人每年9005元提高至1.06万元，比2021年增长17.5%；全市有城乡低保对象8.56万人，发放城乡低保金5.65亿元。

【慈善救助】 2022年，泉州市慈善助困投入2098.3万元，帮扶慰问特困户、低保户、困境儿童等困难群众，实施闽宁协作项目，基金定向助困项目等。慈善助残投入10万元，资助残疾人就业创业。慈善助老投入309.23万元，资助养老服务机构疫情防控及纾困扶持，资助乡村长者食堂、社区老年学校，基金定向敬老助老项目等。慈善公益投入4856.58万元（含物资折价），支援泉州市疫情防控，定向捐赠消防救援物资及资助乡村建设，基金定向开展文化建设、社区服务、社会公益事业等。

【教育救助】 2022年，泉州市慈善助学投入1958.06万元，资助优秀贫困大学生入学，奖励、资助在校优秀贫困大学生和优秀教师，香港福建希望工程基金、同心光彩基金等冠名慈善基金定向助学助教项目等。

【医疗救助】 2022年，泉州市慈善助医投入3128.5万元（含物资折价），承接中华慈善总会格列卫、达希纳、易瑞沙药品援助项目及科跃奇资金援助项目，开展下乡义诊送医送药，资助图书馆中草药特藏馆，基金定向大病救助项目等。

【临时救助】 2022年，泉州市实施临时救助6.05万人次， 落实临时救助7058.25万元，通过泉州市救助站救助受助人员4346人次。全市发放一次性生活补贴1078万元，惠及困难群众8.99万人次；发放价格临时补贴3217.12万元，惠及困难群众45.37万人次。

【社会救助“放管服”改革】 2022年，泉州市推行社会救助“放管服”改革，低保、特困、临时救助审批权限全部下放至乡镇（街道），全面实现3000元（含）以下临时救助审批权限下放到乡、镇（街道），鲤城、丰泽、石狮、德化等县（市、区）将委托下放的临时救助审批权限提高至5000元，乡、镇（街道）临时救助备用金制度全面建立。

【紧急救助因疫情滞留在家的困难家庭】 2022年4月1日，泉州市红十字会下拨800万元救助款，对泉州市部分因疫情管控等原因滞留在家、缺乏基本生活费用的困难家庭进行临时紧急救助，每户发放1000元救助款。市红十字会将相关救助款下拨到相关县（市、区），由当地红十字会牵头，在有关乡镇（街道）的协助下，最终确定受助对象，并陆续通过银行转账方式汇到困难群众个人账户。

（庄婉芳）

社会福利

【概况】 2022年，泉州市民政局推进社会福利各项工作，办理国内儿童收养登记16件。截至年底，全市有儿童福利机构9家（含综合福利院儿童部），床位435张，在院抚养儿童200人；有各类老年福利机构147家（含福利院、福利中心、敬老院、老年公寓、村级敬老院等），各类养老床位数5.31万张（含日间照料室床位），年平均入住床位4018张。

【基层儿童关爱服务队伍建设】 2022年，泉州市民政局加强基层儿童关爱服务队伍建设，推动全市2543个村（居）委员会全部设立妇女和儿童工作委员会，及时调整补充乡、镇（街道）儿童督导员、村（居）儿童主任，实现儿童督导员、儿童主任及村（居）妇儿工委“三个全覆盖”。按照分级负责原则开展儿童督导员、儿童主任培训，提升基层儿童工作队伍关爱服务能力。

【孤弃儿童权益保障】 2022年，泉州市民政局保障孤弃儿童权益。开展事实无人抚养儿童认定保障工作，全市在册事实无人抚养儿童2812人，比2021年增加425人，增长17.8%。加强困难群众救助补助资金管理使用，按照基本生活保障标准发放，为全市429名孤儿、2812名事实无人抚养儿童发放基本生活保障金4367万元。实施“孤儿医疗康复明天计划”，补助36名孤儿体检及相关医疗费用4.81万元。实施“福彩圆梦·孤儿助学工程”项目，补助年满18周岁在全日制高校就读的孤儿学生92名，发放助学金68.53万元。开展宗教活动场所收留抚养孤弃儿童专项摸排，掌握基本情况，逐一登记造册，全市有收留抚养儿童的宗教场所155家，收留抚养儿童401人。

【儿童关爱】 2022年，泉州市民政局推动儿童关爱专业化，统筹省级儿童关爱服务补助资金387万元、投入市级补助资金120万元，在17乡、镇、10个村（居）开展“福蕾行动计划”、农村留守儿童关爱保护和困境儿童保障示范点创建项目，推进政府购买服务项目落实到位。开展在押服刑人员未成年子女关爱保护政府购买服务项目。

【养老贴心工程】 2022年，泉州市民政局推动养老贴心工程健康发展。2月，制定《2022年泉州市养老服务工作要点》。5月17日，出台《加快银发经济发展的实施方案》，加快推动银发经济发展，满足老年人多样化、多层次养老消费需求。5月20日，召开全市民政系统打击整治养老服务领域诈骗和安全工作推进会，推动各项任务落实。6月15—24日，对全市养老项目、养老机构疫情防控、打击整治养老诈骗、养老资金审计反馈问题整改等七大方面进行督查，推动养老服务领域各项重点工作和重点项目建设。泉州市养老服务设施更加齐全、服务质量更加完善，基本形成居家社区机构相协调、医养康养相结合的养老服务体系。

【医养结合】 2022年，泉州市民政局完善机制，推进医养结合健全完善。支持养老机构、街道和重点乡、镇居家社区养老服务照料中心、城乡居家养老服务站等以不同形式为入住老年人提供医疗卫生服务，实现“养中有医”。开展医养结合试点单位创建，推进场所建设、设备配置、签订合作协议等工作。截至年底，全市有医养结合机构17家，其中养老机构办医8家、医疗机构办养老9家。

【高龄补贴】 2022年，泉州市落实高龄老人津贴制度，80周岁以上老年人高龄津贴制度覆盖到全市所有县（市、区）。高龄补贴由各县（市、 区）组织发放。截至年底，全市百岁老人补贴发放554人，金额83.1万元。

【福利彩票发行与资金管理】 2022年，泉州市销售福利彩票12.62亿元，比2021年增长6.42%，占全省销售总额的28.58%。其中，电脑票销售10.79亿元，增长7.15%；即开票销售1.84亿元。全年募集福彩公益金4.05亿元，其中泉州可直接使用的福彩公益金1.11亿元。

【泉州市社会福利中心揭牌】 2022年9月25日，泉州市社会福利中心、光大百龄帮泉州市颐养中心揭牌仪式在丰泽区普贤路泉州市社会福利中心综合楼前举行。泉州市社会福利中心是中共泉州市委、市政府应对人口老龄化，加快发展养老服务业投资建设的一项重要民生工程。项目规划建设用地9.33公顷，分两期建设。一期建设用地6.27公顷，总建筑面积6.3万平方米，设置床位1100张（其中养老院床位906张、儿童福利院床位194张）。一期养老院采用公建民营模式，1月，市民政局通过公开招投标，由央企中国光大集团旗下养老品牌、重庆光大百龄帮康养产业集团有限公司中标运营管理。经过前期筹备，该养老院已具备运营条件，后期在院内建设一所以老年病治疗和老年人康复为主的一级综合医院，力求打造成泉州市的示范型医养结合养老机构，为老年人提供高品质养老服务，营造健康养老生活方式。

（庄婉芳）

2022年9月25日，光大百龄帮泉州市颐养中心揭牌仪式在丰泽区普贤路泉州市社会福利中心综合楼前举行 （市民政局 供图）

住房保障

【概况】 2022年，泉州市住房和城乡建设局加强住房保障，新开工棚改项目1.19万套、公租房464套。完善保障性租赁住房发展机制，新增保障性租赁住房5738套。完成中心市区512户保障房选房分配。将农村低收入群体，包括农村低保户、农村分散供养特困人员、农村易返贫致贫户，以及因病因灾因意外事故等刚性支出较大或收入大幅缩减导致基本生活出现严重困难家庭等六类低收入群体列为农村住房安全保障重点对象。

【保障性住房】 2022年，泉州市开工棚改项目1.19万套、公租房464套。完善保障性租赁住房发展机制，新增保租房5738套，获兴业银行300亿元意向授信支持。鲤城区民营企业鸿荣轻工自持整宗租赁住房用地建设保租房模式入选住房和城乡建设部第三批可复制可推广经验清单。全年完成中心市区512户保障房选房分配。

【安置回迁】 2022年，泉州市新开工建设安置型商品房173万平方米，回迁安置107万平方米，解决一批历史遗留项目安置问题。泉州市住房和城乡建设局推进市级投资项目剩余资产上市，完成安置18.4万平方米，上市交易11.03万平方米，成交金额14.87亿元。在西郊片区试点定向定价商品房安置模式，在东海莲埯片区试点房票制度，形成政府、市场、群众“三赢”局面。鲤城区、丰泽区、南安市3个项目获评“2022年度全省和谐征收示范项目”。

【农村住房安全保障】 2022年，泉州市将农村低保户等六类低收入群体列为农村住房安全保障重点对象。经农户申请、集体评议、乡镇审核、县级审批等，确定将98户列入2022年危房改造对象。这98户危房改造对象包括泉港区36户、南安市19户、惠安县38户、永春县5户。

【住房公积金】 2022年，泉州市住房公积金管理中心新增归集职工7.74万人；新增归集公积金117.65亿元；新增发放个人住房贷款1.24万笔、61.56亿元；个贷使用率91.26%，比2021年底下降1.73个百分点；实现业务收入9.26亿元，增值收益3.59亿元；上缴2021年度城市廉租住房建设补充资金2.69亿元，历年累计上缴19.27亿元。

（吴有荣 廖静娜）

老龄事业

【概况】 2022年，泉州市开展医养结合机构工作，整合老年健康需求，营造老年健康支撑体系，推动老龄工作有关政策和项目落地实施，构建老年友好型社会，改善老年人居住生活环境，创建示范性老年友好型社区和老年友善医疗机构，推进医养融合发展，满足老年人健康服务需求。

【涉老政策措施】 2022年，泉州市完善涉老政策措施。4月15日，泉州市卫生健康委员会联合市民政局出台《关于加快推进医养结合发展若干措施的通知》等文件，加快推进医养结合发展，提升老年人健康养老水平。12月28日，市老龄工作委员会出台《泉州市加强新时代老龄工作的实施方案》，推进老龄事业和产业高质量发展。

【退休人员管理】 2022年，泉州市落实干部退休制度，落实退休政策，开展市直机关事业单位退休人员退休费变动审批工作，办理市直机关事业单位工作人员退休、延长退休审批手续2人、审批一次性补贴8人，特殊工种提前退休5人（不含党群、教育系统和事业单位工勤人员）。开展“送温暖，解忧难”活动，慰问市直机关事业单位特困干部职工。开展重阳节慰问活动，为325名当年满80岁、90岁、100岁的退休人员举办“祝寿”活动。

【老年教育及文娱活动】 2022年，泉州市开展老年教育及文娱活动，依托离退休干部党支部、老干部党校、老年大学等主阵地和读书班、报告会、党课、巡回宣讲等形式，组织老干部参加中央组织部、省委老干部局线上学习报告会7场，线下学习4场。发挥高水平示范性老年大学引领作用，推动名校、名师、名讲堂创建工作。开展疫情防控“停课不停学”线上教学和复学复课工作，推进50个“老年远程教育提升工程”示范点建设。加强老干部活动中心、老年活动中心功能室改造，完善功能作用，优化服务举措，“老党员之家”“老干部之家”接待市直各单位、涉老组织160余批次近5000人次学习交流。开展纪念老干部退休制度建立40周年感言征集、书画影展、品牌矩阵展示活动。开展“奋进新时代”主题宣传、颁发“光荣在党50年”纪念章、“文化遗产 守护传承”银龄志愿等活动。

【弘扬孝亲敬老美德】 2022年，泉州市开展全国“敬老月”和“老年健康宣传周”系列活动，弘扬孝亲敬老美德。8月，在丰泽区启动并完成国家老年健康素养调查项目。10月，晋江市磁灶镇大埔村等6个村（社区）获“全国示范性老年友好型社区”称号。全市188家医疗机构申报创建老年友善医院。完成石狮市宝盖镇宝源社区、南安市霞美镇四黄村创建全国老年心理关爱试点申报、参训和关爱行动，完成福建省下达的65岁及以上失能老人健康评估和服务项目。

【适老化改造】 2022年，泉州市推动养老贴心工程健康发展，制定下发《2022年泉州市养老服务工作要点》，推动适老化改造。市社会福利中心建成投入使用，完成11所区域性养老服务中心、60所长者食堂、20所农村居家养老服务站（幸福院）、20个“智慧健康小屋”等一批养老服务设施建设，新增养老床位超3000张；开展“物业+养老”试点工作，实施1237户困难老年人家庭适老化改造。

（林 乐 林志彬）

社区建设

【概况】 2022年，泉州市有110个镇、23个乡、30个街道，494个居委会、2057个村委会。泉州市坚持城乡社区治理作为基层治理体系和治理能力现代化建设基础性工作，推动政府治理同社会调节、居民自治良性互动，建立健全党组织领导的自治、法治、德治相结合的基层治理体系。全市投入120万元开展15个市级城乡社区服务站规范化建设，实现城乡社区服务设施覆盖率100%。

【“党建+”邻里中心建设】 2022年，泉州市推动“党建+”社区邻里中心建设，市级投入补助资金300万元在全市开展30个“共建共享”社区治理项目建设，建设一批基层党建工作扎实、基础设施建设完善、服务治理能力强、群众参与度高的示范社区；投入120万元开展15个市级城乡社区服务站规范化建设，实现城乡社区服务设施覆盖率100%，打造“一刻钟”服务圈。

【社区综合服务】 2022年，泉州市民政局提升社区综合服务水平。12月6日，出台《泉州市“十四五”城乡社区服务体系建设规划实施方案》，健全城乡社区服务体系，推进基层治理体系和治理能力现代化。推进完整社区建设工作，在全市选取19个社区作为试点，建设一批既“适老”又“适幼”的精品社区。推广应用全国基层建设和社区治理信息系统，实现村（居）委会信息集中汇聚、统一管理、动态更新，提升社区治理智慧化水平。

【基层群众自治】 2022年，泉州市民政局健全基层群众自治制度。12月8日，印发《关于加强基层治理体系和治理能力现代化建设的若干措施》，推动构建党组织统一领导、政府依法履责、各类组织积极协同、群众广泛参与的基层治理体系。推进村规民约、居民公约制定和修订，开展优秀村规民约、居民公约征集评选活动，实现村规民约、居民公约制订率100%。健全完善村（居） 民委员会下属委员会，实现人民调解委员会、治安保卫委员会、公共卫生委员会、环境和物业管理委员会、妇女和儿童工作委员会等下属委员会覆盖率100%。加强社区疫情防控工作，优化社区联防联控体系，强化社区群防群控合力。开展社区疫情防控专项培训，实现市、县、乡、村级社区防疫工作人员培训全覆盖。组建村（社区）疫情防控督导组，到基层督导疫情防控工作。强化“大数据+网格化”管理，开展福建省疫情防控一体化服务平台相关模块推广运用，提升社区防控精准化、精细化水平。

【社区工作者队伍建设】 2022年，泉州市民政局加强社区工作者队伍建设。11月8日，出台《关于加强社区工作者职业体系建设的实施意见》，聚焦社区工作者选育管用，建立完善全链条职业发展体系。丰泽区丰泽街道源淮社区居民委员会入选全国优秀基层群众性自治组织，晋江市梅岭街道梅庭社区居民委员会党总支书记、居委会主任许再发入选优秀城乡社区工作者。落实2022年省级高校毕业生服务社区计划，招募30名高校毕业生到安溪县、永春县、德化县从事为期两年的社区服务。制作推广“你我同行，有‘邻’ 真好”社区工作者宣传片，提高社区工作者社会认同度。

【基层治理法治建设】 2022年，泉州市民政局推进基层治理法治建设，加强对村（社区）干部特别是“一肩挑”人员管理监督，推动村（社区）干部特别是“一肩挑”人员履职尽责担当作为、廉洁奉公、为民服务。推进泉州市村级小微权力监督平台党务、村（居）务、财务公开工作，保障群众的知情权、参与权和监督权。开展第九批“全国民主法治示范村（社区）”命名推荐工作。推行《乡村“法律明白人”培养工作规范（试行）》，为实施乡村振兴战略，推进法治乡村建设提供基层法治人才保障。

（庄婉芳）

社会组织管理

【概况】 2022年，泉州市加强社会组织党建工作，市民政局直接管理的社会组织114家，成立党组织50个（其中联合党组织1个、兼合式党组织49个），覆盖60个社会组织，党员人数331人，实现社会组织党组织应建尽建。未达到组建条件的54个社会组织，由社会组织主要负责人作为党建联络员。市民政局组织开展廉政文化宣传教育活动，徒步穿越“城南廉洁文化路线”，提升廉洁意识，确保社会组织健康发展。举办3期“社会组织党建大讲堂”和1期社会组织规范化管理培训班，培训300余人次，提升社会组织党组织负责人的政治素质和业务能力。前移社会组织风险防控关口，通过与社会组织主要负责人的任前谈话和签订《泉州市社会组织意识形态工作和诚信自律承诺书》，引导新成立的17家社会组织树立正确导向；指导97家社会团体依法依规做好选举工作，促进规范运行。

【社会组织异常名录和失信黑名单】 2022年，泉州市民政局将4家未按时完成整改工作、5家未按时参加年报工作的社会组织列入异常名录，将3家被撤销登记的列入严重违法失信黑名单。将18家按要求完成整改的社会组织移出活动异常名录。累计39家市级社会组织被列入社会组织异常名录，58家市级社会组织被列入严重违法失信黑名单。

【社会组织年检】 2022年，泉州市民政局组织开展2021年度社会组织年检工作，市级社会组织年检率94%。开展2022年社会组织评估工作，26家市级社会组织参加此次评估，其中获评AAAAA等级的5家、AAAA等级8家、AAA等级12家、无等级1家。

【协会商会收费行为规范】 2022年，泉州市民政局规范商会、协会收费行为，部署各行业协会、商会对2021年自查自纠工作进行“回头看”，对2022年新设立的收费项目进行自查。除失联及拟注销的行业协会商会外，其余170家市级行业协会商会完成自查上报工作。发现1家存在会费等级超过4级的问题，完成整改。开展市级行业协会商会涉企收费专项检查，采取随机抽查和重点检查相结合的方式，对抽取的10家市级行业协会商会进行现场检查，检查中未发现存在乱收费问题。加强风险防控，建立社会组织资金监管和联合执法机制。通过约谈、处罚等手段，分类分批清理僵尸型社会组织，清理72家，其中撤销登记23家、注销登记36家、完成整改13家。

（庄婉芳）

区划与地名管理

【区划变更】 2022年，泉州市区划变更包括：撤销2个村民委员会，新设7个社区居民委员会。其中，丰泽区新设翡翠社区居民委员会；泉港区新设后龙镇福炼社区居民委员会；南安市撤销美林街道西美、洋美2个村民委员会，新设4个社区居民委员会：美林街道西美社区居民委员会、洋美社区居民委员会、梅山镇杨塘垅社区居民委员会、省新镇金丹社区居民委员会；晋江市新设新塘街道晋新社区居民委员会。

【地名管理】 2022年，泉州市落实国务院新颁布的地名管理条例，开展“深化乡村地名服务 点亮美好家园”试点工作，推进优秀地名文化的保护传承和创新发展，晋江市入选全国“深化乡村地名服务 点亮美好家园”试点地区。年度内没有地名变更。

【行政区域界线联检】 2022年，泉州市民政局开展第四轮县级行政区域界线6条和第三轮乡级行政区域界线39条的联检工作。

（庄婉芳）

民族事务

【概况】 2022年，泉州市民族和宗教事务局铸牢中华民族共同体意识，推进民族乡村振兴工作，加深各民族交往交流交融，推进民族团结进步事业，泉州市作为福建省唯一代表在全国民族团结进步创建工作经验交流会上做典型发言。

【民族乡村振兴】 2022年，泉州市民族和宗教事务局争取中央、省、市三级民族发展资金1455万元，比2021年增长40%，扶持民族乡村基础设施建设、产业发展、社会事业、民族团结进步创建等项目68个，推动巩固拓展脱贫攻坚成果同乡村振兴有效衔接。发挥新一轮市直单位挂钩帮扶民族村（社区）机制作用，推动帮扶项目44个、帮扶资金283万元，重点推进泉州台商投资区建设百崎乡“铸牢中华民族共同体意识”乡村振兴样板，推进洛江区厝斗畲族村、德化县龙塔畲族村等13个少数民族特色村寨试点建设村和全省民族乡村振兴示范培育对象村建设，提升民族乡村高质量发展。

【民族乡村经济社会发展】 2022年，泉州市民族和宗教事务局有机融合特色村寨、特色产业、美丽乡村、乡村旅游等发展载体，激发民族乡村发展后劲。推进“一乡一业、一村一品”，优化民族村产业结构，洛江区厝斗村，南安市丰美村、坑内村，安溪县善坛村、盛富村等民族乡村培育优势产业，培育新经济增长点。4个民族村获评省级乡村旅游特色村。安溪县善坛村等3个民族村入选国家级、省级传统村落。石狮市郭坑村建设“生态休闲、特色文化”的新型生态村。安溪县盛富村围绕“游铜锣古地、赏畲族文化、品特色美食、购盛富竹编”发展思路，传承发扬传统竹编技艺，被列入中国首届“农民丰收节”100个特色村庄名单。德化县龙塔村等5个民族村被纳入全省民族乡村振兴试点，泉港区小坝村等2个民族村入选市级乡村振兴示范线路，石狮市郭坑村等10个民族村纳入省、市级乡村振兴试点，其中省级试点村3个、市级试点村7个。石狮市郭坑村、安溪县盛富村、安溪县善坛村3个省级乡村振兴试点村，每村每年获200万元财政扶持资金。举办“铸牢中华民族共同体意识·畲族医药与健康养生同行”2022福建省畲族医药非物质文化遗产项目“四进”活动；配合开展《中国少数民族文物图谱·福建省卷》编纂工作，推动民族文化、少数民族非物质文化遗产保护传承发展，洛江区、南安市、德化县等地开展“三月三”等民族节庆活动。截至年底，全市建成民族文化广场6个、民族团结进步教育基地12个、民族文化展示馆14个，48个民族村（社区）文化室实现全覆盖，形成少数民族公共文化服务网络。

【民族团结进步事业】 2022年，泉州市民族和宗教事务局举办首届铸牢中华民族共同体意识宣传月和第十五届民族团结进步宣传月活动，全市开展“六进”活动335场次，召开各类座谈会、学习会、宣讲会等100场（次），开展主题网络知识竞答3场，参与5万人次，宣传泉州市民族团结进步好故事、好做法，唱响“中华民族一家亲、同心共筑中国梦”主旋律；配合开展第十四届海峡论坛·两岸各民族携手向未来活动，开展第十届全省少数民族传统体育运动会备赛参赛工作，营造民族团结进步氛围。巩固提升全国全省民族团结进步创建“5+5”经验做法，推荐申报2个全国民族团结进步示范区示范单位和5个全省民族团结进步重点区重点单位；重点培养树立泉州海外交通史博物馆等民族团结进步教育基地。推动铸牢中华民族共同体意识教育纳入国民教育、干部教育、青少年教育和社会教育“四个教育”；组织摄制泉州市民族团结进步专题宣传片《家》。

【泉州市第十五个民族团结进步宣传月主题活动】 2022年9月16日，由中共泉州市委宣传部、市委统战部、市民族和宗教事务局主办的，以“福籽同心爱中华”为主题的泉州市第十五个民族团结进步宣传月主题活动在泉港区开幕。宣传月期间开展“喜迎二十大·同心跟党走”民族宗教政策法规网络知识网络竞答、民族团结进步书画展及快闪、金秋助学、爱心义诊志愿服务、“党建+”邻里中心民族故事宣讲等系列活动，推进全市民族团结进步创建活动，展现各民族和睦相处、和衷共济、和谐发展的精神风貌。

【“福籽同心爱中华”主题展】 2022年12月12日，泉州市民族和宗教事务局协办的“福籽同心爱中华”主题展在福州展出。主题展邀请德化县7位国家级大师、84位省级大师，用传承千年的德化白瓷技艺，烧制121件精美作品，讲述中华民族多元一体发展之路。主题展线上线下点击、参观1591.9万人次。

（王小冰 廖祥年 郑震秋 车铝）

宗教事务

【概况】 2022年，泉州市民族和宗教事务局推进宗教中国化，加强宗教活动场所管理，提升宗教界自身建设，开展公益慈善活动。截至年底，全市经政府登记的宗教团体41个。青山王信俗被列入福建省第七批省级非物质文化遗产代表项目名录；晋江南天寺修缮项目获“2022年联合国教科文组织亚太地区文化遗产保护优秀奖”。

【宗教工作法治化建设】 2022年，泉州市民族和宗教事务局推进宗教工作法治化，加强宗教事务依法管理。7月28日，举办互联网宗教信息服务管理暨宗教活动场所财务管理和安全工作培训班，依法依规提升互联网宗教事务治理水平，推进宗教活动场所财务管理工作。依法加强宗教活动场所建设，对省民族和宗教事务厅批复的7处宗教活动场所完善相关建设手续，开展石狮金相院筹备设立行政许可相关工作。

【宗教活动场所管理】 2022年，泉州市民族和宗教事务局加强宗教活动场所管理。开展《互联网宗教信息服务管理办法》宣传贯彻实施，120余家宗教活动场所办理互联网宗教信息服务管理许可证。开展“宗教政策法规学习月”活动，开展《宗教事务条例》《福建省宗教事务条例》等法律法规规章条例宣传贯彻，提升场所管理的法治化水平；开展“教风问题大检视、法律法规政策大学习、宗教制度大完善”主题活动，组织全市宗教界开展崇俭戒奢教育活动。推进场所不动产权登记，促进宗教工作规范化管理持续加强。推动全市13处宗教活动场所进行不动产登记。全市宗教活动场所办理不动产登记242宗，进行不动产登记宗教活动场所数量147处。开展民间信仰规范管理调研，推进民间信仰活动场所开设对公账户和试点管理等工作。完成泉州大开元寺等5家场所规范宗教组织税收管理试点工作。履行场所管理主体责任，强化宗教文物的保护管理。组织宗教界对宗教祖庭文化进行发掘，并列入各自工作重点。对全市涉宗教文化遗产项目（文物）进行整理，建设数据库，全市涉宗教文化遗产15处（含国家级2处、省级8处、市级5处）；涉文物宗教活动场所149处，其中国家级10处、省级16处、市县级125处（2处场所分别有2种以上级别文物）。组织开展全市宗教领域安全工作检查和重点专项督导，全市898处宗教活动场所安全标准化提升创建率97%。

【宗教界自身建设】 2022年，泉州市民族和宗教事务局推进各宗教团体和宗教活动场所挖掘宗教文化资源，梳理弘一大师等宗教界爱国爱教故事，讲好泉州宗教中国化故事。9月27—29日，指导泉州市佛教协会举办“念佛不忘救国——纪念弘一大师圆寂八十周年”系列活动。加强宗教教职人员培训，实施《泉州市2020—2024年宗教人才培养规划》，通过组织培训、课题调研和实践锻炼等办法，提升处理宗教工作复杂问题的能力和水平。7月11日，指导泉州市佛教协会举办第八届“以戒为师，健康传承”讲经交流会。10月23日至11月23日，指导南安雪峰寺承办举办第28次传授三坛大戒法会（男众）活动。11月21日—23日，指导泉州市道教协会举办2022年度道教传度活动。泉州市道教协会组织开展讲经讲道，建设“巡讲团”。泉州市伊斯兰教协会开展讲经活动，不定期举行座谈会，提升成员、阿訇、清净寺工作人员的综合素养。泉州市基督教两会利用培训中心，不定期举办全市性教牧人员、信徒骨干培训班。围绕宗教教风建设，全面从严治教。8月18日，印发《泉州市宗教界宗教教风大检视 法规政策大学习 制度大完善工作方案》，开展教风问题大检视活动和宗教教风建设主题创建活动，推进组织建设、制度建设、作风建设，引导信教群众移风易俗，倡导文明新风。11月底，泉州市佛教协会、泉州市伊斯兰教协会、泉州市天主教爱国会3个全市性团体完成换届工作。

【宗教界公益慈善活动】 2022年，泉州市宗教界依法有序开展公益慈善活动，全市宗教界捐款2300万元。其中，全市宗教界筹集资金120余万元用于农村困难群众危房改造“同心安居”工程，帮扶全市30余户困难群众；开展“金秋助学”，全市近百个宗教团体、宗教（民间信仰）活动场所筹集助学资金220万元，帮扶困难学生800人；捐资捐物2000万元支援泉州抗“疫”一线。

（王小冰 廖祥年 郑震秋 车铝）

应急管理

综述

【应急体系建设】 2022年，泉州市应急管理局围绕“加快推进应急管理体系和能力建设现代化”目标任务，建设应急救援队伍，构建以国家综合性消防救援队伍为主，专业救援队伍为协同，社会应急力量为辅助的应急救援力量体系，对全市各类应急救援队伍摸底登记造册，整合原有分散的应急救援资源和力量，健全应急救援队伍库。整合建立安全生产、防汛抗旱、森林防火和政务“四合一”联合值班和现场协调备勤制度，成立道路交通、自然灾害、火情、生产安全4个突发事件备勤组，实现365天全时段应急值班备勤。规范应急车备勤制度及配套保障制度，落实应急车驾驶员24小时驻局备勤工作制度，精简应急车调派流程，实现15分钟内快速出车。研究制定县级森林火灾扑救指南，运用3种扑救方法、制定4种灭火战术、明确5项指挥原则、规定6项防范措施，制作5幅排兵布阵图，为森林火灾高效扑救提供指导性规范标准；制订县级应急救援队伍组建方案，健全应急救援队伍组建8个方面制度，试点成立镇级消防安全委员会和消防工作站，配齐配强专兼职基层救援人员。推动市委、市政府出台《关于进一步规范应急处突职责和信息报送的通知》，梳理25个市级专项应急指挥机构和19个行业应急处突的指挥长和牵头单位，健全突发事件信息横向报送机制。充实基层网格化管理队伍力量，使社会救援队伍与基层基础建设互为补充，参与各类应急抢险工作。号召救援队加入抗疫一线，协助属地政府和有关部门，参与卡口控道、排查流调、运转物资、场所消毒、维护秩序、无人机巡航劝导、点对点护送急症群众就医、支援方舱建设等一系列志愿活动，出动4600余人次，启用无人机巡航150余千米，转运涉疫垃圾1.65万桶，场所消毒1300余万平方米，动用各型车辆960余台次，用于支援方舱建设的挖掘机、装载机、压路机50余台。组织培训“走过场”专项整治，会同执法支队监管安全生产特种作业培训，联合公安打击2起制作假证等违法行为。培训1.99万人，考试取证1.53万人。开展安全技能专项提升三年行动14批，2.11万人取证补贴，发放1688.62万元。

【应急指挥中心建设】 2022年，泉州市应急管理局推进应急指挥中心建设，围绕应急管理信息化项目“一库三中心”（应急管理数据库，监测预警中心、应急指挥中心、宣传教育中心）的建设主轴。依托“安全主题公园”“应急体验展示馆”等项目载体，科学统筹“村村通”、微型救援站、融合通信、无人机、直升机救援等项目建设，组织开展各类应急演练，包括承办全省森林火灾应急演练、开展泉州市海上危险化学品事故应急演练等，检验全市各级应急响应机制，推动泉州市应急管理体系和能力现代化建设。

【突发事件联动值班和备勤机制】 2022年，泉州市应急管理局加强与市委市政府总值班室、消防、公安、海事、海警、交通等部门的信息速报联动，报送和处置63起突发事件、7起举报电话，协助处置12起灾害险情，抽点下级应急值班287次。组织4次市、县应急值班培训和讲评通报，总结2021年以来处置的137起突发事件经验教训，对不同类型突发情况，规范简洁速报、书面详报和节假日视频抽点报告三种格式，重点做好中共二十大、启动响应和重要节假日“三个三分之一”备勤工作，初步做到信息报送规范准确。5月，会同网信、消防等部门，成立舆情工作专班，创新舆情应对机制，密切辖区及域外突发事件的舆情监测、报送、印证、报告等闭环处置，舆情服务单位报送372条信息，辅助做好37起火灾、交通、溜方等险情事中前端感知。参与处置“1·6”泉港渔船倾覆沉没、“10·14”韩国籍“卡丽斯2”号轮侧倾沉没等事故，参与协调“10·2”中国“五洲8”号轮海上中毒事故、“10·28”莆田森林火灾。与泉州军分区等协同处置，制定《泉州市军地联合救援应急联动机制》，3次协调出动军用直升机参与海上事故救援，协助省应急管理厅理清省级专线调度军用直升机参与救援的方法路子。与厦门翼飞天途通用航空公司建立通用航空救援联络渠道，与泉州海警局共建海上“95110”近海联合救援机制。

【应急预案优化】 2022年，泉州市应急管理局制订市应急预案体系建设方案及清单，组织市、县两级应急预案演练专项培训，推进晋江、德化两县市和东石、陈埭、水口3个镇的应急预案试点工作，结合实际，将省应急管理厅明确的预案试点任务拓展为预案、队伍、演练、保障、评估“五合一”试点工作。基本完成市本级“1+17+34”（1个总体预案，17个专项预案，34个部门预案）预案编制工作，推动工信、国网电力等部门编制修订大面积停电、重点行业领域供电应急预案，在省应急管理厅召开的两次应急救援专项会议上做典型发言，初步实现应急救援工作走在省内前列。

【应急物资保障】 2022年，泉州市应急管理局制定停产停建煤矿巡查制度，明确具体巡查人员和7项具体工作职责，投入29万元升级改造安溪县煤矿分控中心监控平台，消除停产停业停建煤矿监管盲区。出台渔船安全点验制度，精准实施渔船点验、报告、提醒制度，重点监管渔船1172艘，强化渔船安全动态监管；出台《危险化学品领域“卖产品 送安全”工作机制（试行）》，创新社会化服务模式助力危险化学品安全监管，实现“买卖两规范、产用双安全”。全市累计建成全国综合减灾示范社区49个，提升建设自然灾害避灾点100个，制订2022年度救灾物资购置计划，充实市级救灾物资，计划采购物资14个品种、1.57万件，价值121万元；完成救灾物资调运5次，均在调拨通知下达后24小时内完成物资调运，调运9个品种600件救灾物资，价值13万元，助力疫情防控以及防范低温寒潮天气。

【应急基础设施建设】 2022年，泉州市应急管理局摸清汇聚全市443支2.34万人的应急救援队伍库，抽调7支社会应急救援队伍459人、219台车，组建社会应急救援联勤中心。遴选聘任20名市级应急专家顾问，制定应急专家顾问管理保障暂行规定。在南安市筹划以“智慧消防”为产业龙头，打造“救援实训+研发+检测检验+展示展览+智造+专业市场+仓储物流”的一体化应急产业链，“一院一馆三中心N基地”（应急管理研究院和应急管理学院、应急体验展示营销馆、产品智造中心、产品检测中心、物流集散仓储中心、多个相关产业集群）实体运营的应急产业园初具雏形。

【应急演练】 2022年，泉州市应急管理局在全市各地开展矿山、危险化学品、建筑施工、道路交通运输、海上运输、防汛等高危行业企业的应急演练。举办防洪排涝综合应急演练，模拟遭受强台风、特大暴雨等极端天气，设置应急响应、联排联调、紧急排涝、倒伏树木清理、通信中断保障、断电应急处置、水下破拆救援、道路应急排涝、城区内涝处置和灾后防疫消杀10个科目，12支队伍近150人参演。汲取2021年“9·30”德化龙岭隧道较大道路运输事故教训，与交通、高速交警、消防、高速公路等部门联办甬莞高速石鼓山长隧道危化车辆交通事故综合应急演练，实施开展跨区域应急救援行动，理顺高速公路与地方政府部门在高速公路隧道火灾、危化品应急处置方面的相关工作职责，220余人及机器人、车辆、无人机等装备参演。

2022年6月21日，泉州市海上综合应急演习在泉州湾举行

（林劲峰 摄）

【安全常识宣教】 2022年，泉州市应急管理局投入1450万元，高标准高质量建成12个安全文化公园，每个公园包括1个安全宣教联播联控系统终端大屏、1个安全宣教体验场所、1个应急避灾点、1个微型消防站、1个应急物资储备站，率先在全省建立完善公园管理运作制度，定期开展研学、警示教育、亲子活动、应急演练等安全宣传活动，推动安全宣传进学校、进社区、进企业、进农村、进家庭。组织开展“安全生产月”系列宣传教育活动。6月16日，联合20个部门举办安全宣传咨询日活动，将安全生产15条、安全生产法、应急预案演练、应急救护常识融入歌曲、舞蹈、小品、相声等节目。6月20—24日，与中共泉州市委组织部联合承办全市应急管理工作动员会暨公务员应急处置能力提升专题研讨班。首次与中共泉州市委组织部、市委党校联合举办培训班，培训对象覆盖全市所有县（市、区）应急部门和乡镇，183人参训。以实务实操为重点，设置基层应急建设、防灾减灾、安全生产、应急救援“四个专题”，邀请省内专家、市委党校教授和市应急系统领导承担授课任务，安排4次安全事故典型案例警示教育和实操体验训练。利用主流媒体刊登安全生产宣传稿件，播出公益广告，宣传安全常识，普及安全知识。在城镇公路街道、大型商场广场、车站、码头、学校、体育馆、图书馆、旅游景区等场所悬挂宣传横幅，张贴宣传标语和宣传画报宣传安全知识；利用城市街区电子显示屏、城市公交LED屏、公交车载电视、电梯梯载电视等开展安全公益宣传。发动各级各部门利用微信、微博等平台向群众发布安全法律法规、安全提示、安全常识、执法案例和相关信息等，开展知识竞赛、作品征集等系列互动活动。主办“泉州应急”微信公众号，每日发布安全生产与应急管理的相关政策法规、工作动态、预警预报、应急科普、专家解读、案例分析、温馨提示、生活安全应急小常识等内容，发动群体关注“泉州应急”微信公众号，刊发信息1317条。

（曾志强）

防灾减灾

【概况】 2022年，泉州市应急管理局落实防灾减灾救灾各项工作。做好全国第一次自然灾害综合风险普查扫尾冲刺工作，落实泉州市100个避灾点提升建设项目，及时采购救灾物资，开展冬春救助、政策性农村住房叠加保险和自然灾害公众责任险等工作，提升应对自然灾害能力；注重加强2784名灾害信息员能力建设，及时做好各类灾情预警、统计等报送工作。10月，作为唯一的设区市代表，在全省防灾减灾暨自然灾害综合风险普查工作视频会议上做典型发言，汇报防灾减灾和风险普查工作做法。全市受灾人口3.24万人，紧急避险转移人口3064人，紧急转移安置人口1.51万人，农作物受灾面积843.02公顷，农作物绝收面积176.82公顷，倒塌房屋353间，严重损坏房屋262间，一般损坏房屋1282间，直接经济损失4.42亿元。

【自然灾害防范】 2022年，泉州市自然灾害受灾人口3.24万人，紧急避险转移人口3064人，紧急转移安置人口1.51万人，农作物受灾面积843.02公顷，农作物绝收面积176.82公顷，倒塌房屋353间，严重损坏房屋262间，一般损坏房屋1282间，直接经济损失4.42亿元。泉州市应急管理局开展冬春救助。牵头组织各涉灾部门防范应对低温寒潮天气，争取2021—2022年度省级冬春救助资金14.75万元，下达市级冬春救助资金21.83万元，救助困难群众983人，确保市民温暖过冬。推进灾后重建。5—6月，经历多轮持续性强降雨，面对较重洪涝灾害，争取中央救灾资金200万元、下达市级救灾资金420万元用于受灾地区开展应急抢险和救灾救助工作。推进德化县6户倒损农房有序开展灾后恢复重建工作，组织2次调研，确保重建户早日搬入新居。加强灾害信息员队伍建设，更新全市2784名灾害信息员基本信息，出台《关于加强自然灾害灾情信息报送的实施意见》，报送7次阶段性灾情信息，报送灾害隐患信息324条，风险隐患均得到妥善处置。

【防汛防台风】 2022年，泉州市应急管理局调整充实市、县、乡、村四级各类防汛责任人1.37万人，督促全市各部门（单位）完善防汛防台风专项应急预案，督促各地修订完善2540个村级预案，汛前逐一摸排危险区域建档立对象5203户1.65万人，明确2385人镇村网格转移责任人。加大乡（镇）、村（社区）安全生产和防灾减灾隐患排查整治，加强应急队伍能力提升和物资储备，开展防汛综合应急演练，强化会商研判，做好各项应急准备，落实落细台风、暴雨、极端天气等自然灾害防范措施。全年出现9场较明显降水、3次影响台风和16次强对流过程，实现因灾“零伤亡”。全市年平均降雨量为1535.8毫米，接近常年。6月11—16日出现持续性暴雨过程，全市155个乡镇降水量100毫米以上，其中12个乡镇超过250毫米。7—10月全市平均降雨量较常年同期偏少60.5%，为历史同期最少。受“暹芭”“纳沙”“尼格”3个台风外围影响，与常年（5.3个）相比偏少，影响偏轻。

（曾志强）

【地震应急管理】 2022年，泉州市地震局完成《泉州市地震应急预案》两轮意见征求工作。策划推动实施“一二二”地震工作项目，组织编制《泉州市辖区地震应急避难场所近期建设规划》，新增68个Ⅳ

类场所，推荐6所学校申报省级示范学校、1个展馆申报国家级教育基地；强化数据分析能力，做好周、月、年中、年度会商，震情跟踪分析水平保持全省前列，新增3个宏观观测点，落实宏观异常；率先筹划将灾普阶段性数据应用到防震减灾评估工作中，运用住建、规划等行业灾普数据，以“全国综合减灾示范社区”惠安县霞光村为试点开展社区防震减灾“一张图”卫星影像图集编制工作，提出灾害风险治理建议；“国际减灾日”当天，在霞光村开展主题宣传活动，向群众展示“一张图”编制成果；先行启动古城区建（构）筑物无人机倾斜摄影工作，完成古城区4.59万栋房屋的3D建模；发挥“5·12”防灾减灾日、“7·28”唐山地震纪念日、“国际减灾日”等纪念日的宣传教育功能，增强民众防震减灾意识。强化各地震监测台站的日常运维管理和资料报送工作，新建的惠安候卿台通过省地震局入网验收。加强与省地震局和泉州地震监测中心站之间的会商交流，与泉州地震监测中心站合作完成半年及年度地震趋势研究报告。按规范第一时间排查落实洛江万安、石狮赤湖等多个台站的前兆异常。加强台站巡检管理，多次排查处理泉州局、南安梅山等台站的设备故障。新增晋江金井、德化汤头等3处宏观观测点。全市上报房屋设施加固清单及房屋设施抗震设防信息分别达2500条及1800余条，数量位居全省前列。在东海片区等新区实施16千米的浅层地球物理探测项目，通过省地震局组织的专家验收评审。配合做好省地震局在6个县（市、区）开展深地震反射探测的组织协调工作。

（刘蔚蔚）

【农村住房受灾公众责任保险】 2022年，泉州市应急管理局做好政策性农村住房叠加保险和自然灾害公众责任保险工作。年初签订《2022年泉州市政策性农村住房保险协议》，年中下达市级补助资金149.91万元，承保政策性农村住房叠加保险149.85万户，理赔受灾农户1832户，理赔金额1091.27万元。年中下达自然灾害公众责任保险市级补助资金252.45万元，承保自然灾害公众责任险841.40万人，承保全市覆盖率100%，理赔161.5万元。

【防灾减灾宣传】 2022年，泉州市应急管理局强化防灾减灾宣传，促进全民意识提升。利用全国防灾减灾日、国际减灾日等重要节点，开展防灾减灾科普宣传教育，形成稳定常态化机制。线上开展有奖知识竞答、直播活动各1场，发布公益短信800余万条，利用各单位微博、微信公众号宣传推广；线下开展现场咨询活动、应急演练，利用移动公交传媒、地震预警终端、户外LED大屏幕开展宣传。在“5·12”防灾减灾日直播活动中加入含有防灾减灾元素的窗花剪纸展示，提升节目趣味性；利用单位微信公众号开展“应急科普进万家”宣传活动，提升社会公众应急科普知识知晓率，拓展微信公众号关注人数；对接文旅部门，融入世界遗产主题元素，设计文创宣传品，提升观赏价值；拍摄宣传片《脚步》，讲述灾害处理方法。

（曾志强）

安全生产监督管理

【概况】 2022年，泉州市应急管理局贯彻落实执法计划，突出安全执法重点难点，强化典型案例警示教育，开展执法宣传教育培训，保持执法高压态势，拉紧“检查、督查、执法、处罚、整改”闭环链条。科学编制《2022年度安全生产监督检查计划》，聚焦年度和阶段性重点及专项工作，坚持问题导向，明确年度安全生产监管工作要点，确定本级重点执法监察对象，按照执法工作计划开展安全生产监管执法工作，确保依法查处率、问题复查率、举报核查率、案件归档率、文书使用正确率达到100%。完成64家年度安全生产重点检查，另抽查其他工贸、危险化学品、非

2022年5月12日，泉州市应急管理局、市地震局、市红十字会开展泉州市2022年全国防灾减灾日线上直播活动 （市地震局 供图）

煤矿山企业170余家；立案处罚56起，做出处罚决定56起，处罚金191.1万元。截至年底，全市发生生产安全事故107起、比上年减少83起（下降43.7%），死亡68人、比上年减少23人（下降25.3%）。按行业领域分，道路运输事故87起、死亡45人，建筑施工事故9起、死亡10人，商贸制造业事故6起、死亡6人，采矿业事故2起、死亡2人，其他行业事故2起、死亡2人，水上运输事故1起、死亡3人。

【安全生产责任体系】 2022年，泉州市应急管理局建立健全“党政同责、一岗双责、齐抓共管”的安全生产责任体系，坚持“管行业必须管安全，管业务必须管安全，管生产经营必须管安全”的原则，压实责任，筑牢安全防线。落实企业安全生产主体责任。要求企业建立健全从主要负责人到一线岗位员工全覆盖的安全生产责任制，做到安全责任到位、安全投入到位、安全培训到位、安全管理到位、应急救援到位。落实行业监督管理责任。落实“管行业必须管安全”要求，加强对辖区企业监督管理。督促企业健全和落实企业安全生产责任制，组织人员定期开展安全教育，增强人员安全意识和提高应急处置技能。落实属地管理责任。属地政府要履行安全生产“党政同责、一岗双责”、安全生产属地监管责任和地方党政领导干部安全生产责任，做好日常安全宣传教育和安全隐患排查工作。

【安全生产责任清单落实】 2022年，泉州市应急管理局制定市政府领导干部年度安全生产工作责任清单，明确年度安全生产工作任务。建立领导挂钩督促重大隐患整改工作机制，由市（县）领导挂钩督办，落实协调推动问题（隐患）整改。在全省率先梳理明确全市53个党委政府部门和13个县（市、区）党委政府248项的安全生产职责，形成《关于进一步明确安全生产监管职责构建安全生产长效机制的通知》。成立13个督导检查组，常态化到一线开展清单式督导检查，探索建立督导会商通报制度，通过“定期调度、清单导向、督导培训、现场检查、结果反馈、考核应用”六个环节持续滚动，压实督导工作，推动基层落实监管责任。结合安全生产大检查工作，会商梳理督导清单11份、检查细则175项，提升督导工作精确度和实效性。对照法律法规立改废释情况以及省上主管部门清单、本部门“三定”规定、“五级十五同”标准化目录清单和国务院、省政府和市政府取消、下放、调整、清理事项，对市应急管理局权责清单进行动态调整。通过市应急管理局官方网站、政府门户网站等载体向社会公开，做到安全生产监管执法不缺位、不越位。

【风险监测预警】 2022年，泉州市应急管理局向一个月内发生2起亡1人事故或1起亡2人事故的县（市、区）发出安全生产提示告知函或警示函，发出提示告知书或警示通报6份，要求吸取事故教训，举一反三落实落细安全防范举措，严防事故重复发生，压紧压实属地安全监管责任。

【安全隐患大排查大整治】 2022年，泉州市应急管理局开展风险排查和隐患治理，推动安全隐患“四个清单”滚动运行和闭环管理，各级各部门排查整改安全隐患100.47万条；要求各县（市、区）安委会实行“双主任”（党委和政府主要负责人同时担任安委会主任）制度，调整市、县两级安全生产工作由政府常务副职领导分管；对下设的19个专项委员会成员单位进行常态补充更新。推动全市各级各部门起底全市安全生产工作薄弱环节，补短板、堵漏洞，选定3个专题、13个专项，排查整治安全隐患、攻坚治理重难点和总结提炼制度措施为主线，制定专项整治方案。制作警示教育片49部，开展市、县、镇、村、企“五级一体”安全生产警示教育30万场次。利用电视台、《泉州晚报》等主流媒体、公众号开辟“安全生产曝光台”，集中曝光存在突出问题的企业136家。试点“党建+邻里+应急救援”新模式，发动社区工作者、志愿者共同参与安全生产和应急管理；赋能基层网格，依托全市1.02万个安全生产网格、1.24万名专兼职网格员，开展地毯式隐患排查，确保发展整改日常安全隐患；扩展社会化服务，引进第三方服务机构、聘请常驻专家、动员保险机构派驻专业技术服务队伍等方式，为基层提供专业技术咨询服务。

【企业安全生产主体责任落实】 2022年，泉州市应急管理局开展安全生产执法年专项行动，推动各级各部门倒逼企业落实安全生产主体责任，强化行刑衔接解决安全生产监管执法“宽、松、软”问题。完成全市城市安全风险评估、推动5.2万家企事业单位实行“红橙黄蓝”安全风险动态监管。完成企业安全生产主体责任告知书和承诺书送达签订工作，组织存在重大隐患和发生事故的单位主要负责人开展集中教育培训，依法履行“第一责任人”责任。建立生产经营单位安全生产“红黑名单”制度，明确守信享有优先提供服务等10项激励措施；对安全生产领域失信的企业，从融资受限等15个方面进行严厉惩戒、联合处理。

【乡镇（街道）安全生产连片联合执法试点】 2022年，泉州市在石狮市开展乡镇（街道）安全生产连片联合执法省级试点工作，破解基层执法“指挥散、力量弱、执行难”问题，推动安全生产监管执法关口前移、重心下移。加大石狮市安全生产执法力度，立案35起，处罚金额265万元，分别上升94%和55%。该项试点工作被评为全国应急管理综合行政执法改革第三批（13个）典型经验做法之一。

【工贸行业“百日清零行动”】 2022年，泉州市应急管理局印发《泉州市工贸行业安全生产专项整治“百日清零行动”工作方案》，聚焦钢铁、铝加工（深井铸造）、涉粉作业10人以上粉尘涉爆企业、轻工重点企业（工贸行业有硫化氢中毒窒息风险的有限空间企业），在全市范围内开展工贸行业安全生产专项整治“百日清零行动”。查处危险化学品违法案件66起， 处罚金额267.3万元，打击9起非法违法“小化工”，追究刑事责任9人。建立健全重大危险源企业“三张清单”制度，督促落实“企业自查、部门检查、专家互查”的隐患排查体系，督促自查发现隐患2930条，整改2923条，整改率99.76%。日常检查发现各类问题隐患1000条，整改966条，限期整改34条，整改率96.6%。

【油库企业“一库一策”隐患整改】 2022年，泉州市应急管理局对两家大型油库企业落实“一库一策”，完成应急部督导34条隐患整改工作。指导企业对照苯乙烯、丁二烯安全风险隐患排查指南开展自查自改，组织对涉及的10家企业开展专项指导服务，部级核查发现问题57条，全部整改完成。摸排10套老旧装置，安全风险等级较低安全风险。省级核查发现问题13条，全部整改完成。清理整治全市22处油气长输管道外部安全隐患，督促7个县（市、 区）与91处长输管道高风险区域全部签订油气管道企业签订联动保护协议。推进常压液体危险货物罐车治理，落实车辆、人员、罐体、运单和货物查验制度，检查企业140家次，排查问题及隐患194项，全部整改完成。

【废弃危险化学品风险整治】 2022年，泉州市应急管理局推进废弃危险化学品风险集中治理工作，开展抽查检查，检查涉危险废物企业336家，完成整改涉危废环境安全隐患问题48个，查办危废行政处罚案件9起、违法犯罪案件1起，查封扣押案件2起。重点推进泉港丰鹏、石狮亿宏、小微收集等危废治理项目建设运行，策划申报危险废物治理项目15个、投资9.44亿元。

【非煤矿山安全专项整治】 2022年，泉州市应急管理局印发《泉州市2022年非煤矿山安全专项整治三年行动巩固提升工作方案》，深化非煤矿山安全专项整治三年行动，构建非煤矿山“标准化+信息化+双重预防机制+监管执法”四位一体监管体系， 防范化解重大安全风险，提升本质安全生产水平。

【安全生产违法打击】 2022年，泉州市应急管理局打击各类安全生产违法违规行为，全市安全生产各项执法指标均居全省前列；强化联合惩戒和行刑衔接，向司法机关移送涉嫌刑事犯罪案件7起7人，并与市人民检察院联合印发《关于加强协作配合推进全市安全生产溯源治理的意见》，推动企业安全生产主体责任落实。

【安全生产行政执法】 2022年，泉州市应急管理局制定全市应急管理综合行政执法改革方案，在原泉州市安全生产执法支队（事业单位）基础上，重新组建副处级泉州市应急管理综合执法支队，编制19名；新组建的市应急管理综合执法支队要承担法律法规赋予应急管理部门的危险化学品、烟花爆竹、矿山、工贸等行业领域安全生产监管，地质灾害、水旱灾害、森林草原火灾等有关应急抢险和灾害救助、防震减灾等方面的行政处罚、行政强制职能，以及煤矿安全监察、参与煤矿应急救援和煤矿生产安全事故的调查处理等职责。在实施应急管理综合行政执法改革中，健全执法机制、改进执法方式、创新执法手段、规范执法行为，推动应急管理综合执法能力提升，全市应急系统行政执法1802次、行政处罚549次、处罚金额2267.3万元，均居于全省第一，行政处罚率30.5%居全省第二，典型案例报送99例，报送率141.4%，合格率100%。

（曾志强）

消防救援

【概况】 2022年，泉州市消防救援支队围绕“十四五”消防规划蓝图，推动全市8个消防站点项目竣工、6个项目完成选址，织密“中心站+卫星站”布局。构建“一主多元”的社会应急救援体系建设，市、县两级成立社会救援联勤中心。深化警情分流机制，搭建横向到底纵向到边的联动救援网络，年内乡镇专职队接处警1756起，市社会救援联勤中心处警170起，与晋江机场、厦门航空、深圳航空建立战略合作，与33家企业建立大型机械随调随用、产能储备、应急抢修、物流配送等机制，完善储运一体、战储结合的战勤保障体系。

【社会化消防体系建设】 2022年，泉州市将消防安全作为单项考核评价指标，纳入市委安全生产党政同责、市政府目标绩效管理和综合治理考评。泉州市消防救援支队在全省率先召开现场会推广工业、商贸、教育等七大行业领域消防安全标准化，打造典型标杆企业130余家。推动基层消防安全委员会实体化运行，挂牌成立163个消防工作站，明确895名专（兼）职在编人员从事防火工作，构建基层消防工作新格局。推动防消联勤工作，全市1346名乡镇工作人员取得执法考试资格。推行立体式“全生命周期”宣传，组建14支专职“消防宣讲队”，开展宣传4100余场，打造消防安全主题公园25个，消防科普教育基地和消防站开放2400余场次，受益群众78万余人。依托消防公益联盟，将物业、保安、保洁、快递四类人群打造“义务消防员”，发动5.7万名市民注册为消防志愿者。与中国网等5家媒体签订战略合作协议，曝光火灾隐患单位40余家，新媒体平台粉丝总量破百万人次，阅读点赞量超1.3亿人次。

【综合消防监管体系建设】 2022年，泉州市消防救援支队提请市委、市政府研究出台《进一步强化消防安全责任制落实坚决防范重大火灾风险若干措施》，在全省首次细化“党政同责、一岗双责”责任制、明晰党委各职能部门对消防工作和队伍建设支持保障职责，构建综合监管体系的经验做法在全省推广。市政府研究出台《泉州市火灾调查处理规定》，建成全省首个火灾事故调查办案中心，出台《生产经营场所火灾延伸执法工作机制》，以事故调查主导火灾防控。实体运行消防安全委员会办公室，抽调住建、商务、文旅等部门成立消防大检查办公室，实行“双办融合、合署办公”模式，发出工作建议16份，7轮次专项督导发现整改问题180余项。压茬推进三合一、电动车、群租房、自建房等专项行动，隐患发现率、整改率分别上升67.1%、63.5%。全市消防部门检查单位1.53万家，督改隐患9483处，办理处罚1204起，查封“三停”354家，罚款1062万元，提请政府挂牌督办50余处行业性、区域性重大消防隐患。

【火灾扑救】 2022年，泉州市消防救援支队强化履职尽责，实现火灾形势稳定，泉州市首次实现火灾起数和伤亡数大幅“双下降”。全年接处警1.79万起，其中火警6428起，下降22.64%；受伤4人，下降63.64%；死亡6人，下降45.45%；财产损失8580.6万元。

（刘永强）

【森林防火】 2022年，泉州市应急管理局强化源头管控，落实网格化巡护责任，开展森林火灾隐患点排查整治。组织修订《泉州市森林火灾应急预案》，部署重点时段森林防灭火各项防控措施。评估每一起森林火灾整改落实情况，查找短板弱项，健全倒查追溯工作机制，对南安翔云“4·8”、德化美湖“4·9”2起森林火灾进行事故调查挂牌督办，全市通报。全市各专业半专业森林防灭火队伍在禁火期和重要时间节点靠前驻防，确保发现火情能够快速处置，实现“打早、打小、打了”的目标。

（曾志强）

【惠安搜救犬训练基地揭牌】 2022年2月15日，泉州市消防救援支队（惠安）搜救犬训练基地揭牌仪式在惠安县紫山镇举行。该基地在紫山消防救援站原有规划用地的基础上增建犬舍12间、功能性用房7个、搜救犬训练场地3个，建设面积4744平方米，配备7只搜救犬，初步形成贴近实战、可操作性强、实用性强的训练设施体系，为全省首个拥有独立场地及附属设施的搜救犬训练基地。此前，市消防救援支队挑选7名搜救犬训导员到山东参加为期半年的业务培训。在组训形式上，搜救犬队按照《搜救犬业务技术训练与考核大纲》要求训练；并利用支队配发的器材装备，模拟各类复杂的救援环境和灾害事故特点，强化血迹搜索、废墟搜索、广域搜索等科目训练，在训练中摸索、总结，提升训导员和搜救犬的综合实战能力。

【《泉州市进一步强化消防安全责任制落实坚决防范重大火灾风险若干措施》印发】 2022年9月15日，中共泉州市委办公室、市政府办公室印发《泉州市进一步强化消防安全责任制落实坚决防范重大火灾风险若干措施》。该措施率先在全省将各级党委消防安全责任制以制度形式固化下来，既构建消防安全工作“党政同责、一岗双责”的责任体系，又明确地方党委各部门对消防事业的支持保障职责，强化支撑保障力度，为消防部门履行综合监管职责、沟通协调消防工作提供依据。

（刘永强）

2022年2月15日，泉州市消防救援支队（惠安）搜救犬训练基地训导员训练搜救犬 （泉州消防全媒体工作中心 供图）

县 域 发 展

鲤城区

【概况】 鲤城区位于晋江下游的泉州平原。2022年，鲤城区辖8个街道和泉州高新技术产业园区（江南园）。面积53.74平方千米。年末户籍人口29.08万人，常住人口39.8万人。耕地面积174.09公顷。林地面积728.39公顷。年内，鲤城区获评2021—2025年度第二批全国科普示范县（市、区）。

【经济发展】 2022年，鲤城区实现地区生产总值538.9亿元，比2021年增长4.6%；其中，工业增加值174.7亿元，增长4.8%。人均地区生产总值13.56万元，比2021年增长4.4%。规模以上工业增加值比2021年增长6.3%。农林牧渔业总值4000万元，比2021年增长2.8%。固定资产投资83.74亿元，比2021年增长12.2%。社会消费品零售总额307.74亿元，比2021年增长2.5%。出口商品总值（海关口径）49.92亿元，比2021年增长3.02%；实际利用外资（验资口径）1.16亿元，比2021年增长356.8%。一般公共预算总收入22.02亿元，比2021年增长3.9%。其中，地方一般公共预算收入13.92亿元，比2021年增长7.4%。城镇居民人均可支配收入55977元，比2021年增长5.2%。

【城区建设】 2022年，鲤城区设立古城保护发展指挥部，高标准推进古城整体保护提升，常态化保护8个遗产点及周边环境。推进古城保护提质，分8个片区滚动开展古城综合提升。高标准启动居住环境提升工程，老旧小区改造项目基本完工130个；爱国路片区安商房部分封顶。启动江南新区综合开发项目一期工程总投资50亿元，招引落地中建海峡等一批优质建筑企业，“抓城建提品质”项目超额完成年度计划投资49个。南外宗正司片区列入省级城市管理样板工程。通过省级生活垃圾分类示范区考核验收。推进新区城市更新，征收金鲤片区等8个项目房屋超25万平方米，完成土地“招拍挂”8宗54.84公顷，启动田中里等安商房建设3个，交付使用金泰花园一期。实施“聚城畅通”工程，繁荣大道全线渠道结构完工、第一施工段主路面通车，泉州大桥新桥合龙，完成国道旧301线等道路节点改造提升4处，站前西规划一路开工建设，“三纵四横”路网拉开架势。高新区作为省级试点园区，先行启动示范区177.33公顷，首批9个项目动工建设总投资近47亿元。

【社会事业】 2022年，鲤城区财政支出投入民生领域超八成，完成为民办实事项目34件。新引进人才中介机构4家，新增省级、市级高层次人才194人。实施职业技能提升培训9000人次，城镇新增就业7500人。落实阶段性社保降费率、社会保险费缓缴政策，减征社保费超3000万元，惠及企业近2万家次。民企参与保障性租赁住房建设，建成保障性租赁住房640套、新建开工590套，建成长租公寓121套，推出安置型商品房2259套，回迁安置群众2237户。加快福建师范大学泉州附中扩建等一批教育项目建设，第二中心小学常泰校区封顶，完成移交小区配套幼儿园3所、新增学位1080个。深化古城业态提升行动，推出精品旅游线路10条，举行“双李”系列纪念活动（李贽诞辰495周年、李叔同逝世80周年），举办街头艺术活动超百场，加快中山路、西街及周边商圈业态更迭，大上海理发店等“老店面”回归老店招，泉州侨批馆等开馆展览，中山路入选省级特色步行街。成立民宿产业联盟，规范发展民宿19家，做优“世遗人家”品牌。举办文化旅游产品设计大赛、文化市集，建成城市会客厅，强化城市IP推广运作。增设闽南文化和非物质文化遗产传习场所8个，泉州扒龙船习俗（笋江）等5个项目入选省级非物质文化遗产代表性项目。在世界遗产典范城市创建中加快旅游规划，定线落图市级以上文保单位81个，启动实施文保单位保护修缮工程10个，通天宫、锡兰侨民旧居等完成修缮。接续实施卫生事业发展三年行动，引进集力生物等优质医疗项目，加快“海上丝绸之路”智能医疗创新港、中医外科医院等医疗项目建设，启动区级医院前期工作，社区卫生服务中心通过国家优质服务基层行基本标准评审7家。建成“党建+”邻里中心17个、新时代文明实践点82个。最低生活保障金、城居保基础养老金持续提标，实现街道医保服务全覆盖。拓展医养结合养老模式，完成困难老年人家庭适老化免费改造500户，社区卫生服务中心均设立老年人康复科，建成投用长者食堂3个，金山社区入选全国示范性老年友好型社区。

【“大部制”协同工作机制试行】 2022年，鲤城区在不改变单位机构设置、职能配置、人员编制的基础上，按照分管领导统筹、单位管理归口、业务趋同整合等原则，试行“大部制”协同工作的创新机制。出台试行方案，分两批次将42个区直单位整合成14个“大部制”协同工作组合，构建起“1+N”的“大部制”结构，共享行政资源、协同高效办公。

【佰源装备挂牌】 2022年7月21日，位于鲤城区的福建佰源智能装备股份有限公司（以下简称佰源装备）挂牌新三板基础层，9月19日转入新三板创新层。佰源装备2002年成立以来，专注于针织圆形纬编机的研发、生产和销售，为下游客户提供纺织装备整体解决方案，产品销售与服务遍布全球。该公司注重产品研发与品牌塑造，在技术储备、客户资源、产品品牌、营销网络、软硬件协同等方面，形成独特的竞争优势，被评为“国家火炬计划重点高新技术企业”“中国工业示范单位”，获“全国纺织行业职业技能竞赛特殊贡献奖”“中国纺织工业联合会科技进步奖一等奖”“2020年度国家科技进步奖二等奖”等国家级荣誉和称号。

【“泉州世界遗产日”主题活动】 2022年7月25日，“泉州：宋元中国的世界海洋商贸中心”申报世界遗产成功一周年和首个“泉州世界遗产日”，“泉州世界遗产日”主题活动在泉州府文庙举行。此次活动以“社会共建、人民共享”为主题。活动主会场位于泉州府文庙广场，武术表演《南少林雄风》、闽南民间歌舞《大踩街》、提线木偶表演《四将开台》等轮番上演。现场分别为泉州遗产义务巡查员代表、检察护宝公益诉讼观察员颁发聘书、证书。主会场全天候开展遗产展、灯谜竞猜、普法宣传、VR体验、“海上丝绸之路”主题文创展、遗产旅游体验等活动。同日，泉州市申报世界遗产成功一周年踩街活动在鲤城区中山路举行。

（连建平）

2022年7月25日，泉州市申报世界遗产成功一周年踩街活动在中山路举行 （陈明理 摄）

表35 2022年鲤城区经济发展主要指标一览表

指标名称	单位	实绩	比2021年增长（%）
地区生产总值	亿元	538.90	4.6
固定资产投资	亿元	83.74	12.2
一般公共预算总收入	亿元	22.02	3.9

续表

指标名称	单位	实绩	比2021年增长（%）
地方一般公共预算收入	亿元	13.92	7.4
一般公共预算支出	亿元	26.02	27.9
农林牧渔业总产值	亿元	0.40	2.8
社会消费品零售总额	亿元	307.74	2.5
出口商品总值（海关口径）	亿元	49.92	3.02
实际利用外资（验资口径）	亿元	1.16	356.8
城镇居民人均可支配收入	元	55977	5.2

（资料来源：鲤城区委史志研究室）

丰泽区

【概况】　丰泽区位于泉州市区中心区域。2022年，丰泽区辖8个街道、84个社区。面积129.63平方千米。年末户籍人口32.42万人，常住人口72.6万人。人口自然增长率6.8‰。耕地面积321.83公顷，粮食产量277吨。森林面积3170公顷。

【经济发展】　2022年，丰泽区实现地区生产总值850.01亿元，比2021年增长3.6%。人均地区生产总值12.21万元，比2021年下降3.6%。农林牧渔业总值5.13亿元，比2021年增长3.3%。固定资产投资182.69亿元，比2021年增长2.1%。社会消费品零售总额562.61亿元，比2021年增长0.5%。出口商品总值（海关口径）128.4亿元，比2021年增长4%；实际利用外资（验资口径）575亿元，比2021年下降35.3%。一般公共预算总收入29.01亿元，比2021年增长6.9%；其中，地方一般公共预算收入18.43亿元，比2021年增长5.2%。城镇居民人均可支配收入67496元，比2021年增长4.5%。

【城区建设】　2022年，丰泽区实施“抓城建提品质”行动，66个城建项目完成投资65亿元。分批次改造提升老旧小区262个，惠及4.8万户。成建制推进征迁交净地项目20个，拆除建筑87万平方米，腾出发展空间150.8公顷，出让土地69.4公顷。加速繁荣泉州中央商务区，新签约项目50个、总投资495亿元，新出租写字楼8万平方米，建成楼宇入驻率增长50%，入驻白领超万人。升级“数字城管”，新建智慧安防小区495个，实现千兆光纤网络100%覆盖。环卫一体化改革有序推进，新增垃圾分类亭100个，新建污水管网11千米。房屋“一楼一档”网格巡查全覆盖，排查处置安全隐患房屋4684栋，拆除“两违”建筑2.5万平方米。打通“断头路”3条，新增停车位1000余个。4个社区入选市级“共建共享”社区治理试点，社会工作服务站建设经验获全市推广，物业管理矛盾纠纷数下降26%。文明城市创建由突击整治向常态长效转变，整治占道经营、共享单车乱停车等问题1.6万个。推进中央、福建省生态环保督察交办问题整改。完成大气治理减排项目5个，空气质量优良天数比例96.2%。创新“河湖长+”机制，整治北渠沿线排放口17个，东海、城东污水处理厂扩建工程建成投用，国控蟳埔断面水质达到III类标准，北水厂集中式饮用水水源地水质达标率100%。清理整治互花米草401.87公顷，综合治理水土流失3.33公顷。加快推进东海城东片区及晋江洛阳江两岸照明提升工程。实施“绿满泉城”行动，新建口袋公园10个，新增绿地11.6公顷。

【社会事业】　2022年，丰泽区55项为民办实事项目全面完成，民生支出占财政支出比重81.6%。开展就业稳岗工作，职业技能培训2万人次，新增就业2.3万人，居民人均可支配收入比2021年增长6.5%。提高居民养老保险、医保参保率，低保标准从每人每月775元提高至900元，被征地人员养老保障金标准提高至每人每月340元、实现“六连涨”。区社会福利中心新址项目开工建设，发放各类救助资金2600万元。新增保障性租赁住房426套。开展“一老一小”服务，9个居家社区养老服务照料中心引进专业机构运营，新建普惠性托育园5个。9个退役军人服务中心（站）通过全国示范型创建验收。落实教育优先发展，新建、改建、扩建区实验小学、泉州九中等学校7所，新增优质学位6300个，推动泉州五中、培元中学及市直优质小学分校区布局城市更新片区；义务教育“双减”政策全面落实，课后服务参与率73%；成立区教育集团，招聘从事教学工作的国企员工199人。扩大卫生资源供给，正骨医院北峰院区基本竣工，区疾控中心和妇幼保健院搬迁新址，东海、北峰街道社区卫生服务中心开工翻建，新增省级精品中医馆2家、民办医疗机构75家，重点人群家庭医生签约9.7万人。文体事业日益繁荣，区档案馆建成投用，改造提升社区综合文化服务中心5个，新建口袋体育公园20个，4个项目入选省级非物质文化遗产名录。因地制宜划网定格，配备专兼职网格员3057名，实现基层治理“一网统管”。常态化推进扫黑除恶斗争，刑事警情数下降26%，信访“治重化积”178件。安全生产大排查大整治三年行动收官，连续四年获评“全市完成年度安全生产目标责任优秀单位”；入选泉州市安全生产标准化提升试点县（市、区），4098家企、事业单位全部完成创建。打击侵权假冒工作绩效位列全市第一档次。

2022年1月17日，泉州中央商务区夜景　　（市文旅局 供图）

【泉州中央商务区丰泽区指挥部成立】 2022年1月17日，泉州中央商务区丰泽区指挥部入驻东海誓师大会暨指挥部揭牌仪式举行。泉州中央商务区位于丰泽区东海街道，东至后渚港区、西至滨海街和府西路合围区域、南至滨海公园、北至通港东街，占地面积533.33公顷。泉州中央商务区秉承“产城融合、双轮驱动”理念，实施“五大工程”（高端产业集聚工程、生活商业配套工程、教育医疗扩容工程、文旅氛围营造工程、社区服务拓展工程）和“三项机制”（组织领导机制、工作协调机制、督促保障机制），开展引产业、补配套、提风貌行动，加快聚产业、聚人气、聚要素，打造集行政、金融、商贸、法务、文化、服务及大量商务办公设施的“海丝新城”中央商务区。

【南方路机上市】 2022年11月8日，位于丰泽区的福建南方路面机械股份有限公司（以下简称“南方路机”）在上海证券交易所挂牌上市。南方路机此次发行2710.17万股，发行价23.75元，募资总额6.44亿元。截至收盘，南方路机股价34.2元，市值37亿元。南方路机围绕建筑砂石骨料全生命周期，业务集工程搅拌、原生骨料加工处理、骨料资源化再生处理等设备的定制化设计、研发、生产和销售于一体，覆盖矿山破碎筛分、骨料加工处理、建筑及筑路材料搅拌、建筑垃圾资源化再生利用等领域。南方路机的产品被应用于建筑、道路、桥梁、隧道、水利等基础设施建设和房地产开发等下游市场，致力于协助客户建立起建筑材料生产及资源化再生利用的良性循环生态。招股书显示，南方路机2022年上半年营收5.72亿元，净利5662.46万元，扣非后净利4526.67万元。

（吴达峰）

表36　2022年丰泽区经济和社会发展主要指标一览表

指标名称	单位	实绩	比2021年增长（%）
地区生产总值	亿元	850.01	3.6
固定资产投资	亿元	182.69	2.1
一般公共预算总收入	亿元	29.01	6.9
地方一般公共预算收入	亿元	18.43	5.2
一般公共预算支出	亿元	26.29	17.0
农林牧渔业总产值	亿元	5.13	3.3

续表

指标名称	单位	实绩	比2021年增长（%）
社会消费品零售总额	亿元	562.61	0.5
出口商品总值（海关口径）	亿元	128.4	4.0
实际利用外资（验资口径）	亿元	575	-35.3
城镇居民人均可支配收入	元	67496	4.5

（资料来源：丰泽区委史志研究室）

洛江区

【概况】 洛江区位于泉州市中心城区东北部。2022年，洛江区辖2个街道3个镇1个乡。面积374.81平方千米。年末户籍人口21.3万人，常住人口25.6万人。人口自然增长率0.7‰。耕地面积3600公顷，粮食播种面积1900公顷，粮食产量1.17万吨。林地面积2.25万公顷，森林覆盖率53.59%，森林蓄积量149.12万立方米。矿产资源有高岭土、陶瓷土、耐火用黏土、砖瓦用黏土、建筑用花岗岩（凝灰岩）、饰面用及雕刻用辉长岩、冶金用石英岩、建筑用砂、矿泉水等。年内，洛江区获评第六批生态文明建设示范区。

【经济发展】 2022年，洛江区实现地区生产总值355.11亿元，比2021年增长3.6%。其中，工业增加值193.11亿元，增长3.3%。人均地区生产总值13.9万元，比2021年增长9%。农林牧渔业总产值11.11亿元，比2021年增长6.7%。固定资产投资134.16亿元，比2021年增长10.6%。社会消费品零售总额96.28亿元，比2021年增长12.7%。出口商品总值（海关口径）85.18亿元，比2021年增长17.78%；实际利用外资（验资口径）2085万美元，比2021年增长43.1%。一般公共预算总收入27.29亿元，比2021年增长8%；其中，地方一般公共预算收入16.44亿元，比2021年增长9.3%。城镇居民人均可支配收入50599元，比2021年增长5%；农村居民人均可支配收入23826元，比2021年增长6.7%。

【城乡建设】 2022年，洛江区落实泉州市“强产业、兴城市”双轮驱动和“抓城建提品质”专项行动，研究制订《洛江区“抓城建提品质”2022年专项行动方案》，策划生成项目156个、总投资268.7亿元，开工建设120个、完成投资44.6亿元。统筹推进阳江新城、中部功能区、小总部经济区、河市西片区等片区开发建设，17个片区更新项目完成投资7.3亿元。办理区六届人大一次会议1号议案，制订《洛江区“五化”提升工程工作方案》，策划生成“五化”（绿化、美化、照明化、净化、智化）项目104个、总投资9.4亿元，完成万安和双阳内沟河清淤整治、光纤网络改造等52个项目。完善市政基础设施，洛江西环路（朋虹街至经九路段）市政工程、经九路抓紧建设，万虹路国道324至河市中学改造提升工程开工建设，朝阳二路、安达路等完成改造提升。投资985万元建设城市公共停车场，新增停车泊位379个。城乡供水一体化项目加快建设，完成年度投资计划的130%。实施乡村振兴“1+6+2”系列行动，113个乡村振兴项目完成投资2.8亿元。突出示范带动，建成19个乡村振兴省、市、区级试点示范村、4条市级示范线路。整镇推进“五好”乡镇创建，虹山乡在泉州市考评中获农业生态型乡镇优秀等次。推进“五个美丽”创建行

2022年11月18日，洛江区被生态环境部评为第六批生态文明建设示范区。图为洛阳桥周边风光 （陈明理 摄）

动，投资6000余万元建成美丽乡村庭院203户、微景观67个、小公园（小广场）15片、美丽田园5个、休闲旅游点4个。

【社会事业】 2022年，洛江区民生支出13.5亿元，办理民生实事66件，完成率100%。城乡低保标准提至每人每月900元，发放低保金、特困人员生活补助金、临时救助金2000万元。投入204万元新建8个农村居家养老服务站和3个长者食堂。新增城乡居民养老保险参保482人，发放养老金4651.1万元、被征地养老保障金1180.6万元。泉州市实验小学洛江第二校区加快建设，泉州十一中塘西校区、洛江区实验幼儿园开工建设，奕聪中学通过省一级达标高中现场考察。提升乡村医生保障水平，发放村级公共卫生服务补助271万元。投入1150万元改造提升罗溪卫生院、万安社区卫生服务中心。新建13条全民健身路径、20个口袋健身公园，改造提升7个篮球场，俞大猷纪念馆重装开馆，蔡襄书院挂牌，区档案馆主体建筑封顶。建成并启用应急广播三级平台478个点位，实现全覆盖。统筹推进安全生产专项整治三年行动、安全生产标准化提升，按照“红橙黄蓝”四色确定企业整体安全风险等级，蓝色等级达到428家，分行业、分区域培植区级以上标杆企业30家。开展房屋结构安全排查整治“回头看”，排查整治隐患房屋227栋。

【洛江区数字经济产业发展论坛】 2022年8月31日，洛江区“数字赋能 智绘未来”数字经济产业发展论坛暨项目招商签约活动举行。吉利工业互联网华南区域中心项目、铁拓路面机械高端产业园项目等16个数字经济产业项目集中签约。其中，铁拓路面机械高端产业园项目计划建设整机械设备智能化生产流水线、科研实验室、设备试验及预装展示区、无人自动操作展示区；猪八戒网企业数字化创新赋能（泉州）区域中心项目拟在洛江打造集数字化服务、数字化运营、数字化交易三位一体的泉州市企业数字化创新赋能中心和创新综合服务平台；洛阳桥AR智慧旅游项目拟于洛阳桥开发建设集“数字孪生+元宇宙AR技术+智慧景区”的数字化文旅赋能项目等。

【洛江区获评第六批生态文明建设示范区】 2022年11月18日，洛江区被生态环境部评为第六批生态文明建设示范区。洛江区主动融入“海丝名城、智造强市、品质泉州”建设，聚焦产城人融合，推进生态城区建设、农村人居环境整治。定制开发建设巡河App，依托GPS、基站定位、云计算等技术，在保障河道管护不留盲区的同时，确保河道问题即知即改。全区重点流域、重点湖库、小流域III类水质达标率100%。多措并举推进生态长治，聚焦大气、水、土壤污染防治等重点领域。开展大气环境治理，推广应用清洁能源，加强油烟污染治理，推进建筑施工扬尘污染防治。加快推进受污染耕地安全利用，全区受污染耕地安全利用率93%以上。实施国土绿化工程，全区森林覆盖率64.4%。

【“洛地有声”营商品牌优化提升】 2022年，洛江区对标一流营商环境，推出“涉企审批上门服务日”活动，为271家企业提供预约上门服务。开设重点项目“党员法官工作室”，为项目建设、企业经营提供法律建议。开设重点项目专项审批“绿色通道”，重点项目审批时间缩减53%。开发重点项目全生命周期管理平台，作为推进深化改革、优化营商环境的创新举措，获评“泉州市2022年度赋能营商环境十大数字化应用”。创新上线“i洛江”程序平台，63项服务事项实现“掌上办”，98.9%的区级审批服务事项实现网上预审，85.5%的审批服务事项实现全程网办，“一趟不用跑”事项占比97.2%。建立惠企政策线上直达兑现平台，兑现惠企资金1.25亿元。注重从基层一线优化营商环境，按照“应放尽放、能放尽放”原则，梳理确定79项涉企审批服务事项清单，由社区综合服务窗口受理或办理，建立5支12人的帮办代办队伍，实行“社区就近受理、区级综合审批、证照就近领取”服务模式，为40家企业办理业务60余件。

（赖云鹏）

表37 2022年洛江区经济和社会发展主要指标一览表

指标名称	单位	实绩	比2021年增长（%）
地区生产总值	亿元	355.11	3.6
固定资产投资	亿元	134.16	10.6
一般公共预算总收入	亿元	27.29	8.0
地方一般公共预算收入	亿元	16.44	9.3
一般公共预算支出	亿元	22.64	36.1
农林牧渔业总产值	亿元	11.11	6.7

续表

指标名称	单位	实绩	比2021年增长（%）
工业增加值	亿元	193.11	3.3
社会消费品零售总额	亿元	96.28	12.7
出口商品总值（海关口径）	亿元	85.18	17.78
实际利用外资（验资口径）	万美元	2085	43.1
城镇居民人均可支配收入	元	50599	5.0
农村居民人均可支配收入	元	23826	6.7

（资料来源：洛江区委史志研究室）

泉港区

【概况】 泉港区位于泉州市东北部。2022年，泉港区辖6个镇1个街道。面积341平方千米。年末户籍人口41.9万人，常住人口36.1万人。人口自然增长率0.44‰。耕地面积4079.76 公顷，粮食播种面积2026.67公顷，粮食产量1.17万吨。林地面积1.09万公顷，森林覆盖率28.36%。水产品产量9.09万吨，主要有牡蛎、鲍鱼、鲈鱼、海带、紫菜等。年内，泉港区获评2022年全国“平安农机”示范县、2022年“中国工业百强区”。

【经济发展】 2022年，泉港区实现地区生产总值696.59亿元，比2021年增长2.1%。其中，工业增加值450.95亿元，比2021年下降0.9%。农林牧渔业总产值24.47亿元，比2021年增长2.2%。固定资产投资（不含农户）134.63亿元，比2021年增长20.1%。社会消费品零售总额154.38亿元，比2021年增长2.5%。实际使用外资（验资口径）1.34亿美元，比2021年增长93.1%。一般公共预算总收入91.26亿元，比2021年下降9%。其中，地方一般公共预算收入22.15亿元，比2021年下降14.6%。城镇居民人均可支配收入44031元，比2021年增长5.5%；农村居民人均可支配收入26317元，比2021年增长6.0%。

【城乡建设】 2022年，泉港区落实“城建提速攻坚行动”，实施城建项目115个，完成投资75亿元。完成石化园区及安控区专项规划和控规编制，规划石化科创小镇、天辰总部经济区，完成峰尾圭东小区、山腰锦祥片区（二期）改造。启动国道228线泉港段改线工程，完成朝阳公路拓宽改造，福厦客专泉港站达到静态验收条件。推进“智慧泉港”建设，完成智慧泉港城市运行指挥中心建设，新建智慧停车泊位3630个。成立物业行业协会、农村建筑工匠协会，完成商品房销售面积54万平方米。开展市容提标整治，打通仁和路、忠孝路、北洲路等城区“梗阻路”，完成植物园二期工程、驿峰路入区广场、南山南路花漾街区等项目建设，实施金山街内涝治理，新建城乡公厕18座、口袋公园13个，城区绿化覆盖率超41%。开展村庄清洁提升行动，启动“五个美丽”建设活动，实施涂坑村、诚峰村、涂岭村等传统村落保护和整治提升工作，完成裸房整治2820栋，通过城乡人居环境整治工作考评，通过中央创城考评组年度测评。提升改造6个农村自来水工程，清淤疏浚25千米农村水系，县、乡、村三级物流节点覆盖率100%。开展“一镇四线二十四村”示范推广，界山镇获评省级乡村治理示范乡镇，涂岭镇入选省级森林康养小镇，钟厝村等7个村获评省级乡村治理示范村，前黄村、诚平村入选中国传统村落名单。

【社会事业】 2022年，泉港区加强普惠性、基础性、兜底性民生建设，完成为民办实事项目31个。嫁接优质教育资源，引进8名省内退休名师，与泉州五中等知名学校开展对接合作，与省普教室达成基础教育教研结对帮扶，发放近2000万元用于奖教助学，高考本科上线率65.9%，创历史新高。推进泉港五中等5个教育基建项目，3所中心小学升格为实验小学，福建师范大学泉港实验小学等5个基建项目投入使用，新增学位4130个。深化公立医院改革，泉港区医院在全国1.4万多家县级医院竞争中首次进入“500强”。社会保障提质扩面，基本养老金实现“17连调”，低保人均补差增长15%，养老、工伤、失业等保险参保人数均创新高，提高城乡低保覆盖率。动态消除“零就业”家庭，推行“线上+线下1小时就业圈”，推动3000余人次实现灵活就业，城镇新增就业2810人，调查失业率控制在5.5%以内。加快构建“一老一小”服务体系，完成未成年人救助保护中心建设，新增长者食堂3个，城乡社区养老服务设施实现全覆盖。

【兴通海运上市】 2022年3月24

2022年3月24日，位于泉港区的兴通海运股份有限公司在上海证券交易所挂牌上市 （泉港区融媒 供图）

日，位于泉港区的兴通海运股份有限公司（以下简称“兴通海运”）在上海证券交易所挂牌上市，发行5000万股，价格为21.52元/股。自2012年以来，兴通海运沿海省际散装液体化学品船新增运力9.55万载重吨，占同期市场新增运力的22.32%，危化品水路运输能力保持全国前列。

【福建联合石化聚烯烃堆场泉港光伏项目完成建设】 2022年10月，福建联合石油化工有限公司完成聚烯烃堆场泉港光伏项目建设，总投资1.23亿元，覆盖面积16万平方米，为全省在建最大分布式光伏发电项目，建设规划容量21.05兆瓦，设计使用寿命25年。该项目于2021年10月开工建设，2022年10月第一期并网发电，采用柔性支架与反吊膜相结合建设模式，为国家能源集团和中石化系统内首创。

【清源创新实验室获中国化工学会科学技术奖】 2022年11月28日，中国化工学会第四十一次会员代表大会在北京召开。会上公布2022年度中国化工学会科学技术奖获奖名单，位于泉港区的清源创新实验室鲍晓军教授团队与福州大学、中国石油大学（北京）、北京化工大学合作完成的“以天然硅铝矿物为原料的分子筛绿色合成方法”项目，获2022年度中国化工学会科学技术奖“基础研究成果奖”一等奖，其研究成果以天然硅铝矿物为原料，绿色低成本合成高性能分子筛，奠定科学基础和提供技术源头。

（陈小燕）

表38 2022年泉港区经济和社会发展主要指标一览表

指标名称	单位	实绩	比2021年增长（%）
地区生产总值	亿元	696.59	2.1
固定资产投资（不含农户）	亿元	134.63	20.1
一般公共预算总收入	亿元	91.26	-9.0
地方一般公共预算收入	亿元	22.15	-14.6
一般公共预算支出	亿元	35.97	32.9
农林牧渔业总产值	亿元	24.47	2.2
工业增加值	亿元	450.95	-0.9
社会消费品零售总额	亿元	154.38	2.5
实际利用外资（验资口径）	亿美元	1.34	93.1
城镇居民人均可支配收入	元	44031	5.5
农村居民人均可支配收入	元	26317	6.0

（资料来源：泉港区委史志研究室）

石狮市

【概况】 石狮市位于泉州湾南部。2022年，石狮市辖2个街道7个镇。面积188.02平方千米。年末户籍人口37.27万人，常住人口90.11万人。耕地面积2107公顷，粮食播种面积1126.6公顷，粮食产量5340万吨。林地面积1325公顷，森林覆盖率10.87%，活立木蓄积量6.1万立方米。年内，石狮市获评2021—2025年度第二批全国科普示范县（市、区）、2022年“中国工业百强县”、2022年“中国创新百强县”。

【经济发展】 2022年，石狮市实现地区生产总值1159.68亿元，比2021年增长4.2%。其中，工业增加值465.71亿元，增长4%。规模以上工业总产值1586.09亿元，比2021年增长5.8%。农林牧渔业总产值59.41亿元，比2021年增长1.9%。固定资产投资204.69亿元，比2021年增长4.8%。社会消费品零售总额641.41亿元，比2021年增长3.9%。出口商品总值（海关口径）444.06亿元，比2021年增长0.69%；实际利用外资（验资口径）3758亿元，比2021年下降44%。一般公共预算总收入58.11亿元，比2021年增长6.2%。其中，地方一般公共预算收入43.62亿元，比2021年增长14.9%。城镇居民人均可支配收入73205元，比2021年增长4.9%；农村居民人均可支配收入34136元，比2021年增长6.7%。

【城乡建设】 2022年，石狮市城市功能更加完善，97个“抓城建提品质”项目完成投资65亿元，推进海岸带开发建设、五大片区更新改造，完成联邦商业城改造重建和44个老旧小区修缮，建成泉州环湾快速路石狮连接线二期、永宁外线（红塔湾旅游路至梅宁路段），新建公交候车亭26座，新增停车泊位2000余个。开展“新班子新气象、办实事促振兴”擂台大比拼活动，成立乡村振兴促进会，以6个省级试点村、3条泉州市级示范线、3个整镇推进为载体，实施实事好事项目1302个，新增省级乡村治理示范村14个，永宁镇获评省级乡村振兴重点特色镇，宝盖镇被认定为省级乡村治理示范乡镇，祥芝镇入选全国农业产业强镇创建名单。推行河（湖）长制、林长制，启动农村生活污水提升治理五年行动，新铺设污水管网120千米，新建“口袋公园”20个、造林绿化58.87公顷，除治泉州湾南岸互花米草210公顷，实施大气精准减排治理项目10个，空气质量优良率、集中式饮用水水源地和近岸海域水质保持100%达标。完成垃圾综合处理厂提级改造，建成餐厨垃圾预处理项目、大件垃圾综合处理站。

【社会事业】 2022年，石狮市推进社会各项事业发展，民生支出占财政总支出的八成以上，完成28项为民办实事项目。新增城镇就业5286人。推行“模拟审批”“拿地即开工”等服务新模式，行政许可事项承诺时限压缩90.6%，“最多跑一趟”和“一趟不用跑”事项占比99.8%，“E政务”自助办事项115项，新增市场主体2.5万户。投入5.7亿元，推进24个教育项目建设，7个学校建成投用，新增学位3260个。培育各类名师141名，引进优秀教师696名。实施“名优校+”集团化办学新模式，引进福建师范大学附中、福建技师学院合作办学，加快教育优质均衡发展。启动新一轮妇女儿童发展纲要，城乡社保、医保持续扩面提质，低保标准提升至户月人均940元。举办首届“福狮”文化节、云上泼水节等文化节庆活动23场，完成67所少年宫改造提升。整合打通智慧交通、城市管理、综治维稳、疫情防控等100余个数字服务应用，汇聚各类数据6.5亿条，实现社会治理事项“一网通办”。

【首份RCEP中韩原产地证书签出】 2022年2月1日，石狮正源水产科技开发有限公司出口韩国的1批货值26.4万美元的冷冻鱼糜，通过国际贸易“单一窗口”直接打印申领到泉州海关驻石狮办事处签发的首份出口韩国的RCEP原产地证书，成为全省首份RCEP中韩原产地证书。这标志着RCEP对韩国生效，并在泉州关区落地实施。凭该证书，

2022年7月28日，市民参观首届“宋元海丝宴”菜品 （颜华杰 摄）

表39　2022年石狮市经济发展主要指标一览表

指标名称	单位	实绩	比2021年增长（%）
地区生产总值	亿元	1159.68	4.2
固定资产投资	亿元	204.69	4.8
一般公共预算总收入	亿元	58.11	6.2
地方一般预算收入	亿元	43.62	14.9
地方财政支出	亿元	61.84	25.3
农业总产值	亿元	59.41	1.9
社会消费品零售总额	亿元	641.41	3.9
出口商品总值（海关口径）	亿元	444.06	0.69
实际利用外资（验资口径）	亿元	3758	-44 %
城镇居民人均可支配收入	元	73205	4.9
农村居民人均可支配收入	元	34136	6.7

（资料来源：石狮市委史志研究室）

该批商品可获进口国关税减让2.4万美元。

【石狮光子技术产业园开工】 2022年5月20日，作为福建省重点项目的石狮光子技术产业园一园进入施工阶段。光子产业园一园总投资15.6亿元，项目包括标准化厂房、研发中心、公寓宿舍、食堂及配套用房等附属设施。总用地面积17.53公顷，总建筑面积41.2万平方米。该项目的建设，为石狮光子技术企业提供规模化发展的载体支撑，为产业链发展、人才聚集提供平台支持。

【“宋元海丝宴”列入全国《地标美食名录》】 2022年6月，“宋元海丝宴”获评中国饭店协会发布的“地标美食名宴”，被列入全国《地标美食名录》。2022年初，石狮市推出“宋元海丝宴”等文化主题宴，把“宋元海丝宴”作为世界遗产的活化项目，展现宋元时期世界海洋商贸中心独特的美食文化。7月27—28日，首届“宋元海丝宴”暨闽南菜传承创意大赛在石狮市举行，10个餐饮团体近百名厨师参赛。大赛旨在挖掘南宋石狮籍美食家林洪的美食专著《山家清供》以及宋朝饮食文化，复原和创新具有“海上丝绸之路”内涵、宋元美学特征的代表性菜肴，形成一席具有石狮特色的“宋元海丝宴”。大赛评出团队赛特金奖2名、金奖4名、银奖4名，个人赛特金奖22名、金奖21名、银奖21名。

【首个电子商务行业人才评定标准出台】 2022年，石狮市印发《石狮市电子商务行业人才评定与积分管理暂行规定》（以下简称“暂行规定”），并于5月16日启动电子商务行业人才评定与积分管理工作。根据暂行规定，电商行业人才可申请参加积分入住、积分入学、积分培训、积分创业等积分服务项目，在石狮市从事与电子商务相关岗位满1年的人员或创业人员均可申请。截至年底，石狮市电商行业人才积分建档1310人，首批兑现19名电商行业人才子女积分入学、20名电商行业人才积分入住。

（林荣荣）

晋江市

【概况】 晋江市位于福建东南沿海。2022年，晋江市辖13个镇、6个街道、399个村（社区）。面积649平方千米。年末户籍人口124.91万人，常住人口207.6万人。耕地面积1.28万公顷，粮食播种面积3600公顷，粮食产量2.44万吨。林地面积7900公顷，森林覆盖率9.17%，活立木蓄积量39.46万立方米。重要矿产资源有土、砂、石等12种。优势矿产主要是饰面用花岗岩、建筑用石材、玻璃用砂和铸型用砂4种。水生生物资源丰富，海洋捕捞的主要渔获种类有100余种，经济价值较高的有带鱼、鲨鱼、海鳗、鲳、鲷、毛虾、梭子蟹、鱿鱼、乌贼等。年内，晋江市获评国家进口贸易促进创新示范区、首批国家创新型县（市）、全国法治政府建设示范市（县、区）、全国第一批全民运动健身模范县（市、区）、首批国家知识产权强县建设示范县、2021年全国农产品数字化百强县、全国工业互联网推动数字化创新领先县（市）、2022年“中国工业百强县”、2022年“中国创新百强县”。

【经济发展】 2022年，晋江市实现地区生产总值2986.41亿元，比2021年增长10.5%。规模以上工业产值6926.38亿元，比2021年增长15.4%。农林牧渔业总产值41.59亿元，比2021年下降3.6%。社会消费品零售总额1640.96亿元，比2021年增长8.4%。实际利用外资（验资口径）17.02亿元，比2021年增长8.1%。一般公共预算总收入256.93亿元，比2021年增长12.8%。其中，地方一般公共预算收入146.2亿元，比2021年增长5%。城镇居民人均可支配收入49023元，比2021年增长8.1%；农村居民人均可支配收入30201元，比2021年增长10.4%。

【城乡建设】 2022年，晋江市确立“数智转型”核心发展战略，启动数字经济三年行动。完成“全市一区”改革，组团式铺开建设两千公顷综合产业园区、百万平方米产业空间。开展“抓城建提品质”专项行动，实施281个城建项目，完成年度投资超200亿元，一批重要通道和重大公共服务项目建成投用，全市域夯实网格基础。划定国土空间“三区三线”，控规覆盖面积60平方千米。城市建设加快步伐，晋东、高铁、科创、紫帽四大新区实施项目25个、完成年度投资53亿元，5个安置房项目竣工验收。池店、安海、英林等片区更新完成征迁。“聚城畅通”工程加快推进，建成福厦客专晋江段、二重环湾一期、东部快速路一期等重要通道，开工世纪大道南延伸工程。城市配套不断完善。实施155个基础设施项目，新增变电容量5万千伏安，5G信号覆盖城乡主要区域，打通12条污水“断头管”，中水回用率62.5%，农村生活污水处理工程初验率67%。完成18条重要通道景观提升。实施最严环卫考评新规，完善城市管理机制。成立市乡村振兴促进会，开展“百企帮百村、乡贤促振兴”行动，村企合作、乡贤捐赠金额超20亿元。鲍鱼、胡萝卜育种取得重大突破，高标准农田入库4600公顷。全市村集体经营性收入首超2.5亿元，推进共享型集体经济、乡村治理、乡村产业高质量发展和“五个美丽”建设，磁灶镇、英林镇获评省级乡村治理试点示范镇，金井镇获评省级全域生态旅游小镇，湖尾村获评国家美丽休闲乡村。

【社会事业】 2022年，晋江市推进各项社会事业发展。上海第六医院福建医院入选公立医院高质量发展省级示范点，福大晋江校区获批，清华附中晋江学校实现小初高一体化招生办学。高质量办成22件为民实事、144件民生微实事，社会救助工作获全国先进，通过全国文明城市年度考评。市财政投入115.7亿元用于民生领域，占本级支出80.7%。帮扶166户困难家庭。新增城镇就业2.5万人，开设5个零工市场、2个技能培训输送基地，稳定岗位25万个。新增优质学位1万个，智能制造学院、泉州职业技术大学二期开工建设，晋江一中、养正中学获评全省首批示范性高中。实施55个公卫补短板项目，建成公共卫生应急指挥平台，改造、提升“120”急救中心，新增托育位2229个，上海第六医院晋东院区开工建设。新增养老床位470个，建成3个区域性养老服务中心、11个长者食堂。非物质文化遗产展示馆开馆，金交椅山窑入列省级考古遗址公园，南天寺保护修缮获亚太地区文化遗产保护优秀奖，梧林镇入选中国华侨国际文化交流基地。落户全国电竞大赛、中超中立赛区、中国女子篮球联赛常规赛区，获评全国首批全民运动健身模范市。安全生产标准化提升实现全覆盖，生产安全事故数、死亡人数分别下降34.8%、41.7%。常态化开展扫黑除恶斗争，电信诈骗案件比2021年下降41.3%，破案率提升3.25个百分点，392件治重化积案件全部化解。

【晋江市创投与股权投资协会成立】 2022年2月28日，晋江市创

2022年2月28日，晋江市创投与股权投资协会颁牌仪式举行

（许雅玲 摄）

表40 2022年晋江市经济和社会发展主要指标一览表

指标名称	单位	实绩	比2021年增长（%）
地区生产总值	亿元	2986.41	10.5
一般公共预算总收入	亿元	256.93	12.8
地方一般公共预算收入	亿元	146.20	5.0
地方财政支出	亿元	124.77	8.8
农林牧渔业总产值	亿元	41.59	-3.6
规模以上工业产值	亿元	6926.38	15.4
社会消费品零售总额	亿元	1640.96	8.4
实际利用外资（验资口径）	亿元	17.02	8.1
城镇居民人均可支配收入	元	49023	8.1
农村居民人均可支配收入	元	30201	10.4

（资料来源：晋江市委史志研究室）

投与股权投资协会成立仪式暨项目落地签约活动举行。会上选举产生首届协会的理事会、监事会成员，并举行协会揭牌仪式。泉州七匹狼创业投资有限公司当选首届协会会长单位。该协会由七晟资本、兴业证券泉州分公司、劲邦资本、盼盼投资、至简资管、红桥创投、影树投资7家机构发起设立。协会将为会员机构提供服务，搭建投融资项目对接平台，举行基金产业交流会，开展行业研究，推动行业创新发展，助推行业和晋江市实体经济融合发展。

【晋江市成为全国首批国家创新型县（市）】 2022年9月，晋江通过验收成为国家创新示范县（市）。创新型县（市）是以科技创新为经济社会发展的核心驱动力，对建设创新型城市和创新型省份发挥显著支撑引领作用的县（市），建设主题包括科技支撑产业发展、科技支撑生态文明、科技支撑民生改善三个类别。科技部于2018年启动建设全国首批52个创新型县（市），三年建设期满后，经组织专家评审、现场复核及综合评议，47个创新型县（市）通过验收。对照《晋江市建设国家创新型县（市）实施方案》，晋江市高质量完成22项创建指标，其中9项完成150%以上、5项完成200%以上。

【晋江市跻身Ⅱ型大城市】 2022年10月，国家根据城区常住人口数量，将城市分为五类七档：城区常住人口1000万人以上的城市为超大城市，500万～1000万人的城市为特大城市，300万～500万人的城市为Ⅰ型大城市，100万～300万人的城市为Ⅱ型大城市。晋江市以常住人口206.16万人、城区人口101.25万人的城市人口规模跻身国家Ⅱ型大城市。这是晋江市经济水平、发展潜力、城市吸引力的综合体现。

（林荣国）

南安市

【概况】 南安市位于泉州市西南部。2022年，南安市辖23个乡镇、3个街道、2个省级经济开发区。面积2031平方千米。年末户籍人口166.4万人。耕地面积2.29万公顷，粮食播种面积2.58万公顷，粮食产量15.39万吨。林地面积10.94万公顷，森林覆盖率52.7%，活立木蓄积量563万立方米。重要矿产资源有铁锰矿、钼矿、钨矿、泥炭、饰面用花岗岩、饰面用闪长岩、工艺用辉绿岩、建筑用花岗岩、建筑用凝灰岩、建筑用砂、陶瓷土、高岭土、绢云母、伊利石、叶蜡石。年内，南安市获评首批国家知识产权强县建设试点县、2022年“中国工业百强县”、2022年“中国创新百强县”。

【经济发展】 2022年，南安市实现地区生产总值1646.05亿元，比2021年增长3.7%。全部工业总产值988.31亿元，比2021年下降3.7%。农林牧渔业总产值60.08亿元，比2021年增长3.7%。固定资产投资496.94亿元，比2021年增长11.4%。社会消费品零售总额825.75亿元，比2021年增长1.3%。实际利用外资（验资口径）6364万美元，比2021年增长61%。一般公共预算总收入100.16亿元，比2021年增长2.7%；其中，地方一般公共预算收入68.22亿元，增长19.6%。城镇居民人均可支配收入57597元，比2021年增长5.2%；农村居民人均可支配收入29464元，比2021年增长5.9%。

【城乡建设】 2022年，南安市划定“三区三线”，启动乡镇国土空间规划片区联编，完成实用性村庄规划应编尽编，打磨10个重点片区，设计地标建筑、交通系统、公共空间、绿色廊道。推进北山、港仔渡、罗东后茂桥头、官桥中心镇区和洪梅中心镇区等片区更新，城市更新改造完成投资36.8亿元、建成66.2万平方米。兴泉铁路南安北站建成，国道324改线水头段开建，横八线洪濑过境线、省道215线丰州至洪濑段建成通车。建成56个城乡品质提升项目，改造提升老旧小区29个、农贸市场5个，新增绿道21.6千米、口袋公园15个、立体绿化20处、公共停车位1200个。完成废弃矿山生态修复40公顷、植树造林820公顷、水土流失治理3040公顷，整治互花米草51公顷，修复滨海湿地75公顷。推行水务一体化，城市生活污水集中收集率和农村生活污水治理率分别提升到43%和60%。完善建筑垃圾治理和资源化利用机制，成为省级生活垃圾分类试点县。推进“文明实践+”十大专项行动等文明创城活动，国家园林城市创建成效显现，“大爱南安·慈善有我”募集善款5亿元。建设美丽乡村，提级改造农村公路60千米、危桥7座、农村客运班线公交化3条，蓬华“四好农村路”成为全国现场观摩推荐点。加快城乡供水一体化建设，新建自来水厂2座，改建供水管网150千米，68万农村居民喝上健康水。开展农村人居环境“清脏治乱”行动，拆违10.9万平方米，整治裸房1万多栋，建成“五个美丽”项目1887个，6个村上榜省级“绿盈乡村”。翔云镇、码头镇及45个村获评省级乡村治理示范镇村，石井镇奎霞村、英都镇良山村入选中国传统村落名录，码头镇大庭村成为全国民主法治示范村，梅山镇灯光村入选全国乡村治理典型案例。

【社会事业】 2022年，南安市稳固脱贫基础，实施产业帮扶187户、稳定就业3620人、改善住房条件112户，脱贫户人均收入超2万元。完成六个方面48个为民办实事项目。发放稳岗返还资金1800万元，新增城镇就业8500人。城乡低保标准从775元提高到900元。新建农村区域性养老服务中心2个、婴幼儿托育服务机构9家。启动人才社区建设，建成保障性安居工程4500余套，被列为省级保障性租赁住房重点发展城市。18个校舍改扩建项目建成投用，新增优质学位1万多个，课后服务惠及学生18.7万人，8条强师惠师举措让教师更受尊崇。启用市医院新院区，市疾控、梅山、官桥、成功、昌财等医院项目快速推进；深化“三医联动”，药品和医用耗材价格持续下降，县域就诊率提升到78%。成为国家首批中医适宜技术防控儿童青少年近视试点县。推进文体旅融合，设立1亿元文体旅产业发展资金，推进成功文化园、南安文庙、蔡氏古民居等项目，省女足落户南安，市体校被授予国家重点高水平体育后备人才基地和全国体育事业突出贡献奖，获全省首个“奥运冠军之城”、首批全民运动健身模范县称号。扫黑除恶斗争常态化开展，打击电信网络诈骗成效明显，禁毒重点整治地区“摘帽”。完成企事业单位安全生产标准化创建，健全道路安全、消防等源头管控机制，安全生产事故数和亡人数持续下降，食品安全质量考评居泉州市首位。

【南安市获“福建省奥运冠军之城”称号】 2022年1月19日，2022年全省体育工作会议在福州召开。会上，南安市获全省唯一的“福建省奥运冠军之城”称号。此外，南安市还获得首批福建省全民运动健身模范县（市、区）称号和“参加第三十二届东京奥运会突出贡献奖”“参加第十四届全国运动会贡献奖”。

【第十五届海峡两岸（泉州）农产品采购订货会】 2022年9月7—9日，由海峡两岸经贸交流协会、福建省海峡商务交流协会、泉州市进出口商会、南安市海峡两岸交流协会主办的第十五届海峡两岸（泉州）农产品采购订货会在南安市成

2022年9月7日，第十五届海峡两岸（泉州）农产品采购订货会在南安市成功国际会展中心开幕
（泉州品牌发展中心 供图）

表41　2022年南安市经济发展主要指标一览表

指标名称	单位	实绩	比2021年增长（%）
地区生产总值	亿元	1646.05	3.7
固定资产投资	亿元	496.94	11.4
一般公共预算总收入	亿元	100.16	2.7
地方一般公共预算收入	亿元	68.22	19.6
一般公共预算支出	亿元	97.04	4.6
农林牧渔业总产值	亿元	60.08	3.7
全部工业总产值	亿元	988.31	3.7
社会消费品零售总额	亿元	825.75	1.3
实际利用外资（验资口径）	万美元	6364	61
城镇居民人均可支配收入	元	57597	5.2
农村居民人均可支配收入	元	29464	5.9

（资料来源：南安市委史志研究室）

功国际会展中心举行。展会采用线上线下相结合的形式举办，设3个线下展馆，展厅面积1.8万平方米，标准展位471个，近300家企业参展。其中，大陆台资企业展位232个，大陆特色农业企业展位215个，"一带一路"共建国家企业展位24个。该届展会设立农旅文创、招商引资、政银企对接等展区，延续"两岸携手、以农为媒、融合发展"的办会主题，展示两岸农业科技、文创、旅游等新元素、新产品、新业态。其间，举办海峡两岸农产品线上云购直播节、南安农旅招商推介对接会暨乡村振兴实地考察之旅、"金融服务两岸融合及乡村振兴"政银企对接会等相关活动。展会达成协议合作意向578笔、意向金额13.8亿元，现场销售4160万元。

（林勋　周逸哲　林雪铌）

惠安县

【概况】　惠安县位于福建省东南沿海突出部，介于泉州湾与湄洲湾之间。2022年，惠安县辖12个镇、218个村（社区）。面积573.44平方千米（不含泉州台商投资区，下同）。年末户籍人口82.98万人，常住人口79.1万人。人口自然增长率0.941‰。年内，惠安县获评第六批生态文明建设示范区、2022年"中国工业百强县"、2022年"中国创新百强县"。

【经济发展】　2022年，惠安县实现地区生产总值1222.51亿元，比2021年增长3.9%。农林牧渔业总产值60.24亿元，比2021年增长2.7%。固定资产投资232.39亿元，比2021年增长16.2%。社会消费品零售总额472.3亿元，比2021年增长2.1%。实际利用外资（验资口径）1.68亿美元，比2021年增长279.8%。一般公共预算总收入124.47亿元，比2021年增长18.5%；其中，地方一般公共预算收入43.97亿元，比2021年增长13%。城镇居民人均可支配收入54800元，比2021年增长5.6%；农村居民人均可支配收入28302元，比2021年增长6.5%。

【城乡建设】　2022年，惠安县开展"城乡品质提升年"活动，实施"抓城建提品质"项目162个，完成年度投资75亿元。推进文明城市创建，实施42个创城达标提升项目，高质量完成西苑片区城市设计并启动征迁签约，惠泉片区安商房主体工程全面施工，中总片区改造历史遗留问题彻底解决，改造提升老旧小区20个、背街小巷13条，建成科山公园南大门景观工程，新建改造公园绿地4.57公顷、街头小公园7个、立体绿化20处，建设新时代文明实践示范站36个、实践点60个，城区生活垃圾分类覆盖率100%。兴泉铁路、福厦客专惠安段基本建成，县道309线拓改、松村至港丰物流道路拓改、兴泉铁路黄塘货运站连接线主体完工，新开工县道310线拓改、惠紫路拓改等一批交通项目，新增公共停车位200个、港湾式公交亭30座，获评"四好农村路"省级示范县，入围全国示范县名单。实施乡村建设行动，3个乡村振兴重点项目完成投资1.9亿元，实用型村庄规划基本实现全覆盖，新建农房审批100%按图集要求管控，提升乡村振兴精品线路4条，4个农村自住小区建设取得实质性进展，整治裸房5170栋，“绿盈乡村”创建比例83.1%，农村自来水普及率90%，乡村光纤实现全覆盖，新增省级乡村治理示范村23个，乡村振兴热度指数综合排名位列全省第七，获评“省乡村振兴重点工作成效明显激励县”。

【社会事业】 2022年，惠安县民生投入47.99亿元，占一般公共预算支出75.3%，49件为民实事全部兑现。发放就业补助、稳岗返还资金2182万元，新增城镇就业2780人、农村劳动力转移就业992人。城乡居民养老保险参保率99.2%，基本医保参保覆盖面97.2%，发放低保金5033万元、特困供养金816万元、优抚对象定期抚恤补助金2820万元。推进教育发展“三年行动”，成立教育发展促进会，募集慈善资金10.1亿元；第五实验幼儿园、第四实验小学等8个项目建成投用，新增公办幼儿园学位2520个、中小学学位3150个，补充普惠性学位722个，普惠幼儿园覆盖率88.9%；75所农村义务教育学校办学条件得到改善，高考本科上线率64.7%；教师进修学校通过省级标准化评估验收，开成职校2个专业入选“省高水平专业群”立项建设计划，技术学校恢复办学，华光学院紫山校区、云扬航空职业技术学校、传诚技工学校招生；与福建师范大学签订校地战略合作协议。县医院新院主体封顶，建成投用县医院检验中心改造等4个项目，启动建设县中医院康复大楼等11个项目；县中医院引进新中医诊疗体系，县医院入选“千县工程”名单，新增名医工作室11个，柔性引进高层次人才31名；128个检查检验项目结果实现县内互认，县域内就诊率提升至76.3%，13项医改重要指标排名全市第一。开展“惠民惠安”群众性文体系列活动近1000场次，螺阳镇锦丰“村晚”入选全国“村晚”示范展示活动，县政府与中国工艺美术学会共建全国石雕艺术专业委员会并落地惠安。践行“近邻”理念，推进24个“党建+”邻里中心建设。妥善化解金融、房地产等领域风险，统筹抓好社会治安、食药监管、打击电诈等工作，退出全国电信诈骗重点地区前50名、全省禁毒预警通告县行列；完成3467家企事业单位安全生产标准化提升，安全生产事故起数和死亡人数分别下降53.3%、10%，获评省级平安县。

【数字经济】 2022年，惠安县出台加快数字经济发展若干措施，建成5G基站576个，推动美可、富邦等60家企业“上云上平台”，培育省级智能制造试点示范重点项目2个、省级智能制造示范工厂7个，全县数字经济规模434亿元。新增科技型中小企业129家、高新技术企业70家、省级专精特新中小企业4家，新培育省级众创空间2家、省级科技“小巨人”企业19家，省纤维检验中心惠安分中心落地，每万人发明专利拥有量18.86件，科技成果转化合作项目18项，带动规模以上企业研发经费支出超10亿元。新推出“涌泉”行动22条措施，建成人才创享中心，慧芯激光获评市级高层次人才自主认定企业，新增国务院政府特殊津贴专家工作室3个，引进高校毕业生598人，新认定市级以上高层次人才412人。

【惠安县“基金+协会+园区”三维招商活动】 2022年12月1日，惠安县“基金+协会+园区”三维招商活动暨“平台赋能 产业迭代”发展论坛举行。活动配套主旨演讲、专业论坛、项目签约、产业考察等，旨在打造碰撞火花、收获友谊、招引投资的合作平台。基金方面，惠安县与上海浦科、东方嘉富等5家产业基金公司签订战略合作协议，聚焦半导体、新材料、人工智能等战略性新兴产业和先导产业，设立总规模超60亿元的专项基金，吸引更多的社会股权投资资本、投资机构、优质项目、新兴技术和高端人才向惠安集聚。协会方面，惠安县对接并签约行业协会（联盟）16家，其中国家级9家，通过与中国工业经济联合会、中国电子化工新材料产业联盟等行业组织签订“双招双引”战略合作协

2022年12月1日，惠安县“基金+协会+园区”三维招商活动暨“平台赋能 产业迭代”发展论坛在达利酒店举行 （惠安县融媒 供图）

表42　2022年惠安县经济发展主要指标一览表

指标名称	单位	实绩	比2021年增长（%）
地区生产总值	亿元	1222.51	3.9
固定资产投资	亿元	232.39	16.2
一般公共预算总收入	亿元	124.47	18.5
地方一般公共预算收入	亿元	43.97	13.0
一般公共预算支出	亿元	64.95	11.5
农林牧渔业总产值	亿元	60.24	2.7
社会消费品零售总额	亿元	472.3	2.1
实际利用外资（验资口径）	万美元	16784	279.8
城镇居民人均可支配收入	元	54800	5.6
农村居民人均可支配收入	元	28302	6.5

（资料来源：惠安县委史志研究室）

议，开展政策对接、产业咨询、招商引资、招才引智等全方位合作，探索“政府+协会+企业”合作新模式，推动领军企业和优秀人才团队到惠安投资兴业。项目方面，筛选60万吨/年己内酰胺及配套项目、福建新能源新材料产业园项目等5个代表性项目参加招商签约，计划总投资277亿元，主要填平补齐主导产业、优势产业关键缺失环节，助力打造现代产业体系。

（林清泉）

安溪县

【概况】 安溪县位于福建省东南沿海。2022年，安溪县辖15个镇9个乡（城区辖3个镇）。面积3057.28平方千米。年末户籍人口120万人。耕地面积1.22万公顷，粮食播种面积1.83万公顷，粮食产量9.38万吨。林地面积21.84万公顷，森林覆盖率65.77%，活立木蓄积量949.7万立方米。年内，安溪县获评2022年全国休闲农业重点县、2022年全国县域农业农村信息化发展先进县、2021—2025年度第二批全国科普示范县（市、区）、2022年“中国工业百强县”、2021年全国农产品数字化百强县、数字乡村百强县。

【经济发展】 2022年，安溪县实现地区生产总值907.18亿元，比2021年增长4.3%。人均地区生产总值9.07万元，比2021年增长4.5%。全部工业总产值395.73亿元，比2021年增长5.47%。农林牧渔总产值100.74亿元，比2021年增长5.3%。固定资产投资325.12亿元，比2021年增长1.1%。社会消费品零售总额683.16亿元，比2021年增长6.4%。出口商品总值（海关口径）36.1亿元，比2021年下降14.23%；实际利用外资（验资口径）550万美元，比2021年下降57.1%。一般公共预算总收入45.87亿元，比2021年下降4.7%。其中，地方一般公共预算收31.53亿元，比2021年下降1.5%。城镇居民人均可支配收入40472元，比2021年增长5.23%；农村居民人均可支配收入22341元，比2021年增长6.8%。

【城乡建设】 2022年，安溪县围绕强产业、聚人气，开展“重龙头、强品牌、铸链条”等系列专项行动，完善现代产业格局，提升城市功能品质。实施产业链链长制，培优育强八大产业链，新增产业链项目86个、完成投资452.41亿元，产业链供应链韧性持续增强。藤铁家居工艺产业加快集群发展和创新转型，获评中国藤铁产业基地；启动藤铁工艺产业园规划建设，成立安溪藤铁工艺创新发展研究院；建设信和水性漆专家工作站，指导推广“油改水”工艺；举办“古技今艺——安溪藤铁艺术展”等展示、展销活动8场次，加快国内外市场拓展，行业产值265亿元。组建城建、茶都、文旅3个集团公司，国企市场化运作迈出实质性步伐。落实消费需求激活扩张行动，开展“双品网购节”等线上促销活动16场次，全县网络零售额突破280亿元。引进中闽百汇商业综合体项目，加快佰乐国际酒店、珍珠酒店建设。“安溪旅游”数字文旅平台上线服务，整合推介6条精品旅游线路，接待游客超610万人次，旅游收入62亿元。推动农业提质增效、农村文明进步、农民增收致富。扶持特色农业发展壮大，山格淮山被列入国家地理标志农产品保护工程。创建省级国际标准农产品示范基地1个，培育新型农业经营主体示范社（场）34个；“多网融合+客货邮融合”发展模式入选“全国农村物流服务品牌”；祥华乡入选全国“一村一品”示范村镇。启动粮食加工厂建设，完成中心粮库二期扩建工程，实现24个乡镇应急供应网点全覆盖，夯实粮食安全保障。推进镇区改造，长卿镇乡村振兴服务中心项目主体完工，西坪、金谷、龙涓等乡镇镇区改造项目动工建设。试点整村推进土地经营权“预流转”，分类建设26个强村公司。实施乡村建设行动，高标准建设2个省级特色镇、6条市级示范线和5个整镇推进试点镇、62个试点村，完成裸房整治5333栋；蓝田乡乌土村入选中国传统村落。新建、改建农村公路134千米，改造危桥10座，入选“四好农村路”全国示范县创建单位；完成以茶命名的高速服务区——槐植铁观音服务区改造升级。建成7个乡村电气化示范工程。推进陈文令“金谷溪岸”艺术园建设。

【茶业发展】 2022年，安溪县做活茶文化，安溪铁观音茶文化系统被联合国粮农组织认定为全球重要农业文化遗产，铁观音制作技艺作为“中国传统制茶技艺及其相关习俗”被列入联合国教科文组织人类非物质文化遗产代表作名录，“联合国粮农组织支持福建省安溪铁观音茶文化系统发展案例”获评第三届全球减贫最佳案例，举办首届全球农遗·安溪铁观音茶文化系统保护与发展论坛等大型活动6场次，以福建安溪铁观音农业文化遗产乡村游为主题的茶旅线路入选“农遗良品”十佳旅游线路。启动茶史迹专项调查；安溪茶厂入选全国首批“大思政课”工业文化专题实践教学基地。实施茶叶非物质文化遗产技艺师带徒“长青计划”，传承传统制茶工艺。举办“商会+茶王赛”“茶乡购·大师说茶”等茶文化宣传推介活动50场次；创评星级“安溪茶空间”10家。做强茶产业，提升茶山生态4066.66公顷，建成高标准生态茶园3466.66公顷，新增绿色食品茶叶认证373.33公顷、茶叶气候品质认证13家；推进安溪铁观音国家地理标志产品保护示范区、全国绿色食品原料（茶叶）标准化生产基地创建工作。举办大宗茶、毛茶等专项比赛5场次，举行春茶产销对接会、秋茶订购会等市场拓展活动9场次，茶叶质价齐升。数字福茶项目落地运营，中国福茶数字科创园启动规划建设。全县涉茶总产值320亿元，安溪铁观音品牌价值1430亿元，连续3年位列中国区域品牌（地理标志）价值第一。做优茶科技，设立百万元奖举办首届中国茶科技创新大赛，评选出优质创新成果37项，乌龙茶智能加工等10个项目落地转化；举办中国茶产业人工智能应用论坛，与中国科学院、浙江大学等科研机构、高校深入开展茶产业课题研究，发布研究成果3项，茶产业“含新量”不断提升。《地理标志产品安溪铁观音》国家标准修订通过立项。

【社会事业】 2022年，安溪县加强社会保障，完成19件为民办实事项目。全体居民人均可支配收入2.94万元，比2021年增长5.89%；全体居民人均消费支出2.06万元，比2021年增长5.5%。完成凤山幼儿园、龙涓下洋幼儿园等8个扩容改薄项目，支持西坪中心小学等42所农村学校校舍、运动场等改造提升，新增学位3200个。新增普惠性民办幼儿园67所、学前教育普惠率96.8%。43所学校通过义务教育管理标准化学校评估，安溪一中入选首批省级示范性高中，教师进修学校通过省级标准化评估验收。启动“安溪好先生·十百千万”培养工程。推进中小学课后服务、校外培训机构规范管理等工作，优化校园育人环境。推进县公共卫生应急暨健康培训中心、芦田卫生院等项目建设。深化综合医改，创制药品、医疗器械监管“三医联盟”；推动湖头、官桥医疗次中心二级达标建设，基层诊疗人次占比61%，双向转诊患者3536名。采取柔性、全职等方式引进人才33名，创建名医工作站12个。完善“一老一小”服务体系，新增普惠托位350个，老年人健康管理率74.82%；创建农村儿童早期发展试点工作示范乡镇5个、示范村5个。建设未成年人关爱服务站6个，推进“福蕾行动计划”。推进龙门等4个敬老院建设，建成长者食堂15个；推行失能老年人护理保险和困难老年人家庭适老化改造。县殡仪馆综合服务功能区扩建项目主体工程完工。发放城乡低保、特困供养等各类保障金1.6亿元。启用乡镇基层医保经办服务窗口，推进多元复合式医保支付方式改革，提高群众报销比例。城镇新增就业3500人。加强“平安安溪”建设，推进常态化扫黑除恶、防范治理境外涉诈暨非法出入境违法犯罪专项整治行动。创新矛盾纠纷排查化解机制，开展信访积案化解攻坚；归并优化“12345”政务服务便民热线，受理群众诉求1.4万个。推进建设“党建+”邻里中心38个、新时代文明实践中心（所、站）513个，实现乡镇社会工作服务站全覆盖。建成市级职工疗休养基地2个。完成1636条道路命名工作。

【“安溪铁观音”卫星发射】 2022年2月27日，长征八号遥二运载火箭搭载“安溪铁观音一号”卫星在中国文昌航天发射场发射升空。“安溪铁观音一号”卫星采用轻量化结构设计、高度集成电子学系统、高分辨率超轻量化低成本相机等创新技术，使得整星实现分辨率优于0.75米、成像幅宽大于17千米，重量43千克，具有低成本、低功耗、低重量、高分辨率的特点。4月30日，长征十一号运载火箭搭载

“安溪铁观音二号”卫星在东海海域海上发射平台发射升空。“安溪铁观音二号”卫星具备高分辨率、高集成度和智能化特点，在轨道高度535千米，成像宽幅15千米，每天可获取19.6万平方米的全球对地观测数据。“安溪铁观音一号”“安溪铁观音二号”卫星由安溪县与中科星桥、长光卫星共同合作研制，其中“安溪铁观音二号”卫星是全省首颗分辨率达到0.5米的光学商业遥感卫星。“安溪铁观音一号”与“安溪铁观音二号”卫星一同实现对地组网观测的能力。

2022年11月29日，铁观音制作技艺入选人类非物质文化遗产代表作名录。图为安溪铁观音制作技艺之一——“摇青”　（林劲峰 摄）

【铁观音制作技艺入选人类非物质文化遗产代表作名录】 2022年11月29日，联合国教科文组织保护非物质文化遗产政府间委员会第十七届常会在摩洛哥拉巴特召开，中国申报的“中国传统制茶技艺及其相关习俗”通过评审，入选联合国教科文组织人类非物质文化遗产代表作名录。“中国传统制茶技艺及其相关习俗”是有关茶园管理、茶叶采摘、茶的手工制作，以及茶的饮用和分享的知识、技艺和实践。该项目包括铁观音制作技艺等6个国家级非物质文化遗产代表性项目。

（苏锦生）

表43　2022年安溪县经济发展主要指标一览表

指标名称	单位	实绩	比2021年增长（%）
地区生产总值	亿元	907.18	4.3
固定资产投资	亿元	325.12	1.1
一般公共预算总收入	亿元	45.87	-4.7
地方一般公共预算收入	亿元	31.53	-1.5
一般公共预算支出	亿元	69.94	6.33
农林牧渔业总产值	亿元	100.74	5.3
全部工业总产值	亿元	395.73	5.47
社会消费品零售总额	亿元	683.16	6.4
出口商品总值（海关口径）	亿元	36.1	-14.23
实际利用外资（验资口径）	万美元	550	-57.1
城镇居民人均可支配收入	元	40472	5.23
农村居民人均可支配收入	元	22341	6.8

（资料来源：安溪县委史志研究室）

永春县

【概况】 永春县位于福建省东南部、晋江东溪上游。2022年，永春县辖22个乡（镇）、236个村（社区）。面积1456.87平方千米。年末户籍人口59.49万人。农用地面积13.21万公顷，粮食播种面积1.45万公顷，粮食产量9万吨。林地面积10.56万公顷。水资源总量18.21亿立方米。已发现各类矿产资源30余种。其中，煤炭保有储量7674.32万吨，水泥用灰岩探明储量32819.29万吨，高岭土资源储量1234.27万吨。年内，永春县获评2022年乡村建设评价样本县、2022年度国家水土保持示范县。

【经济发展】 2022年，永春县实现地区生产总值543.61亿元，比2021年下降2.4%。人均地区生产总值12.93万元。一般公共预算总收入20.30亿元，比2021年增长6.8%；其中，地方一般公共预算收入13.85亿元，比2021年增长9.9%。全部工业增加值295.26亿元，比2021年下降5.0%。农林牧渔业总产值50.15亿元，比2021年增长5.2%。固定资产投资85.05亿元，比2021年增长2.6%。社会消费品零售总额188.78亿元，比2021年增长2%。出口商品总值（海关口径）37.48亿元，比2021年增长6.58%；实际利用外资（验资口径）1.11亿元，比2021年增长163.3%。城镇居民人均可支配收入39401元，比2021年增长3.6%；农村居民人均可支配收入21784元，比2021年增长6.9%。

【城乡建设】 2022年，永春县高标准编制国土空间规划，加快“东拓西进”步伐，城镇化率提高至63%。聚力城市更新改造，80个城乡提品质项目完成投资49.4亿元。完善基础配套，完成留安山东路、桃石路等路网建设，启动建设生活垃圾焚烧发电项目，新改建各类管网352千米。美化亮化城市环境，新增城市公园绿地12公顷、口袋公园15个，实施桃溪两岸景观带亮化工程。深化农村人居环境整治提升行动，获评全省村庄清洁行动成效突出县。推进精美小城镇和美丽乡村建设，实施专项行动项目9个，整治裸房1.4万栋。实施乡村振兴试点村项目64个，获省级乡村振兴实绩突出村2个、乡村治理示范村20个。达埔镇汉口村获评全国“一村一品”示范村。一都镇仙阳村入选全国“文明乡风建设”典型案例。

【社会事业】 2022年，永春县推进社会事业各项工作，落实帮扶措施6382条、资金1459.4万元。实施全民参保计划，城乡居民基本养老保险、基本医疗保险参保率分别为99.4%、98.7%。关怀帮扶弱势群体，完成低保户、残疾人、慈善安居工程75户。实施57个为民办实事项目，民生支出30.3亿元，占一般公共预算支出的81.1%。新、扩建幼儿园1所、中小学校舍4幢，新增学位1260个，获评省级义务教育优质均衡发展先行创建县。实施永春职专提质扩容工程，新增4个专业，扩大办学规模。深化校地合作，提升泉州幼高专附属幼儿园办学水平，泉州市高级技工学校永春校区签约落地。深化公立医院综合改革，县医院被列入“千县工程”名单，与省附一医院建立紧密型医联体协作，打造省级品牌科室。完善社会化养老服务体系，县老年公寓及16所乡镇敬老院实现公建民营，湖洋镇吴岭村获评全国示范性老年友好型社区。苦寨坑窑遗址入选全国“新时代百项考古新发现”，林俊德事迹馆获评国家级科学家精神教育基地。常态化推进扫黑除恶斗争，平安建设“三率”居泉州市前列。打造“宽松型”警务永春样板，提升治安要素管控水平。开展安全生产大检查，加快安全生产标准化提升，完成1117家企事业单位标准化创建。实施碧桂园一期整治项目，是全市首个采取拆除重建，从根本上解决房屋质量问题的示范工程。

【“五全”招商】 2022年，永春县调整“五全”招商（全县、全域、全员、全产业、全方位招商）指挥部，下设一办十五专班三组，乡镇和部门成立73个二级招商办，招商队伍340人。建立县领导挂钩重点招商项目、分级负责、三级协调、正向激励、联席会议等机制，用好“飞地招商”机制和绩效考核“指挥棒”，开展“奋战七十天 决胜项目攻坚战”行动。县主要领导带队到北京、江苏、广东等地考察对接，其他县领导、各招商专班、各招商单位接待客商考察2800余人次，召开各类招商会180余场次。组织参加市签约活动2场，签约项目53个，总投资361.05亿元；组织县签约活动2场，签约项目17个，总投资167.40亿元。创新招商空间发布模式，发布全市首个“招商全景地图”，提供可供应地块35个392.33公顷、可用招商空间75.64万平方米，实现客商“云端”考察。对全县行政事业单位（含下属国有企业）的闲置资产进行摸排，查清闲置资产110处、面积81.47万平方米。梳理第一批低效用地再开发的企业用地34宗，通过再开发提升方案的26宗。截至年底，全县签约项目168个，计划投资700.71亿元。其中，正式合同项目143个（占全年任务143%），计划投资563.61亿元（占全年任务112.72%）。

【现代农业产业园区创建】 2022年4月27日，福建永春县现代农业产业园入选2022年国家现代农业产业园创建名单。该产业园规划面积547平方千米，以芦柑产业和农作物种业（柑橘、茶叶）两大优势产业为主导产业，形成一、二、三产融合发展的芦柑产业链和育繁推一体化

2022年12月3日，永春光中诗园开园仪式在桃溪国家湿地公园举行

（永春县文化馆 供图）

的种业产业链，谋划种质资源保护和良种繁育工程、规模化标准化种植基地建设工程等七大工程33个项目，总投资26.21亿元。截至年底，产业园总产值83.53亿元，主导产业产值55.71亿元，33个建设项目全部开工，完成投资123.25亿元。

【永春光中诗园开园】 2022年12月3日，永春光中诗园开园仪式在桃溪国家湿地公园举行。作为集自然景观、生态风貌、文化景象于一体的文化公园，诗园旨在丰富永春乡愁的文化内涵，助力推动永春文化建设。台湾知名学者邱毅教授通过视频发来祝贺，分享余光中生平轶事，肯定光中诗园对乡愁文化的传承及促进两岸融合发展的重要作用。

（颜志嘉）

德化县

【概况】 德化县位于福建省中部、泉州市西北部。2022年，德化县辖18个乡镇、222个村（社区）。面积2232.16平方千米。年末户籍人口35.39万人。耕地面积13927.76公顷，粮食播种面积9222.4公顷，粮食产量6.13万吨。林地面积17.87万公顷，森林覆盖率73.7%，森林蓄积量2103万立方米。年均降水量1769毫米，为福建省多雨区之一；全县可供开发的水力资源31.2万千

表44 2022年永春县经济和社会发展主要指标一览表

指标名称	单位	实绩	比2021年增长（%）
地区生产总值	亿元	543.61	-2.4
固定资产投资	亿元	85.05	2.6
一般公共预算总收入	亿元	20.30	6.8
地方一般公共预算收入	亿元	13.85	9.9
一般公共预算支出	亿元	44.62	8.3
农林牧渔业总产值	亿元	50.15	5.2
全部工业增加值	亿元	295.26	-5.0
社会消费品零售总额	亿元	188.78	2.0
出口商品总值（海关口径）	亿元	37.48	6.58
实际利用外资（验资口径）	亿元	1.11	163.3
城镇居民人均可支配收入	元	39401	3.6
农村居民人均可支配收入	元	21784	6.9

（资料来源：永春县委史志研究室）

瓦，有水电装机容量28.7万千瓦。重要矿产资源有陶瓷土（包括高岭土矿、瓷石矿）、铁、黄金、石灰石、地热水等矿种29个。已探明资源储量的有铁、金、陶瓷土等18种。年内，德化县获评首批国家知识产权强县建设试点县、2022年“中国创新百强县”、数字乡村百强县。

【经济发展】 2022年，德化县实现地区生产总值353.44亿元，比2021年增长4.7%。农林牧渔业总产值25.79亿元，比2021年增长4.5%。固定资产投资138.99亿元，比2021年增长27.5%。社会消费品零售总额150.8亿元，比2021年增长5.7%。一般公共预算总收入22.64亿元，比2021年增长5%。其中，地方一般公共预算收入15.97亿元，增长13.7%。城镇居民人均可支配收入42651元，比2021年增长4.4%；农村居民人均可支配收入21221元，比2021年增长6.5%。

【城乡建设】 2022年，德化县实施“抓城建提品质”专项行动，推进许厝、蒲坂、官路、新寨等10大片区改造，完成凤凰山绿道、15个口袋公园和20处立体绿化建设，新成立社区5个，大件垃圾、园林垃圾以及餐厨垃圾预处理站试运行。兴泉铁路全线贯通运营，动工建设政永高速德化段，推进厦沙高速汤城枢纽至德化段拓宽工程，改造“断头路”“瓶颈路”6条，开通点对点定制公交线路4条，新增停车位771个。铺设各类管网55.3千米、燃气管道23.5千米，海西天然气管网德化支线工程试运投产，新建5G站点552个。常态化开展全国文明城市创建，推行“网格化+”治理模式，城市品质能级稳步提升。成立乡村振兴促进会，引进知名“三农”专家温铁军等成立全市首家乡村振兴研究院，建设深圳文交所德化子平台。编制村庄规划54个，整治裸房1865栋。创建省乡村“五个美丽”典型示范建设点18个，创建市级以上乡村振兴、美丽乡村示范村41个，培育省级及以上传统村落33个，2个乡镇26个村入选第二批省级乡村治理示范村镇。实施“百万村财攻坚”行动，新增村财百万元以上村12个。

【社会事业】 2022年，德化县完成44项为民办实事项目，民生相关支出28.14亿元，占一般公共预算支出的77.8%。投入4亿元推进11个教育项目，新增学位2500个，新招聘教师424人；德化一中入选首批福建省示范性高中，德化三中晋升福建省二级达标高中，实现达标高中创建100%。《德化年鉴（2021）》获评“中国精品年鉴”，融媒体中心进入全省优秀县级融媒体中心30强；成立闽台历史文化研究院德化分院，德化窑获国家考古遗址公园立项，入选“中国民间文化艺术之乡”建设典型案例。德化县医院与深圳大学总医院、深圳大学附属华南医院共建医联体，入选全国首批“千县工程”名单；德化县社会福利中心建成运营，新增养老床位500张，创建爱心幸福城入选省养老服务改革创新案例。完善重点群体就业支持体系，实施进城务工人员安居工程，新增城镇就业2174人、失业人员实现再就业1422人、“五险”参保9857人次，建成限价房1885套，新建保障性租赁住房952套，实施临时救助7476人次、发放救助金447万元。巩固提升安全生产专项整治三年行动，事故起数和死亡人数连续三年“双下降”。常态化推进扫黑除恶斗争，开展“治重化积”专项行动，获评福建省平安建设示范县。

【德化窑列入国家考古遗址公园立项名单】 2022年12月，国家文物局公布第四批国家考古遗址公园挂牌与立项名单，德化窑国家考古遗址公园获批立项。德化县完成《德化窑考古遗址公园总体规划（2022—2035）》编制，德化窑考古遗址公园将建成集考古展示、观光与体验、研学旅行、休闲购物等于一体的大型文旅融合综合项目，让游客近距离感受德化陶瓷文化的魅力。

（邱巧丽）

2022年12月，国家文物局公布第四批国家考古遗址公园挂牌与立项名单，德化窑国家考古遗址公园获批立项。图为德化屈斗宫窑址

（德化县政府办 供图）

表45　2022年德化县经济发展主要指标一览表

指标名称	单位	实绩	比2021年增长（%）
地区生产总值	亿元	353.44	4.7
固定资产投资	亿元	138.99	27.5
一般公共预算总收入	亿元	22.64	5.0
地方一般公共预算收入	亿元	15.97	13.7
一般公共预算支出	亿元	38.64	15.9
农林牧渔业总产值	亿元	25.79	4.5
社会消费品零售总额	亿元	150.8	5.7
城镇居民人均可支配收入	元	42651	4.4
农村居民人均可支配收入	元	21221	6.5

（资料来源：德化县政府办）

金门县

【概况】　金门县位于福建省东南部海域泉州围头湾与厦门湾内。2022年，金门县面积153.06平方千米（含代管乌坵2.6平方千米，不含大小嶝、角屿）。年末人口14.13万人。耕地面积2145.48公顷，主要农作物为高粱、小麦、芋头、地瓜和花生及部分蔬果栽培，高粱、小麦主要供酿造高粱酒之用。渔业发展以近海捕捞及养殖为主，内陆养殖为辅。设有畜产试验所、动植物防疫所以及梅花鹿野放场，附设休闲游乐设施。

【经济发展】　2022年，金门县料罗港区北码头区围堤造地工程开工，旨在改善料罗港航道淤浅致水深不足且港区疏浚土方无处堆放问题，并规划为未来海运快递及物流仓储基地。金门产业创新中心设立，旨在协助中小企业整合创新研发、产业提升、创业辅导等资源，提供产业一站式咨询服务。金酒公司与知名国际品牌代理商欣临集团签订北美及东北亚区域经销契约，自2023年起金门高粱酒外销美国、加拿大、日本、韩国等地，拓展北美及东北亚市场。

【城乡建设】　2022年，金门县沙美特色街区建筑修复再利用示范工程签约。该工程保留街区轮廓传统风貌，再现“天地合”等早期店铺特色。金门县金城镇西南门里公所暨周边地区公办都市更新项目签约，旨在建构更宜居的城市环境。金门大桥通车。大桥跨越金烈水道连接烈屿乡（小金门），全长5.4千米，其中跨海桥梁4.8千米，主桥最大跨径200米。

【社会事业】　2022年，金门县金湖建华公车保养厂与民间厂商合作打造该县首座大型太阳能公车棚，满足公车停放及保养需求，推动低碳再生能源政策，发挥公共资产效用，节省经费支出。建华公车保养厂太阳能车棚建设面积7580.4平方米，使用3910片太阳能板，每片0.35千瓦，总建设容量1368.5千瓦，以金门县每千瓦年平均发电量1252千瓦时计算，每年可发电151万千瓦时，满足430户居民全年用电量。安捷航空中标获得金门县紧急医疗后送服务，11月底进驻尚义机场，12月启动服务，提供全年无休、全天候待命的空中转诊服务，缓解该县医疗资源有限困境。金门县太武社区公共托育家园揭牌，让幼儿就近接受照顾，减轻有需求家庭的育儿负担，落实“在地安养，社区照护”目标。

【金门供水工程取水泵站及陆地管道通过验收】　2022年3月1日，金门供水工程取水泵站及陆地管道部分通过省水利厅主持的竣工验收。竣工验收委员会成员及有关专家经现场检查并审阅有关资料，认为该工程已按批复文件的要求全部完成，质量优良，财务管理规范，投资控制合格，初期运行正常，效益发挥良好，同意通过竣工验收。金门供水工程的取水泵站及陆地管道部分位于晋江市，主要由龙湖取水泵站、陆地输水管道部分组成，管线长11.68千米，设计供水规模3.4万立方米/日。工程于2015年10月开工，2017年完工。工程的建成，较大程度缓解金门县缺水之忧，为金门县经济社会可持续发展提供水资源支撑。

（林子旭　许燕松）

人物 · 荣誉

先进人物

表46　2022年泉州市获得国家荣誉称号的先进个人一览表

姓名	工作单位	荣誉称号	颁发机构
黄伟福	安溪县交通运输局	人民满意的公务员	中共中央、国务院
张得意	永春县人民法院	全国“双百政法英模”	中共中央政法委员会
吴美满	泉州市人民检察院	全国“双百政法英模”	中共中央政法委员会
陈玲玲	惠安县人民法院	全国优秀法官	最高人民法院
许再发	晋江市梅岭街道梅庭社区	全国优秀城乡社区工作者	民政部
施纯添	泉州市公安局	全国公安机关成绩突出青年民警	公安部、中国共产主义青年团中央委员会
林志翔	惠安县公安局	全国公安机关成绩突出青年民警	公安部、中国共产主义青年团中央委员会
黄云亮	泉州市公安局	全国公安机关爱民模范	公安部
王保育	泉州市公安局	全国优秀人民警察	公安部
张国文	泉州市公安局	全国优秀人民警察	公安部
许庆海	丰泽公安分局	全国优秀人民警察	公安部
陈满江	泉州台商投资区公安分局	全国优秀人民警察	公安部
蔡长翼	晋江市公安局	全国优秀人民警察	公安部
王发红	泉港公安分局	全国特级优秀人民警察	人力资源和社会保障部、公安部
陈论超	晋江活出爱志愿服务团队	2022年百名最美生态环境志愿者	生态环境部、中央精神文明建设指导委员会办公室
伍建东	南安市伍建东砖雕艺术研究所	2022年度乡村文化和旅游带头人	文化和旅游部
黄清平	福建省誉丰国心茶业有限公司	2022年度乡村文化和旅游带头人	文化和旅游部
叶维忠	泉州市林业局	最美林草科技推广员	国家林业和草原局
张子山	福建火炬电子科技股份有限公司	全国五一劳动奖章	中华全国总工会

续表

姓名	工作单位	荣誉称号	颁发机构
戴宽南	闽南科技学院马克思主义学院	全国五一劳动奖章	中华全国总工会
兰全盛	德化县立琦瓷艺研究所	全国五一劳动奖章	中华全国总工会
李发彬	2020年东京奥运会中国体育代表团	第26届中国青年五四奖章	中国共产主义青年团中央委员会、中华全国青年联合会
黄东萍	2020年东京奥运会中国体育代表团	第26届中国青年五四奖章	中国共产主义青年团中央委员会、中华全国青年联合会
叶筱琛	福建安溪农村商业银行股份有限公司	2021年度“全国优秀共青团员”	中国共产主义青年团中央委员会
李钰芳	福建医科大学附属第二医院	2021年度“全国优秀共青团员”	中国共产主义青年团中央委员会
王子曰	泉州现代中学	2022年度全国优秀少先队员	中国共产主义青年团中央委员会、教育部、中国少年先锋队全国工作委员会
蔡芷萱	晋江市华侨中学	2022年度全国优秀少先队员	中国共产主义青年团中央委员会、教育部、中国少年先锋队全国工作委员会
林书晨	永春第一中学	2022年度全国优秀少先队员	中国共产主义青年团中央委员会、教育部、中国少年先锋队全国工作委员会
陈以涵	泉州第五中学	2022年度全国优秀少先队员	中国共产主义青年团中央委员会、教育部、中国少年先锋队全国工作委员会
黄馨怡	泉州市第七中学	2022年度全国优秀少先队员	中国共产主义青年团中央委员会、教育部、中国少年先锋队全国工作委员会
林宛华	德化县浔中中心小学	2022年度全国优秀少先队辅导员	中国共产主义青年团中央委员会、教育部、中国少年先锋队全国工作委员会
张东亚	南安市人民法院	2022年度全国优秀少先队辅导员	中国共产主义青年团中央委员会、教育部、中国少年先锋队全国工作委员会
李　曙	泉州市妇女联合会	第十三届全国家庭工作先进个人	中华全国妇女联合会

表47　2022年泉州市获得省见义勇为表彰一览表

姓名	工作单位或住址	荣誉称号
洪国正	南安市石井镇	福建省见义勇为模范
陈兴盛	晋江市安海镇	福建省见义勇为模范
吴英治	鲤城区	福建省见义勇为先进个人
蔡良兴	石狮市蚶江镇	福建省见义勇为先进个人
施国庆	晋江市深沪镇	福建省见义勇为先进个人
许桂芳	惠安县东岭镇	福建省见义勇为先进个人

表48　2022年泉州市获得市见义勇为表彰一览表

姓名	工作单位或住址	荣誉称号
王忠耀	安溪县茶都清馨茶叶店	泉州市见义勇为模范
黄丽芬	惠安县紫山镇后垵村	泉州市见义勇为模范
黄志峰	惠安县黄塘翔鹏五金机电	泉州市见义勇为模范
陈龙江	惠安县黄塘镇松溪村	泉州市见义勇为模范
兰靖翔	晋江市四象投资有限公司	泉州市见义勇为模范
骆伟民	泉州台商投资区百崎回族乡里春村	泉州市见义勇为模范

续表

姓名	工作单位或住址	荣誉称号
郭毅军	泉州台商投资区恒盛鞋模加工厂	泉州市见义勇为模范
居曼尼亚孜·艾力	石狮市蚶江镇石湖港海边烧烤摊	泉州市见义勇为模范
吴玉旋	鲤城区海滨街道笋浯社区	泉州市见义勇为模范
纪荣祥	晋江市陈埭镇海尾村	泉州市见义勇为模范
吴钦铭	南安市溪美街道莲花龙凤山庄	泉州市见义勇为模范
许金星	泉州市环湾公交运输有限公司	泉州市见义勇为模范
张建平	鲤城区开元街道新春社区	泉州市见义勇为先进个人
杨巧蓉	泉州东尚服饰有限公司	泉州市见义勇为先进个人
陈丽疆	晋江市陈埭镇海尾村	泉州市见义勇为先进个人
洪加欣	南安市石井镇岑兜村	泉州市见义勇为先进个人
苏世泉	晋江市陈埭镇苏厝村	泉州市见义勇为先进个人
张华添	晋江市内坑镇黎山村	泉州市见义勇为先进个人
张　旭	晋江市东石镇永湖村巡逻队	泉州市见义勇为先进个人
蔡尚泰	石狮市永宁镇浯沙村	泉州市见义勇为先进个人
宋永坪	石狮市永宁镇永宁村	泉州市见义勇为先进个人
马　强	彭州市濛阳街道马强轮胎维修点	泉州市见义勇为先进个人
韩明明	石狮市蚶江镇石湖港海边烧烤摊	泉州市见义勇为先进个人
兰剑荣	惠安县涂寨镇新亭村	泉州市见义勇为先进个人
陈晓斌	泉州台商投资区管理委员会规划建设与交通运输局	泉州市见义勇为先进个人
付勇勇	福建省安溪佳和工艺有限公司	泉州市见义勇为先进个人
郑清贵	安溪县公安局看守所	泉州市见义勇为先进个人
刘书平	泉州市鹭燕医药公司	泉州市见义勇为先进群体
陈　军	四川巴中朗坤装饰设计有限公司	
张　奇	安徽省亳州市谯城区双沟镇位庄行政村	泉州市见义勇为先进群体
黄宏明	南安万达汽车维护中心	
苏国亮	德化县龙浔镇德新社区	泉州市见义勇为先进群体
郑智敏	仙游县大济镇文殊村	

先进集体

表49　2022年泉州市获得国家荣誉称号一览表

荣誉称号	颁发机构
废旧物资循环利用体系建设重点城市	国家发展改革委、商务部、工业和信息化部、财政部、自然资源部、生态环境部、住房和城乡建设部
“四好农村路”建设市域突出单位	交通运输部、财政部、农业农村部、国家乡村振兴局
国家综合货运枢纽补链强链首批城市	交通运输部、财政部

续表

荣誉称号	颁发机构
首批国家知识产权强市建设试点城市	国家知识产权局
中国投资热点城市	第二十二届中国国际投资贸易洽谈会组委会
“国潮品牌之都”	《中国城市报》、中国国家品牌网

表50 2022年泉州市各县（市、区）获得国家荣誉称号一览表

县（市、区）	荣誉称号	颁发机构
鲤城区	2021—2025年度第二批全国科普示范县（市、区）	中国科学技术协会
洛江区	第六批生态文明建设示范区	生态环境部
泉港区	2022年全国“平安农机”示范县	农业农村部、应急管理部
泉港区	2022年“中国工业百强区”	中国信息通信研究院
石狮市	2021—2025年度第二批全国科普示范县（市、区）	中国科学技术协会
石狮市	2022年“中国工业百强县”	中国信息通信研究院
石狮市	2022年“中国创新百强县”	中国信息通信研究院
晋江市	国家进口贸易促进创新示范区	商务部、国家发展和改革委员会、财政部、人民银行、海关总署、国家市场监督管理总局、国家外汇管理局、国家药品监督管理局
晋江市	全国法治政府建设示范市（县、区）	中央全面依法治国委员会办公室
晋江市	全国第一批全民运动健身模范县（市、区）	国家体育总局
晋江市	首批国家知识产权强县建设示范县	国家知识产权局
晋江市	2021年全国农产品数字化百强县	农业农村部管理干部学院、阿里研究院
晋江市	全国工业互联网推动数字化创新领先县（市）	中国工业互联网研究院
晋江市	2022年“中国工业百强县”	中国信息通信研究院
晋江市	2022年“中国创新百强县”	中国信息通信研究院
南安市	首批国家知识产权强县建设试点县	国家知识产权局
南安市	2022年“中国工业百强县”	中国信息通信研究院
南安市	2022年“中国创新百强县”	中国信息通信研究院
惠安县	第六批生态文明建设示范区	生态环境部
惠安县	2022年“中国工业百强县”	中国信息通信研究院
惠安县	2022年“中国创新百强县”	中国信息通信研究院
安溪县	2022年全国休闲农业重点县	农业农村部
安溪县	2022年全国县域农业农村信息化发展先进县	农业农村部
安溪县	2021—2025年度第二批全国科普示范县（市、区）	中国科学技术协会
安溪县	2022年“中国工业百强县”	中国信息通信研究院
安溪县	2021年全国农产品数字化百强县	农业农村部管理干部学院、阿里研究院
安溪县	数字乡村百强县	北京大学新农村发展研究院、阿里研究院

续表

县（市、区）	荣誉称号	颁发机构
永春县	2022年乡村建设评价样本县	住房和城乡建设部
永春县	2022年度国家水土保持示范县	水利部
德化县	首批国家知识产权强县建设试点县	国家知识产权局
德化县	2022年“中国创新百强县”	中国信息通信研究院
德化县	数字乡村百强县	北京大学新农村发展研究院、阿里研究院

表51　2022年泉州市获得国家荣誉称号的先进单位一览表

单位名称	荣誉称号	颁发机构
泉州市中级人民法院诉讼服务中心	人民满意的公务员集体	中共中央、国务院
福建鸿星尔克体育用品有限公司	2021年“诚信之星”	中共中央宣传部、国家发展和改革委员会
泉州市中级人民法院	首届人民法院改革创新奖	最高人民法院
晋江市人民法院	为群众办实事示范法院	最高人民法院
丰泽区丰泽街道源淮社区居民委员会	全国先进基层群众性自治组织	民政部
石狮市公安局蚶江派出所	全国优秀公安基层单位	公安部
南安市公安局指挥中心	全国优秀公安基层单位	公安部
泉州市公安局技侦支队	全国优秀公安基层单位	公安部
鲤城公安分局国保大队	全国优秀公安基层单位	公安部
永春县现代农业产业园	2022年农业产业融合发展项目创建单位	农业农村部、财政部
晋江市英林镇湖尾村	2022年中国美丽休闲乡村	农业农村部
石狮市祥芝镇	全国农业产业强镇	农业农村部
惠安县黄塘溪小流域	2022年度国家水土保持示范工程	水利部
晋江市五店市传统文化旅游区	首批国家级旅游休闲街区	文化和旅游部
泉州市五店市传统街区	第二批国家级夜间文化和旅游消费集聚区	文化和旅游部
泉州市领SHOW天地文化创意产业园	第二批国家级夜间文化和旅游消费集聚区	文化和旅游部
惠安县崇武镇	全国第二批乡村旅游重点镇	文化和旅游部
华侨大学精密制造与装备教师团队	第二批“全国高校黄大年式教师团队”	教育部
鲤城区海滨街道金山社区	2022年全国示范性老年友好型社区	国家卫生健康委员会、全国老龄工作委员会办公室
丰泽区丰泽街道源淮社区	2022年全国示范性老年友好型社区	国家卫生健康委员会、全国老龄工作委员会办公室
晋江市磁灶镇大埔村	2022年全国示范性老年友好型社区	国家卫生健康委员会、全国老龄工作委员会办公室
南安市梅山镇灯光村	2022年全国示范性老年友好型社区	国家卫生健康委员会、全国老龄工作委员会办公室
永春县湖洋镇吴岭村	2022年全国示范性老年友好型社区	国家卫生健康委员会、全国老龄工作委员会办公室
泉州台商投资区张坂镇仑前村	2022年全国示范性老年友好型社区	国家卫生健康委员会、全国老龄工作委员会办公室
德化新秀园	2021年度全国版权示范园区（基地）	国家版权局

续表

单位名称	荣誉称号	颁发机构
安踏（中国）有限公司	全国五一劳动奖状	中华全国总工会
卡宾服饰（中国）有限公司公共关系部	全国工人先锋号	中华全国总工会
南威软件股份有限公司电子政务平台项目组	全国工人先锋号	中华全国总工会
中建（泉州）城市发展有限公司白沙项目部	全国工人先锋号	中华全国总工会
中化泉州石化有限公司中化泉州乙烯项目部	全国工人先锋号	中华全国总工会
中国石油福建泉州G324国道德和加油站司机之家	2022年“最美工会户外劳动者服务站点”	中华全国总工会
中国建设银行泉州晋江支行营业部户外劳动者休息室	2022年“最美工会户外劳动者服务站点”	中华全国总工会
南安市工会户外劳动者休息室（北街爱心驿站）	2022年“最美工会户外劳动者服务站点”	中华全国总工会
惠安县螺城镇中新社区户外劳动者休息室	2022年“最美工会户外劳动者服务站点”	中华全国总工会
安溪县澳江公路服务区司机之家	2022年“最美工会户外劳动者服务站点”	中华全国总工会
永春县岵山镇茂霞村岵山服务区司机之家	2022年“最美工会户外劳动者服务站点”	中华全国总工会
德化县大洋社区户外劳动者休息室	2022年“最美工会户外劳动者服务站点”	中华全国总工会
泉州台商投资区檀悦户外劳动者休息室	2022年“最美工会户外劳动者服务站点”	中华全国总工会
泉州市晋光小学少先队大队	2022年度全国优秀少先队集体	中国共产主义青年团中央委员会、教育部、中国少年先锋队全国工作委员会
泉州市泉港区益海实验小学六（8）中队	2022年度全国优秀少先队集体	中国共产主义青年团中央委员会、教育部、中国少年先锋队全国工作委员会
泉州市丰泽区湖心实验小学六（1）中队	2022年度全国优秀少先队集体	中国共产主义青年团中央委员会、教育部、中国少年先锋队全国工作委员会
惠安县螺阳镇尾透村惠女调解室	2021年度全国三八红旗集体	中华全国妇女联合会
施丽容家庭	第十三届全国五好家庭	中华全国妇女联合会
刘宗训家庭	第十三届全国五好家庭	中华全国妇女联合会
张汉宗家庭	第十三届全国五好家庭	中华全国妇女联合会
黄东萍家庭	第十三届全国五好家庭	中华全国妇女联合会
叶瑞娥家庭	2022年全国最美家庭	中华全国妇女联合会
蔡鹏泽家庭	2022年全国最美家庭	中华全国妇女联合会
骆锦标家庭	2022年全国最美家庭	中华全国妇女联合会
泉州厚德变220千伏送出线路工程	国家电网输变电优质工程金奖	国家电网有限公司

逝世人物

龚书绵（1924—2022） 知名作家、画家，曾任台北师专（今台北教育大学）教授、台湾诗书画家协会副理事长、世界华文诗词学会荣誉会长。民国13年（1924年）出生于泉州。台湾师范大学教育系毕业。随夫高逸鸿习画，参与海内外书画展数十次。著有《阳明思想与现代教育》《儿童教育原理与设计》《畅游科教材教法研究》《高逸鸿画集撰诗》，及《龚书绵散文集》《芳草山庄》《乡情万缕》《龚书绵诗文集》等书。30余年来，龚书绵数十次回到泉州，促进两岸文化交流。龚书绵不仅频频返乡，还将其心爱的书籍、书画和摄影作品带回家乡。其中规模最大的一次是2019年春，她将大量收藏品捐赠给位于泉州华光职业学院内的"世界文化名人村"。龚书绵是继余光中后，入驻"世界文化名人村"的第二位泉州籍文化名家，其专题展馆名称为"高逸鸿龚书绵诗书画屋"。龚书绵于2022年1月20日在台北逝世，享年98岁。

黄梅雨（1926—2022） 原泉州市广播电视局局长、原《泉州日报》副总编辑。民国15年（1926年）出生于泉州。黄梅雨在就读厦门大学时加入中国共产党，1949年参加革命工作。毕业后成了一名战地记者。之后，到晋江地委机关报《泉州日报》工作，从记者做到副总编。1978年，黄梅雨加入《汉语大词典》泉州编写组，历时5年完成受领的编写任务。在出版庆功大会上，受到中央领导人接见。1984年4月，中共晋江地委决定创办地委机关报《泉州晚报》，成立筹备领导小组。1985年1月，筹备领导小组指定黄梅雨等筹备出版《泉州晚报》。《泉州晚报》创刊不久，黄梅雨开设《话说泉州》系列专栏，坚持了3年多，发表文章200余篇。1989年，精选其中的150余篇结集出版《话说泉州》。2017年，泉州历史文化中心又补充篇目，集齐200篇重新编校出版。黄梅雨于2022年1月25日逝世，享年96岁。

李成智（1923—2022） 新加坡和马来西亚工商界知名实业家、慈善家，新加坡李氏基金主席。民国12年（1923年）出生于新加坡，祖籍南安梅山镇竞丰村。系新加坡橡胶大王、知名实业家、慈善家、教育家、李氏基金创始人李光前次子，知名爱国侨领陈嘉庚外孙。李成智一生恋祖爱乡、热心公益、乐善好施，秉承父辈"取之社会，用之社会"的精神，博施济众，报效社会，造福桑梓，惠及民生，通过新加坡李氏基金等机构，助力世界各国及家乡医疗、教育、科技、文化等事业的发展，受到社会各界敬重。李成智于2022年7月29日在新加坡逝世，享年99岁。

潘加声（1975—2022） 泉州市公安局交通警察支队泉港大队涂岭中队三级警长。1975年出生于南安市。1996年10月参加公安工作，2000年4月加入中国共产党。潘加声从警以来，长期奋战在交通管理一线，秉公执法、文明执法，加强道路交通安全隐患排查，开展交通安全宣传教育，为维护辖区道路交通安全畅通做出突出贡献。2022年5月5日，潘加声在道路卡口执勤时，突遇一醉酒男子驾车冲卡，为保护现场同事安全，他奋勇上前拦截，不幸被撞倒，致急性特重型颅脑损伤。同年12月3日，昏迷多日的潘加声经抢救无效因公殉职，年仅47岁。2023年6月29日，泉州市公安局举行潘加声全国公安系统二级英雄模范追授仪式，宣读公安部追授潘加声全国公安系统二级英雄模范的命令，并颁发奖章、证书。

何　勋（1927—2022） 原晋江地区文联筹备组副组长、原泉州市文化局副调研员、原泉州歌剧团团长。原名杨树芬，民国16年（1927年）出生于泉州鲤城一个书香世家。由于革命歌曲唱得好，在解放战争中被吸收参加地下党组织。1949年5月，加入新民主主义青年团。1950年2月，加入中国共产党。1958年，从部队转业，在泉州文化部门工作，并参与组织创办泉州侨乡歌舞团（泉州歌舞剧团前身）。此后，何勋带领众人排演了《白毛女》《红珊瑚》《红岩》《焦裕禄》《洪湖赤卫队》等一系列红色经典剧目，还创作排演《台湾舞女》《番客婶》《素馨花》等极具闽南特色的歌剧。1989年离休后，何勋与一批文化界人士共同组织"泉州地方戏曲研究社"，从事地方戏曲的研究和抢救工作。经过长达30余年的努力，何勋等人抢救出版了40部、近3000万字的梨园、提线木偶、南音等泉州非物质文化遗产相关古籍资料和古版本，获得原文化部科学优秀成果一等奖和泉州市市长特别奖。何勋于2022年12月19日逝世，享年95岁。

（总编室）

附　　录

组织机构及负责人名录

中共泉州市委员会

书　记　刘建洋（至2022年12月）
副书记　蔡战胜
　　宿利南
常　委　施宇辉
　　陈辉宗
　　卢秀萍
　　傅藏荣
　　黄景春
　　黄文胜
　　张文贤
　　高　宏
秘书长　施宇辉
副秘书长　吴忠溪
　　简国正
　　徐情根（2022年7月任）
　　郭从容
　　郑少波
　　蔡琦瑜
　　卢新建（2022年7月任）
　　黄万成（至2022年5月）
　　林吟啸
　　卢新建（至2022年7月）
　　刘荣添（2022年7月任）

办公室
主　任　吴忠溪
副主任　管东辉

机关党委
书　记　吴忠溪
副书记　郭建鹏
纪检监察组
组　长　涂志斌（2022年7月任）

市委组织部
部　长　卢秀萍
常务副部长　蔡永生
副部长　陈晓蓉
　　杨远志（至2022年2月）
　　杨德才
纪检监察组长　陈兴发（2022年7月任）
副部长　陈恬波
　　庄玉海

市委宣传部
部　长　陈辉宗
常务副部长　郑国防
副部长　郭丹红
　　黄少伟（2022年7月任）
　　王斯诚（2022年7月任）
纪检监察组长　邱秋峰（2022年9月任）
副部长　叶燕民
　　陈爱民
　　杨旭东
　　陈　斌（2022年12月任）
部务会成员　夏丽清（2022年12月任）
　　李培德（2022年12月任）
　　朱林果（至2022年5月）

市委统战部
部　长　陈辉宗
常务副部长　陈晓玉
副部长　庄绍进
　　陈　晖
　　赖有为（2022年9月任）
　　黄珍红（2022年7月任）
纪检监察组长　陈少青（至2022年7月）
　　李　玫（2022年7月任）
副部长　许颖颖

市委政法委员会
书　记　黄文胜
常务副书记　陈长义
副书记　张少前
纪检监察组长　吕春香（至2022年2月）

副书记　谢晓章
纪检监察组长　陈少青（2022年7月任）
副书记　黄琪金（2022年7月任）
委务会成员　林振海
汪祖培
政治部主任　郭孙路

市委改革办
主　任　施宇辉
常务副主任　郑少波
副主任　许友烈
陈辉煌
黄民团

市委网信办
主　任　陈爱民
副主任　吴家安
余东海

市委机构编制委员会办公室
主　任　庄玉海
副主任　叶舒城（至2022年2月）
邱志民（至2022年12月）
陈传芳（2022年12月任）
陈丽水

市委军民融合办
主　任　黄景春
常务副主任　柯跃峰
副主任　吴福荣（至2022年2月）
方向明（至2022年11月）
吴连金
陈洪生
洪小明（至2022年9月）
古领华（2022年9月任）

市委台港澳工作办公室
主　任　杜朴生
副主任　黄兴顺（至2022年2月）
李朝晖
林　娜
陈于忠（2022年7月任）

市委市直机关工作委员会
书　记　施宇辉
常务副书记　史思泉
委　员　王志强
苏文笔
谢江山
庄　禾
潘向前
傅　鑫（2022年8月任）

市委巡察办、巡察组
主　任　黄克松
巡察组组长　骆　红
江　渊
洪进星
王团结
王金星（2022年9月任）
巡察办副主任　李进京
林金莲（至2022年12月）
巡察组副组长　刘炳祥（至2022年7月）
卓树从
陈兴发（至2022年7月）
吴鸿荣
张辉鑫
李建新
黄成玉（2022年8月任）
彭元成（2022年7月任）

市委老干部局
局　长　陈恬波
副局长　黄长春
章伟强
周中华

市委文明办
主　任　赖畅水（至2022年3月）
陈　斌（2022年12月任）
副主任　陈庆宗
黎灵寿
庄蓉梅（2022年7月任）

市委党校
校　长　卢秀萍
常务副校长　杜明星
副校长　陈毅生（至2022年11月）
黄雄彪
詹碧英

市委党史和地方志研究室
主　任　周顺安
副主任　叶芬蓉
许晓松

市档案馆
馆　长　廖晓凌
副馆长　陈若波
俞建辉

市接待中心
主　任　郭从容
副主任　庄玉龙
黄雪玲
李　强

市委讲师团
团　长　朱林果（至2022年5月）

市事业单位登记管理局
局　长　王淑绵

泉州市人民代表大会及其常委会

主　任　李建辉
副主任　吴友才
黄阳春
樊美清
高向荣
赖清正
李文生
秘书长　颜朝晖
专职委员　谢丽华
副秘书长　朱　亮
丁尚光（2022年7月任）
林丽华
陈楚亮
办公室
主　任　朱　亮
副主任　蔡向群
辜智钦
研究室
主　任　王文郴
副主任　叶睿葆（至2022年10月）
余经伟
人事代表工委
主　任　戴小平
财经工委
主　任　陈云毅
副主任　许伟灿
监察司法工委
主　任　柳　璟

环城工委
主 任 王卫红
副主任 叶朝阳（至2022年2月）
农工委
主 任 杨永裕
副主任 祝新艳
教科文卫工委
主 任 廖丽芬
副主任 胡佩玉
侨台民宗工委
主 任 许振煌
副主任 徐晓燕
法工委
主 任 黄少鸿
机关党委
书 记 颜朝晖
副书记 蔡向群
专职副书记 王晶晶
纪检组
组 长 傅蔚茹（至2022年2月）
傅伟林（2022年7月任）
常务副组长 张青阳

泉州市人民政府

市 长 蔡战胜
副市长 黄景春
肖进才（2022年4月任）
刘林霜（2022年1月任）
陈小辉
汪志红
蔡天守（2022年1月任）
苏耿聪（2022年1月任）
秘书长 苏延辉
副秘书长 唐春晓
苏培聪
潘华培
蒋文强
吕秀家
张劲竹
曾国志
刘云峰
王 兴
林祖传
办公室
主 任 唐春晓
纪检监察组长 林志彬
副主任 连景忠
龚建伟
党组成员 张希伴

市发展和改革委员会
主 任 廖良结
副主任 林合龙
陈小宝（至2022年4月）
陈招平
黄明土（至2022年4月）
陈锦霞
王宗锋
郑华江（至2022年4月）
党组成员 周明星
总规划师 庄怀泽（2022年10月任）

市教育局
局 长 黄世界（至2022年2月）
刘姝芳（2022年2月任）
副局长 刘姝芳（至2022年2月）
纪检监察组长 陈进兴（至2022年2月）
督导室主任 徐昌裕
副局长 陈军宣
林长华

市科技局
局 长 王小阳
副局长 潘华培（至2022年2月）
陈君伟
陈 岩（2022年7月任）

市工业和信息化局
局 长 曾钟远
副局长 吴金埔（至2022年4月）
陈传芳（2022年10月任）
林格雷
王春阳（至2022年4月）
总工程师 陈传芳（至2022年10月）

市民族与宗教事务局
局 长 许颖颖
副局长 兰德志（至2022年4月）
陈 鸿
杨少川
杨庆辉（2022年7月任）

市公安局
局 长 肖进才（2022年4月任）
党委副书记 陈爱民（2022年7月任）
副局长 陈建新
李森建（2022年7月任）
赵振加
政治部主任 刘南辉
纪检监察组长 宋小峰（2022年7月任）
副局长 黄建辉（2022年7月任）
张汉沂（2022年7月任）
杜双路（2022年7月任）
党委委员 白建胜（2022年7月任）
李健康
总工程师 王仙龙

市司法局
局 长 林 强
副局长 赵运军（至2022年2月）
郭惠昆
柯秀丽
苏少波
林荣奇
陈生校
政治部主任 傅孙满

市财政局
局 长 李清景
副局长 任秀斌（至2022年4月）
庄尧森（至2022年4月）
王庆福
纪检监察组长 白志诚（2022年7月任）
副局长 肖金树（2022年10月任）
总会计师 陈世强（2022年9月任）

市人力资源和社会保障局
局 长 许长春
副局长 郑 强
龚时荣
杨明涌（2022年7月任）

市自然资源和规划局
局 长 刘文发
党组成员 刘炳华
副局长 刘克华
郑建南
黄三多
总工程师 李 明（2022年7月任）
副局长 王 珏
总规划师 蔡 东（2022年10月任）

市生态环境局

局　长　李国坤
副局长　柯晓晖（2022年3月任）
纪检监察组长　肖建龙（2022年7月任）
副局长　林庆梅（2022年10月任）
郭建华
胡碧洲（2022年10月任）
总工程师　林志雄（2022年10月任）

市住房和城乡建设局

局　长　张志铭
副局长　王惠萍
林宇杰
蔡海鸿
纪检监察组长　余河春（2022年7月任）
党组成员　徐以宏（2022年7月任）
总工程师　郭文森（2022年7月任）
副局长　刘云峰（至2022年2月）
欧达毅

市交通运输局

局　长　刘德旺
副局长　杨琦伟
纪检监察组长　吴俊鹏
总工程师　傅远辉
副局长　陈少雄
蔡永忠
林勇森

市农业农村局

局　长　蔡龙群
副局长　陈振荣（至2022年4月）
陈建兴（至2022年4月）
万文伟
总畜牧兽医师　陈德利
副局长　曾国志（至2022年7月）
施丽辉（2022年7月任）

市林业局

局　长　郑进锡
副局长　李丽玲
廖道彬
纪检监察组长　傅伟林（至2022年7月）
赖中平（2022年7月任）
副局长　黄玉真
刘必成

市水利局

局　长　刘建兴
副局长　王逸民
纪检监察组长　陈向东（2022年7月任）
总工程师　洪忠建
副局长　张华林
林方亮
林思攀（2022年7月任）

市商务局

局　长　张小红
副局长　黄金跋
郑金福（至2022年4月）
黄庭瑜
简国红
林文荣（2022年7月任）

市文化广电和旅游局

局　长　李伯群
副局长　出宝阳
党组成员　周梁升
副局长　林少青
何奕斌
纪检监察组长　李海平

市卫生健康委员会

主　任　黄育奇（2022年4月任）
副主任　吴达辉
吴鹭阳
李国松
陈秋婷（2022年5月任）
王家春（2022年5月任）
党组成员　邱　龙

市退役军人事务局

局　长　唐良元
副局长　刘红生
王志明
刘　洪
张　冰（2022年5月任）

市应急管理局

局　长　邱朝阳
党委副书记　张春权
副局长　杨良木
王夏阳
总工程师　刘海明
副局长　张树武
李　隽
黄西洋

市审计局

局　长　骆振军
总审计师　李锦忠
副局长　黄清安
陈延民
肖海华
纪检监察组长　白志诚（2022年7月任）

市国资委

主　任　黄金顺
副主任　刘海祥
汪亚彬
总会计师　李维芳
纪检监察组长　陈泉木（至2022年2月）
黄秀萍（2022年9月任）
副主任　林　鹏
党委委员　周俊杰

市海洋与渔业局

局　长　陈龙津
副局长　庄　慧
王松青
党组成员　王金健
杜先华

市市场监管局

局　长　李德雄
党组成员　黄丹萍（至2022年2月）
副局长　刘建军
林梓杰
苏秀梅
食品总监　肖朝晖
副局长　黄婉清
江景灿
欧阳其满
党组成员　李雪芬（至2022年2月）
总工程师　吴鹏森
安全总监　刘家旺（2022年7月任）

市体育局

党组书记　郑宏谋
局　长　汪水永
副局长　汪国庆
党组成员　张延龄
副局长　许煌灯

市统计局
局　长　傅少明
副局长　李植聪
施能宗（至2022年4月）
纪华宗（至2022年4月）
总统计师　郑致洲

市人防办
主　任　林琪伟
副主任　谢文生
张铭芳
杜炳军

市医疗保障局
党组书记　苏松炎
局　长　李小玲
副局长　翁哲伟
王宗平

市地方金融监督管理局
局　长　陈德庆
副局长　林文革
黄培群
金融分析师　陈丽蓉
副局长　黄达伟
林育新

市信访局
局　长　林祖传
副局长　陈丽琨
庄谓聪
沈俊旭
张雪萍（2022年7月任）

市城市管理局
局　长　陈进平
副局长　吴家琅（至2022年7月）
王宏娥
总工程师　王森江
副局长　卢章雄
王作彪
纪检监察组长　蔡炳耀
副局长　曾国泉（2022年7月任）
颜伟煌（2022年7月任）
党组成员　康景彪
龙西国

市数字办
主　任　施国宾

党组成员　吴彧寰
副主任　杨凯扬
莫毓昌

市行政服务中心管理处
主　任　陈家强
副主任　杨文忠
许玉斌
苏永清

半导体高新区管委会
书　记　刘林霜
主　任　洪武强
副主任　戴庆加
林嘉达
林燕斌

清源山风景名胜区
党工委书记、管委会主任
邱达敏（至2022年4月）
蔡永记（2022年7月任）

市政府驻北京联络处
主　任　吴炳煌
副主任　王秀也

市政府驻上海联络处
主　任　张宁滨

市政府驻深圳办事处
主　任　王志明

市政府驻福州办事处
主　任　王桂林

市政府驻厦门办事处
主　任　陈金鑫

市政府驻成都办事处
主　任　杨群晖

市政府发展研究中心
主　任　杨德生

市地震局
局　长　张春权
副局长　叶　威

市城镇集体工业联合社
主　任　王洪海（至2022年4月）
副主任　余碧海
蔡文雄

市供销合作社
主　任　陈拥军
副主任　林宗清
吴开元（至2022年4月）
陈锦忠
王传换（2022年7月任）

市住房公积金管理中心
主　任　张兴水
书　记　郭希纯

医疗保障基金管理中心
主　任　欧家庆

市土地储备中心
主　任　郭根才

水利水电工程移民发展中心
局　长　陈能语（至2022年4月）

城市管理考评中心
书记、主任　林峰毅

市公路事业发展中心
主　任　卢海东

市道路运输事业发展中心
主　任　张明慧

市水路运输管理处
处　长　黄克良

市农业机械化发展中心
站　长　黄振辉

市龙门滩水资源调配中心
主　任　苏荣薰
书　记　颜建东

市山美水库水资源调配中心
主　任　郭明德
书　记　颜沧波

市海洋与渔业执法支队
支队长　王金健

市卫生计生执法支队
支队长　王义进

市交通运输综合执法支队
支队长　李进碧

市生态环境保护综合执法支队
支队长　陈　曦

市国土资源监察支队
支队长　何　伟

市农科所
书　记　魏　毅
所　长　庄卫东

政协泉州市委员会

主　席　肖汉辉（2022年1月任）
副主席　周真平（2022年1月任）
王祖耀
洪川夫
戴仲川
蔡萌芽
庄灿霞（2022年1月任）
黄世界（2022年1月任）
肖惠中（2022年1月任）
秘书长　黄碧煌
副秘书长　侯守水
林培新
郭少梅
专职常委　陈志勇
方建生
王小良
办公室
主　任　侯守水
副主任　林伟伟
研究室
主　任　陈洋锋
林文超
提案委
主　任　薛文新
专职副主任　郑瑞鑫
经济和农业农村委
主　任　吴艺阳
专职副主任　郭江华
社会和法制委
主　任　张继红
教科文卫体委
主　任　洪南福
港澳台侨和外事委
主　任　林鸿扬
专职副主任　张月娥
民族宗教委
主　任　郑云梅
人口资源环境委
主　任　黄捍卫
文史和学宣委
主　任　张文卫
机关党委
专职副书记　黄阳辉
委员工作室
主　任　孙丽珠

中共泉州市纪委 泉州市监委

书记、主任　傅藏荣
副书记、副主任　陈金忠
张维劲
许仰东
秘书长　王洪龙
监委委员　黄志强
纪委常委、监委委员
郑燕飞
王洪龙
纪委常委　林国章
汪白露
纪委常委、监委委员
赖发泽
监委委员　侯洲洋
办公室
主　任　蔡鸿强（2022年7月任）
党风政风监督室
主　任　郭顺明（2022年7月任）
信访室
主　任　张聪坤
第一纪检监察室
主　任　庄志深（2022年7月任）
第一纪检监察室
主　任　林妮拉（2022年9月任）
第七纪检监察室
主　任　潘自力
案件审理室
主　任　苏墨祥
纪检监察干部监督室
主　任　倪敬哲

法院、检察院

市中级人民法院
院　长　姚丽青（2022年1月任）
政治部主任　江振平
党组成员　李瑞阳
副院长　杨武能
党组成员　陈水深
纪检监察组长　胡向阳（2022年7月任）
专职审委　郑　敏
林明容
王志伟

市人民检察院
检察长　郑隆松
副检察长　陈世炎
政治部主任　王小寅
副检察长　孙志平
甘泽阳
许金标
纪检监察组长　刘炳祥（2022年7月任）
党组成员　刘锡杰（至2022年2月）
曾闽宏
专职委员　陈建强（至2022年2月）
黄清源

民主党派、社会团体

中国国民党革命委员会泉州市委员会
主　委　樊美清
专职副主委　张子牙

中国民主同盟泉州市委员会
主　委　赵昕东
专职副主委　王锦延

中国民主建国会泉州市委员会
主　委　庄天怀
专职副主委　黄军红

中国民主促进会泉州市委员会
主　委　黄志煌
专职副主委　林智胜

中国农工民主党泉州市委员会

主　委　　肖惠中

专职副主委　　王　蔚

中国致公党泉州市委员会

主　委　　丁毓玲

专职副主委　　陈东华

九三学社泉州市委员会

主　委　　王祖耀（至2022年1月）

　　　　　徐　莉（2022年1月任）

专职副主委　　李长江（至2022年1月）

　　　　　赖兵莲（2022年1月任）

台湾民主自治同盟泉州市委员会

主　委　　苏耿聪

专职副主委　　蒋碧辉

泉州市总工会

主　席　　卢秀萍

常务副主席　　韩卫华

副主席　　江永清

　　　　　陈宝芳

　　　　　陈坤生

　　　　　林东阳

党组成员　　危金海（2022年7月任）

共青团泉州市委员会

书　记　　徐　悦

副书记　　林仁漳

　　　　　林少青（至2022年7月）

　　　　　郭莎娜

　　　　　傅　漪（2022年7月任）

　　　　　吴灿辉

泉州市妇女联合会

主　席　　骆春玲

副主席　　丁为华

　　　　　黄宝玲

　　　　　杨　韬

泉州市归国华侨联合会

主　席　　温锦辉

副主席　　钟文玲

泉州市台湾同胞联谊会

会　长　　苏　悦

泉州市科学技术协会

主　席　　骆沙鸣

党组书记　　吴保忠

副主席　　魏隆福（至2022年3月）

　　　　　王建生

　　　　　褚江波（2022年7月任）

　　　　　陈思煌（2022年7月任）

泉州市工商业联合会

主　席　　周少雄

党组书记　　陈　晖

副主席　　杜韶山

　　　　　李晓光

　　　　　张凯昭

泉州市文学艺术界联合会

主　席　　夏丽清

副主席　　肖一鸣

泉州市社会科学界联合会

主　席　　李培德

泉州市残疾人联合会

理事长　　白碧英

党组成员　　郑　虹

副理事长　　陈纳新

　　　　　郭灿辉

　　　　　谢卫东（至2022年9月）

泉州市计划生育协会

会　长　　肖惠中

党组书记　　张艺斌

专职副会长　　赵文详

　　　　　崔丽华

中国国际贸易促进会泉州市支会

会　长　　黄岩平（至2022年11月）

副会长　　刘惠煌

　　　　　廖雅滨

　　　　　喻青松

　　　　　史凌怡

国家部委、省直驻泉机构

中国闽台缘博物馆

书　记　　王辰虎

馆　长　　陈伟平

副馆长　　陈健鹰（至2022年6月）

　　　　　沈文锋

　　　　　王舜志

泉州市税务局

局　长　　朱春发

副局长　　符夷杰（至2022年6月）

　　　　　颜伟宏

　　　　　黄育文（至2022年5月）

纪检组长　　王　焱

副局长　　庄稼仁

　　　　　倪适雨（2022年6月任）

总经济师　　朱　翔

泉州海关

关　长　　叶　云

副关长　　李　炎（至2022年1月）

纪检组长　　纪育建（至2022年1月）

副关长　　纪育建（2022年1月任）

副关长　　杨志雄

　　　　　李建强（至2022年9月）

　　　　　沈庆辉

纪检组长　　林春能（2022年1月任）

副关长　　庄绍恭（2022年11月任）

泉州海事局

局　长　　李志强

政　委　　庄洪程

副局长　　王　烽

　　　　　王明强

　　　　　黄尚智

泉州港口发展中心

主　任　　林同钦

副主任　　阮其如

纪委书记　　周炜才

副主任　　肖　富（2022年3月任）

国家统计局泉州调查队

队　长　　林水明

副队长　　黄永辉

　　　　　钟明姑

　　　　　周卓励

泉州气象局

党组书记　　洪荣若

局　长　　叶宾宾

副局长　　张　玲

纪检组长　黄卫国

邮政管理局
局　长　林勇森

泉州烟草专卖局
局长、经理　游文忠
纪检组长　杨国成
副局长　黄其升（2022年7月任）
张志荣（2022年7月任）
副经理　黄君玉（2022年7月任）

国网泉州供电公司
总经理　李聚聪（至2022年9月）
洪卫东（2022年9月任）
党委书记　蒋木春
首席职员　龚国兴
资深二级职员　郑志煜
何海波
党委副书记
副总经理　王　瑞（2022年5月任）
副总经理　梁捷生
纪委书记　江　盛
总会计师　吴霆声
副总经理　李晓云
李铭蔚
总工程师　林力辉
二级协理　颜宝塔
龚国兴（2022年12月任）

泉州水文水资源勘测分中心
主　任　陈伟仁
书　记　陈丽辉

泉州盐务局
局　长　姚锦渊
副局长　颜平源
陈　闽（2022年9月任）

泉州监狱
监狱长　黄全瑜
副监狱长　赖世潭
纪委书记　陈国书
政治处主任　江建华（2022年9月任）
副监狱长　温福生（2022年9月任）

洛江监狱
党委书记　杜心彬

党委委员　黄金磷
刘新晶
范宗芳
林泗水

泉州司法强制隔离戒毒所
所　长　刘长河
政　委　陈　彬（至2022年2月）
政治处主任　张爱民
纪委书记　曾宪樟
副所长　兰翠河

无线电管理局
局　长　陈建俊（2022年4月任）
副局长　戴满山（至2022年4月）
李高斯（2022年5月任）

人民银行泉州市中心支行
行　长　杨　光
副行长　陈东方
蒋培娜
王　峰
工会主任　王明卫

泉州银保监局
局　长　詹启刚
副局长　方良川
陆宇锋
纪委书记　连育德（2022年4月任）

市直新闻单位

泉州晚报社
社　长　叶燕民
总编辑　林耀平
副社长　黄　强
副总编辑　邱志坚
王家声
彭耕耘
吴家阳
副社长　徐春妍

泉州广播电视台
台　长　杨旭东
副书记　张伟宏
副台长　高栋梁
苏兴秋

各县（市、区）

鲤城区

区　委
书　记　黄辉灿
副书记　王克思
陈　斌（至2022年12月）
常　委　陈　林
曾朝阳
庄垂生
陈志雄
吴振法
陈　颖
张才贵
谢祥宁

区人大常委会
主　任　林清泉
副主任　高云飞
张刺治
潘永生
吴明强

区政府
区　长　王克思
副区长　王江涛
白建胜（至2022年7月）
张剑辉
王垦福
吴小纲
王　伟
陈建煌（2022年9月任）
李超端
党组成员　欧阳中华

区政协
主　席　陈燕飞
副主席　谢承华
郭　瑜
陈志宏
廖艺强

区法院
院　长　李清坝

区检察院
检察长　苏紫燕

高新区管委会
书　记　吴超鹏（至2022年9月）

主　任　庄蓉梅（至2022年7月）

丰泽区

区　委
书　记　徐情根（至2022年3月）
　　黄文胜（2022年3—12月任）
　　高金全（2022年12月任）
副书记　高金全（至2022年12月）
　　林清伏
常　委　陈清拥
　　黄泽鹏
　　宋占锋
　　杨华民
　　庄泓鸿
　　黄琪金（至2022年7月）
　　李瑜彬（2022年7月任）
　　郑燕然
　　张　雄（至2022年2月）
　　方红兵（2022年2月任）
区人大常委会
主　任　刘烨明
副主任　林世川
　　张维斌
　　蔡宁波
　　黄文耀
　　黄队强（至2022年12月）
区政府
区　长　高金全
副区长　谢希圣（至2022年9月）
　　颜志平
　　刘华东
　　叶春泉
　　丁增辉
　　刘鹏志
　　梁　博（2022年2月任）
区政协
主　席　上官蓝波
副主席　许志达
　　余嘉容
　　赖尾兴
　　黄海峰
区法院
院　长　庄能宗
区检察院
检察长　林志铭

洛江区

区　委
书　记　颜丽明
副书记　郭　宁
　　陈政实
常　委　王志宏
　　涂德望
　　王昭昭
　　曾国家
　　古领华（至2022年4月）
　　张荣伟
　　蔡崇达
　　郑友飞
　　齐建伟（2022年9月任）
区人大常委会
主　任　陈逢生
副主任　杨文格
　　何雄峰
　　赵艺忠
　　彭朝顺
区政府
区　长　郭　宁
副区长　王昭昭
　　沈艺程
　　杜仁义
　　林联华
　　陈其昌
　　王泽勇
　　王洪杰（2022年10月任）
　　黄群贤
　　陈清平（至2022年9月）
区政协
主　席　李奉恒
副主席　金玲珊
　　张小桥
　　王翌炜
　　林从金
区法院
院　长　苏益铮
区检察院
检察长　王声典

泉港区

区　委
书　记　杨昌文
副书记　杨凤翔
　　王志强（2022年9月任）
　　张井丽
常　委　王晓莺
　　陈剑锋
　　郑永璘
　　陈永洁
　　苏纯益
　　黄少伟（至2022年7月）
　　柯明好
　　蔡奔腾（2022年7月任）
　　栗桂珍
区人大常委会
主　任　王志安
副主任　邱彬侨
　　王国明
　　王梅珠
　　王峻峰
区政府
区　长　杨凤翔
党组副书记　陈沙龙
副区长　陈剑锋
　　傅文星
　　庄一鸣
　　王志强（至2022年10月）
　　王艺斌（至2022年10月）
　　谢梓骞
　　蔡奔腾（至2022年8月）
　　陈荣省（2022年10月任）
　　柯永进
　　郭雅婷
　　朱添洪（2022年8月任）
区政协
主　席　彭垂鼎
副主席　赵琼花
　　陈庆堂
　　刘玉强
　　柳铅玉
区法院
院　长　郑玲玲
区检察院
党组书记　洪藜莹
泉港石化园区党工委、管委会
党工委书记　杨昌文
管委会主任　陈沙龙
委员、副主任　杨新智

陈宗旗
委员、纪工委书记、监察组长 杨柳刚
委员、副主任 林清宏

石狮市

市委
书记 黄春辉
副书记 余志伟
施晓瑛
张怡（2022年8月任）
常委 郑天助
陈守林
邱永丰
刘艺波
林进全
郭浪滔
许顺达
白玉成
李怀忠（2022年12月任）
马学荣
市人大常委会
主任 李斌
副主任 张永安
郑文芳
林志坚
陈垂汉
市政府
市长 余志伟
副市长 郭浪滔
洪奕蓉
李怀忠（至2022年12月）
黄明瑄
黄建辉（至2022年8月）
许自霖
陈清平（2022年9月任）
谢建智
蔡俊龙（2022年12月任）
市政协
主席 黄延艺
副主席 朱贤
王莉萍
李宁韧
吕锜
市法院
院长 林德育
市检察院
检察长 余冬阳
石狮高新区管委会
书记、主任 曾少嵘

晋江市

市委
书记 张文贤
副书记 王明元
吴忠刘
常委 黄天凯
黄少伟
李志强
陈友爱
吴志朴
庄怀璇
付祥
张健龙（2022年9月任）
市人大常委会
主任 林仁达
副主任 黄文福
潘子良
洪元程
王清龙
市政府
市长 王明元
副市长 张健龙
陈希
王也夫
丁鸿雨
黄建辉（2022年5月任）
陈传芳
吴尊意
张勇
市政协
主席 许宏程
副主席 张淑语
张汉杰
洪忠信
吴丽婷
市法院
院长 洪志强
市检察院
检察长 王文龙
福建深沪湾海底古森林遗迹自然保护区
管理处主任 苏文伟

南安市

市委
书记 林荣忠（至2022年2月）
张桂森（2022年5月任）
副书记 张桂森（至2022年2月）
王连赞
解丹蕊（2022年2月任）
林添盛（2022年9月任）
常委 黄育奇（至2022年4月）
蔡清安
李安辉（2022年12月任）
吴振强
黄晓东（至2022年9月）
陈倩
曾惠阳
张纪伟（至2022年4月）
陈雄松（2022年12月任）
黄队强（2022年12月任）
戴颂华（2022年9月任）
市人大常委会
主任 黄景阳
副主任 王端峰
苏毅伟
傅漳龙
黄梓奇
市政府
市长 张桂森（至2022年5月）
王连赞（2022年6月任）
副市长 解丹蕊（2022年2月任）
黄育奇（至2022年4月）
吴振强（2022年9月任）
陈倩
周全
张汉沂（至2022年7月）
陈志慧
易辉泉
邱雪亮
侯强辉
曾伟军（2022年9月任）
林华全（2022年8月任）
市政协
主席 庄国阳
副主席 叶维新
丁金火

洪琪瑜
黄清地

市法院
院　长　许良才
市检察院
检察长　胡激洋

惠安县

县　委
书　记　王春雷
副书记　庄稼祥
黄丽琼
常　委　林育伟
刘东升
蔡旭萌
陈宗德
蒋舒翔
周鹏飞
洪亚清
郑明欣
县人大常委会
主　任　蒋向群
副主任　刘宗斌
康丽红
郑伟斌
卢　山
陈朝阳（2022年12月任）
县政府
县　长　庄稼祥
副县长　蔡旭萌
蒋舒翔
李育杯（至2022年9月）
雷小全
陈剑虹
庄泽平
郭惠卿
陈荣煌
颜清祥（2022年9月任）
谢二亮
县政协
主　席　许贞丽
副主席　王洪波
潘丽萍
吴伟莉
陈照玉
县法院
院　长　林天法
县检察院
检察长　曾晓军
泉惠石化工业园区党工委、管委会
书　记　王春雷
主　任　何国平
委员、副主任　陈朝阳
委员、纪工委书记、监察组长
蔡寅鸣
委员、副主任　郭晓辉
副主任　吴春旭

安溪县

县　委
书　记　吴毓舟
副书记　刘永强
叶睿葆
洪金城
常　委　吕宝贝
肖印章
叶文德
林曙铭
曾惠彬
王礼藕
邱志民
赵超群
县人大常委会
主　任　梁金良
副主任　叶海强
汪礼才
陈清芳
黄汉阳
县政府
县　长　刘永强
副县长　林曙铭
王礼藕
林毅敏
李树明
卢荣斌
洪天阳
谢建新
杨剑扬
王刚刚
县政协
主　席　陈剑宾
副主席　黄明哲
王文礼
陈振仕

李瑞谦
县法院
院　长　黄小丹
县检察院
院　长　施文凭

永春县

县　委
书　记　林希妍（至2022年9月）
吕建成（2022年9月任）
副书记　吕建成（至2022年9月）
张照绿
常　委　余庆新
郭小强
陈佩芳
蔡英殿
林金莲（2022年12月任）
郑川辉
蔡映辉
陈雄松（至2022年12月）
王紫钊
县人大常委会
主　任　林海鸥
副主任　张晓文
李江源
郑志刚
林玉品
县政府
县　长　吕建成（至2022年12月）
张照绿（2022年12月任）
副县长　蔡映辉
郭美西
钱永新
王洪杰（至2022年9月）
庄凯融
周伯祥
王卫阳
陈宏斌（2022年9月任）
董　婧
县政协
主　席　王文杨
副主席　汤若狮
郭赐福
温明源
林铭东
县法院
院　长　邱新跃

县检察院
检察长　李翔毅

德化县

县　委
书　记　黄文捷
副书记　方俊钦
　　　　黄俊荣
常　委　张秋英
　　　　苏锡培
　　　　董俊凯
　　　　刘振铭
　　　　陈东明
　　　　江新兴
　　　　熊建军
　　　　洪志愿
县人大常委会
主　任　王传敬
副主任　陈祥端
　　　　苏毅君
　　　　刘志阳
　　　　陈德峰
县政府
县　长　方俊钦
副县长　刘振铭
　　　　林金雪
　　　　郑荣尊
　　　　黄振宇
　　　　吕伟成
　　　　洪仰行
　　　　卓鸿杰（2022年9月任）
　　　　林玉萍
县政协
主　席　陈维启
副主席　徐明侃
　　　　陈荣斌
　　　　程德强
　　　　汤渊儒
县法院
院　长　黄小康
县检察院
检察长　叶小全
福建戴云山国家级自然保护区管理局
局　长　涂青云（至2022年8月）
　　　　彭钦毅（2022年12月任）

泉州开发区

党工委
书　记　丁　峰
副书记　林荣川
　　　　林明义
委　员　吴福来（至2022年2月）
　　　　卢　锋
　　　　吴志灵
管委会
主　任　林荣川
副主任　吴福来（至2022年4月）
　　　　吴志灵
　　　　吴文从
　　　　柯贤初
　　　　何汉儒
纪工委、监察组
书记、组长　林明义
党务工作部
部　长　卢　锋

泉州台商投资区

党工委
书　记　黄景春（至2022年2月）
　　　　林荣忠（2022年2月任）
副书记　梁炳辉（至2022年12月）
　　　　刘敏坚（2022年7月任）
委　员　丁尚光（至2022年7月）
　　　　赖丽水
　　　　刘　刚
　　　　吴艺晖
　　　　黄晓东（2022年9月任）
管委会
主　任　梁炳辉（至2022年12月）
副主任　刘敏坚（至2022年7月）
　　　　丁尚光（至2022年7月）
　　　　赖丽水（至2022年7月）
　　　　陈明土（2022年7月任）
　　　　郑为太（2022年12月任）
　　　　宋国卿
纪工委、监察工委
书记、主任　刘　刚
党群工作部
部　长　吴艺晖

政府工作报告

——在泉州市第十七届人民代表大会第二次会议上
泉州市人民政府市长 蔡战胜
（2023年1月8日）

2022年政府工作回顾

2022年，我们迎来了党的二十大胜利召开，这是党和国家历史上具有里程碑意义的一年，也是泉州全方位推进高质量发展征程中具有重要意义的一年。这一年，我们隆重纪念习近平总书记总结提出“晋江经验”20周年，省委、省政府专门出台《关于传承弘扬“晋江经验”支持泉州建设21世纪“海丝名城”的意见》，激励和引导全市上下牢记殷切嘱托、深怀爱戴之情，奋力谱写全面建设社会主义现代化国家泉州篇章。这一年，我们勇担省委、省政府赋予的全省高质量发展主力军重任，紧扣“提高效率、提升效能、提增效益”，发挥“三大比较优势”，以实施“强产业、兴城市”双轮驱动为路径，聚焦“1+3”专项行动，全力抓项目、促发展，加快推进新型工业化和城镇化步伐。这一年，我们全面落实“疫情要防住、经济要稳住、发展要安全”的要求，高效统筹疫情防控和经济社会发展，迅速平战转换，快而有序打赢“0313”等疫情歼灭战，全力推进复工复产、满工达产、增资扩产、提质强产、保岗促产，“两稳一保一防”工作取得扎实成效，经济承压前行、稳中见韧。全市生产总值增长3.5%，地方一般公共预算收入可比增长8%，居民人均可支配收入增长5.4%。

一年来的主要工作是：

（一）经济大盘保持稳定。开展“万名干部进万企、一企一策促发展”活动，市县两级成立总协调室，对全市1.1万家规上工业企业、限上商贸企业、高新技术企业“全覆盖、全挂钩、全联系”，走访企业3万多家次、解决问题3000余个；累计为企业减轻税费负担和增加现金流178.5亿元，投放“纾困贷”金额居全省首位，援企稳岗政策惠及企业27.8万家次、员工193万人次；支持龙头企业和本地中小微企业产能对接850亿元。实施“项目攻坚2022”，专班推进“抓前期促开工”，150个重点项目开工建设，120个重点项目建成投产，完成固定资产投资2840亿元、增长10.3%，其中工业投资增长21.6%；获批发行政府新增债券267.7亿元，发行规模、支出效率均居全省第一。启动“爱泉州·大乐购”促消费活动，组织“十大主题促销、百场工业旅游、千家企业大让利、万场产业直播”，加快消费回补和潜力释放，全市网络零售额2463亿元，总量居全省首位，社会消费品零售总额增长2.8%。全力稳外贸稳外资，全市实际使用外资增长100%，进出口总额增长3.6%，推广扩容市场采购贸易试点，市场采购额574亿元、增长25.1%，晋江获批国家进口贸易促进创新示范区；开展“海外抢单”，组织外贸“微展会”、“代参展”、包机组团参展，开行“中欧班列”和“整船出海”泉州至俄罗斯远东航线，获批商贸服务型国家物流枢纽。

（二）产业升级步伐加快。打好“强引擎、建载体、铸链条、提存量、拓增量”转型升级组合拳。全力抓创新促应用，新增高新技术企业超700家、总数超2300家，新增国家专精特新“小巨人”10家；新引建高水平科创平台3家，落地国家技术转移东部中心泉州分中心，国家智能铸造产业创新中心建成投用；推广皮革院经验，推动5家大院大所企业化运作，全市技术合同成交金额增长62%；实施新时代人才强市战略，推出“涌泉”行动20条措施，入选省级以上人才计划250人，新增高层次人才2416名，新培养引进高校毕业生、技能人才、专技人才8.4万名；获批国家知识产权强市建设试点城市，晋江成为首批国家创新型县（市）。实施“工业园区标准化建设”专项行动，摸清工业用地“5笔账”，紧抓规划、规范、提升、示范、招商5个环节，首批市级14个试点项目全面启动，全市开工和在建标准厂房1300万平方米，建成300万平方米，规上企业入园率和增加值占比分别提高到35%、50%。坚持重龙头、强品牌、铸链条，实行“一产一策一专班”，制定“一规划一计划一方案”，实施龙头企业培优扶强工程，新增省级龙头企业35家；狠抓中小微企业“小升规”，新增“四上”单位2210家；商标有效注册量达72万件，保持全国地级市首位。加快绿色数字技改，编制完成碳达峰实施方案，新增国家级绿色制造示范项目25个，实施节能重点项目89个，单位规上工业增加值能耗下降9%，入选全国废旧物资循环利用体系建设重点城市。推动机器换工向全流程数字化迈进，新增国家级智能制造示范工厂3家、智能制造优秀场景7个，推广数字化生产线121条、新增“上云上平台”企业超1000家，新建5G基站7525个、培育5G示范场景应用新案例37个。实施“抓开放招商促项目落地”专项行动，建立12个产业发展领导小组，组建市招商服务中心，聘任招商引才顾问，落实增资扩产享受招商同等待遇，实行“一把手”带头、全员招商，新签约正式合同2342个、总投资1.3万亿元。推动现代服务业提质增效，新增3A级以上物流企业5家，快递业务量保持全国前十，获评首批国家综合货运枢纽补链强链城市；发行“全域旅游卡”，策划推广世遗游、研学游、乡村游、工业游等精品线路70条，新增国家3A级以上景区4家、国家级旅游休闲街区1个、国家级夜间文化和旅游消费集聚区2个；支持影视产业发展，新增影视剧制作企业13家。推动农业高质量发展，完成农林牧渔业总产值454亿元，建成高标准农田20.5万亩，粮食产量超50万吨，新增国家级现代农业产业园1个、“一村一品”示范村镇2个、农民合作社示范社6家，安溪铁观音茶文化系统入选全球重要农业文化遗产。

（三）改革攻坚多点突破。传承弘扬“晋江经验”，全面实施28项重点改革任务。强化市级统筹统管能力建设，对中心城区实施规划建设一体化管理机制。发布支持民营经济发展“1+1+13”政策“大礼包”，线上直达兑现惠企资金54.6亿元，筹建民营经济发展研究院。推动营商环境持续提升，建成投用政务便民服务平台、公共数据开发平台，“一网通办”比例达85%，“一趟不用跑”比例达92%。整合“一件事”集成套餐548项，基本覆盖重点领域、高频事项；持续开展“局长走流程、走基层”活动，解决痛点堵点问题959个，压缩承诺时限3013个工作日。实施“百千万”融资促进活动，开展政银企对接153场，存贷款余额均突破万亿元；启动企业上市“刺桐红”三年行动，新增上市企业4家，新设天使投资基金，不良贷款率持续下降。推进市属国企战略性重组和专业化整合，新组建城市规划设计集团、能源集团，市属国企资产总额增长21%、突破3000亿元；水务集团控股上市公司，实现泉州国企上市“零”的突破。密切侨港澳台交流，建立完善重点侨情和港澳乡情数据库，办好泉籍精英故乡行、“中菲人文之驿”等活动。细化金融、农业、司法等领域惠台政策，新批台资企业、投资总额分别增长54%、99%；全面实施海峡两岸闽南文化溯源交流工程，举办纪念郑成功收复台湾360周年活动，清水岩获评国家级海峡两岸交流基地；全年向金门供水764万立方米，开工建设金门供水水源保障工程。

（四）城乡发展齐头并进。实施“抓城建提品质”专项行动，划定国土空间总体规划“三区三线”，开展西华洋、南滨江、江南等6个片区控规修编，完成中央活力区城市设计国际竞赛。分3批实施城建项目1173个，完成投资800亿元；24个重点片区开发建设加快推进，中央商务区人气加速集聚，入驻企业数增长105%，税收增长55.4%，建成海丝中央法务区泉州片区。古城保护提质提效，完成古城核心区29条街巷市政综合提升，启动中山南路片区46条街巷整治。实施老旧小区改造项目560个、7.9万户，基本建成保障性安居工程1.2万套，新增保障性租赁住房5600套。实施“绿满泉城”、照明提升、水系联排联调、电力设施补短板4个三年行动，建立“三山一线”统一规划建设管理机制，建成口袋公园157个、新增公园绿地面积121公顷；实施东海片区、“两江”沿岸及重要节点照明提升；完成水系联排联调规划总体方案编制；中心城区电力设施投资增长22%。建成智慧城管物联通管理平台，实行中心城区环卫一体化管理，完善生活垃圾分类管理办法。全力抓征迁交净地，全市完成征地2.1万亩，获批国家盘活利用低效用地试点；新增建设用地指标1.98万亩，获批项目用地面积5.66万亩，均为全省最多；中心城区出让土地面积2576亩，为近年来最高。着力推进聚城畅通，53个重点项目完成投资94亿元，兴泉铁路全线通车，国道324改线惠安黄塘段、洛江西环路双阳段顺利完工，国道324改线南安水头段、政永高速德化段、通港东街快捷化改造等项目启动建设，跨江跨海通道项目前期工作取得实质性进展。持续推动乡村建设，完成全市151万栋农村地籍房屋调查，编制实施村庄规划942个，创建整镇推进“五好”乡镇20个，打造乡村振兴示范线23条、典型示范村60个，新增国家级乡村治理示范村8个，整治裸房4.3万栋；实施城乡供水一体化建设，新改建供水管网1125公里；完成农村公路路网建设301公里、安防工程180公里，获评全国首批“四好农村路”建设市域突出单位。

（五）民生福祉日益改善。坚持超七成五财力投入民生，全力惠民生补短板，完成39个为民办实事项目，建成229个便民惠民利民的“党建+”邻里中心，不断提高民生品质。巩固拓展脱贫攻坚成果，强化防返贫监测和低收入群体帮扶，实施产业帮扶3800余户、稳定务工就业1.6万人、住房条件改善提升422户；扶持低收入村发展村财项目166个，脱贫村集体经营性收入均达20万元以上。促进教育优质均衡发展，新增公办幼儿园学位1.2万个、中小学学位2.7万个，实现义务教育阶段学校课后服务全覆盖，启动中小学“5G+专递课堂”试点，高中教育质量持续走在全省前列，新建技工院校4所，获批硕士学位授予培育单位2家。颁布实施新一轮妇女儿童发展纲要，未成年人保护、思想道德建设持续加强，关心下一代工作取得新成效。加快补齐卫生健康短板，新增卫技人员3500人、医疗床位1200张、普惠性婴幼儿托位3000个；深化“三医联动”改革，开展信用医保试点，持续推进先诊疗、后付费；药品和医用耗材集采价格大幅下降，按病种收付费项目达494个。持续加强就业和社会保障工作，多措并举全力保就业，全市城镇新增就业9.1万人，失业人员实现再就业1.8万人，新增“五险”参保51万人次，保障农民工工资支付工作获得国务院通报表扬。建成投用市社会福利中心，新增养老床位超2500张；市县慈善组织筹集善款16亿元；老龄、老干部工作得到加强。不断提升文化软实力，建立世遗“1+N”管理体系，成立文物保护中心，德化窑、永春苦寨坑窑获国家考古遗址公园立项，新增世界非物质文化遗产1个；出台闽南文化生态保护区管理办法，新增中国工艺美术大师5名，培育新型公共文化空间24个，开展公益性惠民演出活动1400场。第十七届省运会收获金牌188枚。深化军地双拥共建，市本级及所辖县（市、区）荣膺省级双拥模范城（县）称号，实现省级“满堂红”四连冠，国防动员、军民融合、人防等工作持续提升。民族宗教、统计、气象、地震以及工会、共青团、妇联、科协、残疾人、红十字会、计生协会等工作取得新成效。

（六）安全发展更有保障。建立平战结合疫情防控机制，“快、准、严、实、细”抓好疫情防控，做到早发现、快处置、稳经济；实行“三公（工）一大”领导24小时带班和“三个第一时间”应急响应，战时核酸检测能力拓展到80万管/日，流调队伍超2700人，隔离房间5.7万间，疫苗接种累计超2300万人次，建成定点亚定点医院26家、床位超1.7万张、发热门诊（诊室）209家。加快安全生产标准化提升，完成5.2万家企事业单位标准化创建，建立“三张清单”制度，实行“红橙黄蓝”安全风险等级动态监管，生产安全事故起数和死亡人数实现“双下降”，消防和道路领域安全生产形势明显好转。深入打好污染防治攻坚战，扎实推进两轮中央生态环保督察反馈问题整改销号；深化“碧水清河”行动，实现全市430条河流水质监测全覆盖，推行全市原水资源

“五统一”管理，县级及以上饮用水水源地Ⅲ类水质达标率保持100%；开展“蓝色海湾”综合整治，全面除治互花米草，近岸海域优良水质比例达94.4%；完成126个大气精准治理减排项目；持续推进林业改革发展，建立市县乡村四级林长责任体系，完成植树造林8万亩、水土流失治理22.3万亩、废弃矿山修复3490亩。深化平安泉州建设，圆满完成各项重大活动的安保维稳任务，常态化开展扫黑除恶斗争，严打严防电信诈骗、跨境赌博、非法集资等违法犯罪。持续加强食用农产品“一品一码”追溯管理，获批国家食品安全示范创建城市。

（七）自身建设不断加强。开展法治政府示范创建，修订市政府工作规则，出台行政裁决程序规定。深化机关效能建设，创新“帮督一体”“交叉督查”机制，加强绩效考核激励，市委市政府给予市消防救援支队、资源规划局、公安局、交通运输局记集体二等功，给予市商务局记集体三等功。严格执行《关于加快推进21世纪“海丝名城”建设的决议》等市人大及其常委会决议决定，依法接受市人大法律监督和工作监督，主动接受市政协民主监督，认真办理人大代表建议和政协提案967件。加强政府廉政建设，巩固风清气正的政治生态。

2023年工作目标任务

党的二十大就新时代新征程党和国家事业发展制定了大政方针和战略部署，描绘了全面建设社会主义现代化国家、全面推进中华民族伟大复兴的宏伟蓝图。做好2023年政府工作：必须高举习近平新时代中国特色社会主义思想伟大旗帜，全面落实党的二十大精神，按照省委、省政府和市委部署要求，坚持稳中求进工作总基调，完整、准确、全面贯彻新发展理念，积极服务和融入新发展格局，着力推动高质量发展，更好统筹疫情防控和经济社会发展，更好统筹发展和安全，传承弘扬“晋江经验”，全面深化改革开放，大力提振市场信心，把实施扩大内需战略同深化供给侧结构性改革有机结合起来，深入实施“强产业、兴城市”双轮驱动，深耕“1+3”专项行动，勇当全省全方位推进高质量发展主力军，加快建设海丝名城、智造强市、品质泉州，奋力推进中国式现代化的泉州实践。

经济社会发展主要预期目标是：全市生产总值增长6.5%左右，农林牧渔业总产值增长3.5%，工业增加值增长6.5%～7%，第三产业增加值增长7%～7.5%；一般公共预算总收入增长7%，地方一般公共预算收入增长5.6%；固定资产投资增长8%；实际使用外资增长8%，出口增长7%；社会消费品零售总额增长7%，居民消费价格涨幅控制在3%左右；居民人均可支配收入和经济增长同步；完成节能减排降碳任务。

实现上述目标，必须全面落实中央“六个更好统筹”重要要求，强化底线思维，坚持系统观念，突出统筹兼顾，大兴求实、务实、抓落实之风。要践行人民至上、生命至上，因时因势优化疫情防控措施，突出老年人和患基础性疾病群体的防控，全方位提升医疗救治能力，着力保健康、防重症。要坚持稳字当头、稳中求进，大力提振市场信心、增强发展预期，推动稳经济政策措施应落尽落、应出尽出、应享尽享，扎实推进抓城建提品质、开放招商、工业园区标准化建设、文旅经济、聚侨引侨和泉商回归等重中之重，全力“奋战2023”。要做到守土有责、守土尽责，强化“时时放心不下”的责任感，下好先手棋、打好主动仗，常抓不懈保安全，有效防范化解各类风险，以高水平安全保障高质量发展。

重点做好以下工作：

坚持实体为本，建设现代化产业体系

强化创新驱动发展。发挥国家自主创新示范区优势，完善考核评价办法，推动泉州高新区争先进位，创建国防科工军民融合创新示范基地。深化“抓创新促应用”专项行动，落实科技创新“四个倍增”计划，新增高新技术企业500家；引进建设科技创新平台2～3个，启动建设省集成电路创新实验室，建好用好清源创新实验室；提高科技成果转化和产业化水平，力争技术合同成交金额增长30%以上、全社会研发投入增长20%以上；深化人才“港湾计划”，落细落实“涌泉”行动，创新人才自主评价“配额制”，设立泉州人才节，力争新引聚各类人才10万名；深入推进科技特派员制度，逐步建立覆盖所有乡镇的科技特派员工作站。实施“抓工业设计促产业提升”专项行动，按“一产一院一赛事一基地”构建工业设计链条，举办“刺桐杯”“何朝宗杯”等工业设计赛事，培育工业设计中心8家以上，推动大院大所、工业设计企业等入园。

构建“8+4”产业体系。发挥12个产业发展领导小组作用，推动传统优势产业转型升级、战略性新兴产业集群集聚、未来新经济新动能培育壮大。深化“工业园区标准化建设”专项行动，同步推进建园区、招项目、用金融、搭平台，连片开发、专业运营，推行工业用地“标准地”改革，新启动建设标准化园区万亩以上、建成标准化厂房千万平方米以上、拉动入园区各类企业项目投资千亿元以上，规上企业入园率和增加值占比进一步提高；把工业园区标准化建设作为有效投资调整经济结构的主要抓手，推动高质量供给，以此创造有效需求、拉动消费增长，助推经济走出当下低谷。深入推进“重龙头、强品牌、铸链条”专项行动，联动实施质量、标准、品牌强市战略，滚

动培育市级产业龙头企业300家以上，新增国家专精特新“小巨人”5家；实施职业装产业发展三年行动。大力发展数字经济，持续推进“绿色数字技改”专项行动，抓好重点技改项目200个以上，节能重点项目60个以上；实施智能制造数字化赋能三年行动，推广工业互联网标识解析二级节点应用，建设数字化生产线120条以上，新增“上云上平台”企业1000家以上，推动更多产业数字化应用场景落地。培育壮大海洋经济，发展海上牧场、滨海旅游、海洋制造等业态，实施深海养殖规划，设立泉州海洋生物产业研究院，加快国家级渔港经济区建设。

提升现代服务业能级。成立现代服务业联合会，滚动实施服务业百大项目，大力发展商贸会展、电商直播、金融法务等生产性服务业，举办百场产业展、微展会等活动，打响“国潮泉州”品牌；新增服务型制造示范8个，推进中国快递示范城市建设，争创国家骨干冷链物流基地。办好“爱泉州·大乐购”、“最闽南”美食节等百场促销活动，做优做活夜间经济、商圈经济。

开展“项目奋战年”活动。坚持项目为先、项目为基、项目为要，实施重点项目884个，完成年度投资2168亿元以上，确保重点项目开工150个、竣工120个。深入实施“抓开放招商促项目落地”专项行动，力争签约落地20亿元以上项目100个，全年实现新签招商项目投资总额1万亿元，进一步提高履约率。常态化实施“抓征迁交净地”专项行动，探索创新征收补偿机制，加快解决历史遗留的已征迁未安置问题。

坚持为民建城，打造宜居韧性智慧城市

加速规划建设。深化“抓城建提品质”专项行动，强化市级统筹统管，完善中心城区规划建设一体化管理机制，实行重点区域、重大项目规划设计监理，做到“规划一张图、供地一个口、资金一个池、建设一盘棋”。坚持做大做强中心城区，聚焦建设50平方公里东海城东核心区，全速推进中央商务区繁荣发展、中央活力区实质动建，启动海丝大道、丰海路景观提升、观音山生态修复等项目建设，新建成一批总部楼宇。坚持做实做优次中心组团，加快江南、北峰、阳江、海江等24个重点片区建设，强化跨县域、长周期重大项目协调调度，聚焦打造县域标杆片区街区，持续开展城乡建设品质提升示范工程比拼。主动融入闽西南协同发展区，加强南翼、北翼、西部区域与周边的协同互补、共建共享。

加快聚城畅通。推动福厦高铁建成通车，抓好厦漳泉城际铁路R1线项目。启动建设金屿大桥、百崎大桥、金鲤大桥，做细东海通道前期，完成泉州大桥改扩建、武荣大桥建设。加快推进国道324改线、国道228提升、新华路北拓一期、政永高速德化段等项目，完成泉南沙厦改扩建、通港东街快捷化改造，开工大安高速和石狮彭田、永春锦斗出入口及接线工程，做实泉梅、泉金、洛丰高速等项目前期。

加强精细治理。启动城市大脑建设，开展城市管理“八化”行动，完善“监测吹哨，管养报到”机制，逐步推动中心城区环卫一体化管理拓展至市政、园林一体化管理。深化“绿满泉城”、照明提升、水系联排联调、电力设施补短板三年行动，加快“三山一线”城市森林公园景观提升，新改建城市公园绿地面积100公顷以上，争创国家生态园林城市；持续推进东海城东片区及晋江洛阳江两岸照明提升；动工建设“两江”连通、南高干渠供水替代工程；梯次推进一批110千伏及以上输变电工程投入使用，一批10千伏以下架空线路入地缆化。常态化开展城市体检，新启动220个、1.9万户以上老旧小区改造，实施完整社区试点，开工棚户区改造项目9000套，新增保障性租赁住房8000套，建立房屋建筑全生命周期监管平台，争创国家城市更新试点。持续推进厕所革命，加强垃圾分类管理，完善污水处置设施和管网配套，加快建设永春、德化垃圾焚烧发电厂，推进城乡供水一体化和水质优化；强化海绵城市管控，建设地下管网信息化管理“一张图”。

坚持优先发展，全面推进乡村振兴

提高现代农业发展质效。严格落实粮食安全责任制，坚持保面积、保产量、保储备一起抓，确保粮食播种面积稳定在130万亩，完成高标准农田建设任务，年末生猪存栏88万头。加快推进特色现代农业高质量发展工程，建设现代农业产业园、农业产业强镇、“一村一品”示范村镇等重点项目100个以上，抓好白濑水利枢纽、马跳水库等项目，开工山美灌区节水改造工程。推动“农文旅”“产加销”等农村一二三产业融合发展，新增国家级“二品一标”农产品15个。

建设宜居宜业和美乡村。深入实施“乡村振兴”专项行动，做精做美小城镇和新农村，完成应编村庄规划全覆盖，实施乡村振兴试点示范项目1000个以上，创建提升整镇推进“五好”乡镇50个，打造省级乡村振兴示范镇村80个，培育乡村“五个美丽”典型案例200个，整治裸房2万栋以上，加快打造以县城为中心、乡镇为重点、村为基础的宜居宜业集聚区。大力推广“积分制”“清单制”等务实管用的治理方式，构建自治法治德治相结合的乡村治理体系。

巩固拓展脱贫攻坚成果。深化“一键报贫”平台运用，帮扶脱贫户发展产业800户、脱贫人口稳定就业1.4万人，确保脱贫户和重点监测对象不发生致贫返

贫，深入开展“万企兴万村”行动，推动脱贫攻坚同乡村振兴有效衔接。高质量落实闽宁协作和省内山海协作任务，继续加强援藏、援疆对口支援。

坚持改革开放，塑造体制机制新优势

深入推进改革攻坚。坚持“两个毫不动摇”，传承弘扬“晋江经验”，贯彻推动民营经济创新发展若干措施，促进非公有制经济健康发展、非公有制经济人士健康成长，完善公平竞争制度，为民营企业开辟更多空间，加强中小微企业管理服务，支持中小微企业和个体工商户发展，争创国家民营经济联系点城市。深入实施“营商环境持续提升”专项行动，深化工程建设项目审批制度改革，破解“体外”循环问题；建设统一政务云管平台，加大公共数据资源汇聚力度，持续提升“一件事”套餐集成服务和省内通办、跨省通办覆盖率，扩大惠企政策免申即享范围、压缩即申即享时限，增强政策时效性和精准性；投用“泉服务”App，打造城市级掌上公共服务平台。深化金融服务实体经济改革，发展园区供应链金融、绿色金融，建设中小微企业融资促进中心，确保全年增存900亿元、增贷900亿元，争创全国金融服务乡村振兴创新示范区；完善上市后备企业梯度培育机制，新增上市企业5家以上；建设多层次产业基金体系，实现市、县、国企母基金全面设立运作；加强不良贷款风险监测，确保不良贷款率保持较低水平。做强做优做大国有企业，优化国有资本布局，完善市属国企综合考核办法。建立现代预算制度，加强预算绩效管理和财政运行监测，增强财政实力和抗风险能力。开展盘活利用低效用地专项行动，坚持全域规划、全域统筹、全要素整治，编制低效用地开发和全域土地综合整治专项规划，完成全市低效用地调查评价并实现上图入库，扎实抓好城镇低效用地开发试点项目和全域土地综合整治示范单元，积极推进农村集体经营性建设用地入市试点。

坚定不移扩大开放。推动泉州优品出海，深耕RCEP市场，加快跨境电商、易货贸易、保税集拼等新业态发展，鼓励企业设立海外线下店、海外仓，实现市场采购贸易出口600亿元。争取福建自贸区增设泉州片区，推动进口贸易创新发展，抓好全国纺织服装产业外经贸提质增效示范项目，办好海丝品牌博览会，建设“中国—泰国”跨境电商等“两国双园”，投用石湖5～6#泊位。

加强改进侨务工作。秉持“大侨务”理念，以侨架桥、以侨聚侨，实施“聚侨引侨和泉商回归”专项行动，探索设立新侨创新创业基地、海外华侨华人培训基地，实施“留住根脉”华侨历史文化传承展示工程；优化南洋华裔族群寻根谒祖综合服务平台功能，改造提升泉州华侨历史博物馆；深化泉籍精英故乡行活动，筹办世界泉商大会，发挥世泉青、侨商会、侨青联等团体作用，做好新侨和华裔新生代工作。

深化泉台融合发展。依托台商投资区、海峡两岸集成电路产业合作试验区等平台，推动泉台电子信息、精细化工、机械装备、生技医疗等新兴产业深度合作，持续办好泉台农业“两园一中心”。做好台商台胞服务工作，推动全国台胞台企登陆第一数据港功能扩展，支持台湾青年来泉实习实训、就业创业。

坚持保护利用，繁荣发展文化事业文化产业

打造世遗保护利用典范城市。加强文化遗产和文物安全管理，健全世界遗产监测、展示、阐释体系，推动德化窑、永春苦寨坑窑国家考古遗址公园建设，筹办中非世界遗产能力建设泉州论坛。加强闽南文化生态保护区管理，规划建设闽南文化产业园、博览园，推动非遗保护传承创新。做好古城保护，加快中山南路及周边街巷改造综合提升，推动古城功能疏解，提升古城业态；开展8个历史文化名镇名村传统村落保护提升及40处历史建筑修缮保护。

发展深度融合的文旅经济。认真执行文化旅游发展促进条例，实施“文旅+”专项行动，深化国家文化和旅游消费试点城市建设，培育一批文化旅游精品和文化龙头企业，抓好“水上看泉州、夜游世遗城”等项目，打造智慧旅游服务平台，推动泉州古城创建国家级旅游度假区、国家5A级景区，支持石牛山争创国家5A级景区。用好世界文化遗产资源，策划系列城市营销项目，组建国有演艺公司，打造海丝文旅“一台戏”，擦亮“宋元中国・海丝泉州”品牌。

健全现代公共文化服务体系。广泛践行社会主义核心价值观，深化爱国主义、集体主义、社会主义教育，加强公民道德建设，高标准打造新时代文明实践中心，争创第七届全国文明城市，提高全社会文明程度。巩固提升公共文化服务体系示范区创建成果，争取设立公共文化服务基金，建设24个新型公共文化空间，常态化开展公益演出活动1000场。提高海上丝绸之路国际艺术节、中国国际民间艺术节等实效，高水准办好第十二届市运会，协同发展群众体育、竞技体育、体育产业。

坚持绿色低碳，深化生态文明建设

加快绿色转型发展。开展降碳增汇行动，实施省级以上园区循环化改造，创建绿色工厂、绿色工业园区，新增20个省级以上绿色制造示范项目，有计划分步骤落实碳达峰方案。实施建筑业高质量发展三年行动，推广绿色建材、绿色建筑、装配式装修；倡导绿色消费，鼓励绿色低碳的生产方式和生活方式。

加大污染整治力度。坚持精准治污、科学治污、依法治污，实施100个以上大气精准治理减排项目，实行石化、制鞋、印刷等重点行业挥发性有机污染物全过程治理，强化臭氧污染防控；突出城镇生活污水收集处理，实施400个农村生活污水提升治理项目；加强陆海协同治污，深化河湖长制，创新推行“乡愁河长”，加快河湖空间带修复，打造沿江沿河沿湖绿色生态廊道。严格建设用地环境监管，加强危险废物规范化管理。全面推进党政领导生态环保目标责任书落实，不折不扣抓好生态环保督察反馈意见及群众身边突出生态环境问题整改。

加强生态文明建设。落实生态文明治理体系改革任务。深化林业改革，推动国有林场高质量发展；科学造林绿化，突出重点区位林相改造，强化古树名木保护，建好森林防火隔离带。加强水土流失综合治理，开展“绿盾”自然保护地强化监督，抓好互花米草遏制及植被修复，防治外来物种侵害，提升生态系统多样性、稳定性、持续性。

坚持人民至上，全力惠民生补短板

推动社会保障提标扩面。强化就业优先政策，抓细抓实稳岗就业工作，深化千企“引工大使”和“三个百”招工引才行动，职业技能培训2万人次、城镇新增就业8万人，新增“五险”参保18万人次、住房公积金归集3.6万人。实施“一老一小”整体解决方案，发展居家社区机构相协调、医养康养相结合的养老服务体系，新改扩建长者食堂等养老设施100个，新增养老床位超2000张、普惠性婴幼儿托位3000个，多措并举降低生育、养育、教育成本。发展好社会福利慈善事业、残疾人事业，完善分层分类的社会救助体系。

推动社会事业提档升级。努力办好人民满意的教育，实行中心市区公建配套学校与城市规划、设计、建设、验收、交付使用“五同步”，全市新增公办幼儿园学位1万个、中小学学位3万个；加快义务教育向优质均衡迈进，实施县域高中提升发展行动，建设“名优校+”教育发展共同体，完善乡村学校信息化基础设施，推动“5G+专递课堂”按需应用；试点中小学校长职级制改革，实施新一轮名师名校长培养计划，大力引进基础教育人才。深化国家产教融合试点城市建设，做优做强中职教育，力争建成泉州技师学院；支持华侨大学建设省“双一流”高校、泉州师范学院建设一流应用型高校，支持泉州医高专、黎明职业大学争创本科层次院校。加强学校心理健康和生命安全教育，改进体育美育工作，精准关爱下一代，抓好老年教育、继续教育、特殊教育。努力办好人民满意的卫生健康事业，健全公共卫生体系，推动市县两级设置疾控局，改扩建市公共卫生应急处置作业中心，加快发热门诊、定点救治医院、重症医学科建设，全面提高传染病处置和医疗救治能力。建成投用市妇产医院、正骨医院北峰院区，全市新增卫技人员4000人以上、医疗床位1500张以上；提升上海六院福建医院建设内涵，发展城市医联体，推动市级优质医疗资源下沉，建强基层医疗机构和乡村医生队伍，完善分级诊疗服务体系。促进“三医”协同发展和治理，推进医保支付方式改革，实现按DRG或按病种付费的医保基金支出占比不低于50%，探索中医诊疗项目打包收费，推进中西医“同病、同治、同疗效、同价”。

推动社会治理提质增效。新建成200个“党建+”邻里中心，统筹党群服务中心、文明实践中心、矛盾纠纷调处中心等平台，打造15分钟便民服务圈。强化初信初访首办责任，完善信访积案化解机制；常态化推进扫黑除恶，持续提升城市安全信息系统，全面加强“网格”＋“警格”融合治理，争创全国市域社会治理现代化示范城市、社会治安防控体系建设示范城市。持续治理“餐桌污染”、建设“食品放心工程”，争创国家食品安全示范城市。深化“安全生产标准化提升”专项行动，推进现场“5S”管理，实现“六有”可视化警示标识全覆盖，健全安全生产领域信用激励约束机制，全力打造标准化建设2.0版本。全面提升民族宗教事务治理能力，打造全省民族团结进步示范窗口。支持工会、共青团、妇联、科协、计生协会等人民团体在社会治理中发挥独特优势，建设青年发展型城市、儿童友好城市。落实国防动员体制改革，强化后备力量建设，全力支持部队练兵备战；加强双拥共建，推行退役军人“网格化+信息化”服务管理模式，争创全国双拥模范城“十连冠”。

加强政府自身建设

面对新时代新征程新使命，我们将始终坚持正确政治方向，忠诚拥护“两个确立”，坚决做到“两个维护”，把党的领导落实到政府工作的全方位各领域，发扬斗争精神、专业精神、实干精神、团结精神，努力打造人民满意政府，以实干实绩走好新的赶考之路。我们将做到：

以实为先，善作善成。强化政府抓落实本职，马上就办、真抓实干，注重“帮督一体”、加强正向激励，健全重点工作闭环高效管理机制，务实功、出实招、求实效，以踏石留印、抓铁有痕的劲头推动党的二十大决策部署落地见效。持续加强思想淬炼、政治历练、实践锻炼、专业训练，不断提高政府工作人员能力素质和专业化水平，以过硬本领应对复杂形势、完成艰巨任务。

以法为纲，崇法善治。深入践行习近平法治思想，严格按照法定权限和程序行使权力，把政府工作全面纳入法治轨道。开展八五普法和“十四五”规划中期评估，做好第五次全国经济普查。推进行政复议规范化，不断优化行政诉讼“双率”工作，全面推动行政机关负责人出庭应诉。积极发展全过程人民民主，认真执行市人大及其常委会决议决定，依法接受人大法律监督和工作监督，主动接受政协民主监督，自觉接受司法监督、监察监督、群众监督和舆论监督，让权力在阳光下运行。

以民为本，为民担当。坚持以人民为中心的发展思想，站稳人民立场，认真实施“惠民生补短板”专项行动和为民办实事项目，深入开展“万名干部进万企、一企一策促发展”活动，畅通“12345”民意诉求通道，用心用情用力解决群众、企业的急难愁盼。坚持节用裕民，努力保障发展和民生急需，切实以政府的“紧日子”换取群众的“好日子”。

以廉为镜，长治长效。坚持以严的基调强化正风肃纪，严格落实中央八项规定及其实施细则精神，驰而不息纠“四风”、转作风，持之以恒推进政府系统作风建设常态化长效化。坚持无禁区、全覆盖、零容忍，一体推进不敢腐、不能腐、不想腐，着力整治群众身边的腐败问题和不正之风，永葆为民、务实、清廉的政治本色。

统计资料

表52　2022年泉州市国民经济和社会发展结构指标一览表

指标名称	比例（%）
地区生产总值	100.0
第一产业	2.1
第二产业	56.8
第三产业	41.1
固定资产投资	100.0
国有经济投资	26.5
民间经济投资	66.7
外商和港澳台投资	6.8
农林牧渔业总产值	100.0
农业	39.1
林业	1.5
畜牧业	20.8
渔业	36.0
农林牧渔专业及辅助性活动	2.6
客运量	100.0
铁路	56.5
公路	27.3
航空	16.2
货运量	100.0
铁路	2.4
公路	46.6
水路	51.0
航空	0.02

续表

指标名称	比例（%）
进出口总额	100.0
进口额	26.5
出口额	73.5

（资料来源：市统计局）

表53 2022年泉州市国民经济和社会发展总量和速度指标一览表

指标名称	单位	总量	增长（%）
地区生产总值	亿元	12102.97	3.5
第一产业增加值	亿元	250.12	3.5
第二产业增加值	亿元	6882.07	3.3
第三产业增加值	亿元	4970.78	3.8
工业增加值	亿元	6182.83	3.1
规模以上工业增加值	亿元	—	3.9
农林牧渔业总产值	亿元	454.03	3.7
固定资产投资（不含铁路）	亿元	2840.31	10.3
社会消费品零售总额	亿元	5982.94	2.8
一般公共预算总收入	亿元	920.70	1.9
地方一般公共预算收入	亿元	526.79	8.0
一般公共预算支出	亿元	806.15	19.9
进出口总额	亿元	2711.9	3.6
出口额	亿元	1994.6	-2.0
全体居民人均可支配收入	元	46706.5	5.4
城镇居民人均可支配收入	元	57724	4.9
农村居民人均可支配收入	元	27572	6.4

（资料来源：市统计局）

表54 2022年福建省各设区市地区生产总值及增速一览表

序号	设区市	地区生产总值（亿元）	增速（%）
1	福州	12308.23	4.4
2	泉州	12102.97	3.5
3	厦门	7802.7	4.4
4	漳州	5706.58	6.9
5	宁德	3554.62	10.7
6	龙岩	3314.47	5.0
7	莆田	3116.25	4.0
8	三明	3110.14	3.1

续表

序号	设区市	地区生产总值（亿元）	增速（%）
9	南平	2211.84	3.8

（资料来源：市统计局）

表55　2022年全国部分重点城市生产总值及增速一览表

序号	城市	地区生产总值（亿元）	增速（%）
1	上海	44652.80	-0.2
2	北京	41610.90	0.7
3	深圳	32387.68	3.3
4	重庆	29129.03	2.6
5	广州	28839.00	1.0
6	苏州	23958.34	2.0
7	成都	20817.50	2.8
8	武汉	18866.43	4.0
9	杭州	18753.00	1.5
10	南京	16907.85	2.1
11	天津	16311.34	1.0
12	宁波	15704.30	3.5
13	青岛	14920.75	3.9
14	无锡	14850.82	3.0
15	长沙	13966.11	4.5
16	郑州	12934.69	1.0
17	佛山	12698.39	2.1
18	福州	12308.23	4.4
19	泉州	12102.97	3.5
20	济南	12027.50	3.1
21	合肥	12013.10	3.5
22	西安	11486.51	4.4
23	南通	11379.60	2.1
24	东莞	11200.32	0.6

（资料来源：市统计局）

表56　2022年泉州市新命名（更名）地名一览表

类别	原名	新命名（更名）
市政道路	东西大道	联丰大街
市政道路	南北大道	黄龙北大道
市政道路	纬一路	梁安大街

续表

类别	原名	新命名（更名）
市政道路	纬三路	西华大街
市政道路	招联路	招联大道
市政道路	纬二路	霞美街
市政道路	纬四路	凤冠街
市政道路	西浦路	浦山街
市政道路	经一路	新安路
市政道路	经二路	丰美路
市政道路	经三路	霞东路

（资料来源：市民政局）

新闻报道题录

表57　2022年涉及泉州市的主流媒体报道一览表

时间	媒体	标题	体裁	署名
4月8日	人民网	《有力度、有温度，泉州战“疫”现曙光》	评论文章	吕春荣 林　盈
5月14日	新华社	《助企纾困 侨乡泉州有“新招”》	通稿	魏培全
5月21日	新华社	《惠企帮扶 实招纾困——福建泉州企业复工复产见闻》	通稿	张华迎
6月13日	《光明日报》	《“东方树叶”耀世界》	专访文章	李先德
7月12日	《经济日报》	《为什么说“晋江经验”仍有指导意义》	理论文章	潘玉腾
8月16日	《经济日报》	《“晋江经验”如何历久弥新——福建泉州推动高质量发展情况调查》	报道	薛志伟 刘春沐阳
8月19日	《人民日报》	《弘扬“晋江经验” 促进民营经济高质量发展》	署名文章	尹　力
8月28日	《人民日报》	《福建晋江扎实推进县域经济高质量发展》	通讯	蒋升阳 颜　珂 刘晓宇
9月1日	人民网	《“晋江经验”20年 县域经济领头羊》	通讯	林晓丽
10月11日	《人民日报》	《创新乡村治理体系，走乡村善治之路》	报道	王云娜 范昊天 王　丹 窦瀚洋

（资料来源：泉州晚报社）

《泉州年鉴（2023）》相关名词解释

“四个意识”：政治意识、大局意识、核心意识、看齐意识。

“四个自信”：中国特色社会主义道路自信、理论自信、制度自信和文化自信。

“两个维护”：坚决维护习近平总书记党中央的核心、全党的核心地位，坚决维护党中央权威和集中统一领导。

“五位一体”总体布局：中共十八大报告对推进中国特色社会主义事业做出经济建设、政治建设、文化建设、社会建设、生态文明建设“五位一体”总体布局。

“四个全面”战略布局：全面建成小康社会、全面深化改革、全面依法治国、全面从严治党。

“六个精准”要求：2013年10月，习近平到湖南湘西考察时，首次提出“精准扶贫”概念。2015年6月，习近平在贵州考察时，提出“六个精准”概念，即“对象要精准、项目安排要精准、资金使用要精准、措施到位要精准、因村派人要精准、脱贫成效要精准”。

三大攻坚战：打好防范化解重大风险攻坚战、脱贫攻坚战、污染防治攻坚战。

“双循环”：以国内大循环为主体、国内国际双循环相互促进的新发展格局。

“六稳”：稳就业、稳金融、稳外贸、稳外资、稳投资、稳预期。

“六保”：保居民就业、保基本民生、保市场主体、保粮食能源安全、保产业链供应链稳定、保基层运转。

精准扶贫“一达标，两不愁，三保障”：农民家庭年人均纯收入达到国家现行扶贫标准；不愁吃（含安全饮水）、不愁穿；义务教育、安全住房、基本医疗有保障。

“四种形态”：经常开展批评和自我批评、约谈函询，让“红红脸、出出汗”成为常态；党纪轻处分、组织调整成为违纪处理的大多数；党纪重处分、重大职务调整的成为少数；严重违纪涉嫌违法立案审查的成为极少数。

“两个责任”：党委负主体责任，纪委负监督责任。

“三个聚焦”：聚焦基层贯彻落实党的路线方针政策和党中央决策部署情况，进一步促进基层党组织和党员干部担当作为。聚焦群众身边腐败问题和不正之风，进一步增强群众获得感幸福感安全感。聚焦基层党组织软弱涣散、组织力欠缺问题，进一步强化政治功能、打造坚强战斗堡垒。

“五个认同”：增强各族人民对伟大祖国、中华民族、中华文化、中国共产党、中国特色社会主义的认同。

基层党建“三化”建设：基层党建标准化、规范化、信息化建设。

“三提三效”：提高效率、提升效能、提增效益。

“晋江经验”：2002年6月，时任福建省省长的习近平到泉州调研，总结了“六个始终坚持”“处理好五大关系”的“晋江经验”。即始终坚持以发展社会生产力为改革和发展的根本方向，始终坚持以市场为导向发展经济，始终坚持在顽强拼搏中取胜，始终坚持以诚信促进市场经济的健康发展，始终坚持立足本地优势和选择符合自身条件的最佳方式加快经济发展，始终坚持加强政府对市场经济的引导和服务；处理好有形通道和无形通道的关系，处理好发展中小企业和大企业之间的关系，处理好发展高新技术产业和传统产业的关系，处理好工业化和城市化的关系，处理好发展市场经济与建设新型服务型政府之间的关系。

RCEP：《区域全面经济伙伴关系协定》（Regional Comprehensive Economic Partnership），是2012年由东盟发起，历时八年，由包括中国、日本、韩国、澳大利亚、新西兰和东盟十国共15方成员制定的协定。

“五个泉州”：创新泉州、智造泉州、“海丝”泉州、美丽泉州、幸福泉州。

市委“三大战略”：“打造泉州经济升级版、改革创新示范区、生态宜居幸福城”三大战略。

“1234”现代产业体系：力争到2020年构建“1234”现代产业体系，“1”是1万亿元国内生产总值，“2”是2万亿元工业总产值，“3”是形成传统、重化、高新“三大板块”三足鼎立格局，“4”是服务业占比超40%。

三大板块：传统优势产业、重化产业、高新技术产业“三大板块”。

“两化融合”：信息化和工业化的高层次的深度结合，是指以信息化带动工业化、以工业化促进信息化，走新型工业化道路。

“强基促稳”：加强基础建设，促进社会稳定。

“三区三线”：根据城镇空间、农业空间、生态空间三种类型的空间，分别对应划定的城镇开发边界、永久基本农田保护、生态保护红线三条控制线。

PPP：英文Public-Private-Partnership的缩写，即政府和社会资本合作。PPP模式是在基础设施及公共服务领域建立的一种长期合作关系。通常模式是由社会资本承担设计、建设、运营、维护基础设施的大部分工作，并通过“使用者付费”及必要的“政府付费”获得合理投资回报；政府部门负责基础设施及公共服务价格和质量监管，以保证公共利益最大化。

“放管服”改革：“简政放权、放管结合、优化服务”改革的简称。

“多规合一”：在一级政府一级事权下，强化国民经济和社会发展规划、城乡规划、土地利用规划、环境保护、文物保护、林地与耕地保护、综合交通、水资源、文化与生态旅游资源、社会事业规划等各类规划的衔接，确保“多规”确定的保护性空间、开发边界、城市规模等重要空间参数一致，并在统一的空间信息平台上建立控制线体系，以实现优化空间布局、有效配置土地资源、提高政府空间管控水平和治理能力的目标。

“一环一湾十廊道”生态连绵带：“一环”即环城山林田园绿带。“一湾”即环泉州湾生态连绵带，依托滨海带自然和人文要素，打造不同特色、主题的城市蓝绿空间走廊。位于环湾中心片区与外围片区的交界处，是城市的“绿色项链”。“十廊道”即十条廊道型生态连绵带，包括洛阳江生态廊道、晋江生态廊道、主城生态廊道、尖公山—百崎湖生态廊道、将军山—文笔山生态廊道、马鞍山—九十九溪生态廊道、灵秀山—龙湖—围头湾生态廊道、泉港区—湄洲湾生态廊道、宝盖山生态廊道、安海湾生态廊道，构建形成联通山海、体现城市组团特色的蓝绿通廊。

海丝：海上丝绸之路。

非遗：非物质文化遗产。

申遗：申报世界文化遗产。

文物保护和安全“五纳入”：将文物保护和安全纳入领导班子和领导干部政绩综合考核评价体系，督促有关方面履职尽责；纳入各级每年财政预算，保障文物安全经费投入；纳入社会综合治理和平安单位建设；纳入文明城市（县城、城区）和文明乡镇创建考评体系；纳入干部教育体系，充分发挥党校（行政学院）、党委（党组）中心组等阵地载体作用，组织开展文物保护法律法规等文物保护利用常识的教育培训，增强干部文物保护利用意识。

政产学研：政府、企业、学校、科研院所。

“生态连绵带”：是城市规划建设的创新型思路，它将依托泉州自然山水脉络，用绿道串起山林、水体、湿地、田园等自然资源，形成连绵成片的生态体系，让好山好水好风光融入城市之中，满足群众对城镇生态空间的需求，在全国属首创之举。

山线水线：“山线”即山线绿道工程。起点位于西湖公园北大门，经清源山、南少林寺、圣墓、大坪山、桃花山、森林公园等风景区，终点止于东海滨海公园，全长约22.5千米。“水线”即晋江下游生态整治工程（一期）。位于中心市区晋江北岸，北起黄龙大桥，南至滨海公园，全长约16.5千米，总面积约226公顷。建成后命名为“北滨江公园”，设四区十园：野趣水岸区（北峰园、白水营园）、文化水岸区（笋江园、石笋园、笋浯园）、乐活水岸区（田安园、浦西园）、湿地水岸区（沉洲园、汀洲园、滨海园），已建成6园，成为休闲健身滨水绿廊和滨江亮丽风景线。

市委“四心”工程：市委十二届四次全会提出，实施教育舒心工程，卫生与健康暖心工程，养老贴心工程和民生基础设施安心工程。

民生“XIN”行动：为推动解决民生热难点问题，市委、市政府决定于2017—2019年开展为期三年的民生“XIN”行动。聚焦群众反映强烈、历史遗留、存在体制机制障碍、涉及多部门多地区、需要2～3年才能做成的民生实事，首批推出10项具体计划，包括提升便民服务水平；服务全面二孩，加大教育、医疗资源配置；中心城区防洪排涝；内沟河整治提升；老城区背街小巷破损修补；城区部分集贸市场提升改造；工程文明施工与文明行车；小区物业管理逐步规范；安置房不动产权办证；农村生活污水垃圾治理等。2018年民生“XIN”行动十大项目，共安排66个子项目。

“1+X”政策体系：“1”是主体，即《中共泉州市委 泉州市人民政府关于实施创新驱动发展战略建设国家自主创新示范区的意见》；“X”为系列配套文件（动态更新），已出台配套政策14份。重点在促进科技成果转移转化、为科研人员“松绑+激励”、科技金融结合、人才团队引进等方面开展先行试点，以科技创新促进全面创新。

“人才港湾”计划：2017年2月，市委、市政府出台《关于实施人才“港湾计划”的若干意见》，主要围绕推动人才工作由“服务支撑产业”向“引领产业发展”升级，提出坚持“两个规律”（社会主义市场经济规律、人才成长规律）、突出“两个主体”（用人主体、人才主体）、深化“两个创新”（体制创新、机制创新），聚焦人才管理、引进、培养、使用、激励、服务等关键环节，精准推出27条改革动向鲜明的政策措施，打造人才“引得进、留得住、过得好”的梦想港湾、事业港湾、生活港湾。

“百千5311”工程：推广应用数字化生产线100条以上，生产、销售国产工业机器人1000台以上，推广应用国产数控系统5000台（套）以上，打造智能制造示范生产线3条，培养一批智能制造技术人才，培育一家新型研发机构。

农业“一区两园”：“一区”指国家现代农业示范区；“两园”指台湾农民创业园和农民创业园（示范基地）。

三品一标：无公害农产品、绿色食品、有机农产品、地理标志农产品。

供应链融资模式：“N+1+N”，是对原有“1+N”模式的升级，突出对产业供应链上下游小微企业提供融资服务，“1”是产业供应链龙头企业，两个“N”分别是产业供应链两头的小微企业。截至2017年12月末，共建链42条，通过支持58家核心企业带动644家上下游企业实现融资，贷款余额49.68亿元。

小微企业贷款“两增两控”：“两增”，即单户授信总额1000万元以下（含）小微企业贷款比上年增速不低于各项贷款比上年增速，有贷款余额的户数不低于上年同期水平。“两控”，即合理控制小微企业贷款资产质量水平和贷款综合成本水平。

银税互动：在依法合规的基础上，由税务部门、银保监会派出机构和银行业金融机构通过协商，共享区域内小微企业纳税信用评价结果，助力小微企业健康发展。

无间贷：泉州银行“无间贷”是对传统的续贷审批流程进行前置和优化，对符合条件的小微企业，在原贷款到期时无须归还贷款本金，重新签订合同即可完成续贷，解决小微企业贷款期限与实际经营周期不匹配问题，避免企业借助高成本“搭桥”资金续贷造成融资成本上升。2017年11月，“无间贷”业务在全国小微企业金融服务电视电话会议上推广。

助保贷：2013年12月，市政府与中国建设银行泉州分行签订小微企业助保贷合作协议，由政府设立1000万元专项风险补偿金进行增信分险。在总结经验的基础上对该业务进行优化调整，打破单一银行合作模式，引入考评机制，取消原有对企业2%的助保金要求，小微企业提供的抵押物比例降至30%；政策性融资担保机构承担不低于50%的担保责任，担保费率不高于2%；剩余贷款本金风险由银行和政府风险补偿资金按1∶1比例分担；银行按风险补偿金放大15倍发放贷款。

科创贷：2016年以来，市政府在兴业银行泉州分行和中国农业银行泉州分行分别设立3000万元的高新技术企业发展基金，重点扶持泉州地区有发展潜力的高新科技企业。企业缴纳1%的助保金，银行按风险补偿金放大15倍发放贷款。单户企业“科创贷”最高贷款额度为3000万元。该业务已进行优化调整，打破固定银行合作模式，并引入考评机制。

债转股：由金融资产管理公司作为投资的主体，将商业银行原有的不良信贷资产，也就是将企业的债务转为金融资产管理公司对企业的股权。

股改板：海峡股权交易中心展示板、股改板、交易板三大功能板块之一，主要为根据《公司法》规定改制设立为股份公司的中小微企业提供股权登记托管、融资、线下转让等服务。

外贸经营主体“双十、双百、双千”工程：培育“双十”外贸龙头企业，力争实现出口超8000万美元的贸易型龙头企业10家，出口超6000万美元的外贸生产型龙头企业10家；做大“双百”外贸重点企业，确定100家贸易型、100家外贸生产型重点企业，从产品创新、品牌培育、市场拓展、通关便利等方面进行重点服务；助力“双千”成长型企业发展，确定1000家贸易型、1000家外贸生产型重点企业，实行市县联动，实施“助力千企成长”外贸辅导计划，辅导、推动外贸企业发展。

多证合一：在全面实施企业、农民专业合作社工商营业执照、组织机构代码证、税务登记证、社会保险登记证、统计登记证“五证合一、一照一码”登记制度改革和个体工商户工商营业执照、税务登记证“两证整合”的基础上，将涉及企业（包括个体工商户、农民专业合作社）登记、备案等有关事项进一步整合到营业执照上，被整合证照不再发放，实行“多证合一、一照一码”，大幅度缩短企业从筹备开办到进入市场的时间。

证照分离：“证照分离”改革是国务院为破解“办照容易办证难”“准入不准营”等突出问题，加快营造稳定公平透明可预期的营商环境而进行的一项改革。此项改革先在上海浦东首推，2018年11月10日起，在全国范围内对第一批106项涉企行政审批事项分别按照直接取消审批、审批改为备案、实行告知承诺、优化准入服务四种方式实施改革，同时加强事中事后监管，建立部门间信息共享、协同监管和联合惩戒机制，形成全过程监管体系。

“两步申报”：适应国际贸易特点和安全便利需要，所采取的一项重要通关改革措施。在这种通关模式下，企业不需要一次性提交全部申报信息及单证，整个提交过程可以分成两步走。“两步申报”不是“两次申报”，而是一个完整的“过程申报”，企业仅凭提单的主要信息，就可以完成概要申报（第一步申报）并提离货物，在运输工具申报进境起14日内完成完整申报（第二步申报），补充提交满足税收征管、海关统计等所需要的相关信息和单证，按规定完成税款缴纳等流程。减少进口货物因等待申报所需单证而产生的滞港时间，提高通关效率，大幅降低企业成本。

“四访四通”：开门接访、进门约访、登门走访、上门回访，诉求表达畅通、意见建议直通、困难问题沟通、矛盾积案疏通。

“双随机”抽查：建立检查对象库和执法人员库，通过摇号等方式随机抽取检查对象、随机选派执法检查人员，推进监管执法的科学性、公正性。

“双随机、一公开”监管检查：在监管过程中随机抽取检查对象，随机选派执法检查人员，抽查情况及查处结果及时向社会公开。

“四不两直”：不发通知、不打招呼、不听汇报、不用陪同接待，直奔基层、直插现场。

“四上”单位：进入一套表联网直报平台、纳入常规统计范围的法人单位，包括规模以上工业、限额以上批零和住餐业、资质以上建筑业和房地产开发经营业、重点服务业。

“四下”单位：规模以下工业、资质外建筑业、限额以下批发零售和住宿餐饮业、规模以下服务业。

联合国“绿色开发区”：联合国工业发展组织支持的“绿色丝绸之路——绿色工业园区项目”，评定条件涵盖环境管理体系、清洁生产、生态效率、健康与安全、应急响应等方面内容。全国仅有泉州经济技术开发区、烟台经济技术开发区、连云港徐圩新区、张掖经济技术开发区、乌鲁木齐经济技术开发区5个国家级开发区被联合国工发组织授予“绿色开发区”。

古城“七个一”示范工程：一园一区一河一街一路一厝一站“七个一”示范工程。“一园，就是小山丛竹公园。“一区”，就是龙头山旅游街区。“一河”，就是八卦沟综合整治提升。“一街”，就是西街综合整治。“一路”，就是中山路整治提升。“一厝”，就是老范志古大厝修缮。“一站”，就是旧车站旅游集散改造提升。

社区营造：以政府引导、群众参与、自下而上、协会帮扶、共建共管为主要形式，以决策共谋、发展共建、建设共管、效果共评、成果共享为主要特点，最终达到群众深度参与社区建设管理，完成自组织、自治理和自发展的过程。

社会扶贫“三百”工程：由市委统战部、市侨联、市工商联发起，倡导“扶贫不分地域、守望相助行善举”，实施百企帮百村（组织100家企业与人均可支配收入较低、贫困面较大、基础设施薄弱的贫困村开展村企挂钩帮扶工作）、百会扶百村（发动百家商会、协会结对帮扶100个贫困村，采取创业指导、就业培训、农产品销售等帮扶方式）、百侨助百村（发动各级侨联挂钩帮扶贫困村）扶贫工程。

限房价竞地价：是指政府在土地使用权出让前，事先限定将来房屋销售的最高价格，由参与竞买的房地产开发企业竞拍按出价最高者获得的土地出让方式。该土地出让方式能够稳定市场预期，防止出让价格异常特别是异常高价地出现。

雪亮工程：以县、乡、村三级综治中心为指挥平台，以综治信息化为支撑，以网格化管理为基础，以公共安全视频监控联网应用为重点的“群众性治安防控工程”。通过三级综治中心建设把治安防范措施延伸到群众身边，发动社会力量和群众共同监看视频监控，共同参与治安防范，从而实现治安防控“全覆盖、无死角”。因为“群众的眼睛是雪亮的”，所以称之为“雪亮工程”。

“两违”：违法用地和违法建设行为。

“一社一游一点”三大提升工程：一社即旅行社，一游即导游，一点即景点。

“六大旅游产品”培育计划：培育十大特色文化旅游示范基地，十大旅游特色街区，十大旅游休闲集镇，十大旅游特色村（3星级以上乡村旅游特色村），十大特色旅游风景道，十大旅游度假区。

五个一批：指“谋划一批、签约一批、开工一批、投产一批、增资一批”，包含项目全过程的五个阶段。

“三个三”招商工作机制：由三位市政府领导相对固定对接京津冀、长三角、珠三角等地，成立三个招商小组常驻北京、上海、深圳，重点抓重化、集成电路、化合物半导体三条产业链的招商选资。

农村土地“三权分置”：指形成农村土地所有权、承包权、经营权三权分置、经营权流转的格局。

空壳村：指村集体经营性收入1万元以下的村。

农业“五百示范项目”：到2022年全市培育120个以上省级农业产业化龙头企业；支持建设100个优质农产品标准化示范基地；建成100个农产品初加工中心；新增100个“三品一标”认证农产品；培育100个特色产业示范村。

农房“平改坡”：指在建筑结构许可条件下，将多层住宅平屋面改建成坡屋顶，并对外立面进行整修粉饰，达到改善住宅性能和建筑物外观视觉效果的房屋修缮行为。

“一村一品”：指在一定区域范围内，以村为基本单位，按照国内外市场需求，发挥本地资源优势、传统优势和区位优势，通过推进规模化、标准化、品牌化和市场化建设，使一个村拥有一个市场潜力大、区域特色明显、附加值高的主导产品和产业，从而大幅度提升农村经济整体实力和综合竞争力的农村经济发展模式。

村庄“三边三清”：屋边清理杂草杂物、路边清理乱堆乱放、沟边清理淤泥垃圾。

四好农村路：指农村公路“建好、管好、护好、运营好”。

社会扶贫“三百”工程：由市委统战部、市侨联、市工商联发起，倡导“扶贫不分地域、守望相助行善举”，实施百企帮百村（组织100家企业与人均可支配收入较低、贫困面较大、基础设施薄弱的贫困村开展村企挂钩帮扶工作）、百会扶百村（发动百家商会、协会结对帮扶100个贫困村，采取创业指导、就业培训、农产品销售等帮扶方式）、百侨助百村（发动各级侨联挂钩帮扶贫困村）扶贫工程。

侨务“三新”工程：以新华侨华人、华裔新生代、社团新力量为重点开展侨务联谊和服务工作。

厕所革命：国家旅游局2015年在全国范围内发动一场旅游厕所革命，制定《全国旅游厕所建设管理三年行动计划》，提出实现“数量充足、干净无味、实用免费、管理有效”的目标。习近平多次对“厕所革命”做出指示。

“一革命四行动”：农村生活垃圾治理、污水处理、农房整治、村容村貌提升“四行动”和厕所革命。

“三全育人”：全员育人、全程育人、全方位育人。

“双一流”建设高校：一流大学、一流学科。

一流本科专业建设“双万计划”：建设1万个左右国家级一流本科专业点和1万个左右省级一流本科专业点。

福建省特殊支持高层次人才“双百计划”：每年评选200名科技创业人才、科技创新人才、企业高级经营管理人才、百千万工程领军人才、青年拔尖人才、哲学社会科学领军人才等各类高层次人才，作为福建省特殊支持的高层次人才由省人才专项经费给予特殊支持。

“双高计划”：中国特色高水平高职学校和专业建设计划。

“双师型”教师：一是“双职称型”，即教师在获得教师系列职称外还需要取得另一职称；二是“双素质型”，即教师既要具备理论教学的素质，也应具备实践教学的素质。

职业教育“二元制”：技术技能人才培养模式，实质上是现代学徒制的一种，主要从满足行业（企业）对高素质技术技能人才的需求出发，将传统学徒培训与现代职业教育相结合。

“1+X”证书制度：学生在获得学历证书的同时，取得多类职业技能等级证书。

全面改薄：全面改善贫困地区义务教育薄弱学校基本办学条件的简称。

义务教育学校“小片区管理”：指将设区市所辖区及县（市）城区义务教育的服务区划分为若干个小片区，以片区内的优质校为龙头捆绑周边一般校，实行“师资互派、资源共享、统一教学、捆绑考核”的管理模式，有效整合片区内义务教育学校资源，提高片区内薄弱学校的办学水平。

农村薄弱学校“委托管理”：指城乡学校校际“联姻”，县（市、区）教育局选择若干所优质中小学，授权其作为托管方学校，对域内指定的农村薄弱学校实行“职责授权、资源统调、多元扶持、分年评估”的委托管理模式，通过2～3年的努力，使受托方农村薄弱学校的整体管理水平和教育质量得到明显提高。

教师“县管校聘”：指中小学校长教师归县级政府统一管理，各学校根据需求对这些教师进行聘任。目的是加强公办中小学教师的统筹管理，打破教师交流轮岗的管理体制障碍，引导校长教师树立由“学校人”转变为“系统人”的大局意识，促进学校间教师的合理流动，优化师资配置，增强教师队伍活力，促进教育优质均衡发展。

教育“两项督导”：县级政府教育工作督导评估和县级党政主要领导干部教育实绩督导考核。

“四免两补”政策：免学杂费、教科书费、作业本费、住宿费，补助生活费、交通费。

“双减”：全面压减作业总量和时长，减轻学生过重作业负担。

“五项管理”：加强中小学作业、睡眠、手机、读物、体质管理。

“2+N”课后服务模式：“2”指“作业辅导+体育活动”两项基本服务，“N”指科普、文艺、劳动、阅读、兴趣小组及社团活动等”N种拓展服务。

优质高中联合体“158”工作机制：围绕1个目标，建立5个机制（资源联享机制、研训联动机制、项目联建机制、尖子联育机制、管理联通机制），开展8个项目（优化提升项目、质优生选拔项目、强师培训项目、强基校本课程研发项目、质优生集训项目、学术研讨项目、资源集聚项目、质量监测项目）。

“万千百十”文化惠民服务：即每年送万场戏、千场文艺培训辅导、百场展览、十批次图书下乡，满足群众的精神文化需求。

文化泉州云：平台主要建设内容包括前台应用门户网站、APP客户端、后台管理系统、文化直播系统等。通过整合全市文化活动、文化设施、文化产品等零散的、孤立的资源及信息，构建数字云平台，运用网站、手机、线下多媒体终端等多渠道形式，为群众提供触手可及的一站式数字文化服务。

智慧天网：各级公安机关视频图像信息传输网为基础，以物联网技术为支撑，以数据感知、采集、传输为目标的数字化传输网络，通过各级公安机关联接各种数据采集设备，实现对社会面各类动态数据的采集、传输、汇聚，为公安机关日常工作及政府决策提供数据支撑。因为“天网恢恢、疏而不漏”，所以称为“智慧天网”。

一门一号一窗一网：“一门”，指“一门”服务，即打破上下层级、部门行政界限，将行政审批和公共服务事项归于集中服务大厅办理，实现服务无界限、行政无缝隙、标准无差异。“一号”，指“一号”申请，即以居民身份证及法人社会信用代码作为唯一标识，建设电子证照库及基本信息专属服务空间，实现企业群众办事“一号”申请。“一窗”指按业务相近原则整合为几类业务审批分厅，在中心内按区域分别设置，如工商注册登记类分厅、基础建设审批类分厅等，每个业务审批分厅按受审分离原则设置统一咨询窗口、受理窗口、发证窗口，不再按部门设置窗口。“一网”，指“一网”通办，即建设市、县、乡、村四级一体化政务服务平台，构建统一政务服务门户网站，实现群众网上办事一次认证、多点互联、“一网”通办。

关检“监管互认”：对海关和检验检疫局双方都需要查验（检验）的部分货物，海关和检验检疫局一方根据规范要求查验（检验）并记录，双方可共享、互认查验结果和数据。

食品安全“一品一码”：一个批次的食品（食用农产品）有唯一的质量安全追溯码。

“7+1”类老年人：特困供养人员、低保对象、建档立卡的贫困人口、重点优抚对象、计划生育特殊家庭成员、重度残疾人、农村“三留守”（留守儿童、妇女、老人）中的老年人和80周岁以上老年人。

“三医联动”：医保体制改革、卫生体制改革与药品流通体制改革联动。

B2B平台：电子商务的一种模式，英文Business to Business的缩写，即商业对商业，或者说是企业间的电子商务，即企业与企业之间通过互联网进行产品、服务及信息的交换。

《泉州年鉴（2023）》参编单位及审、撰（供）稿人名单

单位	审稿人	撰（供）稿人
市委办	林吟啸	卢春庆
市人大研究室	王文郴	许小蓉 陈学明
市政府办	龚建伟	黄宏斌
市政协研究室	陈洋锋	王月娇
市纪委办（监察局）	王洪龙	翁洵钰
市委组织部	陈成业	李泽澜
市委宣传部	林海吟	曾晓辉
市委统战部	陈晓玉	涂德基 郑志江
市委政法委	庄　争	吴　峰
市委改革办（政研室）	郑少波	郑锦鸿
市委网信办	吴家安	陈倩如
市委编委办	陈丽水	黄清选
市委台港澳办	林千煌	程小娇
市委市直机关工委	史思泉	廖昭阳
市委巡察办	黄剑兴	陈　筠
市委老干局	陈恬波	林志彬
市委文明办	庄蓉梅 叶长青	程兴华 陈晓晴
市委党校	陈俊雄	庄燕红
市档案馆	陈若波	吴阳裕 刘扬宇
市发展和改革委员会	廖良结	庄启鑫
市教育局	黄洺鋆	赖文庆
市科技局	王小阳 陈君伟	王少雄 林峰龙
市工业和信息化局	洪进科	刘益群
市民族与宗教事务局	陈　鸿	王小冰 廖祥年 郑震秋 车　韬
市公安局	吴文华	乐彩云

单位	审稿人	撰（供）稿人
市民政局	陈劲松	庄婉芳
市司法局	林　强	杨晶晶
市财政局	李清景	郭智勇
市人力资源和社会保障局	阮崇文	黄倩悦
市自然资源和规划局	黄龙腾	戴丽云
市生态环境局	刘　涛	陈嘉楠
市住房和城乡建设局	黄振宇 郭文森	吴有荣
市交通运输局	赵鸿琳	龚一方
市农业农村局	施丽辉	刘立新 林鹏志 张圆圆 潘朝坤 陈明哲 林婧影 黄海雁 曾静文 王江霞 金建涛 高俊杰 蔡英杰 陈碧红 林志谦 黄景星 陈能温 陈佳良 郑金水 郑巧凤 王国鹏
市林业局	陈华文	郑海平
市水利局	林思攀	杨明坤
市商务局	陈清文	叶冠庆 杨　华
市文化广电和旅游局	何奕斌	陈　卉

续表

单位	审稿人	撰（供）稿人
市卫生健康委员会	吴清松	林　乐
市退役军人事务局	王志明 徐福树	黄秀错
市应急管理局	刘海明 万小翠	曾志强
市审计局	骆振军	洪亦申
市国有资产监督管理委员会	陈瑞典	张镜宇
市海洋与渔业局	陈龙津	傅成志
市市场监督管理局	李德雄	郑书田
市体育局	高向阳	黄玲玲
市统计局	郑致洲 丁庆裕 姚艳蓉 黄银杏 汪江洋 曾开灶 王志辉 郑致洲 丁庆裕 姚艳蓉 黄银杏 汪江洋 曾开灶 王志辉	陈文珍 吴秋明 陈　进 蔡淑荟 黄银杏 陈章祯 赵小婷 叶增娣 吴彦珺 黄胜锋 林家振 林　辉 王秀华 王志辉
市国防动员办公室	谢文生	刘青青
市医疗保障局	吴源从	张智婷
市地方金融监督管理局	陈德庆	蔡毅峰
市信访局	庄谓聪	张雪萍
市城市管理局	林木通	刘继明
市数字泉州建设办公室	莫毓昌	陈夏凉
市行政服务中心	苏永清	林诗婷
清源山风景名胜区管委会	蔡永记 陈江海	吴慧兰
市发展研究中心	巫锡柱	江春平
市地震局	叶　威	刘蔚蔚
市城镇集体工业联合社	蔡文雄	许思思
市供销社	王传换	潘　茜
市住房公积金管理中心	郑杰毅	廖静娜
市公路事业发展中心	卢海东	黄水来
泉州港口发展中心	陈颖毓	张一斌
市中级人民法院	王志伟	曾惠勇
市人民检察院	林复旺	黄　毓
泉州军分区	张　冰	王更生
市消防支队	林建忠	刘永强
泉州边检站	石金寿	龚元章
肖厝边检站	李　杰	林奕君
民革泉州市委会	林志力	林翀凯
民盟泉州市委会	李建辉	陈志文
民建泉州市委会	庄天怀	廖晓红
民进泉州市委会	林智胜	黄景顺
农工党泉州市委会	杨西治	张　颖
致公党泉州市委会	陈东华	庄从福
九三学社泉州市委会	赖兵莲	许杰辉
台盟泉州市委会	蒋碧辉	廖成熙
市总工会	陈宝芳	张颖丽
团市委	傅　漪	廖槐青
市妇联	丁为华	苏度法
市侨联	钟文玲	邱联光 许锦龙 朱文婷
市台联	苏　悦	刘云燕
市科协	朱怀树	王晓珠
市工商联（总商会）	李晓光	谢　兵
市文联	邹艳阳	詹敏芬
市社科联	陈小华 李培德	朱燕玉
市残联	陈纳新	郑眉冲
市金门同胞联谊会	张亚轮 林　荣	林子旭 许燕松
市计生协会	潘锦胜	郑小茹
市贸促会	傅文聪	廖雅滨
市红十字会	陈忠顺	郭杰民
市中华职教社	卓晨雷	陈　薇
市关工委	田恭灿	孙雪萍
中国闽台缘博物馆	陈伟平	王凤英
国家税务总局泉州市税务局	王文奖	吴小璐
泉州海关	阮英松	黄忠族 杨　琳
泉州海事局	黄尚智	王苏贞
国家统计局泉州调查队	周卓励 颜福仁 黄晓丹	栾佳蓉 修　瑞

续表

单位	审稿人	撰（供）稿人
泉州气象局	周建丁	林雄军
泉州邮政管理局	庄媛媛	许志煌
泉州烟草公司	吴顺利	陈常林
国网泉州供电公司	陈少俊	郑日铃
泉州水文水资源勘测分中心	林元润	陈　欣
泉州盐务局	姚锦渊	庄丽珍
泉州监狱	吴汉洪	王锦源
洛江监狱	王拾林	庄力强
泉州司法强制隔离戒毒所	刘长河	林建星
泉州无线电管理局	陈建俊	陈亦敏
泉州晚报社	杨　杰	黄连茂
泉州商报	王一航	杨　翚
华侨大学	吴　荣	庄　蕾
泉州师范学院	陈全宝	王鸿达
仰恩大学	许　总	游秀玲
泉州黎明职业大学	杨远志 陈宝色	何秋香 李燕燕
泉州开放大学	蔡金铭	周湖健
泉州医学高等专科学校	陈旭东	陈洁琼
泉州幼儿师范高等专科学校	朱加元	戴雪芳
泉州经贸职业技术学院	李文辉	肖晓凤
泉州工艺美术职业学院	林月伯	李燕萍
中国人民银行泉州市中心支行	郑再生	颜建源
泉州银保监局	王恺恬	柯志生
中国农业发展银行泉州市分行	洪丽娟	赖秀你
中国工商银行泉州分行	陈　辉	王俊超
中国建设银行泉州分行	郑文江	王婷婷
中国农业银行泉州分行	贾晓慧	潘伊芃
中国银行泉州市分行	庄艳红	吴玮频
兴业银行泉州分行	王　琳	庄　鹏
泉州银行	颜冰冰 方长江	吴怡豪
泉州市农村信用社 泉州农商银行	陈秀丽	庄建华
招商银行泉州分行	黄守刚	刘燕婷
民生银行泉州分行	郑学泉	王维维
交通银行泉州分行	朱惠贞	杨祖杰
邮政储蓄银行	柯清娜 李锦亮	徐清锋
晋江机场	邱　华	苏江梅
中国电信泉州分公司	王联乐	江中杰
中国移动泉州分公司	李子飞	姜虹桦
中国联通泉州分公司	郭国仲	骆龙玲 董帝焜 陈全斌
泉州学研究所	林丽珍 王　磊	何　捷 黄小玲
鲤城区	吴英明	连建平
丰泽区	李美泽	吴达峰
洛江区	杜天生	赖云鹏
泉港区	林进辉	陈小燕
石狮市	王祖德	林荣荣
晋江市	蔡斯坤	林荣国
南安市	黄东升 黄一郎	林　勋 周逸哲 林雪铌
惠安县	陈春祥	林清泉
安溪县	谢柏坚	苏锦生
永春县	林联勇	颜志嘉
德化县	陈志胜	邱巧丽
泉州开发区	杨添丁 徐勤友	汪静文 姚清池 李振军
泉州台商投资区	许诗旭	苏仲鸣

索 引

说 明

一、本索引采用主题词分析法，按主题词首字汉语拼音字母顺序排列。

二、栏目、分目标题用黑体字。“专记”“大事记”“市情概览”“人物·荣誉”“附录”“《泉州年鉴（2023）》相关名词解释”“《泉州年鉴（2023）》参编单位及审、撰（供）稿人名单”内容不作索引。

三、索引主题词后的数字表示页码，数字后的a、b、c表示栏别左中右。

四、空一字起排的款目为上一主题的“附见”。

A

B

C

D

E

F

G

J

K

L

M

N

P

Q

R

S

X

Y

Z